U0666190

中国近代
思想家文库

◎

郭双林　高波　编

高一涵卷

中国人民大学出版社
·北京·

总　序

　　对于近代的理解，虽不见得所有人都是一致的，但总的说来，对于近代这个词所涵的基本意义，人们还是有共识的。一个国家、一个民族走入近代，就意味着以工业化为主导的经济取代了以地主经济、领主经济或自然经济为主导的中世纪的经济形态，也还意味着，它不再是孤立的或是封闭与半封闭的，而是以某种形式加入到世界总的发展进程。尤其重要的是，它以某种形式的民主制度取代君主专制或其他不同形式的专制制度。中国是个幅员广大、人口众多、历史悠久的多民族国家，由于长期历史发展是自成一体的，与外界的交往比较有限，其生产方式的代谢迟缓了一些。如果说，世界的近代是从 17 世纪开始的，那么中国的近代则是从 19 世纪中期才开始的。现在国内学界比较一致的认识，是把 1840 年到 1949 年视为中国的近代。

　　中国的近代起始的标志是 1840 年的鸦片战争。原来相对封闭的国门被拥有近代种种优势的英帝国以军舰、大炮再加上种种卑鄙的欺诈打开了。从此，中国不情愿地加入到世界秩序中，沦为半殖民地。原来独立的大一统的中央集权的君主专制国家，如今独立已经极大地被限制，大一统也逐渐残缺不全，中央集权因列强的侵夺也不完全名实相符了。后来因太平天国运动，地方军政势力崛起，形成内轻外重的形势，也使中央集权被弱化。经历第二次鸦片战争、中法战争、甲午战争、八国联军入侵的战争以及辛亥革命后的多次内外战争，直至日本全面侵略中国的战争，致使中国的经济、政治、教育、文化，都无法顺利走上近代发展的轨道。古今之间，新旧之间，中外之间，混杂、矛盾、冲突。总之，鸦片战争后的中国，既未能成为近代国家，更不能维持原有的统治秩序。而外患内忧咄咄逼人，人们都有某种程度"国将不国"的忧虑。

　　"天下兴亡，匹夫有责"，读书明理的士大夫，或今所谓知识分子，尤为敏感，在空前的危机与挑战面前，皆思有所献替。于是发生种种救亡图存的思想与主张。有的从所能见及的西方国家发展的经验中借鉴某些东西，形成自己的改革方案；有的从历史回忆中拾取某些智慧，形成某种民族复兴的设想；有的则力图把西方的和中国所固有的一些东西加以调和或结合，形成某种救亡图强的主张。这些方案、设想、主张，从世界上"最先进的"，到"最落后的"，几乎样样都有。就提出这些方案、设想、主张者的初衷而言，绝大多数都含着几分救国的意愿。其先进与落后，是否可行，能否成功，尽可充分讨论，但可不必过为诛心之论。显而易见，既然救国的问题最为紧迫，人们所心营目注者自然是种种与救国的方案直接相关的思想学说，而作为产生这些学说的更基础性的理论，及其他各种知识、思想，则关注者少。

围绕着救国、强国的大议题，知识精英们参考世界上种种思想学说，加以研究、选择，认为其中比较适用的思想学说，拿来向国人宣传，并赢得一部分人的认可。于是互相推引，互相激励，更加发挥，演而成潮。在近代中国，曾经得到比较广泛的传播的思想学说，或者够得上思潮的，主要有以下几种：

（一）进化论。近代西方思想较早被引介到中国，而又发生绝大影响的，要属进化论。中国人逐渐相信，进化是宇宙之铁则，不进化就必遭淘汰。以此思想警醒国人，颇曾有助于振作民族精神。但随后不久，社会达尔文主义伴随而来，不免发生一些负面的影响。人们对进化的了解，也存在某些片面性，有时把进化理解为一条简单的直线。辩证法思想帮助人们形成内容更丰富和更加符合实际的发展观念，减少或避免片面性的进化观念的某些负面影响。

（二）民族主义。中国古代的民族主义思想，其核心是"非我族类，其心必异"，所以最重"华夷之辨"。鸦片战争前后一段时期，中国人的民族思想，大体仍是如此。后来渐渐认识到"今之夷狄，非古之夷狄"，"西人治国有法度，不得以古旧之夷狄视之"。但当时中国正遭受西方列强的侵略和掠夺，追求民族独立是民族主义之第一义。20世纪初，中国知识精英开始有了"中华民族"的概念。于是，渐渐形成以建立近代民族国家为核心的近代民族主义。结束清朝君主专制，创立中华民国，是这一思想的初步实现。第一次世界大战爆发，中国加入"协约国"，第一次以主动的姿态参与世界事务，接着俄国十月革命爆发，这两件事对近代中国的发展历程造成绝大影响。同时也将中国人的民族主义提升到一个新的层次，即与国际主义（或世界主义）发生紧密联系。也可以说，中国人更加自觉地用世界的眼光来观察中国的问题。新生的中国共产党和改组后的国民党都是如此。民族主义成为中国的知识精英用来应对近代中国所面临的种种危机和种种挑战的一个重要的思想武器。

（三）社会主义。社会主义作为一种模糊的理想是早在古代就有的，而且不论东方和西方都曾有过。但作为近代思潮，它是于19世纪在批判近代资本主义的基础上产生的。起初仍带有空想的性质，直到马克思和恩格斯才创立起科学社会主义。20世纪初期，社会主义开始传入中国。当时的传播者不太了解科学社会主义与以往的社会主义学说的本质区别。有一部分人，明显地受到无政府主义的强烈影响，更远离科学社会主义。直到五四新文化运动兴起之后，中国人始较严格地引介、宣传科学社会主义。但有一段时间，无政府主义仍是一股很大的思想潮流。中国共产党的成立，从思想上说，是战胜无政府主义的结果。中国共产党把在中国实现社会主义乃至共产主义作为自己的奋斗目标。此后，社会主义者，多次同各种非科学社会主义思想的信仰者进行论争并不断克服种种非科学社会主义思想的影响。

（四）自由主义。自由主义也是从清末就被介绍到中国来，只是信从者一直寥寥。直到五四新文化运动兴起，具有欧美教育背景的知识精英的数量渐渐多起来，自由主义始渐渐形成一股思想潮流。自由主义强调个性解放、意志自由和自己承担责任，在政治上反对一切专制主义。在中国的社会条件下，自由主义缺乏社会基础。在政治激烈动荡的时候，自由主义者很难凝聚成一股有组织的力量；在稍稍平和的时候，他们往往更多沉浸在自己的专业中。所以，在中国近代史上，自由主义不曾有，也不可能有大的作为。

（五）激进主义与保守主义。处于转型期的社会，旧的东西尚未完全退出舞台，新的东西也还未能巩固地树立起来，新旧冲突往往要持续很长的时间，有时甚至达到很激烈的程度。凡助推新东西成长的，人们便视为进步的；凡帮助旧东西排斥新东西的，人们便视为保守的。其实，与保守主义对应的，应是进步主义；与顽固主义相对的则应是激进主义。不过在通常话语环境中人们不太严格加以区分。中国历史悠久，特别是君主专制制度持续两千余年，旧东西积累异常丰富，社会转型极其不易。而世界的发展却进步甚速。中国的一部分精英分子往往特别急切地想改造中国社会，总想找出最厉害的手段，选一条最捷近的路，以最快的速度实现全盘改造。这类思想、主张及其采取的行动，皆属激进主义。在中共党史上，它表现为"左"倾或极左的机会主义。从极端的激进主义到极端的顽固主义，中间有着各种程度的进步与保守的流派。社会的稳定，或社会和平改革的成功，都依赖有一个实力雄厚的中间力量。但因种种原因，中国社会的中间力量一直未能成长到足够的程度。进步主义与保守主义，以及激进主义与顽固主义，不断进行斗争，而实际所获进步不大。

（六）革命与和平改革。中国近代史上，革命运动与和平改革运动交替进行，有时又是平行发展。两者的宗旨都是为改变原有的君主专制制度而代之以某种形式的近代民主制度。有很长一个时期，有两种错误的观念，一是把革命理解为仅仅是指以暴力取得政权的行动，二是与此相关联，把暴力革命与和平改革对立起来，认为革命是推动历史进步的，而改革是维护旧有统治秩序的。这两种论调既无理论根据，也不合历史实际。凡是有助于改变君主专制制度的探索，无论暴力的或和平的改革都是应予肯定的。

中国近代揭幕之时，西方列强正在疯狂地侵略与掠夺殖民地和半殖民地，中国是它们互相争夺的最后一块、也是最大的资源地。而这时的中国，沿袭了两千年的君主专制制度已到了奄奄一息的末日，统治当局腐朽无能，对外不足以御侮，对内不足以言治，其统治的合法性和统治的能力均招致怀疑。革命运动与改革的呼声，以及自发的民变接连不断。国家、民族的命运真的到了千钧一发之际，危机极端紧迫。先觉分子救国之心切，每遇稍具新意义的思想学说便急不可待地学习引介。于是西方思想学说纷纷涌进中国，各阶层、各领域，凡能读书读报者，受其影响，各依其家庭、职业、教育之不同背景而选择自以为不错的一种，接受之，信仰之，传播之。于是西方几百年里相继风行的思想学说，在短时期内纷纷涌进中国。在清末最后的十几年里是这样，五四时期在较高的水准上重复出现这种情况。

这种情况直接造成两个重要的历史现象：一个是中国社会的实际代谢过程（亦即社会转型过程）相对迟缓，而思想的代谢过程却来得格外神速。另一个是在西方原是差不多三百年的历史中渐次出现的各种思想学说，集中在几年或十几年的时间里狂泻而来，人们不及深入研究、审慎抉择，便匆忙引介、传播，引介者、传播者、听闻者，都难免有些消化不良。其实，这种情况在清末，在五四时期，都已有人觉察。我们现在指出这些问题并非苛求前人，而是要引为教训。

同时我们也看到，中国近代思想无比的多样性与复杂性呈现出绚丽多彩的姿态，各种思想持续不断地展开论争，这又构成中国近代思想史的一个突出特点。有些论争为我们留下了非常丰富的思想资料。如兴洋务与反洋务之争，变法与反变法之争，革命与改良之争，共和与立宪之争，东西文化之争，文言与白话之争，新旧伦理之争，科学与人生观之争，中国社会性质的论争，社会史的论争，人权与约法之争，全盘西化与本位文化之争，民主与独裁之争，等等。这些争论都不同程度地关联着一直影响甚至困扰着中国人的几个核心问题，即所谓中西问题、古今问题与心物关系问题。

中国近代思想的光谱虽比较齐全，但各种思想的存在状态及其影响力是很不平衡的。有些思想信从者多，言论著作亦多，且略成系统；有些可能只有很少的人做过介绍或略加研究；有的还可能因种种原因，只存在私人载记中，当时未及面世。然这些思想，其中有很多并不因时间久远而失去其价值。因为就总的情况说，我们还没有完成社会的近代转型，所以先贤们对某些问题的思考，在今天对我们仍有参考借鉴的价值。我们编辑这套《中国近代思想家文库》，希望尽可能全面地、系统地整理出近代中国思想家的思想成果，一则借以保存这份珍贵遗产，再则为研究思想史提供方便，三则为有心于中国思想文化建设者提供参考借鉴的便利。

考虑到中国近代思想的上述诸特点，我们编辑本《文库》时，对于思想家不取太严格的界定，凡在某一学科、某一领域，有其独立思考、提出特别见解和主张者，都尽量收入。虽然其中有些主张与表述有时代和个人的局限，但为反映近代思想发展的轨迹，以供今人参考，我们亦保留其原貌。所以本《文库》实为"中国近代思想集成"。

本《文库》入选的思想家，主要是活跃在1840年至1949年之间的思想人物。但中共领袖人物，因有较为丰富的研究著述，本《文库》则未收入。

编辑如此规模的《文库》，对象范围的确定，材料的搜集，版本的比勘，体例的斟酌，在在皆非易事。限于我们的水平，容有瑕隙，敬请方家指正。

《中国近代思想家文库》编纂委员会

目　录

导　言

　　在新文化运动诸贤中，高一涵的身后可谓最为寂寞。近百年来，新文化运动研究蔚为大观，几可谓巨细无遗、穷罗殆尽，然高一涵作为《新青年》（特别是早期）、《每周评论》、《努力周报》、《现代评论》的重要撰稿人，陈独秀、李大钊、胡适等人的密友，受到的关注与其地位却极不相称——不仅专著欠缺、论文寥寥，连基本的史料整理也只是在近十年来刚刚开始。这或许跟高一涵在 20 世纪 30 年代后步入政界、与时代思潮渐行渐远有关，但最主要的原因，仍在中国近百年来时代变革剧烈，代际间历史记忆往往多有断裂，致使许多引领一时的人物转瞬间便沉入历史暗夜。有感于此，即本"知人论世"之意，将高一涵置于晚清到民国的大变局中，略述其生平与思想（侧重前半段），俾读者诸君在阅读其作品前，对其人其言有所了解。

一

　　高一涵，1885 年 4 月 4 日出生于安徽六安，为家中第四子，名永灏，字效梁，一涵为其号。父兄皆习举业，然皆科场蹉跎，老大无成。高一涵幼年时，家境尚属小康，他由长兄发蒙，聪颖善读，少年时便在乡里以能诗善文名，故父兄皆寄以科甲之望。高一涵亦不负所望，至迟于 1902 年（十八岁）已中秀才。但此时已是清末新政时期，举国以学西洋、求富强为务，科举几成新派集矢之的，以为弱亡中国皆此物，必废之而后可。1905 年，科举正式被废，高一涵及其父兄的科甲之梦就此破灭。不过，二十岁之前严格的中国传统教育对他的影响是终生的，他的个人生活方式，也正如这一时期的大多数知识分子一样，显现出过渡时代的两歧性——不管如何"思想新，信仰新"，但"在安身立命之处"，"仍旧是传统的中国人"①。

取代科举的是西式学堂与留学教育，高一涵迅速对此潮流作出回应。1906年，他入六安州中学堂，改学西学，此亦为其离乡之始。高一涵在该学堂成绩颇佳，1908年，经县府选送，他又考取安徽高等学堂（同学有王星拱、邵逸周、程振钧、俞希禹等）。安徽地近江浙，风气开通，他在此一时期接触到了严复的译著与梁启超的政论，甚至还有《民报》这种革命派的宣传品，被新式的民族国家与共和政治理想所触动。另外，1907年7月，徐锡麟因刺杀安徽巡抚恩铭，被清廷酷刑处死。高一涵同乡好友朱蕴山亦受牵连，几乎丧命。此事令他颇受刺激，对清廷日益不满。

1911年，高一涵于安徽高等学堂预科毕业，随后任职于安徽省民政司。同年，武昌起义爆发，安徽在10月末亦有革命党起事，历时约一月，成功光复全省。我们虽不知道高一涵在此期间有何作为，但从他之后的思想来看，他是坚定的共和主义者，对于共和革命当是乐见其成。

1912年，革命以南北议和的方式解决，共和理想表面上得以实现，令时人感到可以"毕其功于一役"，一举解决所有问题，民气勃然而起。在此气氛下，更富理想色彩的新派青年觉万事可为，多不安于位，纷纷另寻新路，高一涵亦不例外。该年，他未禀明家人便东渡日本留学。此时其家道已中落，故不能供应以学费，他或向友人告助，或以鬻文自给，坚持就读于东京明治大学政治经济科，直至1916年7月毕业，获政治学学士学位。至此时，他受西学熏染已逾十载，所习又为此时最为流行的法政之学，其一生学问事业皆以政治学为主干，根基正奠定于此一时期。

留学生涯对高一涵一生学问事业另有一重大影响——他由此成为留日生与革命者群体中人。自清末新政以来，此一辈人渐已执国内文化界之牛耳（直到新文化运动后才被留美生所取代），王汎森所论"天才总是成群地来"，于此即为一例。二次革命失败后，南方革命派多流亡日本，高一涵得与章士钊、陈独秀、李大钊相交，皆为一生之谊。此时的

① 傅斯年语，见曹伯言整理：《胡适日记全编》第5卷，1929年4月27日条，404页，合肥，安徽教育出版社，2001。

他，既不满于袁世凯破毁共和，又对南方革命派的激烈政治行动有所保留，更认同的是章士钊等人的调和主义。因此厕身于前期"甲寅派"之列，成为章士钊麾下的三剑客之一（另两位是李大钊和李剑农），也就此登上中国近代思想与言论界的舞台。

二

"甲寅派"以章士钊为首，以《甲寅杂志》为喉舌，主张重振共和主义。该群体既愤袁世凯破毁国会、践踏宪法，又不满党人跋扈、以民国为己有，试图在两者间探索中道，以使共和政治步入正轨。其政治资源多借自维多利亚时代英伦诸贤（戴雪、白芝浩等），重视自由过于民主，以不"好同恶异"为号召，实为颇具精英气质的共和主义。其文体亦自成一格，"注重论理，注重文法，既能谨严，又颇能委婉"，号称"甲寅体"，实为"有点倾向'欧化'的古文"[①]，可谓"新民体"与白话文间的过渡，其思想亦然。

对此种文体，深谙古文义法的高一涵驾轻就熟，文字的典雅也并未妨碍其思想表达的明晰。他此时的主张为契约国家论，其论国家曰："国家者何？自由人民，以协意结为政治团体，藉分功通力，鼓舞群伦，使充其本然之能，收所欲祈之果，及以自智自力，谋充各得其所之境者也。国家、人民，以性质言，则无二体；以权利言，则互相对待。"他主张人民有对抗政府的权利，并视此权利为欧美文明根本所在以及中西分途之点——"欧美文明，所以不虞退转，迥异吾国史中盛衰兴亡之陈迹若轩然大波、突起突落者，此殆其最大原因欤！"[②] 他既以权利为政治的基础、民权为民福的前提，故力主两权，一为个人的人权（集会、言论、财产权等），另一为人民的参政权，并释后者为选举代议士之权，如此则代议政治为现代国家必须之物，与人民主权实为一体。

此实为维多利亚时代后期英伦诸贤的共同观念。彼等面对选举权扩大与社会主义运动兴起的新局面，主张自由与平等一致，力图调和古典自由主义与卢梭派的人民主权论。高一涵对此点笃信不疑，认为民主国家与个人自由绝无矛盾，故其一面对卢梭再三致意，另一面对洛克、密

---

① 胡适：《五十年来中国之文学》（1923 年 2 月），见欧阳哲生编：《胡适文集》第 3 卷，201、234 页，北京，北京大学出版社，1998。

② 高一涵：《民福》，载《甲寅杂志》第 1 卷第 4 号（1914 年 11 月 10 日），2~3 页。

尔一系亦赞赏不已。其背后的信念，则为政体进化论。他认为政治有古今之别，相较古代国家，现代国家已成功超越治乱循环，进入一治不乱的新境界①，而洛克、卢梭与密尔不过是达至这一境界的各级进化阶梯。

既汲汲于进化主义与共和主义，则不可不致意于世界主义。高一涵认为中国的政治选择，必须依世界思潮之趋向为准的。他认为只有古今问题，而无中西问题，东海西海，一依进化之理。故其以研究西洋政治思想为己任，而殊不觉与中国问题隔阂。其目标则为以理想变政治。他认为："政治本由理想产出。理想者，为事实所感召，立之以纲维时会之迁流者也。必有新理想导之于先，乃有新政治实现于后。"另伴以后进国知识分子的赶超意识，认为"政治进化，非同机械；发达变迁，均为有意识之动作。凡他国由枉道而得之利益，吾可由直道而得之……由此以推，则凡先进国回环顿挫、历数世纪始获得之进步，后进国可寻得捷径，而于一世纪之中追及之。然则述西人政治思想之变迁，以为吾国政治思想变迁之引导，诚为今日之急务焉"②。此处"述西人政治思想之变迁，以为吾国政治思想变迁之引导"一句，最可见其立身抱负所在。具体言之，"大抵文化初开之时，多以政例肇政理。故有尧、舜、禹、汤之政治，而后孔、孟之政论乃大明。至文明大启之秋，则常以政理启政例。故孟德斯鸠之三权分立说，为近世宪政之精神；卢梭之平等自由论，遂唤起法国之革命"③。其以政论家自命，盖有深意存焉。

如此则不可不注意教育问题。1916 年至 1917 年，复辟派与共和派激烈交锋，前者每以人民程度不足为辞，高一涵则为文力证其非。他的主张颇似希腊先贤，以政治为教育人民的最好学校，认为"专制政治孺稚万民，助长其依赖之性；平民政治尊重人格，长养其自立之风"。"然则图政治之进程，增国民之政识，舍民政而外，其道奚由？"故"果见吾国大患在程度不足，正应药之以共和，补之以民政"④。这种共和教育论亦有几分合于中国以政为教的传统。高一涵投身舆论与大学，似亦

---

① 参见高一涵：《近世国家观念与古相异之概略》，载《青年杂志》第 1 卷第 2 号（1915 年 10 月 15 日），2 页。

② 高一涵：《近世三大政治思想之变迁》，载《新青年》第 4 卷第 1 号（1918 年 1 月 15 日），1 页。

③ 高一涵：《共和国家与青年之自觉》，载《青年杂志》第 1 卷第 3 号（1915 年 11 月 15 日），7 页。

④ 高一涵：《程度与民政》，载《民彝》第 1 期（1916 年 5 月 15 日），2～3 页。

与此种理念有关。

但现实政治与高一涵的理念大相径庭。辛亥革命后，中国共和政治扰攘不堪，革命与复辟交替，俨然 19 世纪法兰西革命再现。英伦政治既不可得，高一涵唯有等而下之，求以法律稍增文治，抑制民元后黩武主义与地方分裂之势。他认为："自政治通例言之，一言武力，则莫不与立宪政治彻底相反。"① 其视新生共和为无上财富，痛切陈言曰："至约法，则以革命流血而得之，复以革命流血而复之，行之者数年，争之者数次。约法一坏，国本尽摇……暴动一次，根本大法推翻一次，认暴动为有宪法上之权利，则谁能暴动，谁即享有废宪创宪之权。若而，国家必终古在云翻雨覆之天，法律安有固定之望？……此吾人所以不得不深恶痛绝之者也。"② 故力促调和，尤主新派内部国民、进步两党必当调和。然其所瞩望，不过法兰西第三共和国与 1875 年宪法，聊为弥缝补苴而已。

但 1917 年后，南北分裂，国家陷于内战，前期"甲寅派"的论政基础已被破坏无遗。既失此基础，则诸人各自星散，别寻途径以拯救共和，亦为自然之事。"新青年派"则正式浮出水面（高一涵为其中重要一员）。此一批留日法政学者趋向革命，实可为时代转向激进之象征。盖习法律者富理性而多保守，由法政而入革命，实为最远路线。其思想轨迹，深可玩味。

1916 年夏，高一涵自日本归国，不久北上，与李大钊等人在北京会合。一年之前，陈独秀从日本归国，有感于共和已经失败，必须别寻基础，故创办了后来鼎鼎大名的《新青年》（最初名为《青年杂志》），转向为青年人立言。将毕虽巨，作始却简，刚刚创办的《青年杂志》籍籍无名，销路不畅，大半靠陈独秀的人脉维持。作为安徽老乡，又在留日时期颇有过从，重兴共和的理念亦复相似，高一涵自然责无旁贷，在《新青年》创办的头三年中，他几乎是除陈独秀之外最为勤勉的撰稿人（发表文章十余篇）——也正是这些文章奠定了他在新文化运动乃至中国近代思想史上的地位。

在高一涵的思想演进中，有一"甲寅时期"与"新文化运动时期"的区分，然两者间殊乏明确分界点。概思想演变如移步换影，拖泥带水

① 高一涵：《论欲实行立宪政治者应有之觉悟》，载《甲寅日刊》第 144 号（1917 年 6 月 13 日）。

② 高一涵：《收拾时局之商榷》，载《甲寅日刊》第 141 号（1917 年 6 月 10 日）。

远多于一刀两断。然若仅就高一涵自身心态而论，则 1917 年可谓两者转换之期。他在年初便发出宣言，主张"往岁之革命为形式，今岁之革命在精神。政治制度之革命，国人已明知而实行之矣。惟政治精神与教育主义之革命，国人犹未能实行。实行之期，其自一九一七年始"①。此种重新开始的心态，提示着思想转换的可能性。

但作为法政学者，其思想转换脉络，仍在法政之学内部。首在反思国家主义。高一涵认为"国家非人生之归宿"，以此反对"国家万能主义"，矫正辛亥革命政治万能之弊。此一讨论背后之主题，为"国家蕲向"问题，他明确反对道德国家论，对权利国家说亦持保留态度，认为："无人民不成国家，无权利不成人民，无自由不成权利。自由、权利、国家，均非人生之归宿，均不过凭之藉之，以达吾归宿之所耳。"②视权利亦非人生归宿，隐然已有超越英国宪政论之意。

既以人生归宿不在国家，而"国家者，以人生之归宿为归宿者也"③，则从政治趋向文化自为应然之理。高一涵反思辛亥以来中国连番政治挫折，认为政治变革不能自足，必要进到文化层面方可，因为"共和政治，不是推翻皇帝便算了事。国体改革，一切学术思想亦必同时改革。单换一块共和国招牌，而店中所卖的，还是那些皇帝'御用'的旧货，绝不得谓为革命成功"④。具体言之，则必当有新道德、新伦理，然后方能有新政治。

政治本乎道德，乃古今论政者之通识。但高一涵与古人终究不同，他以进化论为道德基础，认为"道德者本诸学理，应诸时势，根诸人心，乃因时转移之物，而非一成不变者也。道德而不适时势之用，则须从根本改造之，无所惜也"⑤。此种道德相对主义的见解，易于一变而为道德革命的主张。他又以为此时为民主时代，新道德当以平等为基础，求平等，则舍自由莫由，而"自由之界，随文化之演进而弥宽，文

① 高一涵：《一九一七年豫想之革命》，载《新青年》第 2 卷第 5 号（1917 年 1 月 1 日），1 页。
② 高一涵：《国家非人生之归宿论》，载《青年杂志》第 1 卷第 4 号（1915 年 12 月 15 日），7 页。
③ 高一涵：《乐利主义与人生》，载《新青年》第 2 卷第 1 号（1916 年 9 月 1 日），6 页。
④ 高一涵：《非"君师主义"》，载《新青年》第 5 卷第 6 号（1918 年 12 月 15 日），551 页。
⑤ 高一涵：《共和国家与青年之自觉》，载《青年杂志》第 1 卷第 1 号（1915 年 9 月 15 日），3~4 页。

化愈高，斯自由愈广"①。然则高一涵认为，自由与平等的一致性在于道德，非自由无以造成平等的新道德。

高一涵认为，新道德以自利利他为标的，而"所谓自利利他主义，必以小己主义为始基"。此一理念为自由主义者所共有，然内中却有一大难题，即个人权利论似不足以外推而成社会道德。故高一涵更进一步，释此种小己主义为发挥个性，试图以人格论而非权利论作为新道德的基础。故其论自治与自由，则曰："以我克我曰自治，不以他克我曰自由。""自由乃自治之归宿，自治实自由之途径，二者常相得相用，而不可相离。"② 此实隐有以自由改造个人之意，故高一涵一反"甲寅时期"，重新肯定法国大革命，认为其真价值不在政治革命，而在个人革命。

此不仅为个人革命，亦为代际革命。《新青年》以为老年受传统浸染已深，不可救药；政治的希望在舆论，舆论的希望则在青年，故转向为青年人立言。即"欲改造吾国民之德知，俾之脱胎换骨，涤荡其染于专制时代之余毒，他者吾无望矣，惟在染毒较少之青年，其或有以自觉，此不佞之所以专对我菁菁苦苦之青年而一陈其忠告也"③。

青年处于未定态，最关心人生问题。高一涵既视政治本于人生，而人生本于理想，则不可不由谈政治进而为谈人生，再进而为谈理想。然其所举理想，则一洗道德主义气味，为"乐利主义"。其辞曰："凡恶皆苦也，即不然，亦为召苦之因；凡善皆乐也，即不然，亦为致乐之兆。"④ 此为边沁式功利主义，以苦乐代善恶。以此为衡，认使人入于苦境者为"伪德"，将共和问题变为人生与人性问题，则已现道德革命意味。

然高一涵并未弃政治而去。他失望于民初代议政治，转而寄望于舆论，又进而寄望于各群体自治（从学生到商人不一而足），仍是要将政治的基础从议场内移到议场外。故在 1918 年后，他又似从虚玄的文化进到实体性的社会——个人是社会中的个人，故个人革命与道德革命终究要以社会革命为前提，具体说来，"要想在日日所见的小事上着眼，

① 高一涵：《共和国家与青年之自觉》，载《青年杂志》第 1 卷第 1 号（1915 年 9 月 15 日），5 页。

② 高一涵：《自治与自由》，载《青年杂志》第 1 卷第 5 号（1916 年 1 月 15 日），1、4 页。

③ 高一涵：《共和国家与青年之自觉》，载《青年杂志》第 1 卷第 1 号（1915 年 9 月 15 日），1 页。

④ 高一涵：《乐利主义与人生》，载《新青年》第 2 卷第 1 号（1916 年 9 月 1 日），2 页。

要想使人不满意于社会现状，不要为社会现状所同化，要想使人立在社会外看社会，不要钻到社会中为那社会融化了"①。由政治而文化，又由文化而社会，其内在理路为何？几年后，他作出解释："个人是社会文明的创造品，文明又是社会的创造品。"② 然则个人必当为文明、为社会尽责任，而"人类必定生在国家团体之内，才可以遂他生存的目的"③。如此则个人、文化、社会与国家实为一体。故其背后关怀，仍在政治，即"做社会运动，就是做政治运动，做社会事业，也就是做政治事业。政治生活就是社会生活，社会生活也就是政治生活。这就是如今新式的共和国家"④。新文化运动与民初共和政治的连续性，也于此可见。

三

1918 年，高一涵进入北京大学，任职于编译委员会，同时兼任中国大学、法政专门学校教授。此时陈独秀与《新青年》亦北来，胡适亦已归国，以留日生与留美生为主的北大—《新青年》团体正式形成。而新文化运动在学生中影响亦日增，至次年五四运动前夕，已有蔚然成潮之势。

此一时期也是高一涵一生思想最为激进的时期。五四运动后的一大趋势，即为社会运动与社会主义的兴起，"社会"迅速取代"文化"，成为思想与言论界的中心词汇。高一涵亦对各种形式的社会主义多有关注与介绍。他一度对无政府主义颇为倾心，撰文介绍老子、克鲁泡特金等古今中西无政府主义者的思想。他认为："从积极方面看，无治制度就是'自治'（self government）的意思"，"凡主张拿自己的能力自由解决自己的一切行为，不靠强力迫胁的政府，专靠自由结合的社会，这种学说叫做无治主义"。他虽声明要谨守学者立场，不下一个字的判断，不表示一点自己的见解，"至于无治主义究竟是好是坏，我个人的意思究竟是赞成他是反对他，一个字也不提，好让看的人自由去下裁判罢"，

---

① 高一涵：《皖江见闻记》，载《新青年》第 5 卷第 4 号（1918 年 10 月 15 日），404 页。
② 高一涵：《个人对于社会的责任》，载《晨光》第 1 卷第 1 号（1922 年 5 月 30 日），8 页。
③ 高一涵：《女子参政问题》，载《晨光》第 1 卷第 2 号（1922 年 8 月 15 日），6 页。
④ 高一涵：《欢迎中山先生脱离军政府》，载《每周评论》第 35 号（1919 年 8 月 17 日），2 版。

然仍不免发一长段颇有感情的议论："无治主义再平和、再正当、再合乎人道也没有了……这是各国实地试验的成绩，并不是空想的'乌托邦'！"①

但高一涵对无政府主义的理解，始终重其"自治"而非"无治"的一面，认为："无治者，无他治之意也。"因主张自治，他一度颇为欣赏新村主义，认为新村"创造平等互助的社会"，是"自然的、和平的、合理的人的生活"②。简言之，高一涵推崇无政府主义，有一个绝对限度，即只承认社会具有优先性，绝不承认政治本身为恶。③

那么，他对最重政治作用的马克思主义（以及布尔什维主义）是什么态度？此时，高一涵的密友李大钊已倾向该主义，北京大学乃至整个北京知识界的激进程度亦日甚一日。在此流风之下，高一涵亦对马克思主义颇为究心，其述共产主义源流，置其于柏拉图与基督教一线思想脉络中，寻绎古今共产主义异同，以确定马克思主义的位置。他视新俄为社会主义共和国，并特为"无产阶级专政"（"狄克泰特"政治，Dicta-torship）正名，认为："俄国的政治组织本是很平易近人的，一点儿希奇也没有"④，"现在有许多人恶憎'布尔札维'派，把他们看做凶兽无比的吃人的豺狼虎豹，这也是因为他们的方法利害一点的原故。若讲到'布尔札维'主义就是人人做工，因为做工就组织劳动联合会，把国家的政权交给该会掌管，这本是社会主义的共和国家，值得什么大惊小怪呢？"⑤

但也正是这"方法利害一点的原故"，让高一涵与共产主义拉开了距离。他虽愿对布尔什维主义做善意理解，然对该主义仍存芥蒂于心，更倾向的仍是温和的费边社会主义。在他看来，该主义应"放任主义破

①　高一涵：《无治主义学理上的根据》，载《新中国》第 1 卷第 3 号（1919 年 7 月 15 日），44、46、52 页。

②　高一涵：《武者小路理想的新村》，载《每周评论》第 36 号（1919 年 8 月 24 日），3 版。

③　故高一涵在 1922 年亦赞成蔡元培、胡适等人的主张，支持"好政府主义"，不"把政治本身看作万恶的东西"，"不承认政治制度是绝对不好的"，"承认恶政治是可以改善的"。参见高一涵：《政治与社会——答〈晨报〉、〈益世报〉记者》，载《努力周报》第 3 号（1922 年 5 月 21 日），2 版。

④　高一涵：《俄国新宪法的根本原理》，载《太平洋》第 2 卷第 1 号（1919 年 11 月 5 日），6 页。

⑤　高一涵：《无治主义学理上的根据》，载《新中国》第 1 卷第 3 号（1919 年 7 月 15 日），52 页。

产"、"旧民治主义缺点暴露"而起，"根本观念是建筑在演进的原理上，不是建筑在革命的理想上"①。"只主张容纳社会主义的思想，不主张一步一趋的模仿社会革命的运动。结果他们便把社会主义的根本原理——如土地公有、生产机关公有、打破不劳而得的阶级等——大部分采用起来，却同时又打破社会革命的学说，建设起来这社会进化的学说。"②"他们尊重思想自由，新时代一有什么新需要，就可以有新学说出来应付。"③ 如此买珠还椟，既主张社会主义，又不废思想自由，自然最为他所倾心。由此可见，即使在一生中思想最为激进的时期，他的底色也仍是英国式的。

五四运动后不到两年，北大—《新青年》团体就分裂了。在五四运动兴奋消歇、新文化运动已成主流后，又是一番新的分化。陈独秀南下上海，《新青年》日益左倾，与仍在北京的胡适、陶孟和等人的思想裂痕日益加大。高一涵更倾向于胡适一边，他做此选择，也颇自然。高一涵思想的底色本是自由主义的，且与胡适不仅同事，更兼常年比邻而居，相互证发之处既多，思想默契自然日增。故胡适主张"多研究些问题"，反对贸然献身主义，主张"好政府主义"，倡导渐进变革，他皆表示赞同。更扩而言之，作为新文化运动的一员，在热烈的"德先生"与冷静的"赛先生"间，他本就偏向后者。在他看来，任何政治学说皆应得同等的理解与研究，故平情探讨密尔的自由论与克鲁泡特金的互助论、斯宾塞尔的社会进化论与老子的小国寡民说，不肯迅速抱定立场。而对具体政治，则只要还有改良之望，就不愿走向激烈之途。大体而言，自五四运动后，他度过了一段难得的学者时光——从1916年抵京到1927年南下，高一涵在这一文化中心度过了十一年时光。这也是他一生创造力与著述力最盛的时期。新文化运动与五四运动带来的新眼光与新态度，北京丰富的文化资源与一班背景各异的同仁，皆有益于其思想与学术的扩展。他的主要著作都完成于这一时期，其中，尤以《欧洲政治思想史》为重要，在此书中，他系统梳理西方自柏拉图以来的政治传统——既然西方现代政治由其古代政治而出，甚而有两千年哲学不过

① 高一涵：《福滨社会主义派的方法和理论》，载《国立北京大学社会科学季刊》第2卷第2号（1924年2月），140页。

② 高一涵：《那里配称得起"反动"》，载《现代评论》第2卷第44号（1925年10月10日），9页。

③ 高一涵：《福滨社会主义派的方法和理论》，载《国立北京大学社会科学季刊》第2卷第2号（1924年2月），145页。

为柏拉图注脚之说，则欲明了其当下政治的力量与弱点，自然要回向西方自身的古代与前近代。

在这一时期，高一涵另有一新动向，即探索中国自身的政治传统。此亦有所为而发。20世纪20年代后，鉴于国会的分裂与腐败，章士钊提出"代议非易案"，质疑西式代议制，主张恢复中国传统的监察制，以挽救彼时严重的政治危机。高一涵虽对民初代议制亦有诸多不满，但终不以弃绝代议制为然，为回应章氏的激烈主张，他先后探讨中国古代内阁制度与御史制度的源流，著成《中国内阁制度的沿革》与《中国御史制度的沿革》各一册，试图"从历史上和法制上去研究中国的政治制度，作成一个有系统的叙述"（《中国内阁制度的沿革》自序），以此明了中西制度异同，在激进与保守两端间寻找相对稳妥的中道。

借由探究中西古代政治，他建立起自己对现代政治的理解。他注意到第一次世界大战后新兴国家的立宪尝试以及国际法领域的新探索，试图以之改造主权理论，主张"主权是人类假设的，是人类造出来适应当时需要、对付当时环境的工具，并不是天经地义、现在性质是怎样将来也是怎样、用不着随时变迁的"①。即要将主权观念相对化，将其"最高"、"唯一不可分"、"绝对"诸属性一一剥落，再代之以国家工具论——不论国家的性质与尊严，只论国家的效用。

持此新主权理论，高一涵进而主张联群论，认为"从前的联邦论是中央与地方的分权论，现在的联邦论是国家与职业团体的分职论"，甚至认为"就是俄国现行的苏维埃制，也有些像群的联合"②。他深知，中国大一统体制深入人心，联群（包括联邦）缺乏文化土壤，"主张单一制的人以为单一制是天经地义，如果有人主张联邦制即为大逆不道"，"所以稳健的学者和与政党有关系的政论家，都绝口不谈联邦制；就是想采取联邦之实，也没有不郑重声明避免联邦之名的"③。对此，他欲以新主权理论釜底抽薪，即"要想打破这一派人的谬见，不必枝枝节节的去同他们辩驳，须从根本上打破一元的国家观"。其主张亦颇为简洁明快，即"现在的国家并不是个人与个人的集合体，乃是群与群的联合

---

①　高一涵：《万国联盟与主权》，载《太平洋》第2卷第2号（1919年12月5日），6页。

②　高一涵：《一百三十年来联邦论的趋势》，载《法政学报》第3卷第1号（1922年2月28日），12～13页。

③　高一涵：《联邦建国论》，载《东方杂志》第22卷第1号（1925年1月10日），36～37页。

体；现在的主权也并不是单一的主权，乃是许多对等权力同时并立的主权"，"没有什么单一与联合之争，只有联合什么团体立国之争了。在有农村的国家，可以联农村而立国；在有行会的国家，可以联行会而立国；在有苏维埃（Soviet）的国家，可以联苏维埃而立国；在有家族的国家，可以联家族而立国（如古代罗马）；在有省的国家，可以联省而立国（如近代初期的荷兰）；在有邦的国家，可以联邦而立国。这乃是'事有必至，理有固然'，何用大惊小怪！"① 简言之，若多元主权论与联群说为新时代的思想潮流，政治制度又必须应时代潮流而变，则联省自治自然就有坚实的基础。

高一涵对现代政治的另一见解，为法律的社会化。他认为法律是社会生活的形式，必与社会生活的内容（经济）配合方为有济，具体言之，"形式的生活是实质的生活的方法，实质的生活是形式的生活的目的……法律秩序是为保护社会进步而设的工具，这种工具是为应付环境需要而设的，是应该随环境需要变更的。社会生活的情形变更，这种应付社会生活的工具也当然跟着变更"② 。他主张政治集会权与工人罢工权等，正因认其为新时代社会生活的要求。而此等主张，与马克思主义者认为法律为随经济基础变动的上层建筑亦有几分相似。

概而言之，高一涵认为"思想不是突然发生的"，"思想要适合时势的需要"③ ，故他主张"宪法是时代思潮的结晶体"，必须适应社会生活的潮流。他对第一次世界大战后欧洲各国新宪法格外留意，认为"俄国的宪法是代表共产主义精神的，德国的宪法是代表社会革命精神的，波兰宪法、捷克斯洛伐克（Czecho-Slovakia）宪法、南斯拉夫（Yugo-Slavia）宪法是代表最近民治主义精神的"，对比之下，中国新宪法则至少有四大不足，即未注意到"经济生活"、"团体生活"、"分职"与"立法"四大问题。④ 因此主张在中国新宪法中注入社会主义精神，具体而言，必须适当调整财产权——"宪法既然是一般人民的权利书，便不应

① 高一涵：《联邦建国论》，载《东方杂志》第 22 卷第 1 号（1925 年 1 月 10 日），39～41 页。

② 高一涵：《对于〈治安警察条例〉的批评》，载《新青年》第 7 卷第 2 号（1920 年 1 月 1 日），17～18 页。

③ 高一涵：《"新文化运动的批评"》，载《努力周报》第 52 号（1923 年 5 月 13 日），1 版。

④ 参见高一涵：《我国宪法与欧洲新宪法之比较》，载《东方杂志》第 19 卷第 22 号（1922 年 11 月 25 日），1～2 页。

该仅仅的保障有产阶级政治上的自由权，应该兼保障无产阶级经济上的平等权"①，以此达至"全民政治"。如此则"俄国的激进的共产虽然不能仿效，而德国渐进的共产未始不可取法"②。而这种从经济入手的解决办法，不免让人联想到李大钊言简意赅的断语："经济问题的解决，是根本解决。"③

但高一涵的根本倾向，仍为改良而非革命。他所推重的，为以改良消融革命的边沁与梅因。概因"边沁一方面纠正法国革命时所鼓吹的无根据的谬论，一方面却纳容法国革命时所提倡的那些关于民权、民治的真理。故边沁虽然反对'天赋人权说'，却主张'法定民权说'；梅因虽然反对'社会契约说'，却从历史上找出'社会进化说'。换句话说，边沁和梅因的思想虽然都对于法国革命思想的反动，可是经过这一次的反动，结果便淘汰了许多毫无根据的谬想，建设起来合乎社会需要的法律改革论，及合乎历史事实的社会进化论"④，"真正能消灭革命浩劫的学说并不是白克一派的反动论，而是边沁一派的改革论"⑤。作为《努力周报》与《现代评论》的主要撰稿者，此种态度颇为自然，亦多少有几分夫子自道之意。他进而提倡"好政府主义"，也不难理解。

但1923年后，中央政治完全破产，议会不过是"制造革命的机关"⑥，而"代议制度的坏处差不多人人都能够明白，但是代替代议制度的新制度差不多全世界上的人都没有想出来！在中国现在，只要不是神经丧失的人断没有相信议会可以救国的，但是就是神经健全的人也没有一个人想得出除掉代议制度外还有什么救国的好方法！"⑦ 如此局面，《努力周报》与《现代评论》的正面主张自然无法落实，既不能寄望于军阀与国会，又不愿寄望于国民党，若想不全然绝望，则只能转向"教

---

① 高一涵：《省宪法中的民权问题》，载《新青年》第9卷第5号（1921年9月1日），5页。

② 高一涵：《我国宪法与欧洲新宪法之比较》，载《东方杂志》第19卷第22号（1922年11月25日），5页。

③ 李大钊：《再论问题与主义》（1919年8月17日），见《李大钊全集》第3卷，6页，北京，人民出版社，2006。

④ 高一涵：《那里配称得起"反动"》，载《现代评论》第2卷第44号（1925年10月10日），8页。

⑤ 同上书，9页。

⑥ 高一涵：《国民应该起来制裁这制造革命的国会！》，载《努力周报》第39号（1923年1月28日），2版。

⑦ 高一涵：《议会改造的我见》，载《晨光》第1卷第5号（1923年5月30日），1页。

育界和工商界"，主张以学者制宪，以工界实现职业政治，以商界实现监督财政。① 以此重塑代议制。高一涵的另一主张，则为将政治重心移到各省，此实为退而求其次，即在中央政治崩坏后，地方政治能保存完好，为未来预留基础，故其引 Bryce 之言，希望"联合体破坏，诸州就其现有权力稍稍增益，犹得为各自独立之团体，而无害其生存"②。且"扩张省权，使全省人民藉省机关政治得到政治上的势力和经验，好推翻武人割据的局面"③。即试图以扩张省议会权力削夺军阀的威势。

以胡适所论，1923 年后，中国"侧重个人的解放"的"维多利亚思想时代"已经结束，此后将是"集团主义（Collectivism）时代"④，如此则高一涵关注各种"群"的动向，与他就时代风潮论政的思路颇为契合。正当此时，国共两党在南方的新联合提供了新的激进政治的可能，面对国民革命这一空前时局，高一涵的学术与生活皆卷入其中，转向全新的方向。

四

高一涵在 1924 年后的两大现实关怀，一为在代议制失败后探索替代政治方案，二为寻找可担当此政治方案的新生政治力量，如此则必得关注以国共合作重获新生的国民党。他解释道："在平民政治之下不能无政党"⑤，"我们唯一的希望只在尚没完全组织成功的'中国国民党'"，"因此我深望中国国民党缓缓的前进，如果这个政纲得到全国中多数人同意，然后再用大规模的组织，使党员随时可以监督本党在朝党，庶可以免掉今日政党无主义、无实力且与人民相隔绝之大弊！"方法则是"须立下一定的主义"，"须以利害相同的阶级为基础"，"须有坚固的组织"⑥。此一表态，已发其于 1927 年离京南下参加革命之先声。

但此时高一涵对国民革命的因应，仍有一绝大犹豫之点，即对其借

① 参见高一涵：《我们最后的希望》，载《努力周报》第 64 号（1923 年 8 月 5 日），1版。

② 高一涵：《省制的讨论》，载《努力周报》第 6 号（1922 年 6 月 11 日），4 版。

③ 高一涵：《联邦与割据》，载《晨光》第 1 卷第 3 号（1922 年 11 月 30 日），3 页。

④ 曹伯言整理：《胡适日记全编》第 6 卷，1933 年 12 月 22 日条，257 页。

⑤ 高一涵：《政党要怎样改造？》，载《晨光》第 2 卷第 1 号（1924 年 3 月），2 页。

⑥ 高一涵：《二十年来中国的政党》，载《东方杂志》第 21 卷第 1 号（1924 年 1 月 10日），12～13 页。

重武力深感疑虑。他表白道："我个人自从民国建元以来，的确做过好几次'依赖军阀'的迷梦，每遇到军阀火并的时候，总是十分高兴，说这一次有希望了。""革命要依靠武力，这句话谁人也不能否认，但是我是依靠军阀的惊弓之鸟，所以要小心点说：革命只能依靠那具有革命思想的武力。"① 故推崇"武装同志"的吴稚晖主张"化阀为军"，他表示谨慎；对于受吴稚晖力推的南方军人蒋介石，他也只愿听其言而观其行。而他对国民革命的另一忧虑，则为恐其沾染导致代议制失败的一大病症——"好同恶异"。他规谏革命派不可钳制反对言论，"自己有自由，人家无自由"，希望其"以后不单是尊重本派报纸的言论自由，并应当尊重异派甚至于敌派报纸的言论自由"②。

　　然中国既已随世界潮流进入集团主义时代，组织又为此时代所必须，则高一涵虽对党治与军治皆有保留，仍必须两者相权，以定取舍。他认为军治与民治完全相反，"久行军治，只能养成服从的国民性，绝对不能养成独立自由的国民性，只能使人民做政治下的奴隶，绝不能使人民做政治上的主人。要想从这个绝境走上民治的大道，谁人都知道是万不可能的"。而党治似与民治并不矛盾，理由则是"思想是主义之母，主义是政党之母，而政党又是民治之母"。甚而认为，对素来欠缺组织力的中国而言，"不但可以说与其军治不如党治，并且可以说与其民治不如党治"③。如此他不啻是接纳了国民党的训政理想，这也为他随后转向该党埋下了伏笔。

　　1924 年，受李大钊（该年初参加国民党"一大"）的影响，高一涵开始倾向于国民党，后由石瑛、王星拱介绍，正式加入该党。1926 年后，南方革命潮流渐起，新的政治选择似已出现，激动的北方知识分子纷纷南下，高一涵即为其中一位。1927 年 1 月 1 日，他于《现代评论》发表贺词《新年》，重谈青年与老年问题，认为"一方要想试验那不曾试验过的新戏剧，一方却只能演那历史上曾经演过的老把戏"。"箪食壶浆的欢迎新年，深恶痛绝的诅咒老人。所以这个新年，就是青年人同老年人算总账的日子，该换班的换班，该退伍的退伍。"而"天演公例，

---

①　高一涵：《开玩笑与打巴掌》，载《现代评论》第 3 卷第 60 号（1926 年 1 月 30 日），3 页。

②　高一涵：《革命军与言论自由》，载《现代评论》第 3 卷第 64 号（1926 年 2 月 27 日），5 页。

③　高一涵：《军治与党治》，载《现代评论》第二周年纪念增刊（1927 年 1 月），10、12～13 页。

固然是优胜劣败，优劣的区分，当然不以身体上的老少做标准，只以精神上的老少做标准。就精神说，有青年的白首，也有白首的青年"①。他以进化论原理，要求老年们（直接指向此时正与孙传芳交际的章太炎）退出历史，既可见对国民革命的热烈响应，又可见要做"白首的青年"的心态——同月，经李大钊推荐，他南下赴武汉参加国民革命。

但 1927 年后，新兴的革命政权已迅速分裂为宁、汉两派。高一涵既以党治而非军治为民治基础，则其选择自然是去代表党治的武汉，而非代表军治的南京。他到武汉后，经陈独秀、章伯钧介绍，赴武昌中山大学任政治学教授，同时兼任国民革命军总司令部编译委员会主任委员。学者书中熟稔的法国与俄国革命，终成眼前实景。然此时宁汉之争与武汉政府内国共之争日渐激烈，革命已到失控边缘，法兰西式"雾月反动"若隐若现，高一涵自然不能有何作为。但作为大时代的近距离旁观者，反思亦同时开始。在国民革命落幕后的"清党"时期，他避居沪上，在上海法政学院任教（后又任教于中国公学），且不得不为自身的共产党嫌疑辩护，以"苟全性命于乱世"。他作为思想家的黄金时代结束了，其个人生活，亦与同时代的大多数人一样，发生了重大转变。

在三年静观后，高一涵决定从政。1931 年 2 月，受国民政府监察院院长于右任邀请，他赴南京出任监察院委员，由学界步入政界，坐而言变为起而行，就此一往不返。他作此选择的内中详情，我们不得而知，然就外部情形而论，其一生以监督、改良政治为己任，前此处身舆论界，为政治外监督；此时寄身政府内任监察官，则转而为政治内监督。更进而言之，他既以政治学为立身之本，而研究政治者不进入实际政场中一番，终是雾里看花，不能明了其中究竟。不管是想如希腊先哲柏拉图，奔赴叙拉古践履平生所学，还是想如维多利亚时代英伦诸贤，以仕宦成就学问，终究一面是经国的志愿，另一面是研究的态度。而不管是"以官为家"还是"大隐隐于朝"，皆是可以理解的选择。

但思想家的行动纵有万千动机，终不可自外于其思想而得恰当理解。高一涵此一时期的根本想法，在反思民初代议制与随后党治的利弊，寻求新的疗救之方。他既以思想不可自外于时代思潮，则不可能不受第一次世界大战后世界范围内批判代议政治潮流的触动；更进一步，有惩于代议制在中国"水土不服"，他开始在中国传统中挖掘接引改良

---

① 高一涵：《新年》，载《现代评论》第 5 卷第 108 号（1927 年 1 月 1 日），3 页。

该制度的政治资源。他探究中国古代内阁制的演变、御史制度的沿革，其弃教而从政，以新时代的御史（监察委员）为业，轨迹已可略见。

高一涵改造代议制的一大思考，为探索委员制的可能性与条件。他引据时人所论，一面说"委员制是适合民治精神的制度"，"凡在洗涤专制余毒的国家，或在首创共和的时代，总宜采用这种行政合议制"，一面又说委员制易有"多头政治"、"责任不明"、"没有势力"之弊。① 言辞颇为平实，亦直接针对现实——南方的新党国体制，即以委员制为基础。但随后，党国体制的反民主作为令他深感失望，只能弃此选择而去。

高一涵另一改造代议制的思考，为探讨专家政治的可能性与条件。此为试图在代议制与党治外另寻政治空间，亦为对 20 世纪 30 年代世界性精英政治回潮的因应。在他看来，"今日国权之扩张，并不是国家治人权之扩张，乃是国家治事权之扩张"，"从前是以人治人的时代，故政治可以用权术、权力去对付被治者；现在是以人治事的时代，故政治不能单靠权术、权力，反而要靠专门的知识与技术。因为政治要靠专门的知识与技术，故绝不是一般仅仅有常识而无特识的人所能胜任的。决定政策与建设政治是政治专家的事，而选任与信任这般决定政策与建设政治的政治专家才是一般人民的事"②。其关怀，则为抑制此时以党治为名的军治。

高一涵的具体探索，为在党治背景下强调监察权。他担任国民政府多地监察使前后凡二十年，志向所在，全力行之。他认为："监察制度本是中国特有的制度，将各国议会中关于监督行政权的一部分划分出来，另外设立一个独立的机关来行使，也是将来的中国宪法的一个重要的特点。"③ 即认为监察制为西方代议政体所疏忽，反而在中国政治传统中有脉络可循。故其关怀近于孙中山——试图融合中国传统政治与西方政治。他主张道，中国传统监察权范围太广、权力太大，而西方近代监察权则不过弹劾权之别名，只能挽救弊政于已成之后，不能预防于未成之先。因此，他力主在五权宪法框架下，恰当准定监察权，以制衡

① 参见高一涵：《委员制的性质及利弊》，载《中大季刊》第 1 卷第 2 号（1926 年 6 月 15 日），6～8 页。
② 高一涵：《专家政治》，载《法政季刊》（上海法政学院）第 1 卷第 1 号（1933 年 7 月），3～4 页。
③ 高一涵：《宪法上监察权的问题》，载《东方杂志》第 30 卷第 7 号（1933 年 4 月 10 日），20 页。

党治。

而他的终极政治关怀，仍在实现民治。以是之故，他瞩望国民党迅速由训政进于宪政，以最终完成辛亥革命后的建国历程。"民国二十几年来的政治局面，为什么不能一日安定，我想最大的原因，当然在全国的人民没有用合法的方法取得政权的这一点上。人民只可以用非法的方法对政府革命，却不能用合法的方法予政府制裁——这就是内乱循环不断的根本原因。"① 此为他对国民党的最后忠告，然言者谆谆，听者藐藐，终于寂然无声。此后，高一涵历仕监察院湖南湖北监察区监察使、甘肃宁夏青海监察区监察使，辗转于官署之间，聊以所学尽责于一地一时。然当 1949 年巨变再临之际，他则坚决不肯随老朽不堪的民国政府再事播迁，留在南京静候新生的中华人民共和国的到来。

从 1949 年直到 1968 年去世，高一涵人生的最后二十年在南京度过，开始担任南京大学教授，后作为民盟成员在江苏省司法厅与政协工作（并为全国政协委员）。属于他的革命时代已然远去，早年畏友陈独秀、李大钊等皆已辞世，胡适则远走海外。他在耳顺之年后，言论文字渐少。但其一生思想事业，或隐或显，已然成为 20 世纪中国历史的一部分。

五

本书所收以高一涵发表在报刊上的政论文章为主，侧重其作为思想家与学者流传于世的相关文字。格于体例与篇幅，专著（如《政治学纲要》、《欧洲政治思想史》、《欧洲政治思想小史》、《中国御史制度的沿革》、《中国内阁制度的沿革》）与诗词（如《金城集》）、书信均未收入。高一涵在 1931 年从政后撰写的大量政府公文亦未收录。其发表于《甲寅日刊》的部分文字，虽然非常重要，但因字迹模糊，难以辨认，只能暂时割爱。

高一涵的文章几乎都发表在新式报刊上，出版年月基本清晰，收入本书时均依出版时间排序。部分文章有转载，则以初次发表时间为准。文中个别难以识别的文字，以□替代，明显排印错误或脱漏的，径行改

---

① 高一涵：《对于国民大会职权规定之商榷》，载《时事月报》第 10 卷第 4 号（1934 年 4 月），233 页。

正，不再注明。

　　高一涵为安徽六安人，2013 年 11 月，六安市金安区政协委员会所编的《高一涵文选》由天马图书有限公司出版，虽体例、选文等方面不无可议之处，然乡党之情，筚路蓝缕之功，不可埋没。承蒙编者惠赐成书，对本文集的编选颇多助益，在此谨致谢忱。在编写书后所附《高一涵年谱简编》过程中，曾参考高大同所编《高一涵先生年谱》（上海，上海文化出版社，2011）。此书为首部高一涵专谱，作者为一涵先生后人，搜罗甚勤，提供了大量鲜为人知的信息。在此一并致谢。

民国之祢衡
（1914 年 7 月 10 日）

记者足下：

  有友人自京师来，道及太炎先生近境。穷饿囚拘，间日一粥，婉转尘榻，形若槁木。直言之，曰无形残杀而已。先生之学，总籀玄妙，超绝人天。虽在妇孺，亦逆料其不能见容于世。不幸而遭不测，于先生性分固无丝毫损益。特国华消丧，民质就亡，存形体而丧精神，是俗儒而非绝学，固有之精蕴胥捐，而输入文明，复非咿嗟所能融贯。神魂伥伥，其何能国之云？矧方今大总统在上，圣神文武，明析秋毫，揖让盛仪，继隆古昔。黄巾犹拜郑公，阿瞒尚容名士。而亡清末季，文字祸兴，絷先生于上海，海内激昂，犹得不死。今先生所履之罪，与击鼓詈骂者奚若？大总统之为人行事，与黄巾、阿瞒奚若？堂堂民国，与亡清又奚若？凡有血气，虽不敢宣之于口，类能识之于心。乃锄戮文豪，独见于盛世，余愚窃为盛世惜。夫当道视先生其重如此，要皆左右亲近游扬之功也。积毁销骨，众口铄金，理固有然，无足深责。独惜海内正人君子，亦箝口而莫之救视，一若先生之死为有当，而大总统之生杀可以好恶出之也。呜呼！文王明夷，则时主可知矣；仲尼厄毁，则人心可知矣。此其问题，固不关乎先生一身之事也。在视革命若蛇蝎之满清时代，清议犹能生先生于狱中；谓当共和大成之秋，而不能救先生于龙泉寺，其又以何说为辞？先生吾国之易也，易不可见，则乾坤或几乎息。此其义，凡读先生书者，类能道之，不假余一一谈也。所可怪者，海内噤口不道先生事。虽雅知敬惮先生者，亦多作仗马寒蝉，气焰可燃正义，其信然欤？余友某君于先生初无一面缘，徒以激于公愤，今已躯车返去，尚以营救先生为事。先生如得释，当与偕隐，否则非敢豫测也。以实行自任，以鼓舞公论相援助任余，此余友之决心，临行涕泗纵横为余言之如此。余交寡能薄，未能如约，心滋惭焉。然正义所在，不敢以负吾友者负先生，并负后世。闻贵报影响于社会颇大，敢为言之。倘能加以鼓吹，酿成舆论，得救先生，使当道者知人心不死，公论终不能屈于威权之下也，则非特二三小子之福矣。

高一涵白

（原载《甲寅杂志》第 1 卷第 3 号）

民　福
（1914 年 11 月 10 日）

　　政的百端，各有趋向。吾挈其纲，令繁赜万几，厘然就序，循轨赴的而不纷，是曰政鹄。运此政鹄，施于事功，循其必由之途，达吾所蕲之境，不枉其道，不误其归，是曰政术。鹄者以言其经，术者以言其用。鹄为定术之方针，术为达鹄之手段。鹄虽甚当，苟操术不正，则南辕北辙，功效与蕲向僢驰。其驰弥差，其操弥急。压力益迫，抗力益强。一朝爆发，则国与民交罹其菑。此历史恒轨，必无幸免者也。民国成立，于今三载矣。国门布告，莫不以"国利民福"为言。虽中经政变，法案全翻，而此"国利民福"四言，持之益固。闻者疑吾言乎？则请检阅三年以来大总统之命令、各议会之咨文、阁员疆吏之宣告与夫政客之所谈论、报社之所鼓吹，众口同声，几视为天经地义。今大总统以"国利民福"自誓者也，故尊奉之；海外党人，指为反乎"国利民福"者也，故放逐之。然则"国利民福"云云，非吾国所谓政鹄乎？非吾国上下一心，奉为无对不诤而莫与易之政鹄乎？吾虽于此，亦无间言。然观其达此政鹄之术，则何如者？

　　余作政论，雅不欲引征敝政。今以旁求政术，欲已不能，姑就各报已载者采而列之。三年以来，政府非日以谋中央集权为事乎？乃所谓中央集权界说，竟与政府万能主义同诠。国会解散，代行立法机关者，全以任命议员，则没收人民选举权矣。日增国债，不谋于担负之人；商办之业，任意盗抵①，则代理人民财产权矣。指奸则奸，诬匪则匪；杀人不询其供，拘人不谋于法②，则蔑视人民生命权矣。毁党而任私派③，

----

　　① 华洋各报载北京商办自来水公司事是。
　　② 《国权报》、《时事新报》等所载湖北、安徽、湖南三都督事，累里盈幅，曾汇为《冤民录》，得百余页。
　　③ 见三月十六日北京《亚细亚报》。

则人民评政之自由权失。返国者须携护照①，则人民行动于本国之自由权又失。犹虑或谈政于野也，为密布爪牙鹰犬之间谍以伺之；虑四百兆人民之不能尽臣妾也，为四纵代表国家战斗力之军队以淫之。顷读《国权报》，谓政府注重自治，传云有将任致仕官员监督办理之说，果尔，则自治又移归官治矣。就所行之政，以定界说，岂不曰：中央集权者，乃侵夺人民一切公私权利，集收于政府之下，听其恣意执行，而本人不得谁何者耶？易词言之，政治者，官僚之事业，与人民无关者也。尔人民除出粟米麻丝、作器皿、通货财以事其上外，绝无他职。如敢与人家国事，则匪而已矣。于是硕学通材，为之曲说，曰：此其说昔贤倡之，"微言大义，深入人心"也。曰："制定国法，不可与历史、地理、风俗、习惯违反"②也。政府固别无成见，特不如是不足救亡耳，外人所谓特别法，盖即指此。噫！此非今日所谓政术乎？此非今日十目所视、十手所指、公布朝野间之政术乎？谓吾言为过，则固斯民之幸。然昭昭事实，中外具瞻，固不得藉好言美贿以终蔽之也。吾言过乎哉？

然则以若所为，求若所欲，其相差之率，巧律不能得。以言民福，固如龟毛马角，附会无从。若言国利，则吾于是不得不作国家诠说。国家者何？自由人民，以协意结为政治团体，藉分功通力，鼓舞群伦，使充其本然之能，收所欲祈之果，及以自智自力，谋充各得其所之境者也。国家、人民，以性质言，则无二体；以权利言，则互相对待。何谓一体？以国家者"建筑于人民权利之上"③，非离外人民权利，别能空建一国家于无何有之乡也。何谓相对？国家对于人民权利，亦如私人对于私人，逾限妄侵，皆干惩罚。亚丹斯密曰："大利所存，必其两益。"盖损上益下者固非，损下益上者尤谬。必二者各守其藩，各得其宜，相需相励，调剂融和，使展其本能达于完全之地者，乃为得之。故国家对于人民，其活动之正当范围，除国防、公安而外，均立于调护维持之地位。持以大力，鼓起人民之参政能力，引发人民之政治趣味，就其本能所近，区处条理，使各适其宜。并藉此群策群力之动，兴其自觉自立之情，以求夫自利自安之果。吾人所以乐有此国家者，正以得此组织，可以自由斟酌若者为利、若者为害、若者为吾群所安、若者为吾群所苦之标准，以自为趋避之计耳。驱本群之才力心能，趋向于政治经验，以图

———————————————

① 见近日留学生经理员连名进而名单中。
② 见《约法会议咨大总统文》。
③ 见本志第二号《哈蒲浩权利说》中。

谋本群之事业。言其才能，安得不发扬至尽？言其建设，安得不审慎周详？民力发达至此，即一旦政府飘摇，或归倒灭，观于其野，则固纪纲屹立，秩序整然。选出数人，收拾而整理之，则依然治具毕张矣。美利坚之各州独立，英罟已脱，国宪未成，而循序就轨、一丝不乱者，即此例也。国家为自治所放大。欧美文明，所以不虞退转，迥异吾国史中盛衰兴亡之陈迹若轩然大波、突起突落者，此殆其最大原因欤！此即吾所谓民福也。更于次征吾国之所谓民福则何如？

吾国政术，既认为不违历史、地理、风俗、习惯，则欲言今治，不得不略征古史。自三代以来迄于清，所谓国家之盛衰兴亡，只言君主一身之事。易言之，即政府之成毁，而不与于民事者也。历朝政府，组织于何人，味苏子瞻之言，可知梗概。其言曰："智、勇、辩、力，此四者皆凡民之秀杰者也。类不能恶衣食以养人，皆役人以自养者也。故先王分天下之富，与此四者共之。此四者不失职，则民靖矣。……六国之君，虐用其民，不减始皇二世。然当是时百姓无一人叛者，以凡民之秀杰者，多以客养之不失职也。其力耕以奉上，皆椎鲁无能为者，虽欲怨叛，而莫为之先。此其所以少安而不即亡也。"[1] 其所谓智、勇、辩、力者何？即"自谋夫说客、谈天雕龙、坚白异同之流，下至击剑扛鼎、鸡鸣狗盗之徒"[2] 也，即"战国至秦出于客，汉以后出于郡县吏，魏晋以来出于九品中正，隋唐至今出于科举"[3] 者也。历朝政府，皆以"此四者"为中枢。有大桀者，崛起其间，操纵"此四者"善用之，则国家蓦然盛兴；反之，则应时而衰而灭。其盛兴也，政府自盛自兴；其衰灭也，亦政府自衰自灭。所谓"椎鲁者"举不参与其事焉。试一披数千年来之历史，陈迹具在，岂有一朝逾此常轨者乎？今之所谓"谋夫说客、谈天雕龙、坚白异同、击剑扛鼎、鸡鸣狗盗"，以及"出于客、出于郡县吏、出于九品中正、出于科举"者流，齐集于我大总统袁公之幕下，可谓各得其养，而不失职矣。故上敢以国利民福自誓，下敢以国利民福为言，剥民公私权利，唯恐不尽者，即所谓"分天下之富，与此四者共之"也。但求"此四者"不去吾庭，其他之流离困苦、疾首蹙额、太息痛恨于陇亩之间者，虽戾气干霄汉，既"莫为之先"，终亦无能为也。云其所恃，恃此历朝秘诀也；云其所信，信此历史常轨也。损下益上，为之不厌其过，亦所谓矢在弦上，不得不发耳。势已至此，吾复何言！

---

① ② ③　均见苏轼《志林·战国任侠》篇。

然语曰："当局者迷。"人事果有此一境，则吾又乌能默然。请再引哈蒲浩之言曰"国家者建筑于人民权利之上"者也，"人群幸福云者，非以其分子所享权利之程度计之，亦殊不成意味"也。然则所谓民福，必合一国全体人民享有权利者之总数计之，乃为有当。纵不能然，自其多者言之，断非徒利用此客、此郡县吏、此九品中正、此科举者流，而为之牺牲人民一切权利，以博其欢心者，所能高建一国于世界上也。国家之所以长治久安，在致人民之知识材能于相当之位，以锻炼而磨琢之。非为少数者谋便利侵夺他人权利，使代庖代斫者，所能克奏肤功也。即此少数者同心戮力以谋国，赢得汉祖唐宗之治，已为技尽力穷。考其实功，仍是治者之与被治者划而为二，绝不相谋。质言之，即官僚自官僚，人民终人民耳。政与民既无痛痒之关，焉有不尽夺民利，供一群官僚横欲之理？此等不由自由组织之政治团体，吾断言其不能存于今之世界也。吾闻穆勒言曰："欲为文明之国，持既盛不可复衰之势，其民必得自治之制，以为缮心养性之用。夫而后能自拔于一身一家之私，而与其国之公利众情相习。"其义甚精，深愿吾当道略加味玩，猛省国无根本，必无足存之理；民丧权利，终有反抗之时。莫谓"凡民之秀杰者"足恃。客养不善，倾轧横加，暗中水火，非一人之力所能调。统制不能，弱者则绝裾之他，强者必倒戈相向矣。莫谓"椎鲁者无能为"，斩木揭竿，固皆来自草野。人情苟无公同，世界安有正义？四者虽莫为之先，而正义则终不能为之屈。众怒难犯，膺之者必无幸逃。吾言及此，吾不寒而栗矣！

总之，国家职务，在致民于各得其宜，不在代民行其职务。质言之，国家为人民之监督保护者，而非代理者。此其界判若鸿沟，何能浑视？以国家代行人民权利，是以人民为无权利能力也，是以人民为发育不完、心神丧失而同于未成年禁治产者之待遇也。国民不能享有权利，非疾废童稚，即为皂隶。今之政术，固明明疾废我、童稚我、抑皂隶我矣，犹绐曰：民福民福。里中村妪，见垂暮高年，龙钟衰朽，孙曾绕膝，饥寒则为之衣食，起坐则为之扶持，生养无能，守以待毙，反从而艳羡，赞曰福星。今之民福，其有异此村妪所赞者乎？欧美郅治，尊重民权，促其自觉者也。唐虞郅治，兴贤选能，任官为理者也。卒之竭尧舜二圣毕生之力，仅赢得"不识不知，顺帝之则"之效果。何况既无二圣之文明睿哲，又不任民，不任贤，徒总揽官民大权于一手者哉！握及盈掌，则暗中旁落。嬖人佞士，窃以自豪，扬首吐气于公堂私第之间矣。生民何辜，独蒙其害？道途侧目，至愿偕亡。此总揽大权者，于不知不觉之间，积为众怨之府。及视两手，空无一物，而大事固已去矣。国利云乎哉！民福云乎哉！

政府疑吾言乎？敢再征穆勒之言曰："国家之政，不如使民自为者。有三类焉：一曰事以官为之，不若民自为之之善也……二曰其事以官为之，虽善于民之自为，然国家以诱导其民，欲其心常有国家思想之故，又莫若听其民之自为也……三曰官之治事太广，将徒益之以可以已之权力，其流极将至于夺民自繇也。"① 以上反复所陈，盖即证明此理。夫吾人所贵乎国家主义者，恃有国力，辅翊吾人身家于安全之域，致吾人性能于适宜之地耳。国家不能扶植吾人权利，已为溺职；反夺吾一切所有者，俾为极端之牺牲。未受国家之益，先遭国家之害。无惑乎我先圣宿儒，常遐思太古之治，盛羡无怀葛天氏之民，而欲绝人逃世，脱离政治团体，神入乎太初之自然社会也。故由今之鹄，无变今之术，无论终不能达也，且操之过急，则为獭为鹯，水火势迫于域中，云霓望穿于海外。以暴易暴，焉有不反道背驰，再奔极端之理？吾恐箪食尚温，群狼已斗，天上之时雨未降，人间已洪水横流。吊民之意，直行之于殷墟周黍之间而已。噫！

（原载《甲寅杂志》第 1 卷第 4 号）

---

① 见严译《群己权界论》卷末。

宗教问题
（1914 年 11 月 10 日）

记者足下：

综观论孔教诸篇，似以宗教为人类所必不可无。耿耿余心，思有所白。顾余所欲就正者，非尊孔尊耶之执，乃人类应否终有宗教问题也。关于此端，论者约分二派：一派谓宗教起于民智浅陋，惟太古愚民行之，民智既深，即不需此。一派谓宗教本随时之义而成，与天地相终始。太古民智单弱，见异而惊，故宗教之事起。人智弥进，推知弥远，远则不可思议之境弥多。故宗教之义，日离迹而即于玄。其托愈幽，其行愈远。质言之，一谓宗教与民质为相对者，一则谓为绝对者也。夫推论万象，必归一元。宇内真宗，几皆认为通论。然惟心、惟物之争，至今而未有已。余拙且陋，于二派未敢置辞。就鄙见所及，则重惟心，主张直觉自证。易词言之，谓论事在求其征，说理贵推其故而已。宇宙既形此显象示吾人之前，断非徒有象而无理。事有象而理难征者，乃知之有涯，不得谓彼为神秘。吾友赵子寿，人谓佛家言不可思议，即是佛家怠惰。其言虽逼，要足策人猛省。斯宾塞曰：学之道出于思，由明而诚者也；教之道本乎信，由诚而明者也。然则守漠然之信，何如由厘然之思？信为当然，何如推其所以然？信此不可知者，为愚哲祛疑之资，何如悬此不可知者，作万众研钻之的？天地万象，幽渺无穷，如无尽小数，任除至何位，终有余数。此理余固确信，然进除一位，则得数亦进一位。位位相续，谓仍有余数则可，谓得数非多明一位，则不可。人类之推知，亦犹是耳。昔者地雷风火，举拜为神。今虽四者真因，仍不可得，即象推寻，归诸物理，不谓设于神意，此理固甚明矣。夫信之对为疑，祛疑为信，不闻怀疑为信。诚之训为不欺，自欺为妄，不闻自欺为诚。今指不可知者为神造，在学理不得不以为疑；守不能明者为天真，在人道不得不以为妄。如其理玄奥难知，则委为天功。其道怀疑不明，则归诸神秘。即如足下所谓通其不可得通，安其所不自安。所求者在通，以其玄奥难知，则通之途已塞。认不通为通，则通之本已误。所求者在安，以怀疑不明，则安之念已摇。强不安为安，则安之本奚着？余愚窃以为不明则不通，不诚则不安。假不明者以为明，定不安者以为安，则邻于妄且欺。人道期于征实，谓此既妄且欺之行为，必与人道相终始。天地无终极，而此行为亦随之无终极。若佛家所谓真如、无明，终古并存者然。犹诏人曰：此信也，诚也。说将何以自圆？余钝根深，不得圆满确证，终病不能释然也。其说甚长，非单词片语所能如量以白，特示概念，以就正于博学鸿识者之前。其必有以拨吾心雾、涣吾疑团者，断可识也。此问题为根本，尊孔尊耶为枝叶。而某教挟门户之争，某教作事功之梗，某教嗜于利禄，某教流于伪妄，举为教徒之罪，又下此而为枝叶之枝叶矣。虽然，滔滔斯世，习见方深，意根磐错，固执成性，学诐情瞀，负之以驱，是非胶葛，其胡能理？君唱尊耶，愚又问鼎于宗教，挤吾等于地狱、侪吾等于名教罪人之列者，必纷然放矢矣。意气之争，应之将恐至于无暇也。懍乎！悲夫！

高一涵白

手教所论，乃哲学根本问题。不学如愚，何敢为一辞之赞。虽然，西哲有论及此者，间尝涉猎，得窥一斑，请为贤者证之。宗教本于归依上帝，论列宗教有无，首当进叩上帝有无。足下只谓玄奥难知之理，委为天功，终不可通，怀疑不明之道，归诸神秘，有所未安，而未尝推究天功神秘，是否确有其物，可委可归。愚意足下由此推勘，而有得一圆满自足之解答，则玄奥者未必真难知，怀疑者未必真难明，而一切问题皆归冰释矣。笛卡尔者，哲学之母也。其学从尊疑入手。凡非深明其理而以为实在者，决不妄语。本此为推，世间万物，在在可疑。所无可疑者惟我。何也？我有思也。苟我能设思其事非妄，则我必非妄者。若谓我不能设思，疑亦思也。即无由起，苟能疑非妄，则能思必非妄。于是凡吾思之而明了者，皆真相也。举明了之思，其中有最要者，为上帝观念。上帝现于吾之思之中，实为一完全无对之体。人类者不完全者也。不完全焉，知完全为何相，是知此相发于人之脑中，必有主宰者焉，即上帝是也。笛氏主二元说者也，以为心纯乎觉，物纯乎境。觉境两离，非上帝从而斡旋，不生连系。其徒司宾挪莎则主一元，谓心物同为造物之见相。舍宇宙万物而言上帝，实为不词。上帝者即物见之，体物而不可遗者也。此虽与师说有殊，而以逻辑绝严之律，证明上帝之存在，则较笛卡尔愈有加焉。为说过繁，兹不征引。要之二氏皆理学名家，有神之论，悉本科律。揆之足下论事求征、说理推故之意，信乎未暌。即在吾儒，所言亦间与西贤合辙。荀子曰：信信，信也；疑疑，亦信。必以疑疑为信，而后一切论思之本以坚。由是而之，宇内万象，皆不难求其归宿。足下谓不闻怀疑为信，似乎百尺竿头，尚可更进一步。此种芜词，知早在高明意境之内。猥承下问，辄复陈焉，殊自忘其无似也。至前者拙论有谓通其不可得通、安其所不自安，本为愚民说法，殊乏哲理可论之资。言非一端，夫各有当，不以词害意，是望者。

记者

（原载《甲寅杂志》第 1 卷第 4 号）

章太炎自性及与学术人心之关系
（1915 年 5 月 10 日）

记者足下：

　　自章太炎先生以不逊之言忤当道，困顿京师，海内谈士，不字之曰乱人，即曰颠人。夫天下易一者形式，而最难一者精神。今举国心理，拱卫中央，歧议涵言，群焉息喙，于最难一者一之于数月之间。卓哉当道，吾何间然！

　　虽然，论太炎先生于今日，宜证其自性，不宜涉及世相。先生本不识世相者也，观想精微，高蹈太虚，世人莫测。以超越人界故，故余谓欲识先生，惟在证其自性之所诣与其及于国学之影响奚若而止。人世之视先生，亦犹先生之视人世。何则？性根殊绝，各不了知故。故关涉世相以论先生，则失之远矣。

　　先生之学，远窥佛秘，旁征百家。惟其修得者，犹未离名相相执之域。故于相、名、分别三事，执著转深。此三事者，佛家之贼，而学者之宝也。修佛者必并此三事而无之，乃造其极；修学者非藉此三事，断莫能折衷百说，籀其精萃，汇其旨归，以企独到。老氏所谓为学日益为道日损是矣。先生学者而非佛徒，故系心三事，颇牢固而不可拔。盖意根含藏于阿罗耶。执阿罗耶为我，动则人我、法我二执，应时而生，不待告教。先生于世人多有微言，其根源即自此起也。其超出人世百筹者，以奉唯心论为太上。其所论说，惟依自证及直觉而发。自心还证自心，非由外缘为助。故先生之视党人，亦如其视现政府焉。昔日如能附和党人，今日亦必附和当道。然自证己心，非由外界，谓之本无执性。执性且不可见，即不自从，奚有于从人？先生之议人，随议随忘，乃根其性所本有法，而不著世相者也。欲先生不议人也，必先扑灭先生之自性。然先生自性，非真人独具之奇，乃庸众共循之则。故欲扑灭先生之自性，非尽灭有性之人不为功。人性亡则乾坤息，乾坤一日存，则人性一日不灭。人性一日不灭，则先生之自性亦存。自性存，则自由言论之事，终不可无有。故欲杜先生之口，自积极者言之，则惟由人性行；自消极者言之，则惟毁此乾坤。否则别无良法已。

吾既以名、相、分别三事，为修学者之宝，斯先生与学术之关系，可得言矣。吾国昔贤言学，类皆各局于一宗。非惟域外真宗，未能融贯，即域内之旁支别派，亦未敢抉精索髓。道本无方，依宗则有方；道本无体，依宗则有体。若离于宗，则道无书藏。先生之学，不宗一派，所撰《国故论衡》、《诸子学》九篇，及《齐物论释》七节，统儒、墨诸流，大、小二乘，而融之于一炉。其最能辟脱吾国学者数千年之恒蹊者，则在离教而唱学。吾国古学，所以优于诸宗者，以合教学为一途；然学之所以不进者亦坐此。孔子为吾国教学合途之代表，故其身果为宗教家抑教育家，迄今不能定论。夫教期于维世，不离学以为言，则教不立；学期于征实，不离教以立说，则学不明。隐依真理，求不悖乎教宗，此吾国学者之特性，非如耶、回诸宗之专言教而弃学也。然而学为一事，教为一事，依教言学，终以有所忌顾，不能验实学之真。今者乃教蜕学昌之世界，先生会丁此运，其学遂创成二大特色：一则总观万法，示拘宗者排异之非；一则推阐真言，破泥教者依违之习。渊哉先生！用心玄远，此宗大昌。吾国学必结成一大异彩，别开生面于二十棋之东方也，可决然无疑已。

正言之，存先生一身，影响于吾国学者如此。反言之，则亡先生一身，其及影响于吾国学者又将奚若？此亦吾徒所应知者也。今当道之锢先生，实则欲锢先生思想者，以一天下之心理。夫人人有藏识，即人人有意根。所取之相，与能取之见，即在一人，亦因时各有变异。故思想之可一者，乃假立于人为之伪思想。何则？以真思想称性而生，不可一故，必欲强一之，其害至于率天下人各隐其真相，尚以为伪。其神明以多畏而不敢抒，其特操异秉，亦以无所施用而浸废。一之之功未著，而人心之腐于无形者固已多矣。和光同尘，乃销磨特性之刃；同风一道，固沉湮真理之媒。矧道恶乎隐而有真伪，言恶乎隐而有是非。一之之标本无能定所定者，今乃由当道者数人以自利心定之，此其纰缪，更何待言？庄生曰：圣人不由而照之于天。然则当国者欲民众之不议其后，惟有公好恶于天下少近是耳。思掩既仕之恶，并护后此之非，以锢先生思想者锢天下，是以一篑而障百川之东也，又何伤于先生？特以政府而率人民趋于伪，不得不为世道人心之惧也已。

呜呼先生！当世宿学，近代通儒，其存其亡，乃国华消长之问题，非其一身之祸福也。先生得罪，徒以言论，此四万万人民所具瞻者。当道如谓亚洲之民，其天秉不当享有言论自由权，则应律先生罪条，明示宇内。若谓古今中外，无因言论科罪之条，则不应缚人自由，致人穷饿以死。治先生狱，此两言决耳，何用迁延，为以莫须有之罪谳先生？则先生死者其体，千古犹生者其神。真人不委，虽化为鼠肝虫臂，未见有殊。若欲以苦之者易其性，则至人之性，亲证如一，永无歧相。大泽焚而不能热，河海沍而不能寒，疾雷破山风振海而不能惊。斯所谓焦明已翔乎寥廓，猎者犹视乎薮泽，亦徒见其劳而已矣。故以先生本性论，已消遥于齐生死之域，其存其亡，固无增损。特为我国前途茫茫之学术人心计，斯先生之生，固有重于泰山者矣。愿当道于晨钟未动籁寂天静之时，抚其平旦之气，较量乎存亡先生之利害也，则非特吾华百世以内之福也欤？偶有所触，辄以书之。见大志称述先生言行者屡矣，愿假我数行，暴之天下，以求同情焉。何如？

高一涵白

（原载《甲寅杂志》第 1 卷第 5 号）

共和国家与青年之自觉
（1915 年 9 月 15 日、10 月 15 日、
11 月 15 日）

专制国家，其兴衰隆替之责，专在主权者之一身；共和国家，其兴衰隆替之责，则在国民之全体。专制国本，建筑于主权者独裁之上，故国家之盛衰，随君主之一身为转移；共和国本，建筑于人民舆论之上，故国基安如泰山，而不虞退转。为专制时代之人民，其第一天职，在格君心之非与谏止人主之过，以君心一正，国与民皆蒙其麻也。至共和国之政治，每视人民之舆论为运施，故生此时代之人民，其第一天职，则在本自由意志（Free will）造成国民总意（General will），为引导国政之先驰。英国宪法学者每自诩曰："吾英宪政，为民权发扬之果，而非以宪政为发扬民权之因。"吾国名号，既颜曰共和，与英之君主国体，虽形式迥异，然无论何国，苟稍顾立国原理，以求长治久安，断未有不以民权为本质。故英宪之根本大则，亦为吾华所莫能外。然则自今以往，吾共和精神之能焕然发扬与否，全视民权之发扬程度为何如。澄清流水，必于其源。欲改造吾国民之德知，俾之脱胎换骨，涤荡其染于专制时代之余毒，他者吾无望矣，惟在染毒较少之青年，其或有以自觉，此不佞之所以专对我菁菁苗苗之青年而一陈其忠告也。

此篇主旨，在述我青年对于国家之自觉。至对于社会、对于一身之自觉，则于他篇觊缕之。今于述青年自觉之先，首当陈述共和国家为何物。夫共和云者，有形式，有精神。形式维何？即共和国体，为君主国体之反对者也。其主权非为含灵秉气之生人所固有，而实存于有官智神欲、合万众之生以为生之创造团体。此团体非他，即国家之本体是已。再：共和国家之元首，其得位也，由于选举；其在任也，制有定期，非如君主之由于世袭终身也。此义虽浅，然用以区别共和国体与君主国体之形式，夫固朗若列眉。次论共和之精神。共和原文，谓之 Republic。

考其字义，含有大同福祉之意于其中，所以表明大同团体之性质与蕲向者也。就法律言，则共和国家，毕竟平等，一切自由，无上下贵贱之分，无束缚驰骤之力。凡具独立意见，皆得自由发表；人人所怀之意向、蕲求、感情、利害，苟合于名学之律，皆得尽量流施，而无所于惧，无所于阻。就政治言，使各方之情感、思虑，相剂相调，亘底于相得相安之域，而无屈此申彼之弊，致国家意思，为一党、一派、一流、一系所垄断。故民情舒放，活泼自如，绝不虞抑郁沉沦，以销磨其特性，而拘梏其天机。共和精神，其忱略盖如此。且国家之与政府，划然判分。人民创造国家，国家创造政府。政府者，立于国家之下，同与全体人民受制于国家宪法规条者也。执行国家意思，为政府之责；而发表国家意思，则为人民之任。所谓发表者，非发表于漫无团结、纷纭议论之人，乃假一机关，应合全国各流、各系、各党、各派之代表于一堂，而从多决议以发布之，即所称国会是也。故一国政治，果能本国民总意，以向此共和精神之轨道而趋与否，是为政府之职。至发扬蹈厉，自舒其能，以来自与共和精神相合辙，而发挥其实际，是则我人民责无旁贷者也。欲政府不侵我民权，必先立有凛然难犯之概；欲政府不侮我人格，必自具庄严尊重之风。政治之事，反诸物理，乃可以理想变事实，不可以事实拘理想者。惟其可以理想变事实也，故吾人须先立当然之理论，以排去不然之事情；惟其不可以事实拘理想也，故吾人应超出已然之现象，而别启将然之新机。我任重道远之青年，安得不耸起双肩，自负此责？吾人又安得不以此责，举而加诸我任重道远青年之双肩也耶？

顾我青年之欲自负此责，与吾人之欲以此责奉诸青年者，必有其根本之图焉。根本维何？即改造青年之道德是。道德之根据在天性，天性之发展恃自由，自由之表见为舆论。不佞继此，将逐一详叙焉。

古之所谓道德者，泰西则迷信宗教之威势，东亚则盲从君主之权力及先王之法言。自混沌初辟以来，民智浅陋，茫不知人道之本源。言论思维，全与宗教相混杂，以为天地万物，一造于神。人生良心上之制裁，惟有托诸神意。《圣书》谓道德为神之命令，颇足表明欧人自法兰西革命以前所怀抱之道德思想。至东亚所谓道德，多惟先王之道是从。不问其理之是否合于现世，但问其例之有无。而"遵先王之法而过者，未之有也"一语，颇足表见吾国儒者守先待后之心。顾王由天亶，故道德渊源，亦由天出。于是有天命、天罚、天幸之词见焉。夫维皇降衷，各有所秉，特操异撰，人各不同。欲同其最不同者，以企道一风同之化，故不得不于赋界而外，别求一视之不见、听之不闻之物，托为道德之基。此基一奠，则人人依违瞻顾，虚与委蛇，而瀹灵启知、缮心养性之机失矣。专制之朝，多取消极道德，以弃智黜聪为臣民之本。如"不识不知，顺帝之则"、"民可使由之，不可使知之"诸词，见诸经传，利其无作乱之能与犯上之力故也。故往古道德之训，不佞敢断言，其多负而寡正，有消极而少积极者。曰惩忿窒欲，曰克己制私，曰守分安命云云，皆为吾国道德之格言。今按国家原理与世界潮流，始无一不形其抵触。功利家欲唱为废弃道德说者，盖亦有不得已之苦衷云。

虽然，道德者本诸学理，应诸时势，根诸人心，乃因时转移之物，而非一成不变者也。道德而不适时势之用，则须从根本改造之，无所惜也。古者象天尊地卑，以定天泽之分，故君臣大义，无所逃于天地之间。今者地象圆球，飞悬太空，而无上天下泽之判，随所在以观，皆觉平等。故人民思潮，基之趋于齐平，此道德取象天地之说也。然不佞以为，道德为人心之标准，本心之物，惟有还证自心，以求直觉，则所谓求之天性是已。所谓天性，乃得诸宣降之自然，不杂于威势，不染夫习惯。顾所谓自然，特不杂第二势力于其中而已，亦非最初、最稚之谓也。必也随其秉赋之奇，施以修缮之力。苟为吾性所固有，即当焕然充发，俾无所遗。循特奇之禀，而之于其极，不可奔向轨外，以求苟同。忿也、欲也、己也、私也，既为吾性之所涵，即当因势利导，致之于相当之域，俾各得其发泄致用之机；不当惩之、窒之、克之、制之，使无可排泄之余地，而溢而横流也。太史公曰："上者利道之，其次整齐之，最下者与之争。"治性之法，亦何莫不然？往古治性，与之争者也，今则首当利道，以宣其蕴；次则整齐，俾趋于名学之律，如斯足已。至于分云、命云，皆吾心之所造，而非造吾心者，操纵左右，唯所欲为。何有于守，何有于安，青年记之。夫性犹川然，利道之也顺，拥塞之也狂，此不佞所以有改造道德之说也。持今之道德，以与古较，则古之道德重保守，今之道德贵进取；古之道德，拘于社会之传说；今之道德，由于小己之良心。古之道德，以违反习惯与否为善恶之准；今之道德，以违反天性与否为是非之标。古道德在景仰先王，师法往古；今道德在启发真理，楷模将来。古人之性，抑之至无可抑，则为缮练；今人之性，须扬之至无可扬，乃为修养。此则古今道德之绝相反对者也。德国史家蒙孙氏（Theodor Mommsen）曰："立宪政体，进取者也，富于生机；专制政体，停滞者也，几于死体。"道德随国势为变迁者。古为专制，故道德停滞抑郁，而奄奄待毙；今为共和，故道德亦当活泼进取，而含有生机。

道德之基，既根于天性，不受一群习惯所拘，不为宗教势力所囿矣。顾启瀹之机，将谁是赖？则自由尚焉。自不佞观之，自由之说，不外三种：一绝对自由说，二绝对无自由说，三限制自由说。前者为佛氏、老氏、庄氏之言，后者为普通法家所论，介乎其间者，则为物理学家之所证。美儒柏哲士（Burgess）谓自由泉源，出于国家。如国家不赐以自由权，则小己即无自由之道。定自由之范围，建自由之境界，而又为之保护其享受自由之乐，皆国家之责。自由之界，随文化之演进而弥宽，文化愈高，斯自由愈广。至如十八世纪革命派之所谓自由，则全属理想焉。此即今日盛行法律家之学说。次则由物理以推。凡一事之兴，必有前因后果互持之，无能稍脱其轨范者。法国之言自由，至比之太空浮云，以为真能自由矣。殊不知浮云之舒卷于太空，有通吸力之引摄，有日光热之注射，有大气之盘旋，其上其下，其飞其散，皆感受各力之影响，而循之以之，绝不能稍越其藩，以自行其意向。故真正自由，天地间绝无此物。此物理家之言，赫胥黎等主之，吾国侯官严氏即承其绪余者也。太上有真自由说，谓质力本体，恒住真因，皆存于自然，初无期待。如造化然，如真宰然，孰纲维是？孰主张是？孰居无事而推行是？彼通吸力之所以引，其有所主耶？日光之所以热，其有所燃耶？大气之所以盘旋，其有所运耶？果皆无之，宁非真正自由欤？此其义，佛、老、庄氏各主之，今日余杭章氏其发挥者也。然则自由之说，人将何所适从？

不佞所欲告我青年之自由，固无取艰深之旨，然亦不必采法律家褊狭之说。曩读黎高克氏（Leacock）政治学，见其分自由之类，曰天然自由（Natural liberty），曰法定自由（Civil liberty）。柏哲士所论，即属后者。前者为卢梭氏之所主张，谓："人生而自由者也，及相约而为国，则牺牲其自由之一部。"是谓自由之性，出于天生，非国家所能赐。即精神上之自由，而不为法律所拘束者。夫共和国家，其第一要义，即在致人民之心思才力，各得其所。所谓各得其所者，即人人各适己事，而不碍他人之各适己事也。盖受命降衷，各有本性，随机利道，乃不销磨。启瀹心灵，端在称性说理，沛然长往，浩然孤行，始克尽量而施，创为独立之议。故青年之戒，第一在扶墙摸壁，依傍他人；第二在明知违性，姑息瞻依。自贼天才，莫过于此二者。古之人，首贵取法先儒；

今之人，首贵自我作圣。古之人，在守和光同尘之训；今之人，在冲同风一道之藩。乡愿乃道德之贼，尚同实蠹性之虫。夫青年立志，要当纵横一世，独立不羁，而以移风易俗自任。因于习俗，莫能自拔；悠悠以往，与世何关？日日言学，徒废事耳。西诗有云："怀疑莫白，口与心违，地狱之门，万恶之媒。"甚愿青年，三复斯言。

顾自由要义，首当自重其品格。所谓品格，即尊重严正，高洁其情，予人以凛然不可犯之威仪也。然欲尊重一己之自由，亦必尊重他人之自由。以尊重一己之心，推而施诸人人，以养成互相尊重自由权利之习惯，此谓之平等的自由也。发扬共和精神，根本赖此。凡我青年，时应以自省也。

康德曰："含生秉性之人，皆有一己所蕲向。"此即人与物所以相异之点。物不能自用，而仅利用于人。人则有独立之才力心思，具自主自用之能力。物可为利用者，而人则可为尊敬者也。人之所以为人，即恃此自主自用之资格。惟具有此资格也，故能发表独立之意见。此人品之第一义也，亦即舆论正当之源泉。夫家族之本在爱情，宗教之本在信仰，而共和国家之本，则在舆论。所谓舆论有三：多数之意见、少数之意见及独立之意见是也。舆论与公论有殊。公论者，根于道理，屹然独立，而不流于感情；舆论者，以感情为基，不必尽合于道理者也。故欲造成真正舆论，惟有本独立者之自由意见，发挥讨论，以感召同情者之声应气求。莫烈（John Morley）曰："凡一理想之发见，决非偶然。苟吾已见及，则此理想，必次第往叩他人之门，求其采纳；吾冥行而见光明，亦必有他人暗中摸索，随以俱至。吾所发明，特其的耳！"然则吾以独立之见相呼，必有他人以独立之见相应。相应不已，而舆论成焉。舆论在共和国家，实为指道政府、引诱社会之具。故舆论之起，显为民情之发表。但当问其发之者果为独立之见与否，不当先较其是非。孟德斯鸠曰："自由人民，其一己之推论，果为正当与否，往往不成问题。所当考究者，其所推论，确为人民自主足已。此即言论之所以自由也。"共和国家之本质，既基于小己之言论自由。然则逡巡嗫嚅，不露圭角，宁非摇动国本之媒欤？专制国家之舆论，在附和当朝；共和国家之舆论，在唤醒当道。专制时代之舆论，在服从习惯；共和时代之舆论，在本诸良心以造成风气。其别也有如此。

虽然，真正发挥舆论，尤有金科玉律宜由焉。即：（一）须有敬重少数意见与独立意见之雅量，不得恃多数之威势，抹煞异己者之主张；

（二）多数舆论之起，必人人于其中明白讨论一番，不得违性从众，以欺性灵；（三）凡所主张，须按名学之律，以名学之律为主，不得以一般好恶为凭。共和国家，所以能使人人心思才力各得其所者，即由斯道。政府抹煞他人之自由言论，固属巨谬；即人民互相抹煞自由言论，亦为厉禁。何则？不尊重他人之言论自由权，则一己之言论自由权已失其根据。迫挟他人以伸己说，则暴论而已矣，非公论也；屈从他人，违反己性，则自杀而已矣，非自卫也。故曰，欲造成真正舆论，惟本独立者之自由意见，发挥讨论，以感召同情者之声应气求。

以上所陈，乃国法所不能干，观摩所不能得，师友所不能教，父兄所不能责。何也？以所主唯心，苟非吾心，见象即殊，直觉不能，动则成翳故也。轮扁对齐桓公曰："得之于手，而应于心，口不能言，有数存焉于其间，臣不能以喻臣之子，臣之子不能受之于臣。"即此义也。不佞所言，糟粕而已。至于精神，则仍吾在青年自觉云尔。

近者讨论国体之声，震惊中外。饩羊仅存之共和名号，尚在动摇未定之秋。斯篇之论，似可不续。然国体之变更与否，乃形式上之事；不佞所论，乃共和国民立国之精神。政府施政之效，其影响不逾乎表面之制度；而政治实质之变更，在国民多数心理所趋，不在政治之形式。昔罗马之初变帝政也，政治尚不离共和。周室之衰也，仁义之道，满乎天下，及春秋已四五百载矣，而其余业遗风，流而未灭。可知立国精神，端在人民心理。人人本其独立自由之良心，以证公同，以造舆论。公同、舆论之所归，即是真正国体之基础。无论其间若何变迁，而探其远果，转在在为吾人精神之资助，若有意玉成而防其少怠者然。故国体之变更与否，由吾人精神以观，几无研究之价值。吾辈青年责任，在发扬立国之精神。固当急起直追，毋以政治变迁，而顿生挫折，令吾人最贵之精神，转役于曲折循环之时势，而为其奴隶焉，则庶几欤！

不佞此篇所欲述者，乃共和国家之青年对于社会之事。今者通功易事之制兴，公共生活之业起。一自有生以后，盖无一举一动而不息息与社会相关者，生计、教育等事业，其最著者也。处独立生计时代，自耕自食，自织自衣，无交易之习惯，故可以老死不相往来。今则分功协力，为生计之原则。一人之学问职业，举莫不与社会相需相待，以底于成。孤立营生，微特反天演之进化，抑且危一己之生存。闭门自守之生活，既非今世之所能，则吾辈青年，即应以谋社会之公益者，谋一己之私益；亦即以谋一己之私益者，谋社会之公益。二者循环，莫之或脱。

损社会以利一己者固非，损一己以利社会者亦谬。必二者交益交利、互相维持、各得其域、各衡其平者，乃为得之。故今之为社会谋公益者，第一须取自利利他主义。自利利他主义，即以小己主义为之基，而与牺牲主义及慈惠主义至相反背者也。不佞谨继此分论之。

何言乎自利利他主义也？社会集多数小己而成者也，小己为社会之一员，社会为小己所群集。故不谋一己之利益，即无由致社会之发达。近世生计学家，以自利心及公共心二者，为揹挂生计事业之两大砥柱。所谓自利者，即欲使一己之利益，着着落实，非特不害他人之利益，且以之赞助他人之利益之谓也；所谓公共者，即以为社会一员之我，藉公同之事业，而以谋全社会之利益者，遂其一己之生活也。共和国家之人民，互相需待，互相扶持。凡一己所为，莫不使及其效力于全体，各尽性分，以图事功。考其所为，果为自利，抑为利他，举莫能辨。何也？以群己之关系至密，自利即以利他，而利他亦即以自利故也。顾近世国民之自利，绝不与独立生计时代之自利相同。彼之自利，夺他人之利益，窃为己有；此之自利，藉社会之公益，以遂吾生。彼之自利，与社会之公利分道僢驰；此之自利，与社会之公利同归合辙。彼以行险徼幸为能，故自利实所以败风化；此以同心协力为主，故自利即所以遵德行。此即不佞所以合生计之二大砥柱，而名曰自利利他主义之本旨也。

何言乎自利利他主义，必以小己主义为始基也？共和国民，其薪向之所归，不在国家，乃在以国家为凭藉之资，由之以求小己之归宿者也。国家为达小己之薪向而设，乃人类创造物之一种，以之保护小己之自由权利，俾得以自力发展其天性，进求夫人道之完全。质言之，盖先有小己后有国家，非先有国家后有小己。为利小己而创造国家，则有之矣；为利国家而创造小己，未之闻也。欧洲挽近，小己主义，风靡一时。虽推其流极，或不无弊害。然其文明之所以日进不息者，即人各尊重一己，发挥小己之才猷，以图人生之归宿。而其社会国家之价值，即合此小己之价值为要素，所积而成。吾国数千年文明停滞之大原因，即在此小己主义之不发达一点。在上者持伪国家主义以刍狗吾民，吾民复匿于家族主义之下而避之。对于国家之兴废，其爱护忠敬之诚，因之益薄，卒致国家、社会、小己，交受其害，一至于此。今日吾辈青年，正当努力以与旧习俗相战，以独立自重之精神，发扬小己之能力。而自由、权利二者，即为发扬能力之梯阶。务须互重权利，互爱自由，瀹灵启智，各随其特操异秉，而充发至尽。一己之天性，完全发展，即社会之一员，完全独立。积人而群，积群而国，则安固强盛之国家，即自其本根建起，庶足以巍峨终古，不虞突兴突废矣。国家社会，举为小己主义所筑成，此不佞所以以小己主义为自利利他主义之起点也。

且不佞所谓小己主义者，有二要义焉：一曰用才，二曰重法。共和国家，为各展才能无所曲抑之国家。凡有寸长，均当致诸适宜之境以用之。所谓用者，又非授人以进退黜陟之柄，自为皂隶牛马，供彼颐指气使也。乃己有一分之长，即举而贡献之于社会，无所谦退，亦无所夸张。古之用才，权在君相；今之用才，权在自身。古之怀才者，多待价而沽；今之怀才者，宜及锋而试。怀才于共和国家，而犹待人荐擢，是反主为仆，自侪于皂隶牛马之列，显然自丧其人格。共和国民，不宜若是其贱也。至于共和国家之法，乃人民之公约用以自治自克者，非他人任意制定举以束缚吾人者也。吾人所以乐共和而恶专制者，即在欲得此制法机关，自审吾人所利、所害、所乐、所苦之何在，谋自为趋避之计耳。法律果真由人民总意以定，即应绝对服从，绝对遵守。所谓服从、所谓遵守者，非服从、遵守其形式，须服从、遵守其精神。非因执法者在前，乃勉为自好之士；须于无人察觉之际，而深其自懍之心。惧执法者在前，而始不敢犯者，实寡廉鲜耻、不能自立之辈；乃其所不敢为，非其所不甘为，乃惧他人之察觉，非惧良心之察觉也。夫所谓人格者，乃节操之当然，伦理之本然。凡为人类，皆当自知爱护，自知尊重，以副其远于禽兽之实，非所以要誉于乡党、朋友者也。违法而不视为人格上之奇辱，乃视为交际上之缺点，不耻无以对己，乃耻无以对人，是即根本上违反小己主义之处。凡我青年，皆当用以自省者也。

此外尚有背戾自利利他主义者二事，即牺牲与慈惠是也。凡为社会共通之原则，奉行之者千万人，流传之者千百世。必其则焉，得乎人情之中，放诸四海而皆准，不使一部感其无妄之灾，一部得其分外之惠者，乃克如此。若损其一以利其一，凭一人一时之意气，偶一行之则可，非所望于大公无我、相安相得、区处条理、各适其宜之共和国民也。任侠之徒，愤季世之不平，凭一时之义勇，偶然行此牺牲主义，固足以振起颓废之习俗，激发腐坏之人心。至共和国家，乃合人人之利益以成社会之利益者，人己交际之间，必俱益俱利，乃不违乎社会公益之原则。设损一己之利益，以利他人，则一己之利益既丧，即社会利益之一部，缺而不完。而所谓利他人者，未必即能为他人之利。即苟能之，然一方弃其所应得者而不得，一方乃取其不应得者而得之，亦绝非相安相得、各适其宜之道。且生计通例，凡大利所存，必其两益。已受勤劳之苦者，即应享勤劳结果之乐，乃克维持一群而不涣。今持牺牲主义，使我尽受勤劳之苦，而勤劳结果之乐，乃尽让他人享之。人人皆思受苦而不思享乐，则享乐之事，将谁甘受之？有苦无乐之世界，其能发育人类者几何？反之，而人人皆待他人勤劳之结果以供一己之享乐，则勤劳之事，又将谁任之？有乐无苦之世界，其能锻炼人类者又几何？夫人各有所欲，各有所求，身养其欲，自给其求，且以致人人之所欲所求，各安其相适之域，而如量发泄，安行尽利，乃所以利益社会之过。损其一以利其一，则其利也，必有所穷；而其损也，亦必不绝。非大公无私、相安相得、区处条理、各适其宜之共和国民所宜行者也。此牺牲之事，所以尽反乎自利利他主义也。

复次，有慈惠主义。夫社会之利益百端，要皆由勤劳而得。约翰·弥尔晚年《自叙传》中有云："吾深盼夫无贫无富之社会为可企及也；吾深盼夫不勤劳者不衣食，举世之芸芸总总，均莫逃此规则也。必尽其勤劳之因，乃获生产百物之果。生产物之分配权，万不可决之于诞生，要当决之于正义。"不佞之引此说，乃取其"不勤劳者不衣食"及"生产物之分配权，应当决之于正义"二语。其立论之旨，非所问也。人之所以可贵者，在有人格。日本浮田博士曰："人格因勤劳而成立，因勤劳而实现……斯道德于凡属有益于社会之勤劳，皆视为神圣，而尊之敬之，视为发育人类之品性、完全人类之人格所不可或缺者焉。"然则欲保全人人之人格，必令其藉服劳之结果以自遂其生。仰给于他人者，举为丧失人格之事。今抱慈惠主义者，固明明以丧失人格之事期诸被惠者矣。使之不劳而得财，既反乎生计之原则，其终也必养成被惠者之依赖心，挑动其侥幸之念，而败坏其勤劳之力。且己既以慈惠为仁为善而行之矣，则被惠者必为不仁不善。以仁善自居，而以不仁不善之事转加他人，一方受道德之美誉，一方犯不道德之恶名，已非一视同仁者所忍出；矧更违生计之原则，而与社会上以莫大之恶害哉！然则共和国家之青年，他日立身之计，惟以勤劳易利益，自保其人格，并以保他人之人格。不以慈惠之名诱起社会之恶德，斯为中庸之正道矣。

总之，今者既入于社会生计时代，社会利益，乃根基于小己利益之上积合而成者。欲谋社会之公益，必先使一己私益著著落实，乃克有当。非然者，全其一以丧其一，则社会利益，将终古无完全发达之时。德国伯伦智理（Bluntschli）有言曰："社会富孕生计、智识之原力，以扶助国家者也。社会不良，则国家之不良随之；社会安宁利达，则国家亦强。故社会者，治安之条件也。"社会与国家之关系，其重要如此。吾国徒以隶于宗法制度之下，垂四千余年，人各重夫一家之私，多不识社会为何物。而"以谋社会公益以自遂其生"之思想，举凋零颓丧，发达难期，遂奄奄至今，日濒于危矣。而犹守宗法制度，奉爱若神。稍一置议，则目为大逆。习俗浸润，浃髓沦肌，法令教育，一时皆难以收效。非人人自悟其非，而以明于中者行于外，持自利利他主义，以振起颓俗，夫固未易言也。语其根源，惟在青年之能改造时势，不为旧说所拘，则庶几也。

秋风萧瑟，霖雨经旬。槛前淅沥之声，似有意扰吾旅人，故示其变微音节以相逼。东瀛秋节，风恶潮汹，固时予人以可怖。然大抵多倏起倏落，从未有掀天撼地、相逼而来者。今年何年，胡乃变态若此，诚有令人不寒而栗者矣。乃返瞻故国，萧墙之内，隐伏干戈，激变挑衅，无所不至。一若鹬蚌不久相持，即无以惠彼渔人者。彼行尸走肉之辈，原无足责。独怪吾辈活泼青年，本自居于国家主人之列，放主人之职而不尽，是谓暴弃。要知今年今日，绝非吾人所能自暴自弃之时。今日之变，非但国体之良否问题，实为国家之存亡关键。他日或可旁观，此日则断不容袖手；他人或可贷责，吾辈则断不能少卸仔肩。此不佞所以再四叮咛、苦口忠告者也。前此二篇，乃吾青年之对于国家社会也，当思发挥其实以副之。此篇之旨，则吾青年自今以往，当思所以立身处己之道。故此后所陈，皆就原理往例以为言，俟读者之自觉焉耳。

夫总人类集合之全体，而名之曰国家；指人类协同创设之制度，而称之曰国体。是国家为人类所合成，国体为人类所创造，均非本有自体，由勾萌析甲、含生负性而自生自长以底于成者也。近世学者，自伯伦智理（J. K. Bluntschli）以迄韦罗贝氏（Willoughby），均以国家之起，肇自人类之自觉、感情、意志。而国家有机体说又为多数学者所斥驳，搭击之至无完肤。然则国家之立也立于人，国体之变也变于人。吾人欲创造何种国家，立何种国体，吾人即向何方面着着进行，无所用其顾虑。美国《法苑》之诠国家也曰："国家者，乃自由人民为公益而结为一体，以享其所自有而布公道于他人者也。"（A State is a body of free persons united together for common benefit to enjoy what is their own and to do justice to others.）吴汝雪（Woolsey）亦曰："国家者宜有公道者也。国家而无公道，则其组织，即为不适宜于人群。"然则国家创造之主，曰自由人民；所以创立之因，曰为公益；所以永存不灭之理，曰主公道，曰适宜于人群。兼备此四种要素，而后国家方克巍然存乎天地之间。反乎此者，皆谓之违反今世国家成立之原则。夫违反其原则，未有能生存于今世国家之林者也。国家非物，违反原则与否，非由自动，其自身绝无功过之可言。设其主人袖手旁观，以听国家之自处，欲其自赴于原则也，于理于势，皆有所不能。万众齐趋，造成时局，曰景运；万众瑟缩，酿成祸患，曰浩劫；抖擞精神，着着前趋，曰进步；灰心颓气，任其颠覆，曰退化。吾辈青年，活泼其心，方刚其气，仔肩巨责，来日方长，如以造成景运、着着进步自任也，是谓之自觉；如任万几退化，漠不关心，浩劫长流，永陷不复也，是谓之自杀。使吾辈青年而欲自杀也，则亦已矣。否则正宜猛然奋进，趋于自觉之途，以免自杀之惨。虽然，蠢然盲动，君子所羞。吾辈果欲自觉，必有真正自觉之道焉，而非可盲然以进者也。

青年自觉之道，首在练志。志者，根诸心，发诸己，非可见夺于他人，而亦非他人所能夺者。以他人之志，强夺吾志，及用他人之志，以代吾志者，皆属横暴之事。练志之方，第一即在打破此种横暴障碍，以还我本然之自由，而后志乃可立。曰吾志被人劫夺，曰吾志被人强代者，皆庸庸碌碌、懦夫奴性之流，聊以解嘲而已。果为志士，其动也必随心而之，吾志暂时不行或有之，若夺云、代云，必吾先有易夺、易代之弱点，动人轻视之念；或先露可夺、可代之破绽，予人可乘之机。不然己不被夺，己不甘使人代，又谁能夺之、代之？夫国家者，由吾人之志而成；政策者，合吾人之志同心戮力以向一定之方向而之者也。故国家建筑于人民意志之上，主权发见于人民意志之中，无志则国已无基，奚由而建？主权无主，奚由而生？世人动曰：吾非不欲立志，特强横暴我，时势迫我，境遇苦我，故俾我颓丧至于斯极。不知所谓志者，正在搭此强横，创造时势，战胜境遇，而后志之名称乃称，志之能事乃完。志之实力，乃予人以可见，否则皆谓之无志。待时会之来，乘之以自见于世者，因缘际会而已，非志也；仰他人之势力，利之以显吾身者，徼幸成功而已，亦非志也。吾所云志，乃预定其当然之理，排除万难，拨开障碍，而循轨赴的以求之。设已然之事，而不与吾当然之理合，则立除其已然者，而求合乎吾所谓当然。若徒叹其不然、听其自然，或待其将然、幸其或然者，举非吾人志内之事，志士绝不为也。人类所以为万物之灵、不为天演所淘汰者，正以负有此志，可以人力胜天行，能胜物而不为物胜。先定一当然之方针，因之以求其将然之归宿，而幸福、安宁、自由、权利，乃可获得，乃可常保，此则立志之用也。

天下万事，凡理之所在，即为事实之始基。初不必旁征故例，以相质证。然即欲明证其例，亦自非远。今为简单便利计，请引法兰西史以明之。《迈尔通史》（Myers' General History）论法兰西革命之原因，首谓由其君主之专横凶暴，妄用其权，人民之生命财产，得以任意处置。人民被囚，往往不识身犯何罪，而暴征苛敛，又皆唯所欲为（见《迈尔通史》第六百二十七、八页）。以不佞所闻，法自路易十四以来，屡行暴政。赋税之担负，至贫民而益重。强制公债，滥发无垠。不良泉币，遍布于市。贫富相悬，益不可以道里计。握特权者，穷奢极欲；而耕农苦力，至贫无立锥。至千七百八十九年，国债山积，国家财政，几于破产。呜呼，何其危也！及观其革命既成而后，建设共和，实施宪政，人民之生命自由举为宪法所保障。《人权宣言》之大旨，一曰自由平等根于天生；二曰国家主权完全在民；三曰法律主于人民总意，一视同仁（见 The Declaration of the Rights of Man，August 26，1789）。至其赋税，不得人民许诺，即不得增加一钱。自脱去革命厄运，以迄于今，其享受自由幸福，在世界民族中为第一。呜呼，又何其幸耶！当其暴政横行，国势垒卵，举国志士，绝不苟安旦夕，自取灭亡。而乃怒发冲冠，捐躯殒命，血潭骨阜，炮震肉飞。虽其间几经挫折，共和方成，专制旋复，而奋其义勇，绝不迟回。前者覆亡，后者又起。此其故何哉？志在共和。共和未得，故身可捐而志不可违也。彼知不牺牲今日之身家，即无由致国家于安宁巩固之域，而有以保护其神圣之自由也。志之所指，险阻立化为坦途，危亡立转为安泰。法兰西国民知之，法兰西国民行之，此正有志之效也。

青年自觉之道，又在练胆。夫志者，理义既明、定其正鹄以为趋赴之的者也；胆者，本此正鹄、鼓其豪兴以赴前途、无所于惧无所于恐者也。志为心之所之，胆为行之所主。太平之世，因故袭常，循例以行，罔有所阻。当此之时，瑟缩怯懦之夫，亦得滥竽其列。而吾所谓胆，乃退处于无权。及一旦天倾地裂，雷震风惊，狮象在前，猛虎蹑后，国势阽危，千钧一发，覆亡之惨，悬诸目前，瑟缩懦怯之夫，汗颜咋舌，慑伏退避，而不知所为。吾所谓胆，乃于是脱颖而去。故胆之为用，专在危急存亡之秋，过此以往将无用武之地。今者吾国险象迭见环生，为有史以来所未见。时之所以锻炼玉成吾人之胆者，委曲周至。吾人须知魔力横生，强邻虎视，在在皆为吾人试胆之时。语曰：英雄造时势。时势何以造？以胆造之。青年第一秘诀，要以时势危急，为吾人练胆之资，不得因时局垂危，遂生丧胆之象。故自今以往，吾国时势，诚为吾人练胆之第一好机也。

彼法兰西自革命以后，制度破坏，秩序荡然，迫入于恐怖时代（Reign of Terror）。激烈党之互遭残戮者，不下百万。外而列国王侯，又以革命影响将不利于己，从英俄之提倡，联结诸邦，合兵攻法。四境敌兵，长驱深入。血战不利，至千七百九十九年一败涂地，国势之不绝者直如缕耳。然法人求共和之心，谋自由之志，未尝因是而止也。其后拿破仑以一世之雄，刍狗法人，从事远略。欧洲列强，莫不为其铁马金戈所践踏。对外如此，对内其又奚言？共和既翻，帝政旋始。生杀予夺，从其一心。然法人求共和之心，谋自由之志，未尝因是而止也。云其危急，其有过于四面楚歌，声声相逼。外兵既临城下，而国内党祸，尚自相水火者乎？云其迫压，其有过于盖世魔王，手操兵柄，长驱普澳之郊，几如入无人之境，况或少怀顾忌于所谓民意民气者乎？何法人迫于党争而不惧、迫于联军而不惧、迫于一世魔王之残摧而不惧，而必善始善终，求所谓共和，求所谓自由者乎？曰：胆为之也。惟其胆略之壮，故能成此掀天撼地之殊勋，为民族而战，为国家而战，为世界之人道而战，而无所恐怖也。此又练胆之功也。

青年自觉之道，又在于练识。识者，御事以理，判案以律，推其原因，而有以知其结果者也。故识之本在学。学者，籀其因果公例，用以数往知来，见其然而必以推其所以然者也。如见日而知其朝升东海，夕沉西山，见木叶之入水而知其浮，见金石之入水而知其沉。此但知其然，非可以之为学也。若见太阳之西向而走，即识为地球东向回转之结果，知地球之回绕太阳，为由引力作用之所致，见木叶金石之浮沉，即理解其从比重之法则而然，此乃谓之科学。非依据律令，不得以臆擅断之，学之真乃于是见。夫求科学之道，不外于万殊物理之中，归籀其统一会通之则。执此统一会通之则，以逆万殊之事，以断未然之机也。前者谓之归纳，后者谓之演绎；前者用以读书，后者用以应事。其所以求此之法，应分三种：一曰试验。试验者，见一物之既然，因以求同此物者之皆然，所得者事实也。次曰推证。就其事实，谨慎研求，以寻其常然之例。常然之例者何？曰因同者果莫不同是也。再次曰推概。推概者，既得物理之常然，著为公例，用以逆睹未形者是也（语本严复：

《名学浅说》)。如化学家分验杂质，合炼原素，执因求果。凡显见之象，变化之节，均如所期者，谓之试验。由此试验，而求某质之所以显某象者，因于某理，某原素之所以呈某变化者，因于某故，由其然而推其所以然者，谓推证。至于推概，则执此所以然之例，以逆未然；就纷然万殊之物，以籀其同然合理之原。吾见虽或有涯，而吾例则统摄万有，于是归纳之事尽矣。明同因同果之法，则知凡因确同，果必无异。他人以甲法强国者，苟其因确与吾同，则吾用甲法，亦必强国；他人用乙法争得自由者，苟其因亦与吾合，则吾用乙法，亦必争得自由。故准卢梭自由平等来自天生之例，则可知吾既为人，亦应享受天然之自由平等。或有障碍，皆为外缘，吾得排而去之也。准卢梭主权为人民总意所成之例，则可知吾国主权，既无物质，亦应由吾人人民总意肇发之。非然者，即为伪造主权，与吾人无与。凡此皆物理、人事，例有相通者也。

虽然，今者文明大启，而人事之发明有不必为物理之例所拘者。即物理者，每由例以求理；人事者，可由理以肇例是也。物理学家，先于例中考求，由旧有之例，以推阐新理。设例不吾从，吾之理即不能立，当变吾理以殉之。至人事之学则不然。主观在我，凡我以外皆客观。故吾理苟觉可通，吾例即从之而见；凡例有未当吾理者，得以吾理变其例，徒例不能立也。前者由已然而推其所以然，后者则以当然易其未然者也。此又近世物理、人事之根本不同处也。论政者，人事之学，即不引例，吾说亦自可行。矧吾国今日情形，在在与他国之往例有合。理例俱符，他日结果，又安能逃人国之公例哉？

顾吾所谓由理肇例者，乃谓理不必限于例，非谓凡例皆非理，或理皆先于例也。大抵文化初开之时，多以政例肇政理。故有尧、舜、禹、汤之政治，而后孔、孟之政论乃大明。至文明大启之秋，则常以政理启政例。故孟德斯鸠之三权分立说，为近世宪政之精神；卢梭之平等自由论，遂唤起法国之革命。盖以政例肇政理者，其思想常拘于守成；以政理启政例者，其思想常趋于改进。今之世，固脱故谋新日日演进之世也，固理论一出，而世界之趋势因之丕变之世也。吾人今日第一要务，即在求确当之政理，以为政例之前驱。确信于理可通，于例即有可立。察他人之理论，可行于其国者，则知吾人之理论，必可行于吾邦。其所难者，在于察因耳。察因中所含之条件，果确与平日所推论之原理同，则遵吾所推论者以行之，他日自必收相同之果。此按诸逻辑，其律不爽者也。吾国今者，其原因何在，因中所含之条件何若，果宜从若何之理论而行，乃有转危为安之望，此则专在吾辈青年之自觉。欲自觉其正途，不致旁皇道左也，则识尚焉。此练识又所以为自觉之要道也。

总之，练志、练胆、练识，三者互相为用，不可缺一。以志言，则胆与识所以定志者也；以胆言，则志与识所以壮胆者也；以识言，则志与胆所以致识于用者也。志何以不移？有胆有识以定之故不移。胆何以不怯？有志有识以壮之故不怯。识何以能行？有志有胆以致之于用则行。吾辈丁兹国运，第一戒在抱悲观，第二戒在图自了。一抱悲观，则灰心颓气，而不存猛勇奋进之心；一图自了，则朝不谋夕，而不存任重道远之念。境由心造，心神强壮，则虽残山剩水，亦为我动心忍性之资；心志颓唐，即壮版雄图，反增我感喟凄凉之恨。至欲图自了，则今日更非其时。若吾身昨年已死，自了之愿固可告终。苟吾之死应在明年，则今年尚为吾奋斗之期，而非吾告终之日。非特明年然也，即吾之死在次月、次日、次时、次刻，而吾之奋斗尚当于此月、此日、此时、此刻行之。急起直追，至死乃止，则主人之责已尽，而吾怀乃可少安，吾心乃可明告于天下后世。此所以当共和告别之顷，而殷殷然对我青年，为此临歧握手、各自珍重之最后一言也欤！

（原载《青年杂志》第 1 卷第 1、2、3 号）

近世国家观念与古相异之概略
（1915 年 10 月 15 日）

一涵曰：伯伦智理（Bluntschli），德意志瑞士之秀里人也，于千八百五十二年，崭然特起，创《原国》一书，论者至拟之为希腊亚里士多德。学风所被，论政之士，几无一不受其薰陶，诚近世公正坦白之评政家也。其书去今五六十年矣，而精义入神之处，犹为觇国者之所宗。此篇为《原国》中一节，征古今立国之大经大法，条举骈列，存而不议，令读者一开卷间，自得其变化迁流之绩，恍然悟人事演进不主故常之道焉。比年以来，吾国论政之士，多拘泥史绩，未观其通，不悟吾国生机停滞，今之现状，方诸西土，仅当其千百年前之故辙；乃谓中西殊途，不可强合，方将守此终古，识者惧焉。士君子读史，原在籀古今变迁之往例，测将来人事演进之所趋。天演之运，脱故谋新，迤逦前驰，永无退转。若认作循环，谓继今而往，凡质变迁，皆于古为重规叠矩，则一乱一治之局，终不可逃，是何说哉！今移译是篇，世有君子，读其文，寻其变，原始要终，探其演进相沿之程序，庶几会通进化之理，而不为史绩所迷欤？

太古国家观念与近世国家观念之差异

（一）公认人权

向也，国家剥夺人权，因亦讳言小己之自由。国民多为无权利之奴隶，所谓自由公民，仅少数耳。农工商贾，多委诸奴隶之手，职此之故，贱视勤劳，凡奔走服役之夫，绝无毫黍价值。奴隶无关于国，仅托庇主人，以联络于国家而已，无与闻国事之权，无父母兄弟之邦，人格之权剥蚀殆尽。习惯奉行，胜于法典，虽至善者，亦无定局，而日趋于恶焉。奴隶谋叛时有所闻，而莫不同遭酷遇者。

今也，国家一视同仁，凡属人类，均享人权。废奴隶之阶，视为不道，即附土农奴、世传仆役，亦视为背乎人身天然之自由。人之身体为享有权利之主，不得视同器皿，附属于人。勤劳之事，珍重期待，一任自由，各级人民均有与闻政事之资格，选举之制扩充至普，甚至奔走服役之子亦界之而不遗。奴隶谋叛，于今弗睹，国基于民，故根深窨固，安若泰山。

一涵曰：吾国贵贱阶级，方诸西土，似不若彼之酷。布衣而为卿相、匹夫而作帝王者，比比皆是。是乃自始而然，非群化演进、悟而革之者也。至享有人权、与闻政事、国基于民诸事，方之彼邦，将类其近世之制，抑类其太古之制软？识者当能辩之。天国为人而设者也，国家权利即以人民权利为根基，自由人格全为薪求权利之梯阶，而权利又为谋达人生归宿之凭藉。人生归宿还在人生，非一有国家便为归宿之所。以人民为国家之牺牲品，若主人之豢畜犬豕麋鹿然，视人若物，剥尽其权，此太古国家之盛衰兴废所以视政府之智愚贤不肖，而其应如响也。今者国本在民之理大阐明于西方，举国家全力，保护人民之权利，人智日启，即国家之文化日高。国家文明，因人演进，自今以往，日新月盛，将永绝一治一乱、突兴突败之局，而立不退转之文明。然则保障人权，其今日立国之神髓也软？

（二）国家措施之范围

向也，国家行为于人生事业总括无遗，举宗教、典章、道德、技艺、学术、文化，一听国家之措施。祝宗之职，即为布政之官，小己之精神自由亦多为其所否认。今也，国家自悟限制其权力，而为法律、政治之社会，宗教信仰之管辖均委之教会及小己之自为，祝宗之职专为司教之官，科学、技艺脱离国权之干涉，而质疑建说之自由，又举为国家所珍卫焉。

一涵曰：立宪国家之第一要义，即在限制其政权，而范围之于法律之中。国家违法与人民违法厥责维均。盖国家、人民互相对立，国家权力仅能监护人民之举动，防其互相侵害，无间于物质、精神，国家均不能以自力举行之。国家可高悬奖励学术、技艺之典章，而不能以其权力自图其发展；国家可颁布奖励生产企业之命令，而不能自任勤劳、自冒危险。其所能者，则立于人民之后，赞助人民自为之耳。质疑建说之自由，乃人民自为之凭藉，所以瀹灵启智，俾充发其本然独立之能者也。

今者吾国政权，其有所限制欤？质疑建说，果得自由欤？世有君子，举吾国政纲，层层抉剥，必有以知其近于近世抑近于太古者矣。

（三）小己自由及私法

向也，握有权利者，仅公民耳。希腊公私两法，杂空混淆；罗马虽区分其原理，然私法之行，犹全恃人民与国家之意向。小己自由，为其与国家抵触也，亦痛恶而深讳之。

今也，小己举有权利，私法公法画然判分。然私法之事，乃国家所认许，非国家所创制，乃国家所保护，非国家所指挥。人民自由独立发展，不为国家所侵蚀，行使权利，举由一己之意志，而不为国权之所拘。

一涵曰：约翰·弥尔氏谓自由为缮心瀹性、锻炼人生特操异撰之资。柏哲士谓国愈文明，则自由之范围愈广。盖维皇降衷，各有异秉，非随异而之，充发至尽，则无由展其天能，故自由尚焉。国家之文明愈高，自由之界域愈广，实则自由之界域愈广，国家之文明始克愈高耳。今者吾国小己，即梦寐犹不得自由，束缚驰骤，较之希腊、罗马，且万万有加焉。而鼎鼎文名之子，且公然著论，拾赫胥黎之片语，驳卢梭之真诠，引物理家言，证明天壤间绝无所谓自由之事，盖自忘其前日盛称约翰·弥尔书时，曾作何言语也。

（四）统治权

向也，国家统治权绝对独立。

今也，国家统治权乃立宪以自制。

一涵曰：近日留东法政学生，颇拾东人牙慧，唱国权无限之说。然东人崇德学，不读伯伦智理之书乎？

（五）直接政治、代表政治

向之国权，主权者直接运用之。在古代共和国家，为公民凡齐集国民议会，以直决主要之公务。

今则代议制兴，代表机关由公民进举者组织之，以代表齐民之意向，核定国典，运用政权。则今之代表机关之能力，实视古代为尤优焉。

（六）都城民族

希腊为都城国家，罗马则扩张之而为世界国家。

近世以民族国家为最要，都城仅国中之社会，非为国家之中心。

（七）分职

向也，国家之运施，虽因性质主旨而异，然常以同一机关举行各种之职务，立法、行政、司法等职，时执行于同一议会、同一官员。

近世则设官分职，各种事务畀诸各种机关，昔之因权力之旨而分者，今则转因人身之职务而分矣。

（八）国际关系

古代国家之受制于外也，仅为他国所抗拒，而不受普通国际法之制裁，罗马且悍然以辖治世界之力，为己国之特权。

近世国家，举认国际法以限制其国权，藉之保全其民族之生存，反国家之自由，而不许一国高张国权加诸他国之上。

中古国家观念与近世国家观念之差异

（一）源于上帝及源于人生

中世思想以国家及国家之治权为由神降，而国家制度乃神所指挥创造者焉。

近世国家则为人类所建筑，立于人类性情之上，乃公共生活之一制度，创设运用于含灵秉气之人生，由之以蕲人类之归宿者也。

一涵曰：神权国家之说，以元首直接代宣神意，天威尊严，懔然不可干犯。其弊也，小己对抗政府之权利，扫地尽矣。近世乃一反其说，而谓国家为人类所创造以求人生之归宿者，而国家、人民，始同处于法律之中，而有平等对抗之资格。小己权利，乃于以蔚然振兴，郅治之基，方定于此。吾国古虽以神道设教，称元首曰天子，然论政之书，其迷信神权，未尝如西土之笃。乃今者于古无神权之国中，倏有祭天典礼，比隆于古之帝王。某氏贤者也，竟有《郊天典礼与政治思想之关系》一篇皇皇大文，载之《京报》，盛称神权政治，且谓外国学者不知我国政治之大本。呜呼！是何说者！吾国人其狂易邪？何以国家思想固犹在太古以上也？最近政象之支离，岂尽执政之咎哉，曲学阿世之士，盍自反乎！

（二）神学及科学

中古国家观念，举为神学原理所统制。回教认国土为上帝之王国，而托之于苏丹（Suetan）。耶教则明认国家与教会之二重主义，但信上帝有二道，一圣一俗，一托诸法王，一托诸皇帝。新教讳言神道，仅认国家之大权。惟君主权力，降自上帝，故欲坚握国权，必准乎宗教观念。

近世国家根本原则，为人类哲学、史学所制定，而政治之学首以人生理论诠明国家之性质。有谓国家为小己社会联合而成以卫其安宁自由者，有谓以民族为本位缔合以成者。国家观念不迷于宗教，亦不反乎宗教；国家不恃宗教信仰，而亦不讳言维皇降衷之事及政府信教之为。至于政治，则蔚成科学，不羼杂神道，但殚力诠明国家为人种创造之制度焉。

（三）神政

中古国家之观念，与东方民族迥殊。东方民族为直接神政，西方则间接神政，而主治之人即为上帝之代表。

近世国家，一切神政均屏诸民族之政治良能而外。国家为人类创设之制度，国家治权为公法所限定，而政治蕲向诠以人性之理，运以人类之力，以求民族之公安。

（四）宗教

中古国家，全凭社会之信仰，而要求统一之信条。信根浅薄者流及旁门外道之子，举剥夺其政权，迫胁驱除，俾无噍类。其最上者，则仅容忍之。

近世国家，举不以宗教为法典之条件。公法、私法均脱教旨而独立，且为之保护信教之自由，俾异教之徒，互相和结。即有背教不信之子，亦禁其横加迫胁之行。

（五）教会

中古耶教之徒，谓教会为精神之事，故高尚；国家为肉体之事，故卑下。此掌教之主所以高立于国王之上，而僧侣亦首出于常人，以享有宽免租税之惠及特别大权。

近世国家，自拟人身，举其精神、肉体，而一以贯之（精神即民族精神，肉体即宪法也），独立以与教会相对峙。且积人为体，含蕴质力，主有至高之权，驾乎教会之上。国家法权，四民同享，僧侣之高贵，既非所认，即许免及特权之事亦并与而废之。

（六）教育

中古教会掌有教育青年之权，科学之事亦运行于其权力之下。

近世国家仅以宗教教育畀诸教会，至学校乃国家之学校，科学则离教权而自由独立。其自由之事，国家则专司保护焉。

（七）公法及私法

公私两法无所区分，领土权视同物权，为国王之所私，有国王权力即其家族权利焉。

公法私法画然判分，公共权利一变而为公共义务。

（八）割据主义及统一主义

中古封建制兴，国权分裂，递嬗递降，由神及王，由王而公侯、而武士、而都邑，法律之制定极其万殊。

近世国家为民族所部勒，用其国权保持统一。国基奠于民族之上，愈张愈广，法度典章，适于民族人道，而一视同仁。

（九）代议制

中古代表限于阶级，僧徒、贵族最占其势力，法度典章亦因身份财产而异。

近世国家必赖人民代表，四民平等，绝无差异。国家大权掌于多数人民之手，而其根基毕奠于齐民之上。各级平权，同为公民。法度典章，全国人民一体待遇。

一涵曰：今世国家原理，在以国家为全体人民之国家，非为主政者一人之私产，无间君主、共和，皆取惟民主义。国属于民之特征，即在与人民以参政权一事。故代表制之设立，即明示国家为公，宣布人民总意即为国家施政之准则，俾各党、各派、各级、各流之意见、感情、希望、痛苦，得以如量宣泄，相剂相调，铸成萨威棱帖（Sovereignty）。民情舒则国基固，长治久安之道，肇于是矣。今者吾国之萨威棱帖，既不许合人民总意以铸成，则即有代表机关，亦聋哑者之口耳，具文而已，绝非宣示人民意见、感情、希望、痛苦者。矧并此具文而犹欲绝之哉！固不若谓为中古国家，或竟曰部落，犹似名称其实也。

（十）自由

列侯贵族自由之权大张，致国家权力旁落下堕，村农贫氓之自由权剥夺殆尽，使终拘于不自由之天。

近世国家，公民之自由展至各级，全体国民均服从于国权之下。

（十一）国家措施之范围

中古国家，固亦有法，然裁判之事有所督厉，致人民不能维持其权利，政府行政均甚衰弱，且毫无发达之可期。

近世国家，为其立宪也，故亦为法制国。惟同时从事于生计、文化，而以政治统系一切焉，政府强固，行政亦殚精进展而以求民族社会之治安为归。

（十二）无意而然之习惯及精心创制之立法

中古国家，鲜有精心卓识经营缔造之事，多随自然及大势之所趋。

人人所知，惟在天然之发育，而习惯之事，即其典章制度之大源。

近世国家，几无一事不由意匠费营，其所措施，皆有物有则，根于法理，而不因其天然。人为之法，乃其典章制度所由生。

一涵曰：统观伯氏之说，则国家观念，由浑之画，由虚而实，由迷信而真理；出治之权，亦由一阶一级，降而普及齐民，大例昭然，五洲万国，举莫能逃者也。乃回顾吾邦，事事反古，出死力以排除近世国家原理，似惟民主义能行万方者，独不能行于吾国，非持数千年前陈言古义逆系人心，则其群必将立涣，凡其制为吾史乘中所未经见，即当视作异端左道，百计驱除，一若国国皆循进化大势以前趋，独吾一国必遥立于天演公例而外，逆进化之大势而退转。自由平权人格权利，在他国视为天经地义，倾国家全力以保护之者，在吾国必视为离经畔道，倾国家全力以铲除之。他国已入于一治不乱之时者，吾国必永罹一治一乱之劫。犹曰：此吾国历史之特征也，此先王之微言大义深入人心也，此亚洲民俗不能强合欧美也。囚心于虞夏商周，定睛在三皇五帝，迷身于一朝一代历史现象之中，举其比例参勘观察会通之官能屏而不用，则迷于一国史绩，更何待言？苏子曰：不识庐山真面目，只缘身在此山中。吾国君子，得毋同病此欤？欲知妍媸，在于取镜自览，移译此篇，取镜之义也。

（原载《青年杂志》第 1 卷第 2 号）

民约与邦本
（1915 年 11 月 15 日）

往古政治思想，以人民为国家而生；近世政治思想，以国家为人民而设。而揭此大经大法明告天下，俾拘故袭常、陈陈相因之人心政论别开新面，自其根本改图、以归正极者，是为民约说（Contract Theory）之殊勋。夫立国之始，必基于人民之自觉，且具有契合一致之感情、意志，居中以为之主，制作典章制度，以表识而显扬之，国家乃于是立。故国家之设乃心理之结影，而非物理之构形，自觉心理悬而非察，故国家本体亦抽象而无成形，非凭一机关则不克行其职务。此机关之设，必与国家同时并生，以其直立于国家之后，执行国家之职务，其势常易于攘国家权力据为己有也。故文明各国，皆规定宪法以制之。宪法由国家主权而生，非以限制国家自身之权力，乃以限制国家机关之权力，即规画政府对于人民布政运权之范围者也。政府之设，在国家宪法之下，国家之起，见于人民总意之中。政府施设，认为违反国家意思时，得由人民总意改毁之，别设一适合于国家意思之政府，以执行国家职务。政府之权力乃界托而非固有，固有之主，厥惟人民，是之谓人民主权（Popular Sovereignty）。古今国家观念之根本差异，即在此主权所在之一点，于此不明，纵政论盈篋，终为词费。民约说精一微言，即在贯彻此理。是说盛行，而国家基础奠于人民，本根益牢固而不可拔。不佞谨摘其要旨，论厥大凡，俾关心国本者，得以观览焉。

民约说立论之本，皆肇自主权在民。而推演其流，其于政体也，乃由极端君主趋于极端民主；其于国家政府之分也，乃由浑而之画；其于国家主权也，始则与人民权力划然判分，终则翕然丽合。考民约说厥分二派：曰行政契约（Governmental contract），曰社会契约（Social contract）。不佞所论，乃其后者。此派之首唱于欧洲大陆者，为奥塞秀

（Johannes Slthusius），唱于英伦者为浩克尔（Richard Hooker），而阐扬遗蕴、发挥光大，以改正国家根本问题、造成掀天震地之伟绩者，厥惟霍布斯（Hobbes）、陆克（Locke）、卢梭（Rousseau）三子。三子者论据虽同，演绎之终，不免互有出入，不佞谨探其真诠，以为误会者告焉。

霍布斯以洪荒初辟之始，即为人群战斗之天，生命财产之权，举无所有，弱肉强食，无一息之安。不得已，乃捐其天然自由之一部，相约而为群焉。一群之立，除一君（Sovereign）而外，余皆为民（Subject）。一经成约，则主权即为君主所固有，不得君主同意，人民绝不得撤回之，君主权力，独立无对，契约既成，则人民革命之权，早已消归乌有。何也？君主所为，无不合法，民约之事，乃民与民相约，而非民与君相约也。此说之误即在混视国家、政府，而不明主权与君身之区别，谬以国家主权为属于国家机关，不识政府之权力为人民所托畀。夫人民之于国家，固不得任意毁坏者也，至政府之宜变更与否，则全视人民总意为转移，总意一去，则现存之政府，已应时瓦解，无复存立之余地。故主权所托，专视人民总意之所归，能托诸人者亦能取而反之。霍氏以主权为不能转易，设由此种政体，变为彼种政体也，必先毁约破群而后可，不知政体之变迁特政府之形式一转易间耳，于主权本体，夫固毫无亏损也，此则霍氏之误也。陆克特起，已开国家与政府区别之机。其第一要义，即在限制主权之行使。彼以为太初天下，人民之自由平等得自天然，及相约为国，乃画定权力，若者托诸政府，若者仍留于人民。国家之存，专以保护人民权利为职务，治权运行，终不能超民权而独立。政府行使权力，设有所过，人民得收而反之，以返真归朴，乐乎天然之自由。霍氏以为就法律言，主权者无不合法之施设；陆氏以为就法律言，主权者无迫胁人民之理由。霍氏以为主权者之权力，在法无所不能；陆氏以为政府之权力，运用当有所限。盖陆氏之说较霍氏更进一步明察政府为国家之政治机关，官吏为人民之政治代表，而人民对于不良政府之革命权，虽未认为法律上之权利，已允为道德上之权利矣。综陆氏之说，有发明重要之点三：一、最高主权时为人民所保留，二、政府权力乃寄托而非固有，三、政府行动缩纳诸定范常轨之中。自是而数千年来窃权自恣、虽过无责、凭国为崇、莫敢谁何之不良政府，已失其护身之符，而施政方针与夫人民总意乃互相接近、趋集一途，而为民建国、国本于民之观念遂大昌明于天下。反背民意之虚构政府，已为群演所淘汰而破灭无遗，其永存不毁、巩若泰山者，则均建筑于民意上之政府。恶劣政府绝迹人寰，而淘汰所遗之政府，其根基方自此固矣。

虽然，陆氏之说，升堂矣，而犹未入于室也；入室者，其惟卢梭乎？至卢氏而人民主权乃克建极，国家、政府判然划分，国家主权几与人民之主权同视，政府为奉行国家意思之公仆，而绝不能发表国家之意思，立法之权永存于人民之手。何也？以权力可委托于政府，而意志则绝不能委托者也。人民自由，与未约之初，其广阔之界，盖无异处。对于事实上之政府，其服从也视其愿，初无丝毫拘束力焉，其拘束者人民之总意耳。而此总意之发表，由人民直接集会票决之，故真正主权之人，惟属于人民全体。主权既在人民，断无自挟主权以迫胁人民自身之事。于是凡为政府，即为奉行人民总意之仆，选仆易仆，无容动其声色已。举政府人民迫胁抵抗、相持不下、癥瘕万几之积弊一扫而空，革新之事，日日流行。且政府之权既有所制，无拘胁人民之力，无壅塞心理之能，民情宣泄，无患渟潴，故革命之惨，自可绝迹于天地之间，此则卢氏之功也。

顾有辨者。论者曰：由卢梭之言，则政府及政府权力之恒久性，已被破坏无余。陆克限制政府之权力，卢梭则毕举其权力而消灭之（美儒 Willoughby 氏即持此说。见其所著《国家论》中），曰：恶！是何言耶？自不佞观之，卢梭竭其全力，毕举革命之症结，破坏之、消灭之耳，其于政府之恒久性，不啻铸金城以捍之。由卢氏之说，虽谓终古无革命之事可也。夫人情喜宣而恶郁，尚通而惧塞。善治国者，知人民之意见、感情、希望、痛苦，必令如量以泄也，则致之于适宜之所，俾得调剂融和之知；一阶、一级、一党、一派之心思、念虑、好恶、利害，必令时得调和也，则致之于相安之域，俾得尽量流露之。此非防止革命之策，然革命之事，自拔本塞源，从其先天廓清之矣。盖一代大患之起，必先朝野壅塞，彼此情虑互捍格而不通，而强有力者每以一己意志垄断他人之意志，是非之判举以好恶异同为标准，执一部分心理迫压各阶各级各党各派之心理，此阶此级此党此派之心理纾，则彼阶彼级彼党彼派之心理郁。心理者，流通活泼，寻途前之，一遭顿挫，则萦回曲折，别寻他途以达之。人性不灭，此种心理必灵通于大地之内，回环于人我之间，在在求其感应。藉感之机，互相印证，证得公同所在，则发之为舆论，主之为公理、正义、人道，即此公同之所归。人类苟无此同情，则等于下劣动物，自生自死而已，绝不能成此世界。人情感发之和激，要以壅塞之久暂为权衡，断无一遇挫折、终古屈而不伸之理，速发者其祸小，迟发者其祸烈，此革命往例所以必在屈抑至极、无路可伸之时也。卢梭所谓人民总意，盖即指此公同而言。主权质素为此公同所构成。设此总意见夺于一人，虽法令如毛，初不与人民之公同相涉。主权质素设非此人民总意、此人民公同所结合，则主权精神已离其躯壳而去。无精神之躯壳，焉有不日即腐坏之理？卢梭谓权力可托于政府而意志绝不能委托者，以政府而却夺人民之意志，蔽之、塞之、毁之、灭之，而不听其自用，强以一己意志代之，是犹移他人之精神强附诸吾人之躯壳，谓使之出死入生，是直行尸而走肉耳，犹得为人哉？故卢梭又曰："人民一正当集会，以设主权团体，则政府统辖之权，即应时消灭。"何也？以离去人民总意，则政府凌空无据，迎风即仆，虽欲自持，以延残喘，不可得也。

然则欲防止革命之险，惟有听人民之总意流行。蔽之、塞之、毁之、灭之，是制造革命之煤也。世谓从卢梭之言，则革命终无可止之时；吾谓从卢梭之言，则革命将永无再见之日。古昔所扑灭之恶劣政府，果有一不显背卢梭之言者乎？今日永存之善良政府，果有一不符合卢梭之旨者？请以法兰西喻。法之民性，今固不异于昔也，何以当一千七百八十九年以后，不惮一再革命，至于十次而不已；迨自千八百七十五年至今，乃相安于一政府之下，而断尽革命之梦邪？谓昔日所扑灭之政府，为合于卢梭之言乎？抑今日现存之政府，为合于卢梭之言乎？若今日现存之政府，符合卢梭主权在民之旨，则昔日所扑灭之政府，必为背弃卢梭之旨也明矣。谓从卢梭之言，则政府恒性破坏无余，则不从卢梭之说者，其政府必巍然终古也又明矣。信斯言也，则法兰西昔日之政府，当终古无恙，而今日之政府，当倏建倏亡；乃何以适得其反，昔日政府，竟一仆再仆，朝建设而夕已崩颓，今日政府，反日固一日，绝无动摇之虑耶？且不独法兰西然也。如韦罗贝氏（Willoughby）之言，则民约之说，早大行于德意志，英美政治，亦莫不靡然向风，美国宣布独立，联邦宪法，且明采民约之说，规定于条文之内。何以英、美、德诸国乃不闻有一次革命之举，而革命相续、鸡犬不宁之事反叠见于排斥卢说、诋为异端、视若蛇蝎之邦？然则卢梭之功罪，要亦不烦言而解矣。设淫词以助之攻，宁非自制革命、自取灭亡耶？

人事演进者也，民情流通者也，欲其循常轨而之，必因势利道，不激其流，区别条理，不壅其机。否则郁之久者宣必激，抑之甚者扬必高，凡力以其一冲击其一，必有反动之力以应之，冲力弥甚，抗力弥强，此无间于人情物理，莫不皆然者也。欲销除革命，惟有不挑激革命已耳。扼人民之心理，禁其流通，夺人民之意志，强之同我，人至于有良心而不能发表，有意志而不能遂行，其神明所感受之痛苦必较之奴隶、牛马万万有加。侪人民于奴隶、牛马，是剥夺人民之人格也。夫人民对于国家，可牺牲其生命，捐弃其财产，而不得自毁其自由，断丧其权利。国家对于人民，得要求其身体，不得要求其意志，得要求其人生，不得要求其人格。卢梭谓意志不可委托于政府，即保重人格之第一要义。盖意志乃自主权之动因，所以别于奴隶、牛马者，即在发表此意志得以称心耳。一为政府所夺，他事不可知，先令失其自主权矣。自主权失，尚何人格之足言！人格丧失，宁非耻辱之尤者乎？愚民之政，固令人痛恶不堪，辱民之策，尤令人愤恨莫忍。天下难忘之事，孰有过于耻辱，最易逼起反抗之事，又孰有过于耻辱？吾读卢梭之言，吾心怦怦，吾神凛凛，吾欲使吾辈青年知永弭革命之道也，乃于是乎书之。

（原载《青年杂志》第 1 卷第 3 号）

国家非人生之归宿论
（1915 年 12 月 15 日）

今吾国之主张国家主义者，多宗数千年前之古义，而以损己利国为主，以为苟利于国，虽尽损其权利以至于零而不惜。推厥旨归，盖以国家为人生之蕲向，人生为国家之凭藉。易词言之，即人为国家而生，人生之归宿，即在国家是也。人生离外国家，绝无毫黍之价值，国家行为，茫然无限制之标准，小己对于国家，绝无并立之资格，而国家万能主义，实为此种思想所酿成。吾是篇之作，欲明正国家蕲向之所在，以证明此说之自相矛盾。世有君子，幸正教焉。

关于国家蕲向一事，至十九棋初叶以前，纷纷聚讼，几为政治学议论汇萃之区，追近世且有谓为无置论之必要者。又因国家官品之说兴，多谓国家如自然物，其生长发育，皆因其有自然主体，主体而外，绝无蕲向之可言。殊不知国家为人类所创造之一物，其实有体质，即为人类所部勒之一制度，用为凭藉，以求人生之归宿者也。故一国之建也，必有能建之人与夫所建之旨，能所交待，而国家乃生、乃存、乃发达、乃垂久，固非漫无主旨，而自然生成也者。国家为事而非物，一事之起，必有其所以起之因，事客而所以起之因乃为主。至于物则不然，一物之生长，其有所以生长之因乎？其生、其长，乃因其自然，无所谓当然，于自体而外，一无所为，非如事之有为而为也。故攻物理学家，常以事实变理想，不以理想变事实，因物推理，无所容心；若治人事学者，则凡为经营缔造之事，必有所以经营缔造之旨存乎其先。即事而言，则所经营缔造之事，即为所以经营缔造之旨之凭藉，用为达其所以经营缔造之旨之方法；即人而言，则所以经营缔造之旨，即为所经营缔造之事之蕲向，主之以作所经营缔造之事之归宿。质言之，即事为人之凭藉，人为事之蕲向是已。国家之学，人事学也。当其建国之始，必有所以建国之因，所建者国家，而所以建者则为人生自身之问题，故国家蕲向即与人生之蕲向同归。此学者所以多反掊国家官品说而主张国家必有蕲向之微旨也。

顾国家既有蕲向矣，又不可不明国家蕲向论在政治学上其为重要若何也。格芮曰："欲定国家措施之正当范围，必先定国家之蕲向。"[1] 盖政治之事，有鹄焉，有术焉，鹄者根本大则，术则本此大则达诸实行者也。以言其经，则国家蕲向为政鹄，政府之职务为政术；以言其用，则政府之职务为政鹄，政府之政策为政术。故国家蕲向为大经大法之所主，主定，则发号施令皆得准此而行。非先明正国家蕲向之所在，则政府之适当职务必游移荡漾而无着，或起而强定之，歧其途径，则所行之政，必将与所蕲之旨僢驰。此国家蕲向论之所以为重要也。

自政治学说发达以来，关于国家蕲向一事，歧议横生，莫衷一是。日人小野冢曰："国家蕲向论，自古为政治学中之重大宿题。其歧议之横生，亦随历史而愈进。"[2] 柏哲士曰："关于此旨，议论丰富。然皆参差背戾，极不相调，且又多非充满之论。"[3] 其故何欤？非以人事之学，因时变化，不主故常，非若物理之学，一成不变者哉？日人浮田和民曰："国家之实际蕲向，因时势境遇及其实力之如何而异其旨，随人民之自觉，应时世之要求，以变其趣者也。"[4] 盖国家为人类所部勒利用之为求人生归宿之资，其职务之均配必视所建设者当时之缺憾所在，合为群力，以弥缝而补救之也。故国家之措施，设不应时世之急需与夫人民之缺点，以变通尽利之，则反人民之蕲向。反人民蕲向之国家蕲向，斯为不适于人群之制度。制度而不适于人群，斯直无可存之资格，终亦必亡而已矣。且反背人民之蕲向以建国家，则国家、人民之旨趣，莫由调和，莫由一致，将损人民之权利以益国家乎？离外有权利之人民，以创一有权利之国家，则国家权利，将附着何所？夫一物之含有某性也，任碎其分子，至于微尘，所含之性，必不异于全体之物性。何也？以全体之性，即此微尘分子所合而成者也。总集人民之权利，虽不能即成国家之权利，然建筑国家之权利，必端赖握有权利、富有自治能力之人民，以人民必先能确保一己权利者，乃能高建国家权利也。今欲以剥尽

---

① Garner's *Introduction to Political Science*. Ch. X, p. 311.

② 见日本法学博士小野冢喜平次：《政治学大纲》"国家之目的"节。

③ Burgess, *Political Science and Constitutional Law*. Vol. I, p. 83.

④ 见日本法学博士浮田和民：《政治原论》"国家之目的"章。

权利之国民（分子）结成一权利张皇之国家（全体），是犹聚群盲以成离娄、集群聋以为师旷也。故背戾人民蕲向之国家蕲向，微特不可，抑又不能。人民蕲向，应时势境遇而异其趣，绝无终古不变之事，故学者又分为国家相对蕲向及绝对蕲向焉。

古今唱国家绝对蕲向者，约言之可得两派，即道德幸福说与保护权利说是也。希腊之柏拉图、德国之海格尔皆以道德说为国家之绝对蕲向，亚里士多德以幸福为国家之绝对蕲向。继此而惩前说之弊者，缩定国家蕲向之范围，以限制国家对于人民之干涉，但以确定小己权利及以法律维持秩序等事，为国家唯一之蕲向，如陆克、康德、韩鲍德①、斯宾塞尔等其最著者也。陆克谓国家之蕲向在保护人民之生命、财产及自由，康德谓国家以发扬光大人类之权利为主旨，韩鲍德谓人类最高之祈求即在完全发扬其能力，斯宾塞尔之说略与韩同，要皆藉国家之力为一种方法，以发扬鼓舞群伦之权利者也。

此外则有画分国家蕲向以应次施行者，略可当相对蕲向之目。其中著名者，为德人郝尊道②。彼谓国家蕲向有三，要皆相需相待，相剂相调，而依其施行之序列之。曰国力，曰小己自由，曰人类文化。③ 伯伦智理承郝氏之绪余，而以公安说为最要。分国家蕲向为直接、间接二者，前者关系国家自体，总括增进国力、完全民生于其中，后者关系小己自身，兼含维持自由治安于其内。④ 美人柏哲士分国家蕲向为始、次、终三者，谓终极蕲向在人道之完全及世界之文化，次在充发民族之特性及演进其民质民生，始在有政府与自由。⑤ 格芮以维持人人之平和秩序安宁公道为原始祈向，次在图人类之公共治安，终在振兴人类之文化。⑥ 日人小野冢氏亦分原始、终局蕲向二者，前包国力国法之施设运用，后包发达人民之身心、演进社会之文化。⑦ 此外作者，尚指不胜屈，要皆以国家之蕲向为循序渐进，始奠国家生存之本基，继求小己社会之自由之权利，终则鼓舞振兴世界人类之文明者也。

---

① Humboldt.

② Holtzendorff.

③ der nationale Machtzweck，der Freiheits-oder Rechtszweck，der Gesellschaftliche Culturzweck.

④ J. K. Bluntschli，*Allgemeine Staatslehre*，Bk. V，Ch. 4.

⑤ Burgess，*Political Science and Constitutional Law*，Vol. I，p. 85.

⑥ Garner's *Introduction to Political Science*. Ch. X，p. 316.

⑦ 见日本法学博士小野冢喜平次：《政治学大纲》"国家之目的"节。

吾人欲统观诸说，籀其公同，折衷一是，必先解剖各说之突奥，以会其通，而穷探其利弊，由纷纭歧异之中，寻其合辙同归之旨，而绝不敢擅断焉。顾于未评诸说之先，首当申明吾旨曰：国家者非人生之归宿，乃求得归宿之途径也。人民、国家有互相对立之资格，国家对于人民有权利，人民对于国家亦有权利；人民对于国家有义务，国家对于人民亦有义务。国家得要求于人民者，可牺牲人民之生命，不可牺牲人民之人格；人民之尽忠于国家者，得牺牲其一身之生命，亦不得牺牲一身之人格。人格为权利之主，无人格则权利无所寄，无权利则为禽兽、为皂隶，而不得为公民。故欲定国家之薪向，必先问国家何为而生存；又须知国家之资格与人民之资格相对立，损其一以利其一，皆为无当。吾将持此观念，评前引诸家之说焉。

道德幸福之说，固皆各有所主，特欲见诸实行，则不免侵害小己之自由。何也？前者以实行道德之理想为界说，后者以求最大多数之最大幸福为格言。若者为道德，若者为幸福，皆无至当之畛域。以道德幸福之责，托诸国家，则国家权力，泛然无所限制。古今万国，凡国权过大，而无一定之界限者，未有不侵及民权。此说如行，则凡人民对于国家之行动，举莫逃出道德幸福之范围者，即举莫逃出国家之干涉，势必损人民之自由，以为国家之刍狗。国权、人格互相对立之第一要义，即在各有限制，各正其适当运施之封域，相调相剂，而不相侵，道德幸福之说，不得不谓为背此要义也。[①] 其最能辟脱此说之弊而着眼于明定国权行动范围者，厥惟保护权利说。夫权利亦非人生之归宿，仅人生欲达归宿必由之一途，至国家实行上之终极薪向，则不得不止于此。盖国家薪向有实行理想之别[②]，国家可赞助人民，使求终极之薪向，而不能自代人民以求之。凡人为之发见于外者，国家可加以制裁，至蕴于心意中之思想、感情、信仰，虽国家亦无如之何，以国家之权力仅及于形式，而不能及于精神。国家可颁布一切制度以奖励人民之行为，不能代人民自行自为之，国家可以权力鼓舞文化学术之动机，不能自行进展文化学术之事。盖精神上之事，国家仅能鼓其发动之因，不能自收其动作之果。且不独精神界然也，即关于实物界，如人口之事然，国家但能筹发展民族之途，布卫生除害之令，使生养居处之适宜，不能自行蕃衍人

---

① 参观浮田和民：《政治原论》"国家之目的"章，第二节。

② Holtzendorff, *Principien der Politik*.

口，自使人民康强逢吉也；如生计之事然，国家但能颁布善良政策，助起产业之昌盛，鼓励勤劳者之心神，至生产企业投资服役之事，亦非国家所能自行也。① 故国家职务，在立于亿兆之间，以裁判其相侵相害之事实，调和其相需相待之机宜，奖励其自由，所以发其自治之动因，保护其人格，所以期其独立之结果。人民求其归宿，必取迳于权利之一途。国家惟立于人民之后，持其权力，鼓舞而振起之，以杜其害，以启其机，足矣。管子曰：毋代马走，使尽其力；毋代鸟飞，使弊其羽翼。② 此则保护权利说之真正价值也。

至于相对蕲向诸说，虽所见略有不同，综籀其微，盖出一辙。如郝氏之国力及小己自由，伯氏之维持公安，柏氏之政府自由，格氏之原始、第二两项，小野冢氏之原始蕲向，或以维持国家自身之生存，或以资助小己一身之活动，皆如人生之衣服饮食然，乃为遂其归宿之凭藉，而非即其归宿所在也。于是诸说所余者，皆仅其最终蕲向之一点，而要莫不归宿于人道之完全及世界之文化。前者为实行之蕲向，此则为理想之蕲向，皆足为保护权利说之臂助，而与其旨有互相发明者。盖保护权利，即自尽其实行蕲向之责，以助人民自求此理想蕲向耳。然则国家蕲向，殆即以保护人民权利为归欤？

或曰保护权利之说，缩小国家行动之范围，而限制过严，推其极也，必令国家供人民之牺牲。要知国家者乃一国人之总业，如农贾然，非实有也。实谓之人，业谓之农贾，如家市乡曲亦然，有土有器有法，土者人所依，器与法者人所制，故主之者曰人③，天下有业而能不为主所用者乎？有创造于人之物，不为创造者所凭藉，而创造者反为所创造者之凭藉乎？鲍因哈克曰："漠视小己之权利没收于国家之中者，古代之国家思想，已绝迹于今日者也。盖人在天地间，有最高之蕲求，国家为人而存者，故国家以人生之蕲求为蕲求。"④ 浮氏田曰："置人民于度外，而视玄相之国家及宪法为神圣者，政治之迷信也。……以理想之国家可崇拜，而现实之国家不可崇拜者也。漫然崇拜之，凡事皆仰政府及现在多数者之鼻息，终为一种卑劣之像偶教而已。"⑤ 然则国家为人而

---

① 参观英译伯伦智理之 *The Theory of the State* 中 Limitations of State Action 节。

② 见《管子·心术上》。

③ 章太炎先生：《国故论衡·辨性下》。

④ Bornhak, *Allgemeine Staatslehre*.

⑤ 见日本法学博士浮田和民：《政治原论》"国家之目的"章。

设，非人为国家而生。离外国家，尚得为人类，离外人类，则无所谓国家。人民主也，国家业也，所业之事，焉有不为所主者凭藉利用之理？浮田氏又曰："小己之发达，为国家蕲求之一部，若小己而不发达，则国家断无能自发达之道。"① 是故无人民不成国家，无权利不成人民，无自由不成权利。自由、权利、国家，均非人生之归宿，均不过凭之藉之，以达吾归宿之所耳。人民藉自由、权利以巩固国家，复藉国家以保护其自由、权利。自国家言，则自由、权利为凭藉；就自由、权利言，则国家为凭藉；就人民言，则国家、自由、权利举为凭藉。人民藉自由、权利以求归宿，不谓自由、权利供人民之牺牲；至凭国家以求归宿，独恐其供人之牺牲，其有当于名学之律否耶？此牺牲国家之驳议，所以不足累保护权利说之真价也。

于是可知吾人爱国之行为，在扩张一己之权利，以搘拄国家，牺牲一己之权利，则反损害国家存立之要素，两败俱伤者也。小己人格与国家资格，在法律上互相平等，逾限妄侵，显违法纪。故国家职务与小己自由之畛域，必区处条理，各适其宜，互相侵没，皆干惩罚。美其名曰爱国，乃自剥其人格，自侪于禽兽、皂隶之列，不独自污，兼以污国，文明国家，焉用此禽兽、皂隶为？古代人民，若希腊、罗马、日本，大抵皆以国家为人生之归宿，若离国家，则无价值，故不惮尽其所有，以供牺牲，而古代国家，亦绝不与小己以方寸自由之界域。摩西古法，并小己饮食衣服起居之宜，悉受裁制。此为数千年前之古制，久为近世学者所排斥，安有二十棋之国家，反溯其源流，奉为圭臬之理？格芮曰："近世之政治思想，仅以国家为创设之一制度，为发动之因力，为致用之媒介，藉之以求社会公共之蕲向，而非以己身为蕲向者也。"② 吾诵斯言，以终吾篇焉，

（原载《青年杂志》第1卷第4号）

---

① 见日本法学博士浮田和民：《政治原论》"国家之目的"章。

② Garner's *Introduction to Political Science*. Ch. X, p. 312. 原文曰："It considers the state to be simply an institution, an agency or instrumentality by means of which the collective ends of society may be realized, instead of itself being the end."

读梁任公革命相续之原理论
（1915 年 12 月 15 日）

朔风告急，警变时传，眷怀故都，余心戚戚。寄学异邦，频遭激刺，国有佳音，闻之而情舒色喜者，每视在国时为尤切。予自留东以来，每日课余，必检读此邦新闻三数种，凡记载之关吾国事者，必尽览而不遗。顾所谓佳音，恒万不一遇，而所为心惊胆裂者，则在传吾国革命。革命之一事，彼辈用心，专为造言惑我，本无足论之价值；顾吾人何以睹之而惊惶，国内何以闻之而戒惧，岂其国经一度革命而后，遂日日居于临深履薄战战兢兢之天，而永无再免革命之理欤？偶于故纸堆中，得梁任公《革命相续之原理及其恶果》（《庸言》报第一卷第十四号）读之，见其大书特书，开宗明义之言曰："历观中外史乘，其国自始未尝革命，斯亦已耳；既经一度革命，则二度、三度之相寻相续，殆为理势之无可逃避。"又曰："革命复产革命，殆成为历史上普遍之原则。"其终复有最可惊骇之词曰："革命只能产出革命，革命决不能产出改良政治。"读罢置书，神魂若丧，辗转绅绎，窃有未安，遂不得不特操斧斤，汗颜血指，造班门而一弄之。

顾余于未著议之先，首当申明者二事。任公之所以危言耸听者，其心在求免革命相续之惨祸，此吾辈所同情者也。人非狂惑，未有欲其国之革命频生者。又任公之论，在"泛论常理，从历史上归纳，而得其共通之原则"，此亦吾辈所同情者也。何则？以涉及时政，非本志范围之所许。故本篇即本此二点以立言，所欲论列者，在明革命之正当观念，欲于此中求革命之真解则可，至其事之为美为恶，决不为之置一辞。盖论事而杂以欣喜厌恶之情于其中，则往往失其事之真相，非余所敢取也。此旨既申，余论乃作，欲求革命之正当观念，宜先严革命之界说。革命本吾国历代君主易姓之称，以之译英文 Revolution，本非确诂。英文 Revolution，含有转环之意，用之于天文，则凡日月各球，由曲线轨道（in a curved line or orbit）运行一周、复归元极者，以是名之。用之于几何，凡点、线、平面之由中心点线而之他，运点作成曲线、运线作成平面、运平面作成主体者，亦以是名之。此皆别有所译，惟用之于政治，以之训谋变法而成功及政府宪法之倏尔变迁、激烈变迁、完全变迁者，乃以革命译之。故欧洲政治书中所用革命一语，殆无不训为政治根本上之变迁。由此义以推，凡"逐利"、"啸聚"、"里胁"、"架罪"、"构陷"、"叱咤"、"煽动"云云（凡括弧内单词片语皆引用任公原文，本篇以后均仿此），苟不牵动政治根本问题，求之吾国文字，曰叛曰乱，求之英文，曰 Rebellion、Revolt 云云，不曰 Revolution。反之，苟牵动政治根本问题，即不"逐利"、"啸聚"……云云，亦得字之曰革命。如蕭尔孙（Nelson）百科辞典，举革命之例，而以法国千八百四十八年之第二共和与千八百五十一年之路易·拿破仑自帝同类并列；柏哲士谓英国宪法所以底于今形者，乃由三度革命而成，所谓三度革命，即以千二百十五年、千四百八十五年、千八百三十二年之役当之。（Burgess, *Political Science and Constitutional Law*, Vol. I, Bk. 111, p. 91—7.）然则所变之政，无论由君主而贵族而共和，抑由共和而贵族而君主，所由之法，无论为平和为激烈，凡为变至骤、为事迁及政治根本者，举为革命字义之所苞。是变迁政治根本，乃革命字义中所含最重之要素，亦犹非具最高性，则不成主权之名辞，非有主权，则不能冒国家之称号也。今为区别之便，准伯伦智理国体演进始而君主、继而贵族、继而共和之例以推，字由君主而贵族而共和者，曰顺进革命，字由共和而贵族而君主者，曰逆动革命，此则革命之界说也。

革命之界说既明，于是应推求肇起革命之真因。夫改革政治，非以革命为归宿，革命特改革政治之一方法耳。故必有改良政治之计画确立于先，不得已一由此法，期以达诸实行，其方法在扫除现政治，其蕲求则在建设新政治。设仅取此方法，而不具此蕲求，则应锡以他名，不得以革命之名假之。此正名之法，即所以正用也。至其为用，按历史通例，凡政治由改良而渐进者，局于久成之事实，每为改革之障碍，令不能尽符乎理想。由革命而骤变者，其民众理想之制度，常足以涤濯积习，不致再局于现象。故福禄特、卢梭之学说，非经法国大革命之锻炼，必不能骤见诸施行；贵族僧侣之特权，非经法国大革命之扫削，必不能一举而铲除殆尽。严复曰："旧有干局，既坚且完，其改制沮力，亦以愈大。而革故鼎新皆难，其物乃入于老死，此不易之公例也。"盖习之既久，则国拘政惑，情瞀智绞，在在为改革之梗。设非变之至骤，则委靡不振之人心，终患无由振作，此满清末世所以不可施药也。且宇内万力，莫不具有爱拒二面，相推相挽以系之，乃克趋循常轨，如月球之绕地是已。夫政见之冲突生于拒，政见之调和成于爱，欲政局之不离常轨，必使爱拒二力，相抵相冲，保其中度，剂其停匀，乃克互相摩荡，得其用而不腐其机，互相权衡，执其中而不走其极。苟其中有一力腐其用，而任他力奔至极端，则此力之辟散，为势至优，彼力之翕聚，为效无睹，政局为独力所鼓荡，斯其国中利害感情，必无一处不形其抵触，颠播殒越之虞，即时有所见。若再此方成骑虎之势，彼方有维谷之形，则革命之事，必真为"理势之无可逃避"，此则革命所以肇端之真因也。

　　既得革命之界说与其所以肇端之真因，乃于是转入正论，引任公之说以衡之。任公之言，最乖名实者，即在"革命决不能产出改良政治"一语。夫曰改之云者，苟余诠之不谬，则必由甲种国体、政体，变为乙种国体、政体者，始足以当之。即不然，必于同种国体之下而变易其政体、抑于同种政体之下而易其出政之方者，乃足以当之。若此者，岂非所谓政治根本之变迁乎？曰良之云者，如余解之不歧，则必能谋最大多数之最大幸福者始足以副之，即不然，亦必适于国情历史者乃足以副之，此改良政治之界说也。至于革命一语，即如霜尔孙百科辞典所列之路易·拿破仑自帝之例，亦何尝不移易政治根本。此在余论，谓之逆动革命，然犹曰：凡逆动革命，谓为改政治则可，谓为改良政治则未也。引此证革命之必为改良政治，以折任公，任公必不服。味任公全文，似不认逆动革命为革命，以逆动革命为疾视顺进革命者行之，多非以"革命为第二天性"，非"失业之民"，非"退伍之兵"，非"初次革命有功之人"，非视"革命成为一种职业"者故也。任公所蛇蝎视者，即此顺进革命，今将以顺进革命之例证之。查欧洲政治史，凡称顺进革命，绝无一不由君主贵族国体而改为共和，或由专制政体而改为立宪，抑由阶级政治而改为惟民主义之政治。其由于激烈，若法若美之由君主或殖民地变为共和者，固彰彰明矣；其由于平和，若英国之革命，亦无一次不迁及政治根本者。如柏哲士言，则其千二百十五年之革命，乃由君主宪法变为贵族宪法，其千四百八十五年之革命，乃国家政权由贵族而移及平民，至其千八百三十二年之役，论者多以革新"Reformation"名之，柏氏考其情形，推其结果，而必字之以革命。盖英国众议院（The House of Commons）之得二重位置，一面为国家主权机关，一面为立法院者，即此千八百三十二年一役之结果故也（同前，九十四页至九十五页）。然则和平激烈，非革命字义中必需之条件，其至重条件，惟在变迁政治根本问题耳。若美、若法、若英之革命，其为关于政治问题，固卓然共见，其由君主而共和，由殖民地而共和，由君主宪法而贵族宪法，政权由贵族而平民，众议院由立法院而为国家之主权机关，其确足以当得一改字，又卓然共见矣。至谓之良，其路易专制，妄用其权为良乎？抑《人权宣言》以后，平等自由、特权阶级均废法律一视同仁为良乎？此法制也，至如美，其忍受英国专制之殖民政策、禁工抑商、横征暴敛为良乎？抑自建政府、国号共和、最高主权出自平民为良乎？至如英，其国权听君主独裁为良乎？抑由平民公议为良乎？吾知即三尺之童，亦必皆以后者为良矣。改云、良云、政治云，一举法、美、英三国革命之例，则无一字不完全做到，而偏曰"革命决不能产出改良政治"，其意何居？要知革命字义之成立，即在变迁政治根本数字，不改良政治，而偏名之曰革命，是谓不词，此任公取名弃实之过也。设革命而但能"逐利"、"啸聚"……云云，然则白狼之蹂躏数省，马贼红胡之出没掠财，最近某省之三合会，高张旗帜，自称为帝，亦将锡以革命之嘉名乎？恐即搜破万卷书，亦寻不出革命字解中果含有此种义蕴也。任公篇末有最得意之笔曰："请遍翻古今中外历史，曾有一国焉，缘革命而产出改良政治之结果者乎？试有以语我来。"余敢曰：请遍翻古今中外历史，除逆动革命外，曾有一不产出改良政治之结果而可谓之革命者乎？试有以语我来。

任公复曰："革命复产革命，殆成历史上普遍之原则。"曰："革命只能产出革命。"夫革命纯为改良政治而起，凡一国革命告终，而议及建设问题，则已入于政治范围，不得仍谓为革命时代。何则？以革命与破坏同其命运，建设一始，则破坏告终，破坏告终，则革命之能事已尽，此其界判若鸿沟，何能混视？故建设之时，纯为政治问题，政治之建设不得其当，由是而肇起革命则有之，谓革命本身有以召之，史例绝不吾许。揆诸事实，苟一次革命而后，制度典章，巩然确立，运得其中，不久激成逆动革命，则所谓二次、三次革命，即无端可得而肇。至云"二次革命之主动者，恒为初次革命有功之人"，此显然指顺进革命而言，其间必经一次逆动革命，乃任公之所未见。何则？以顺进革命之再见，必初次革命之制度典章、人物策略皆自其根本扑灭之者，乃得藉端而起，苟"初次革命有功之人"无逆动革命排之，使离去政局，初次革命后之制度无逆动革命芟夷蕴丛、绝其本根，则"二次革命之主动"其将对于一己之身再行之乎？抑对于手创之制度而复手自破坏之乎？任公所引之例曰法兰西、曰墨西哥云云，夫法兰西自大革命后，苟非王党之阴谋、拿破仑之自帝，则何至有二次、三次之事？墨西哥非爹亚士之横暴，阴柔伪善，排斥异己，俾国内利害，莫得调和，又何至有迭见兵端之事？故法墨之革命屡起，纯为政治势力趋入一端之所召，于革命本身若风马牛之不相及。今不罪王党、拿破仑、爹亚士等之逆动政治，乃专蔽罪于革命本身，虽文成天口，舌若悬河，辩则辩矣，理则未也。何也？历史中凡第二次顺进革命，纯为逆动改革所酿成，逆动改革，又纯为初次顺进革命后，政治建设之失当，致爱拒二力，莫由平衡，乃相激相感，而召成是果，与初次顺进革命之本身完全无涉。史例具在，安得挟好恶之情以淆之？此征之于例，革命不能产生革命之证也。

余于是再求夫理。革命之兴，既由于政治矣，一云政治问题，则吾人应特别注意于爱拒二力之调和，各方利害之适当，俾各党各派之感情意见好恶利病，饶有自由余地，得施其斡旋融汇之功，不使政局偏于一力一方，久为独占。论者谓法兰西"后乎千八百七十五年，未尝一革命，乃明于政力向背之道，掌力者务使两力相待，各守其藩，由是一党既兴，决不过用其力以倒他党，他党以能尽其相当之分，遂乃共趋一的，而永纳其国于平和有序之中"，即此理也。至美国自一次革命以后绝不再见革命者，由蒲徕士之言以推，则"美国宪法，有两优点，较然分明：一则制宪之时，社会中所存向背二力，悉量衡之，铢两靡遗，且坦然认定离心力之存在，而任其自然发展；当其收合所有向心力，施以准绳，制为规则，亦惟以不久惹起分崩之逆动为限。匠心所至，并使联邦与非联邦两党，皆踌躇满志以归，以是向心力转增高度。"美国所以再免革命之道，端系乎此。此皆完全为政治问题，何尝混入初次革命之关系？然则革命真因专在政治，政治之根本不良，即为产生革命之母。美人察其真因之所在，而先事预防，故革命相续之惨，绝不见于彼土。任公求之美例而不能通，乃字之曰"例外"，不知即此一例外，已足证明革命复产革命之非。又曰："美国乃独立而非革命。"美自脱离英�，由殖民属土一变为共和国家，政治根本全然迁易，此而不谓之革命，将更锡以何名？就美国对英关系而言，诚为"独立"，就其内政之建设言，则纯为革命。况 "American Revolution" 一语，稍检西籍，即睹是名者乎？至任公曰"英国统治权不能完全行于美境"，统治权不可分者也，何有完全、不完全之别。又曰"美之独立，实取其固有之自治权扩张之巩固之耳"，自治权任扩张巩固至于何度，终不能名曰最高权，以自治权为统治权所赋与故也。英之统治权既行脱去，而犹曰自治权，是谓无根。且自治权为地方团体所行使之权力，而非国家所行使者，有自治权而无最高权，是曰不国；非统治权所赋与，而犹曰自治权，是谓不词。此又本论以外之枝叶语，因其抹煞美国革命名称，以自圆其说也，姑并及焉。

虽然，任公学者也，余于辩论既尽，敢献一言于吾辈学者之前曰：治心犹治水也，在利导不在抑塞，在宣之使流，不在激之使溃。凡事既能波谲云涌、鼓动人心趋赴之者万亿人，历行之者数十纪，传播之者数十国，则其事必有所以吸收人心之一道，固不得目为无意识者也。既为有意识之事，补救之法，惟有顺其意识而利道之，致之于相当之域，乃克奏绩，革命之事，其一端也。任公曰：革命"成一种美德"，视为"神圣"，夫事之美恶，在实不在名，其实果恶，虽誉之以神圣，不能强人人之心理而悦服也；其实果美，虽疾之若蛇蝎，亦不能蔽人之知觉而盲从也。故免除革命，不必问其能革之主体奚若，要当问其所革之客体为何，神圣视、蛇蝎视，均无益也。苏子曰："智勇辩力，此四者皆天民之秀杰者也。……区处条理，各安其处，则有之矣，锄而尽去之，则无是道也。"夫欧人自十五世纪以来，要求立宪，民情汹汹，卒以君主诸国让出政权始得相安者比比，不闻诛戮宪党，令其绝迹也。同盟罢工，资本、劳力两家皆蒙不利、两败俱伤者也，欧洲生计学者，欲免除此弊，乃使双方调剂，一方令资本家增加薪金，一方令劳力者减少暑刻，不闻施愚工之策、布虐工之令而迫胁禁锢之也。女子参政权之运动，喧传各国，英国政治学者，欲弥缝其缺，方广设女学，增其智识，养成其参政能力，不闻其毁废女校、吝施教育、加以愚辱之策也。欧人今日政局常固、革命不生者，安有一国不行此原则？其有不谙此理、倒行逆施者，又安有一国能逃革命相续之惨？革命肇起，既由政治问题，非由天运，安得谓无预防之策。恃感情以咀咒之，不独劳而无功，或转激而加速。学者论事，或出乎此，甚非所以巩固国基之道也。

自治与自由
(1916 年 1 月 15 日)

以我克我曰自治，不以他克我曰自由。鲍生葵曰：自治者，勉小己（individual）以赴大己（greater self）、克私利群之谓也；自由者，事由己决、不为物制之谓也。（见 Bosanquet's *The Philosophical Theory of the State*，第六章"自由之概念"篇。）前者必用限制之力，后者则与限制之力绝不相容。睹其名义，二者固若冰炭之相克；推其致用，则实有相反相成之功。小己者何？离群独具之身，偏颇奇特之用，孤立而外于群者也。大己者何？由历史以观，即立国以来世世相承之民族性；由人道以观，则人类众生心心相印之公同礼法谣俗、政教学艺。举由民性公同所孕形，我我相承，性性相续，显见表征，影留史迹者，乃至于今。固非本有客观之自体，予吾人可以观察抚触者也。故历史为吾人心性相连之表见，国情即吾人心性相印之特征。留见既往者，心性之影；焕耀将来者，心性之光。非影非光，而真实可凭，变化由己者，则惟现在。古往今来宇宙间之一切现象，何一非由现在之我所造成？息息以现在之我，脚踏实地，定小己之趋，俾唯大己是向，与天演相战，与他族之人事相战，与一己离群独秉之私欲相战，举夫固有民性，发挥尽致，我我相待，团结之力自坚，几反乎人治之自然，侵凌吾人之外族，举可一扫而空，得以自由生存于大地之内，是之谓自治，是之谓自由。

举凡大地民族，其最能享受自由之福者，自治之力必最强；反之，则终不得入自由福境之一步。二者比衡，丝毫不爽。人生之始，本无性善性恶之分，常徘徊于可善可恶之界。故一自含生而后，方寸之内，即为交兵对垒之场。一身之间，常具勤惰二力，相推相挽，以分主奴之门。鲍生葵曰："持大己以运化联络小己，扩张之，激刺之，必用强力。大力之行，又必与精神之怠惰相终始。"然则自治之道，在自用勤力，以战胜吾惰性而已。今者举国上下，昏昏终日，疲癃恇怯，麻木僵残，嗒然魂丧，颓然心灰，腐坏停滞之机，触目皆是，岂国情所遗，民性所秉，得诸先天者而然哉？论者恒曰：中国民性薄弱。为问强弱之因，果由天地所诞降，抑由人力所造成？设曰由于后者，则吾国之上下昏昏，但当归咎人力之不振，不当归咎民性之不完。论者恒曰：中国国运衰颓。为问运会之事，果有客观之具体物，抑为民族精神所构形？设曰由于后者，则吾国之上下昏昏，但当蔽罪于精神之斫丧，不当误指为运会之流行。盖生性所含，勤惰相杂，吾人若排去惰性，而伸张其勤力，则身心间应时而清明、而壮健，振兴之象应之。若将迎其惰性，委弃其勤力，则身心间应时而颓散、而衰朽，弱亡之象应之。吾国今者所以有朝不保夕、得过且过之象，岂人人伸张其勤力而犹不足挽回者所致哉？特皆苟且迁就，充分发挥其惰性，相染相积，演成此疲癃恇怯、麻木僵残、嗒然魂丧、颓然心灰之见象也。民用云乎哉？国运云乎哉！

心理学家谓人生惰性，根于先天，亦犹无明真如，同时并有。然则吾人不贵无惰，而贵克惰，不必问先天之赋界，惟当问后天之人工。人类所以超越下生，即在能以自力造成安身立命之所。勤之真诠，惟曰自强不息。乾坤之运行，人生之业举，莫非勤之一字所积成。偶有所间，惰即乘之。人生若无惰性，则勤之一字，转为不词。何也？以无惰性以与勤争，则无所用其兢兢业业之念，以强行自治之功，精神心志，均无所施。则无惰之惰，乃大惰矣。且惰非特精神心志之敌也。不事勤劳，则血液之循环缓顿，脑浆之络脉板滞，细胞松散，筋肉之结构不坚，饮食起居之能，举失常度，肉体之感觉，已麻木不仁。精神欲勤，已为肉体所制，不得自由。惰之主乐，复操之于惰，一张一弛，一消一息，俱惟肉体自然之动作是听，非外境之降虏，直自身之降虏耳。即欲自侪于下生，且不可得。自由云乎哉？

且勤则藉助甚殷，惰则排斥必烈；勤则惟日不足，惰常日永如年。何则？大群非独力所能支持，民族特性非一人所能表显。人欲胜物，必先合群。欲表扬民性，必心心相印，向同一之方面齐趋。勤者有此经验，故殷殷望助之情，愈激刺而愈形恳挚。国人至互相望助，相依为命，则感应之敏捷，亲爱之胹诚，其度必继长增高，团结之力，安得不固？至于惰则反之。尔我之间，无资将伯；即有所资，两皆不足以相辅界。由相轻之念，酿成相侮之端，由相侮之端，激起相排之果。国人至于相排，则中伤、倾陷、嫁祸、构诬诸恶德，安得不相集而来？恒见国人之旅居外国者，每于街衢电车中一遇，多掉首他顾，若将浼焉者。栖处异域且然，他自可知。亡国之征，孰显于此！且人生多不满百，以人计时，安有暇晷。惟日不遑给之人，或得多所成就。何也？以时日之长，只有此限，其暇者人自为暇，非晷刻本身之有暇也。乃返瞻吾国，几半为优游暇豫之人，虑日月之不暮也，则曰消遣时日。非岂燕居逸处，无所事事，精神逸散，百无聊奈之征欤？消遣之名词一立，卒之国家万事，举销沈败坏于逍遥游宴奔走周旋醇酒妇人呼卢喝雉之顷，遂养成今日游民遍国之见状。呜呼！孰知惰之恶德，稍一联想，竟至于斯极矣乎！

吾言及此，流入悲观，大违立言之本旨。乃极力镇定，以反吾初。吾所以以自治与自由命题者，欲以明自由之福，匪可幸致，设不尽自治之功，即无由享自治之报耳。弥尔者，诠自由之名家也。顾谓自由之道，在于人人相关之界，寻得空间以行之。鲍生葵谓其以他人为主，属于消极，终不合为所欲为之旨。乃于一己之中，分治者与被治者二面，治者大己，被治者小己，盖谓社会为吾人精神所放大，合群胜物，以人胜天，乃人生之天职。故国家盛衰之度，全视团结力之强弱以为衡。团结力之强弱，又举以自治力之强弱为标准。宇宙间天行之事，莫不反乎人治，而与之相反相仇。自由者，即超脱乎天行之障碍，迳谋夫吾心之所安，不为外物外力所降逼。自治者就一己言，以勤力战惰性；就一群言，以大己战小己；就人道言，则以人治战天行。自由乃自治之归宿，自治实自由之途径，二者常相得相用，而不可相离。舍自治以求自由，自奴而已矣，自缚而已矣，北辙而南其辕，宁有能达之时邪？

（原载《青年杂志》第 1 卷第 5 号）

国 本
（1916 年 5 月 15 日）

斯宾塞之论宗教也，曰："方群演之始也，其所行者惟一教；逮群演之终也，其所行者亦将以一教。独当中天之运，群演方将，是两者常并存而不可废……故方其始也，非行其一则群无由存；及其终也，非行其一则群无由大。而际其嬗蜕变迁之时，非斯二者杂然并用、世重世轻，则群无由进。"① 其论群演也，曰："盖嬗蜕之群，无往而非。得半者也，其法制则良窳杂陈，其事功则仁暴相半，其宗教则真妄并行……此所以常沿常革、方死方生，孰知此杂而不纯、抵牾冲突者，乃为天演之行之真相欤？"② 兹所以首引斯言以起吾说者，亦以见群之为物，错综万殊，举所有繁赜不齐之民质，合樊然淆杂之感情心思，递演递嬗，相剂为变，以日进于无疆之休者也。故一自混沌初开，群演之事，由纯之杂，由一之万，由浑然翕合，而演为划然辟分，冲突抵牾，几不可理。而群化之进，即以此杂然不齐之点为动机，故知一人变化不息之途，罔不在相生相克、相摩相荡之天，而偏而不全、杂而不纯之事，转在在与吾人以调剂之机，调剂得宜，而群之能事尽矣。

愚论发端，即昌言调剂之理，亦以明调和主义，乃近世立国敷政之大经。斯宾塞著《群学肄言》，以"调和"③ 一语为全书立论之主纲，近世莫烈。至以"调和"名书④，可见此论踞英人思想界之势力。美人

① 见严译：《群学肄言》，"学彼"第八。
② 见前书："成章"第十六。
③ 斯宾塞原著名 *The Study of Sociology*，其中明用 "Compromise" 者，不一而足。特严译多以他字易之。
④ *On Compromise*，为 John Morley 所著。

约翰嗣同①谓法兰西革命初叶，明调和之旨者，仅拉飞咽②一人，故扰扰者竟至八十载。吾国自满清失政以来，群力相冲，未能帖然就范，相持时日久暂不可知，然欲质力调匀，政归常轨，终必出于调和之一途者，可断言也。故调和之说不可辟，所当辟者伪调和耳。今者义师遍起，声势动中原，迟速不必计，要必以贯彻初志为吾人尽责之期，鼓吹调和，是缓义师猛进之心也。且梗顽无耻之徒，方持调停之说以饵我，稍一牵就，即堕彼计中，辛亥前车，可为殷鉴。论者有曰：调和之义，但能行于新人物与新人物之间，不能行于新人物与旧官僚之间者也。吾人于此，正宜大声疾呼，痛辟调和之说，犹从而为之鼓吹，非别有肺腑，阴图利彼奸人，即是姑息养奸，以贻后患。非然者，则为冥顽不灵而已矣。

唯然调和者，势也，力也，实际之问题也。其行其止，不系乎人之欲不欲，而系乎势之能不能。不重乎个人之美德，而重乎双方之实力。余曩习英文，忆课本中有寓言曰："二羊倏然相值于高山狭径之间，下临巉岩，其深万丈，略无余地可容两方之回旋，进既不能，退亦不得，少一钳锘，两败俱伤。于是一则低伏，一则高躅而去，用能两免于危。"然则调和之机亦必于"略无余地可容两方之回旋，进既不能，退亦不得，少一钳锘，两败俱伤"之时见之，果未陷入此境，即瘏口哓音鼓吹调和之论，而终无一顾之价值。果已陷入此境，即唇焦舌敝，出死力以排之，亦终不能免。故有以调和之说进者，愚决不斥其纰缪，但询其方法是否当于调和之义。义当矣，又当审其时势是否适合机宜，而各方之实力已否陷入绝境。何也？调和主义之实行，必在两力抗拒、各不相下之时，而其协议之前提必在有相当之牺牲，此所谓相当牺牲，不重乎虚名，而重乎实力；不关乎一人之进退，而关乎势力之变更。其中有最不可犯之律，即以一方为主，一方为从，一方保其固有之位势，撤去实力而外之主张；一方贯彻其实力而外之主张，但苟且迁就，不得植其根基、获得相当之位势是也。故凡一事之起，其协议克谐之日，能合乎前者之旨，是为调和；若犯乎后者之律，则为敷衍。敷衍者，名义之事；调和者，实际之事也。二者不划定鸿沟，漫然从事，终必贻噬脐莫及之忧。故敷衍为自杀之刃薮，万害而无一利，探其隐而露之，即失败之饰

① R. M. Johnston 为美国 Harvard 大学助教授。著有 *The French Revolution* 一书，多详其所以革命之原因。

② La Fayette 侯爵。为军界首领，曾有助美国独立之功，其为人笃信自由，终始一贯。

词耳。辛亥之役，论者莫不谓南北协议，克副调和之实矣。就之论此一役，首宜判为两段。辛亥革命所抱定之主旨，在荡涤专制、建设共和，满清所颁十九信条，固亦略示调和之意，而卒等于废纸者，一以与共和条件根本相反，一以满廷实力未亏，虚名立宪，等于石田耳。迨和议告成，一方退位，一方承认优待条件，双方各有所贯彻，亦皆各有所牺牲，故调和主义乃达其圆满之量。此辛亥一役之第一段落也。至和议告终，而入于建设共和政府时代，名义上满清统治权及事实上民国大总统之职，举而托之于袁，复尽清廷所有之实力而掌握之。袁之大权，自谓与清廷蛛丝相接，其性质不变，行使之方法亦不变。斯时之袁，久君主其实、共和其貌矣。所谓南北协约，往复数次，彼之实力固无丝毫亏损也。迨南下受职之议归于消灭，吾民党主张之实行者，仅余共和名号一点。何也？协议之事，袁为主而吾人为从，袁之固有实力依然，而吾人之所主张全为泡影，举调和主义所最忌之律一一犯之。故再越寒暑，吾人之计划全被芟夷，仅余一五色国旗，而群犬狺狺，犹争欲易之以他式，即无癸丑之师，吾人亦将无立足之地矣。当日调和，失此一着，遂演成今日之大错，此辛亥一役之第二段落也。故综此役之始终而论，吾人对于清廷，可谓调和主义圆满见诸实行；至对于袁氏，则一言以蔽之曰：敷衍而已矣。

故谓辛亥之役为调和主义失败或成功者，非将两段落浑为一谈，即妄以敷衍为调和，而立界不明也。前事不忘，后事之师，今日所最不可误堕他人计中者，敷衍之云而非调和之云也。调和之义，同茇并育，非排其一以存其一，扬乎此而抑乎彼之谓也。充其义量，必合新旧异同名实质力诸形色性质总纳诸一炉，以锻炼而销镕之，其义始备。而调和之终，又必使原有之新旧异同名实质力尽变其固有之形色性质，融合无间，蕴成第二种形色性质者，而其功始完。故国家之真正平和，必政局中心可以兼容并包，使爱憎二力各有相当之余地，常互相回旋往复，不虞郁久而溃决，若驱逐一阶一级于势力范围而外，或虽名为容纳而各阶级之固有畛域迹象昭然，抑迹虽暂隐而各方面不同之形色性质尚完全保持，不少变化，时露圭角于其间，此与调和之根本原则相差万里。浸淫少久，非一力特起，尽排其余，而独占其政局，则群力对抗互相抵触，扰扰无一息之安，相激相排，终归溃裂，此历史中数见不鲜之例。辛亥之第二段落，虽聚九州铁，已不能铸此大错矣。故当未言调和之先，首应深明其界说。知吾人所以调和之点在于何所，所希望调和之效达于何程，若其时势于调和原则渺无毫黍之相合，斯万无可侥幸尝试之理。漫言尝试，则非别有肺腑，阴图利彼奸人，即是姑息养奸，以贻后患。非然者，则为冥顽不灵而已矣。

愚于调和之界说及效力既略有所陈，继此欲少论调和之用。调和当局既不能略分主从已，故实行调和主义，乃政治机关之权限问题，而非党派首领之位置问题。易词言之，乃国家问题，而非个人问题也。宇宙万汇，惟人能群，亦惟有群，而后有新旧异同之不齐。新旧异同之不齐，既与群相终始，则一群之内即无日不在抵衡冲突、融剂荡摩之天。故谓调和之义，自应日日流通，永行不息，不必待国中有一力特出之后乃别造他力以倾之。要当于国家根本大法中留有调剂各派之余地，并使各阶各级之力有其一定之封域，不及此限度，可以自行发扬以赴之；过此限度，则有他力足以牵制抵衡之。各守其藩，各遵其轨，相调相剂，以底于平，此调和主义之根本义也。故调和之事必以国家为主体，不得以个人为主体。何也？以国家职务，在立于人民之后保护维持，合一群之内所有繁杂不齐之点，胥纳诸相安相得之域，务令各适其情，各如其量，而不致纵其一以妨扰其他。反是，而以个人权利为调和之主，而不一与国家谋其敝也，必相倾相轧，争权竞势，而以国家为孤注。无论双方之要求终不能斟酌咸宜，各满其欲望以去也；即使能之，而双方各尽力以保其固有之权，必使原有之畛域昭然划分。其互相牵制也，以人而不以法，以个人之手腕，而不由国家之机关，一日不惟武力是务，则必互见扑灭于他方。以力克力，所得惟力，国家而惟力是尚，斯无日不在兢兢战战之天，政局重心，旋环无定，必陷国家于飘摇震荡之域者，可无疑也。故真正调和主义之实行，必以国家为调和之主力，两造各听命焉。取所有磋磨调剂之原理归纳于根本大法之中，俾其基确立而不可拔，而国本乃可巩然。非然者，以永行不息之调和主义对一人一时而言，其人其时务集权，乃反道背驰，起而以分权之法制之；其人其时务统一，乃临渴凿井，起而联邦之制缚之。东救西援，疲于奔命，补疮剜肉，徒自残耳，政治又安有循轨赴途之望。此种协议不浃旬可以成约，约虽成，不崇朝而毁矣。辛亥之第二段落，即对于施行调和主义之误也。此误会调和主义之宜辟者一。

调和之事，既非各党各派首领之自身问题，则朝发一电，夕上一书，北派一使臣，南派一代表，彼提出保势固权之条件，此应以有名无实之要求。自权限言，是以个人代国家，自法律言，则以私约代宪法，举无一当者也。何则？调和者，国家之职务，具有提议磋商承诺判决之权而享有主张之资格者，必属于宣明国家意思之最高机关。此机关为何？即国民会议是已。夫欲调和主义之永远流行，必纳其意味于国家机关之权限中，不得寓其意味于各派首领之私人意见中。前者为宪法之事，后者则私约之事。宪法者，调剂万派、流通百感之根本法，而为国民之权利书；私约者，则规定当事双方之利益，而为个人之权利书。宪法为国家所创造，以国家为主，国民咸受治于其下者也；私约则为当事者所创造，以双方之权利为主，而无关于国民权利者也。故私约中所含之调和主义，仅当事者两方自享之，若以此两方独享之调和，误认为国家根本之调和，则是以各派首领为国家，以各派首领之意思为国家之意思。此等非法之举，绝不得认为国家之事，亦绝不得认为根本之解决。非然者，置国家于各派权力之下，国家生命全视两派权力之变动为转移，以权力左右国家，适以导夫武人政治之先路，国不亡祸不已也。且今日之事有绝不能与辛亥之役相提并论者，即辛亥之第二段落，乃满清既已退位、袁氏与南京政府同立于共和国体之下，与满清协议关乎国体问题，与袁协议则同立于既定国体下，而仅关乎政府之组织问题。易词言之，非国家问题，乃政府问题，非根本问题，乃实际问题也。今袁氏既叛民国而建帝国，则非与我对立于同一国体之下者也，与非立于同一国体下之人言调和，是与满清末季欲召革命党入京组织内阁之事相类，而同为无意识之尤。且宪法既绝，不能认革命①为法律上之权利，则凡属革命，自宪法视之，均为叛逆。叛逆之罪，不受惩罚，则宪法永无巩固存立之期，谁能行柯叠达②者，即谁能废宪而创宪，而宪法之尊严扫地矣。故袁氏可取消帝政之名，不得取消叛逆之罪。于未正典刑之先，与言调和，是永坏我民国宪法之根基者也。新旧异同之间可言调和，与叛逆则断不得言调和。此误会调和主义之宜辟者二。

昔满清退位，隆裕太后之诏有曰："特率皇帝，将统治权公诸全国，定为共和立宪国体……即由袁世凯以全权组织临时共和政府"云云。当日议和多忽视此点，留一罅隙，遂使曲学阿世之徒妄为解释。有贺长雄谓"中华民国统治权由满清皇帝让与"③，民国三年约法会议咨覆大总

---

① 凡政治上根本变迁，皆谓之革命，故袁之叛民国而建帝国亦谓之革命。秋桐《帝政驳议》篇论之甚详，见《甲寅杂志》第九期。

② coup d'etat，猛断之政变也。

③ 见有贺长雄所著《观弈间评》第一章："革命时统治权转移之本末"。

统文有曰："方今共和成立，国体变更，而细察政权之转移，实出于因而不出于创。"有此谬解，则歧义旁生：一则袁世凯所组织之政府与满清政府络脉相联，正统相袭，而南京临时政府为节外生枝，按诸统系，已无存立之余地；一则中华民国之统治权非同人民总意所结合，乃由前代皇帝所转移。有贺氏又曰："满清皇帝将统治权让与中华民国，而统治权非能自发动，此政治组织之全权实集于袁公一身。"① 此所谓政治组织即国家组织也，不啻曰中华民国乃袁世凯承满清之命以只手组织之，他人不与其事者也。约法会议所谓"出于因而不出于创"者，盖亦此意。然则辛亥革命固无一钱之价值，而袁世凯一手已不啻挟统治权为私有物矣。夫统治权附国而名，而与国家合体者也，自其流者而言曰统治权，自其凝者而言曰国家，袁氏既挟统治权为私有物，实则早已挟吾国家而尽入私囊矣。充此义以言，岂但总统之权出于因而不出于创哉，即今日之皇位帝权亦为满清所让与，建号改元，特就固有之事实以正其名而已，亦出于因，而不出于创也。当日毫厘之差，遂生今日千里之谬，惩前毖后，则今日之协议必当首严此辨。近世国家无间君主共和，要必为人民主权②。所谓人民主权者，即主权质素由人民总意所凝集而成者也。人民所委托于政府者为权力而非意志，以权力可委托，而意志绝不能委托者也。故人民总意既离现政府而去，别建一正当集议团体，则新统治权由此而生，旧政府之统治权已完全消灭。卢梭曰："国家最高主权时时为人民所保留者也，人民一正当集会以设立主权团体，则政府统治之权即应时消灭。"③ 辛亥之役，当我人民在南京集议之时，中华民国之统治权已由此而生，而满清统治权即完全消失。统治权我民国所自有，何待彼之言"公"？彼之统治权已失，尚有何物得以言"让"？既非让矣，更何有于"因"？何有于"转移"？今袁氏自承认帝制之日，即为失去总统资格之时④，故今日之袁在法仅得谓之叛逆。犹曰"与某调和"、"迫某退位"，党派之间可言调和，正逆之间则绝无调和之余地。彼犹有总统资格，可言退位，今资格已失，位亦消去，何得言退？以此号召，非失之不词，即归于误解而已矣。此误会调和主义之宜辟者三。

---

① 见有贺长雄所著《观弈闲评》第一章："革命时统治权转移之本末"。

② Popular Sovereignty.

③ 见卢梭：《民约论》。

④ 近日沪上各报盛论此节。《中华新报》社论《叛国贼又盗总统邪？》及《请看袁氏调停狡计之失败》诸篇，多论及之。

调和既以国家为主体，国家主权之所在，久为政治学中难解之宿题。然综其议论所归，不出三种：曰在国民，曰在创宪及修宪之团体，曰在凡有立法权之总合体而已。[①] 吾国主权在民，久为约法所明载，关乎此点，本无疑难。则此后调和之权必托诸宣明国家意思之最高机关，方为有当。断不容专擅僭窃，以国家之事漫然托诸政府。今无论袁氏已失代表中华民国政府之资格也，即其资格具在，亦但能认为钦仰承国家意思敷陈政事之责，不得认为不宣明国家意思之权。吾人此后即设置临时政府，其权限亦犹是也。调和之机，发动于统治权之主体，归纳于根本大法之中，保之以国权，行之于永久，为国民全体计，非为党派首领计，为政治之常道而设，非为偶然激变而设也。故提议请愿之权，或可少界一二于当事之两方，而最终之判决则应全属人民之总意，此吾人今日所最宜注意者也。若再踏辛亥之故智，以各派首领为调和之主，以保全首领之固有势力为调和之究竟，举提议磋商承诺判决诸大权，漫然托诸政府之手，而不一与国家谋，斯则敷衍之谓，绝不得滥冒调和之名。欲言调和而不以提议磋商承诺判决诸事询诸全体国民之意见，则此次举义之师，又踏辛亥之覆辙，而不值一文矣。

顾调和既以国家为主，以人民总意为归矣，其中尤有最忌之律、确乎不可或犯者，即以党见解决国本是也。昔秋桐著《调和立国论》，尝引英国爱尔兰自治案，谓当此案初兴，格兰斯顿即曰："如斯巨政，不可决之于寻常党争，必由是决，诚为不幸之尤。"其后有自由党议员，本格氏之言以起论曰："自格兰斯顿发为斯语，中经二十七年，爱尔兰问题，仍然未决，今则决有日矣。……但若视为党派问题以力争之，则其所酿不满不安之象必重而远，且所生险状将至何度，不可前知。须知吾人共同生活与夫共同利益各各有其本基，远在党派问题所当回旋以外，纵令诉之党争，不必即有格兰斯顿所称不幸之事，在法亦不当行。盖于此种事件，非收合各派之聪明才力冶于一炉，使其所定全由同意，不假强为，不足以安国本而善国俗也。"[②] 今吾国建设问题，较诸爱尔兰自治案，其相去奚啻什百，则务宜收纳异同，停匀质力，兼咨博采，相切相磋，其奚待言？然愚以为政党之力微特不能决此问题也，即能措置裕如，而揆其职务亦终为越俎。今识者有唱为废党之说，谓政党为撒

① 见 Gettell, *Introduction to Political Science*, p. 98。
② 见《甲寅杂志》第四号。

克逊民族所特有，而非他国所宜仿行。此一问题原在本论范围而外，欲为论究，须待专篇。今于吾国果可行政党政治与否姑置不论，而假设政党政治在吾国亦可仿行，则此所谓行必远在国制已完、根本大法既定、政治之轨已入常道而后，断不可在国本未定、宪法未成、群力相抗、政越常轨之秋。昔法兰西为王与议院之感情不合，乃于千七百八十九年五月一日召集三族会议①，聚贵族、僧侣、平民于一堂，以解决国本。选举告终，祝宗若谢耶②、贵族若密拉鲍③等多列席于平民阶级中，故约翰嗣同谓："三族会议之议员，几全为中流社会富受教育之人。贵族、僧侣诸议员，本以代表各级特权而选，乃竟有多数与平民议员情意相投，且皆明智而爱国，又深濡染熏陶于福禄特尔、卢梭、孟德斯鸠之教泽者，以为为一己计，为法国计，为人道计，皆当使君主主义根本廓清者也。"④ 此会议员多为和平稳健、博学闳识之儒，在法兰西当日，诚可谓选得其人。乃平民一部把持议事之权，建立团体，号曰国民会议⑤，以创国家根本之大法。一方为平等自由主义所熏陶，而视君权如蛇蝎；一方则循序渐进，与暴民心理绝不相投。于是全法意见裂为三派，王党主张绝对专制，暴民主张绝对自由，国民会议介乎其中，踏入众矢环集之的，辗转倾轧。王党或联络暴民以攻会议，会议或联络暴民以抗王党，尽其全力，周旋于此胶彼漆之中。所定宪法既不能见采于路易，复不能见谅于暴徒，而革命之事，遂波起云涌矣。夫中坚人物，国家元气之所以寄，和缓稳健，为改革时代所必需。而各党首领若密拉鲍、拉飞咽等之苦心孤诣，又为天下后世所钦服，而卒不克免法兰西革命之乱者，何也？则分党立派之影响误之也。考法国政党多重首领，而不重党纲，一人特出则群相附和，附和之结果，而党派生焉。改革之顷，变化倏忽，少少迎合民意，则顷刻之间声名暴天下；少一持重，则反而噬。其攻击者每起于本党之中，首领之名誉，如轩然大波，倏起倏落，故党派之离合变化至不可以前知。此法之国民性，虽至今犹未丕变者也。夫以王权、民权互相调剂之根本问题，至咨诸畛域攸分之三派，三派之后，复立有多数党派把持之，调剂之机，几何能协？故法兰西之

① The States-general.
② Sieyes.
③ Mirabeau.
④ 见其所著《法国革命史》"The States-general"章，第五十一页。
⑤ National Assembly.

一再革命，一言以蔽之曰：尚偏执而不识调和，抑言调和而不毁党见所生之厉阶而已矣。

今者吾国自帝制发生以来，所有各党尽弃夙嫌，戮力同心，亲睦几如手足。国中不见政党之名久矣，于此而惧偏执，固属过虑，即曰调停、曰联和，亦嫌后起。何则？调停以抵抗为因，联和以分裂为因，因既不生，奚待鳃鳃然而为无病之呻吟哉？虽然，人自有群，即有感情意见之差与好恶利病杂然不同之点。此异点根诸性情、学术、习俗、流品而生，因政治之活动而起，顷值破坏时代，国中举无政治可言，故收声敛迹，戮力于扫除政治障碍之一途。一入建设时代，政治有商量之余地，则性情、学术、习俗、流品各异点必依旧划然分离。故谓他日党派不生，则断无是理。而党派生则必影响于国本者，又可前知也。或曰：政党本身，原无殃咎，所有殃咎，特组织者自取之耳。故识者于今，不在辟政党，而在辟不良政党。夫所谓良政党者，非集合富有学问经验之中流人士为之乎？非责以和缓渐进中正稳健之法行其改革乎？而政魁党首非以苦心孤诣奋勇谋国为尽职乎？然法兰西革命之机，即不啻为此辈所感召。何也？国本问题远立于党派范围而外。政党之力所能及者，政府之事，非国家之事；实际问题，而非根本问题也。戴雪谓："政党真正之异点必属于重要问题，而不属于根本问题。"根本问题者何？即国家组织是也。政党所可活动之正当范围在立于国家之下，奉现时政治组织为正鹄，所得以自由采择施行者，循轨赴鹄之途术而已。僭乎此限，则为革命党，非政党也。故欲政党活动不生厉阶，则必在国本已决、宪法公布而后，先此而行，举为乱本。若规定根本大法，而曰某党某派所主张，则是革命之种子已莳，而导火之线早熟，名为安定国本，实则扰乱国本也。美利坚三权分立，颇乏联络之枢，六头政治，久为论政者之所诮。然其政党唯一职务，则在于三权鼎立之际，谋弥缝补救之方，绝不敢越雷池一步，问鼎于国家之组织。非特于国家组织问题为然也。爱尔兰自治案，较吾之建国创宪，其轻重相去何如？英国今日之战争，较吾之建国创宪，其轻重相去又何如？乃于前事之起，则有格兰斯顿及自由党议员谓不得决之于寻常党争；后事之起，则不惜举英国政党内阁之历史毅然推翻，以行联合内阁之组织。质言此事，在历史为创例，在政治为革命而已。再言其次，如内阁员之更易，洵可谓与国本无涉已。日本习惯，乃不询之于政党，而谘于远立政争潮流而外之元勋。此其政情得失，非本篇所欲问，然揆其事实，其利益要亦有足多者。然则政党所能回旋之问题盖可知矣。

以上所述，意在明政党之行必于其时，政党之职必有定限。无论党首品望如何尊荣，其措施如何公允，一陷溺于党同伐异之间，遂失其补苴周旋之力。法国党魁之朝荣夕辱，民国元、二年间之各党言论纷歧，稳健者莫能统一，事实昭然，举可为将来之炯戒。今者各党之间联络无间，感情恢复，正在此时。且国势阽危，安有互尚党争之余地？于群期毁党和衷共济之秋，际调剂融和千载一时之会，前瞻大局，莫定舟流，设犹独树一帜，号召党徒，非藉寇兵而赍盗粮，即为弋货财而攫权势。虽出于贤者本怀，余亦不敢苟附。何则？政党本义，乃弥缝补缀，集合错杂不齐之意见，俾向同一之方面而趋。藉不齐之方，以收统一之果；非于衅隙全无之顷，削足适履，凿壁寻瑕，故于翕然密合之一团，剖为樊然不齐之各部也。各国之所以以人力经营政党者，非以迁就人性之偏执，实以归纳万殊、集成公意为原则。故即不论政党权限果能涉及国家组织与否，而不待歧意昭生，先树派别，其党虽成，亦不值贤者之一顾。若再询其党纲，绝无与他人相异之点；而探其党见，竟有牢不可破之根，如民国元、二年之间者，斯真众怨之府而致乱之媒者矣。政治之事，理论、事实贵相调和。事实不合当然之则，当持理论以矫之。果灼见危害在前，方当先事计划，预筹扑灭之方，安可推波助澜，将错就错。论者动曰：法兰西革命史为吾国今日之小影。不知士君子读史，不在识其事迹，而在寻其事迹之因果。故吾人读法兰西革命史，贵探其革命所以屡起之因，不必熟记其革命相循之事迹。果确然察其真因所在，当举全力以廓清其根蒂，万不可认其层层波折为改进群治所必由之阶而步趋惟谨，谓法国经几次革命始奠共和，吾亦当革命几次以效之；法国杀戮若干人，吾亦当杀戮若干人以仿之。何也？历史乃民族心理所演成，各有其特殊性根，方各有其特殊史绩。吾非法兰西民族，何必与彼同演出一形容逼肖之历史？即欲效之，亦终不类。惟所造之因若与彼同出一辙，则其结果之相类。虽欲避之，亦将无术也已。然则鉴于往事以消除革命之因，非贤者所应尽之责欤？

总之，调和者实际之问题。当群演方将、新旧错杂之顷，利用其机，则相反者转以相成；抑塞其途，则相持者终必相灭。顾调和之实非能幸致，必有二物为之后盾，始克尽量流行。此物维何？即人心与实力是已。两力不足相抵，则不生调和之因，无因之调和，是以此就彼也，敷衍之云，而非调和之云也。故实力之为物，不得特为调和之归宿，当特为调和之凭藉。设无实力，则人心之趋向，亦足养成调和之机。英国之政轨，常循途前之、不越其辙者，非各方以势力相衡之力，乃人心之力也。愚论主旨在谓调和之事，既有人群终无可免；至调和之机何日完成，则惟视吾人实力大至何量、人心之坚达于何程，始有开始之余地。否则无论方法若何，保证若何，保证不充，人心不坚，则终成虚愿，苟且迁就，终必爆裂而已矣。故调和主义以抵抗为起因，以心力为凭藉，以国家为主体，以法律为归结。四者缺一，势不可行，强行之亦必败也。深愿国人勿堕入诡计而为辛亥之续也，故取而论之。

（原载《民彝》第 1 期）

共　和
（1916 年 5 月 15 日）

　　数年以来，似闻有人恒言曰：共和不适！共和不适！夫欲辨共和之是否适宜于吾国，必先严辨共和之果为何制。共和一语，近人多与平民政治之 Democracy 同诠，实则二者固自有辨。以行平民政治者，不必国皆共和；国号共和，亦不必尽行平民政治。美儒曼狄生辨此甚详，其言曰："共和与民政之别有二：一、共和国之统治权常托诸少数被选之公民；二共和之制较诸民政，可兼容多数人民，而推行于泱泱大国。平民政治，议制布政皆人民亲身任之；共和政治，议制布政则委托代表行之。"① 惟曼氏所言，显为纯粹平民政治②，格芮更分平民政体为二，谓："以平民资格直接明定国家意思者，曰纯粹平民政治；以少数被选之代表资格明定国家意思者，曰代表平民政治③。"④ 然则共和民政固有辨，而由曼、格二氏之言以推，则皆为代表制者可无疑也。近世政治之精神不在人人得以直接议制执政，在多数者享有选举权、得以间接行之耳。故代表制之日行而有效，实为近世共和民政所以成功之真因。以人数计，百人而举一人以议制执政，固为代表；千人而举一人，万人而举一人，即十万而举一人，亦不失为代表焉。以地域计，一乡而举数人以议制执政，固为代表；一镇而举数人，一邑而举数人，即一省而举数人，亦不失为代表焉。此代表制之所以无限于大国小国、人众人寡之理由也。

　　今谓吾华为广土众民之国，不适共和，即无异谓广土众民之国，不

---

① 见 Madison，*The Federalist*，No. 14。

② Pure Democracy.

③ Representative Democracy.

④ 见 Garner，*Introduction to Political Science*，p. 175。

适于代表制度。代表制度即为疆土辽阔、人民众多、不得躬行执政议制者，乃发明此斟酌尽善之法。国无间君主共和，地无间广轮蕞尔，莫不运用此制，以利推行。故国家苟不能直行平民政治，自靡不惟代表制度是从。君主、贵族国之代表制与共和国之代表制，限度或有不同，性质则无少异。易词言之，代表选举总由庶民，特选举范围有普通、限制之别而已。今谓共和不适者，将以为普通选举不适？抑以为限制选举不适欤？盖泰戈尔曰："纯粹民政，选举执政者之权直接公诸全国。但选举普及之例，为各国政制所无，即以一部分享有选举权者尽行执政，亦为近世各国所未经见。故民政之行，惟在国家加选民以相当之限制及使选民与政府之关系常存不灭而已。此皆限度之差也。"① 然则多数政治纯为相对之辞，从无一国已入于绝对多数之域者，则限制选举固今世惟一之政例也。限制选举即高其程度，少限其资格，然终为限度之问题，绝不因此而变易其性质。吾国人才任如何缺乏，政识任如何简单，至一概抹煞，谓无一部分优秀分子堪任国民委托而行其代表之制者，将谁欺乎？无论国体为何，苟并此一部分优秀分子而亦选择无从，则国家基础已先不立，非借材异域，即返乎洪荒。共和固不能行，即专制亦必需一部分奔走奉命之臣供其驱使。今既并此一部分之人而无之，则专制亦终不可行矣。

又闻人之恒言曰：共和国家易酿兵争元首之祸。夫以兵争元首之罪蔽狱共和，骤闻之似觉动听，殊不知共和者国家之制度，争元首者出于桀骜者之野心。以执行此制者之不善，而移罪于共和本身，李代桃僵，讵为平情之论。且共和本义，平荡无偏，调剂万殊，感通众意。苟有一力首出，独占其权，且挟之以排压他人，诛锄异己，则共和之义，先已芟除，根本托迹盗名，流于假伪。伪共和流毒所之，苟一力独尊，则酿成黑暗专制之恶剧；苟群力颉颃，则酿作兵争元首之惨行。故此二象，常见于苟奎达肆行之顷，不常见于伯里玺易位之秋，铁案如山，讵庸抹煞。今欲俾国家免于危害，惟有荡涤伪共和之余毒，发扬真共和之精神而已，此外更无他术也。近世国体惟分君主、共和二种，如谓共和易酿兵争，必曰君主国体则否，此固无庸旁征博引，凡稍涉猎吾国历史者，必能自言其详。自汤武以来迄于清，其间除讨伐外夷少兴兵戎而外，其余之穷兵黩武者，何一非争权夺位之事？故中国一部二十四史，即谓为

---

① 见 Gettell，*Introduction to Political Science*，p. 206。

盗国窃位之历史殆亦非过。穷其流毒，至令国家观念云散烟消，兵端相寻，在其位不在其政。故易君虽历二十四朝，而政治则仍如一辙，国为私产，"某业所就与仲孰多"之词公然宣之于口，恬不为怪。呜呼！此即吾国自汤武以来历代皇帝之政绩、之效果、之大义微言也。人才缺乏，政识简单，即食此历代皇帝之报以至于此。因病施药，易以共和，殆为理势之无可逃避者。对于共和而怀疑者，是自扰其神，非真能知共和之制者也。

（原载《民彝》第 1 期）

程度与民政
（1916 年 5 月 15 日）

　　比年以来，程度不足一语，多浮沉于论政者之脑际，一若即此四字，已足制共和死命而有余者。考程度问题，政治家苦无界说。必高至何度，始适共和，不及何度，必宜专制，其间厘然界域若何划分？即政界宿儒，亦恐智有不逮。何也？程度云者，乃比较上相对之称，苦无绝对之界限可立。设豫悬一定之以在寻求，谓及乎此者方可共和，否则仍宜专制，是视国家如筑室造路，可准绳尺以求，嗟咄立办，而忘其为有机体之发展，为心理之构形也。且必待程度若何仍行何种政治，非政治家所当注意。政治家第一注意之点，即在用何种政治始克令人民智识日开、经验日富而已。共和国家，其用材也，在就其偏全高下，尽致之于相当之途，无论梓杞栋梁曲拳臃肿，皆应并蓄兼收，以供尺寸之用。今骤号于众曰：程度不足，其已爬罗剔抉，罗网无遗，而犹患其不足乎？抑好同恶异，疾直取邪，使异己者置散投闲，莫由自用，而始见其不足乎？果为后者，但当曰遗弃为害，不当归咎于程度。且一国用人出治之源，不衷于法而衷于意，政界进身之术，不藉品学而藉夤缘，揣摩之术不工则不能出人头地，天良之丧不尽则不能为政界完人，举其日夜能力尽消磨于简练揣摩攀附奔走之中，汨没其良知良能，发挥其禽欲兽性，程度不足云乎哉？胥天下人材尽令半途毁弃、力趋下流以至于此也。

　　且政治才能不重宣降而重栽培，政治知识不主乎直觉而主乎经验。人生天性，本为政治之动物，非必于欧美则先天为优，于亚非则先天为劣，特其栽培之法、经验之机有不同耳。今即吾民程度低下确为事实，惟问此物厉阶，果在何所？平情定论，谓程度低下为食数千年专制流毒之报，无问何人，不能否认。夫扬汤止沸，不如去薪；抱薪救火，智者不取。今欲救程度低下之弊，舍力行平民政治更有何法？若曰政治自政治，程度自程度，必待尔程度已足，吾之专制方可取消，民政方可实施用，然则国家职务，其将置人民于度外，听其自进自退乎？抑将培养熏陶，令其烝烝日上，循轨前趋乎？改进程度之法，其将以专制为本，绝其经验之途为善乎？抑以民政为本，令其自行试验为善乎？欲明前问，必先明国家之职；欲明后问，必先论专制、民政之孰优。夫国家者何？自由人民以协意结为政治团体，藉分功通力，鼓舞群伦，使充其本然之能，收所欲祈之果，及以自智自力谋充各得其所之境者也。国家非人生之归宿，乃人生所凭藉由之以求归宿之途者。故第一要务即在多备机宜，促人民之自醒自觉，启其兴趣，增其智识者，方为得之。然则高其文化，展其天才，乃国家对于人民终极之祈向，政治运施离去改进人民程度则渺无意味，此论政者之正鹄也。正鹄既定，则所由赴鹄之途乃最有研究之价值。夫人民对于政治而形其非常注意者，必政治之机括息息与人民之意见相关，政府当局之进退，国民得间接以操其柄，而国民总意发表，必能影响于政府行为，此其大经也。能具此灵通之机者，自必以平民政治为最。格芮曰："涂格维尔之研究美国平民政治也，谓美民之关心公共事务及具有高卓政识与诚实之爱国心者，皆为平民政治所感发而兴起。故推言此制功能，实为训育公民之学校。"[1] 穆勒氏谓平民政治之功效，足以移性陶情，启瀹庶民之灵智。哈蒲浩曰："政府之责课自国民庶政之行公诸舆论，而后相衡相荡，相责相望，而大政治家可出。"[2] 平民政治即使国民课政府之责，以舆论作庶政之基者也。然则图政治之进程，增国民之政识，舍民政而外，其道奚由？

专制政治孺稚万民，助长其依赖之性；平民政治尊重人格，长养其自立之风。故专制下之民，啙窳醒酲，有若傀儡，碌碌因人，自立则殆。一入平民政治之下，则鼓舞奋发，自启本能，锐钝偏全，兼修并发，嶔然树其自重自爱之风气，质乃于焉丕变。穆勒曰："人从平地而起，觉其行善去恶之权，操之于己，不视执政者感情意向以为成功与否之衡，则其人之气质将大变化，而所以巩固其自助自赖之念者至无涯量。反之，置其人于国家组织之外，一切政事不使闻知，则民气凋丧，不能振作矣。故人觉自由足以强其人格，而得其强之之高量，亦唯在已

---

① 见格芮：《政治学》，二百二十二页。

② 见哈蒲浩《权利说》，语从秋桐译。

为公民或将为公民所拥特权不居人后时耳。又不仅感情然也，尤要者，彼于一定时期可以出参国务，其所得人格之实地练习为益宏多……质而言之，如公务之加于其身者甚大，不啻取其人而教育之也。"①　然则民政之功效可以睹矣。且论者多谓唤起人民之政治趣味，其功多在于议会。英伦以内阁总理之进退操其权于下院多数党，故每当阁员摇动总理更替之时，奔走演说，议论沸腾，新闻鼓吹，舆论丕著，以一总理之进退，其影响几至于家喻户悉。岂英伦民性嗜政之情、运政之力独迈寰宇哉？特政潮涌荡，舆论为风，煦育亭毒，俾克臻此。人人乐于论政，故经验之磨濯益深，经验既深，故政才之启迪益广。此英伦议会所以有"与其谓为立法母，宁谓为诲政"之颂也。②　吾人引此，非以过夸民政之功，特以欲救程度低下之病，惟民政为最效耳。病虚弱者利培补，不利攻克，果见吾国大患在程度不足，正应药之以共和，补之以民政。不然者，举为戕贼而已矣。

（原载《民彝》第 1 期）

---

① 见 Mill，*Consideration on Representative Government*，p. 66.
② 详见白芝浩：《宪法论》，"The Cabinet"与"The House of Commons"两篇中。

乐利主义与人生
(1916 年 9 月 1 日)

　　人类自含生受性，而有感觉，因感觉而辨苦乐，因苦乐而争趋避。苦虫蛇禽兽之相害，则习兵剑击刺；苦风雨寒暑之相逼，则作宫室衣裳；苦同群之相侵扰，而制法律；苦异姓之相凌辱，而备甲兵。焚顶捐躯、前仆后起者，苦乐问题之所迫也。仲尼之席不暇暖、释迦之舍身度世、墨翟之摩顶放踵，悲天悯人、皇皇终日者，苦乐问题之所趋也。故人生第一天职，即在求避苦趋乐之方。犷野之种，仅知求生；文明之伦，则知求所以善其生。求生者惟避苦之是务，求所以善其生者惟趋乐之是求。苦乐两境，与有生俱。人治未臻上理，则自受形以讫属犷，常徘徊偃息于此两境之间。宇宙欲得其治平，惟有集伦汇万殊之苦乐，比例平衡，求得脱苦享荣之极度，立为准则，制为法律，俾最大幸福得与最大多数人类共享之。是即乐利主义之旨归也。

　　自十八棋来，神权、契约两说风靡全欧。修模（Hume）特起，大唱乐利之说以排之。边沁（Jeremy Bentham）承流，毕宣其蕴。其徒堆莽（Dumont）纂辑其言，传播欧陆。逮十九棋初叶，英美二邦亦风尚其说，国法改革悉奉其议为准绳。今日西方立法问题已成往事，故边氏之流风遗韵，亦稍稍衰矣。其所以然，则边氏之说，在探立法之原理，而注意于巩固民权之基，法制既定，则无须沾沾于此。至法制改革本源未正之邦，允宜毕阐其微，铸为造法之大本。今者国制抢攘，法本荡然，敢旁征其旨，赘以诠言，俟关心民权者，得以览观焉。边氏之言曰：

　　　　公善者，法家之主旨；公益者，推论之本根。立法之学，应识社会真善之所在，建为立法之基；且探寻涂术，由之以实行此善焉。……

天之生人也，俾屈处乎苦乐二境之下，思维肇于是，判断因于是，生活定于是。离去苦乐问题，则衷无所感，莫知所云。虽人生有时舍至乐而求至苦，然通经常权变而衡之，其唯一职志，则在避苦趋乐之一途。其情历久而不渝，坚定而不可折。此固论道经邦者所当殚精钻研者也。苦欤乐欤，其即乐利主义纲维万象之主宰欤？

乐利之名，玄名也，所以明一物脱恶向善之体用也。凡恶皆苦也，即不然，亦为召苦之因；凡善皆乐也，即不然，亦为致乐之兆。凡物利于其人者，必可益其人幸福之总量；利于一群者，必并构此一群之小己，亦各增其幸福之总积焉。……正乐利二字之名，惟在集所有苦乐而计之衡之耳。此外观念，绝不使掍淆于其中。

崇尚功利主义者，于一切公私行为，必衡其所生之苦乐如何，而后试其褒贬。吾所用公不公、德不德、善不善诸语，举为广涵之名，而苞蕴若干苦乐观念于其中者也。吾所用苦乐二字，虽愚夫愚妇可以与知。绝无新辟之突、独擅之奇，谓当排去何苦何乐，而其义始备。亦非有精深之蕴、玄奥之藏，必俟商之柏拉图，质之雅里士多德，而其理始明也。何也？苦乐者人人所同受，无间于贵贱贤愚，其所感觉者一也。

乐利家之所谓善，即由之而肇乐。所谓恶，所由之而肇苦者。……如见常人之所谓德，所生之乐不偿所苦，将决然曰：此伪德也。即举世盲从，而彼将不更为此伪德所束缚。鄙夫之政策，每在利用伪德以达其所图，乐利之徒，深鄙之也。又当世号称罪恶者，其中尽有无瑕之乐。如此为乐利之徒所见，将立宣言曰：此伪恶也，此小人儒之所谓恶也，此奚害为合法之行为也？是故世有罚非其罪者，大为乐利之徒所怜，而故入人罪之科条，彼必尽奸除之而后已。（以上均见 Bentham's *Theory of Legislation*。自"如见常人之所谓德"以下，从秋桐译，惟易其原文"用学之徒"为"乐利之徒"耳。）

右所征引，乃边氏乐利主义之诠释，褒然成章，冠诸《立法论》之首。读边氏书所当首先置辩者，即乐利主义乃立为造法之常经，非著为彝伦之典则。何也？夫集万亿不齐之伦汇，而范之以国家；综万亿不齐之利害情感，而平之以法律。则必于樊然错杂之中，求一各足相安之点，本之以为立国之大经、制法之大本，斯其国乃为适宜之部勒，群情对于其法，始克翕然相恰，各满其怀，各餍其望，遂其相安相得之天。近世立法之权所以必操之群众者，亦以吾人一群之苦乐，惟吾人本身自感、自觉、自享、自受之耳。以吾人身受之利害，非还叩诸吾人之本身，则忻喜厌恶，必不克适如吾人之所愿。是故望他人体量吾身之苦乐，任其代定标准者，是奴隶牛马之事，非人类之事也。甘受他人代定苦乐之标准、帖然服习而不辞者，是麻木不仁之身，良心上毫无感觉者也。非他人所能感觉之苦乐，而必仰他人鼻息托其代为判定者，是之谓自寻苦恼、以戕其生者也。近世深爱自由幸福之民族，所以断胿焚身以争民政而蹜专制、收回立法之大权者，其用心正在此耳。

或曰：精诚相应，感而遂通，苟得圣贤，必能设身处地，为吾民谋避苦趋乐之途也。不知人类因罪恶不灭，始建国家；因权利不固，始造法律。方群演之始也，无国与法；逮群演之终也，亦无需国与法。惟当中天之运，群演方将，善恶公私之念炽然相战，故必赖国法并存，以维系而平理之，始克奠烝民于安乐之域。夫人治未隆，既不免各有所私，而握有重权者，尤莫不欲滥用其权以自恣，乃中世人生之通性。设立法权集于主权者一身，则彼身之乐必臻其极。立法权落诸贵族一阶，则彼阶之乐亦必日益而不已。其势然也。其有一线希望者，惟主权者与贵族因良心之省悟而自行谦让耳。夫谦者抗之宾，让者争之偶，一群苟乏抵抗之力，则谦之德不能独生；一群苟无竞争之能，则让之美不克自见。政治之事，必相衡相荡，始得其平。其平也，乃抗争之极，而得其衡；非谦让之极，而消其隐。欲持政局之平衡，而乃出之以谦让，自撤其抗争之力，是谓自杀之政策，终归于败而已矣。是故弃分所应享之乐而不受而乞怜他人求其让与者，是奴隶之根性未除也。应得之乐，不竞争以求得之，应避之苦，不竞争以求避之者，是龉龊偷生之懦夫也。然此犹曰：仰他人以求幸福，其势不可必得也。即万一可得，亦文明伦类所不取。何也？人生幸福，首贵自谋，呼蹴而与，乞人不屑，奚况其他。故保重人格之道，第一即在有自求幸福之能力。喔咿儒儿，突梯滑稽，是丧其人格者也。见真乐所在，则挺身拔剑，奋起而争之，见他人以伪乐欺我，则揭其虚伪，一鼓而破之，决不受其束缚，是之谓尊重人格，是之谓有自立之能，是之谓深知爱护自由幸福之民。

或者曰：苦乐既为吾人所自感自觉，则自求趋避之方可矣。法律于我何择？国家于我奚关？不知国家职务在主乎公道，法律能事在折衷群情、调剂百感，以平其所不平而定其所不定者也。外国家法律以求幸福，是自放于混沌洪荒之世界，荆天棘地，举足左右，则危害之祸应之。生命且危，何有于乐。求乐脱苦之术，必有所凭藉始克实行。凭藉维何？是即权利。权利者，求幸福时所必由之途。而国家法律之第一职务，即在保护此物。无国与法，则权利不存。权利不存，则幸福宁能幸致？且人生于国家之下，即无一事或逃国家之范围。恶政府必生恶法律，恶法律必重人民之苦、夺人民之乐。于法律不良之国，而欲自遂其生、自充其欲望，是犹断港绝潢而求至于海也。是故小己之图谋幸福，必自改良政治始。改良政治，必自夺回立法之权始。

避苦趋乐之道，必于立法原理中求之，既如上所述矣。顾苦乐与人生之究竟关系奚若，则尤不得不略赘一言。崇尚禁欲主义者，每指赏心快目之事为万恶之媒，而以安穷处困为人生唯一之天职。宗教家以苦为性分之所固有，故 Stoics 不以苦为恶，而 Jansenists 则反以苦为善。（见边沁《立法论》第二章"The Ascetic Principle"）吾国墨翟之徒，亦以苦身劳形为职志，皆此物此志也。不知人类之所以为万物灵者，不贵其能生，而贵其能善其生。善生者，脱苦安乐之谓也。以宗教家为安苦避乐者，乃见其涂术，误认为彼之归宿也。佛家度世，在使众生离一切苦，得究竟乐；耶稣救世，则悬一极乐世界之天国以引人入胜；儒者尊王，王者始于忧勤，终于逸乐，升平之世，谓为王道之隆，大同之福，乃儒家言治之极；墨子之苦身劳形，乃在兼利天下。然则佛耶儒墨，举莫不以去苦享乐为人生之究竟。其所以刻苦自甘、不忍独乐者，则居中天之运，乐未遍及乎群黎，故暂以安苦为求乐之方法，非其归宿之所止于安穷处困也。专制之朝、犷野之族，群演未深，立法之权，莫知运用，制法之责，专在君相，惨刻寡恩，比比皆是。宗教家悯群生之涂炭，乃倡苦身救世之言，以促君相之觉悟，冀少救残刻凶暴之行。其言安穷处困，乃对救世者言，非对待救于人者言也，乃谓治己之道应然，非谓治人之道亦止于此也。以暂时之苦，易永久快乐之方，以一身之苦，辟众生趋乐之径。苦者暂而乐者常，苦者一而乐者万，苦者其方便，乐者其归宿。专制之朝得以少敛浮威、犷野之族得以苟延残喘者，皆此说之所赐也。若认方便为归宿，谓安苦避乐为人生之究竟，则失佛耶儒墨之教旨与夫人生终极之薪向矣。

人生归宿既在于乐，国家者，以人生之归宿为归宿者也。故国家职务，即在调和群类，拥护机宜，俾人各于法律范围之中，谋得其相当之幸福而已。幸福之求，专恃人民之自觉自动。国家之责，惟在鼓舞其发越之机，振兴夫激扬之路。故凡物质上之快乐、体育上之欢娱，务使发扬至尽，俾得与精神焕越之程度相应相调，以遂其演进文明之愿。此晚近国家奉为职志之唯一大则也。禁欲主义，反真归朴，绝圣弃智，是阻人群进化之机者也。推此说而行之，则人生为多事，国家为妄设，所谓戕贼人性、毁弃万有之论也，于近世国家奚取哉？

（原载《新青年》第 2 卷第 1 号）

理想与事实
（1916 年 9 月 16 日）

重理想之说者曰：政治之事，反诸物理，可以理想变事实，而不可以事实拘理想。惟其可以理想变事实也，故吾人须先立当然之理论，以排去不然之事情。惟其不可以事实拘理想也，故吾人应超出已然之现象，而别启将然之新机。是说也，余尝主之。

重事实之说者曰：群者，合万众之生以为生，如生物之干局形制皆有一定嬗脱变化之期。群质不良，而徒言改革，新制与旧境相迕，则生机每因之而屈。谓国势群生可以少数人之理想而旦夕遂易其前观者，天演之中无此物也。是说也，余亦是之。

谓理想不足重乎？何以卢梭、孟德斯鸠、福禄特尔之学说，竟唤起法国之革命，而创成一种新政例也？谓事实不足重乎？何以无政府主义不能立行于今日，而犹待时世之变迁也？是知理想而不凭乎事实，用以悬揣则可，用以实行则不可。事实而不符于理想，在塞野稚陋之群则可，在文明演进之群则不可。偏尚理想者，政制必多骤变，骤变则国本不宁；拘于事实者，政制必多保守，保守则生机斯颓。

立国于二十世纪以上，而欲拘泥事实，不参几分国家原理于其中，则其国必无幸存之理。然当此过渡时代，而欲举乌托邦之政治，强行于法律势力未就轨范之国家，亦决非稳健和平之策。所谓理想者，即从事实中籀出原理原则，悬之以为治国之方针；所谓事实者，即为原理原则所由出。凡国家之递嬗递变，日进无疆，皆此新旧事实之代谢。理想与事实，乃需相待而不可或偏者也。偶有所偏，则皆足以危害国家。

大抵当文明初启之时，尝因事实而籀出理想，故有尧舜禹汤之政绩，乃产出孔孟之政论。当文明大进之秋，每藉理想以变化事实，故孟德斯鸠之三权分立说，为近世宪政之精神，卢梭之平等自由论，遂肇起法国之共和。前者趋重保守，后者趋重改进，二者固各有所是；惟当过渡之顷，非保守则无以为改进之资，非改进又绝无保守之望。际斯时也，惟有使理想、事实打成一片，不务高远之空谈，不泥于目前之现状。应知离理想则非事实，离事实亦无所谓理想，相需而为用，丽合而不离，庶不愧为当世救国之政治家欤！

（原载《晨钟报》）

省权与省长
（1916 年 12 月 20 日）

　　省制问题为宪法会议中争论最烈之点。审议不调，继以协商，近日协商又以分崩离析见告矣。将来解决之法虽未可前知，然果各本所见，阐发无遗，经以历史国情，纬以学理经验，则最后之成功，必有迥出乎吾人推测之外者矣。

　　顾细揣双方之议论，间有未慊于衷者。即近日最流行之论调，不曰省权繁赜，分配孔艰，留作后图方为上策，即曰分配职权，贵留余地，列举多疏，宜取概括。夫省权何以利于分配？曰为其繁赜也。何以必须确定？曰为其广泛也。兹乃明知其繁赜之为病，而不为之划清；明知其广泛之为害，而不为之规定。举其不可集之权，总揽之于中央政府之手，卒致坠坏于冥冥之中，而一事莫举。平心而论，今日政象之麻木，既不当归罪于中央政府之无能，复不应归咎于各省长官之跋扈。惟事权庞杂，棼不可理，各省既无专职，故亦不负专责。而行政自治诸事项，遂彼此诿谢，而无专任之人矣。此则今日政象麻木之一大原因也。

　　夫事权之分配全在人为。惟病其繁也，故必利于分；惟病其泛也，故必利于定。若欲行所无事，望其如生物长成，析甲勾萌，自成条理，实属乌有之事。美利坚二重政府也，其权限之错杂，亦为创宪时最难划分者。然彼邦人士殚精锻炼，出以匠心，卒令中央政府与各州政府之权限条理井然，一丝不紊，宪法公布而后帖然就范，以迄于今。故蒲徕士之言曰："美国联邦之特质为显然共见者，即两重政府同处一域，而其运施则秩然判别是也。譬如设两机械于一大工厂，而轮轴相交，革纽相错，然各自为用，各行其道，不相触亦不相妨。夫使中央政府与各州政府各守其藩、防其互相凌轹者，彼邦创造宪法者之唯一主旨，抑亦必要之图也。……"余引此说，非谓吾国应以美为法，亦设二重政府，特以见权限为物，其参伍错综之数愈赜，则其必需条分缕析之度愈高。由此推论，则无论繁赜之度达于何程，苟善为分配，则自能有条而不紊。夫权限至能有条而不紊，则焉得有互相妨害、废弃不举之病？美国创宪诸公，能于各自独立、妒嫉成风之各邦，锻炼销熔铸成一片，而谓吾国创宪诸公，独不能于服从中央、统一成俗之各省调剂停匀，俾帖然就轨乎？是厚诬吾创宪诸公矣。

且专制国体之政治以集权为原则，共和国体之政治以分权为原则。在专制国体之下，官治之范围必扩充之达于极端；在共和国体之下，则自治之范围必发扬之底于极度。然则吾国各省，一面当然为国家行政机关，一面当然为地方自治之最高级团体。既一面为自治团体，则必有相当之事务放任各省之自为，其必经中央法令之规定指挥者，特纯粹行政问题及关于统一事项耳。无事权之分配，要当有其限度，若者应由中央统一而后可以保国家之巩固，若者必由各省举办而后可以谋地方之发达，逾限越度，非破坏国家统一之基础，即践踏地方自治之萌芽，二者举无一可。就吾国各省情形而论，省制之规定似应采坎拿大之制度而稍加变通，此王先生宠寓所主张者也。分别种类，若者为地方自治之事，若者为国家行政之事。第一类放任各省之自办，第二类则遵中央法令之规定，此外均属中央政府之权限。今为便利起见，敢本王先生之旨而变通条举之如左：

（一）各省有自行举办之权者

（甲）地方税（但以不妨害国税为限）

（乙）省公债

（丙）省实业

（丁）省交通

（戊）省工程水利

（己）慈善及公益事项

（二）各省须遵照中央法令办理者

（甲）各级学校

（乙）公立银行

（丙）警察

（丁）监狱及感化院

（戊）地方营业公司之登记

此外，尚有受政府委任事项，亦得自行办理。此为地方分权之最小限度，按之现在各省情状，恐其权尚有出乎此者。乃一闻省制加入宪法而相率骇怪，胡为者？

综之事权为物，若过于繁乱，则利于分；若游移无属，则利于定。制宪诸公所以断断争论者，亦必有见乎此。然观议员所提之议案，于省权一项取列举主义者仅寥寥数人，其尤足令吾人怀疑者，如"省之分割以法律定之"及"省得处理省内一切事务"等条文，又有并省权而不规定者如众议员钟才宏之提案是也。夫省在宪法上取得位置与在行政法上取得位置者绝然不同。在宪法取得位置，非变更宪法不能变易各省之制度；在行政法上取得位置，但凭一纸法律可以变易之。今日所以力争省制者，为巩固各省之地位耳。若凭一纸法律可以分割省疆，主张废省者裂一省为十省乃至百省，不得谓违宪也。省疆至裂为十百，则与废省存县者何异？省之位置，又何尝有丝毫巩固之效哉？此记者所不敢苟同者也。至谓省权规定宜取概括，若"省得处理省内一切事务"云云，浑括无垠，与不规定者奚异？满清制度，省有责而无权；迨其敝也，省乃有权而无责。中央有不能自举之事，而无不能自主之权；地方虽有不能自主之权，而实无不能自举之事。中央之权限愈多，则不能举办之事亦愈多，势必举一切事权委诸各省。于是各省遂尽有中央自主之权，而凡事独断独行，中央惟保持集权之名，而地方遂享有分权之实。名义上以中央指挥各省，事实上乃以各省挟制中央。此皆各省无确定之权限有以阶之历也。斯时唯一之救济方法，惟视各省行政长官与中央政府交谊上关系之浅深。其仰承中央意旨者，情也，非法也；其维繁中央地方之络脉者，人也，非制也。其人重情谊、善逢迎，则省中微尘事务皆中央之权；其人跋扈专横，则国家大权亦多操于其手。此满清末世省与中央关系之实在情形也。民国成立于兹五载，而此种积习未能廓清，前代观念至今未改。故一闻省长民选之说，遂视为破坏国家统一，抵死不承，奔走骇汗，来相诘责。记者鉴于时势，亦不欲持极端民选论以相强聒，特记者亦有抵死不承之条件。条件维何？即如保持国家之统一，则中央与地方之关系惟恃法律之规定，断不能恃私人之感情；惟恃制度之调剂，断不可恃个人之维持。若由清之旧，无变省之制，则断吾头至地，吾犹怒目□舌而曰：此非统一国家之道也。

省长任选问题，又为近日纷纭聚讼之端。纵论涉及，不得不略示主张。民选官吏，在欧美人民本视为极寻常之事；国人以运用未惯，视若蛇蝎，亦无足怪。然而望民人惯熟选举于不用选举之国，试念经历何自而生？且议论政制不可自一面观测，选举初行，诚有弊害，然而一方有选举之害，一方必受选举之利。盖引起人民之政治与兴趣，练习人民之政治才能，必以选举为入手方法。绝对谓民选无益，余不信也。且反对民选论者，终有不可通之二点：一以为政府永与人民立于反对地位，一以人民终为不肖。由前说以推，一经民选，则省长之如民意者必不能如政府之意，是人民与政府终无意见相合之时。意者尽如民意之政府必不能发现于吾国欤？抑凡为吾国之政府必终与人民为仇欤？此记者所不解者一也。由后说以推，则民办之事必危害国家，官办则否；多数举行之事必危害国家，一人则否。意者吾国官吏皆非自民间来欤？抑何以为民则不肖，一为官吏则大智大贤欤？此记者所不解者二也。至谓省长民选则破坏国家之统一，记者尤为之大惑。夫国家统一与否，乃法律上职权分配之问题，非形式上官吏发生之问题。宪法上果能使国权、省权调剂适当，则即省长来自中央，既不能于确定权限而外复有所增，然则省长即来民间，又胡能于确定权限之中别有所减？故以省长民选为破坏统一者，是误以职权分配问题与省长发生问题混为一谈也。张君嘉森省制草案谓，省长发生问题共有五说：（甲）纯由大总统选任；（乙）由省议会选举；（丙）省议会选举出若干人，由大总统选定一人；（丁）由大总统选定后，求省议会之同意；（戊）限于省议会反对时，将大总统选任权稍加限制。今甲说与乙说正在相持不下之时，若各逞偏锋，互相聚讼，则两派终无调和之日，亦即宪法终无告成之时。昔美利坚创宪之初，本以巩固中央权利为目的，乃相衡相剂，而卒不免过于分权者，势使然也。当时制宪者名此宪法曰调和之证书，亦以见政治家之美德，其始也，在往复争论以阐其微；其终也，在互相让步，以观厥成。英国大政决于三，世界传为美谈。所谓三者，第一争论是也，第二协商是也，第三调和是也。今省长问题既成两不相下之势，则最终之方法惟有出于调和之一途。调和者，生于抵而成于让，故主张绝对民选与主张绝对任命者，双方必皆有相当之牺牲，始克得调和之道。然则甲说、乙说，既同不可行，而丙、丁、戊三说，乃得供吾人讨论焉。丁说与约法国务员之同意权同其旨趣，然不能无弊。其弊维何？即人民心目中所认为适当人物，而政府心目中或不认为适当人物，政府一再选定议会，一再不予以同意，则省议会与政府又成相持不下之势，而政局必生动摇矣。戊说系于失政，而后省议会乃得施其救济之法。迨救济法行，政事已多败坏而不可收拾，亦非完全之道也。若参酌情形，孜求利害，则似以丙说为少优。此亦不得已而让步之一策。究之，欲民选，则民选；欲官选，则官选。民选、官选均为良策，任行其一，皆足为治。美利坚州长由于民选，而政事举；坎拿大省长由总督任命，奥大利州长由皇帝敕任，而政事亦举。主官选论而排民选论，与主民选论而排官选论者，非以政府为不肖即以人民为不肖，二者皆不可通，亦皆非统一国家之道。何也？统一国家之道，应于职权分配问题上求之，不应于官吏发生问题上求之也。

（原载《宪法公言》第 5 期）

省制问题解决法刍议
(1916 年 12 月 20 日)

省制问题，断断争论者已近三月，欲求解决之法，必先求其所以不决之缘由与前次各派协商会所以破裂之原因。夫省制所以不能即决者，其缘由有二：一为党争所激动，一为现象所束缚是也。因党争之烈，而感情用事，故攻守两方之议论多溢出于本问题范围而外，由是群情共愤，尽力相持，愈辩愈纷，愈争愈烈，欲其静息，戞戞乎其难之。且两方所持理论，类多为现象所束缚，不能放开眼光，以筹百年之计。哈密敦曰："有必至之事，有曾由之道。宪法者，本乎此事、此道，详察若干年中或然之政象，始可以言编纂。是故宪法者，当以现在及将来种种政要之总绩为张本而成之，而不容仅以现在政要之总绩为张本而成之也。"观近日宪法会议中所剌剌不休者，皆不过因一时之客感，而仅得现在政要之总绩而已。缘此二因，故省制遂无解决之望。今欲筹解决方法，惟有远离党争之潮流，俾其言论思维皆由于个人主观，而超然出于现在政要总绩之表现而已。

近日各派协商会所以破裂者，亦有四大原因：（一）该会之组织以党派为主，以党争解决党争，是之谓以火济火，故党争益烈。（二）各代表之后皆有众目睽睽之党员司其督责，伺其行动，故其议论皆为若党若派之议论，绝无机会可以伸个人独立之主张。（三）其所谓代表，乃党派之代表，而非人民之代表。故其议论皆失于偏颇，以发挥党见之异，而不能释躁平情磋商省制之利害。（四）各党之政见多局于一时之客感，无有远谋。以之讨论根本大计，无怪其格格而不入。今欲筹一解决之法，势必本前述之缘由，惩协商之覆辙，别创一远离党潮之团体，俾无牵制，一本主观之判断以讨论省制之利害，其庶几焉。

为解决程序上之便利起见，解决省制问题之法，其切实可行者，愚以为不外二种：其一由两院各选若干人组织一特别会议，以本题付之解决。如章先生行严所主张者是也。其一则由国会选出若干人，由各省选出若干人，同组一省制会议，将议决之案付诸各省议会批准。再交宪法会议加入宪法。此则不佞之私议也。由前之法，则程序异常便利；由后之法，则解决可期圆满。何法是从，当待海内公判矣。

然无论采行何种方法，同有必要之条件。条件维何？即：（一）选出之人宜远立于人为之党派势力而外，各本自主独到之精神，自由发议，不受局外各党之操纵。（二）组织会议人员之品质，必迥出乎寻常。其思想确足代表多数人民之心理，其声望确足以起多数人民之信仰，本其学术经验以建一说，又确足包举多数人民之利害。贤智之明决，胜于群众之盲从。（三）此机关之存在，为期宜暂而不宜久。故虽品学高尚、不欲为政治活动者，亦可出而坐论于一堂。其职务既毕，则会议即解，不患见罪于一党一派，故沽名钓誉之心可泯。（四）其会议必宜秘密，使不致为会外势力所挟持，亦不为党派议论所左右。本主观之所得，尽量发抒其主张之力，自不难达于逻辑上应到之域。（五）其胸臆贵有清明之气。夫能立于党潮而外，则感情之偏、愤恨之私举无所用，澄心渺索，以讨论大计，庶可以现在及将来种种政要之总绩为张本，而不为一时一事之刺激以乱其方寸。（六）其人数欲其减少，则用众凌寡、挟势快私、以求逞于群众一哄者，必无所售其伎俩，而真理真象或可于平心静气中得之。凡此皆今日解决省制问题必要之条件也。

总之，以党见解决省制，乃治丝而棼之法。何则？凡争利害而欲各尽其量者，必为休戚与共、利害切肤之人；抑凡争利害而能各阐其微者，亦必饱更利病、身经痛苦之人。今各派人员，何派可以完全代表中央之利害？何派可以完全代表各省之利害？无论何人，不能臆定。以不足代表各省或中央利害之人盈庭聚讼，故终鲜鞭辟入里之言。此不佞所以有加入省选若干人之私议也。维君子择焉。

（原载《宪法公言》第 5 期）

一九一七年豫想之革命
（1917 年 1 月 1 日）

合纷然淆杂互相错综之生活状态而组成社会，积判然各殊息息变迁之群众心理而演成思潮。持现状以比衡往迹，数其递嬗递变、厘然殊观之经历，而名之曰进化。构成社会之分子愈杂，则演成思潮之支派愈纷。纷之度达其极，则摩荡切劘，各成趋向。趋向愈歧，则变迁愈速，而进化之机乃愈灵。人群进化之原动力，宜万而不宜一，宜互竞于平衡，而不宜统摄于一尊。道一同风之训，乃根诸专制思想而来。一群之众，其受专制之毒弥深，则梦想一尊之心思弥切。甚或从专制思想之中，籀出专制教育主义，至教育主义隶属于专制思想而下，则群众之心灵泪没，而进化之机息矣。

近日从专制思想中，演出二大盲说，必待吾人之力极廓清者，即于政治上应揭破贤人政治之真相，于教育上应打消孔教为修身大本之宪条是也。往岁之革命为形式，今岁之革命在精神。政治制度之革命，国人已明知而实行之矣。惟政治精神与教育主义之革命，国人犹未能实行。实行之期，其自一九一七年始。

易言乎贤人政治？从专制思想演绎而出也。吾国专制思想，其延缘于人民脑襞者，垂四千余年。迄于清末，新旧互争，濡染欧化者流，群悟专制之非。而深中旧毒之士大夫，既知专制主义与世界思潮相抵触，又不欲翻然改图，乃弃名取实，诡其词曰"开明专制"。迨民国成立，经二次政治革命而后，专制基础，扫荡无遗，不得公然以专制名词相号召，乃转饰其名曰"贤人政治"。今就二者比较以观，自不难立睹其真相。伯伦智理与黎白，皆谓专制与权力并存。何则？政权公诸有众者也，欲以一部分人私有之，故必赖权力为人保障。贤人政治，亦将公有之政权私之于一部分人士者也，故亦必藉势力为护符。此与专制同者一。专制者，成于独而消于衡，无惟我独尊之心理，则不能决然行专制，亦无惟我独尊之心理，则不敢自任为贤人。此与专制同者二。专制既假权力而行，则专制无定主，惟视权力为转移。贤人亦无标准者也，欲强定其标准，亦惟视权力以为衡。权力愈大者，其贤亦愈大，权力最小及毫无权力者，则不得不降为不肖焉。此与专制同者三。专制之特性，在排斥异己，非排斥至尽，则专且不能，何有于制？贤人之名词，乃与不肖相对待，非指斥他部分为不肖，则不能显见此部分为贤人。何也？以一国皆贤，则无贤人之名可立故也。此与专制同者四。行专制者，必划分人民为治者与被治者二级。贤人政治，以贤人为治者，以不肖为被治者，亦分人民为两级者也。此与专制同者五。专制者之职务，在以一部分人代理全国人之事务，而不欲放任人民之自为。贤人之职务，亦代不肖者总理庶事，而不欲放任不肖者之自为也。此与专制同者六。专制者，想望一人首出庶物，建为元后，以子育人民。贤人政治，亦想望一部分人首出庶物，立为人民师表者也。此与专制同者七。然则贤人政治，殆几与专制同其界说欤！

国家者何？乃自由人民以协意结为政治团体，藉分功通力，鼓舞群伦，使充其本然之能，收所欲蕲之果，乃以自智自力，谋充各得其所之境，非藉他人智力代为自谋者也。古者国家政治，其原动力在官；近世国家政治，其原动力在民。往者政治为人力车，近世政治为摩托车。故国家惟一之职务，在立于万民之后，破除自由之阻力，鼓舞自动之机能，以条理其抵牾，防止其侵越。于国法上公认人民之政治人格，明许人民自由之权利，此为国家唯一之职务，亦即所以存在之真因。谈贤人政治者，虽未见其明定国家之界说，然总观所论，则国家者由一部分贤人握有政权，以尽其指导扶持之责。藉此部分人智力，代他部分人民谋充其各得其所之境也。凡百行为，以贤人为原动，以人民为被动。于是国法上不能遍认人民均有政治人格与自由之权利矣。由斯义以推，第一与哈蒲浩"国家建筑于人民权利之上"之原则相反，第二与边沁"最大多数之最大幸福"之主旨相违。此在贵族政体盛行时代容或可行，若欲行于二十棋民权大张、群争自立之时，是反世界之趋势与进化之精神，不若仍明倡帝制，犹为直截了当也。论者岂不曰由官治可进于民治欤？然要知官治、民治之根本原理，绝不相容。民治之精神，在先予以政治上之人格自由权利，藉政治之力以自造于贤人之域。政治其因，贤人其果。官治之精神，则先夺其政治上之人格自由权利，俾托贤人之庇荫，安享政治之成。贤人其因，政治其果。故一则养成富于自治自立之风，一则养成依赖他人之习。欲以依人为生之民，行自治自立之事，是命盲者视、聋者听之类也。乌乎可哉！

再言教育。孔道应否为教育大本为一问题，教育大本应否由国家规定，是又别一问题。前者已为海内时贤所斥驳，后者则似尚付缺如。夫教育主义大别不外二种：一隶属于政治者，一超轶乎政治者。国家而以官治为中心，其制度含有专制性质者，往往以政治势力左右教育，故教育主义纯粹隶属于政治范围之中。国家而以民治为中心，其制度含有共和性质者，往往任人民自由选择，听其趋向，以为教育之方针。故教育事业，全超轶乎政治范围而外。军国民教育、实利主义教育及公民道德教育，属乎前者；世界观教育、世道主义教育，属乎后者焉。

曷言乎世界观教育？世界之种类亦有二：一曰现象世界，一曰实体世界。前者以谋现世幸福为鹄的，后者则以谋究竟幸福为鹄的。前者有空间、时间之关系，后者则无空间、时间之可言。前者由于感受，后者全恃直觉。政治者，由人类所感受之激刺，为一族一国之群众谋现世幸福之谓。教育者，由人类一己之直觉，为普遍世界之群众谋无终无极之究竟幸福也。故强使世界观教育，俾隶于政治范围而下，其违背教育主义者二：一为空间之限制，即缩小教育范围，使仅及于现象世界中一族一国之人；一为时间之限制，即减短教育功用，便仅谋现象世界之现在幸福也。人不能有生而无死，国家不能有存而无亡。现世幸福，随死亡以消灭。以不生不灭之人生，于无始无终之实体中，而仅仅以谋随死亡而消灭之现世幸福为鹄的，若而人生，若而世界，有何价值之足云？此世界观教育所以为世界人生之最终蕲向，而超然于政治之表者也。

曷言乎世道主义之教育？夫合无始无终之时、无穷无极之世与有生无生之物以成世界。则所谓世界，即非一时一地之有生物所得专焉者也。矧人类特有生物中之一种乎？论者动曰：人道主义为世界之究竟。不知人道主义，特以人类为范围，不过占世界生物中之一部。谓为人类之究竟，犹且不可，况谓为世界之究竟乎？教育者，以合宇宙万汇有形无形有生无生之全体为范围者也。限以有生有形，已嫌其偏，何况更限以人类？设再以政治之潮流为教育之标，则更以人类一种族一国家之事，为实体世界无始无终不生不灭之真实人生体也。此人道主义之教育，所以不若世道主义之教育尤为范围普遍，万汇咸周之道，而为教育主义之究竟也。

然此特言超轶乎政治之教育也。即隶属乎政治，若军国民教育、实利主义教育及公民道德教育等，亦不宜束缚其趋向，尽纳诸政治潮流之中。教育之事，端在启瀹心灵，顺人类之特生异秉，使充其本然之能。其造诣之境愈杂，则心能之启发愈多，而学术之发明亦愈速。一道同风之说，乃汩没心灵之媒，况一之同之之标本，无能定可定者，欲以谋现世一部分幸福之政治主义，定为谋普遍世界无终极幸福之教育主义，其纰缪更何待言。故不特以孔道为教育大本无有是处，即于孔道而外，别取佛、道、耶、回之道或他宗学流为教育大本，以规定于宪法，亦无有是处。故今日所争者，为教育大本应否规定之问题，非应否规定何人之问题也。无论何人，均不能以一教之力束缚未来人类之心思。更何有于由专制思想演绎而出之孔道？

（原载《新青年》第 2 卷第 5 号）

主权所在之疑问
（1917 年 2 月 3 日）

宪法会议近又生一疑难问题，即增加主权之规定是也。

主权是否为英文之 Sovereignty？果为此物，则其行使也，应否有一机关之存在？规定主权之民，人民在法律上行使主权，将以何种方式出之？

人民特国家组织中之一原素，而非国家之总机体。今明明规定主权在民，是否别生总机体以上尚有人民一物存在之误会？

上列疑问，敢请湛深法理之士与制宪诸君一解释之。

（原载《甲寅日刊》第 7 号）

平分政权
（1917 年 2 月 5 日）

平分政权之说，颇有着眼权利之嫌，固吾人所不敢苟同者也。

然政权平分之对面，必为政权独占。试问今日之政局，果有何派具此独占之资格能力，可以一党组织内阁，而为多数心理所满足乎？

政党政治本非吾人所反对者。然非有两大政党互相代替，乃于政党而外，别凭他种势力，以异军特起，独占政权，则国中所酿不平不安之象，又将奚若？

总之，独占于势不可，分平则于理未安。苟有第三善策，则独占吾所反对者也，平分亦吾所反对。否宁取平分，不取独占。以平分迹近调和，当国家危急之秋，或不无小补。若独占，则非吾所敢知也。

（原载《甲寅日刊》第 9 号）

外交管见
（1917 年 2 月 10 日）

　　自德美绝交后，吾国外交遂生一重大事件，即加入协约国与否之问题也。

　　外交之原则有利害而无是非，吾国今日之行止自应专自利害方面着想。但弱国外交，有意外之害，断无意外之利。欲藉他人血战之功为吾弋取利益之捷径，强国能之，弱国恐无望也。

　　此后议和将使德奥负战败条件欤？抑调剂平等而造成一种新势力平均欤？此在今日，已可窥见大概。当事者费二三年血战之劳所得，亦不过如此，其他更何利益之可言？

　　且吾人尤当事先计划者，即加入之后能保无诛求供给者欤？能保无越俎代庖者欤？此类问题盖亦不可轻视者也。

（原载《甲寅日刊》第 14 号）

议员兼任国务员问题
（1917 年 2 月 17 日）

主张议员不得兼任国务员者，其唯一理由即在防止议员猎官之野心。夫议员与阁员同为国家服务，法律上固皆平等者也。吾不知论者之心理何以视议员如此之清高，视阁员如彼之中陋，以平时痛恨恶官僚之观念移而加之于国务员，并不惜寓微意于宪法条文之中。甚矣！泥旧观者之难与言新治也。

矧在采行内阁制之国，阁员之选拔概以一党之魁硕当之。其资格之取得在平素之经验，而不在一时之营求。安有国务员之资格可以奔竞请托之手腕攫之者？果然，则宪政前途已不堪设想。即能禁止议员猎官之野心，议员而外，岂别无具猎官野心之人哉？反对兼任说者，别取他种理由可矣，拘泥现象以揣测将来，吾则以为不必矣。

（原载《甲寅日刊》第 21 号）

忠告国民、进步两系
（1917 年 6 月 7 日）

本报出版以来，原欲以调和主义与海内同人相商榷。顾所谓调和者，特对于遵循宪政常轨之政党而言，非对于越出轨道而外之势力而言。质言之，惟望号称政党者，互相对待，互相调剂，若有一种非宪政之武力，以异军苍头特起，其势虽盛，然按诸宪政国常例，实已陷入无政府状态之中。调和主义于此，绝无脱颖出试之余地。故言："调和于今日，非妄想则愚耳。"

然调和主义即可废而不讲乎？是又不然。今日明明尚有遵循宪政常轨之政党，在即所谓国民、进步两系是也。是二系之在吾国，一有离合，每开政局之绝大变化。辛亥之秋，两派合同，则满帝翻然而退位；癸丑之役，两派分离，卒为袁氏后先扼吭，分散失败而去；丙辰之役，两派互相携手，故袁氏不逾旬而即败。今者两派地盘、迹证具在，按之宪政国常例，两派又同为在野之政党，其所异者，特国会中多数少数而已。有国会在，两派政策之发表于议场者，固犹有差异之可言。今一派议员既纷纷出京，一派议员又纷纷辞职，国会等于空名，则两派皆已无发表政见之余地。斯时，两派所余之一点，惟在立党大纲。易言之，即同欲保障共和国体与实行立宪政治两事而已。大旨既已相同，已可牺牲感情，恢复旧好，同心戮力，一致抗拒越出宪政而外之势力。况国会一空，无论何派政策亦枕置而不行。政党职务在为政治活动，宪政不存，党于何有？两派中不乏明达之士，共扶大局，正在此时矣。

余前者为议员总辞职之议，实见进步一系因调和无方，相率去职，又因武力迫来，国会势不能于枪林弹雨之中，坚持到底，故倡为总辞职之说，以示国民系表同情于进步系，两派所争皆各有相当范围，在此范围之中，两派故不妨短兵相搏，苟逾范围一步，即为互相联络，实行阅墙御外之谋。今见研究派通电标出两大主义：曰保障共和国体，曰实行立宪政治。此二主义固民党中之天经地义，自辛亥以迄于今，虽祸变迭生而守之弥笃，是国民、进步两系之最大主义，已若合符节。其犹不能释然者，皆感情之事。因感情而误主义，明达者不为。故二系联合之举，并非吾人之空想也。

抑余更有忠告于进步系者。即该系主张素多，与各督之主张相近。设在各省未决裂之先，持之益坚，固不失政党之态度。今则宪法已蒙干涉之污点，即可认为虽罄黄河之水洗涤难尽之污。设诸公此后变更主张，是为违反初志，所谓责任，义殊难明；设仍守前言，毫无变易，于心纵有可谅，于迹则总近屈从。今日之变，有识者认为一时现象，而稳健和平之政党，则缘延国脉而与共短长，乌可逞一时之感情，遂坏自党之目的。且癸丑之后，国民党固绝迹于国中，而进步系亦渐失凭依，相率下野。今即有他人利用彼派，以除痛恨最深之部分，此部分一去，则政敌全消，而攻击之标，必一变而集矢于进步系。元、二年间历史具在，非记者故为恐吓之言也。同床异梦，终必分驰。故敢以最忠直之言，为我稳健和平之进步系告焉。明达诸公其审慎之。

（原载《甲寅日刊》第 138 号）

宪政常轨中政党活动之正当范围
（1917 年 6 月 8 日）

吾人论政，首应标明终极之限度。凡在此限度之中行其活动，方有政治之可言，逾此一步，无论其施设何如，举入于非政治之状态。吾所谓宪政常轨者，即指前者言之也。

政党之活动有一大主旨，即集合群意、积极推行本党之政策是也。此外更有一大范围，即正当运动、必在政治状态之下是也。真正宪政轨内之政党行为，惟在谋本党政策，着着见诸实行，不在毁他党之计划，事事从中掣肘。即曰推倒敌党，不过使之下野而已足。断不可溢出轨道，芟夷蕴崇，绝其本根，尽其基础而摧之，排而绝之于政治范围而外。政党之联合运动，固在得友党之助援，然所谓友党，不重其宗旨之相同，惟重其在政治状态中，久具有政党之资格。藉非政党之力以诛锄敌党，即无异假盗以刃，俾残杀吾骨肉之至亲。敌党之命脉方尽，己党之死生亦操诸他人铁肘之下，消焉？息焉？存焉？亡焉？惟有伏首乞怜于强有力者之前而已。

政党之生命，本与政治相终始。故必有政治，乃有政党可言。政府不存，何有于政治？政治既亡，何有于政党？故凡国家陷入非常之境，政府正在飘摇之中，斯时也，护国护法为上。护国护法之事必诉诸全体国民，绝不得认为一党一派之政策。质言之，斯时也，但有国民运动之余地，绝无政党运动之余地是也。吾所谓政党活动之正当范围，即于此划鸿沟焉。

本此二义以论，今日之政变，彼奔至极端、越乎常轨之一派，非口诛笔伐所能稍折其锋，律以吾人论政之限度，已越乎立论范围而外，姑不具论。所欲与一试商榷者，惟在号称稳健之流。今日稳健诸公，举足左右便有轻重，此派所指即为旧进步系一流。律以真正立宪政治之政党行为，则今日进步系所得为者，但应以合法行动抵制国民系之主张，不应越出轨外，藉他力以推翻旧国民党。推翻且滋物议，奚况迹近诛锄。使之翻然下野，固不失堂堂正正之师；若使之绝其根株，则终昧夫政力向背之理。且称兵独立、脱离中央者已达数省，中央政府根本飘摇，已陷入无政府之状态，政府不存，党于何有？悬崖勒马，惟有出于国民运动、护国护法之一途，仗义执言，平情释忿，方不失为大政党之德量。即如人言称激烈者为暴民，然暴民虽厉，容之尚有令其忏悔之机；暴力一伸，则炙手可热，欲其悔祸，殆无望已。亡中国者果为暴民抑为暴力，尚不可知证。以史例，则暴民能力仅能扰乱和平之秩序，至暴力之贻患，每足以倾覆国家。甚愿稳健诸公认定肇亡之媒以自正趋向可也。

（原载《甲寅日刊》第 139 号）

收拾时局之商榷
(1917 年 6 月 10 日、11 日)

自张氏到津而后，各方心理为谣诼所动，均呈现一种局促不安之象。于是范、汤、徐等各代表络绎到京，群以保护共和为主倡。考此次激变，本为争宪法、排民党而起，发难之始，原不欲惹起国体问题。乃时局酝酿，日趋晦盲。始之攻击国会者，一转而攻击总统；向之怀疑宪法者，一变而欲推翻约法；向之维持内阁者，又更进一层，而议及临时政府。今不但中央政府飘摇无着，并再进一步而问鼎国体问题。在梁、汤诸公之始意，原不过欲贯彻宪法上之主张，战胜国会之敌党。一闻摇动国体之议，吾意其深恶痛绝必不亚于身造共和诸公。故通电则表明限度，代表则表明心迹，最近研究派中之陈光熹且著论痛诋主张复辟者之妄矣。贤者用心之苦，见几之早，本为吾人所钦佩。亡羊补牢，犹未为晚，失此不图，后悔何及。记者于今，唯有速望诸公之省悟而已。

际兹危急之秋，国民、进步两系，宜合而不宜分。记者已再三陈说，故今日收拾时局之策，唯望国民、进步两系，各释旧怨，降心相从，而出于调和之一策。顾今日所谓调和者，乃关于国本问题，而非派别问题，属于法律问题，而非权利问题。易词言之，乃对法而言，绝非对人而言也。

调和之主旨既明，则应进商实施之法。既曰调和，必始于互竞，而终于互让。然则吾人最终之让步达何限度，此乃先决问题。谨标极限，曰：宪法可以修改，国会可以解职，而总统必不可以退位，约法必不可以推翻是也。

何言之？此次激变，与其谓为以武力争总理之去留，无宁谓为以武力盾宪法之争议。研究派议员之辞职，多以宪法为言，至总理免职一事，不过为武力爆发之外缘。然则总统既无失政之可言，斯无退位之必要。即曰失政，在实行内阁制之国，既不得问总统之责任，尤不可据此政治问题强总统以退位，开后世无穷之争端。至约法，则以革命流血而得之，复以革命流血而复之，行之者数年，争之者数次。约法一坏，国本尽摇，不独前年护国军之血战、各督军之电争举以多事，且使民国共和之基础，全行打销，六年中之惨淡经营，付诸一炬。暴动一次，根本大法推翻一次，认暴动为有宪法上之权利，则谁能暴动，谁即享有废宪创宪之权。若而，国家必终古在云翻雨覆之天，法律安有固定之望？若孙发绪通电所主张，直言之，即消灭民国之基础，毁坏宪法之本根而已。此吾人所以不得不深恶痛绝之者也。

然因激变而修改宪，非予武力以要求改宪法之权乎？是又不然。余所谓宪法修改者，乃于秩序回复之后，而以合法之程序行之，非于暴动未息之时，假宪法会议而外以议宪之权也。设许外于宪法会议者以非法易宪，则是革命行为，谓为创宪则可，谓为修宪则不可。以讨论宪法必待法定机关、经法定程序故也。宪法为调和万派之权利书，质剂不匀，爆裂立见。故本学理以制定宪法，为学者理想之事；收纳万殊意见以制定宪法，乃政家实验之事。法兰西现行之宪法最散漫无条理，而其生命则较他宪为最长，盖其散漫杂处即其容纳调和处也。鲠生君论法国宪法之特质有曰："一八七五年之宪法，实用的宪法也。……盖以其包括之问题，皆择其必要不可缺者，每次提出法案，皆循分功之原则，各就其重要部分审定。较之全以哲学的推论、凭论理的根据、循原则制为条文者，遥为切于实用。一八七五年之宪法所以能善其用而寿命特长。"又曰："千八百七十五年之宪法，富于伸缩性之宪法也。一八七五年之制宪，一种之党派的妥协也，相互主张之牺牲也。……但使其不绝对相冲突，一并采入，俾两党之情志各得容于其中，无或有离心力过激之恐。加以规定之修正宪法手续亦较简单容易，俾各党皆有获满足于他日之望，而不生嫉视现行宪法之心。蒲徕士之论宪法性质也，曰：不曲则折。千八百七十五年之宪法，盖可随势弯曲而不易折断者矣。"旨哉斯言！吾深望此后制宪诸公反复味玩之。

余基于前述理由，敢认定此次宪法实有重行慎重讨论之必要。不待今日激变迭起，早应自行觉悟者也。激变既生，乃言修改，修改意见之动机已由于各督军，而不由于宪法会议。欲保障宪法尊严，禁止局外干涉之端，断不可令此议发生于暴动未息之时。斯时唯一转圜之方，惟在变易宪法会议之分子，俾修改宪法之事从容实施于无形。其法维何？即国会举行总辞职是已。国会本为各派之互相妥协地，今对立之一派已相率辞职，一派孤立，安有妥协之可言？且政党美德在容纳少数党之意见，今少数党既已绝迹于议场，抗衡之力全消，即虚怀容纳之美德，亦将无所表见。国会乃范围全国之物，凡有建白，自应以民意为依归。各省以武力相向，未谋诸民，固不得假托民意。然旧进步党系，或身在各省，具有选民资格，或身在中央，负有代表资格，讵得一概抹煞，亦谓为绝非民意？吾人果自信所持政见确与民意相孚，似可更进一层，诉诸全国，经一次选举，多证明一重信任，卷土重来，谁敢与抗？此所以不辞诘责再尽一次之忠告也。

总之，今日无论何派，欲以独立收拾时局，皆为虚愿，惟有两派合同出于戮力同心之一途，乃可与他力相抗抵。时局愈趋愈坏，失此不图，必贻噬脐莫及之忧。两派明达诸公，其垂鉴也。

（原载《甲寅日刊》第 141、142 号）

论欲实行立宪政治者应有之觉悟
(1917 年 6 月 13 日)

在吾国今日而拘拘作政理、法理之论，举政治通例、国家原理以绳正政治家之所为，未有不嗤为迂生之论者。殊不知立国于今日世界，无论取何种制度，必含几分政治通例、国家原理于其中，其国乃有存在之希望。若离乎政治常态而犹能独立自存于地球上，占一片空地，号曰国家，遍寻东西，不惟实无斯例，亦断断乎无斯理也。

吾人既以政党相号召，心目中必有一种理想之国家、理想之政治。前提已定，又必认定何阶何级为能组织此种理想国家、实行此种理想政治之人。故政党之第一步在定国家政治方针，第二步在选择实能行此方针之人。研究会之通电有曰：保护共和国家，实行立宪政治。今且不论共和国家之如何保护，但论立宪政治之如何实行。立宪政治者，国家机关之行动一循乎宪法范围之谓也。立宪国共通之精神，乃反乎专制政体之独断主义，而以互相退让、互相妥协之意出之。于执政机关而外，容认监督机关之存立，拥护而尊敬之。此倭儒小野冢氏之言也。浮田氏又曰：立宪政治之第一要义在使政府权力有所限制，第二要义在使政府尊重人民之自由权利，第三要义在广予人民以参政权。其论立宪的道德也，力举二义：一、使多数人民研究政治问题，养成自由竞论之习惯；二、多数人民须尊敬少数人独立之意见，而有虚怀容纳之雅量。综括上列各义，则立宪政治一在政府权力有所限制；二在互相退让，反乎断裁主义；三在尊重国会，听从其监督；四在尊敬少数，容纳其意见；五在尊重自由，广予人民参政之机会。凡此诸端，不啻普通立宪国之天经地义也。

顾自政治通例言之，一言武力，则莫不与立宪政治彻底相反。凡权力而握于武人，断未有不滥用其权以自恣者，限制一义已根本消灭。且专制者，一力独胜之结果。力也者，尚独忌衡之物也，安有退让妥协之可言？若云尊重国会，容其监督武力，而受制于人，是自堕其专断独占之资。若广予人民以参政权，是又自招抗衡抵拒之力。若云服从少数，平心静气之议场、温厚和平之党员犹病未能，以之望鲁莽灭烈、炙手可热之武力，微特心有所不甘，即甘心焉，而揆之于势，实有所格而不行。然则欲与反乎立宪政治者谋举行立宪政治之实，非别有怀抱，则是冥顽不灵而已矣。政治通例往往如此，固非予一人之私言也。

总之，欲实行宪政：第一，须识政力向背之理，而容认反对党之存在；第二，欲获得遵守宪例之果，必先造养成宪例之因。以政治言，民党存，虽不能实行共和；民党亡，则断然复乎专制。民党存，虽不足语于政权平分；民党亡，则必致政权独占。以政党言，民党存，虽不足为进步系之助；民党亡，则实足兆进步系之危。此其例，全由开国六年中之政变经验而得，为凡有耳目者所共见共闻者也。故今日终极之目的，欲使民党暂时在野则可，欲使其一蹶不可复振则不可；欲驱除其暴烈分子于议场则可，欲不择良莠而并绝之则不可。岂惟不可，抑又不能。谨铭斯限，以为关心调和者告焉。

（原载《甲寅日刊》第 144 号）

近世三大政治思想之变迁
（1918 年 1 月 15 日）

　　政治本由理想产出。理想者，为事实所感召，立之以纲维时会之迁流者也。必有新理想导之于先，乃有新政治实现于后。国人局于现象，鉴吾国政治状况大似欧洲十八世纪之初，凡所论列，多撷拾十八世纪以前之学说，以津津自憙。如天赋人权、小己主义、放任主义，早为西人所唾弃者，尚啧啧称道，自诩新奇。殊不知政治进化，非同机械；发达变迁，均为有意识之动作。凡他国由枉道而得之利益，吾可由直道而得之。他国几经试验，由失败而始得成功者，吾为后进之国，自应采取其成功之道，不必再经其失败之途。由此以推，则凡先进国回环顿挫、历数世纪始获得之进步，后进国可寻得捷径，而于一世纪之中追及之。然则述西人政治思想之变迁，以为吾国政治思想变迁之引导，诚为今日之急务焉。兹略举数事如左：

　　一、国家观念之变迁　古代人民思想，均以国家为人生之归宿。故希腊、罗马及前代之倭人，莫不以国家为人类生活之最高目的。人民权利，皆极端供国家之牺牲。至唱人权、放任、小己之说者起，乃一变其说，谓国家权力与人民权利绝不相容；且有谓政府之存在，徒因人类之有罪恶，罪恶一去，政府斯亡。乃至十八世纪以后，新国家主义日益发明，如费舒特（Fichte）、海格尔（Hegel）、玛志尼（Mazzini）、加奈尔（Carlyle）、骆司砒（Ruskin）、格林（Green）诸氏均阐发国家之功能，以为人类一切障碍，惟赖国家之力可以铲除；一切利益，惟赖国家之力可以发达。在千八百六十四年，英人之思想，以反对国家者为正教，以信赖国家者为异端。在最近数年前，则以信赖国家者为正教，以无政府主义为异端。考其所以变迁之原因，盖一由国家观念大异于前，一由国家功效昭昭在人耳目故也。唱人权、放任、小己之说者，以为国家权利与人民权利乃两相妨害之物，国权一伸，民权自不得不缩。近世乃知人民之权利自由由法律所赋予。国家权力强固一分，即人民权利强固一分。确认国家无自身之目的，惟以人类之目的为目的，犹经济学上之富然。富非人生之究竟，乃为求达人生究竟之一途。国家亦非人生之归宿，不过为人类凭藉，以求归宿之所在耳。又因列强竞争，日形激烈。人民自由，仅为此小国家主义所限制，劳劳战备，日在惴惴战栗之天，自由范围，终嫌狭隘。于是信赖民族竞争之小国家主义者，又一变而神想乎人道、和平之世界国家主义。欧战告终，国际间必发生一种类似世界国家之组织，以冲破民族国家主义之范围。此征之于最近西人舆论而可信者也。

一、乐利主义之变迁　古代之政治思想，多自"损下益上"、"捐万姓以奉一人"之原则，演绎变化而来。自边沁唱最大幸福之说，政治思潮，倏焉丕变。顾尔时之解乐利主义者，犹重其数量而略其性质。多数之幸福，犹为少数代表所代谋。夫幸福之所以可贵者，在引人民于政治范围以内，俾藉群策群力，以谋公共福祉之谓也。设以他人代谋为原则，使多数人民立于被动地位，颓废其独立自营之本能，所谓幸福，直欺人语耳。盖近世所谓幸福，绝非根据他方之痛苦而来，亦不得以一阶一级之人数为界限。设移此阶此级之幸福，以享他阶他级之人，抑或因谋最大多数之人幸福，而置少数之人幸福于不顾，皆非近世之所谓乐利主义。乐利云云，必以个人为单位。无论牺牲万姓以奉一人者为非，即牺牲一人以奉万姓者亦非。此方所增之幸福，绝不自他方痛苦中夺来，亦非自他方幸福中减出。设在吾国，痛苦一人，以利三万九千九百九十九万九千九百九十九人，犹是阶级的乐利主义、多数的乐利主义，而非平等的乐利主义、全体的乐利主义也。真利所存，必其两益。绌此伸彼，终必致两败俱伤。近世学说，多由主张小区选举制度变为主张大区选举制度，由主张多数选举变为主张比例选举。此制如行，则旧日多数专擅、自营其私之弊端可日益廓清，且可更进而行直接民政，公意全发动于人民之自身矣。

一、民治主义之变迁　在贵族政体初变时代，论平民政治者，犹未脱尽阶级资格之观念。限制选举，多以教育、财产为必要之条件。与其谓之为平民政治，毋宁谓优秀人民政治。乃择其优秀者，畀以参政权；非畀以参政权，使养成优秀人民也。迨十九世纪之末，欧美学者所谓平民政治，大抵皆建筑于人民权利及小己私益之上。以为平民政治云者，小己自保其权利，自享其私益之谓。不知权利私益，皆为人生之凭藉，而非人生之归宿。近数年来，多唾弃小己主义，主张合群主义；唾弃私益问题，主张公益问题。以为真正平民政治，乃建设于担负社会职任之小己之上。小己私益，即自社会公益中分来。人民入群而后，皆以谋社会公共幸福之目的，谋小己之幸福。而社会利益之进化，不徒恃普通选举制及议院政府制，乃恃有中介的团体，使小己与一群，得以联络一气。民治政府，实为责任政府。予人民以参政机会，即道人民以负责之方。以选举之事，锻炼政才。故实行平民政治，实足以收教育之功能。选举制度，不惟无教育资格之必要，且足以补教育之缺焉。

吾国政治思想，偏于守旧。自表面观之，所受世界思想变迁之影响，似乎极微。推求实际，近日政治现况，实与世界思想，一致前趋。大凡政治理想发现之初，不为破坏的革命，则为消极的反对。当新思想未能实行之先，必使与我反抗之旧思想，破坏无余，乃有建树新思想之余地。哈蒲浩有言曰："当自由主义之发端也，恒为破坏的、革命的批评。取消极态度者，约数世纪。所立事业，破坏多于建设。削除人类进步之障碍，远多于表明积极之主张。"吾意中国今日之政治思想亦然。袁氏之自私的国家主义已经打消，段氏之负气的武力政策亦瞬见失败。此后群众放矢之的，又将转向"骑墙"的自私诡计而发。凡凭国为崇，图谋一部分乐利，及假贤人政治为名，以屏斥人民于政治范围而外者，皆与此国家主义、乐利主义、民治主义之新思想不能并存。不试则已，试则未有不偃旗息鼓、败北而逃者也。

（原载《新青年》第 4 卷第 1 号）

读弥尔的《自由论》
（1918 年 3 月 15 日）

弥尔的一生著作，其中有极力发挥他自己的特别见解，句句话皆自他心中呕出，推倒舆论，打破习惯，跳出宗教党派的范围者，即是这《自由论》一书。此书作于一八五四年，据他自己说，深得其妻泰勒尔（Mrs. Taylor）之力。几次修改，到一八五九年，方才印行于世。林德色（Lindsay）说："《自由论》一篇，在弥尔著述中为最有名之作。凡他自己的特别的道理，皆包蕴于其中。"此论很可谓确当。故读过此书，一则可以窥见弥尔个人的特识，一则可以藉以考证尔时英国政治社会的情况。

凡一代学问家思想的潮流，多为当时社会实在情形所鼓荡。我们尚论古人，必定要明白古人所处的境遇，所呼吸的四围之空气，和那些时代的政治、社会、学术、思想之状态，然后再平情论断，方为得当。我看白克尔（E. Barker）所著《英国政治思想史》，是很推重弥尔的。不过其中有几句话，说："弥尔的《自由论》、《代议政体论》二书，皆出于一八四八年而后。虽能将旧说解释精详，然终不脱旧说之范围。故与其称弥尔为一八四八年后新派之先知先觉，不如称彼为乐利派之殿军。"又有人说，弥尔晚年，虽欲辟开习惯礼教的势力，极力主张思想言论之自由。但他的言论思想，仍为乐利主义所拘束。他所梦想的自由、假设的幸福，皆是凭空悬揣，毫无具体的主张。且《自由论》中，往往以异材癖性，混同为一。他以为人类美德，专在发挥奇异的癖性。至于幸福之实质为何，取得自由之途径为何，皆未尝详为指出。故论者多以为彼所论的，乃是空空洞洞的自由和那捉摸不定的个人。这些批评，固也有是的，但自我个人意见观之，未免忽略时代的实情，而以后人的眼光和现代的理想尚论古人了。

我看弥尔一个人，真如那过渡的舟楫、通达两岸的桥梁。在十八世纪的时代，抱乐天主义者，不信大造的神工，即信上帝的万能。弥尔亦是抱乐天主义之一人，但他既不信自然，又不信上帝，而所信仰者惟人。尔时英国的革新派所要求者在制度，弥尔所信托者乃在人民。尔时英国的政治家所谓平民政治，在以少数服从多数；弥尔则以多数专制与一人专制同时并抵，大倡比例选举制，以为少数党谋利益。再以弥尔自幼所受的教育论，我以为世界上的人，自小至大，全由一个先生教授，其为时之久，用力之专，从无第二人如弥尔者。彼自三岁以后，即受教于老弥尔（James Mill）一人。老弥尔与边沁（Bentham）皆终身以传播乐利主义为事。故弥尔自幼，其四周空气，即为乐利主义所弥漫。彼自言当十五岁时，尝信仰边沁主义为宗教。"少成若天性"，此在他人，将终身莫逃乐利主义之范围矣。然弥尔则兼容并包，打破边沁、老弥尔所传道的狭隘乐利主义，而收纳异派，炼于一炉，而成一折衷主义（Eclecticism）。边沁与弥尔同是急进派，但边沁的急进主义是哲学的，立其基础于理想之上；弥尔的急进主义则建其基础于常存不灭之社会上。弥尔以前之乐利主义，多为个人的性质；一入弥尔之手，则由个人的性质而变成社会的性质。先代的乐利派，在攻击少数人的特权、一部分人的私利；到弥尔，则平民政治的根基已日益巩固，故彼乃力排多数党之专制，为少数人争心思言议之自由。弥尔一生心力，不尽是用在个人主义上，乃是将个人主义引入社会之中，使得以递嬗递变，循序渐进。然则弥尔一身，不啻为过渡时代之关键。谓彼为旧说所拘、终身跳不出乐利主义之范围者，似乎有点近于苛论了。

弥尔一篇《自由论》，其唯一无二的宗旨，即在反对好同恶异。他说："倘若人类除了一个人抱反对意见而外，其余的人，皆是一样的意见，则以全体意见禁止一人，和那以一人意见阻止全体者，同为不公不平的事。"他如礼俗、宗教和世界的通义云云，凡可以拘束个人的心灵者，皆为弥尔所反对。他所以不说幸福的种类者，即是尚异恶同，不愿以我的心思拟度他人的好恶。弥尔的主旨，彻头彻尾归根于个人之自择。倘若代他人定下幸福的种类，说些幸福的性质，不问他人好恶如何，必使他随我所指定的标准而行，岂不是以一人意见拘束他人么？岂不是好同恶异么？

司台芬（Sir Leslie Stephen）说："奇癖的人，犹如'曲拳臃肿之材'，然不能建成国家的。"马硁（MacCunn）说："癖性乃是个人的伪性。"此话诚然。但是幸福、乐利云云，全是个人心安意得认为可幸可乐的。不是奔到极端，以不同于人者为幸福、为乐利。此中有一最为重要之点，即在任人人之自择，人人各寻得其心之所安耳。弥尔盖深痛宗教、习惯等势力，根深蒂结，牢不可破。信教媚俗之徒，心疑之而不敢言，倡为异论，斯为大逆。此犹我国所谓"纲常名教"者然，拘束我国人心，垂数千年，不知湮灭了许多特性，不知埋没了许多奇材异能。严复译弥尔书，有曰："……人尽模棱，而长丧其刚方勇直之心德。虽有明智之士，见微知远之人，大抵以浊世之不可与言，各藏其所独得之抱负。即有告语，不为惊俗忤时之论也。故虽心知其理之不如是，亦必仪情饰貌，以与俗相人。其有宅心高伉，而不屑为媚俗之可差，则亦择事发言，而慎无及于要道，所及者大抵皆社会琐节。即有其弊，将及时而自祛者。独至最高甚重之义，必有自繇不讳之谈，而后有以启沃民心，使日趋于刚直方大者，则宁闭口无言焉……"阅者试掩卷想想，我国数千年来思想的历史，不是这样吗？

我们自读书以后，久已晓得英国是个自由的国家。弥尔生在世界上第一个自由的国家，还痛骂英国习俗专制、舆论专制。倘若生在中国，不知又怎样痛骂了？中国古代思想，不用说是定于一尊的了，就是到民国成立以后，此风犹相沿未改。我见湖南有一位老先生，去年在北京著一篇议论，见中国"言论庞杂"，他就忧虑了不得。要把所有的报馆一齐封禁，叫政府专请几个人来办一个报馆。他还夸口说，这是统一思想的第一个善法子，现在无第二人能想出的。列位想想，比较汉武帝"尊儒术，罢黜百家"不还利害么？"联邦论"在外国，既不是宗教的问题，又不是"纲常名教"，似可听人自由发挥了。然中国人一谈及联邦，即视为破坏国家的罪人。故论联邦者，不曰"我非赞成联邦"，即曰"至个人之赞成与否，须待他篇"。听之者不必待其议论终了，即悍然曰：中国绝不得行联邦制，必终古用这无办法的和那不统一的统一制。这也不独论政为然，即是北京之评戏亦然。说某人唱的不好，问其何故，则曰："不学老谭。"又说某人某句唱的不好，问其何故，则曰："老谭不是这样唱。"刘鸿升的坏处，即在与谭派立异；王又宸的坏处，又在轻于学谭，不免看轻老谭了。他如论政治，则梦想"哲人政治"；论德育，则想"以孔道为修身大本"；论兵力，则想"以北洋派统一中国"。逐类旁推，无一处不从专制思想和那好同恶异的念头演绎变化而来。生在今日，想老天生出一个弥尔，为我们打开种种的障碍，还是妄想的。要在我们自己是弥尔，我们自己亲去打开，才是真的。我们要打破习惯专制、舆论专制，必先从我们自己心中打起。因习惯、舆论，即是我们自己心意造成的。所以中国今日思想，不要统一，只要分歧。所有的学说，不必先去信他，只要先去疑他。这就是弥尔的《自由论》中尚异恶同的宗旨了。

（原载《新青年》第 4 卷第 3 号）

皖江见闻记
（1918 年 10 月 15 日）

　　我离了安徽差不多三年了。我记得那年到安庆的时候，正当洪宪皇帝归天之后，安徽的人，正在那里忙着恢复省议会。逃亡在外的一般"乱党"，也一个个被他们欢迎回去了。这还不算，凡是在学堂毕业的、在外国留学的，和亡命到外国的人，他们多恭维他，叫他"新人物"。这种"新人物"在这个时候，可就是阔的了不得。吃饭总请他首座，打牌就替他垫钱，对他谈话，还口口声声的说我们安徽也要"维新"。我见了很欢喜，以为这是安徽人的思潮一大变迁，从此"维新"下去，这三年中一定是大有进步了。这回我到安庆见那"番菜馆"门前，是很热闹的。别的不用说，就是这"扑克"牌，每一天也能消几十打。我想形式上既"新"到这个样子，精神上一定还"新"呢。进城去想找几个朋友来问问安徽的事情，找了几天，连一个"新人物"也不见。听说那年的"新人物"，又被他们赶到上海去了。我闷极无聊，跑到书铺子里边想买下本《新青年》来看看，谁知问了半天，他们连这个名字也不知道。最后找到一家书店，出来一位老先生，仿佛有点认得我，低声对我说道："你老不要在这个地方新新新的，因为我们这个地方人最恶憎的是这一个字。还听人说：'这《新青年》是白话做的，一般人多以为民国的白话与晋代的清谈，同为亡国之兆呢！'"我听了这话，不觉毛发竦然，急回寓处。谁知我同住的一位朋友，已经被巡警抓去了！

　　那时候，因为冯玉祥在武穴、安庆正在特别戒严，我问："戒严干什么？"他们说："这里差不多一年到头皆是戒严，你老正是少见多怪了。"戒严的时期，每晚九点钟就闭城门，凡是出进城的客人，所带的行李包裹，皆要检查的。我想，安庆既不便久居，可到别的地方去逛逛。我的行囊本不多，就是几本破书。打津浦路上走的时候，已经查了一次，箱子上还贴一个"验讫"的条子。到安庆下船时，查了一次，进城门时，又查了一次，这回出城，又查了一次。到芜湖下船，行李就搬到"查船所"，等待军警来查。同行的有位北京去的委员，他对那兵士说："我们是奉公事来的，该可以不查验？"那兵士挺着腰，大声叱道："你是公事，难道我们不是公事吗？"那位委员是一个外国留学生，他很看不惯这个样子，他就气着把箱子一抛，把箱子锁抛开了，里面现出一角农商部的护照。那兵士见了护照，他的腰儿也渐渐的弯了，他的声儿也渐渐的小了，还堆着脸笑道："对不起你老人家。"轮次挨到我，那兵士抬头一看，他的腰又依旧直了，大声叫道："快把箱子打开！"又被他查了一次。可怜我几本破书，真弄成"韦编三绝"了。我旁边的人说："你先生被检查数次，失落过东西没有？"我说："没有。"他说："你还是幸事。我有一位朋友，去年年底从北京往上海去，到浦口检查行李时，他装钱的皮扎子，竟'不胫而走'了。在下关住了两星期，还打信到北京望他朋友借钱，才能够到上海呢。"我想了一想，我这回真是万幸了。

在芜湖一带游览山水，足足跑了一个多月。再回到安庆，那时冯玉祥已离去武穴。江西、湖南的前敌上虽然失利，但是离安庆很远，他们是很不关心的。所以社会上又现出一种"歌舞升平"的气象。安庆人的生活，是终日同那熏风巷、御碑亭的姑娘和三层楼小蓬莱的茶房混在一块儿的。他们各机关办事人员，每日有三样功课是必要做的：一是请酒，二是打牌，三是送客。凡有相熟的人离安庆，他们皆要到城外迎宾馆去送的。我一回也跟着多少人在那里送一位位置很高的朋友到蚌埠去。站了半天，连那位朋友的面也未见，他已经上船走了。

在安庆又住了两星期，就从桐城的大路上回家去。走了三天，到了齐岭脚下霸王街，看见许多人在那里站着，听一个人演说湖南的战时情状。我当时看见很奇怪，以为湖南的战场远得很呢，他何以知道这样清楚？后来问了一位姓陶的医生，才知道那人是跟山东师长施从滨到江西、湖南一带去打仗的，刚刚逃回来没有几天。原来施从滨就是桐城霸王街的人，前几年还在家里做挂面，因为赌钱输急了，跑到山东去当兵。后来一步一升，竟升到第十七师的师长。这位演说的人，是施从滨的"把兄弟"，因为他运气不好，所以施从滨做了师长，他还在那里当兵。我就杂在人丛中，听那人演说道："当我们奉军令开往江西的时候，多少胆小的人，就要逃跑。我是老行伍，知道中国人打仗，不过是摆驾子。我们到了前敌，包管有人打电报来讲和的。谁知到了江西，我那'把兄弟老施'，却远远的在九江住了，发下一个命令，叫我们上前敌去。我听了气闷不过，想想我吃军粮已经二十多年了，当真还去替人家做面子，要打胜仗吗？我们弟兄们也是这样想。所以我们到了战线，就在那山头上睡觉，看见南军来了，我们就把枪儿弹儿给他。他也不杀我们，还送我们一件长大褂子，教我们逃跑。我们朝前进到没有什么危险，朝后面跑可就费了事了。因为'老施'是晓得我们要逃回家的，他将所有的路口，早已派兵防堵了。一被他捉去，至少也责打几十军棒，还把你收在那里。他就对中央说，是收抚南边的逃兵，还要望中央要饷呢。我知道'老施'必然用这一着，所以绕道从湖南那条路跑到长沙。在长沙住了几天，也会了多少当兵的熟人。长沙方面的军人，不是防南军的劳苦，倒是防百姓反太劳苦了。湖南人一见口操北音的人去问路，分明是朝东，他偏教你朝西。有一回，几位朋友请我到小馆子里头去吃面，吃了回来，一个个都叫着肚子痛。还有一位朋友吃面很多，竟弄成七孔流血而亡。兵士们夜里到乡下去放哨，若是落了单，就是几个小孩子，也上前揪着你；将你的枪抢去，然后送你归天去。后来张督军看见这个情状，以为湖南遍地皆是匪，他就用'以匪治匪'的法子，把山东和徐州一带的土匪全行招来，编成几连人，将他们放到湖南乡下去。当他们初去的时候，所过的地方，真是鸡犬不留。后来这些土匪也改变宗旨，与那些老百姓要好。有一次，从长沙开他们到乡里去，他们刚到城外火车站，就动起手来抢了。抢完之后，就一哄而散，与那些乡下老百姓同过生活。所以现在山东、徐州的土匪，竟在湖南新辟一块'殖民地'。我那天离长沙，坐了一只小火轮，刚到二更的时分，见岸上来了许多人，大叫'轮船莫走'！轮船无法，只得停了。那些岸上的人一齐上船，将口操北音的几个人扯将下去，不知后来怎样处置。听船上人说：'这些岸上的人都是老百姓呢。'我是口说南方语的人，所以才能幸免。因此就赶紧回来了。"我听见这一段话，是很奇怪的。我未到过湖南，不知湖南的状况，真如这位老兵士所讲的么？然比照湖南督军师旅长等所发表的电报，什么"土匪肃清"，什么"军纪严明"，什么"居民安堵"的话头相差的多了。唯有问亲眼见的人才可知道的。

我在家里过了几天，又从水道出来，雇了一只小船，在内河里走。看这内河两岸，设下多少厘金局，这还是曾国藩"抽厘助饷"的遗策。厘金局的章程，只有钱谷准许流通，以外皆要抽税的。黄豆、芝麻等物，不算是谷，谷是但指稻米而言。然稻米又有米厘局收税。可见除钱而外，是无物不纳税的。那厘金局的规矩，是很严的：早上八点钟才办事，下午四点钟就停止办公。我的小船到迟了五分钟，就在那里整整的等了一夜。候他看了一遍，照了船单才敢开船。在船上远远望见一个乡下人，担着一百多个鸡蛋，正在那里赶紧走路。忽被局丁看见了，叫回来命他纳税。那乡下人腰中并无一文钱，哀告了半天。那局丁大怒，说要"办"他。乡下人听见，将要舍鸡蛋而跑，又被局丁抓住了。正争持间，忽来了一位老者，口衔着一枝旱烟袋，足有五尺多长，声称与他解和。看他所提出的调和条件，就叫那乡下人拿出二十个鸡蛋给那局丁，并不要纳税的票子。局丁看在这位老者的面上，才想过他。那乡下人口中感谢不止，低着头，含着泪，才走了。后来听见人说，那位拿长烟袋的老者，也是厘金局的司事。

这次出来，在安庆住了一个多月，觉得从前看不惯的事，也渐渐看的惯，再不逃去，恐怕要同化了。所以又到芜湖住了十多天，同一位朋友往采石矶一游。到了太平的时候，听见人说："不好了！太白楼要烧了！"我听见这话很是惊讶。又见一路上大碑很多，碑文是"张老大人德政碑"。我想"张老大人"是谁呢？后来问了一问，才知就是在北京复辟的那位张大帅张勋。原来他做安徽督军的时候，带许多"辫子兵"住在太平、采石一带。隔日稍久，所以"张老大人"的"德政"，只有那个地方人心里还记得，表面上已多看不见了。我到了采石，上太白楼去看看。我往日看见《太白酒楼槛联》一书，所刊的对联共有一百多幅。这回去看，仅仅残留几幅破坏的和那够不着的匾还在上头。听人说："'辫子兵'住在太白楼的时候，就把对联全摘下来，当作铺板睡觉。睡断了的，就当作柴火烧锅。所以如今仅剩了一个破楼了。"由太白楼上翠螺山，山的背面有一湾平地，栽的有桃李几十株，桑树几百株。听人说："采石镇每年出产，以丝和绸为大宗。小小的一个镇市，每年收入，约在三四万元"云云。到这镇中，见有许多老婆子同小女孩子在街心里绩麻，绩成了线，就去织网。所以长江一带，上自芜湖，下抵镇江，渔家所用的网，皆是采石镇的人制的。"辫子兵"住采石时，采石镇仅剩几个男子在家看门，妇女们皆跑到别处去了。采石镇的酒馆，如翠螺春、如第一楼等，都被那"辫子兵"将本钱吃干了，都歇了业走了，如今才渐渐的回来。所以他们那里人公议要把太白楼和三公祠一齐烧了，恐怕后来又要住兵。我想了一想，这莫非就是"张老大人德政"吗？

我看过采石，搭船到南京。晚间打江口火车站旁经过，见车站旁边有几十个女人在那里邪眉竖眼的勾人。对面站的就是一名"维持风纪"的警察。我因向这位警察问道："这些卖淫的岂不是有伤风化吗?"那位警察答道："你老想是初次到南京的，原来先几年这个地方大街小巷都是他们一流人。后来我们厅里煞费苦心，才指定这一个地方，给他们做生意。要在别的地方拉人，那就有伤风化了，那就犯法了。"听他的话，才知道这火车站线两旁边，是一个风化以外的所在，是一个法律所不管的所在。

我这一篇《皖江见闻记》，随便写来，已有三千多字，却无一句不是悲观的话。原来社会改良进步，必先觉得对于社会的现状有些不安，有点看不惯，才知道改良，才能有进步。若人人对于社会都是随遇而安，不觉得社会有点儿坏处，那就是这社会宣布死刑的日子了。我作《皖江见闻记》的意思，要想在日日所见的小事上着眼，要想使人不满意于社会现状，不要为社会现状所同化，要想使人立在社会外看社会，不要钻到社会中为那社会融化了。果人人都想与社会现状作对，那社会现状就站不住脚了。

（原载《新青年》第5卷第4号）

非"君师主义"
(1918 年 12 月 15 日)

这几个月来，我是不谈政治的，是不读"总统命令"的。一则因为中国现在无举国公认的政府，无举国爱戴的总统；二则因为我们所讲求的是法治不是人治，所研究的是法律不是命令，所以就是总统合法的命令，也不大理会他，何况这种总统的"上谕"呢！然我看见十一月二十四日的"大总统令"中有一大堆"道德"的话头，谓："牗民成俗，是惟道德……西哲有言，道德为共和国之元气……亟当……揭橥道德以为群伦之表率。……"又有什么"教条"，又有什么"检束身心以为律度"，又有什么"各秉至诚以回末俗"，又有什么"教育事业……著教育部通饬京外学校，于修身学科，认真教授，并酌择往哲嘉言懿行，编为浅说，颁行讲演，以资启迪……"云云。我读了一遍，觉得这种"天地君亲师"的总统观念，在中国是很印入人心的，绝不止徐世昌一人独怀这种意见。曾记得严复有曰：

> ……读此可知东西立国之相异，而国民资格，亦由是而大不同也。盖西国之王者，其事专于作君而已。而中国帝王，作君而外，兼以作师。且其社会，固宗法之社会也。故又曰元后作民父母。夫彼专为君，故所重在兵刑。而礼乐、宗教、营造、树畜、工商，乃至教育、文字之事，皆可放任其民使自为之。中国帝王下至宰守，皆以其身兼天地君亲师之众责，兵刑二者不足以尽之也。于是乎有教民之政，而司徒之五品设矣；有鬼神郊禘之事，而秩宗之五礼修矣；有司空之营作，则道路梁杠皆其事也；有虞衡之掌山泽，则草木禽兽皆所咸若者也。……使后而仁，其视民也，犹儿子耳；使后而暴，其遇民也，犹奴虏矣。为儿子、奴虏异，而其于国也，无尺寸之治柄，无丝毫应有必不可夺之权利，则同。由是观之，是中西

政教之各立，盖自炎黄、尧舜以来，其为道莫有同者。……

严氏论事，多执己见，独这一段实写中国君后观念，却无一字虚构的。所以这种"神圣的"总统、"元后的"总统、"家长的"总统、"师傅的"总统思想，在中国社会上很占势力。惟其为"神圣的"总统，所以能定"教条"；惟其为"元后的"总统，所以能"正心而天下定"；惟其为"家长的"总统，所以云"在下则当父诏兄勉，以孝悌为辅世之方"；惟其为"师傅的"总统，所以"教育"、"修身"，皆得由彼"酌择"。然则这次"大总统令"，实为中国旧思想之结晶，所以不得轻易看过去的。

我以为这种"天地君亲师"的总统观念，所以发生的原因有二：（一）是缺乏历史进化的观念，（二）是行制度革命而不行思想革命的坏处。

因为缺乏历史进化的观念，所以严复竟将古今立国的异点，看作中西立国的异点。他就不晓得看看欧洲古代国家是什么样儿，他就不晓得欧洲现在的国家观念，是自古如此的，还是从那政教合一时代变来的呢？政治学中所说的国家渊源，不外神权说、家长说、权力说数种，这是人人皆知的。神权说者，多谓国家为神所创造。希伯来人谓国家者，神所直接建设的；希腊及罗马人则谓国家为神所间接建设的。所以他们多谓君主为神的代表，神的权力即是君主的权力。犹太的国家，是由十二族合造的。罗马法中 Patria potestas，即以家长对于子孙的教育宗教及其他一切权力为基础。至于尊权力说者，又谓国为"首出庶物"者，为"天亶聪明"者所手造。然则"自炎黄、尧舜以来"、"作君而外兼以作师"的帝王，以一"身兼天地君亲师之众责"的帝王，亦不独中国有之，即欧洲上古亦有之。现在欧洲的皇帝，连严氏所谓"兵刑"之权亦皆失去，而完全为国家所有矣。文明国家大概皆由古代神权家长及"元后作民父母"的时代递嬗递变而来，严氏以中国停滞未进化的立国原理，去比那欧洲已进化的立国原理，所以觉得不大相同。然此特古今立国原理之差异，而非东西立国原理之差异也。误认为东西异点者，不是未明历史进化的观念吗？

再说共和政治，不是推翻皇帝便算了事。国体改革，一切学术思想亦必同时改革。单换一块共和国招牌，而店中所卖的，还是那些皇帝"御用"的旧货，绝不得谓为革命成功。法国当未革命之前，就有卢梭、福禄特尔、孟德斯鸠诸人，各以天赋人权、平等自由之说，灌入人民脑中。所以打破帝制，共和思想，即深入于一般人心。美国当属英的时候，平等、自由、民约诸说，已深印于人心，所以甫脱英国的范围，即能建设平民政治。中国革命是以种族思想争来的，不是以共和思想争来的。所以皇帝虽退位，而人人脑中的皇帝尚未退位；所以入民国以来，总统行为，几无一处不摹仿皇帝。皇帝祀天，总统亦祀天；皇帝尊孔，总统亦尊孔；皇帝出来地下敷黄土，总统出来地下也敷黄土；皇帝正心，总统亦要正心；皇帝"身兼天地君亲师之众责"，总统也想"身兼天地君亲师之众责"。这就是制度革命、思想不革命的铁证。

因有以上两种原因，所以总统命令，要适用那二千三百多年前的柏勒图学说，不惜以道德为国家目的；不惜以二十世纪的中国，强行那由家长制度变为元后专制制度的希腊的政治学说；又不惜将中国政教分立的国家，去将就那中世纪政教混合时代的思想。欧洲的国家，早在讲法治、重组织的时代；我们国家尚在这里谈人治，用那几千年前"一正心而天下定"的套语，去"检束身心"、"以回末俗"。古德诺谓："吾国政治思想尚在欧洲中世纪时代。"照这样看起来，恐怕还在欧洲上古时代了。又谓："西哲有言，道德为共和国之元气。"我想所说的西哲，必定是孟德斯鸠。孟氏政治哲学的方法，不原于柏拉图即基于亚里士多德。然他解释法律，既不说法律是性理的表示，又不说是元后的命令，但说是人与人的关系。是孟氏已承认道德与法律及元首是分开的了。他虽说过共和政府以道德为原理，然他所谓"道德"，乃是政治的道德（political virtue），即是爱国与爱平等是也，绝不是那关于伦理的道德与宗教的道德（not moral or Christian virtue）。因为近世谈政治的人，稍明政治原理，即明白道德为人类内部的品德，属于感情及良知的范围。国家的权力，仅能支配人类外部的行为，绝不可干涉人类的思想、感情、信仰。岂但不可吗？实在是不能的。所以国家但能保护或奖励人民之生产，却不能自生货财；但能设卫生条例，却不能直接使人民寿康；但能发布宗教制度，却不能逼人生宗教的信仰。若曰能之，则是上古神权家长时代的元首所做的事，而非现在共和国家为民公仆的元首所做的事。然则国家与道德、元首与道德、法律与道德，久已互相分开了。草总统命令者，就说自己的政治学说，认定道德与国家不分就是，又何必以此去诬那西哲呢！

因为国家不能干涉个人道德，所以宪法上必有信仰自由、言论自由、思想自由等等之规定。这几条自由权，在欧洲中古时代，也不晓得费了多少身家性命才争来的。政教混合的时代，元首得代表上帝干涉异教的思想。若对于国教稍持异议，不遭屠戮，即被迫挟。坐此原因，所以个人精神的自由全被皇帝扑灭。用皇帝一人的意见，去下那道德的注脚，往往与人民良知所感觉者相反，却又威迫势禁，令人不得不从。所以人尽模棱，怀疑不白，而特殊的见识、超群出众的思想，皆被国家销磨尽矣。此即近世道德教育所以皆贵自动的而不贵被动的原故。

我的意见，不是说道德是不必要的，是说道德不能由国家干涉的；不是说共和国家不必尚道德的，是说主人的道德须由主人自己培养，不能听人指挥，养成奴性道德的；也不是说现在社会道德是不坏的，是说就是坏到极点，也不能因我们大总统下一道"上谕"的命令，就可以立刻挽回的；更不是说道德不该有人倡导的，是说总统偶吃一次斋，万不能使人人戒杀，偶沐一回浴，万不能使人人涤面洗心，偶正一刻心，亦万不能使人人的心皆放在正中，而永远不歪的。所以道德必须由我们自己修养，以我们自己的良知为标准，国家是不能钻入精神界去干涉我们的。此外尚有一个理由，就是国家待人民，要看作能自立自动具有人格的大人，万不要看作奴隶，看作俘虏，看作赤子，看作没有人格的小人。共和国的总统是公仆，不是"民之父母"；共和国的人民，是要当作主人待遇，不能当作"儿子"待遇，不能当作"奴虏"待遇的。

国家若干涉道德问题，则必生下列的三种政治：

（一）专制政治——扩张国家的权力，使干涉人民精神上的自由。凡信仰、感情、思想等事，莫不受国权之拘束，则道德的范围、道德的解释，皆由统治者自定。于是专制之弊端见矣。

（二）贤人政治——柏拉图以道德为国家的绝对目的，所以柏拉图又尊尚贤人政治。因凡在道德、法律混合的国家，其国家的元首，不是教主，即是家长，不然则是"首出庶物"、"天亶聪明"的伟人。治者与被治者，无论在法律上、在习惯上，皆是不平等的。所以柏拉图谓："人类皆从地底而来，赋生之时，或夹些金质，或夹些银质，或夹些铜铁质。含金质者为君主，含银质者为辅臣，含铜铁质者则为农商。"所以被治者之瀹灵启智，皆须得治者为之引导。此即贤人政治所以成立之基础。以元首不自信为贤人，则必不敢"揭橥道德以为群伦之表率"也。

（三）政教混合政治——中古以后，道德属宗教的范围，法律属国家的范围，本有界限。惟元首并法律、道德而皆得干涉之，则是"奉天承运"、"替天行道"的教主与"元后作民父母"的皇帝合而为一矣。所以宪法中也必要以"孔子之道为修身大本",孔子的诞日,也必要强迫不尊孔的人去放一天假。又要祭孔,又要祭天,这还不是皇帝、教主的"混血儿"吗?

(原载《新青年》第 5 卷第 6 号)

和平会议的根本错误
（1919 年 1 月 15 日）

这几年来，调和两个字，竟成了政客名士的口头禅。然所谓调和的主体，大概皆丢开国民，注重特殊的势力。民国元年的调和，乃是民党与袁世凯派平分政权；五年的调和，乃是国民系、进步系与北洋系平分政权；今年的调和，虽尚未宣布具体的条件，然探其内幕，亦不过北洋的官僚与西南的政客瓜分政治上高级的位置罢了。只要特殊势力取得相当的地位，即是调和成功；至于国民的福利和国家的根本问题，就无人过问了。所以中国这几年来，完全是寡头政治，完全是牺牲人民福利，去迁就特殊势力。若是特殊势力因分赃不匀而冲突起来，则无论什么法律，皆要一扫而空。于是胆怯的人和那趋炎附势的人，纯以迁就敷衍为事，遂奉这种特殊势力，以为政治中心。一若政治如失了中心，国家就不得安宁了。这种政治中心之说，就是牺牲国民全体的福利，去迁就一系一派的。这就是政变的祸根！这就是调和的恶果！

我前几年常看人家调和的论说，所以也深信调和是立国的天经地义。现在的观念，稍与往日不同。以为政治改革，全赖一般扎硬寨、打死仗的人，天天和那反对派战争，才能时时改进。若才争得两步，又倒退一步，去等候那守旧的人，则政治进步，便觉停顿很多了。原来政治革命，都是理想家发起的，都是少数人倡导的。既明明知道我所发起的、所倡导的是政治真理，就应该勇往直前，去战胜阻拦障碍的人。断不可因为多数人迫压，就抛弃自己的主张，去迁就那些老死不知改革的人。中国现在南北纷争，正是政治改革的动机。几次战争，皆是平民政治与官僚政治战争、法治思想与人治思想战争、正义人道与强权武力战争。于此乃昌言调和，难道中国应行半官半民的政治，应存半法半人的思想，应作半道义半权力的国家吗？一方要护法，一方偏要毁法，难道法律问题，也可半推半就的吗？连法也不许你护，尚有调和的余地吗？本无调和的余地，而偏要调和，这是和平会议的根本错误一。

若退一步说，认和平会议为有成立的理由，然所谓调和，亦必丢开武人、官僚、政客三种人的特殊利益，为一般平民谋幸福，为国家建定永久的和平，才是调和的正当办法。现在的和平会议，不过是些武人、官僚、政客私议瓜分权利，指定某省画归某人，某位置让与某派。至于为国家主权所在的主人翁，反退居第三者地位，去居间为之仲裁。仲裁本是中间人的事。必身在局外，乃有中立可言，若身在局中，何能中立？既非中立，又何能居间调停？由此推论，可见这次和平会议，大家都看作南北两政府当局的事，不曾看作全体国民的事。所以不是发起国民仲裁会，就是自命为居中调停人。题目都未认得清楚，做出的文章，就可想而知了。这是和平会议的根本错误二。

要想解决法律上纠纷问题，必定要把和平会议所议决的条件，认为最高的法律，非经特殊的机关，不能轻易变更。这是什么缘故呢？因为这次法律上争点，就是宪法。欲将国会从前所不能自由解决的问题，拿到和平会议里去解决，则和平会议所议决的条件，必定要有拘束宪法会议的效力。所以这次和平会议所议决的条件，应当属于国家根本问题，调剂万殊，流通百感，而为国民全体的权利书；不当属于个人权利问题，仅规定当事人的双方利益，而为当局少数人的权利书。现在和平会议，既叫人民居于第三者地位，可见是双方当事人的意思，不是全体国民的意思；所议定条件，亦是当事人的私约，不是全体国民的公约矣。这是和平会议的根本错误三。

和平会议的责任既这样重大，所以任该会代表的，至少必具有三种资格：（一）不受党派的操纵；（二）代表的人品，必高尚纯洁；（三）其人必来自民间，毫无自身的权利思想。必如此，才能看见国利民福所在，不为权利所蒙蔽，不为势力所动摇。这回的和议代表，不是为某党某派去效忠，就是受某人的指使，好像傀儡登场，听人暗中操纵罢了。不但讲不到发挥自由独立的意见，就是叫他们自由，叫他们独立，恐怕也是做不到的。这种傀儡的代表，留音机器的代表，还有什么意见可发挥呢？不过替人家去争权夺利，回头来分"一杯羹"罢了。这是和平会议的根本错误四。

凡是政治上光明正大的会议，没有不可以公开的。只有前几年外交上会议协商，因为有些鬼鬼祟祟的计画，不可告人，所以但凭着几个人秘密磋商，绝不叫外人知道。这回欧战，就是秘密外交造成的，所以协约国现在同声倡议，要打破秘密外交主义，此后一切政治问题，皆须公开，无庸隐秘。这次和平会议，所讨论的是何等重大问题，直到现在，尚不知他们葫芦中卖的什么药。我想果是光明正大的调和计画，断不须严守秘密；他们既已严守秘密，想必是有不可告人的诡计。人家以秘密主义为扰乱世界和平的祸根，不惜尽力打破之；我国反以秘密主义为天经地义，而极力实行。这是和平会议的根本错误五。

有这五种错误，则这次和平会议的效果，也就可想而知了。我且奉告当局几句话，就是二十世纪的政治，不是政党首领的寡头政治；国家的权利，不能容两三党派的重要人物去私下瓜分的；政治的事业，不是那些拿钱吃饭不做事的人所能独占、所能私相受授的。你们要晓得，推翻帝制，打倒贵族，单使中等以上的社会享幸福，那是十八世纪的政治革命；推翻中等以上的阶级，打倒军阀，使全体国民享幸福，才是现在的社会革命呢。要想乘人家革命的机会，使我们于中取利，升官发财，像袁世凯的样子，是万万做不到的了。奉劝代表诸君和自居调人诸君，不要在此做梦罢！

（原载《新青年》第 6 卷第 1 号）

真真费解的"国民大会"
——"按之政理、法理皆不可通"
（1919 年 1 月 26 日）

现在各国政治问题没有是不由国民自己解决的。所以政府的运动，简直就可以说是民众的运动。记者本是鼓吹平民政治的人，为什么却来反对"国民大会"呢？这却有两层原因：就是现在所说的"国民大会"是官僚、政客的运动，不是民众的运动，是官僚、政客想代民众去解决政治问题，不是叫民众亲自去解决政治问题。因为我是最宝爱国民大会的，恐怕被他们弄糟了，所以才来说几句话去反对他。

我现在所反对的是什么"国民大会"呢？就是要在南京作"和平会议仲裁机关"，想在北京作"国民制宪倡导"机关的。

仲裁本是第三者的职务，好像说"局外中立"一样，必身在局外，才能中立，断无局中中立的道理。试问这次和平会议，果是何人的事呢？天地间只有处理自己事的，断没有仲裁自己事的。若以和平会议为南北两政府当局的事，试问共和国家，国民应居何等地位？若视和平会议为国民全体的事，试问仲裁二字，作何解释？你们张开口来，就露出依特殊势力为生活的破绽，你们所组织的国民大会，那里还能够替平民设想呢？

再说法律的问题。无论如何，也要遵循法定的程序解决。试问《临时约法》上有何根据可以产出国民制宪的团体？若曰国民大会权力最高，试问此最高权力根据何法而来？在法治国内，无论何人皆应遵守宪法。君主违宪与平民违宪，其罪相等。若曰国民万能，绝不受法律的限制，无论何法要推翻便推翻，却不要遵循法定的程序，果然如此，则法律的效力已根本打消，又要宪法何用呢？

因为有这两层理由，所以这种国民大会无论如何解释，皆不可通。记者想主张合法的国民大会，所以不得不反对这种非法的国民大会。且近来政治上好的名词往往被万恶的官僚、政客弄坏，致人民发生恶感，譬如参战军本为扶持正义人道而设的，自被阴谋家利用，这参战军就变成不好的名词了；俱乐部本是个好名词，自从包办选举之后，人人口中连这三个字也不齿了。只有国民大会一个新名词在袁世凯时代尚未被他们糟蹋够，所以现在偏要日日在这个名词上着想，把他弄成一个恶名词，政治上的武器就一扫而空了。此外尚有几个名流，狠得民众的信仰，所以他们也要处处拉在一堆，把他的名誉毁坏。到社会上没有一个清清白白的人，他们那样污七八糟的官僚、政客也就可以出头了。所以我们要宝贵这国民大会四个字，我们应当反对一般假藉国民大会行骗的。这就是记者的正名主义。

（原载《每周评论》第 6 号）

我的戏剧革命观
（1919 年 2 月 23 日）

　　我前几天曾写出《现在戏剧改良家的错处》一段短文，登在《晨报》上，说我对于戏剧改良的意见。因为我的意思，是很不赞成改窜旧戏的，所以有许多人以为我是祖护旧戏。这却不可不辩。我的意思，说戏剧的进化，应当脱尽旧戏的痕迹，另外创造一种新剧。好像上古的文明由穴居进到宫室、由结绳纪事进到书契一样。创造宫室，不必凭藉穴居那个穴的基础；创造书契，用的是丹青竹简，不必还去用那结绳的绳子。我说不必改窜旧戏，不是说旧戏完全用不着改的是说无论把旧戏改到什么样儿，到底算不得新戏。这就是我所以赞成创造新戏、不赞成改窜旧戏的理由。

　　凡人觉得新的胜过旧的，断没有不去除旧换新。惟一被旧的拘束住了，可就不容易改变。譬如北京"老妈子"，脑袋后挂着假髻，腿上穿的絮裤，脚下穿的一双尖头鞋子，在他们自己以为这是习俗中最时髦的装饰，所以才不肯改换。爱旧戏的若是同北京老妈子爱他最时髦的装饰一样，可就不容易改变了。社会上都不明白旧戏的坏处，那戏剧革命军也就起不起来了。所以我想把我心目中的旧戏缺点写出，请大家评题评题。

　　我以为中国学术思想所以千遍一律不大变迁的原因，就因为"心法"、"家法"几个字把他们的自由拘束住了。就以文艺说罢，画画的人不想为天然景物写真，偏要去学某人某派的画谱；做诗词的人不想抒写自己的性情，偏要去模仿唐人宋人的笔调。所以竟把几千年来思想，弄成一种刻板文章。戏剧亦然。如"脸谱"、"唱工"、"台步"、"把子"，无一处没有"家法"。不但行腔运调点鼓拍板是有规则的，就是喉咙中所发的声音——嗓子——也要有"行"有"派"。这是事实，却不是缪子君私造的。但这不过是形式上的"家法"，说到精神上的"家法"，影响可就更大了。今且举几条如下：

（一）荒诞主义。中国人心目中的小说戏剧，多是抱着荒诞主义。以为稗史野乘，只有说荒唐无稽的事情，惟有"正史"才可以实写社会情形的。大概思想专制的时代，凡世间公认的相沿的道德，皆奉为天经地义，绝不容人怀疑的。思想深远的人因为犯不着去"离经叛道"，所以才把他所有的思想，寄托在神仙鬼怪之间，创立一种寓言主义，用以抒写个人心思。这派中好的就是作《阅微草堂笔记》一派人，不好的便是作《聊斋志异》一派人。总之皆是假托神仙狐鬼寓意的。这派最大的坏处，就是泪没人生高深的理想，引诱社会迷信狐鬼神仙，却忘记了真实的生活——这是第一应当革命的。

（二）崇古主义。中国戏剧十八九是历史戏，历史戏中又十八九是个人自由虚构的历史。所以中国戏剧只拿"托古改制"的人意中的古人作标准，不曾为现在的社会和将来的社会造成一种模范的人物观。这派的坏处，是阻碍进化的机会，销磨个人的特性，造成复古的思想——这都是令思想千遍一律不大变迁的原因，所以也是应当革命的。

（三）训教主义。训教主义是将三皇五帝以来习俗上所认定的公案，翻出来作道德的标准，偏教人去取法他。这种主义的弊病，就同演绎法派的逻辑一样，若是引用的定例错了，所得的判词也就不得不错了。况且把古代事实道德拿来作标准，对于现在和将来的生活，到底是不能适合的。就说可以适合罢，到底是以看戏的人为成人呢，还是以看戏的人为孺子呢？到底是使人自运心思自下判断为是，还是代人下定判断，就糊糊涂涂的强令人家奉为天经地义为是呢？我绝不信世上所有的道德可以千万世而不变的，拿古人道德作今人模范，先就违背自然进化的律令了。这种训教主义简直就是专制主义，现在编戏如不将他打破，让人去自由思忖，就同拿"八股取士"一样了——这也是应当革命的。

总而言之，凡人想做前代的"功臣"，只有对于前代革命；谨守"心法"、"家法"做去，就同把前代的人送到牢狱里头去宣布他的死刑一样！我所以不赞成改窜旧戏的理由，就是想保全一块干干净净的地方，让我们来创造特立的新戏。不要把旧戏的"脸谱"病，传染到演新戏的脸上去。并望演新戏的人打破旧戏的"家法"、"道统"，做一个"离经叛道"的戏剧家。这才是中国戏剧的"功臣"！

（原载《每周评论》第 10 号）

斯宾塞尔的政治哲学
(1919 年 3 月 15 日)

一、斯宾塞尔时代的政治思潮

古今学问家的思想，没有一个不受时代影响的。所以要想知道斯宾塞尔（以下或单称斯氏）的政治思想，必先要知道他那个时代的政治思潮。斯宾塞尔的时代，是生物学、经济学等发达的时候。这个时代的政治哲学，多受这些科学的影响。所以要想明白这个时代的政治哲学，又必要先明白这个时代生物学、经济学的原理原则。原来政治和经济是关系最密切的，所以经济学的原理，常常影响到政治学上去了。这种先例，英国是最多的。如放任主义，本是旧派经济学家斯密亚丹和李佳德等所唱导的，后来竟成了政治上的信条；干涉主义，是从德国李斯特（List）的保护主义和马克斯（Marx）的国际社会主义输到英国来的，后来也变成了政治上的信条。生物学的原理影响英国政治学家的思想，更是彰明较著的。如"生存竞争"、"适者生存"的公例，和那"物竞"、"天择"的道理，也适用到政治学上去了；更有许多人拿自然有机体的生长进化，去说明社会的组织演进。所以斯宾塞尔的时代，可算得拿生物学、经济学的原理原则，来说明社会进化的时代。

当十九世纪的中世，英国思想家因为"保护贸易制度"、《徒弟法》、《米谷条例》等把工商各界的自由差不多剥夺完了，此外又有什么国教，又有什么救贫法，不是拘束思想自由，就是斫丧个人的品格，这皆是不能不反对的。所以当时的学者，一个个都大唱放任主义。打一八四八年到一八八〇年，前后三十二年间，是趋向个人主义的时代。主张个人主义的，必定拿天然权利作根据，拿放任政策作方法。所以这个时代，不问是政治学家，是经济学家，总脱不了天然权利和放任主义两种学说的彩色。这种学说的实际应用，对于内政，总说人民有天赋的权利。因此便想把政府的权限，缩到不能再缩的地步；对于国际贸易，总想把自由贸易的政策，行到各国里边去才好。简单讲起来，这个时代的一般思想，是从侵略主义（Militarism）趋到实业主义（Industrialism）的。所以斯宾塞尔的时代，又可说是个人主义和放任主义极盛的时代。过了一八七〇年后，英国政府因为应时势的要求，所以竟拿国家的权力去施行教育。再过十年，到了一八八〇年的时候，格林（Green）在牛津大声疾呼的主张伸张国家权力，社会主义也渐渐的雷厉风行。当时 Hyndman（激烈社会主义）和 Fabians（改革社会主义），主张虽不大相同，然却没有一个不是想把经济的生活放在社会管理之下的。这就是那个时代的反响和个人主义、放任主义过盛的证据。

斯氏生在这个科学发达的时代，本可拿科学的训验来阐发政治原理。但他的政治学，并不是纯从科学中得来的，是拿各种不同的观念凑成的。当他研究科学的时候，他就先有了政治上的成见。又把不能相合的人权因果观念，和那国家有机体及进化的观念合在一块。所以斯氏的哲学，从头至尾，是拿一个自然权利和生理的比譬凑合起来的。他本想把各不相调的原理融成一个原理，可惜他不能成功。照这样看来，斯氏仅是一位"牛溲马勃"、"俱收并蓄"的概括家，不能成一位"条分缕析"、"融会贯通"的哲学家；仅成了一个杂乱无章时代的产儿，不能成一个汇合万派的先觉。这也是因为他思想的来源太杂了，所以才成就一个驳杂不纯的斯宾塞尔。

二、斯宾塞尔思想的来源

斯氏生平有一种癖性，就是说凡事由我创始，不肯"拾人牙慧"。所以他的学说，就是和前人一样，也再不说是学人家的。他当一八九九年，写信给司泰芬（Leslie Stephen），说他做《静止的社会观》（*Social Statics*）的时候，并不曾预备过。所论的事，皆是拿自己眼光观察的，不是从人家观察得来的。照他自己说，他的学问是没有来源的；照事实上说，却没有一处不是从人家思想发源下来的。就是他信为"独得之奇"的自由界说，"人人自由，以不侵犯他人自由为限"一句话，也是从法国《人权宣言》书中抄来的。所以我们要想明白斯氏的思想，不可不先去找出他思想的来源。斯氏思想的来源有三：（一）激进主义（Radicalism），（二）自然科学（natural science），（三）唯心主义（Idealism）。

（一）激进主义的发源。斯氏早年，即在英国激进的空气中生活。他生在不信国教的家庭中，自小就受了许多反对国教的教育。他的叔父，名叫斯宾塞尔·泰门司（Rev. Thomas Spencer），是一位很文明的神学家。他说教会是适应外界的情形生长起来的。他又常常同斯达支（Joseph Sturge）合在一块，办 *Nonconformist* 周刊，并加入普通选举的运动。斯氏的政治活动，就是从一八四二年任普通选举联合会的职员起。这个时候，英国人多反对金钱选举，成了一种社会的运动，斯氏也曾出了许多气力。又常常做些文章，反对国教和《米谷条例》。他当一八四八年，曾充任 *Economist* 的副主笔，因此才同浩思金（Thomas Hodgskin）合在一块儿。可是自打同他在一块做事，感受他的影响，是很不少的。浩思金说：社会是自然的现象，当受自然法支配。政府的职务，只是消极的，将来的乌托邦，就是无政府。到了无政府的时候，人类全体的感情，自然能够一致。斯氏早年，既受这种激进主义的影响，且把浩思金的思想，奉作政治上的信条。所以他后来的思想，总脱不尽激进主义的彩色。

（二）自然科学的影响。斯氏哲学的思想，是一半从生物学得来的，一半从物理学得来的。斯氏当少年时代，最欢喜抽气机和电机，又亲自做几年机器师，所以他得物理学的益处很多。他常常拿物力机械的名词，说明宇宙的进化，却不用生物有机的名词。他用的第一个原则，就是"物力永存"。又从这个原则中，看出万物的终极，必走到极端的平均。因为如此，所以必须顺着进化的次序，向平均的地方走去。斯氏社会的进化观，也是这个道理。他说社会必有达到极端平均的那一天。因为未达到极端平均的地步，所以才有进化，进化就是向极端平均的地方走的。这种观念，在达尔文前已经有了，斯氏不过承这派的"绪余"罢了。

但是，斯氏受生物学的影响也是很大的。他自幼就好喂养昆虫，所以也很得生物学的益处。后来他常常适用一八〇〇年拉马克（Lamarck）所说的生物学原则。他说外部的境遇，能够感动内部的精神；内部精神的构造和机能，又常适应外界的环境。这种适应，是打多少时代上经过得来的。斯氏的生物进化观，和 Coleridge 的生物进化观念不同。Coleridge 说生物进化是从内部发动的，斯氏说是从外部发动的。所以斯氏自始至终，都主张生物内部的精神，常随外界的环境变化，这就是他跳不出拉马克主义外的铁证。他又承认"自然律"非常的庄严，好像老庄看"天道"一样。因为"自然律"如此，所以才能够淘汰不适宜的，遗留下那种最适宜的。这就是斯氏受生物学影响的所在。

（三）唯心主义的影响。斯氏常从 Coleridge 书中，求得德国 Schelling 和 Schlegel 的唯心主义。他《静止的社会观》中所说的"生命观念"（idea of life），就是从唯心主义中得来的。他说"生命"是宇宙进化的原因，实在就可算是宇宙进化。照这样看来，斯氏的进化观念，并不是从生物学上起首的，也不是拿生物学上的进化观扩张起来，适用到宇宙进化上去的。他是从宇宙进化的观念起首，然后把生物的进化包括到宇宙进化之中的。他书中所说的"进化的假设"，也是 Schelling 讲求过的。所以斯氏哲学的基础，简直可以说是合冶 Hodgskin 和 Schelling 两个人的理想而成的。这就是他受唯心主义影响的所在。

斯氏思想的来源，虽不止这三种，但这三种思想，是斯氏政治思想中最重要的。斯氏的脑筋，是一个"博采兼收"的杂货铺子，所以才成了一个驳杂不纯的概括家。他是打唯心主义的生命观念起头，到唯物的物力永存观念收尾，一方面深信激进主义，一方面又深信自然主义。他虽想用种种的解说，把各种观念调和一致，但他始终不曾做得到——这就是斯氏学说所以驳杂的原因。

三、斯宾塞尔的乌托邦主义

斯氏的政治思想，很有许多地方和我国老子一样：（一）老子主张放任主义，斯氏也主张放任主义。不过老子的放任，是放任于天，对于个人，则主张"无为"，教他不要去"代司杀者杀"；斯氏的放任，却是放任于个人，不教国家去干涉个人的行动。（二）老子把"自然法"看得非常的森严，所以教人听天，不要有为；斯氏也把"自然法"看得非常的重要，所以说天演造就人，比国家造就的好得多。（三）老子的政治学说，推到极端，只有无知无识、老死不相往来的个人，并没有国家社会；斯氏的政治理想，推到终点，也是一个人人均等的无政府的社会。（四）老子心目中的世界，是一个想像的古代的世界；斯氏心目中的社会，是一个想像的将来的社会——这就是他两个人大同小异的地方。我们要研究斯氏的政治哲学，第一件紧要的事，就是要晓得他所论的社会，是将来的空想的社会，不是现在的实际的社会。

斯氏是一位崇拜乌托邦主义的人，他确信进化的终点，必达到完全均等的境界。这完全均等的境界，就是进化最终的目的，也就是终极的社会观念。到了这个境界，进步就止住了，运动也停歇了。生存这个境界中的人，要怎么样便怎么样，应该怎么样做便怎么样做，所以用不着政府。他在《静止的社会观》里面有几句话说到政府存废的问题。他说：

> 政府不是不道德的吗？……政府所以存在，不是因为世间有犯罪的事吗？若是世间没有犯罪事体，政府的职务，已经没有了。还可以存而不废吗？

他又说：

> 说政府可以永远存在，这句话是很不对的……政府不是必定需要的，乃是偶然需要的。我们看见布虚民族是先有国家后有政府，所以相信这两个东西将来必有一个是可以废止的。

他所以要想废止政府的意思，就是痴心妄想那种无政府的"乌托邦"。因为拿那无政府的"乌托邦"来作社会的标准，所以把现在的社会看作万恶的来源。他所以这样主张，也有几层道理：（一）他看这不完全的政府，实在不配干预人民的行动；（二）他是崇拜个人主义的，所以主张凡事总要从个人的智识得来，不要从国家和政府官吏的智识得来；（三）他是最信人类自然权利的，所以他的反面，不得不反对政府；（四）他是信服"自然法"胜于人为法的，所以他相信人为的淘汰，不如天然淘汰的公平。这也是十九世纪中最普通的政治思想。

斯氏的意思，以为不均等是进化的原因，极端均等是进化的归宿。当未达到极端均等的时候，政府也不能够就废。唯一的方法，只有限制政府的权力。斯氏很反对国家立法去管理贸易，反对立法去干涉卫生，反对国设的教育和国立的教会，反对营求属地，反对救贫的制度，并且连国家管理邮政和发行货币也一齐反对的。他理想中的国家，只是一个合股保险公司，只有保护自然权利的一种职务。在这外边，如再多给一点保护，就是人民多受一点损失。所以他说的国家职务，全属于消极的一方面。只说某事某事都是国家不当做的，不说某事某事是国家应该做的。他所以这种主张，就是因为他确信有自然权利和天演淘汰两件事。

四、斯宾塞尔的自然权利观

斯氏所以反对国家，就因为想保全自然权利。他以为人数第一件重要的事，就是自由运用个人的才能。把个人的才能，发展到了极点，就能够得最大的幸福。发展个人才能的要件，就是自由。他《静止的社会观》中第一原则，就是平等的自由律。平等的自由，就是人人自由，以不侵犯他人的自由为限。甲尽力发展甲的才能，乙尽力发展乙的才能；甲也不妨害乙的活动，乙也不妨害甲的活动。这就是斯氏的平等的自由观念。

斯氏哲学的基础，全筑在个人身上。他的个人，是无关系的个人，是虚拟的个人。国家的特性，就是集合个人的本性所成的。所以说国家的根本就在个人。国家全靠着个人，个人全靠着自由。能够自由，才能得权利。斯氏所说的权利，是自然的权利，是从天赋得来，在未有社会以前已经有了的。

这也不是斯氏一个人说的，卢梭也是这样说。但这种观念，是很不对的。因为不由社会承认，不待法律承认，不能算是权利。斯氏不承认人民得私有土地权，因为这私有权，妨害一切自由的法则。他主张把土地归公家所有，不过一经分给个人，则土地上产生的东西，必为个人私有的。这是什么缘故呢？这不是单因为他花费了人工，只因为他向社会租借土地，当得社会承认的时候，已经得到所有权了。照这句话推论起来，私有权要社会承认，难道自然权利就不要社会承认吗？斯氏这一句话，几几乎把自己的自然权利根本推翻。他后来竟把所有权认作社会的权利，就是因为这句话改变的。

但是斯氏说家族制度，仍然本着自然权利的观念。他极力反对妇人服从，并且连儿童的服从也反对的。他不但说妇人应该有选举权，并且说家庭内的生活组织和训育儿童的职任，也是应该废止的。自由的权利，就是小孩子也是应该享受的，也应该和大人一样，不当让父母去压制他。这种主张，也是从自然权利观念发出来的。

五、斯宾塞尔的天演观

斯氏注重自然权利，本想为个人寻出自由的根据，让他去发展自然的才能。他尊重"天演",发挥"物竞"、"天择"、"适者生存"的道理,也是教人发展他适宜于环境的才能。他因为那时代的国家说不起造就人物的话,所以相信天演有造就人物的功能。所以他说:

> 人者生物之一科,而最为善变者也。自其善变,而其变常受成于所遭于外境。(见严译《群学肄言》)

这是说环境影响人生的功效。且看他举出天演中适者生存的证据:

> ……是故目莫疾于鸷鸟,此非泰始而然也。其不疾者以艰食而渐亡,其疾者以天择而蕃滋焉。故鸷鸟以目疾特传。足莫迅于食荐,其不迅者为豺虎之食尽矣;而豺虎以求食之愈难也,亦存而衍其迅足而善伺者。故天演之事,其能杀与所杀,二者形体之完利,有交相进者焉。不独形体有交进也,其官知亦然。警者遇险而早觉,蠢者当机而晚悟;早觉者传而衍,晚悟者渐以亡也。黠者以善伺而得食,钝者以惊物而常饥。如是黠者有其子孙,而钝者绝其种嗣。故自有生物以还,自然者用其相攻,以范进乎庶类。员颅方趾之伦,其受范于自然亦如此耳,岂能违哉?(同前)

这是斯氏所以重视天演的原因。他因为天演是存留最适宜的,淘汰那不适宜的,所以他反对救贫制度和公共卫生。因这两件事,都是妨碍生存竞争、适者生存的事,是干涉天演的事,就是同老子说的"代司杀者杀"、"代大匠斫",是一个道理。

六、斯宾塞尔有机体的社会观

斯氏因为 Schelling 所说的生物学原理,有趋于个体的倾向,所以他由生物学得来的进化观念,就是"由一之万,由纯之杂"。因为他深信个体的原理,所以极力主张个人主义。他以为人有人的个体,社会有社会的个体。因为人的个体,是有机体,所以社会的个体,也可说是有机体。原来有机体含有三层意思:(一)是由不一样的部分合组起来的生活体;(二)因为各部有各部的用处,才能够互相补助、互相倚靠;(三)全部的发达,全仗各部能够各做各的事。这种生活体,是天然生长的,不是人力制造的;是由内外部一齐发达长起来的,不是由一部一部单独长起来的。斯氏拿这个原则来说明社会,却有两层用意:一是想让他自由生长,不教国家去干涉他;二是想叫各部分同时发达,各尽各的职务，不可单从一部分着手。不过社会有机体到底是个什么？恐怕连斯氏自己也不大明白。人是天然的躯体，可以称为有机体；社会不过是由人类精神结合的组织，并没有天然生成的躯体。若叫他为物质的社会有机体（physical social organism），试问这个名词，怎么能通呢？

原来国家和社会，有些地方是同有机体相同的，有些地方是同有机体两样的。什么地方是相同呢？（一）国家和社会的构成分子结成一块，各有各的机能。照这样看来，国家和社会绝不像无生命的机械体，倒很像有生命的有机体。（二）国家和社会想达到公共目的，全仗各部各自做事。有机体也是这个样子。（三）国家和社会的变迁，也是由内部发动，用全体进步的法子。这个地方也很像有机体。说到不同的地方，可就很多了：（一）有机体的构成分子，离了全体就没有独立的生命；国家和社会的构成分子，就是离了全体，也可以独立生活的。（二）有机体的构成分子，不能自由运动迁移；国家和社会的构成分子，不但可以自由运动迁移，并且可以增减个数。（三）有机体的分子发展活动，都是没有意识的；国家和社会的分子发展活动，都是有意志的。因为有这些不同的地方，所以只能说国家社会像有机体，不能说国家社会就是有机体。国家和社会单是精神的、心理的结合，不是物质的、生理的结合。斯氏不把他分析清楚，所以弄出许多费解的议论。

七、结 论

斯氏的政治思想，到后来很有许多变更。土地和妇人两个问题，变易的痕迹是很明白的。他那种直觉的道德观已抛弃了，外界的环境观念，后来也变成内界的精神观念。但他的虚荣心很重，所以始终打不破自我作始的念头，去不掉固执己见的癖性。伯尔克（Barker）说："斯氏生平，不大坦白。若是改变观念，总要遮掩他改变的痕迹。他又有一个习惯，凡遇有矛盾，他就模模糊糊的掩饰过去。他同密尔、泰勒尔争论妇人选举问题，同乔其亨利辩论土地国有问题。后来因为后一问题，竟同赫胥黎、乔其亨利等吵闹。他对于这些问题，虽分明改变了旧日的主张，却不肯明明白白的说出来。他一八九二年所印的《静止的社会观》，把第一次出版书中关系这个问题的部分删了，却不加一个字的说明，这真是一桩可笑的事！"照这几句话看来，就可以明白斯氏学问受自我作始和固执己见两桩事的影响。所以把他引来，作我这篇《政治哲学》的结尾。

本篇的议论，多从白尔克的《英国政治思想史》(Barker's Po-litical Thought in England from Spencer to Today）上得来的，读者可以参看原书。

（原载《新青年》第 6 卷第 3 号）

逃　兵
（1919 年 3 月 30 日）

　　离兖州城五十几里，有一个小小的村子，住有三四户人家。当秋收的时候，村里头的人，都到地里做活去了。只有朝南的一间屋里，草垫子上，卧着一个病人。年纪有六十多岁，盖着一条破棉被，在那里气喘喘的叫："水……水……"声音又小又战，又没有人在面前，所以没有人答应他。

　　到太阳刚落的时候，有一个老婆子，年纪也有六十岁的光景，牙齿都落完了。身上背着一大捆秫秸，一步一歪的走到村里来。口里唧唧咕咕的自言自语道："好好的一个儿子，硬要叫他去当兵，去了半年，一点信儿都没有。……天爷爷呀！为什么偏不叫我死呀！我前生造了什么孽呀！叫我活着这样受罪呀！"一面走，一面说。

　　刚走到村门口，才把秫秸放下，抬头看见邻家李大奶奶在门口。李大奶奶问道：

　　"王大妈，王大爷今天可好些呀？"

　　"李大娘，那能够好呀！不过多活一天，多受一天罪罢了。这是他自作的，还怪人吗？一个儿子在家里勤耕苦做，什么不好？硬要信张傻子的话，叫他去当兵。把田地都当尽了。弄得我老不死的人，眼睁睁在这里受罪。李大娘你看我前生作了什么孽呀！"

　　"王大妈，你不要这样说，你儿子那样老实，一定会带钱来家的。你看张傻子的儿子，当先在家里，不是偷鸡摸狗都干吗？听说他已经做了兵官，昨儿回来……"

　　说到这里，歇看四外望望，又挨到王妈妈身边，小小的声气说道：

　　"他昨儿回来，带来一车子钱。我银儿跑到他家里去，看见白生生的一根银条，有二三尺长。说是抢人家的簪环首饰，没有地方放，把他烧化了，倒在枪管子里头做成的。"

"李大娘，我的儿子怎比得……"

正说着话，听见那老头儿呼呼的喘气。连忙跑进屋里，一看，说："不好了！老老着慌了！这怎么了呀！"

李大奶奶也跟着进来，一看王大爷眼睛望上翻，连忙用手掐着他的人中，叫道：

"王大爷！王大爷！你回过来呀！你……"

叫了半天，听见哼了一声，又一会挨近王大爷身边，听见一点声音，仿佛是要说："水……水……"

刚拿水来，倒一点到王大爷口里，回头看王妈妈倒在地下发抖。又远远望见外边有许多背枪的兵赶着一个人，到村门口才捉住了，说是什么"逃兵"。李大奶奶跑出去一看，原来就是王大爷的儿子。

听那背枪的兵问王大爷的儿子道：

"你可是振武军的人？"

"是。"

"你是什么时候入营的？"

"我是今年四月去的。"

"你为什么逃跑呢？"

"我并没有逃跑。我在营里等了五个月，只拿到一块钱的饷，以后……"

"胡说！振武军的饷，从来是中央按月照发，没有欠过的。"

"我也听人这样说，不过月月关饷，只能到营长手里。下头的官长，也就同我一样领不到的。"

"胡说八道！难道他们还扣饷吗？你们就是没有饷，也不应该抢人啦。"

"我并没有抢过人。"

"还赖得过吗？你不是同'逃兵'一块儿来的吗？"

"我是前两个月出营的。因为营里拿不到饷，就同黄得胜请假出来，想到青岛报名去，到外国去做华工。不想没有钱走不脱，就在路上要饭吃。刚要饭要到杨家村，闯见邻家张四。他说振武军散了，他要回兖州，叫我替他推一车银子。你不信，你到张四那里去问。我刚才走他那里回来的。"

"不管你怎样，也要去会会我们营官。"

"让我到家看看爸爸妈妈罢！"

刚刚进门，王大爷一看见他儿子，一欢喜；又看见许多兵捉他，痰往上一涌，就死过去了。

他母亲看见儿子，连忙从地下爬起来，想一把抱着，背枪的兵用手一拦，把他打倒了。几个人拥着他儿子，说：

"走！……走！……走！……"

（原载《每周评论》第 15 号）

"是可忍"
——孰不可忍？
（1919 年 4 月 13 日）

前半个月听说清华新剧社要到北京来演戏，我就欢喜了不得。因为北京各园子里常演的新戏，多是打着新戏的招牌，暗地里仍是卖那些皮簧梆子的旧货。不但编戏的主义没有变，就是演戏人的"台步"、"手势"、"脸谱"、"调子"也没有更改。我想清华新剧社必定是很有新思想的，很懂得新剧原理的。所以我就拼着一晚上的工夫，花了两张票子，欢天喜地的去瞧瞧。

这天戏名，叫做"是可忍"。看他那"说明书"上说道：

> 郭伯渠业商，一子一女。女前妻出，许戚李信之。李将游学，郭饯之。郭死，妻虐女，家日落。李在外别娶，归，绝郭氏。女见逐于母，至野遇大雷雨，将自尽，有医士遇而救之，与俱归，为看护妇。李夤缘入官，供大老王某奔走，其妻因通之。后李盗卖矿山，为乡人痛殴，受重创。异归，寻入医院，遇郭女，悔恨交并，一痛而绝。

我看了这篇"札记小说体"的"说明书"，想一半天，仍然找不出他的命意所在。再看看后边所载各幕的题目，才想起来这出戏就是清华去年年底所排演的"鸳鸯仇"。俞振庭在北京常拿改换戏名子骗人，不晓得新剧家为什么也要学那旧戏家的老法子？

我看了这出戏，觉得很有可以批评的地方，所以写出我的意思，和清华新剧团商酌商酌。

（一）论编排的方法

"鸳鸯仇"原来只有五幕，这回到北京来，竟"不惜工本"，把他添到八幕之多。还在《清华周刊》上夸张增加的好处。单讲这一椿事，就可算是"死外行"。西洋现在的名剧，虽然不都是"独幕剧"，然却没有过五折以上的，因为新文学家，没有不注意经济方法的。戏的好处在精彩不在长短，长了必定浪费许多时间，空费许多气力，多要许多布景。做的人也筋疲力尽，看的人也头昏眼花。依我的意思，第二幕、第五幕、第七幕都可删去，因为这几幕毫无意思，且有许多重复的地方。像那种"家奠"和那"游逛的勾当"，实在没有写出来的价值。

这戏的第二缺点，就是和"三一律"相差太远。现在的新戏，虽然不必死死的守着"三一律"，但是为经济和精彩起见，也不能不受他的范围。这出戏时间相隔五年，地点变更五处，所写的又不晓得有几椿事合在一块。真可说是既不经济，又不精彩了。

中国旧戏的坏处，就坏在每出戏都有个结束。把一件事从头到尾，判成死案，简直叫看的人没有一点思忖的余地。既有了主观的判断，还有容纳客观评判的所在吗？这出戏的动人的地方，原在第六幕，偏偏把他加上七、八两幕，来结束李信之一个人，这还不是旧戏中的"团圆主义"、"判断主义"吗？

（二）论本戏的宗旨

这出戏的大旨，是写婚姻问题的。看编戏人的意思，好像是主张"父母之命、媒妁之言"的婚姻，反对自主的婚姻。不过布局和剪裁，还比不上编"自由实鉴"的万分之一。李信之做官卖矿，和自由结婚本是两件事，本没有因果的关系。扯在一块，实在叫人捉摸不到编戏人到底是什么意思。

自由结婚，能行不能行，是一件事；李信之的夫妇，到底能不能算得自由结婚，又是一件事。自由结婚，必须有高尚的感情、纯洁的道德，才算完备。若拿李信之夫妇的行为，来做根本上反对自由结婚的理由，不是和拿娼妓的逢人配合来反对自由结婚一样吗？我以为拿屈先生一派迂腐不堪的话，来反对新学，来反对自由平等，拿李信之一流人的行为，来反对留学生，来反对自由结婚，皆是前二十年的思想。拿到现在来演，拿到北京来演，难道现在北京的人，连这一点常识都没有，还要你们来"指教"吗？到了今天，还拿前清遗老、长髯大袖、满口纲常名教、张嘴就骂平等自由的屈先生来反对新人物、新思想，我想编戏人的知识，断不至于如此。或者是我把编戏人的意思看错了，也未可知？

（三）论描写的情形

写实主义，是要叫看的人一个个心中都觉得所写的全是实事，一点也不能过火。我看这出戏，很有许多地方出乎情理之外的。既说屈先生是以"卫道"自居的人，断乎没有开口"放屁"、闭口"岂有此理"，当面骂人，行同无赖的道理。（林琴南先生不在此例。）郭妻就是刻待前妻的女儿，也断不至于在灵堂里边，举手就打，张嘴就骂，凶狠到那步田地。李妻就是淫乱，也倒不至于一见王某，就和他同坐马车，出去闲逛。李信之就是"悔恨交并"，也不至一见郭女，就"一痛而绝"。像那旧戏里头，朝椅子上一坐，就算昏了，望地下一倒，就算死了的样子，能算得写实主义吗？出言太没有分寸，做事太没有体统，也是这出戏一个顶大的毛病。

（四）论扮演的脚色

新剧应当男女合演，用男人去扮女人，和北京的坤角扮男人一样，就是做得顶好，总免不了"不自然"三个字的批评。这是新戏的通弊，原不能单怪清华，所以我对于该剧扮演女人的，不加议论，单说扮男角的。扮男角最坏的是那位做医生的，不说别的，就是一句话也说不清楚。扮刘云卿的人无咎无誉，扮李信之的人太平庸了，显不出他做官卖矿的本事。扮屈先生同郭妻的都嫌过火。只有扮郭伯渠和扮李母、郑妈的二个人身份举动，一点都没有可以褒贬的。

（原载《每周评论》第 17 号）

青岛交涉失败史
(1919 年 5 月 11 日)

　　青岛交涉失败，一半因为各国不讲公理，一半因为我国办外交的人有意卖国。强国的外交无论蛮横狡猾到什么田地，也必定要得弱国的承认，要得弱国里面有人替他帮忙，才能够偿他的心愿。我看一部青岛交涉失败史，却没有一处不是我们中国人引虎入室的。大家不信，待我说来：

　　（一）德国强租青岛的原因。甲午（一八九四年）战争，日本要占据我们辽东半岛，李鸿章心生一计，尽力运动俄、德、法三国出来干涉。干涉之后，日本虽还我辽东半岛，但是俄、德、法三国说他们功劳怎样大，也一个个来侵占我们的土地。俄国借租旅顺口，法国租借广州湾，就连那一点力量靡出的英国，也占了我们的威海卫，意大利也占了我们三门湾。德国更不用说了，因为山东曹州府出了一件谋杀教士的命案，就藉口说中国人忘记了他干涉日本的大恩，带了许多兵船，来占据我们的胶州湾。这是西历一八九八年、前清光绪二十四年的事。

　　（二）德国租借青岛的目的。自中日战争之后，各国看见日本在中国横行无忌，因而大唱保全领土、开放门户、势力均等之说。德国借租青岛就是想在远东占得一个海军根据地。因为军事计画，所以又侵占附近一带的矿山铁路权。租借条约分三章，第一章多说军事上的布置。主要的目的：（一）德国军队可在青岛周围一百里路以内自由行动。（二）割让胶州湾两岸，听德国自由建筑堡塞，储藏军需，修造军舰。第二章专说铁路、矿山两件事。铁路划定两道路线：（一）从胶州起，打潍县、青州、博山、淄川、邹平经过，直穿济南，并可以达到山东省的边界。（二）从胶州起，向左边朝沂州府走，穿过莱芜县，直到济南府。凡铁路两旁沿途三十里以内的矿山，如第一路线附近的潍县、博山各处，第二路线附近的胶州府、莱芜县等处的矿产，都听德国人自由开采。第三章专说借款的优先权。凡在山东省内创办有利的事业，要借外资的时候，必先同德国的商人商议。这个条约是光绪二十四年二月十四日结的，中国方面由总理衙门李鸿章、翁同龢两个人署名。

（三）日本强劫青岛的原因。当欧战发生的时候，日本因日英同盟的关系，加入协约国，对德宣战，出兵攻打胶州湾：（一）想占据中国的要害，拔去德国人在远东的势力；（二）想报复三国干涉辽东半岛的旧仇；（三）想巴结英人的欢心。因此便把我国主权所在的青岛趁火打劫的抢去了。这是民国二年的事情。

（四）日本拿武力迫胁的山东条约。民国四年五月七日，日本对于我国送来一个"最后通牒"，叫我国完全承认他"二十一条"的要求。这个要求之中关于山东问题的很多：（一）迫胁中国承认他同德国政府协定山东省一切权利利益让与等项的处分。这一条要求，就是承认日本有继承德国在山东一切权利利益的权柄，好像山东问题和我国没有一点关系的样子。（二）强迫我国政府声明山东省内和沿海一带的土地岛屿，无论怎么样，不能借给外国或让给外国。他言外的意思，就是说这些地方日本人已经有过主权了，不得日本人的承认，是不能自由处置的。（三）强迫我国承认欧战完了之后，胶州湾租借地完全听日本人处置。并定了四个条件：（一）以胶州湾全部开放商港；（二）在日本政府指定的地方，设立日本专管的租界；（三）如各国想要共同的租界，可另行设立；（四）另外关于德国的房屋财产和别的条件手续各项，当未实行交还之先，应该由中日两国共同商议。这件交还的公文，就是把归还胶州湾的空名声张出去，叫别的国把胶州湾的处置，看做中日两国的问题，不出来干预其事，然后日本就可横行无忌了——这几种要求，是民国四年五月二十五日盖印的，就是日本现在在欧洲和会死争山东问题的根据。

（五）.日本拿金钱骗诱的铁路合同。这个合同，名叫《济顺高徐与铁路借款预备合同》。济顺铁路是从山东济南到直隶顺德，高徐铁路是从山东高密到江苏徐州。借款为日金二千万圆，利息每年每圆八厘，日本方面的代表是日本兴业银行。将来属于铁路上的财产和收入，不得银行答应不得做担保品或提给他人。这是预备合同，限定四个月内立正式合同。这项合同和"二十一条"要求，大有区别的所在。"二十一条"

是日本政府发议的，这个合同，是中国政府发议的。前回要求是威迫的性质，这回合同是利诱的性质。因前回条约丧失山东权利，是受人胁制的；因这回合同承认日本继承德国权利，是自己情愿的。这个合同是去年九月二十八日立的，中国政府的代表就是现在被揍的章宗祥。欧洲和议代表现在所以没有发言的根据，就是因为受这个合同拘束的。

（六）断送胶济铁路的文书。这个交换的公文名义上是撤废山东民政署，实际上是夺我的胶济铁路。文书上说：胶济铁路归中日两国合办，沿路的巡警队说是由中国政府组织，但是经费由胶济铁路供给。巡警队本部、枢要的驿站和巡警养成所，都要聘用日本人。那里还有中国的势力呢？说到民政署，仅有撤废两个大字，什么时候撤废，却没有一个字提起。这还不是拿实利换空名吗？有了这道公文，岂不是明明白白对于日本承继德国权利上再加一重保证吗？

（七）日本在欧洲和议席上争持的理由。日本在取得青岛的前后，已布定了重重罗网。对于中国已经定了许多条约合同，对于英法又有伦敦密约的保障。所以和议席上英法都不好发言，只有仗义执言的美国，尚可以照公理说话。现在日本力争青岛的理由，就是拿"廿一条"的要求和去年的密约合同作根据。说和平会议，所以维持条约的神圣不可侵犯，中日条件是万万不可废止的。日本所以要求青岛问题由中日自行解决，内中有三层用意：（一）不在和会里边公开，可以施行他的欺骗迫胁的手段。（二）由他归还中国，在外交上创一个听他处理的先例，好在中国占一个特殊地位。（三）到了归还的那一天，可以弄些鬼计，占些便宜，并可强迫我国交换别的权利。看见现在的结果，可见得日本外交手段真是老辣，从前一条一条的要求，好像蚕虫吐丝，一层一层裹缚的样子。直到今天我国的人民才看见天罗地网，重重围住，才知道外交界造下来的罪孽，真正的不少！

（八）最近欧会决定的办法。前回和平会议讨论青岛问题，本想拿来交五国公管，那晓得日本人不承认，中国人也不承认。又因为日本一方以退出和会吓人，一方以伦敦密约藉口，青岛问题遂成为日本"笼中之物"。现在英、美、法三国想采纳中日两国的意思，一方面想不违背"土地主权不相侵犯"的原则，一方面又兼顾日本经济上的利益，决定德国完全把山东一切权利放弃，由日本将青岛山东的土地主权完全交还中国。详细的办法，尚没有议定。大概由日本管理一年再还中国云。

　　我编了这篇《青岛交涉失败史》，我心中狠有几重感触：（一）觉得现在的世界，尚不是实行公理的时候；（二）觉得日本人的德意志思想，一点也没有觉悟；（三）觉得中国外交失败，无一处不是"卖国贼"播弄成熟的；（四）觉得实行国民的外交、平民主义的外交，是一刻不容迟缓的。愿国人快快的起来！——愿国人快快的起来！

（原载《每周评论》第 21 号）

青岛问题在欧会中经过的情形
（1919 年 5 月 18 日）

青岛问题打欧会开议之后就拿出讨论，一直到今还没有完全收束。中间经了许多波折，我国专使虽然说出很多公理，但在强盗主义大行的时候，公理仍然战不过强权。姑且把青岛问题经过写出来，叫大家知道世界革命真是一件万不可缓的事。

（一）中日两国专使争议的情形

一月二十七日，日本专使在和会里面要求胶济铁路和别的利益。对于交还青岛的话，却没有提到一个字。我国顾专使提出辩论书，说明胶澳租界和附带的一切权利应该由德国直接归还中国的理由：（一）青岛问题比不得太平洋属岛问题，可以听人自由处置；（二）青岛完全是中国领土，人民的种族、言语、宗教自有历史以来，就完全一致；（三）德国租借青岛纯是用武力迫胁的；（四）就形势说，胶州是中国北部的门户；（五）就文化说，山东是孔孟降生的地方，是中国文化发源的地方；（六）就经济说，山东地小人多，没有让人殖民的空地。因为有这些理由，所以和平会议处置山东问题，应该注重中国政治独立和领土完全的权利。日本专使听了这篇议论，自己却没有道理可讲，只得拿"中日两国政府已有成议"的话来搪抵。顾专使又说明"二十一条"要求，不过为武力所迫，认为临时暂行的办法。又说中德宣战之后，青岛租借的条约早已消灭，一切权利在法律上说，老早就归了中国。日本继承德人权利的话，已经毫无根据。然就是说租借条约不因战争消灭，该条约内明明有不准转交他国的条文，德国那有转送日本的权利呢？

（二）日本飞扬跋扈的情形

日本自打上回辩论失败之后，恼羞成怒，又乘法国总理被刺的空子，暗中活动。到了二月十二的这一天，牧野专使叫一个秘书带许多秘密条约交给我国专使。密约共计四种：（一）关于山东问题的日英、日法、日俄、日意的交换文书。这几件文书之中，说英、法、俄、意承认将来议和的时候，关于山东问题都帮助日本。（二）"二十一条"要求中关于交还青岛的文书。（三）关于胶济铁路的文书。（四）关于开原海龙吉林铁路、长春洮南铁路、洮南热河铁路种种交换文书。英、法、意三国都受了密约的拘束，一声不响，所以日本更加跋扈。此刻世界中独一无二的公正人就是美国的代表。

（三）美代表的调停办法

美代表不受密约的拘束，所以极力主张把青岛交还中国。不过因为英、法、意三国不能发言，美国代表不免有些孤掌难鸣。到了四月十六日，乃变更办法，提出五国公管之说。凡是德国在中国得到的租界路矿和优先权，一律还给中国。现在暂归和会接收，等到各处要地开做商埠后，再完全交给中国。美代表口头提出这个议案，就是想把青岛问题由五国公同处置，不许一国独占的意思。这种消息传出之后，不但日本人反对，就连中国人也反对起来了。说得美代表哑口无言，所以才弄到现在这步田地。

（四）四大国决定的调停办法

日本专使既已反对美代表的提议，又口口声声以退出和会吓人。四月三十日英、法、美三国代表商议，想出一个政治特权归中国、经济特权归日本的办法，就是现在和约中所载的。（见本报《签字不签字的害处》文中）

（五）我国专使向三国抗议的内容

五月一日，英国外交部巴佛尔代表三国拿议决的山东问题办法来通告我国专使。我国专使因为和约上的规定是三国调停的结果，所以不得不向英、法、美三国提起抗议。抗议书中大概说：中德宣战而后，德国在山东所有的权利特权都已撤消，山东省的主权在中国，自然可以收回自由处置。请问三国根据什么理由，把这项权利送给日本？所拟的解决办法，既说山东半岛连同主权归还中国，何必分为两步？又何必先移归日本，听他独自归还？这就是我国向三国抗议的内容。

现在和约已成，一切抗议都没有效力可说。最后一步只有两个希望：一希望德国拒绝和约签字；万一不能，只有希望我国专使拒绝签字罢。

（原载《每周评论》第 22 号）

签字不签字的害处
（1919 年 5 月 18 日）

据近来欧会消息，山东问题早已没有争论的余地，我们现在应当讨论的只有签字不签字问题。但是我们当没有讨论这个问题之先，应该明白弱国的外交只想免意外的害处，万不能痴心忘想意外的好处。我们研究签字不签字问题，只是"两害相权取其轻"的意思。外交失败到这步田地，还说得起利不利吗？

现在主张签字不签字的人很有许多议论，我且把他先写出来，然后再说我的意见：

（一）主张签字的理由

（甲）说：青岛的地方是日本人拿兵力从德国人手中夺去的，从事实上看来，这块土地全完在日本人的手里。我国如不签字，日本坐视不理，照现在现状办去，连那归还的空名也收将起来了，这不是不签字的害处吗？

（乙）说："二十一条"要求，以条约手续论，不能说是无效。不过因为参战的机会，各国出来停调，才有青岛归五国公管不必照"二十一条"要求处置之说。这件事虽然没有做到，但总算青岛问题不归日本单独处置了。若不趁这个时候签字，各国一卸去干涉的责任，让我们直接向日本交涉，那里还有不更加吃亏的道理呢？

（丙）说：交还条件若在大会里面签字，日本将来如有不对的地方，很可以根据大会的和约，请协约国出来说话。我们如想让交还的条件得和平会议担保，一定是要签字的。

（丁）说：我国参战的目的原想解除一切不平等的条约，不单想解决青岛问题。如对于和约上不签字，势必要退出和平会议。如退出和平会议，将来关于撤废领事裁判权、收回关税自由权、撤消津汉租界、废止赔款条约等问题，自然没有提议的资格。因一个青岛问题丢掉废除一切不平等条约的机会，岂不是不知轻重吗？

（戊）说：我国在国际上的地位，完全靠着"均势"两个字维持，以后更有许多地方要靠着国际联盟。如因不签字退出和平会议，也再不能加入国际联盟。我国若不加入国际联盟，以后能不能得国际联盟主义的保护，这不是一个顶重大的疑问吗？

（二）主张不签字的理由

（甲）说：我们不签字不是单为着山东问题，并且可以表明不承认"二十一条"要求为合理，不承认去年秘密协约为合法，不承认伦敦密约为有效。若承认这些强迫的条约、秘密的条约，就是破坏威尔逊外交公开的主张。

（乙）说：对德媾和是一件事，国际联盟又是一件事，我们不在和约上签字，可在国际联盟约章上签字。因为加入国际联盟的，不都是交战国，如瑞士、西班牙等中立国都可加入国际联盟。可见得在国际联盟约章上签字的，不以在和约上签字的为限，我国也当然可以援例的。

（丙）说：日本交还青岛，不过政治上的权利，经济上的特权仍然存在。我国如果签字，胶济铁道的换文，顺济、高徐二路的借款，势必成立。我国得一个交还的空名，日本受一个交还的实惠，真算是得不偿失了。

（丁）说：我们这回要求无条件的交还，原来不想叫日本人在山东得一个根据地，为将来东亚和平的障碍。这回欧会议决的交还条件，虽然有政治、经济的区别，但是日本在山东已占了牢不可破的地位，仍然是东亚和平的障碍，所以万不可签字去承认他。

（戊）说：和约内于中国有益的规定，仅德国承认取销关于《辛丑条约》权利一件事。这件事我国既已和德国宣战，当然有这等利益，又何必声明？何待签字？将来就是同德人单独议和，也必得德人承认的。

（己）说：我们不签字必定要分别办理。和约中和我国没有关系，或有益于我的地方，当然签字。至于山东问题，应当注明我国仍然有再行提议的权柄，不然就注明反对也没有不可以的。因为这种办法当年海牙平和会老早就有过先例的了。

我看以上各说也都各有理由。我们争这种大事，应该通盘筹算，才可以定我们的办法。且把和约上于我国有利的地方，和青岛由日本交还有害的地方，一一比较出来，才可以决定我们签字不签字的方针。

（一）和约上规定关于中国权利的条文

德国把由《庚子条约》得到中国的特别权利和赔款一律放弃，天津、汉口的德国租界和中国境内除胶州外所有的房屋、码头、营房、炮台、军火、船只、无线电台和别的产业（公使馆和领事馆不在其内），同庚子年抢去的天文仪器，一律交还中国。德国承认放弃天津、汉口租界，并叫中国开作万国公用的地方。

德国对于中国，不得因为在中国的德人被禁被遣，因为德人的利益于一九一七年八月十四日以后被收没或被清理的原故，来要求中国赔偿。德国应当把广州英租界内国有的产业让给英国，并把上海租界内德人学校的产业让给中法两国。

（二）和约上规定关于日本权利的条文

德国把胶州各项权利和那因为一八八九年三月六日的山东条约取得的铁路、矿产、海底电线都让给日本。

德国关于胶济铁路的一切权利连同器具矿权开矿权一齐让给日本。

打青岛到上海和到烟台的海底电线都让给日本，并不算钱。

胶州德国国有的一切动产和不动产也都让给日本，并不算钱。

（三）日本交还青岛的条件

把胶州湾全部放为商港。

在日本政府指定的地方，设立日本专管的租界。

如各国想要共同的租界，可以另外设立。

另外关于德国的房屋财产和别的条件手续各项，当未实行交还之先，应由中日政府公共商议办法。

把上述的三项条文合看起来，德国完全交还中国的，仅是一点房屋、军备产业，庚子赔款，和一副天文仪器。德国租界虽然还我，仍然不为我国所有。上海的学校产业，我国和法国平分；广州的产业，又完全归了英国。至于日本，不但把德国所得的权利一齐抢去了，并且勒令我在青岛另开一个公共租界。请问高明，就是在这种和约上签字，除了得一副天文仪器，和几十万赔款，同一点破家破伙的东西，还有什么好处？若说撤废领事裁判权、收回关税自由权、取消各国《庚子赔款条约》等等问题，与签字有什么关系？就是我们签字也没有什么保证。就是有了保证，试问是失了一部分平等权事大，还是失了领土事大？若说要求取消"二十一条"和去年各种密约合同，则更不能签字，因为一签字就是承认各种密约要求合同为有效了。愿国人把利害看明白了，不要糊里糊涂的签字呀！

（原载《每周评论》第 22 号）

老子的政治哲学
（1919 年 5 月）

一、老子时代的政治社会情形

老子生在什么时候，死在什么时候，没有人晓得确实。大概总生在周朝灵王初年，当西历纪元前五百七十年前后。老子前两三百年的时候，中原一带，连年都不免兵争。南边有吴、楚各国争王夺霸，北边又有猃狁、犬戎等族进来打搅。闹得兵火连天，百姓都东跑西散。所以老子的时代，可算是兵祸顶利害的时代。

周朝行封建制度，社会里头，贵贱阶级是很不平等的。《左传》上说："王臣公，公臣大夫，大夫臣士，士臣皂，皂臣舆，舆臣隶，隶臣僚，僚臣仆，仆臣台。马有圉，牛有牧，以待百事。"可见当时的社会是一个比一个胜些。乡下的老百姓，不是替帝王去打仗，就是替权门贵族做马牛。你看《鸨羽》、《陟岵》、《采薇》、《何草不黄》等诗，写得怎样凄惨。后来"钱谷兵刑"的权柄，渐渐落在权贵手里，社会上的财产，一齐聚在几个权贵家里，这就是经济上"分配不均"。有了分配不均情形，社会上自自然然的就现出贫富不等的状况。你看《葛屦》诗里头所说的劳动社会，不是替富贵人家做马牛吗？劳动的人到了冬天，还穿着夏天的衣服鞋子。那王孙公子，沾他祖上福气，一点事也不做，在家里受用那种享不了的荣华、受不尽的富贵。这还怪得《伐檀》的诗人在那里痛骂吗？照这种情形看起来，从老子前几百年来，真是一种贫富不均、"损不足以奉有余"的时代。

再看看那时候的政治。老百姓只有当兵、纳税两种义务。法律是管不着有钱有势的人的。老百姓的生命，一个大也不值；老百姓的财产，是没有"所有权"的。《大雅·瞻卬》诗中讲的最明白。他说:"人有土田,女反有之;人有民人,女覆夺之。此宜无罪,女反收之;彼宜有罪,女覆说之。"你想这还算什么世界呀?再看做《硕鼠》的诗人,想丢了"父母之邦"不要,跑到外国去过日子。你想当时的政治,岂不黑暗极了吗?所以从老子前几百年来,又可算是暴君污吏以百姓为土芥的时代。

政治思想,本是正对时事发生的。无论谁家学说,不是时代思潮的产儿,便是社会情况的反动。凡当人民顶不自由、顶不平等的时代,自然会有人出来主张"自然法"和"放任主义"。因为凡想打破人为的法制,总会说天然法怎样好,怎样森严。说天然法好,可见得人为法不好;说天然法森严,可见得随便怎样,人为法也不能胜过他。英法两国十八世纪的经济学家深信:"自然法是完全无缺、不变不灭的,人为法是不大完全且常常变化的。人为要顺乎自然才好,若背乎自然,就存不着了。"所以那时经济学家所抱的政策,多是顺乎自然的放任主义。至于政治家,如英国的洛克,法国的卢梭,美国的浩克尔(Hooker)、文素朴(Winthrop)等,皆生在顶不自由、顶不平等的时代。所以一个个都拿"自然法"、"自然权利"、"自然平等"、"自然国家"等说,做攻击政府干涉民事、侵夺民权的武器。这都是当时社会情形的反响。老子的政治哲学,也完完全全是刚才说的三个时代——兵祸顶利害的时代,贫富不均、损不足以奉有余的时代,暴君污吏以百姓为土芥的时代——的反响。讲政治学的人,明白这个道理,可以免去两种弊病:(一)知道政治学说,是对着时事而发的,不要去无的放矢;(二)知道一个时代有一个时代的政治学说,不要强拉时代不同的学说,不分青红皂白,一齐拿来应用。这就是我当叙述老子政治哲学时,所以先叙叙老子时代政治社会情形的原因。

二、老子政治哲学的根本观念

要想明白老子的政治哲学,必先明白老子哲学的根本观念。老子哲学是起于"无"而复归于"无"的。以"无"为一切事物的缘起,亦以"无"为一切事物的究竟。老子说:

> 天地万物生于有,有生于无。

他说恍恍惚惚之中,仿佛有了象,有了物,这就是有生于无的道理。老子所说的"道"，是"先天地生"的。在未有天地之先，当然是一样东西也没有，所以老子的"道"即是"无"，"无"也即是"道"。他以为天地万物是有始有终的，"道"是无始无终的。所以天地万物起于"无"，复终于"无"。他说：

> ……复归于无物。是谓无状之状，无物之象，是谓惚恍。
>
> 至虚极，守静笃，万物并作，吾以观其复。夫物芸芸，各复归其根。归根曰静，是谓复命。

老子所说的返真归朴，就是归到那"无状之状，无物之象"的境界，归到那寂寥混沌、不可名状的"惚恍"的境界。到了可字可名的地步，便不是那"万物恃之而生而不辞，功成不名有，衣食万物而不为主"和那"恍兮惚兮"、"窈兮冥兮"、混混沌沌、不可名状的"道"了。所以他说：

> 道可道，非常道；名可名，非常名。无名天地之始，有名万物之母。

他以为天地的原始，是无名的；有名才有万物。名字既立，人类的知识便随之产生。何以故呢？因为有了名字，万物才有区别。人所以能够识别万物，就因为有了名字可以代表物性。人类藉这名字，把万物的区别印入脑中，所以发生知识的问题。知识越多智越多，智越多伪也越多。善恶、美丑、贤不肖，和那有无、难易、长短、高下、前后种种区分，都是从名字上、知识上起的。既有这种区别万物的工具和识别万物的能力，才生出来文物制度。既有了文物制度，那"无名之朴"的混沌世界，就根本推翻了。老子以为这都是大乱的种子，是人类所以造成种种罪恶的原因。不把这种子和原因去了，再也不能达到那沌沌闷闷、无知无欲的乌托邦。所以他要"绝圣弃智"、"绝仁弃义"、"绝巧弃智"，拿那"无名之朴"，来镇压人欲，让万物自化，智欲自消，天下自定。所以老子说：

> 民之难治，以其智多。故以智治国，国之贼；不以智治国，国之福。
>
> 天下多忌讳，而民弥贫；民多利器，国家滋昏；人多伎巧，奇物滋起；法令滋彰，盗贼多有。

这就是老子所以尊尚"无名朴"的用意。他说要想便民易治，必先愚民；要想叫人不生情欲，必先废去"五色"、"五音"、"五味"；要想叫人不争、不偷、不闹乱子，必先"不尚贤"、"不贵难得之货"、"不见可欲"；要想叫人不作恶，必先叫人不晓得"美之为美"；要想叫人不作不善的事，必先叫人不晓得"善之为善"。老子的意思，想把文物制度一扫而空，使天地万物复归到"无"的境界——这就是老子政治哲学的根本观念。

三、老子理想中的国家

老子的政治哲学，是反抗当时政治和社会情形的，所以他的国家观念，是空想的，不是实际的，只从消极的方面想法子，便不从那积极的文明进步上着想。老子一生，一点也不受政治和社会的现状拘束，这是他所以能成一个理想大家的原因，也是所以仅成一个空想大家的原因。

何以说老子的政治哲学，是反抗当时政治社会情形的呢？因为他看见当时年年打仗，百姓东跑西散，所以才主张去兵；看见当时社会贫富不均，损不足以奉有余，所以才主张尚俭；看见当时暴君污吏，以百姓为土芥，所以才主张无为；看见当时智巧日生，诈伪百出，所以才主张尚愚。这四个主张——去兵、尚俭、无为、尚愚——就是造成老子理想国的入手办法。

（一）去兵。老子的人生哲学是抱定知止不争主义，所以他说：

> 知足不辱，知止不殆，可以长久。……祸莫大于不知足，咎莫大于欲得，故知足之足常矣。

他又说：

> 是以圣人欲上民，必以言下之，欲先民，必以身后之。是以圣人处上而民不重，处前而民不害，是以天下乐推而不厌。以其不争，故天下莫能与之争。
>
> 上善若水，水善利万物而不争……夫唯不争故无尤。

老子以为，为人的道理，贵知止，贵不争。能够知止，自然用不着争的。若要不争，须先把作战争工具的兵废掉了。故去兵就是老子知止、不争主义的实际应用。老子眼见周朝人民，不是直接受服兵的痛苦，就是间接受那因兵争而起的死亡丧乱、流离转徙的痛苦。各国的当道，都把所有的百姓，当他争权夺利的器械。据老子看起来，都因为他们不懂得知止和不争之争的道理，所以造成这样战争不歇的世界。老子所最痛恨的就是兵，所以他说：

> 夫佳兵者（佳，古唯字也），不祥之器物。或恶之，故有道者不处。君子居则贵左，用兵则贵右。兵者，不祥之器，非君子之器，不得已而用之。

> 以道佐人主者，不以兵强天下。其事好还。师之所处，荆棘生焉；大军之后，必有凶年。

老子以为国家的永远和平、天下的永远和平，只在去兵一事。他确信"自然法"是调剂均平、称物平施的，就是有强梁者也不得其死。暂时胜了，不久也是要败的。暂时忍辱含羞，终久必能抵抗强暴。这就叫做"天网恢恢，疏而不失"。与其不能拿人的力量去战胜天的力量，又何必不知止、不退让，去反乎天道而行呢？

（二）尚俭。老子反对高等文化，却不甚反对低等文化。老子对于精神上的欲望极端的反对，所以只叫人见素抱朴，少私寡欲。说到物质上的欲望，他并不十分反对，却要人吃得饱饱的，穿得好好的，住得安安静静的。所以他说：

> 虚其心，实其腹，弱其志，强其骨。
> 圣人为腹不为目。
> 甘其食，美其服，安其居，乐其俗。

老子眼见当时富贵人家的幸福，都是劳动人家的汗血，下等社会的百姓，都是上等社会的马牛，所以非常的痛恨。我们现在读《小雅·正月》一诗："彼有旨酒，又有嘉肴；洽比其邻，婚姻孔云。念我独兮，忧心殷殷！佌佌彼有屋，蔌蔌方有谷。民今之无禄，天夭是椓。哿矣富人，哀此茕独！"可见当时苦乐不均的状况。读《大东》"小东大东，杼柚其空。纠纠葛屦，可以履霜。佻佻公子，行彼周行。既往既来，使我心疚"几句诗，可见当时贫富不均的状况。再读《伐檀》诗中"不稼不穑，胡取禾三百廛兮！不狩不猎，胡瞻尔庭有悬狟兮！彼君子兮，不素餐兮"几句，和《北山》诗中"或燕燕居息，或尽瘁事国；或偃息在床，或不已于行；或不知叫号，或惨惨劬劳；或栖迟偃仰，或王事鞅掌；或湛乐饮酒，或惨惨畏咎；或出入风议，或靡事不为"几句，可见当时劳逸不均的状况。大概那个时代，全是"损不足以奉有余"，所以老子想反抗这种现状，"损有余以奉不足"。想把那太奢侈的生活，拿来填补那太贫苦的生活，把社会上的生活，引到一个水平线上。这就是老子尚俭的目的。所以他说：

> 天之道，其犹张弓乎！高者抑之，下者举之；有余者损之，不足者与之。

他以为天地生物，只有一定的数量。分配不均，这个所多的，就是那个所少的。所以他说：

> 民之饥，以其上食税之多，是以饥。

但是老子说的社会生活平等观，是损有余以补不足，不是添加不足上齐乎有余的。他的真正的目的，在"去甚、去奢、去泰"；他的平等的基础，是"贵以贱为本，高以下为基"。可见老子求人类最小幸福，却不是求人类最大幸福的。他以为穷奢极欲，必定要侵占人家幸福，所以必须要尚俭。

（三）无为。主张"自然法"的人，大概都有一种迷信，说是："任凭你费尽了多大力气，总跳不出那天行的圈套儿。"从积极的方面做，知道有天行处处同我为难，必得要步步留神，才能敌得过他，这就是"戡天主义"（conquest of nature）。从消极的方面做，明晓得跳不出自然的范围，又何必白费气力，去逆天而行呢？这就是达观主义。老子属于达观主义一派，他以为人是逃不出天地范围的，天地是逃不出道的范围的，道是逃不出自然的范围的。所以他说：

> 人法地，地法天，天法道，道法自然。

无论是人、是地、是天、是道，总要受自然支配的。顺着自然法则，便"无为而无不为"；背着自然法则，"虽欲为之而无以为"。他把"自然法"的功用，看得这样森严，所以才主张放任主义。不过老子的放任主义，和欧洲学者弥儿、斯宾塞尔等说的不同。他们的放任主义是放任于个人，老子的放任主义却放任于自然。且看老子说：

> 天之道，不争而善胜，不言而善应，不召而自来，繟然而善谋。天网恢恢，疏而不失。

因为天行如此，所以凡想拿人力去抵抗天行的，皆不是本分内的事。且看他说：

> 常有司杀者杀。夫代司杀者杀，是谓代大匠斫。夫代大匠斫者，希有不伤其手者矣！

自老子眼光看来，凡是替天行化的，都是违反天道，都是搅乱自然法则。国家的举措赏罚和个人的学问知识，都是用不着的。大家只有混混沌沌、无知无欲，听那"自然"摆布罢了。

（四）尚愚。老子不但主张生活平等，并且主张知识平等。他的知识平等，是以愚作本位。百姓必到了混混沌沌、无知无欲的程度，才合老子乌托邦的人民资格。所以他说：

> 古之为治者，非以明民，将以愚之。民之难治，以其智多。故以智治国，国之贼；不以智治国，国之福。绝圣弃智，民利百倍；绝仁弃义，民复孝慈；绝巧弃利，盗贼无有。

他以为天地间一切罪恶，皆是从知识上起的。且看他说：

> 民多利器，国家滋昏；人多伎巧，奇物滋起；法令滋彰，盗贼多有。

因为如此，所以才用全副精力，去打消人类的知识，铲除世界的文化。他的理想的国民，就是他说的：

> 我独泊兮其未兆，如婴儿之未孩。儽儽兮，若无所归。众人皆有余，而我独若遗。我愚人之心也哉！沌沌兮，俗人昭昭，我独昏昏。俗人察察，我独闷闷。澹兮其若海，恍兮若无止。众人皆有以，而我独顽似鄙。我独异于人，而贵食母。

这样国民，还有什么知识？这样国家，还有什么文物制度？愚的程度，必到了没有为非作恶的能力，才合老子尚愚的意思。

综看老子这四个主张——去兵、尚俭、无为、尚愚——可见他确是反对政治社会现状的一个顶激烈的政治家。把他的理想实现出来，不但没有国家，并且没有社会。他理想中的天下，不过是一群无知无识的人，散在地面上，天天吃饭睡觉罢了。不用器械，不讲交通，不要甲兵，不要文字。学问、知识、文物、制度，一齐废掉。这还是什么世界，还像什么国家？老子有描写这样天下顶好的一段文章，说：

> 小国寡民。使有什伯之器而不用，使民重死而不远徙。虽有舟舆，无所乘之；虽有甲兵，无所陈之。使民复结绳而用之，甘其

食，美其服，安其居，乐其俗。邻国相望，鸡犬之声相闻，民至老死不相往来。

这几句话，的的确确是老子理想中国家的小照。所以特为引出来，作本篇的结论。

（原载《新青年》第 6 卷第 5 号）

关于《胶州和约》的修正意见
（1919 年 6 月 1 日）

　　现在青岛问题已到了"山穷水尽"的所在，全国的眼光都死死的注在签字不签字一个问题上。依我的意思，不如趁德国不签字的当儿，率性提出一个修正案，在欧会里头争一争。日本的内田专使在巴黎已明白表示，说"日本想把山东主权完全交还中国"，我们正可以拿完全的主权做根据，来修正和约中的条文。

　　我们讨论关于山东的和约，有几个地方应该先弄明白的：（一）和约中说日本继承德国的利益，不过那列举的几件事，并不是继承那一八九八年的《胶州条约》。（二）德国在山东的利益，有"已得"、"未得"两种，和约中所说的不过是"已得"的利益，并不是包括"未得"的利益在内。（三）德国租借胶州是做军港用的，现在中日的《胶州交还文书》上已明明说是"胶州湾全部开做商港"，性质已经是不一样，所以凡关于军用的海面、港湾、房屋、器具等件，应该一律收回。

　　况且"主权"两字并不是一个空名词。主权是顶高的、独立的权力，从积极的方面说，无论什么事都要听他支配；从消极的方面说，无论什么事都不听人家支配。拿这个原则来讲，青岛主权既已完全在我，凡土地、港湾、房屋、关税、铁路、矿山、炮台、电线、警察、军队、港湾管理权、建筑军港权等，应该一齐听中国政府自由处置。所以我们研究青岛问题，万万不可把"主权"看做空空洞洞的东西，要把他看做实实在在的东西。证明主权完全不完全，不要拿抽象的理论来讲，要拿具体的事实来讲。

　　以上讲的两层道理，都在条约上说得明明白白的，我们的修正案应该拿来做根据。我们就是忍气吞声，任凭几个强国来摆布，就是退让到千步万步，承认"二十一条"要求之中《胶州交还文书》，承认各国调停由日本直接交还的办法，也应该在条约范围以内，把各项权利争回一寸半寸。丢下这层不讲，一味糊里糊涂的打电报，主张叫专使去签字，真真不解这派人到底是什么心肝！我且根据上头所讲的两层道理，提出一个修正案和大家一同研究研究：

（一）德国把胶州各项权利，和因为一八九八年三月六日的《胶州条约》取得的铁路、矿产、海底线一齐放弃。

（二）德国把关于胶济铁路的一切权利，连同器具和已得的矿权、开矿权，一齐让给中国，再由中国和日本商议办法。

（三）打青岛到上海和到烟台的海底电线都让给中国，并不算价。

（四）胶州德国国有的一切动产和不动产都无条件的让给中国，再由中国转借给日本。

以上系修改和约中关于胶州问题的条文。另外由中国政府根据主权的原则，在和会中对日本提出条件如左：

（一）胶州湾单做商港之用，凡德国所设的沿海炮台和信号地点，皆和中国主权有关，应完全交还中国。

（二）胶州湾青岛和胶济铁路的既完全在中国主权之下，所有一切治安，均归中国保护，日本不得驻海陆军和警察于胶州湾、青岛、济南和胶济铁路各处。

（三）除胶州湾商港外，中国应该有自由建设海军根据地的主权。

（四）青岛的关税和海关管理权应该和中国别处的商埠同样办理。

（五）胶济铁路管理建筑之权，全归中国政府，照津浦铁路办理。只有工程技师可以雇用日本人，铁路巡警应该仿照津浦、京汉各路的办法组织

（六）沿胶济铁路的矿产，已经德国开采的，都由中日合股，照中国矿业条例办理。

（七）日本租界和各国公共租界只以德国在青岛租借地为限。

以上七个条件，没有一个不是主权所关的。这是我国让步的最大限度，再让一点，主权两字就不能算得完全。日本外交当局既已口口声声还我山东完全的主权，这几个条件，就是主权的实体，和人的五官四肢

一样，若缺掉一样，就不能算作完全的人了。日本当局如果不容我们这样让步的条件，就可以证明他是拿主权的空名来骗我们。要想知道日本人的心肝，何妨拿这七个条件试一试呢？

（原载《每周评论》第 24 号）

无治主义学理上的根据
（1919 年 7 月 15 日）

　　现在有许多人把无治主义看得比"洪水猛兽"还利害，你要问他无治主义是什么呢？他的危险在什么地方呢？十个人中恐怕有八个人"莫明其妙"。我想讲学问的人，最怕的是武断，不明白那种学问的真相，一味的瞎褒贬，是顶没有价值的、顶没有意识的事体。学问家的态度千万不要如此。所以我想把全国骇怕的无治主义写出大概，叫那些瞎褒贬的人先来看看，然后再去下判断。至于无治主义究竟是好是坏，我个人的意思究竟是赞成他是反对他，一个字也不提，好让看的人自由去下裁判罢。

——涵附注

一、无治主义是什么？

　　我讲的无治主义就是英文的 Anarchism。原来 Anarchism 这个字，是从希腊文 αν 和 αρχη 变来的。他的意思就是反抗官府权力（contrary to authority）。所以，日本人译做"无政府主义"。究竟无治派的人虽然反对强力，虽然反对拿强力逼人服从的政府，但仍然有个自由结合的机关，叫作社会；仍然有个愿意遵守的规则，叫作契约。他们的根本观念不是打消谋公共福祉的权力，不是反对管理公共事物的规则。他们想打消的是那谋一部分人福祉的权力，是那拿强力逼人服从、不要服从的人同意的法律。他们反对强力到底是什么理由呢？布朗（W. Jethro Brown）讲的最明白，他说：

　　无治主义照寻常意思解释，就是反抗强权的拘束。不愿诉诸统治人的强力，只愿诉诸各个人的意思；不愿让国家强迫，单愿诉之个人良心；不愿受刑律的惩罚，单愿受自由选定法的制裁。

　无治主义有消极、积极的两方面。消极的方面是反抗强力，积极的方面就是自治。无治主义的世界是没有强力的世界，并不是无法无天的混乱世界。无治主义的社会何尝没有法律，何尝没有契约呢？你看布朗说：

　　从消极方面讲，无治制度就是拒绝国家拿强力执行自己的意思。一个社会应该有振作社员公共福祉的权柄，这是没有疑义的；所不承认的，乃是拿社会自己看作幸福的去强迫人家服从。主张无治的人，并不是一切政府的对头，单是那不以各人完全自由同意做基础的政府的对头。这种不承认国家的真正理由是很值得注意的。无治派中，除了有些人主张设立警保委员（vigilance committee）管理罪案外，还有些人公然或暗地主张一种强制的政策，在契约物权范围以内使用。他们有"契约必须保存"的话，这种契约就是强行的法律⋯⋯

　　从积极方面看，无治制度就是"自治"（self-government）的意思。叶建德（Egidy）说："为什么说无治主义呢？""为什么不简直说自治呢？"屠克尔（Tucker）说："文明就是叫人自管自的意思。"这种观念和往年新教徒的理论是明明白白一样的，不过这派的主张更明了宽广一些。路德（Luther）虽然在 *The Babylonish Captivity* 中说无治制度的原理：除了亲自答应的，不受人家统治。但是往年宗教改革派仅仅把自治看做达到精神自由的方法，他们是想拿信士的职权代替教会的职权。到了无治派，他的观念更加广大了，他想把一切的自由一齐实现出来。古时新教徒声明个人要有本自己良心信仰上帝的权柄，近来无治派却声明个人要有自己管理自己一切事务的权柄。这个权柄是先天的，是不能够失掉的。

　无治主义的大概既明白了，我们可以说他的定义。

　无治思想发源很早。当西历纪元前四五百年，中国就有老子，希腊就有亚里士梯璞（Aristippus）、柔诺（Zeno，Stoic 哲学的祖先）诸人，各人有各人的主张，大体虽然相同，细节总难得一致。要想下一个很简单又很赅括的定义，很不是一件容易的事。没有法子，只得先把他普通的观念写出来罢。

无治主义对于政治，反对强力，反对拿强权逼人服从的政府，要想结合一个自由组织的自治的社会；对于经济，反对资本家侵占他人的利益，反对财产集中，要想组织一个各食其力的自给的社会。

赫胥黎说："无治制度所认为独一无二的正统的政府，就是个人管理各人的社会。"他们因为生产和消费的原故，为求得各种需要的原故，为发达文明精神的原故，也常组织一种自由结合的社会，或拿同行做基础，或拿地方做基础。一方面想达到他们生产、消费、交易、交通、卫生、教育、互卫等种种目的，一方面又想达到增进科学、技艺、文学和社会需要的目的。无论个人的无治主义、社会的无治主义、自治的无治主义、互助的无治主义，他们的根本原理总是人人极端自治、极端自由。不过无治主义和自由主义（Liberalism）很不一样。无治主义把放任主义用到人类一切行为上去，不问是政治的生活，是经济的生活，都要极端的自由，除了自由商议定的社会，别的组织是一概不要的。自由主义只把无条件的自由用到经济事情上去，对于个人的社会关系，尚承认必须有强制的组织。无治主义虽然和社会主义根本上有些不同，但是他们的目的却有许多一样的。不过社会主义拿国家做达到目的的方法，无治主义单倚靠个人能力去达到目的，不倚靠国家的权力去达到目的。这是他们绝对不同的地方。照以上所说的大概，我们可以暂下一个无治主义的定义：

凡主张拿自己的能力自由解决自己的一切行为，不靠强力迫胁的政府，专靠自由结合的社会，这种学说叫做无治主义。

二、无治派的国家政府观

大概政治学说很少无的放矢的。无治主义所以发生的原因，就是因为那个时候的国家政府实在是坏的不得了。因为国家坏，才要唱不要国家的学说；因为政府坏，才要唱不要政府的学说。这就是他们根本解决的方法。

无治派反对国家政府的第一个理由，就是因为国家政府专重强力。国家的职务本是保护人民，叫他们不要你杀我、我杀你。所以国家存在，就是战争侵略存在的根由，国家不是抵抗他人侵略，就是自己去侵略他人。国家成立的要素就是强力，强力的要素就是武备，武备就是战争的祸根，战争就是铲除公理自由的利器。原来武力主义是只许我们爱国，不许他人爱国的；只许我们侵占别人的，不许别人侵占我们的。这是什么原故呢？因为，武力主义只拿强力对抗，没有什么正义人道可讲的。脱尔斯泰说：

> 我曾看见过战争，看见许多人凶狂，变成了畜牲世界。战争的地方没有什么权利，没有什么法律，正义的观念一点儿也看不见了。侵入人家国内，杀了人家保护国家的人，烧了苦人家的房屋，叫人破家荡产，污辱人家妇女，这就是拿武力主义救世的效果。

脱尔斯泰又说：

> 政府的性质是治人的，不是被治的。政府的强力是从军备得来的，所以不能废军备。军备是为战争而设的，所以政府也不能废战争。

这是无治派反对国家和政府的一种理由。

无治派反对国家政府的第二种理由，就是因为政府为一阶一级霸占去了，政治、法律都是为保全自己地位起见，所以绝对不能公平。且看蒲鲁东（Proudhon）说：

> 法律是为有势力的有钱的而设的蜘蛛巢，是贫贱人家打不破的铁链子，是政府手中打鱼的网罟。

集产主义的无治派把土地私有和资本私有看作天地间顶不公平的事。他们又说，土地独占和资本独占都是国家造成功的。因为他们反对土地独占和资本独占，所以也反对国家。

中国古代学者把君主看做国家政府，所以西方的无治派反对国家政府，东方的无治派反对君主。老子和鲍敬言都是中国的无治家，老子说：

> 民之饥，以其上食税之多，是以饥。民之难治，以其上之有为，是以难治。
>
> 天之道，损有余而补不足，人道则不然，损不足以奉有余。

这些话同《伐檀》诗中所说的："不稼不穑，胡取禾三百廛兮！不狩不猎，胡瞻尔庭有县貆兮！彼君子兮，不素餐兮！"《葛屦》诗中所说的："纠纠葛屦，可以履霜。掺掺女手，可以缝裳。要之襋之，'好人'服之！"大概都是攻击资本家安享别人辛苦得来的利益。至于鲍敬言的话更加激烈，他以为"古者无君胜于今世"。所以他说：

> 天生民而树之君，岂其皇天谆谆言亦将欲之者为辞哉？夫强者凌弱，则弱者服之矣。智者诈愚，则愚者事之矣。服之，故君臣之道起；事之，故力寡之民制焉。然则隶属役由乎争强弱而校愚智，彼苍天果无事也。……夫役彼黎烝，养此在官，贵者禄厚，而民亦困矣。……使彼肆酷恣欲，屠割天下，由于为君，故得纵意也。
>
> 夫天地之位，二气范物。乐阳则云飞，好阴则川处，承柔刚以卒性，随四八而化生，各附所安，本无尊卑也。君臣既立，而变化遂滋。夫獭多则鱼扰，鹰众则鸟乱，有司设则百姓困，奉上厚则下民贫……（鲍生的话见《抱朴子》）

老子以为贫富的祸根，由于君上的剥夺；鲍生以为天下的争端，只因"有君之所致"。这就是中国很利害的无治家。

三、无治派的私产观

无治派以为世间一切罪恶和不平等不自由的事，都是从私有财产起的。友谊、交谊是从平等生出来的，相残相杀是从不平等生出来的。所以他们有人说：

> 愚民不是聪明人的朋友，有车的人不是没有车的朋友。友爱是平等的女儿，不平等不会发生爱情的。

私有财产不但是友爱的仇敌，并且是犯罪的原因。李特（Leete）博士说：

> 一切的罪犯，总有二十分之十九是从个人所有不平均起的。因为手头不足，就引起穷人为非；因为贪得无厌和患得患失，又引起殷实的人作歹。爱钱是一切犯罪的动机……

老子常说：

> 不贵难得之货，使民不为盗；不见可欲，使民心不乱。
> 绝巧弃利，盗贼无有。

鲍生亦说：

> 尚贤则民争，贵货则盗贼起，见可欲则真正之心乱，势利陈则

劫夺之途开。

因为私产为不平等的祸根，为犯罪的原因，所以他们不能不研究私产的性质。蒲鲁东以为私产是抢劫工人的辛苦钱，来图他们自己的快乐。所以他说：

> 财产就是盗犯。
>
> 奴隶把有价值的人格消磨尽了，故奴隶制就如同杀暗；财产是把别人生产有价值的东西抢归自己私用，却不给他相当的酬报，故财产制也如同盗犯。

蒲鲁东虽然反对私有财产制，但他并不像马克司一派的社会党主张共产，不过使人人都有平等的使用财产权、完全享用他自己的生产罢了。他主张集合财产制，把财产归团体所有。

另外有巴苦宁（Bakunin），主张废止袭产制，让各人以能力自由工作。他自己明说是集产党，不是共产党。克鲁泡特金以为集产终久不能平等，所以他主张共产。他说：

> 我们所讲的共产主义，不是非利学派的共产主义，也不是德国理论派（即马克司派）的共产主义，是无治的共产主义。无治的共产主义是自由人民的共产主义，乃人类历来所想的经济上自由和政治上自由两个目的同时达到了就是。

克鲁泡特金的无治的共产主义有下列三个条件：

（一）一切生产都脱了资本的圈套，一齐劳动，把他生产出来，使参与劳动的人随便自由取用。

（二）各种团体、各种组合都脱掉政府的管束，渐渐由单纯的组织进到复杂的组织，各因需要自由结合。

（三）脱掉宗教的道德之拘束，造到无义务无制裁的自由境界，社会生活都依习惯行动。

以上都是无治派改正私有财产罪恶的方法。

无治党和社会党对于土地私有和资本垄断、劳银制度等，也有许多主张相同的。他们俩儿最大的异点，就是社会党想拿国家的权力来解决这些不平不均的问题，无治党以为这些不平不均的祸害就是国家弄出来的，要想解决这些问题，非拿个人的能力自由处置不可。这就是无治党和社会党根本不同的地方。

四、无治派的人性观

无治派所以主张人人自由处理自己的事务，就因为他们把人性看做善的，看做人人都能够自治不要人家管束的。所以布朗说：

> 许多无治党都把人性看做善的，不是恶的；看做高贵的，不是卑劣的；看做忠诚的，不是不忠的；看做勤励的，不是懒惰的；看做被爱情支配的，不是被憎恶支配的。现在所有种种不好的气质，都是由政府专制和由专制造成的制度惹起来的。个人是好的，只有国家是恶的。……

克鲁泡特金更推广范围，不但说人类是互相亲爱、互相扶助的，就推到无脊椎的动物也是由内争而进到互助。他以为非社会的肉食兽少，社会的兽占多数。团结和互助就是哺乳类的规则。同情的心是社会生活必然的结果，同时又可说是使知识和感情大大发达的原因。想叫高尚的道德的感情发达，必定要以友谊和同情心做第一步，因为这是进化发展顶有力的一个要素。克氏的意思虽然不说人类自始终至没有一点竞争心，但他承认知识越高，同情心越盛，互助力越多。他虽然不说人性是全善的，是生来就这样不待练习的，但他承认人类进化由本能进到理性，总向善的方面走去。竞争是例外，避竞争、求互助是人类天性。（可参看他的《互助论》）

因为人性是善的，或是一定向善的，所以不要另外用别的强力去迫压他。用外力迫压个人，叫他向善，有三层不当：（一）是不必要的，（二）是不得法的，（三）是错误的。何以说不是必要的呢？因为从经验上试验下来，人类服从规则，全倚靠他的名誉心。现在人民服从国法，不是因为怕罚，是怕大众非难。何以说是不得法呢？因为法律是叫人怕的，是追问人性顶坏的部分，不是追问人性顶好的部分。何以说是错误呢？因为用外力去逼迫人，自道德上讲起来是侮辱人的人格、侵犯人的人权。如把"不得本人答应不能征收租税"当一个原则，那么大多数的人，不得少数人的答应，也应该没有征收少数人租税的权利。并且没有人有权柄可以把反乎人家意思的法律加到人家身上去，叫他服从的。由此推到结果，人类只该自管自。人类所以只该自管自，就是因为他性善。这就是无治派的人性观。

以上所说的不过无治派的普通学说，若欲详细说明，非另著专篇为不可。本篇的意思不过想明白大概的观念罢了。无治党所以遭世上人的唾骂，很有几种原因。原因最大的就在他们求达目的的方法。自普通的人眼光看来，炸弹、手枪就是无治主义的旗号。这也有个原故。因为一八八一年七月无治党在伦敦开会，议决推翻现世制度的方法就在除灭官吏、贵族、教士、资本家和那些拿人做物用的人。因为想除掉这一般人，所以不得不用暗杀的方法，叫许多人去研究化学来制造爆炸的药料。但这是他们想达到理想目的的方法，绝不是他们目的。现在有许多人恶憎"布尔札维"派，把他们看做凶兽无比的吃人的豺狼虎豹，这也是因为他们的方法利害一点的原故。若讲到"布尔札维"主义就是人人做工，因为做工就组织劳动联合会，把国家的政权交给该会掌管，这本是社会主义的共和国家，值得什么大惊小怪呢？不过他们把政权专交给劳、兵、农三阶级手里，用强力去贯彻他们的主张，所以没有见识的人看见他们穷人横行，就恐怕起来了。无治主义再平和、再正当、再合乎人道也没有了，你看许多无治主义的新村，"各尽其力，各取所需"，比那《桃源记》中间的"良田美池桑竹之类，阡陌交通，鸡犬相闻，其中往来耕作……黄发垂髫，并怡然自乐"的境界，也不知道还好许多！这是各国实地试验的成绩，并不是空想的"乌托邦"！

（原载《新中国》第 1 卷第 3 号）

民众运动的目的
(1919 年 8 月 3 日)

我国五四运动，不用说是乘民治潮流而起的，不过据我个人观察，觉得很有几种缺点：

（一）是消极的一时的运动，没有积极的、永久的要求。

（二）是单反对政府和一时的外交政策，不是主张改革外交制度。

（三）只想唤醒人民的自觉，不想得到法律上的保障。

民众运动本不是"扰乱治安"，但既然被"扰乱治安"的骂名，应当得到"扰乱治安"的代价。代价是什么？就是对于酿成运动的问题，想个根本解决的方法，用法律规定起来，作未来的保障。这就是"扰乱治安"的代价，就是民众运动的目的。照事实和法律说来，民众政治只有实行议会政治才可以办得到。但是如今自助的社会主义，大多数都是不相信议会政治的。现在不相信议会政治的有三种：（一）是劳工自决主义（Syndicalism）。叫同行的工人，结合在一块，听他们自己直接行动，去谋同行的利益。（二）是同盟罢工（Strike）。他们不求教议会，单讲究自动的革命和直接行动的手段。（三）是国民决议（Referendum）。因为议会不能尽量发表民意，然想叫全体国民来处决各项问题，事实上也不容易做到，所以普通问题仍归议会议决，遇特别事件，乃由国民直接决议。这都是近来自助和自决主义。

但是一件，无论他们讲独立自助的，或是讲共同互助的，总不能脱去国家权力。他们要求的结果，也必定要得法律的保障。这是什么原故呢？大概现在国家的组织功效大著，不藉国家的权力，分配也不能平均，自利心也不能限制，资本家和劳动家的利益也不容易调停。所以单讲自助自决，专在社会上运动，不想参加政治的活动和得到法律上的改革，终久是劳而无功的。且看我举出一个例来：

前几年比利时的选举法是很不公平的。有财产、年龄、教育的限制，有职业的种类和既婚未婚、有儿子没儿子的区别。有的没有选举权，有的只有一票选举权，有的却有两三票选举权。保守党拿这种选举法做护符，每回选举都占胜利，一连独掌三十多年的政权。到了一九一〇年，查调户口，新添议员额数二十名。而且增加议员名额的地方，都是自由党和社会党工业所在的城市。这样看起来，下次选举自由党和社会党当然不会失败。一九一一年八月，自由、社会两党先就做起同盟罢工的示威运动，到了十月间各地方议会改选，自由、社会两党互相帮助，果然把保守党打败了。但是到了一九一二年国会改选，人人料定必得胜利的自由党、社会党不但不能战胜，保守党的议员名数，反比从前增加许多。到这个时候，他们才知道选举法不改正，任凭你费多大气力去示威运动都是不济事的。所以他们又改变方针，在同盟罢工的"发祥地"里边又大大的闹了一次罢工，才把这种旧选举法改掉，把那些拿旧选举法作护符的保守党推翻了。

照这样看来，比利时改正选举法，着实给我们民众运动的一个大教训。使我们知道民众运动不过是得到民众主张的一个方法，设若没有具体的主张，或有具体的主张还没有得到法律的保护，仍然是没有结果的！

我们五四运动为什么起的呢？大家不是都说是反对秘密外交吗？我们试想一想秘密外交的制度果打破了没有？如这种制度还在，单打伤一个章宗祥，和逐掉一个曹汝霖，以后就能保没有章曹第二来缔结军事协约，定高徐、顺济铁路借款的合同，主张禁止专使发言和极力替日本人尽忠吗？所以我说趁掉曹章、拒绝签字，仍然不是秘密外交的根本解决。要想废了秘密外交，除非从法律上改革不可。

中国的外交，从法律上说，代表国家缔结条约的权限是在大总统；从实际上说，代表国家缔结条约的权限是在外交部。这就是秘密外交的祸根。欧战既起之后，有许多外国学者，想打破秘密外交，所以主张民治的外交。鲍生贝（Authur Ponsonby, M. P）的《民治与外交》（De-mocracy and Diplomacy）书中说的很详细。他说外交并不是一种专门的学问，是人人都能办到的。不过因为政府故意把外交秘密起来，使人民不晓得个中情形，看起来好像人民不大晓得外交。其实这都是秘密的坏处。政治本是公开的一种教育，先把他秘密起来，那么，人民将从何处学习呢？鲍氏想造成平民的外交，所以主张外交由国会公开讨论，条约草案必先交国会通过后，才能同外国缔结。他的主张是：

（一）任命外交官须年年由众议院照普通议事手续讨论。这项讨论至少也要占两天的工夫。头一天，由外交总长陈述外交的政策，定下一切大体的计画。第二天，当注意目前有关系的详细的论点和特别的问题。

这一条最大的好处，就是使议会和国民都知道外交的政策，使外交官的外交全体的计画，都对于国民负宪法上的责任。

（二）非经议会议决条款，不得同外国缔结条约。因为条约同别的法律一样重要，所以必定要经人民的代表逐字逐句讨论之后，才能同别国缔结。宪法上果有这样规定，那么，如我国的中日军事密约，高徐、顺济铁路的合同和日英、日意、日法关于青岛问题的换文，自然不能成立了。

（三）非经议会明白允许，不得加入别国的协约同盟和承诺事项。

（四）非得国会允许，不得宣战。

（五）外交总长有定期宣布外交事情的义务。在议会闭会之后，这种宣布更为重要。使国民由此得以学习外交，信任当局，别叫他们堕在五里雾中。

这五条都是鲍生贝的主张。中国想免掉秘密外交的祸害，将来创造宪法必须加入这些条文，才是根本上打破外交黑幕的道理。

但是国会就能靠得住不和外交当局通同作弊吗？这也有个办法。就是一方面改正选举法，去掉财产、年龄、资格、教育的限制，使选出平民的议员；一方面组织公民的政治社，专于监督选举，检察投票，告发他们不正当的运动，抵抗官吏非法的把持。更多多印刷书报，教导公民应有的知识，评论各党的主张，批评各候补人的资格。

以上所说的虽然不大详细，但都是积极的主张，比较到秘密条约结成之后，才去奔走呼号的反对似乎略为好一点。我并不是不赞成民众运动，我是不赞成急来抱佛脚的民众运动，不赞成无目的无结果的民众运动。所以我不问民众运动的方法，单要问民众运动的目的！

（原载《每周评论》第 33 号）

欢迎中山先生脱离军政府
（1919 年 8 月 17 日）

　　孙中山先生七日通电辞去军政府的总裁，所以辞职的原因，是因为武人政客不能共事。我以为孙先生这回举动，不单是他个人的观察改变，实在是中国政治思想改变。

　　何以说是政治思想改变呢？前几年中国人的政治思想，都以为社会改革必须要从政治改革下手。一般人离了南京，就跑到北京，不当阁员，便当政客。好像要改革社会，非自己去做总统、总理、总长不可，要想做总统、总理、总长，非先去七闯八捣的做几年政客生涯不可。这些人大概只知道拿政治去改革政治，不知道拿社会组织去改革政治。这种没根本的政治改革，何怪乎不能见效呢？要知道，现在的政治思想，不是把社会事业放在政治事业之外，社会对于国家，不单要求一点权利，希望得一点维持保护，就心满意足。必定要使政治事业都成社会事业，要使政治组织和社会组织合为一事。国家就是管理生产分配交易消费的总机关，就是掌管土地财产、均匀资本劳力的大公司。社会不单向国家要求权利，并且要把各种社会联合组织起来，来公同管理政治。把多少年分不清楚的政治、社会，拿来融成一片。到这个时候，我们做社会运动，就是做政治运动，做社会事业，也就是做政治事业。政治生活就是社会生活，社会生活也就是政治生活。这就是如今新式的共和国家。

　　往日的社会主义家都想挑起阶级竞争，他们的主张，不过是想叫资本家少得一点不劳而得的利益，劳动家多得一点汗血辛劳的报酬，生产利益如果平均，就算了事。现在可不是这样了。劳动家不但不承认资本家坐享他人的利益，并且连资本家的一切管理权都不承认。将来劳动人的社会，必定就是劳动人自己管理。到了劳动人自行管理自己的社会，那么，资本劳动的阶级自然是无形消灭了。将来的社会，既然没有资本家和劳动家的分别，将来的国家，也当然没有政治的生活和社会的生活的分别了。换句话说，就是凡不在社会中做事的，都没有资格在政治上办事。那种官僚生活、政客生活，自然像那秋天的树叶，一天少似一天的。

孙先生辞去总裁，固然是证明政客武人不能共事，但是照我看来，却是证明政客武人的政治生涯已经到了"一线灵魂往封神台去"的时候。我们欢送孙先生出军政府的时候，就是我们欢迎孙先生进平民团的时候。不愿孙先生在政客武人之中左右周旋，但愿孙先生来学生劳动界中协力同心；不愿孙先生再作政客式的政治生活，但愿孙先生专作平民式的社会生活；不愿孙先生再做一位凭空建设的总统，但愿孙先生永远做一位实地建设的平民；更愿孙先生不要从"军政时期"、"训政时期"下手，但愿孙先生专从民政时期起头——这就是我们欢迎中山先生脱离军政府的意思。

（原载《每周评论》第 35 号）

评徐佛苏的《西南自治与和平》
（1919 年 8 月 17 日）

北方和议代表徐佛苏君六月间出了一本小册子，名叫《西南自治与和平》。他重要的主张是：

（一）当承认西南数省统一自治总体，以处理西南之自治政务，并监督各省之自治事务。其名称或为西南自治联合会，或为西南自治委员会。军政府应即废撤。

（二）西南自治总体由西南各省推选三人或五人组成之，再呈请大总统颁发明令加以委任，以合议制处理各事。并另设西南自治议会以监督西南总体之自治行政。其议员亦由西南各省推选，议员之人数与机关之组织及权限中西南当局自定。

（三）西南自治总体之监督自治，与西南各省之举办自治，其权限亦由和会议决。藉免西南内部之纷议，尤可谋全国各省自治制之统一。

（四）全国各省之自治制度当完全与西南各省之自治制同一条文。其监督自治之总体，即为中央政府。其监督自治之权限，亦当与西南自治之总体同一条文，以谋全国各省自治之统一。

佛苏君把这几条看做和议成立的根本条件。我觉得他的主张有三点可以叫人佩服：（一）承认法制为和平的根本，不像别的代表单在地盘权势上着想。（二）承认自治可以限制武力，可以发挥全国政治才能，比那些文治主义家放出一个省长，就夸口说是军民分治的，眼光究竟高一些。（三）承认中央与地方权限不划清，一味讲究混括的统一，不但办不到，并且是战乱的祸根。这三个主张都是我顶赞成的。

不过佛苏君的"西南自治"仍然是一个空空洞洞的名字。说到地方制度和监督自治、举办自治的权限，他并没有详细说明。究竟佛苏君主张的地方自治是什么样子？分治的权限到什么程度？仍然装在闷葫芦当中，很不容易猜破。不过略为表示出来的就是"本著所主张者系大陆国地方自治制"一句话。

往年，大陆国地方制度和英美地方制度，固然是很有不同的地方。大陆国的地方制度多拿行政的监督作统一的线索，英美的地方制度多拿立法的监督作统一的线索。大陆各国把地方行政权定出一个大纲，凡在总括的范围之内，可让地方自由处理，不要请求立法部许可。英美却把地方行政权详细规定出来，要想在列举的范围之外，创一个适当的制度，必先请立法部允许。再：大陆国的地方官吏多是委任，英美的地方官吏多是选举。唯是这样，所以大陆各国的行政监督很严密的，英美则取立法的监督，至行政监督是很放任的。然这不过是往年的制度，现在可就有些不同了。英美学者多反对立法的监督，渐渐想把行政的监督加严；大陆国也多反对行政的监督，想渐渐把立法的监督加严。佛苏君所主张的大陆国地方自治制，似乎对于自治的权限仍然主张总括，对于行政的监督仍然主张严密，至于地方官吏更是主张任命的。这些地方可要仔细讨论讨论。

我是主张英美自治制的人，当然有许多见解和佛苏君不同：（一）佛苏君主张"全国各省自治统一"，这是我极端反对的。美国地方制度在世界上算得顶复杂，没有一种法律可以通行各地的。至于法国却很注重统一，不论人民如何差异，问题如何复杂，皆想拿整齐统一的法律去统治他。这种死法律毫无伸缩的所在，所以地方事务一点也不大发达。不但地方事务是这样，就是议会政治也不能行。因为集权的地方制度，选举最容易操纵，人民真意往往无辜被迫。这就是我所以反对集权的、统一的自治制的原因。（二）佛苏君对于自治当局只说"推选"、"推选之后须中央政府加以委任"，究竟省长、知事和别的自治官吏不由民选，到底能使自治发达不能？这又是我不以为然的。选举是自治的护符，不谈选举的自治制，简直可说没有讨论的价值。（三）自治制既然不能统一，也就不能施统一的行政的监督。随时指挥，不但妨碍自治，实际上也做不到。这都是我反对佛苏的所在。

佛苏君指出五个战乱原因："（一）专制旧习与共和新潮冲突；（二）中央与地方官民利害相反，感情恶劣；（三）武人与党人互争权势；（四）彼此皆有建设共和之功，又皆有摧残共和之罪，顺逆不明，互相倾轧；（五）彼此武力皆发生于私人之党派，而非培养于国家统一之下，各有割据一隅之心，恐被兼并。"蒲伯英君说他不想消灭这五种原因，单讲分治，不但药不对症，还有点火上加油。蒲君以为想免掉战乱，必须："（一）要使专制旧习与共和新潮不冲突；（二）要使官民利害一致，感情融洽；（三）要使武人与党人不互争权势；（四）要使彼此皆不言功罪，却又明白顺逆，不起倾轧；（五）要使彼此武力皆培养于国家统一之下，各无割据一隅之心。"我以为蒲君这些话仍然带一点调和派的口气。真正彻底的办法，必定要扫清专制的旧习，去掉官民的界限，只认民众的势力，即让武人、党人去争权夺利，只认国家的武力，那有"彼此武力"名称。我以为果采用英美自治制，这五种弊病的确可以打消。因为自治是民治的基础，真正的民治国家那还有专制的影子。自治的官吏是选出来的，那还有"利害相反，感情恶劣"的道理？自治团体用不着武人、党人，那里还有他们"互争权势"的机会？没有私人的派别，没有私人的武力，第四、第五两个原因当然也根本消灭。所以我的确相信拿自治消灭这五个祸根，真正是对症下药。

蒲伯英君说："我把通篇看完，除前头提纲之外，没有一句主张民权的话。"胡汉民君答佛苏的信也说："注重武力党派之调停之一面，而民政发达之正面反甚轻略。"这一层实在是佛苏君的根本错误。他第三条纲领中，本说："本著主张自治之要义，在使全国多数平民自办民政，非为武人与党人争地盘及权势。"这两句话本说得好听。第五条马上接着说道："对于南北两派主张互承认其势力。"第十五页中又说道："吾国历年来组织战团……其实力不在一般人民，而在国中一派勋阀耆旧、政客激党，及军民长官之互相联络已成团军。……非仅□人民以自治权利，即可消灭各种势力。"第十八页又说道："若仅□人民自治，而不承认西南分治，姑无论彼方决不肯轻弃其基业，就范中央。纵令彼方各派亦能一致折而归忱，然万派来朝，众星拱北，政客伟人纵横捭阖，何以待之？"这些议论，好像把他的自治两个字根本取消。把他的意思贯串起来，可以知道他"西南自治"是怎么一回事。他以为南北党人皆不能在新选举制及议会中和平竞争。北派久踞内阁，不肯轻于让人。陆军、财政、内务，北派绝对把持，外交、交通已成了私人系统，他们是不准人加入的。前年唐绍仪、孙洪伊、陈锦涛、许世英虽来了，不久也都打下去了。南北混合内阁是没有希望的，倒不如划去一块地，让你们西南的"勋阀耆旧、政客激党"、"军民长官"、"八百旧议员"、"七头总裁"，和别的"文曹武职"、"谘议顾问"，一大堆人，打着"西南自治"招牌，听凭你们怎样鬼混。只要你们不跑到中央来"争内阁"、"入国会"、"扩党势"、"得地位"、"放内外差缺"、"进退省长"、"操纵选举",就算"和平"。你们不来,自然不叫你们"焦头烂额,怒而图南"。自然不致"舍田芸田,得陇望蜀,再演中原逐鹿之惨剧"。不但是南之利,并且是"北之利"。这就是佛苏君"使全国多数平民自办民政,非为武人与党人争地盘及权势"的"西南自治"制。我真不知道大陆国中那一国的地方自治制是这样?还请佛苏君告诉我罢。

(原载《每周评论》第 35 号)

武者小路理想的新村
（1919 年 8 月 24 日）

近来有一部分官僚痛恨我们小报，因为我们稍为介绍一点新思想，便不问青红皂白，动不动就说我们是"过激派"。这种黑天的冤枉，就有一百张嘴也辩不清。没有法子，只好少谈些主义，少管些武人、官僚私有的政治。我记得前清时代，如有"文理荒谬"的童生，学台大人就出示"勒令归农"。我们小百姓既不配谈政治，也只好"勒令归农"，谈谈村农的生活罢。

日本武者小路实笃（今年三十五岁）于去年十一月约下许多同志，在□向的儿汤郡石河内买了一块地方，盖下许多茅屋，开出许多田地，自己动手耕种，把他新村的理想拿到这个地方来实地试验。近来日本《妇女世界》杂志上发表一篇《访新村的纪事》，很夸奖他们，可见得他们的实地试验已经渐渐成功了。武者小路的理想的新村是什么呢？我且替他介绍介绍：

（一）要做人的生活。中国平常人的生活大概不出三种：（A）禽兽的生活。牺牲人家的人格，鬼混宝贵的光阴。淫欲发动，就跑到姨太太房里或窑子里边睡一觉；拼到三五个人，就来一回麻雀或打一场扑克；没有兴头的时候，不是跑到"新世界"，就是跑进游艺园。鬼混鬼混，就是一天。（B）强盗的生活。不是招来土匪向国家要钱，便是拿点资本来安享劳动人辛辛苦苦的生产物，抢劫人家汗血钱，供他自己浪费。（C）牛马的生活。一天忙到晚，牺牲人格，牺牲自由康健，来供人家快乐，自己连穿的吃的也没有够的时候。这些生活都不是人的生活，是武者小路顶反对的。他主张人的生活：（一）要自己去尽劳动的义务；（二）要享受自己劳动的酬报；（三）为发展自己本能为尽人类的义务劳动的，不是为兑换口粮劳动的。所以他说：

人的生活是怎样呢？是说各人先尽了人生必要的劳动的义务，再将其余的时间，做个人自己的事。

非人的生活便是说不能顾得健康自由寿命的生活，因为想得衣食住，苦了一生的生活。明知要成肺病，为求食计，不得不劳动；已经成了肺病，为求食计，还不能不劳动；听人家的指挥，从早直做到晚，没有自己的余暇……这等人我们不能说他们所过的是人的生活。

武者小路把非人的生活看做革命的祸根。一方面因为过禽兽的生活，必然堕落人生高尚的精神；一方面因为自己的幸福被人家抢去，必然起一种不安的反感。这种不公平不合理的社会，断断不会长久支持下去的。所以他以为想免掉流血的革命，必须从人类生活上下手。

（二）实行劳动主义。人类幸福并不是单在穿的吃的住的上。穿衣吃饭住家不过是人类求幸福的工具，并不是人生的目的就限定在这三件事上头。所以武者小路的劳动主义，乃是对于人类尽应尽的义务，对于自己做发展的工具，不单是兑换口粮的。假如为口粮去劳动，那么，同那老牛耕一天田换一点稻草吃，猴子跳一个圈子骗一点水果吃，还有什么分别？所以他说：

我想世上如还有一个为食而劳动的人存在，那便是世界还未完全的证据。"拿头上的汗，去换口粮"的时代，此刻已应过去了。……现在不但如此，简直可说为了你的口粮，卖去你的一生！处这样境遇的人不知道有多少。但这正是社会制度还未长成完全的缘故。我并不咒骂劳动，但是为了口粮不得不勉强去做的劳动，是应该咒骂的。至于人类必要的劳动，那是应该赞美的！

新村里边要使人人都没有衣食住的忧虑，让人好去求人生的究竟。不但没有"为了你的口粮，卖了你的一生"的事，并且不许一部分人忙个不歇，一部分人坐着不动，安安稳稳的享受别人汗血的功劳。且看他说：

劳动也有几种：有我们生存上必不可缺的劳动，和不必要的劳动。现在把这必不可缺的劳动专叫一部分人担负，其余的人都悠游度日，虽说在现今是不得已的事情，决不是正当的事。

新村里边的劳动，也用分工的法子。"男人做男人的事，女人做女人的事"，"体弱的人，如任什么工都不能做，便不劳动也可以的"。如有病人不能劳动，也可以由别人代他劳动。每天早上六时起来吃饭，七时下田，到晚上五时为止。上午十一点钟用午饭，下午两点钟用点心。劳动倦了，可做轻便的工作。两天上午各人自由，下午或搓绳，或编草鞋，或做屋内的工作。每晚各人可以自由读书。这就是他新村中劳动的状况。

（三）创造平等互助的社会。现在俄奥各国的劳农政府，虽然是把贵族和资本阶级压将下去，让劳农阶级出来组织政府，但这也不过是临时的办法。真正说起来，让这部分人去征服那部分人，无论如何，都不是正当的办法。所以俄奥的新政府，必定要把资本、劳动、贵族、平民的各阶级根本打消，才能说起共和两个字。各种阶级怎样才能根本打消呢？就是叫各阶级的人都来劳动，生产的人就是管理的人，管理的人也要变成生产的人，把国家变成一个大新村，在这里边劳动的人，就是管理这里事务的人。不但没有阶级的界限，就连那社会、政治的界限也渐渐的化除了。必是这样，才能成一个平等的社会。这就是武者小路所主张的"合理的社会"。他说：

> 在合理的社会里，不能雇用男女仆人。各人都是仆役，又都是主人。劳动者这一个特别阶级也没有了，无论什么人都非劳动不可。只是有特别才能的人或衰弱的人可以免去，但这只是一种例外。

> 劳动者便是绅士，绅士也即是劳动者；平民便是贵族，贵族也即是平民。

劳动原分肉体劳动和精神劳动两种。但同是劳动，便没有高下贵贱之分。武者小路虽然承认有特别才能的人不要劳动，但不过是所做的事不同，并不是人格不同。他说：

> 贫富平等，并非使富人变成穷人，不过富人、穷人同是一样的"人"，便同是一样的过人的生活罢了

他既不承认人上的人，自然也不承认"少数的人在多数人的不幸上筑建自己的幸福"。所以他一方讲平等的社会，一方又讲互助的社会。

讲互助生活的人，当然反对"生存竞争"。因为狭义的生存竞争，专做损人利己的事。一到损人利己，便不是人的生活。他说：

> 我想人类不能享人的生活，是大错的。这错从何而起，大约有种种缘由。简单说，便是因为他们不明白人类应该互助的生活，反

迷信自己不能得便宜即要受损失的缘故。所以心想别人的不幸应该永远忍受，只要自己幸福便好。

这便是互助的生活。不使别人不幸，自己也可以幸福。不但如此，别人如不幸福，自己也不能幸福；别人如有损失，自己也不能得利益的生活。

我们想造一个社会，在这中间，同伴的益便是我的益，同伴的损便是我的损，同伴的喜便是我的喜，同伴的悲便是我的悲。现今世上，都以为别人的损失便是自己的利益，外国的损失便是本国的利益。我们对于这宗思想错误，想拿我们的实生活来证明他。

主张互助的生活必然反对生存竞争。所以武者小路也说生存竞争"在我们同伴中间当然可以没有"，并"总是不应有的"。

他的平等互助社会不是限于一县一国的，还想渐渐推广，打破国界，造成世界大同的社会，且看他说：

这样的制度试先分国行行，我还梦想将来有全人类实行的一天。一切的人，在自己国语之外，能说世界语。无论到了何处，只要劳动，或是执有劳动义务期满的证据，便不要金钱可以生活。可以随意旅行，随意游览，随意学习。这样世界，只要人类再进一步，没有不能办到的事。一个人到了无论那里，都有同一的义务，同一的权利。先是以人类的资格而生活，更以个人的资格而生活；先在世上为了生存而劳动，更为发展自己天赋的才能而生存。……我望将来有这一个时代，各人须尽对于人类的义务，又能享个人的自由。

这是他推广新村主义的希望。

武者小路很抱和平革命的思想，不想拿暴力去抵抗暴力，只想拿建设来代替破坏。他的新村，对于国家仍然尽纳税服兵的义务。所以他的新村生活，就是自然的、和平的、合理的人的生活。

篇中引句，多用周作人先生的译语，有《新青年》第六卷第三号可以参看。

涵庐注

（原载《每周评论》第 36 号）

中日怎样才能够亲善
（1919 年 8 月 31 日）

近来日本报纸上常常提到"中日新亲善"几个字，又有两国交换教员的提议。无论他们诚意如何，总算是一种"新亲善的运动"，本是我们欢迎的。但当实行"新亲善"之先，须解决几个先决的问题。如果这些先决的问题不能决定，"中日新亲善"仍然是一句废话。

先决的问题是什么呢？

（一）实行平民政治。中日亲善最大的障碍，就是两国的军阀。日本的军阀平素抱一种侵略的思想。又叫几个文人，唱什么大亚细亚主义，不怕要把中国一口吞了。同这些人讲亲善，那有不糟的呢？况且两国军阀联合起来，一心一意的来压迫平民，这些平民那有不生恶感的道理？这回山东交涉，平心而论，两国的政府可说是亲善极了。然除了两国政府而外，却没有一个人不反对的。可见得单笼络政府，欺骗军人，断断不会亲善的。只有实行平民政治，才可以去掉侵略的思想。去掉侵略的思想，才可以说到亲善。你看德俄两国的感情当先怎样恶劣，到了俄国革命之后，马上就要单独媾和。可见得平民政治，就是国际亲善的根基。

（二）打破秘密的外交。这回欧战，大半是打这秘密外交上起的。秘密外交实在是闯祸的胎子。中日的交涉，多先由日本政府秘密要求，然后由中国政府秘密答应。这种鬼祟的行为，怎能永久瞒得住人民呢？到了发觉的那一天，不但中国人痛心疾首，就连那有良心的日本人也觉得过分。所以要想中日国民亲善，以后两国的外交，必定要照下列的条件办理：

（A）中日缔结条约必经国会通过，才算有效。

（B）中日一切外交事件及情形，必随时由当事人到国会宣布。

（C）两国公私团体都不得自由和一私人或一机关单独定立借款或军事的合同。

（D）两国外交官的任免都要经国会通过，一切外交政策须对于国会负责。

（三）实行文化的提携。前回黎明会诸人有主张两国大学交换教员之议，这也是实行亲善的一种方法。中日两国新思想都在幼稚的时期，又有顽迷的旧思想处处做我们的障碍。如果提倡新文化的人，互相携手，把东方旧空气，用抽气机抽尽，好留点新空气的地步，等到人道正义的新空气满布全国，那些强权武力的旧空气自然是云散烟消了。文化改善，就是国交改善的原因。要想日本对于我国不用强权武力，除非先把强权武力的思想根本打消不可。新文化就是打消这种思想的工具。所以必须两国革新家协力同心，做上前去，势力才比较大一些。

（四）表明国际的信用。原来表明心迹，单靠指天画地去说，是没有功效的。必定要老老实实做出来给人看，才算是真的。我们现在所以不信日本人的话，就是因为他天天说亲善，偏有"二十一条"的要求；打青岛的时候，明明说把青岛归还中国，到现在偏又抵死不承认；当南北战争的时候，口口声声说不干涉中国内政，偏偏又扶助军阀、接济军火、大借军饷。像这样说亲善，又有谁来相信呢？所以如今日本要想保全他的外交信用，必须先要做几件事：

（A）"二十一条"要求完全取消。

（B）青岛无条件的归还。

（C）顺济、高徐借款的草约和军事协定宣布作废。

（D）关于新银行团的事，不要要求特别条款。

中日的交涉虽不只这几件事，但日本如果真有诚意和我们亲善，不妨拿这几件事来表明心迹。如果日本已经做这步田地，中国自然没有抵制日货等举动了。这就是新亲善的赞见礼。

以上四项，差不多是中日亲善的基本条件，这四个条件做不到，切莫痴心妄想什么新亲善！

（原载《每周评论》第 37 号）

《互助论》的大意
(1919 年 9 月 24 日—9 月 29 日)

　　十九世纪下半段，总算是进化论大出风头的时代。克鲁泡特金的互助论（Mutual Aid）完全是受了那些进化论的影响。那时候有许多进化论家，如赫胥黎、斯宾塞尔诸人，都把"生存竞争"当做人类求生的要素和天演进化的动机。凡同种同类，这个动物和那个动物、这个人和那个人的生存方法，都是单靠竞争一件事。他们的信条就是"物竞"、"天择"，他们的目的就是"适者生存"。把生存竞争看做天演界中"自然的法则"，不但是人类生活上跑不掉的事实，并且是天演进化中很有用的利器。"自然淘汰"不但能够去掉不适宜的，剩下顶适宜的，并且能够叫顶适宜的越发进步、越发适宜。譬如老鹰，他的眼睛、爪子当初也未必十分尖利，后来因为不尖利的都弄不到东西吃，一个个都饿死了，剩下来的都是些眼明爪快的，又因为老鹰的生活单靠着一双眼睛、两只爪子，天天用他，越用越发达，所以把他的本事也都变好了。这也不但物是这样，连人也是这样；不但形体是这样，就是心思才力也是这样。这种学说一唱，所以竟造成一个"兼弱攻昧"、"弱肉强食"的世界！

　　这些进化论家大概都是从观察动物下手的。克鲁泡特金想驳倒他们的主张，所以也先从动物上观察。克氏少年曾到过东西伯利亚和北满洲一带游玩，在这些地方随时观察动物的生活。他以为动物的生活有两方面：一对于自然不能不去拼命的争斗，一对于同种不能不来你帮着我、我帮着你。无论怎么观察，总看不出"同种动物中间"拿猛烈的竞争做生存的方法。所以他对于达尔文派（Darwinism）顶相信的"同种之中因为食物和生存起了可怕的竞争"和"这样竞争于新进化大有功用"的话，就不免疑惑起来了。后来克氏求得许多动物互相扶助的证据，又因一八八〇年一月圣彼得堡大学总长、有名的动物学家凯斯勒教授（Professor Kessler）讲演"互助的法则"（On the Law of Mutual Aid），克氏对于这篇讲演，又受了很大感触。凯斯勒的意思，说自然界中除了"互竞的法则"，"还有互助的法则"。这个互助的法则能叫生存竞争成功，更能叫物种逐渐进化，比那互竞的法则还要重要许多。凯斯勒的讲演，也不过把达尔文在《人种由来》（The Descent of Man）中说过的话讲得更进步一点。然克氏一得到他的观念，便搜集许多材料来证明这个道理。那时讨论动物的知识和精神生活的书籍，打一八七二年到一八八六年出了好几种。专门研究这个问题的，有埃思皮拉的《动物社会》（Esqinas' Les Sociétéis Animales），有赖耐桑的"为生存而竞争，为竞争而共同"的讲演（J. L. Lanesson's La lutte pour l'existence et l'association pour la lutte），有布斯耐的《动物界的恋爱和恋爱生活》（Louis Küchner's Liebé und liebes-pleben in der thierwelf）。这几部书不但证明互助是道德本能，发生在人类之先，并且认为自然的法则和进化的要素。到了一八八八年赫胥黎做一个《生存竞争的宣言》（Struggle for life manifesto），说"生存竞争和他及于人类的影响"（Struggle for existence and its bearing upon man）。他这些议论，在克氏看起来，都不是实在的事情。克氏想做成有系统的文章，痛痛快快的驳他一下，所以请《十九世纪》（Nineteenth Century）杂志的主笔脑尔斯（James Knowles）把他的著作在这杂志上发表。

《互助论》的第一、二两章"动物的互助"是一八九〇年九月和十一月发表的，第三章"蒙昧的互助"是一八九一年四月发表的，第四章"野蛮人的互助"是一八九二年一月发表的，第五、第六两章"中世都市的互助"是一八九四年八月和九月发表的，第七、第八两章"近代人的互助"是一八九六年一月和六月发表的。后来找到许多材料加在附录之中，又把杂志上删掉的议论加将进去，印成一种单行本子。（现在通行的本子虽然存些附录，但不过十二条子，其余的都重行删掉了。）

以上所说的是克鲁泡特金受当时思潮的影响和他所以作《互助论》的原因。

克鲁泡特金立论的根据，是应该先弄明白。他说社会成立，单靠着人类协进的和社会的本能；文化发生，单靠几世纪几千万无名的人一齐努力。他说社会不是因爱情（love）和同情心（sympathy）造成的，是单靠着人类协进的意识（conscience of human solidarity）造成的。所以他说：

> ……把动物的社会性单看做爱情和同情心，实在是减少动物的一般性和重要性。人类道德也是这样。若单把爱情和个人同情心看做伦理的基础，反把笼总的道德感情的意义弄得狭小了。我们假如看见邻家失火，马上就拿起水桶跑进他家。这个邻家的人我们常常不认得，这绝不是爱情了。这就是广大的协进性和社会性的感情感动我们了。动物也是这样。一阵反刍兽和野马结成一阵，防备狼来吃他，这既不是爱情，也并不是真正同情心。狼结成大队防备打猎的杀他，小猫、小羊的玩耍，好多种小鸟整日的在秋天游玩，这都不是爱情。更有一种小鹿，分散在各处成了几十阵，要过大河的时候，他们就会聚在一块。这既然不是爱情，也并不是同情心，是比爱情和同情心还要广大的感情——就是在动物和人类社会中渐渐进步的本能。这类本能可使动物和人类由互助的实验得到势力，又可使他们由社会的生活得到快乐。

> ……爱情、同情心和牺牲虽然对于我们道德感情的发展有多大的益处，但是人类的社会并不是拿爱情和同情心做根基，单是拿人类协进的意识做根基的。这是不知不觉的承认那从互助实验上得来的势力，不知不觉的承认各人幸福是紧靠着公共幸福的，更不知不觉的一视同人的正义和平等。在这种广大的、必要的基础之上，可以发展格外高尚的道德感情。……（*Mutual Aid*，introduction，p. XII—XIV. ）

克氏的意思，说人类的社会是由人类协进的本能造成的，人类的自身就是全世界。虽是小的细胞，都是"自治的有机体"。自治的有机体是协进的，是互相帮助的。所以他把互助当做社会成立的一个顶重大的要素。

克氏又把世界上的文明看做社会的——几世纪几千百万人的——产物。他在《自叙传》中曾说过："世界上不出名的人民多有能成就历史上的大事业或建筑战争的大基础。"可见得社会不是一个人或几个人造成功的，是笼总人建设的才能合在一块创造起来的。克氏在《无治的共产主义》（*Anarchist Communism*）中说：

> 文明是几千年结合努力造成的。森林是几世纪前开辟出来的，

填湖开路，开办铁道，也不知费了几百万人几年几月的气力。另外又必须有几百万人修盖城市，来创造文明，也不知道有多少贫穷无名的发明家造成机械。更须有无数的排字匠、活版匠，得了无数工匠的帮助，又须有几千位文人、哲学家、科学家，使人人都得到知识，免掉错误，造成科学思想的空气。如果没有这些人，我们的时代断乎不能发生这样文明。（*Anarchist Communism*，p. 11—16.）

克氏既已把文明看做社会的产物，所以说："惟有依据群众意志的努力，才能达到那生活的目的。"（《自叙传》）自此推论下去，所以说：

生产和社会笼总需要的手段既然是人人合力造成的，那么这些事务应该听人自由处理……应该使生产的人和消费的人同站在一个地方。（见 *Anarchist Communism*，p. 18.）

克氏立论的根据大概如此。他因为社会是人类协进的本能造成的，是群众意志合力造成的，所以说互助是社会成立的顶大的要素。

克氏的进化论和达尔文派的进化论有根本不同的地方。就是达尔文派把同种相争看做一个自然的法则，克氏偏说："物种的逐渐进化绝不是从激烈竞争的时代起的。"克氏说：

后来我很留意达尔文主义和社会学的关系，然对于他们讨论这个重要问题的著作一概不能同意。他们一个个都费尽心力想证明人类因为知识很高应该减少生存竞争的惨苦，但他们又同时承认物同物、人同人的生存竞争是一个自然的法则。这样见解我是不能同意的。为什么呢？因为他们承认各种物类为求生活起了残杀的内部战争，并承认这种战争是进步的条件。我对于这两层见解，不但是不曾求出证据，并且认为没有经过直接的观察来证明的。（*Mutual Aid*，introduction，p. IX—X.）

但克氏反对的进化论不是达尔文广义的进化论，是达尔文以后狭义的进化论。所以克氏说：

达尔文自己有时为特别的目的，也曾把这个名词（竞存）作狭义的解释。但他对于后辈也曾警戒他们不要把这个名词用得太狭。他在《人种由来》书中曾极力说明这个名词本来的广义，他曾指明怎样消灭动物社会彼此因生存惹起的竞争，怎样拿协力（Cooperation）代替争斗，怎样发达那保障生存最好条件的知识道德。他很知道最适于生存的物类未必就是身体顶强的，也未必是顶伶俐的；不过他们不论强弱，都知道结合起来，你帮助我，我帮助你，同谋大家的幸福。他曾说过："社会里边同情心的分子越多，社会越发繁盛，越发能养出许多子孙。"（《人种由来》第一六三页）从马赛的狭窄的竞争观念而来的竞争名词，自明白自然道理的人看来，未免失之太狭。（见《互助论》第一章第二、第三两页）

可见得达尔文进化论中本包涵竞存和互助两个意义，不过他指出的证据偏重在竞存一方面，后人把他的互助一方面的意思丢掉了，单拿互竞来做进化的条件，所以竟造成一个惨刻无情的"弱肉强食"的世界。

且看克氏说："达尔文的学说和论人类关系的各种学说一样起来了。在达尔文之后继起的学者，不去推广他的学说，反把他的学说越弄越狭小。到了斯宾塞尔，他虽然是独立的，但很和达尔文派相近。他特为在《伦理学资料》第三版的附录上面，讨论'谁是顶适宜的'一大问题。当这个时候，达尔文派的学者已经把生存竞争的观念弄得狭小极了，他们把动物世界看得如同想食人血的饿鬼一般，天天在那里相争相杀。近代的文学没有不说'败者该死'，以为这是最近生物界最后一句话。他们把利己的竞争高抬起来，当做生物学上一个原则，人类应该顺从他才好。有不从的，就把他打到互相残杀的世界去了。"（《互助论》第一章第三、第四页）

克氏反对赫胥黎一流悲观的进化论（把自然界看作互相残杀的世界），又反对卢梭一派乐观的原始社会（把自然界看做平和亲爱的世界），这皆不是自然界的公平正当的解释。动物有嘴有爪，自然免不掉争斗的事情。"互助和互争都是自然的法则，但是互助是进化的一个要素，比互争更加重要。一方面可以使保障物种的习惯和特性格外发展，一方面又可以用各人最小的力量得到最大的幸福。"

以上说的克氏的自然观，既不是达尔文派悲观的残忍世界，又不是卢梭乐观的空想世界。他的证据是从森林丘壑高山大野之中动物社会里边实地观察得来的，并不是坐在书房里面空想出来的，也不是单坐在实验室和博物馆内照书行事去试验出来的。

克氏实地观察的结果，知道最下等的动物也能互助。他说：若是拿显微镜来研究水中的顶小的动物，也可以预料到必定有无意识的互助。蜜蜂、蚂蚁很知道彼此相救，若有一个自私的或躲懒的，他们都把他当做仇敌。蜜蜂之中，有抢夺躲懒等性，可叫做"非社会的本能"，这种本能经过"自然淘汰"，必能把他逐渐除掉。为什么呢？因为带一点"非社会的"性质，和那些带"共同性的"在一块儿生活，久而久之，必定渐渐的减少。那些单独生存的虽然狡猾，虽然强悍，必定要被那些懂得社会生活的驱逐完了。鹰鹅之类都知道"狩渔同盟"，鹦鹉之类都生来就有社交的性，狼和狮子也会"狩猎同盟"，啮齿类、反刍类、猿猴类都各有各的社会。照这样看起来，可以断定社会的生活是动物界的规则，是自然界的法则。

从动物的生活上观察起来，可见动物的互助是打无意识、无目的的，进到有意识、有目的的；动物的集合是从机械的动作进到本能的动作，更由本能的动作进到理性的动作。动物的社会性也是跟着知识走的，知识越高，社会的精神越大。

《互助论》从第三章起，专门研究人类社会的情形。克氏说，最古的社会制度决不是起于家族，家族是文明大进的时代造成的。太古的人类生活，是从社会（society）、团众（band）、种族（tribe）起的，不是从孤立的家族起的。那时婚姻关系的组织非常复杂，最初经过"共婚"（communal marriage）阶级，到了有限制的婚姻。蒙昧人类的生活，如渔猎、园艺、防卫、报警、抵御外来的人，都是从社交的习惯、团结的精神中得来的。有许多人民如"埃司凯模"（Eskimo）等，老早就有了"共产的村子"和"同行的组合"。无论经过几次神权政治、专制政治，他们这种互助的习惯法仍然存在。

再研究罗马说的"野蛮人"（Barbarians）。那时野蛮人无千带万的从亚细亚搬到欧洲去。搬来搬去，居住不在一块，或遇战争，同种也东逃西散。因为有这些原因，所以把他们的家族制度破坏了。家族制度破坏，不得不有一种新组织见。新组织是什么呢？就是"共产的村子"，合许多不同宗族之人，同在一个村内生活。所以这种"共产的村子"（village community）可算是他们新社会组织的根本细胞。几个共产的村子联合起来，可以做共同的事业。又渐渐有了裁判的制度，拿赔偿主义代替古代的复仇主义。依克氏研究的结果，可见得野蛮人搬家到欧洲去，发现几层互助的证据：（一）破坏原有的家族，组成共产的村子；（二）打破血族同住的生活，变成社会的生活；（三）因为是社会生活，所以养成共同劳动的习惯。

到了中世纪，都市的制度渐渐兴旺起来了。因为那个时代，政治、商业渐渐发达，所以都市也渐渐扩大。都市之中又有许多同行的组合，带了许多社会的性质。又有"自治的村子"（commune），仿佛一个国家，连独立裁判权和独立行政权都有了。但是这种都市制度也不单是保障政治自由的一个政治的组织，他比共产的村子规模还大，他是为互助、为消费生产、为全社会生活组织成功的一个精密的团体。一方面又有自治权，免掉国家的干涉，使各人的艺术、手工、科学、商业和政治的组织等建设的天才，都可以自由发展。当十一世纪的时代，欧洲的都市不过有教会建筑的一些小房子，技艺之类也很不见佳，不过织布、打铁几种，学问除了教会之中，更说不上口。再过三百五十多年，欧洲都市的气象突然大变。房子也好了，装饰品也好了，手工技艺也发达了，船舶也渐渐的走得远了，学问日见发达，科学的方法、自然哲学的基础也渐渐的弄得完全了，机械也渐渐的发明了。后来因为建设中央集权的国家，又因为旧市民和新市民分裂种种原因，才把都市衰败下去了。然而当都市极盛的时代，贡献人类互助的地方也实在不少。

再说近代的社会。近代的社会中互助的趋向多被国家制度拦住了。从共产的村子之中，夺去民会（folkmotes）、裁判所（courts）和独立的行政（independent administration），公有的土地也被占去了。又从同行的组合之中，夺去财产、自由，放到国家监督之下。都市的主权、民会、裁判所、行政，也被国家制度破坏了。把所有权柄一齐收到国家手里，人类互助的制度似乎没有地方可以找得出来了。

然近代社会中，互助的精神很有许多地方改变形式来同国家相抗。同行的组合破坏之后，又有同盟罢工和别的职业团体出现。后来"劳动组合"、"劳动组合大同盟"虽然被专制的政府解散了多少次，终久不能扑灭他们。另外有"产业组合"和"为别的目的而设的自治团体"，都含有社交的精神和亲睦的精神，为共同利益，就是牺牲时间、劳力，甚至就是牺牲性命，也不顾的。现在家族、穷人、农村和劳动的人的互助精神都渐渐露出头角，终久必然要大大成功的。

克氏《互助论》自第一章到第八章重要的意思大概如此，归总起来，就是：

（一）社会是由人类协进的本能结合起来的。

（二）这种协进的本能，虽然遇到阻碍，终久是破坏不了的。

（三）社会的生活是社会的产物。

（四）社会性是从本能进到理性的。人类的知识越高，社会的精神越大。

由这几种论据，得到下列三种结论：

（一）互助是进化的要素，人类是由互助进化，不是由竞争进化。

（二）人类对于自然状态竞争，不是对于同种竞争。

（三）社会性越多，种族越发展；社会性越少，种族越微弱。

这就是互助论的大意。

（原载《北京大学日刊》第 445—449 期）

俄国新宪法的根本原理
（1919 年 11 月 5 日）

　　自从"布尔扎维"主义（Bolshevism）的名字传到东方之后，日本人先搀一点感情进去，把他翻做"过激主义"，把主张这种主义的人翻做"过激派"。再传到道听途说的中国人耳边，就把他当做"洪水猛兽"一样看待。无论什么人，只要把你加上"过激派"的徽号，就可以"格杀勿论"了。平常的人说这样话，我们原不去责备他；不过有责任的政府当局也说他是危险思想，且一口咬定他是无治主义，硬说他们主张公妻、主张女子国有、主张平民独裁，我真不知道他们是从俄国那样法律、那样宣言书中考求出来的？往年布鲁赛尔（Brussels）的警察官，捉到英国众议院一位议员，后来有人报告说这位议员是社会党（Socialist），不是无治党（Anarchist），他说在我看来实在没有分别。欧洲的官吏尚且如此，怎能怪中国的官吏呢？况且无治党和社会党都是用激厉的手段对付官吏、资本家的，就是欧洲人一想到他们，也同时想到手枪、炸弹上去，又怎能怪中国人叫他们做危险人物呢？

　　我想要叫人家不要误会"布尔扎维"主义，应该先叫人家知道这个主义是怎么一回事。凡是批评人家思想制度，必定要把人家思想的来源、制度的根据考求一番，万不可空口说白话的。我这篇短短的论文，是处处根据俄国新宪法写出来的，本没有什么新奇的意思，不过比报纸上的传说实在一点儿罢了。

　　俄国共和政府的根本原理，就是在国家社会主义上造成的。这种政府的组织，是拿马克思主义（Marxism）做底稿子。要想明白俄国新宪法的根本原理，应该先明白马克思主义是什么东西。

　　马克思把人类的历史，看做阶级争斗的影子。先前的历史都是有势力的人、有钱财的人欺压没有势力、没有钱财的人的历史，所以他主张社会革命，想叫穷人出来当权。他在七十几年前，已经发了一个《共产派的宣言》（*Communist Manifesto*），宣言书中条件，很可以代表马克思生平的主张。

在马克思前的社会党都是空想的社会主义，到了马克思才成了科学的社会主义。所以马克思和安格尔斯（Engels）两个人用 Communist 一个字表明他们和空想派不同，故马克思的社会主义，又可以叫做共产主义（Communism）。马克思共产主义的目的，在宣言书中说明的：是把穷人合成一个团体，叫他们取到政权，把中等人家的私有财产权一齐废掉，请劳动的人出来代替资本家。他们实行这种理想的方法，就是把私有的资本一齐收归公有，把中等人的自由经商、中等人的家族、中等人的宗教道德，和国际间的仇恨，一齐废掉。他们达到这种目的的方法，仍然倚靠政治行动。宣言书中替穷人要求的条件，共计十种：（一）地租充公；（二）行累进直接税；（三）废去承继家产权；（四）把出国居住的人的财产充公；（五）拿公款来办国家银行，把信用归总起来；（六）把运送的机关收归公有；（七）工场由国家去设，土地让国家去耕；（八）强迫人人做工；（九）渐渐废去城国的界限，好叫生产的分配平均；（十）拿自由公共的教育教导所有儿童。这就是《共产党宣言》书中的大意。

俄国共和政府也拿国家的权力和政治的手段来达他们社会主义的目的，把组织政府的权力，都放在劳、兵、农三种有职业的人手里，废掉私有财产，设立国家银行，这是和马克思主义一样的地方。

俄国的共和不是全俄各阶级的共和，单是劳、兵、农代表会议的共和，不问是中央的政权，或是地方的政权，一齐放在这个会议的手里。（一九一八年七月十日的宪法第一编第一章第一条）俄国新政府，宪法上定名叫做"俄国社会派会议的共和"，全俄劳、兵、农会议，就是俄国政治最高的机关。（第三编第六章第二十四条）另外有高等国民经济部，有国立银行，有国民企业行政部，都是把社会事业放在国立机关手里掌管。可见得俄国的国家权限，比较普通的国家大得多了。他们这种劳、兵、农会议，是国家法定的机关，并不是无治主义的自由社会，任人自由加入、自由脱离的，怎能说他们是无治主义呢？我们想观察俄国的政治组织，第一要弄清楚的——第一容易弄清楚的——就是俄国现在是一个社会主义的国家，绝不是无治主义的国家。

俄国最高的政权都在劳、兵、农会议手里。这个劳、兵、农会议，是全俄都市会议和各地方会议的代表组织成功的。都市会议每两万五千选民选出一个代表，各地方会议每十二万五千选民选出一个代表。（第三编第六章第二十五条）可见得劳、兵、农会议是人民公举的代表，是一种合议体的机关，说是平民合议制则可，断不能说是平民独裁制的。这个会议，一年至少开会两次，由全俄中央行政委员会召集。（第二十六条）闭会的时候，中央最高的政权放在全俄中央行政委员会手里，这种委员会差不多有二百位会员。（第二十八条和第三十条）分部办事，又怎么说是独裁呢？虽新宪第一编第二章第三条末尾一项有组织社会派的赤卫队，保护劳动阶级，解除有资产阶级的军备，这单是军备一项，并不是政治组织全是如此。就说是俄国劳、兵、农会议单限于劳、兵、农三项人，然这是普通阶级，是有职业的阶级，在国内占最大多数，联合这种多数人组织合议制的政府，彻头彻尾是一个共和政体，绝不是一个什么独裁政体。

俄国现在正在过渡时期中间，他这种过渡时期的政府，又专是为贫穷人设的，自然是要把组织政府的权柄，交到劳动阶级手中，让他们去建设一种"狄克泰特"政治（Dictatorship）。况且俄国共和，已经明明白白的说"俄国劳动人民的一个社会派的自由社会"，所以不得不把凡在社会派会议的共和政府权限以内的一切权力，交给全体劳动人民所组织的会议。（第二编第五章第九、第十两条）自俄国全体人民看起来，似乎很像是劳动阶级独裁制，然自共和政府的组织法看起来，实在是劳动阶级的共和制。况且他宪法中明明说过是"现在过渡时期"中间的办法，想防止有势力的人、有金钱产业的人、有爵位的人反动，在这改革期中，断断乎不能不用这种方法的。

一九一八年的俄国宪法，中间有项大的革命，就是土地和产业两个问题。各国宪法中的人民权利，没有不包括财产权在内的；俄国宪法把这种私有财产权根本推翻，现在世界宪法里面再也寻不出第二个的。俄国所以废掉私有财产权，却有种种原因：（一）想免了拿人家的血汗图自己快乐的利己行为；（二）想废掉贫富的阶级，使人民生计平等；（三）想建设社会党的社会。因为想把土地归国家所有，所以废私有土地权。把全国土地收归国有而后，再分给自己能耕种的农人，让他去自由耕种，对于旧业主不花一点酬报。另外如森林、矿产、水利、器具、模范农场、农事企业，都归国有，生产的资料和运送的机关，都交给劳动人民管理。（第一编第二章第九条）把所有的银行都让给劳农的国家，拿这个做解放劳动人民受资本束缚的一个条件。（《劳动人民权利宣言》第二节第三条）要想使穷人得平等的实在的利益，所以才设国家银行，把银行营业让国家独占。所有现在的合资银行和银行的机关，都归入国家银行之中。（《银行国家法案》第一、第二两条）照这样说来，俄国的宪法对于土地、产业等规定，和《共产党宣言》第五项至第八项差不多相同。俄国的宪法又把工作定为个个人民的义务，并声明一句话，说："不做工的人将不吃饭。"（He shall not eat who does not work.）这又和《共产党宣言》书中第八项强迫人人做工的意思相同。（俄国宪法第二编第五章第十八条）依我看来，俄国现在确是国家社会主义的国家，和无治主义根本相反。我们断乎不可像布鲁塞尔警察官，把他们混为一谈才好。

　　另外还有什么公妻和女子国有两个传说，从法律上和事实上搜索，连一点儿影子都没有。一九一七年十二月十八日同时宣布两种条例，一是规定关于婚姻子女和注册的事体，一是规定关于离婚的事体。这两个条例的内容，差不多和现在各国结婚、离婚的现行法一样。俄国从前结婚也同欧洲各国一样，多在教堂里边注册；现在的婚姻条例，单承认民政的结婚（Civil Marriage），不承认宗教的结婚（Church Marriage），把宗教的结婚作私人行为看待，法律上不发生什么效力。所谓民政的结婚，是一种契约的行为，由两方用口头或文书陈请本处婚事局注册，说明没有法律上禁止的各项事故（如未满法定婚年或直系亲属之类），并声明是自由结合，没有强迫的事情。必照法定的次序，一一经过，给过婚证，才算婚姻成立。结婚两方当事是婚证上所指名的一男一女，明明仍是一夫一妻的法定婚姻制度，那里有什么公妻的胡说？他们结婚、离婚都是两方面互相情愿，自由分合，没有别的力量可以强迫他们，又那里有什么女子国有的胡说？女子如归国有，还能让人自由结婚，还承认一夫一妻的婚姻制度吗？（以上皆见一九一八年十二月十日的《婚姻条例》）

　　俄国的政治组织本是很平易近人的，一点儿希奇也没有；所以骇人听闻的，只是实行土地产业国有的一件事。究竟这件事，七八十年前的马克思已经说过多少遍，俄国现在不过拿马克思的学说来实地试验罢了，那有什么惊天动地的事，值得起大惊小怪呢？我很望拿"过激派"

三个字陷害人的人，和那对于"过激派"抱"格杀勿论"宗旨的人，把俄国的宪法和别项的法律看一看再说话，不要胡言乱语，叫人家笑得肚子痛才好！

（原载《太平洋》第 2 卷第 1 号）

万国联盟与主权
(1919 年 12 月 5 日)

威尔逊说：万国联盟并不是别的东西，不过把美国的联邦制度推行到世界上去罢了。这句话虽然简单，但是一方面可以表明万国联盟的模型，一方面可以表明万国联盟进行的方法。现在万国联盟的进行，事实上固然有许多阻碍，但是学说上的阻碍也不可轻于看过的。我们既然承认学说是根据事实的需要发生的，又认定现在事实上有万国联盟的需要，我们就应该改造学说，叫他朝着适应环境的方向走去。所以我的万国联盟进行方法，第一步就在改造学理上的主权的观念。

现在普通的政治书上所说的主权，大概总认为有"最高的"、"唯一不可分的"、"绝对的"、"无所不包的"几种特性，这种学说在政治学上占了最重要的地位，就把莫狄生、魏慈一派的主权论一笔抹煞。这也都是应时代的要求发生的，那种学说适应当时需要，那种学说便占了优胜的地位。现在时代的要求变了，所以布丹、柏哲士、韦罗贝等主权论也应该退位，好让狄格（Duguit）、拉斯克（Laski）等的主权论出风头了。

我们果然相信威尔逊的话，承认万国联盟就是把美国联邦制度推行到世界上去，那么，我们现在要想谋万国联盟的进行，也应该看美国联邦制度初成立时候的人民态度。美国当一七八七年联邦政府初成立的时候，一般人民对于中央政府很怀疑的，他们认定集权的国家就是专制，就是暴虐。那时的学者一方面想维持联邦政府，一方面又想维持各邦的主权，所以大唱主权可分的学说。莫狄生（James Madison）就是唱主权可分说的一位健将。他说：美国政府既不是联邦的，又不是统一的，但是特别的 Federal Republican Government。他以为主权如果不可分，那么美国的政治组织岂不是一椿滑稽可笑的事体吗？主权不可分的学说只能适用于欧洲，在美国断不适用，因为美国的宪法乃是从前没有的，是特别新造的，万不能拿旧说来拘束他。不但学者的主张如此，就是美国的法院也抱这种主权观念。当一七九二年 Chisholm V. Georgia 一案，美国的法院曾宣告说说："合众国对于让与的各种政权是主权者，合众国的各邦对于保留的政权是主权者。"照这种宣言看来，在美国联邦制度之下的主权并不是一个，是分作几个的，有些归联邦国家之手，有些仍然保留在各邦政府之手。

也不但美国初联邦的时候主权观念是这样，就是德国初联邦的时候主权观念也是这样。德意志联邦可分做两个时期，从一八一五年到一八六六年为第一时期，从一八六六年到一八七一年为第二时期。第一期是联邦时代，第二期是帝国成立时代。在这第一期时代，有许多人都主张中央政府与地方政府各有一定的权限，在这种权限之中各自独立，你不干涉我，我也不干涉你。这种独立的权限就是主权。主权有范围和内容的分别，范围是有限制的，所以联邦及各邦都不能逃出自己范围之外去侵犯他方面的独立；内容是无限制的，所以联邦及各邦凡在自己范围以内可以独立做事，不受他方面的干涉。魏慈（Waitz）一派即主张这一说。可见得德国当联邦时代，也承认主权是可分的，只要在自己范围之内，无论是联邦、是各邦，皆有最高的、不受限制的主权。

也不但德美联邦时代主权的观念是这样，中世纪的主权观念也是这样。主权观念法国发达最早，那时所说的 Sovrain，不过是指那有较高的权力的人说，并不单指有最高的权力的人说。所以不但国王可称为 Sovrain，就是在国王之下领有一定封疆的诸侯也都称为 Sovrain。大概中世纪的国家并不是统一的组织，内中有种种独立权力可以同国王对抗：如教会的权力、封建诸侯的权力、自由市府的权力等是。那时各种权力都是各自独立、不受节制的，所以主权观念和现在大不相同。到了十六世纪以后，主权观念才应时代的需要大大的变迁。布丹（Jean Bodin）把主权看做最高的权力，统治一切人民、不受法律的限制的东西，自此以后，主权才成了一种"最高的"、"绝对的"、"唯一不可分的"、"无所不包的"权力。照这样看来，主权性质的解释也是假定的，也是人造的，并不是天经地义，单是适应当时需要、对付当时环境的物事。

人类因为有种种情欲、兴趣、需要，才发生满足这种情欲、兴趣、需要的社会。无论那种社会，总要具有满足人生情欲、兴趣、需要的效果才可以存在。既然存在，必定各有各的职务，各有各的目的。既然有职务，有目的，必定要有自尽职务、自达目的的权力。国家是由许多社会集合而成的，所以国家的职务就在使许多社会各有同时平等发展的机会。既然要他们同时平等发展，当然要给他们自治的权力。国家也是人类社会中一种社会，不过现在他的力量大得很，我们就把他看做支配一切社会的东西。究竟国家是否应该有这么大的权力？我们是否应该受他绝对的支配？将来必定要成一个很大的问题。想解答这个问题，只有看他的效果如何才能决定。这是什么缘故呢？因为人类的社会都是满足人类情欲、兴趣、需要的工具，那种工具最能达到这个目的，我们就用那种，可以听人按他的效果自由去下判断，并不是先天固定的。譬如在初民时代，经济、教育、政治等事都是家族能办的，所以那时只要家族一种社会就可以满足人生需要。后来经济、教育、政治等事渐渐发达，生活渐渐繁杂，家族的能力不够用了，所以才有村落制度。后来生活的方法又改变了，村落的能力又不够用了，所以才有都邑制度，再进才有小国的制度。小国的能力有许多事办不了，才有联合无数小国合为一大国的制度。家族的支配权力就是家族的主权，村落的支配权力就是村落的主权，都邑、小国、大国支配的权力也就是都邑、小国、大国的主权。由此看来，主权这个东西并不是国家的特性，也并不是国家专有的，是各种社会都有的。不过家族的主权不够用，才扩张一步发生村落的主权，村落的主权又有许多事体办不了，才更进一步发生都邑的主权，发生国家的主权。现在我们既承认非组织万国联盟有许多事一定办不到，那么，我们就应该再进一步，抛弃主权为国家特性的成见，创造万国联盟的主权。

现在有许多人对于万国联盟总怀着种种疑虑：（一）恐怕万国联盟成立，有害国家独立的资格；（二）恐怕万国联盟有了主权，可以不顾各国的意思，归到专制一条路上去。我以为这两件事都是不必忧虑的。是什么缘故呢？

（一）现在的国家不过是人生谋幸福的工具，只问他有效验（efficiency）没有效验，不必问他尊严不尊严。从前把国家当做一种偶像，非把他看得格外尊严不能使人尊敬；现在把国家当作工具，所以只拿他所发生的效验来判定他的价值。中古时代政教之争大概都是由于崇拜偶像起的，教会想压倒国家，增高他的尊严；国家也想压倒教会，增高他的威信。到了十九世纪帝国主义大行，总想以我的国家去占了、灭了人的国家，改做我们的殖民地。这种主义盛行，就把国家看做两不相容的物事，如果国家与国家相遇，不是你想灭我，就是我想吞你，再也不能合在一块儿做事。现在人的国家观念便不同了。国家是为人做事的工具，以人为主，不是以国为主的。换句话说，就是无论那个国家都要有为人生谋幸福的效验才能存在，才算荣耀，以强盛为荣、以灭人国为荣的国家观念各当然不能存在了。又有谁愿意要断送人家国家独立的资格呢？

（二）主权的性质虽为最高，但是主权的发生，单是由于人民的允诺（Consent）。古代的法律是自上发生的，所以法律的质素总搀杂几分恐惧性在内；现在的法律是自人民发生的，所以法律的质素是完全由人民允诺造成的。万国联盟如果以国家为单位，那么万国联盟的主权也应该由于各国允诺才能发生。凡自己可以自由允诺的事体，断乎不会发生专制的性质，也断乎不会有不利于自己的性质。这回欧战协约国方面军事上的行动、外交上的行动，没有一国可以独立自做的。就是军队的指挥权也隶属于国际的军事团体之下。严格说起来，当欧战的时候，协约国军事上的布置没有一国是独立自由的，岂不是妨害主权的最高性、绝对性吗？然而当时并不发生什么主权问题，这是什么缘故呢？岂不是因为各国都有自由允诺权吗？岂不是只要保全自由允诺权就不妨害各国自己的主权吗？照这个道理推想起来，对于万国联盟的主权也是不必怀疑的了。

总而言之，主权是人类假设的，是人类造出来适应当时需要、对付当时环境的工具，并不是天经地义、现在性质是怎样将来也是怎样、用不着随时变迁的。我们既然看见旧主权的观念不适于万国联盟的环境，就应该改造旧说，把那一派的"最高"、"绝对"、"不可分"、"无所不包"的话一律丢掉，好让拉斯克、狄格等的主权论流行，又何必要替布丹、柏哲士等的主权论开"追悼会"呢？

（原载《太平洋》第 2 卷第 2 号）

对于《治安警察条例》的批评
(1920 年 1 月 1 日)

本篇所批评的《治安警察条例》是民国三年三月二日袁世凯以教令第二十八号公布的，后来经"御用"的参政院追认，改编为法律第六号。同年三月公布的有《豫戒条例》，四月公布的有《报纸条例》，十二月公布的有《出版法》，都是现在政府拿来迫压五四运动和拘捕公民、封禁报馆、干涉出版印刷等法律的根据。我对于言论出版等自由，前两年曾做过两篇《报律私议》（载在《甲寅日刊》上），略为说出我对于《出版法》和《报纸条例》的意见。现在且把《治安警察条例》拿来略为作一点批评。

《治安警察条例》所管辖的范围很广，凡关于人民政治的集会、结社、公众运动、游戏、传布文书图画和劳动工人的聚集，都可以拿治安警察权去禁止他、干涉他。该条例的第一条：

行政官署因维持公共之安宁秩序及保障人民之自由幸福，对于左列事项，得行使治安警察权。

一、制造、运输或私藏军器爆裂物者。

二、携带军器爆裂物及其他危险物者。

三、政治结社及其他关于公共事务之结社。

四、政治集会及其他关于公共事务之集会。

五、屋外集合及公众运动游戏或众人之群集。

六、通衢大道及其他公众聚集往来场所黏贴文书图画，或散布诵读，又或为其他言语形容并一切作为者。

七、劳动工人之聚集。

以上各项除"一"与"二"两项不论外，其余五项都是批评该条例的人所应该研究的。这种法律的根本错误：（一）是拿一个时代的政治社会的现状作为将来的永远不变的政治社会的现状；（二）是把一时的安宁秩序当作社会生活的永久目的；（三）是只承认现在政治上社会上得势的一部分人，忘却了压在现在政治社会底下的一般人；（四）是把政治上社会上一切事业当作权利，以为别人的要求都是同他们争权利，不是想替社会尽义务。有这几种根本错误，所以无论是从人群进步程序上观察，从社会生活情形上观察，从公共利益上观察，从法律职务观察，都可断定这种条例不但没有存在的价值，没有存在的必要，并且有种种不利益、不公道的坏处。现在且把他的坏处分开说一说：

（A）从人群进步程序上观察。杜威博士说，社会和政治的改革，可分作三个时期看：（一）默认的时期，（二）反抗的时期，（三）成功的时期。譬如从前希腊时代的奴隶、俄罗斯的农奴、美洲的黑奴，不但人家把他们当作主人的财产看待，便是他们自己都作这样想。从前的夫妇在法律上只当作一个人，这一个人就是指着男人说，至于女子法律上是不承认她有人格的。在这个时期之中，不但人家不以为不道德，便是他们自己也以为这是奴隶、女子的天职，是理所当然。后来知识渐渐发达，生活情形渐渐变迁，他们自己才有些觉悟，因而反抗起来了。经过反抗之后，不但从人道方面设想，压迫他们是不道德的；便是从社会实际上观察，看他们在社会上的功劳，也不能不同等待遇，所以才承认他们的要求。这便是成功的时期。《治安警察条例》想藉"扰乱安宁秩序"、"妨害善良风俗"之名，来禁止干涉集会、结社、示威运动、散布传单、工人聚集等事，便是想防止压在社会和政治底下的各阶各级人民，使他们永远在"默认的时期"中生活。换句话说，就是只承认他们有"默认的时期"，不承认他们有"反抗的时期"罢了。但凡社会底下有许多阶级正在被压的时候，社会上法律上所说的"安宁秩序"、"善良风俗"和"自由幸福"等事，必定都是那些在社会上层占势力的一部分人的"安宁秩序"、"善良风俗"、"自由幸福"，压在社会下层的一部分人毫不相干。岂但不相干涉吗？并且还牺牲在下层的一部分人的"安宁秩序"、"善良风俗"、"自由幸福"，就在这个空地上建筑在上层的一部分人的"安宁秩序"、"善良风俗"、"自由幸福"。

到了这种在上层的一部分人的"安宁秩序"、"善良风俗"、"自由幸福"在法律上占得根据，在道德上伦理上占得势力，那么，要想打破这种法律、这种道德、这种伦理，必定不是用温和的、合法的方法所能做得到的。在这个时候，下层社会的人只有以集会、结社、示威运动、散布传单、同盟罢工，为争"安宁秩序"、"善良风俗"、"自由幸福"的唯一的武器。法国的大革命，充其量不过为第三阶级的人民，在宪法上争得集会结社的自由权；俄国现在的大革命，充其量也不过为第四阶级的劳动者在宪法上争得管理国政的位置。法俄两国所以有那样激烈的大革命，便是从前的法律观念、道德观念、伦理观念反动的结果。换句话说，便是这种《治安警察条例》上所指为"安宁秩序"、"善良风俗"、"自由幸福"妨碍下层社会自由发展的结果。人群进步的原动力不在这"默认的时期"中间，也不在那"成功的时期"中间，全在这"反抗的时期"中间。《治安警察条例》把政治上集会结社的自由权，女子集会结社的资格，和劳动工人的"同盟解雇"、"同盟罢业"、"强索报酬"等权利，根本取消，便是把下层社会和上层社会竞争同等发展的机会根本打破，便是把全社会进步的动机根本堵住。结果便是使旧社会的"安宁秩序"、"善良风俗"、"自由幸福"变成新社会反抗的、仇视的目标。一方面防止过当，一方面反抗过力，所以往往激起来根本推翻的大革命。照这层道理说来，这种《治安警察条例》的确是妨碍人群和平进步的东西。

（B）从社会生活情形上观察。社会生活的现象可分作两方面看：一是实质的，一是形式的。社会因为想达到生活的目的因而演出的行动，如思想经济之类，这是实质的生活。因为节制这种行动使他循序渐进因而设下的方法，如法律秩序之类，这是形式的生活。实质的生活是动的，是进步的；形式的生活是静的，是保守的。就这两种生活的关系说，形式的生活是实质的生活的方法，实质的生活是形式的生活的目的。换句话说，就是法律秩序是为保护社会进步而设的工具，这种工具是为应付环境需要而设的，是应该随环境需要变更的。社会生活的情形变更，这种应付社会生活的工具也当然跟着变更。譬如在农业生活的时代，雇人耕种自然不如使用农奴耕种的方便，所以这个时代法律只有承认农奴制度。雅典当纪元前三百〇九年，市民总数四十三万一千人，奴隶之数竟有四十万人。罗马当纪元后二世纪之后，农业、矿产、贸易和普通的商业，都在奴隶的手中。英国直到十八世纪之初，别的欧洲各国直到十九世纪，才把农奴制度废掉，变成劳银制度。因为十八世纪之后工业革命，欧洲各国社会的生活，已经由农业的变成工业的。这个时代，已从家族的、个人的小生产生活，变到社会的、团体的大规模生产生活。所以各国的法律都保护工场制度，奖励资本集中。后来因为保护奖励的结果，大资本家、大企业家在社会上占了绝大的势力，便把无钱无势的生产阶级、劳动阶级压倒了。所以现在的法律又注重劳动阶级的生计健康利益和政治上各种权利。且就英国说罢，英国当十八世纪以后，蒸汽机和别种机器渐渐发明，工场也渐渐增加，从前做手工的、做农民的和儿童、妇女都到工厂里来求生活。又因为劳动者供过于求，所以到一八一二年以后常常起失业的恐慌。那时英国的政府又行米谷输入税，米价越高，劳动者的生活越困难。穷民救恤费在一七八四年以英国全国人口计算，每人约占五个先令，到了一八三〇年，每人约占十个先令六个辨士。自一八二四年以后，同盟罢工渐渐多起来了。从一八九五年到一九〇五年之间，同盟罢工之数有六千三十多次，劳动者罢工的人数共百七十八万三千八百多人。直到现在，同盟罢工的新闻还是天天看见。因为罢工结果，不但劳银增加、时间减少、劳动组合渐渐完备，便是工场管理权、政治参预权也渐渐扩张到劳动阶级的手中。由此看来，社会生活变迁，法律也应该跟着变迁。到了社会生活全靠劳动阶级维持的时候，法律就应该照顾劳动阶级，注意他们的生计健康利益和各种政治上的权利。法律如果仍然照顾不到他们，他们唯一的武器，只在集会、结社、"同盟解雇"、"同盟罢业"、"强索报酬"。国家的法律只有随着他们的愿望，保护他们的利益。如果对于他们"聚集"，都认为有"扰害安宁秩序"、"妨害善良风俗"的"诱惑及煽动"等嫌疑，必定要拿治安警察权去干涉他，那么，便是拿社会形式的生活，来拘束社会实质的生活。换句话说，简直是拿社会生活的方法来阻止社会生活的目的了。照这样说来，《治安警察条例》不但不能维持社会的安宁秩序，并且是妨害安宁秩序的东西。

（C）从公共利益上观察。从前的警察权只以维持风俗卫生为限；近来的趋势，凡个人间和团体间的交涉，只要和公共的利益有关系，都可以拿警察权干涉的。所以警察权的目的，是在对于垄断他人利益的个人或团体了负一种干涉的义务。"公共利益"四个字，就是警察权的标准。警察权的效果全用这四个字做"天平秤"。但是警察权虽然有个标准，公共利益的标准，却不容易断定。历史上所载的社会冲突，大概都是为公共利益的标准冲突的。譬如在专制时代，或在寡头政治时代，只有君主和一般权贵们共同享受特利权利，所以他们便把他们贵族阶级的利益当作公共利益。又譬如在教会专权的时代，他们的经典便是法律，他们所说的是非便是德道的标准。结果便把他们法王祭司教徒等所享受的特别利益当作公共利益。在家族制度时代也是这样。一家之中只有长的老的有权有势，所说的财产权便是家长的财产权，所说的自由权只有家长可以行使，其余的家属都是听家长摆布的，所以这时家长的利益便是公共利益。欧洲各国关于治安警察一类的法律大概都是在贵族式的政党、资本家、雇主等当权时代设立的，到了劳动组合进步、劳动代表得进议会的时候，劳动界已经得了自由集会结社的权利，那些为贵族、为资本家、为雇主帮忙的结社法已经成为废纸了。袁世凯时代把人家丢掉的废纸捡起来，当做香帛纸用，我们且不必管他；但是这个条例中偏偏开口就说"公共"两个字，这却不能不证明他"公共"两个字的意义。原来法律上所承认的权利，并不是凭空杜撰的，是拿对于社会所尽的义务换来的。人群进步到了"反抗的时期"，必定这种人群在社会尽了许多义务才能生出这种结果。譬如女权运动，自表面上看来，似乎是示威运动要求来的。自事实上看来，却是拿他们的"职业"换来的。就拿美国说，美国的妇女职业，即以教育一项说，依一九一五年的统计，小学到大学所有女教员约占四分之三。此外还有许多有价值的运动，如"禁酒运动"、"反对幼童作苦工运动"……几乎都全靠妇女的功劳。更有"贫民区域居留地"的设立，所有兴办演说、游戏、音乐、补习课程、医药看护等事，都是妇女提倡办理的。再说英、法、德各国当这回欧战的时候，所有工场、邮局、电车、医院等服务的人员，几乎全靠妇女充任。女子在社会上尽了这么大这么多的义务，如果拿我们《治安警察条例》去管辖他们，叫他们连一个参与集会结社的资格都没有，你说这是公道不公道！至于劳动工人乃是各国社会物质生活的基础，所有生产、运输、贸易……那一件事不靠着他们！照我们《治安警察条例》，不但没有参与政治、管理工场和公共事务的权利，便连一个"聚集"的自由权都没有，你想这又是公道不公道！从前劳动阶级、女子阶级在社会上不占势力，便是公共利益中没有他们的份儿，犹可以勉强说过去；现在他们的"职业"既已为社会生活的生命，他们所尽的义务既已有维持社会生活、改造社会生活的功劳，反不让他们集会结社和自由聚集，这"公共利益"四个字还作什么解释！如果警察权要拿"公共利益"做标准，应该要研究用什么方法可以调剂各阶级的利益，用什么方法可以免去这一阶级的利益供那一阶级的牺牲，并审查审查看上层社会和下层社会到底那一方面享受的利益多，应该保护那方面、限制那方面，才可使各方面利益平均。这才是真正的"公共利益"的意义，这才是真正的警察权的目的。

（D）从法律职务上观察。前边说过，法律是应付社会生活情形的工具，法律是客体，社会生活是主体，这是法律的性质，也就是法律的职务。法律的职务既然在应付社会生活情形，那么，社会生活的情形变更，法律的目的也应该跟着变更。就以劳动问题说罢，现在劳动的情形，和从前便大不相同。从前劳动家站在债务者地位，后来劳动家站在债权者地位；从前劳动家争的是时间和劳银问题，现在劳动家争的是管理问题；从前劳动家争的是个人权利，现在的劳动家争的是为社会尽义务；从前是对于雇主争利益，现在是为场工争效力（Efficiency）。劳动社会的情形既已这样变更，法律的职务所以也不得不变。譬如古代行奴隶制度，主人和奴隶的关系，如同人和物的关系一般。所以那时的法律把权利尽归主人，义务尽归奴隶。后来产业发达，无产阶级为偿债而替人劳动，叫做"债奴"，所以这时法律的职务，单在强制债奴履行债务。到了十八世纪后产业革命，于是主奴的关系便变成雇佣的关系。这种雇佣的关系是全由契约和信用成立的，劳动家为雇主劳动，不预先受下酬报，且把劳动的结果一律交给雇主，他的劳银请求权便是他站在债权者地位的证据。所以这时法律的职务就在一方面责成劳动家照契约所定的时间和事项做事，一方面责成雇主照付契约中所定的劳银。又因雇佣的关系，只有时间和劳银两个问题常常发生纠葛，十九世纪的同盟罢工，大概不过争这时间、劳银两件事。所以这时法律的职务，专在限制做工的钟点和劳银最低度。又因雇佣的关系是主客的关系，作客的劳动家常常受作主的雇主虐待，所以这时法律的职务便限制危险的和有碍卫生的工作，又设下劳动保险，极力保护劳动者身体生活的安全。现在生产的机关已经改变性质，变成为社会谋幸福的工具，并不是从前为私人生财、为资本家专利的工具。生产机关的性质既已由私人专利的变成社会公益的，所以劳动家的地位也由客体的变成主体的。现在和将来的劳动问题，全在研究生产机关应该怎样管理才能增加效力，劳动家应该怎样才能为社会尽义务，将来法律的问题就在怎样才可使生产阶级和管理阶级完全化除，怎样管理才可使生产格外收效，怎样才可把劳动家从客体的地位变到主体的地位——这都是现在和将来法律的问题。

以上所说的是劳动社会的地位变迁的经过，也可以说是法律职务变迁的经过。我国《治安警察条例》乃是十八世纪以前的法律，不但离开承认劳动阶级为主体的时代有一二百多年，并且连承认劳动阶级为债权者的时代也还没有达到，简直可说是奴隶制度时代的立法例。不但劳动阶级没有争到主体的债权者的地位，就连"人"的地位也没有争得到。他们不但没有自由解雇、自由罢业、自由索报……的权利，并且连"聚集"的自由也没有。便是退让一百步说，我国劳动社会尚在雇佣关系时代，但是雇佣关系是根据双方自由契约成立的，既说到自由契约，那么，雇佣两方面在法律上应该承认他们有同等的资格，站在平等的地位。试问无产阶级天天受生计的逼迫，如果法律上不许他们联合运动，那还有能力和那些有钱有势力雇主相抗呢？连那共同联合向雇主解雇、罢业、索酬的自由权也没有，又怎么说到有同等的资格，站在平等的地位呢？归总一句话，这种《治安警察条例》不过仍然是一种"阶级法"罢了。

结论：凡批评一种法律必定先要问一问这种法律根本上有没有存在的价值。如果该法律根本上不能存在，便用不着逐条讨论。本篇所以不逐条批评便是这个意思。现在且把我对于《治安警察条例》认为根本上不可存在的理由总括起来，做一个结论：

（1）社会是这群同那群聚合起来的，过了一定时期总要发生一种新群，和旧群在社会上争平等发展的地位。压迫新群的发展，便是阻挠社会的进步。

（2）法律是适应社会生活的工具，断不可使这种做方法的工具反为做目的的社会生活进步的障碍。

（3）法律不应该只认在社会上占势力的一部分人私有的安宁秩序、自由幸福，便把全社会的安宁秩序、自由幸福拿去供他们牺牲。

（4）法律的职务在保护贫的弱的利益，使他们有平等发展的机会。

（5）法律应该承认一切职业职工都是为社会谋幸福的，现在最重要的问题是怎样才能使各种职业都能为社会增加幸福，怎样才能使各种职工都能为社会尽义务。

（6）法律应该不承认这部分人的福利建筑在那部分人牺牲之上，应该使牺牲的人便是享福利的人。换句话说：应该使消费和生产、管理和劳动打成一片，没有不劳动的可以享受福利的。

这几种理由便是我根本上不能承认《治安警察条例》可以存在的原因。

附录：《治安警察条例》几个重要的条文

第一条　（见前）

第七条　关于公共事务之结社虽与政治无涉，行政官署因维持安宁秩序认为必要时，得以命令令其依前条规定呈报。（即由主任人出名呈报名称规约事务所等事）

第八条　左例各人不得加入政治结社：

……三、女子。……

（第十二条规定"不得加入政谈集会"的人也和这条相同。）

第九条　行政官署对于结社认为有左列情形之一者，命其解散：

一、结社宗旨有扰乱安宁秩序之虞者。二、结社宗旨有妨害善良风俗之虞者。三、其他秘密结社者。

第十三条　警察官吏对于集会认为有左列情况之一者，得中止其讲演或命其解散：

一、……（略）二、集会之讲演议论有煽动或包庇犯罪人或赞赏救护犯罪人及刑事被告人或陷害刑事被告人者。三、集会之讲演议论有扰害安宁秩序或妨害善良风俗之虞者。

（自第十四条到第二十一条规定屋外集合及公众运动游戏之解散、政谈集会之监临和文书图画等之禁止或扣留。）

第二十二条　警察官吏对于劳动工人之聚集认为有左列情形之一者，得禁止之：

一、同盟解雇之诱惑及煽动。二、同盟罢业之诱惑及煽动。三、强索报酬之诱惑及煽动。四、扰乱安宁秩序之诱惑及煽动。五、妨害善良风俗之诱惑及煽动。

（原载《新青年》第7卷第2号）

言论自由的问题
（1920 年 1 月 4 日）

　　人类社会中间，所有一切的思想、学术、法律、制度，没有一件不是因为遇到困难才发生的。譬如走路的人，如果不遇到大沟大河，走不过去，再也不会想去造桥、造船。人类社会之中，如果一点困难问题不发生，再也想不出什么法律、什么制度来保障的。就是有了某种法律、某种制度，但是事实上并没有感觉那种法律、那种制度必要，这些法律、制度也不会发生功效的。照这样看来，法律、制度是因为遇着困难发生的，是为解决困难而设的。如果不遇着事实上有这种困难的情形，单去立下一种理想的法律、制度，或是抄写别人的法律、制度，便是"无的放矢"，社会上也没有人去注意的。所以社会问题是既已成了问题之后才能解决的，不是悬想将来或者看这种问题发生，就可以预先替它设下解决的法子的。预先设下来解决的法子，断没有遇到困难的时候设下来解决的法子周到和亲切。

　　现在且拿这层道理来说言论自由的问题。民国元年三月十一日所公布的约法第二章第六条人民各项的自由权，虽然有"人民言论、著作、刊行及集会、结社之自由"一项，当时也不过看作"官样文章"看待，并没有人去注意它。第十五条虽既有"本章（第二章）所载人民之权利，有认为增进公益、维持治安或非常紧急必要时得依法律限制之"一种限制的条文，当时也不过当作"例行公事"看待，也没有人去研究它。后来袁世凯修改约法，虽然定下"人民于法律范围内有言论、著作、刊行及集会、结社自由"一项，当时也没有人去理睬它。就是民国五年大家所讨论的《天坛宪法草案》，内中虽有"中华民国人民有言论、著作及刊行之自由，非依法律不受限制"的条文，也没有人去争论它。这是什么缘故呢？因为当时并未遇着言论不自由的困难问题，所以大家都不愿意分点工夫去讨论它。

自从五四运动后便不同了。《五七日刊》封了，《平民周刊》封了，《湘江评论》封了，《每周评论》封了，《浙江新潮》封了，《新生命》封了，《解放与改造》封了，《星期评论》禁止发行了。北京《益世报》、《国民公报》且一方面封闭报馆，一方面拘捕记者。就是没有封闭的日报，差不多常常传出危险的消息，或载出警察厅干涉的强令更正的公文。于是言论界便发见一种不安的现象，大家才回想到法律问题上去。《太平洋》杂志上便有剑农君《宪法上言论出版自由权》，《晨报》纪念号上便有陶履恭君《言论与治安》，别的新闻杂志上关于这一类的文字，也常常的看见。可看得现在言论自由的问题已经到了社会和政府短刀接战的时期，种种困难问题都要跟着发生了，

且举《国民公报》一案做个例。《国民公报》案已于十二月三号在京师地方审判厅开庭公审，那检查官控告的理由，简直是言论界一个"晴空霹雳"！他那自英文译成的日文、由日文译成的中文的《科洛朴秃金的自叙传》，说上海工部局不理于□，说"共和国家以人民为主体，政府措施不当有害国家，人民该当有以制裁之"，都加上一个"公然惑煽他人犯罪之罪"；说"吾们第一个要件便是排除种种不正当的压迫"，说"国内和议问题，南方与北方多不是光明正大的接洽……吾最后唯一的希望，在国民能自己统一起来"，说"青年想做新人物的……定要和旧社会奋斗"，说"我们要改大家一齐改，把我们的旧生活变一个样子，变成动的生活、活泼的生活"，便又加上一个"妨害治安之罪"。我们看见这一案论告的理由，良心上觉得这是政府胡闹。其实凡是旧的社会防止新的社会运动，结果必定免不掉一场胡闹的。这场胡闹并不是"无的放矢"，的的确确是那些"安宁"、"秩序"的观念造成的。换句话说，这个言论自由问题便是"认为增进公益、维持治安或遇非常紧急必要时得依法律限制之"，便是"法律范围内"几条条文制造出来的。《报纸条例》和《出版法》，便是根据"公益"、"治安"而生的。《戒严法》便是根据"非常紧急"而生的。所以今日解决言论自由问题的第一步，便在打消这三种特别法——《报纸条例》、《出版法》、《戒严法》。

我并不是主张言论绝对自由、一点不受限制，但主张不要受特别法的限制；并不是主张言论一点不负责任，但主张要待到因言论发生结果之后才能任咎。怎叫不受特别法限制呢？譬如英国便没有专管言论自由的法律，倘如有言论出版等物，妨碍他人利益、品行、名誉，都由《谤

律》裁判，凡毁谤政府、煽惑人民、非谤宗教、挑拨各阶级的恶感，都受普通法律制裁，都归审判厅裁判。没有什么法律行政官，没有什么警察厅，可以去随意干涉的。法庭的判决，是以因言论发生的结果做根据，必定有了煽惑或扰害的结果发生，才能指为犯罪成立。如果由行政官或警察厅自由处断，便不问结果如何，一律干涉了。

总而言之，英国法律是英国人自己解决困难的工具，中国的法律是中国人自己解决困难的工具。现在社会上既然都觉得言论自由已经成了一个问题，我们更该研究下去，想出种种方法来解决这个问题才是。政府到"山穷水尽的时候"，自然要胡闹的。可以因为胡闹一次，人心便受一次刺激，结果也是帮着我们，使这个问题格外叫人注重，格外叫人赶快解决。

我想我们现在该想出两个办法：

（一）由全国言论界共同要求中央和各省实行取消《报纸条例》、《出版法》和《戒严法》中关于言论自由的条文。

（二）由一省提议废止《报纸条例》、《出版法》和《戒严法》的议案，征求各省自治机关如县议会、省议会、商会、教育会……同意，联合要求中央实行废止这三种法律。

十二月三日稿，自北京寄

（原载《星期日》第 26 号）

罗素的社会哲学
（1920 年 4 月 1 日）

这篇文章是高先生从东京寄来的。我同张崧年先生看了一遍，删去了一部分。因为路远，不能先得高先生的同意，故声明一句。（适）

一、罗素论人类行为的动机

从来政治哲学家的人类行为动机观，在因袭的道德家眼光看来，多说是理性的要求；在个人主义的政治学家眼光看来，又多说是欲望的要求。两家的观察点虽然不同，但有一个共同的地方，便是把人类行为的动机看作有意识、有目的的。到了欧战一开，自高蹈的哲学家眼光看来，全世界的人都一个个极力发挥他的兽性，就是生平以阐明真理自命的人和世界新生的哲学家、思想家、科学家和那些讲人道、博爱的宗教家，都没有一个不为自己国家曲辩，不说人家国家的坏话。即如世界上很推重的倭铿、柏格森等都没有一个不是这样。因此便使一般高蹈的哲学家疑惑几千年来所夸奖的文明都是嘴上说得好听，其实只是欺人的假话；因此便使一般高蹈的哲学家觉得人类行为的动机，仍然没有意识、没有目的，不过是一种本能——生性——的动作罢了；因此便使一般高蹈的哲学家觉得从前把人类的行为动机看作理性的要求，看作欲根的要求，都是错的，不得不从理性欲望之外再求人类行为的动机。

罗素所著《社会改造原理》（*Principles of Social Reconstruction*）第一章开首便说："凡感受新印象和为新思想所动的人，经过这回大战，从前的信仰和希望上总会生相当的变化。怎样变化虽因个人性格、境遇的关系各有不同，但总有一个共同的地方。我这回由大战所学得的第一件事，便是人类行为的动机观——即人类由什么动机而行动，和怎样才可利导修正这种动机。"（《社会改造原理》）

人类行为的动机到底是什么东西呢？照罗素看起来，便是鼓动本能力量顶大的"冲动"（impulse）。所以他说：

> 战争的最后原因并不是经济的、政治的，战争的发原并不是因为没有方法来镇压国际的争论，真正的原因是因为多数人抱着不好调和而好争斗的冲动。

又说：

> 冲动一方面是战争的原因，一方面也是科学、艺术、恋爱的原因。（《社会改造原理》）

罗素从前虽然主张理智万能，但察看欧战发动的原因，总觉得理智的力量不及冲动的力量大。从前的哲学家虽然说欲望是人类动作的动机，但自罗素看来，欲望只能支配人类一部分行为，不是支配人类全部行为的主因。所以他说：

> 人类一切活动本从两个渊源生出来的：一是冲动，一是欲望。……但是欲望只支配人类行动的一部分，而且不是重要的部分，只不过是最有意识、最明了、最文明的部分罢了。（《社会改造原理》）

他以为人类行动最大的部分便是发于自然的、无意志的、无目的的冲动。这些行动并不受有意识的、有目的的欲望支配。他说：

> 人类天性更有本然的一部分，在一定范围以内，受无目的的冲动支配，与有一定目的的欲望毫不相干。譬如小孩便走便叫，并没有想得到什么好东西的意思，不过被走的叫的冲动激刺罢了。犬之吠月也并不想到于他自己有什么利益，不过被吠的冲动刺戟罢了。他如饮食、恋爱、争斗、傲慢种种行动，也并不是有什么目的、有什么意志，不过为冲动所感触罢了。（《社会改造原理》）

人类行动不但大部分受冲动支配，这种冲动并且是盲目的、无规则的、无统御的。所以他说：

> 冲动本来是盲目的，并不豫想什么极果，并不是由先见豫料而

起的。(《社会改造原理》)

讲辨性的人本来连欲望都看不起的。照罗素说，人类行动不但说不上理性，并且连理性家所看不起的欲望也说不上。可见得人类行动和禽兽并没有什么区别！

罗素不但承认冲动是人类行动的动机，并且承认冲动是不可排除的。如果排除冲动，这种生活便是死的、冷淡的、不快活的生活。他说：

> 我们所希望的并不是想把冲动弄弱，是想利导他，使他不要朝死亡、荒废的方向去，只朝生活、生长的方向去。想以意志来强制冲动——伦理家常常提唱这一说，并想藉经济的必要来强行这种主张——真是无希望的事。生活受目的和欲望统制，把冲动完全排除，便成不快活的生活，活力生气都消磨完了，极果便使人对于所经营的目的不大注意。全国国民如照这样生活，这种国民必定衰弱，遇到阻止欲望的障碍物，便不能有充分的力量将他打倒。

> 近代产业主义和社会制度，都想强使文明的国民抑制冲动，依目的生活。这种生活的样式结果，不使生命的来源枯涸，便要引起来一种新冲动。这种新冲动和从前为意志抑制的、为意识感悟的冲动性质大不相同，新冲动比被抑制的旧冲动还要坏些。过度的节制，由外部加入的节制，往往唤起残忍的、破坏的冲动。这便是军国主义所以使人民性格上受恶影响的一个理由。如果突发的、自动的冲动没有发泄的路途，结果必定引起压制活气和有害生命的种种冲动。……(《社会改造原理》)

罗素这种人类行为动机观，便不啻把古来制欲派、正心诚意派的社会哲学和政治哲学根本推翻，便不啻把几千年来天天抹油搽粉的文明假面具一齐揭开，便不啻把"移风俗"必须从"正人心"做起、改良社会必须从改良个人做起的种种迷梦一齐唤醒。罗素的意思，是想教人知道，现在所夸张的文明世界，仍然是一个兽欲横行世界，要想使兽性渐渐变化，使人性渐渐扩张，非从社会改造、政治改造下手断断不能成功。这便是罗素所以主张社会改造的理由。

二、罗素社会政治目的观

罗素承认人类行为的动机是由于冲动，并承认冲动不应该用意志来强制的，但是他并不是承认所有冲动都是不能利导的；罗素承认现在的世界仍然是本能的世界，并承认本能是不可灭的，但是他并不说本能是绝对不可变的。且看他说：

> 现在有一个普通的信心，就是说我们的本能不可变化，只有承认他、善用他罢了。这是不对的。人类各有各的自然性质，并可藉外界的境遇，养成一定的性格。就是性格中本能的部分也可以训练出来的。或由信仰，或由物质的情形，或由社交的事情，或由文物制度，都可以使他生出变化。（《社会改造原理》）

> 冲动一方面是战争的原因，一方面也是科学、艺术、恋爱的原因。所以我们所希望的并不是把冲动弄弱，是想利导他，使他不要朝死亡、荒废的方向去，只朝生活、生长的方向去。（同前）

罗素虽承认本能可以改变，冲动可以利导，但他的改变和利导的下手方法，和旧道德绝对不同。旧道德家把正心诚意做治国平天下的本源，罗素却以改造政治制度、改造社会制度为改变个人本能、利导个人冲动的本源。他认定人类行为常随社会政治的情形变化，社会生活根本变迁，社会组织根本变迁，人类行为也会跟着改变。所以他主张：改良人类行为，应该从改造社会制度、政治制度入手。

但是，罗素是一个主张"绝对多元论"的人，所以他的冲动观、本能观也是一种多元论。他不但说人类行为的动机有欲望和冲动两个渊源，他并且说冲动也分两种：（一）叫做占据的冲动（possessive impulse），（二）叫做创造的冲动（creative impulse）。前者包括财产、权力、战争等冲动说，后者包括知识、艺术、恋爱、建设等冲动说；前者是死的方面冲动，后者是生的方面冲动。他说：

> 货物可分两种，冲动也可分两种。货物有可以许个人占据的，有可以许人人同享的。这个人的衣食不是那个人的衣食，设若供给不足，这个人所有的便是从牺牲那个人而得的。……至于精神的物品便不是排除他人、专为一个人所有了。譬如某人研究某种学问，不但不因此妨碍他人研究，并且可以帮助他人增进知识。……

> 冲动也可同货物一样分为两种：（一）叫做占据的冲动，以取得及维持私人独占的财产为目的，因此便造成财产的冲动。（二）叫做创造的冲动，把既不能秘密又不能占据的货财公诸社会，且要令使用有效。（《政治理想》）

冲动是藏在本能里边的，由本能发动出来的。这种本能也有好坏的两方面。所以个人同个人相处，一方面有本能的亲爱，一方面又有本能的嫌恶。大概自罗素看来，无论是本能、是冲动，总都分个好坏两方面。

而且这好坏两方面并不是毫无关系、互相独立的，乃是互和消长、互相妨制的。且看他说：

> 占据冲动强盛的时候，很妨害创造的进行。这个发见重要的东西，那个同他竞争的发见家，或者要生出满肚子嫉妒。又如这个人发见治癌的方法，那个人发见治肺的方法，或者你欢喜我发见有错，我欢喜你发见有错。便是不错，也并不是专为治疗病人的痛苦设想。这种地方他们并不是专为着知识效用，不过希望传播声名罢了。所有创造的冲动往往为占据的冲动遮蔽，便是大发志愿、想做圣人的人，对于已经成功的圣人总感觉他怀一种嫉妒。便是爱情也往往同嫉妒相随而至。这便是占据的冲动常常闯入创造的世界。（《政治理想》）

创造的世界既已被占据的冲动闯将进去，无怪乎嫌恶的冲动常常抑制亲爱的冲动，战争的冲动常常遮住艺术、科学的冲动，朝死亡、绝灭方面去的冲动常常驱逐朝生活、生长方面去的冲动。要想拿政治的、社会的势力来利导亲爱的、艺术的、科学的、生活的、生长的冲动，抑制嫌恶的、战争的、死亡的、绝灭的冲动，换句话说，要想减少占据的冲动，利导创造的冲动，这便是罗素社会制度、政治制度的目的。

罗素的社会政治目的，既全在减少占据的冲动、增长创造的冲动，所以他评判一切制度都拿这种观念做标准。要想估计某种制度有没有价值，必定要先研究某种制度合不合这个标准。所以他说：

> 政治或社会制度的好坏，必定由他对于个人的影响善恶而定。看这种制度是不是鼓舞创造性比较占据性多，是不是实现或增进人类中尊敬的精神，是不是保持自重心，因此才可以判断这种制度的好坏。（《政治理想》）

> 我们应该尽力增多本能的亲爱之情，减少本能的嫌恶之情。这事比什么都重大，因为必定要由他的结果来判断政治制度的好坏。（《社会改造原理》）

罗素以为，社会政治目的在使人类得到最善的生活，最善的生活便是使创造冲动的活动尽量增多、使占据冲动的活动尽量减少的生活。（《政治理想》）这是罗素的社会政治目的观，他理想的社会政治制度都是从这个观念中演绎出来的，所有建设的主张都是拿这个观念做标准的。

三、罗素理想的政治社会制度

从来哲学方法注重分析的，对于政治社会的主张，多注说个人。罗素的政治哲学，有许多地方简直是个人主义的社会政治哲学。讲个人主义的社会政治哲学家，第一个重要条件便是自由，都想把国家社会权力范围缩到最小限度，单靠自由一个方法来做造成个人创造的、自主的、进步的能力的工具。罗素也是这样，所以他说：

> 政府和法律本来是为限制自由而设的，但是自由实在是政治的产物中很大的东西。（《自由的道路》）

罗素社会政治的理想制度，第一在能使个个人都能自由去发展他的创造的冲动。他把自由看作取得政治的条件、经济的条件最适用的物事，最反对那种消极的自由，说消极的自由一点建设的意味都没有。他说：

> 安宁和自由不过是理想政治组织的消极条件，我们既已得到之后，便要有积极的条件，即是奖励创造的精力（Creative Energy）。（《政治理想》）

罗素的理想政治，并不是想发见一种"乌托邦"，不过想发见政治运动的正当方向。他有判断政治运动方向的两个原理：

> 一、要尽量促进个人和社会生长力和生活力。
> 二、一个人或一个社会的生长不甚牺牲别个人或别个社会。（《社会改造原理》）

归总一句话，他所希望的人类，便是：

> 不单要许多物质上的好东西，是要更多的自由、更多的自主、更多的创造的机会、更多的享乐的机遇、更多的自发的协同，和更少的不自由的服从。（《社会改造原理》）

罗素对于今后社会政治制度总希望要达到这些目的，所以这几句话便是他理想社会政治制度的抽象的目标。

单研究罗素抽象的目标，还不能明白他社会政治哲学的真相。此后再略为说一说他对于国家、国际关系、财产、教育、婚姻等具体的主张（罗素承认宗教有存在的必要，说社会组织改造和人生哲学改造之后，必定要有适应新时代的新宗教。我是不欢喜说宗教的人，所以把他删了）：

(A) 国家

罗素想从个人自由和公共管理中间找出一个调和的方法，所以一方面不赞成国家社会主义派的主张，一方面又不满意无治主义派的主张；一方面承认国家非常有害，一方面又承认国家暂时为必不可缺的机关。他以为现在国家主要的目的便是势力，尤其是武力的势力。对内侵犯个人的自由，对外侵犯别国的自由，所以认为有害。最好的方法便是以法律代替暴力。不过法律太静，太死，离生长的运命太远。法律太偏于理论，对内除了革命，对外除了战争，不能修正。要想防止这些事，只有藉势力均衡的状态，时时变更修改罢了。

国家的职权必定要尽力缩小，积极的职掌只以两个原则为限：

（一）为人类社会幸福着想，国家在最小限度以内对于普及的事项有主张维持的权利。

（二）国家可以防止牺牲他人的不正当行为。

应用第一原则，国家可以执行卫生法、预防传染病、奖励科学的研究、推行义务教育。应用第二原则，国家有排除经济上不公平的权利。如果把这些权利许给国家，以国家的权力来抑制人民的自由，又将怎样处置呢？唯一的方法便在分权。一组织独立的团体，一委托自治的机关。国家除了维持治安以外，所有积极的目的，不必由国家自己实行，可使若干独立的团体分担执行。地域上及商业上的事项，可委托各种自治机关之手，实行地方分权。（《社会改造原理》）行政部的权力固然不能忽然废止，但有两种方法可以除去弊害：（一）把各部分的问题，委托各部分团体——地方自治、同业组合——解决；（二）把行政部占领的权限让立法部收回行使。（《自由的道路》）这便是罗素对于国家改造的大致主张。

(B) 国际关系

照罗素想来，妨害国际关系的根本问题，只是人性中一部分心理的原因和事实的原因。这种原因中最重要的便是竞争性、权利性、嫉妒心等，由这些原因发生出来的害处，可用改良过的教育和改良过的经济制度、政治制度来救正他、消灭他。（《自由的道路》）现在所看得见的国际间利害冲突，最重要的有三种：（一）关税，（二）虐待劣等民族，（三）夸张权力和领土。（一）是妄想，（二）是罪恶，（三）是儿戏。必定要一齐打消的。

罗素理想中国际关系，并不是一种"世界主义"（Cosmopolitanism），并不是想藉交通接触的机会把各种民族的特性一齐消灭。消灭各民族的特性是"世界主义"损失的结果，并不是成功的结果。对于祖国的爱国心还是要有的，不过不要妨害个人对他的亲爱罢了。为人类谋幸福，使仁爱的精神赶早实现，使偏狭的爱国心赶早消灭，一国思想学术出众，是为全世界的利益，并不是一国家、一民族的利益。家族的爱情不要想触国家的爱情，国家的爱情不要想触人类的爱情。对于世界人类全以爱做根基，便是除去国际间恶害的好方法。

(C) 财产

崇拜金钱足以减去人类的生活力。现在的制度应该尽力改造，使拜金主义消灭，好让一般生命增长。资本主义与近代人所发见的正义观念绝对相反，大资本主义便是牺牲他人所得、侵略弱劣民族的祸根。

经济组织原有四个目的：（一）得最多量数的生产；（二）使分配公平；（三）使生产的人得安定的生活；（四）减少占据冲动，解放创造冲动。现在的经济组织只以第一项为目的，社会主义只以第二、第三两项为目的。现在的改造家想把产业交给个人经营，便是注重这第四项。

罗素以为，社会主义主张生产归国家管理，是很妨碍个人和团体自由发展的。"工团主义"（Syndicalism）固然大唱产业自治，可是他们想完全脱离中央的关系，一定许惹起分配不公的问题。只有同业组合社会主义（Guild Socialism）把分配划归国家统治，把生产划归同业组合自治，是一种完全的组织。罗素的意思是经济的行动与政治的行动并行。所以对于同业组合所主张的直接行动，排斥政治的行动，也是不满意的。

总而言之，罗素最注重前边所说的经济组织目的中第四个目的——减少占据冲动，解放创造冲动。无论什么经济组织，只要违反这个目的，都是他必定排斥的。

(D) 教育

罗素以为现在的教育不是给青年的思想，不过是给青年的教条。拿积极的见解去强迫青年，既不使他怀疑，又不想养成他精神的独立性。所以现在的教育实在是阻害自由讨论和新思想发生的障碍物。

教育的真正的目的，不是给青年信仰真理的信条，乃是养成他们对于真理的欲望，养成他们精神上的冒险性。将来的教育应该努力保存独立心和冲动，去了服从和训练；努力养成尊敬心，去了轻蔑心。与其教人默从，不如教人反对；与其教人轻信，不如教人怀疑；与其教人爱慎重，不如教人爱冒险。增加创造的冲动，养成尊敬的心理，便是罗素的教育最大的目的。

(E) 婚姻

罗素对于婚姻制度也没有想出来根本救济的好方法，不过想等到新宗教发生后，再由新宗教去掌管罢了。为现在经济制度逼迫，生出晚婚和避胎两个弊病，是要根本改造的。再：偏于性欲的秘密恋爱，没有共同生活，不生子女，也不是好现象。要想保持男女的关系，使他享幸福生活，得安固生活，必须要有一种新组织。这种新组织第一要鼓吹精神的发达。儿童以国家的经费公育，婚姻制度要取一夫一妇主义，结婚要以自由原则做基础。

> 附注：罗素的学说外人批评的很多，我想从东京帝国大学图书馆把这一类批评罗素哲学的杂志书籍一齐借出来参考，做一篇《对于罗素政治社会哲学之批评》，但不知这个交涉能办妥能不。
>
> 二月十五日在东京作

（原载《新青年》第7卷第5号）

日本近代劳动组织及运动
（1920 年 5 月 1 日）

一、劳动组织的历史

各国劳动组织发生都有两种原因：一为职业需要结合的，一为运动须要结合的。日本劳动组织发生也是这样。德川时代的劳动组织是为职业上需要发生的，明治三十年以后的劳动组织是为运动上需要发生的。

日本最早的劳动组织便是"同业组合"，这种"同业组合"仿佛和欧洲古代的"同业协会"（Guild）相似。但是欧洲古代手工同业协会是为反抗商人同业协会横暴发生的，日本手工同业组合却和商人同业组合杂在一块，这是不相同的地方。日本近于商人的同业组合有"吴服商同业组合"（吴服店便是中国绸缎布匹庄）、"米谷商同业组合"，近于手工的同业组合有"大工职同业组合"（大工便是中国的木匠）、"石工同业组合"。在德川幕府时代很奖励手工同业组合，法律并不干涉他们集会。至于商人同业组合更有种种特别权利，对于不同组的商人，便用种种方法虐待他，同组的商店可以联合一气，随便增减物价。明治初年遵照法令便把四十八种职工——如砌匠、木匠、石匠之类——一齐解散了。

经过这回扑灭之后，各种组合都无形消灭，只有"石工同业组合"和"木挽职同业组合"两种仍然存在。"石工同业组合"的历史不能详细知道，只有"木挽职同业组合"尚可考究出来。因为德川幕府霸占江户约有三百多年，总不免大兴土木。家康本是新田义重之后，世世都住在三河，在江户修造房屋的职工都是家康从他老家三河找来的。初找来的时候只有三十五人，后来竟一天一天多起来了，到了明治三十四年，东京市内和府下六郡共计有一千三百多人。并在日本桥越前掘设立事务所，每月十八日开例会一次，一月、七月开两次大会，关于工钱问题都由会中提议。当初的组合本是工头、工人合在一块的，后来纯粹工人设立事务所于京桥新荣町，和原来组合脱离关系，团结力格外坚固，势力也格外扩张。

以上所说的劳动组织都是家庭工业、手工工业时代的劳动组织；到了明治中年，机械工业工厂制度渐渐盛行，一个工厂动不动就是几千工人。人数既多，便渐渐造成一个劳动阶级——这是明治中年劳动组织所以发生的一个原因。日本自明治以后，到美国去做工的人很多，后来看见欧美工人待遇和本国绝对不同，便渐渐有点醒悟。明治二十三年的夏天，在美国劳动工人便在旧金山设立一个"职工义友会"，该会的目的便是"研究欧美各国劳动问题的真相，为他日解决日本劳动问题的豫备"。创办的人便是城常太郎、高野房太郎、泽田半之助、平野荣太郎、武藤武全、木下源藏几位志士，泽由、城常两君于二十九年回国，便想方设法鼓吹劳动阶级的运动。到了三十年四月便在东京曲町区内幸町设一个"劳动组合运动事务所"，名称便叫做"职工义友会"。后来加入高野房太郎、片山潜等，改名为"劳动组合期成会"，到处去运动劳动工人。这也是明治中年劳动组织所以发生的一个原因。

但是那时劳动阶级和工业状况都未十分发达，劳动者还在服从时代，不大懂得劳动组织的用处。所以那时"组合"虽多，都是若有若无的，最长的寿命都不到三年。又因为明治三十三年公布一篇《治安警察法》，便把幼稚的劳动组合一齐扑灭，就是剩下几个团体也只得暗中结合，不敢公然集会。直到明治三十七、八年日俄战争时候，工厂数目陡然增加一倍，劳动人数日日加多，所以许多劳动组合又重新设立起来了。《治安警察法》未发布以前的劳动组合大概如左：

（一）铁工组合。日本真正的劳动组织应当推"铁工组合"为首。这是高野房太郎、片山潜两个人经营的，于明治三十年十二月一日在神田青年会开成立会，会员计一千二百人，大半多是炮兵工厂新桥铁道局里边的工人，和平冈工厂、中岛工厂、东京纺绩工厂、原铁工厂、大宫工厂、横滨铁工厂、竹内金库店工厂的工人共同组织成功的。后来不但在东京附近各铁场设立支部，便是远在仙台、青森、盛冈等处也都设下支部，支部一共有四十二个之多，会员一共有五千四百名之多。直到《治安警察法》宣布之后才无影无形的消灭了。

（二）矫正会。这是日本铁路技师工人因为日本铁路公司待遇不好共同设立的。明治三十一年二月铁路工人同盟罢工，大募基金和会员，卒募得日币两万，会员千名，遂设下这个"矫正会"。因在一个资本家之下，所以团结力很大，规模节制都很可观。后来因为铁路国有便又无形消灭了。

（三）印刷工人组合。这个组合是深川印刷公司中一百多工人发起的，另外加入许多同业的工人，便于明治三十二年十一月成立。横滨、京都、名古屋、大坂、奈良等处都设下支部，也似乎很有一点势力。不过因为举出许多资本家和供资本家驱使的学者做名誉员，会计上又不得人，又受《治安警察法》的影响，所以不久便消灭无踪了。

（四）诚友会。这个会是因为印刷工人组合失败之后，由一小部分工人结合起来的。他们亲眼看见印刷工人组合拉进来许多学者和资本家所以失败，因而只集合纯粹劳动者创设这个会，规模虽然不大，团结力却是很坚固的。

另外还有船工组合、日本劳动协会厨役组合、人力车夫组合等，除了船工组合之外，都不过是三两年的寿命。

二、劳动组织的现状

自从《治安警察法》发布之后，日本国内差不多十几年没有真正劳动组合出现，苟延残喘的只有信友会、友爱会两个组合。但自欧战以来，不但亚东商业完全归日本独占，便是美洲和南洋的商业也比较从前增加。商业既盛，工厂当然更发达。据大正七年年终农商部的调查，劳动者的人数大概如下：

工厂劳动者 ┤适用工厂法的工厂……………一，四二五，二五六人
　　　　　　└不适用工厂法的工厂…………三一六，一九三人

矿山劳动者…………五〇〇，〇〇〇人

农林劳动者…………二，五〇〇，〇〇〇人

海运劳动者…………五〇〇，〇〇〇人

渔业劳动者…………六〇〇，〇〇〇人

公私铁道劳动者…………二〇〇，〇〇〇人

家庭机织劳动者…………九〇〇，〇〇〇人

手工业劳动者（如木匠、砌匠、石匠之类）…………五〇〇，〇〇〇人

　　杂事劳动者（如车夫及小工之类）…………五〇〇，〇〇〇人

　　总计约数…………八，〇〇〇，〇〇〇人

　　劳动阶级人数虽加，工钱仍然未加。日本全国工人的工资虽然没有详细的调查，但就大坂府、兵库县两处调查表看起来，也可以知道大概。

　　大坂府二十三万四千六百二十五人之中：（大正七年十月末调查）

　　日收五十钱以下…………四一，四六三

　　日收七十钱以下…………六八，一七九

　　日收一圆以下…………六二，八一一

　　日收一圆五十钱以下…………四〇，一〇六

　　日收二圆以下…………一五，一五五

　　日收二圆以上…………六，九一一

　　兵库县五万七千六百九十人中：（大正八年一月调查）

　　日收五十钱以下…………一三，〇七一

　　日收一圆以下…………三五，一〇五

　　日收一圆五十钱以下…………七，四六五

　　日收二圆以下…………一，四六三

　　日收二圆五十钱以下…………三三九

　　日收二圆五十钱以上…………二四七

　　当日本现在生活费陡涨的时候，工人收入每天在一圆以下的竟占十分之六，生活困难的情形已可想见。又加以劳动卫生不大注意，死亡率数逐渐增多。单就矿夫一种工人说：大正六年四十三万三千八百四十三人之中，竟死去十四万九千一百十九人之多，劳动危险情形又可略见大概。这些原因便是促成劳动运动的"催生符"。近几年来，劳动组织遍布全国，据我看来，完全是生活困难、待遇苛刻两件事激起来的。现在且说一说几个最有影响的劳动组织现状：

　　（一）友爱会。这个会要算日本调处劳动问题的唯一机关。他的名称叫做"日本劳动总同盟友爱会"，是大正元年创设的，现在已有会员五万人，支部四百个。该会的组织当初本取会长独裁制，到去年第七周年全国大会开会后才议决改为理事合议制，但是本部对于各支部的事务仍有监督指挥权，还是一种中央集权制。该会的重要职务有教育、救济、介绍职业、法律顾问、调查劳动情形、调停劳动争议、出版、代理购置八种事项，分配到内务、外务、教育、会计、出版、法律六部分

任。该会是由各种同业团体联合起来的，从前各支部还有职业团体、地方团体两种区别，现在渐渐从以地方结合的团体改为以职业结合的团体，朝同业组合的路上走去。总会之中包括"铁工部"、"矿山部"、"海员部"、"妇人部"，连东三省方面都设有"本部分派所"。自改为合议制之后的新职员如左：

会长　铃木文治

理事　（关东方面）　斎藤庄次郎　吉冈吉太郎　菊池喜市　桝田弥三郎　中村一彻　平野安藏　棚桥小虎　麻生久

（关西方面）　久留弘三　贺川丰彦　木村锭吉　加藤滋常石周益　高山义三　三宅幸太郎　铃木善五郎

（海员部）　滨田国太郎　中野文夫　北野勇吉　醍醐资祐

（妇人部）　野村ッチノ　山内三ナ

评议员　吉野作造　高野岩三郎　河上肇　佐佐木揔一　堀江归一北泽新次郎　内崎作三郎　森户辰男　枅田民藏　安部矶雄

（二）信友会。这个会是印刷职业的同业组合，他的前身本是"欧友会"，是些洋文印刷工人所组织的组合。后来因为新旧两派不能相容，水沼辰夫一派便解散"欧友会"，组织"信友会"。会员不限定是洋文印刷工人，凡是拈字的、铸字的印刷的工人都可入会。该会因为人数很少，故取直接议决制，凡改定规则和重要事项都由每年一回的"大会"或随时召集的"临时大会"议决，至于在规则范围内的重要事务则由干事会议决，会长只代表本会，执行议决的一切会务。会内重要的职务便是调处雇主和工人的争议，介绍佣雇事项，组织"信用组合"、"购买组合"图会员彼此间经济上的利益，对于死亡、疾病的会员力谋救济、吊慰的方法。现在的会长便是松崎朋太郎，干事部便是水沼辰夫。

（三）大坂铁工组合。这个会是大坂铁工合组的，一方面想调协资本家劳动家争议，一方面想使工人革新。会务共分五部——救济部、出版部、法律部、讲演部、技术部。并想设"购买组合"、"劳动病院"、"劳动会馆"、"劳动保险"。职员名目很多，有"组长"、"委员"、"理事"、"监事"、"代议员"、"干事长"、"干事"等名称，"组长"、"干事长"、"代议员会"选举，"委员"由"组长"推荐，"理事"、"监事"由"委员会"推举，"干事"由"干事长"推举，"代议员"由五十名会员中选出一名。现在会长是横田允隆，顾问是神户正雄，委员是坂本旭平、井荣藏等。

（四）小石川劳动会。这个会是东京炮兵工厂职工为要求增加工钱，"突如其来"结合的，运动的人、组织的人都是纯粹工人。可惜是单为增加工资结合，工资一加，马上就职，自从运动者收入监狱之后，便把这个会同时消灭。这么大的工厂，几万人的工人，至今还没有久远的团结，东京工人很看不起他们。最近普通选举运动虽然看见"小石川劳动会"的旗子，但是内容很不整齐，仍然是四分五裂的。

（五）劳友会。这个会当初本属于小石川劳动会，后来因为东京炮兵工厂要求很力，派人访问陆军大臣和警察总监，不达列增加工钱的目的誓不复职，王子炮兵支工厂和十条炮兵支工厂便脱离小石川劳动会，另外组织这个"劳友会"。依警察总监的调停，把要求撤去，无条件的回复职务。直到现在还没有十分发达，不过该会根基尚没有摇动，运动的人尚未收监罢了。

（六）电工组合。这个会是大坂电灯公司、煤气公司等劳动工人结合的，会件分"生产组合"、"职业介绍"、"救济"、"教育"、"法律顾问"、"出版"、"购买组合"七种。会内设"大会"、"理事会"、"协议会"、"支部总会"、"干事会"五种机关，组织的内容很算得完善。

（七）日本联合坑夫组合。这个组合是日本全国矿山劳动者联合组织的，发源在明治四十年。矿夫中运动最有力的要算南助松氏，他当初在北海道夕张煤矿中做坑夫，后来又到足尾铜矿去做工，恨资本家横暴，白天做工，夜里设一个"至诚会"讲演，经过他极力运动之后，便生出明治四十年足尾铜矿罢工的大运动。中间相隔十三年不闻声息，现在又感应世界潮流，联合全国的坑夫组织这个大会。该会的目的专在改正法律，废止省令，谋坑夫生活的安全，保证生命的危险。各处设立文部，又创设《矿业新闻》做他们机关报。这五十万矿山劳动者一致联合，组成一个大团体，真是一件稀奇的事！

（八）交通劳动组合。这个组合是交通机关——铁路、电车、邮政、船舶——中劳动者联合组织的，以东京市电车员为主体。这类劳动者昼夜不息的劳碌，且又多生命的危险，作成这个组合，主要的目的便是增多薪水、减少劳动时间。市内各电车车库（停放车辆的房屋）都设有支部——如青山支部、三田支部、本所支部、三输支部、滨松支部、巢鸭支部——和理事、干事等职员。今年二月间电车罢工便是这个组合的影响。

（九）食俸者组合。这个会的名字叫做 S. M. U.，便是取 Salary Men's Union 三个字的第一个字母做会名的。组合员专以靠薪俸过活的人为限。现在日本靠三十圆或五十圆吃饭的人总计有十五六万，想靠同盟罢工来争薪俸，一定做不到。最近才有许多人觉悟互助的必要，才于去年六月在东京私立卫生会中开了一个大会，把这个会组织成功。现在推河津暹博士做会长，在东京设立本部，在各地方设立支部。会员官署中雇员录事也有，银行公司商店中朝俸也有。先从薪水中抽几分做基金，一方为失职的或疾病的设救济的方法，一方组织消费公社购买组合。不过这种不生产的、不聚合的劳动，很不容易举行同盟罢工，所以这种组合没有很大的势力。反不如从前财政部的"判任官"、专卖局裁判所的雇员录事，自行结合起来要求增俸的效力大。

（十）启明会。这个会是教育界教职员的结合，大概以小学教员为主体。去年六月东京小学教员想在日比谷开会讨论加薪的问题，为警察所阻没有开成，但是乡下小学如茨城、高知各处都起同样的运动。"启明会"便是学校教员的组合，主要的人便是下中弥三郎、井上宗四郎等。看他们的宣言书好像不专为增薪的问题，并且要创造新文明，打破不合理、不自然的组织习惯思想，《启明》杂志便是他们的机关报。

此外还有大进会。是博文馆印刷职工的组合，去年夏天同盟罢工，争得星期休息仍给半薪和每日工钱增加五成两个条件后，便觉得组合的重要，把大进会立为常设的机关。又有革进会是去年八月间各新闻印刷职工组织起来的，新闻股东相约不用革进会的工人，革进会便先发制人，于八月三十一夜突然同盟罢业，便令东京十六家大报纸一齐停版。余如东京铁工组合、妇人劳动组合，都属于友爱会，只作友爱会的一个支部。

三、劳动组织的目的

日本劳动阶级已渐渐脱离服从的时期，到了反抗的时期；想解脱机械的生活，要求人格的生活。现在正当劳动、资本两级正式宣战的时期，各种劳动组织都是预备做阶级战斗的大本营，所以他们的宣言书便是劳资两国的宣战书。最明显的例便是友爱会的宣言：

> 人类是生而自由的。所以我们劳动者这样宣言说：劳动者有人格，不是可以由工价行市买卖的。他们一定要得到结社的自由。在这集中资本、掠夺劳力、使一切人性化为物质的时候，劳动者应该以团结力教资本家知道，维持社会秩序，不单在有黄金，要完全靠着生产者的人性。

> 自从机械文化把我们引到错误的方向以来，资本主义的毒害已浸润世界，生产过多和恐慌纷来沓至，不是把生产者从工厂逐出来，便把他当作一个机械的附属品，使他不能不甘受仅足维持生活的工钱。

> 所以我们生产者这样宣言：

> 我们决不是机械。我们为发展个性，为使社会化的有人格的社会，要求生产者得受教养的社会组织，要求生活安定，要求对于自己境遇的支配权。

这个宣言简直是向资本家宣战的一篇血书。

此外无论是宣言、是规约，类多含混其词的。例如信友会的大旨只说钻研技术、增进福利、陶铸品性，使劳动者地位增高。大坂铁工组合的大旨：（一）想以适合国体国情的职工组合来根本解决劳动问题；（二）藉劳资调协一致之力图本国产业的发达；（三）发展自治精神、培养常识、增进技术，以谋本国工业的革新。电工组合的大旨也只说想免掉生活困难的弊害，使人格增高、知识开展、技术熟练、能率增加种种不可捉摸的议论。启明会的大旨也很含糊，但是他们却大声疾呼的要实现真正人格的生活，要同错误的思想战争，要把一切不合理、不自然的组织习惯思想除掉，创造新文明的文化运动。这个宣言不啻对"皇道教育"宣战，很可以代表思想界的新趋势。

各业组合的具体主张，仓卒间很难搜集，只有友爱会于第七周年大会议决"主张"二十条，很足以代表日本劳动界近来希望的一种趋势。该会的"主张"是：

一、劳动非商品的原则。

二、劳动组合自由。

三、废止幼年劳动（未满十四岁不得做工）。

四、确定工钱最低数。

五、对于同质劳动应确定男女工钱平等制。

六、星期休息（一周休养一回）。

七、一日八小时及一周四十八小时劳动制度。

八、禁止夜工。

九、设立妇人劳动监督官。

十、发布劳动保险法。

十一、发布争议调处法。

十二、防止失业。

十三、内外劳动者同一待遇。

十四、公营劳动者住宅以图改良。

十五、确定劳动赔偿制度。

十六、改良内职劳动。

十七、废止契约劳动。

十八、普通选举。

十九、改正《治安警察法》。

二十、民本化的教育制度。

这二十条主张可算日本劳动界一个共同的趋向，但这不过是劳动组织的目的，再看他们运动的方向。

四、劳动团体的运动

从历史上看来，各国劳动运动都有一个公同的趋势，便是先争工钱然后争管理、先争劳动者人格然后争工厂的效率，如果时机成熟，不但争管理工厂权，并且要争管理国家权。争工钱、争人格便是对于资本家罢工怠业，争管理争效率便是对于工厂革命，争管理国家权便是对于国家革命。日本劳动运动只算刚刚开始，刚在争工钱、争人格的时期，所以唯一的武器便是罢工怠业，对于工厂革命和对于国家革命都还没有想到。不过最近八幡制铁所同盟罢工和东京电车同盟怠业要求选举组长委员权，普通选举运动要求参政权，都是工厂革命、政治革命的初步罢了。

日本同盟罢工在明治三十年前后已经盛行，自劳动组合期成会成立后，到处运动，工人已有连络，故每次罢业必得最后的胜利。自从《治安警察法》发布以后，十几年来，罢工的运动多被压迫，工人多忍气吞声。直到大正三年以后，罢工的事件遂越出越多。据日本内务部调查自大正三年到八年三月同盟罢工的事件列表如左：

年数	件数	人数
三年	五〇	七，九〇四
四年	六四	七，八五二
五年	一〇八	八，四一三
六年	三九八	五七，三〇九
七年	四一七	六六，四五七
八年（到三月止）	四八	五，六六〇
共计	一，〇八五	一五三，五九五

这几年同盟罢工之中，以坑夫、纺绩工人、染织工人、制造机械金铁品的工人、造船工人、窑业工人、化学工业工人等为最多。罢工的原因不外三种：

（一）要求增加工钱。

（二）要求改良待遇。

（三）反抗监督官的横暴。

这三种原因之中尤以第一种原因为最多。一千八十五次罢工的结果总计如左：

因调停而中止的　　四七七件

贯彻要求的　　　　一九五件

撤回要求的　　　　二六四件

拒绝要求的　　　　一四九件

最近一年间几个重要的同盟罢工要算东京炮兵山厂八幡制铁所为最足令人注意的，但是炮兵工厂是暴发的罢工，自首领被捕，王子、十条两支厂脱离关系以后，便无影无形的消灭了。只有八幡制铁所今年二月两次罢工尚足令人注意。他们第二次罢工二月二十四夜由代表提出希望的条件如左：

一、各工厂的"工厂组长"由工人互选出来然后任命。

二、评议员由会员互选。

三、一年一回的赏钱改作一年两回，与职员同样。

四、三天公共休息日要给一天的工钱。

五、废止在通门前的身体检查。

……（六、七两条从略）

八、对于指定工人须按照家族的人数给与相当的补助。

九、废止同别的工厂缔结的对于退职工人在六个月以内不能雇用的契约。

这个工厂计有两万五千多工人，分厂七十几个，烟管计五百多个，一旦罢业，有一万多工人与警官队对峙，声势非常浩大。无奈罢工的原动力是从友爱会、劳友会干部发生的，到了二月二十六日便有几个工人拿刀去刺友爱会的藤冈文六氏，并有五六十工人强迫友爱会的委员要求自罢工以后的工钱。友爱会看见工人生活不安，又因议会解散豫算案不能成立，工厂长官更不能答应他们增加工钱的要求，所以没有什么结果，这出戏便收场了。

以上所说的是罢工运动，现在再说一说同盟怠业。去年七月间神户火柴公司的职工同盟怠业；隔一个星期又有东京博文馆印刷所工人要求加薪，把杂志的原稿隐藏起来，半天拈不出一个字；到了七月二十七日又有铁道院鹰取工场因为要求加薪而怠业。最大的怠业为日本从前所没有见过的，便是大正八年九月十八日起，神户川崎造船所的大怠业。这次怠业参加的工人计有一万六千人，正式提出"哀愿书"，限定该所社长于九月十八日正午前回答。"哀愿书"后付加四个条件：

一、增加日工钱。

二、明白宣示特别赏金的日期（金额计三七五万圆）。

三、凡继续做工到六个月以上的一年须给与两回赏金。

四、设备饭厅、洗脸室和别的卫生事项。

到了十八日午后仍然没有答覆，所以一万六千七百八十个工人，一齐开始怠业，第二天，兵库分工厂也起来响应。兵库分工厂提出的条件如左：

一、增加工钱。

二、对于自己害病的工人须给一半工钱。

三、公司方面须设一个与工人直接疏通意思的机关。

到了二十七日发表分工厂八小时劳动制和加薪案，分工厂便相安无事；到十月四日又把八小时劳动制和加薪案适于本工厂的意思发表，本工厂也算圆满达到怠业的目的了。

再可令人注意的怠业便是今年二月二十六日东京市电车怠业。去年交通劳动组合本提出五条要求，五条之中有三个主要的条件，便是八小时制、日薪制、年功加俸制三种。电气局没有容纳他们的要求，所以自二十六早晨起，三田、巢鸭两处电车工人一齐开始怠业，即以三田一处说，平常有八十五驾电车，这天有许多车都被工人弄坏了，只剩二十三驾可用。京成、玉川两处市外电车也起来响应，提出八时劳动制，并要求增加工钱和给予特别赏金。后来玉川电车工人的要求大部容纳，三田、巢鸭也采用年功加俸和八时间制。但自中西理事被捕之后，交通劳动组合内部几乎分裂，又有六百名车夫情愿复业，所以这台戏便草草终场了。到三月六日又提出六时劳动制和初任事自七十圆起码各种要求，直到现在还没有解决。

此外无论是罢工是怠业或是暴动，大概都是为着劳动时间和工资问题。再举今年几个罢工为例：

日期	工厂	原因
二月二十九日	河津矿山	增加工钱
同日	大坂樱岛工厂	增加工钱
三月	大冢铁工所	八时间制、星期休息、增加工钱
同月	芝浦制作所	加薪问题、组长问题
同月	池贝铁工所	增加工钱
同月	明电舍	设工厂委员、八时间制、增加工钱、星期休息

照这两个月罢工的原因看起来，可见得日本劳动界还是争个人问题的多、争政治问题的少。

近于争政治问题的便是各处普通选举运动。争个人问题以罢工怠业为武器，争政治问题便以讲演游街为武器。这一年来的劳动界示威运动，虽然有几个政客利用他们，但他们也想利用政客求达他们的目的。最近三月二十一日芝公园、上野公园大会尤以劳动团体为最多，他们的议决很含有政治意味。上野公园劳动党的议决文如左：

一、我们民众应弹劾妨碍爱国民众运动的现政府的违宪。

二、我们民众希望更换反对普通选举实现的现政府。

三、我们民众希望以合法的团结力来争得参政权。

现在选举的风云正急，这些无权投票、无钱买票的劳动者只有拼着时间口舌来奔走游说、游街示威。自现在起，每逢星期各公园都有大会，即此已可见日本劳动界演的热心政权了。

五、结 论

我本不是专门研究日本劳动组织的人，七扯八拉凑点材料，自己很不满足，不过为时期所迫，不得不做一个"急就篇"聊以塞责罢了。据我个人意思观察，日本劳动阶级现在才到第一个觉悟时期，还没有到第二个觉悟时期。便是他们才知道拼命争待遇，还不曾极力争管理；只知道争普通选举，还不曾知道就是争到选举权也不能解决劳动阶级本身的问题。我以为无论怎样平等待遇，如果仍没有管理工厂权，不但平等两字终久是句空话，并且连公产的希望也根本取消。各国工党不趋向"工团主义"（Syndicalism），便趋向"同业组合"（Guild），这种脱离政治关系，专重自治，实在是本着多年经验而来的。法国劳动党当一九〇五、六年间，也曾想从政治方面下手，后来因为有许多事体办不到，所以才重新觉悟，知道非从"工团主义"下手不可。所以这次选举劳动党反不如从前得票之多，这就是今昔趋向不同的一个明证。日本现在利用劳动党的政客如尾崎行雄、今井嘉幸辈，自己并不是劳动党，偏要自命劳动党，是何用意？如果日本劳动党想利用他们把《治安警察法》废掉，把《劳动保险法》、《工厂管理法》重行改正，未不有利益。如果像现在的情形，以为选举权一得，什么事皆可办到，未免是一场春梦。归总一句话，我的意思只想教工人以"同业组合"来解决自身问题，不愿意他们藉政治势力来解决自身问题。要想藉政治势力，那么非行"布尔札维"主义不可，其余的方法都是不中用的。

三月二十五日，在东京做的草稿

（原载《新青年》第 7 卷第 6 号）

共产主义历史上的变迁
（1921 年 6 月 1 日）

共产主义的界说，学者中间很不大一致。有的以"私财公用"为共产，有的以"公财私用"为共产，有的以"公财公用"为共产。但是晚近的共产主义家有一个共同之点，就是反对私有财产权（Private Property）。故共产主义便是一种经济的理想，这种理想是废止私有财产，设立共有财产的社会，使各个人的需要由公共的财源给供。换句话说，就是以建设起来的权力，使社会的生产平均分配于社员的理论。他们最大的条件就是"共同的生产"和"平等的分配"。

共产主义并不是欧洲近代的社会党所发明的理论，乃是最初社会实行过的事实，和两千年前希腊的学者所讨论过的理论。我们要想明白共产主义在历史上变迁进化的线索，最好是把他们分作三派研究。我的三派区别是：

第一，从伦理的基础上立论的共产主义；

第二，从人道的基础上立论的共产主义；

第三，从经济的基础上立论的共产主义。

第一，从伦理的基础上立论的共产主义

自科学的共产主义发生以前，所有的共产主义本都是从道德上着眼，本都可以叫做"道德的共产主义"。但是希腊的学者柏拉图（Plato，纪元前四二八—三四七）所说的共产主义却是从伦理的基础上立论，不像中古基督教徒和乌托邦派所说的共产主义完全是从人道——慈悲博爱——的基础上立论。所以我认定柏拉图的共产主义是"伦理的共产主义"。

凡是看过柏拉图的《共和篇》（The Republic）的人大概都知道柏氏的理想国并不单是政治的机关，乃是教育的机关。他所讨论的并不单是政治组织的问题，乃是教育方法的问题。他所提倡的是"精神的改善"（Spiritual betterment），要想改善精神的生活，便不得不免去物欲之累。因此便反对私产制度，想废止金钱，想以共产制度来救济当时贫富竞争的社会。他的理想国家便是消灭独立自足的小我，在正义的观念底下，实现一个普遍的大我。这个普遍的大我之中，最忌的是自私自利，所以必定要叫治国、护国两个阶级离开物欲的生活，才可以免去自私自利的弊害。且看他说：

> 财产共有，家族共同，可以造就出来真正的护国的人。不致因为把一件东西认为你的我的，致国家分裂。不致因为把室家看作私有的，不致因为各有各的妻子，遂惹起各人自己的苦乐。如果他们有同一的苦乐，便可引导他们趋到一个共同的目的上去。（《共和篇》第五卷）

柏氏不但主张共产，并且主张共妻。他的唯一的目的就在使护国的人精神气力都可自由，可以一心一意的去做国家的官能。

我们看柏氏在两千多年前就主张共产，似乎很有点奇怪，其实共产主义在希腊古代已经实行过了。当希腊社会没有进到农业生活的时代，所有土地都是共有，属于一种一族共管。到了农业时代，才把土地分开，归各人私有，每人都有若干段地。后来土地为少数人占去，所以又发生"重行分配土地"的问题。便在希腊有了信史以后，国家仍然可以监督私产，并且自有山林土地。斯巴达虽然久有私产制度，但是他的公共食堂便是他财产私有公用的证据。而且克里特（Crete）在地中海中的小岛的"陀尼社会"（Doric Community）也老早就实行共产，这个岛上每一个社会都有公共财产，用公共奴隶耕种，每岁收入都分作"宴乐俱乐部"（Dining Clubs）的伙食和政府开支之用。且看亚里士多德（Aristotle，纪元前三八四—三二二）在《政治学》中说：共产共分三种：（一）土地分给各人所有，但把生产物积聚在公共的储蓄所，以供消费——这是许多国家所实行的；（二）土地归公共所有，公同耕种，但是把生产物分给个人，以备个人私用——这是"野蛮人"所行的一种共产制；（三）土地与生产一齐归公有。由此可见共产制度在希腊古代已经有这么多的种类，已经有许多国家实行，并不算是什么一件稀奇的事体了。

柏氏所主张的共产制度，很有一点像亚氏所说的第一种共产制。柏氏的共产不过是护国阶级把农民贡献的财产统归公用，农民自己仍然得私有财产。因此便有人说他是"半共产主义"，就是说所共的财产没有几种，共产的人不到全社会中人的一半。

照以上所说的柏氏的共产主义，和近代共产主义有三个大不相同的地方：

（一）柏氏的共产，完全从精神生活上着想，为的是使护国阶级免除物欲之累，专门去过精神的生活。只要财产没有"你的"、"我的"之分，只要使"父母不知自己的子女，子女不知自己的父母"，便可造成至公无私的普遍大我的社会。

（二）柏氏死守希腊人的旧习惯，看不起经济事业，把经济看作消灭智慧勇敢的祸根。近世共产主义家把解决经济问题看作解决政治问题的根本条件，所以想以经济的势力来支配政治的势力；柏氏却想把经济的势力完全放逐在政治范围之外。

（三）柏氏的共产的范围只限于护国阶级，真正的生产阶级还没有共产的分。近代的共产主义完全替劳动阶级想法子，所以想使劳动阶级出来管理国家社会；柏氏却把劳动阶级放在政治范围以外，使非劳动阶级公同享用劳动阶级的生产。

第二，从人道的基础上立论的共产主义

除掉柏拉图的共产主义和近代的科学的共产主义之外，通同可以叫做"道德的共产主义"。大概自有社会以来，就有贫富两个阶级互相对立。希腊的富豪和贫民，罗马的贵族和平民，中古的地主和农奴，差不多天天都在互相竞争的状态之中。有许多慈悲博爱的宗教家和人道主义家，眼见下层阶级穷苦不堪的现象，或者发为诗歌小说，或者造成慈善的团体，或者梦想完全的世界，或者以同志的私人亲自组成至给至足的社会。故这一类的共产主义又可分为三小派：（甲）博爱派，（乙）小说派，（丙）新村派。

（甲）博爱派的共产主义

这一派的共产主义可推最初基督教会做代表。如果我们一翻开《新约》，就可以找出基督教徒对于财产的观念。《使徒行传》中说：

> 信者会同，有无相通，有所需变卖物产分之。（第二章四四及

四五）信者之众一心一志。不私己财，有无相通。……其间无穷乏者，盖有田宅者售而挈其金置使徒前，有所需则分与之。……有田售之，挈其金置使徒前。（第四章三二至三七）

照这几句话看来，耶路撒冷的教会当先的确有共产的精神。因为宗教家主张从精神上解放奴隶，认定人类生来一切平等，在自然法之下，人类都是一样。只要天良不昧，在真理面前便没有主奴之别，阶级的区别都是后起的，都是人为的。并有人相信在自然世界之中，没有什么私有权，凡政府、财产种种制度都不是原始人类的自然的制度。

而且教徒多尊重劳动阶级，圣保罗说"自己不劳动的人不可吃饭"，这就是基督教徒所以为穷人说话、劝富人通财周急的原因。

但是教徒的共产却不是绝对的主张。这种"有无相通"的事体乃是信徒随意的行为，并不是入教会做信徒的条件。就是信徒，仍然得私有财产。且看《使徒行传》中第五章内说：

有名亚拿尼亚者，与妻撒非喇鬻产，夫妇同谋潜藏数金，余挈置使徒前。彼得曰：'亚拿尼亚胡为撒但（Satan，恶魔）惑尔心，潜藏售田数金以欺神圣！田未售，非尔田乎？既售，非尔金乎？心生此念何为？是尔非欺人，乃欺上帝也。（一至四）

照这一段看来，基督教会中并未尝否认私有财产权。拿钱出来公用是由于个人的愿意，并不是做信徒的必不可逃的条件。所谓共产也不过是"多寡相助"、"周急济难"的意思，和近代所说的共产主义相差甚远。说"己财"，说"有田宅者"，说"变卖"，说"售"，便是在私产之下的状态或行为，共产制度之下那能有这种"物权"和"物权转移"的观念？故基督教徒就说是共产，也不过是"私有公用"罢了。

基督教徒的共产的理想，只是从良心上自发的，并不是用团体的力量强制的，这又是他们和近代共产主义不同的地方。他们良心上为什么发生这种慈悲博爱心呢？他们根本的观念就是教会一体。且看《达哥林多人前书》中说：

一身有百体，身之体虽多究为一身。……如一体苦，百体同苦；一体荣，百体同荣。（第十二章十二—二六）

这种有机体的教会一体观，极端应用起来，当然要发生"信者之众一心一志，不私己财，有无相通"的半私产半共产的事实。

（乙）小说派的共产主义

小说派的共产主义的著作大概都可以叫做"共产主义的小说"。他们所说的只是主观的理想社会，从他们自己的脑子里边自由描写出来，只说在我们的世界之外有这么样的社会，至于我们的社会能不能做到这样理想的境界，或用什么方法才可以实现这样理想的境界，这些问题他们都是不大注意的。所以他们的理想国无论怎样好，在那国里的人类无论怎样舒服，风景无论怎样美丽，止是一场空梦！

这一派第一个代表可推莫尔（Sir Thomas More，一四七八——一五三五）。他的《乌托邦》（Utopia，一五一六年著的）一书很有许多地方摩仿柏拉图的《共和篇》。乌托邦的政府由人民选举造成的，一切东西都为社会公有，官吏把生产的工具分给人民，由人民劳动生出来的物产大家都可分用。这个国家只有三四百万人口，都要从事一定的劳动，生活要朴实，禁止用金钱及虚饰。莫尔的根本观念是：

缺乏的恐慌是陷一切动物到贪欲境界的东西。

因此，便一方面使全国人积极的生产，一方面禁止全国人消极的浪费。

莫尔的乌托邦和柏拉图的理想国最不同的一点，就在共产而不共妻。柏氏拿妻子看作丈夫的财产，所以要同财产一样公用起来，莫尔却尊重家庭，尊重婚姻制度。

可是乌托邦中有一件特别的事很和柏氏的理想国一样，就是乌托邦中仍然有奴隶制度存在，把大家不高兴做的、危险的、有毒害的劳动，一齐让奴隶去做。把人家生产物拿来供我们不生产的人用，和把一阶级压在经济的势力之下，都是近代共产主义的仇敌，柏拉图和莫尔却拿来做他们共产主义实行的基础，这不是一件很奇怪的事吗？

可是莫尔的立脚点已经站在经济的基础之上。他有几句最痛快的话：

有钱的人贪想各种方法，用这些方法首先把他们不义之财保为己有，然后再用最低的价钱把穷人的劳动工作买来，供自己的私用，图自己的私利。一旦有钱的人以公众的名义实行这种计画，便又成为法律。

这样从经济上着眼，从劳动问题上下手，然后得到共产主义必要的结论，岂是柏拉图梦想得到的吗？

这一派第二个代表可推高德文（William Godwin，一七五六——一八三六）。他在《政治的正义》（*Political Justice*）之中，大吹共产主义。他把财产等级——即普通所说的分配的方法——区别起来：（一）应付必要的分配，（二）对于劳动的分配，（三）私有财产。他以第一个分配的方法为最正当，最能适合自然的法则。他以为人类把自己的财产看作祖先遗赠的，实在是大错。财产——即普通所谓所得——皆是由现在活在世上的人的劳力所生产的，祖先遗给子孙的财产，皆是由剥夺别人劳动的结果积聚起来的。故财物——尤其是遗传的财物——不外是由劳动者的手里拿出来，听所有者浪费罢了。现在欧洲和别的文明国家所有的私有财产，都是法律赋与社会中某阶级垄断别阶级生产结果的权利。换句话说：就是创设不劳而得的制度，这是背理最甚的事体。第二个分配法，就是享有劳动的结果，虽然不像私有财产的不正当，但是如果他人对于我的生产物感觉必要的程度超过于我，我乃占据生产物排除他人的要求，不但不合道理，并且往往要由这个制度变成私有财产制度，故亦不可采用。所以要想使社会达到幸福圆满的境界，必定要采用第一个制度，使人各应自己的必要，各取所需。

高德文以为一切人类如果都本着道德的理想行动，社会的组织便当然要成为共产的组织。人类行动应该以全体社会最大的利益为主，这就是他的"正义"的根本观念。

正义的原则，就是对于一物如果让他人受用比较自己受用更有益于社会全体，便给他人受用。人类行动都是这样，私有财产制度当然消灭，共产制度便当然实现。

高氏把人性看作道德的，以"应该如此"或"当然如此"做议论的前提。他固然是发明了理想的世界，但是却忘记了现在世界的实际状况，却忘记了怎样由实在世界达到理想世界的方法。只看见人性中合理的一方面，没有看见人性中自私自利的一方面。所以他的著作中所发见的只是"目的论"，不是"方法论"。

大概说到"目的论"，无论什么人都可以描写出来一点，一说到"方法论"便不能够"藏拙"了。所以这一类的玄想派中所说的理想国，往往同画师画鬼一样，想怎样画便怎样画，可以画到极精细的地方。他们的理想乡也是这样。譬比克贝（Cabet）的《伊加尼亚的航海记》（*Voyage En Icarie*）中把理想乡中人的服装、劳动年龄、劳动时间，都说到很精细，连议事堂中门铃的设备都想到了。这种无条件的梦想全靠着自己一幅脑子，拿脑子里边的世界做理想乡，只能算是浪漫派的小说家，连写实派的小说家都算不上！这就是马克思所以看不起他们，称为"空想的社会主义"的原因。

（丙）新村派的共产主义

共产主义进化上最有趣味的一件事体，便是最初以著作言论表示理想国的模范，使熟睡在现在社会之中一般人脑筋中忽然知道有这样完全、这样美期的一个社会；这种理想社会的影子留在人类的脑筋中，不知不觉的便对于理想的社会生羡慕心，对于现在的社会生厌恶心，结果便一面以阴谋暴动等方法对于现社会下总攻击，一面又集合少数同志组成一个小团体来实地试验，做出理想国的一个样本给人家看。最后这一派便是我所说的新村派，便是从小说派的共产主义到科学的共产主义中间一个过渡。

实行新村运动的人先有克贝，他想把他书中所描写的理想社会实现起来，在美国泰克塞斯（Texas）州买一百万亩土地，纠合六十九个同志，想在此建设一个新村。最初出发的日期是一八四八年三月三日。

英国有一个乌托邦派的社会主义家叫做欧文（Robert Owen，一七七一——一八五八），他的性情虽然欢喜乌托邦，但是却不曾忘记了实际社会的改革和实际制度的建设。他本是个棉场的管理人，对于工厂工人的安宁很注意。他缩短劳动时间，后来竟变成工厂的法律，在劳动运动史上要算是很大的贡献。

他把环境的势力看得非常重要，以为人性的变化完全是环境造成的。要想变更个人，必先变更环境。因此便想重新创造一个社会，改变人类的环境。他在美国恩戴纳（Indiana）州买下三万亩地皮。一八二五年春间定约的，把他的计画发表出来，几周后得到八百多人的赞成，由这些同志集合起来组成新村，于一八二六年二月五日制成宪法，想先做成新生活的样本给世界人看，可惜不到两年便土崩瓦解了。

还有一位法国的乌托邦派福利埃（Charles Fourier，一七七二——一八三七），以为重新建筑社会是实际问题，不是理论问题。他的实行共产主义第一步方法便是建设"同居舍"（Phalanstere）。筑下最大的房屋，可容一千五百人居住。分许多房间，使住的人可以自由选择适当的房子，并使住的人天天在一块吃饭。他以为只要有这种大旅馆式的社会，一切社会问题都可以解决。因为他同欧文一样，相信社会环境如果不变迁，不论什么问题都不能解决；环境一变，使人类得到一种新式的生活，别的问题自然可以不起了。

福利埃以为，在将来新社会中，人人必把劳动看作最有兴味的事体，人人高兴劳动，人人愿意劳动。他的理想的国家便是一种社会的国家（Social State）。在这个国家之中，无论生活的方面、道德的方面，都没有强力去逼迫他劳动，只因为爱做工而做工，所以没有痛苦。他的同居舍的唯一的目的，便是在协助的基础上举行生产，以园艺种植的方法来做农事。联成许多共产团体（Phalanges），便成一个新世界。但是经过多次试验，总是失败了的居多数。

欧文和福利埃都是法国革命后普通思潮的产儿。自卢梭到海格尔（Hegel）的时候，最重要的思想大概都倾向乐观主义，总以为自然是善的，社会是恶的；恶是群聚的，善是个人的；人类是纯洁的，社会是污秽的。因此便想离开旧社会来创造新社会。

这一派的社会运动和近代科学的社会主义家的运动最不相同的地方，就是科学的社会主义家想藉政治的势力、国家的权力来达到改造经济组织的目的，新村派却想藉个人的能力或同志的能力来达到改造经济组织的目的；科学的社会主义家想叫醒在现在社会组织之下一般不益利的人起来组织有力的政治团体，渐次得到参与政治的地步，来改造全体的社会；新村派却想由少数人自由集合，独立于政治的势力之外，来改善一部分人心；科学的社会主义家想促进旧社会变成为新社会，故先从旧社会下手，新村派却想离开旧社会创造新社会，故先从新社会下手，丢开旧社会不问。这种方法只能认为劳动阶级没有觉悟的时期中间一时"聊以自慰"的方法，并不是改造社会的正规；他们所以不能成功，并不是理想太高，实在是方法不善。

把前边这三派——博爱派、小说派、新村派——共产主义总括起来看，可见他们通同是在道德的基础上立论，通同相信人类是善的。他们的实现共产主义的方法，全靠各人自己良心上的自动的制裁。所以遇着亚拿尼亚这派人自私自利，便没有办法，便不得不牺牲"有无相通"的主张，承认他们的得私有财产。高德文、欧文、福利埃的共产主义实现也和博爱派有同一的缺点，就是高德文的理想国必定要在高德文的理想条件——正义——之下才能够实行。如果人性都是自私自利，像斯密亚丹（Adam Smith）一派所说的，那便永远没有实行的时期了。且福利埃等想以园艺种植的方法来做农事，这也是农业时代的田园生活，和克鲁泡特金的经济论犯了同一的弊病。拿少数的农业时代的小树艺的小工业的生产组织，来同工业时代的大工业的机械生产相抗，那能不"一败涂地"呢？我们固然不能以成败来估计这派学说的价值，但是我们注重的是方法不是目的，故方法的研究却是一件很重要的事体，不是可以轻于看过的。

第三，从经济的基础上立论的共产主义

社会主义逐渐进步，渐渐造成科学的社会主义。科学的社会主义家不是专门描写将来的理想的社会，只注意在实际上的社会改革。他们很攻击道德派的共产主义，以为他们是感情用事。他们说经济制度的好坏，并不着眼在道德不道德的问题上，单着眼在经济组织的问题上。

这一派最重要的人自然要推马克思（Karl Marx，一八一八——一八八三）为第一了。马克思的共产主义是从"经济的必要"一个基础上发端的。他以为私产制度当初还有存在的理由，因为工业未发达，自耕自食，自制自卖，生产货物都是他自己做的，所以得到的财产都应该归他自己私有。后来行工厂制度，用不着自己去做自己去卖，分工的结果，一件东西经过许多手才制造成功，自己制造的东西不知道卖到什么地方去了。所以他说工厂发达以后，所有制造和分配已经成为"社会化"了，生产分配的方法已经变为社会化，所以经济的制度也必然要变成社会化。

从前要用手足的气力来生产，所以要有许多奴隶，因此便有奴隶制度。在这种经济生活的状态之下，人家都把奴隶制度看作天然的法则，就是柏拉图、亚里士多德也认奴隶为天然的制度，也认奴隶为私有财产。到了这种经济生活消灭了，奴隶制度也跟着消灭，那种以奴隶为私有财产的习惯便一律根本铲除了。现在经济生活已经变迁，生产和分配已经成为社会化，那么，土地资本的私有制度，必定和从前的奴隶制一样，一概没有用处，由此可以变成土地资本的共有制度。这是马克思所以主张共产主义的原因。

马克思的立脚点全在"经济的必要"上边，有了某种经济的必要才有某种经济的制度。某种经济的必要消灭了，跟某种经济的必要而生的经济制度也必然要跟着消灭。

在一八〇五年的时候，曾有浩尔（Charles Hall）这个人，发表一篇《及于欧人的文明之影响》（"The Affects of Civilization on the People in European States"），想取消掉地租和利息。他以为穷人一天劳动八点钟，只有一点钟是为自己劳动的，其余的七点钟所做的工作，在现在的法律秩序之下，都归到富者手中去了。因此便提出两个原则：（一）每人只按照家庭必需的程度而劳动，（二）劳动者应该享受自己劳动结果的全部。由这第二个原则发生出来的权利便是"全劳动收益权"。

"全劳动收益权"是劳动者自己享受自己生产的价值的全部。如果劳动者要实行这种权利，那么，财产制度便不能不改变了。因为私有财产制度只是保障人家已经得到的财产，不管人家用什么方法得到财产。换句话说，就是只是保障那些有得到财产能力的人，不管没有财产的人取得财产的方法和机会。而且在私产制度之下，总要承认地租、利息为正当的所得，因此便不能铲除不劳而得的弊病。故从劳动收益上着想，不能不推翻私产制度，实行共产制度。

总而言之，从前的共产主义家因为看不起经济，所以率性把经济的问题丢开；现在的共产主义家把经济看得很重，所以认定不解决经济的问题，决不能解决政治的问题。从前想用政治的方法来解决经济的问题，以为只要有劳动代表加入政界便可改良经济的生活；现在却想把政治放在劳动者管理之下，使政治问题同经济问题由劳动者自己一同解决。所以从前劳动界只要求参政，现在的劳动者却想直接来管理国家。如果把国家放在劳动者管理之下，如果国家之中没有不劳而得的阶级存在，共产主义就可以完全实现了。所以近代的共产主义家所商权的只是实行的方法的问题，至于共产制度本身可行不可行的问题，老早就用不着讨论了。

（原载《新青年》第 9 卷第 2 号）

关于资本主义和社会主义的争论的我见
（1921 年 6 月 20 日）

现在中国的社会改革有一个很重大的问题，就是"不经过资本主义的时代，是否能得到实行社会主义的时代？"

这两年来，有一派人的答案是：

救中国只有一条路……就是增加富力。

于此之际，苟目睹资本主义兴焉，Bourgeois 兴焉，皆当认为当然之阶级，与其拒之，不如希其速来。（以上是张东荪的话）

……这样讲来，资本家必定要经过的，世界上并没有不经过此阶级而能达到社会主义的……中国若想社会主义实现，不得不提倡资本主义。（杨端六与罗素的谈话）

近来看见《改造》杂志中讨论这个问题，就是梁任公也是这样的主张。

我想这派人的第一个根本错误，就在把历史的进化太看作机械的。他们自己也许不尽然承认唯物的历史观，其实比马克思的主张还要死得多，老实说来，简直是"经济的定数论"。因为马克思一生处处都是奋斗，并没有坐在家中作"长期的忍耐"过。且他自己也曾说过："观察变化，要常常区别两件事，一件是经济的生产状况上所起的物质的变化，这是自然科学所教训我人的；一件是法律上、政治上、美术上或哲学上——简而言之，观念上——的形态，人在这些形态上发见冲突而奋斗的。"（一八五九年《经济学批评》第一卷五页）

变化既然是人类奋斗的，更可见得人类不能站在变化之外去"忍耐"了。马克思是主张唯物史观的人，都这样说，况且我们是反对机械的唯物史观的嘛。

我的结论就是说：历史的进化是人类本着由经验而来的智识的创造

物，并不是离外人类的意志自然而自然的发生的。我们认定十八世纪的产业革命是十七世纪科学革命的结果，现在的社会革命是一百年来社会主义的学理灌入人心的结果。

从我们这种见解推论起来，觉得人家从前没有历史的经验，所以走错了路，跑进了资本主义的时代；我们现在明明看见资本主义在历史的经验上发见出种种的弊害，又明明看见社会主义现在正在针对这种弊害下药医治，我们不问是认定中国现在已经中了资本主义的病症，或认定还没有中了资本主义的病症，都应该用社会主义的方法来医治或先事预防的。如果希望资本主义快来，赶快的把国内造成两个阶级，然后再打开书包，去寻出社会主义的方剂来医治他，便是"削足适履"的办法。如果说不在资本主义之下社会主义便没有用武之地，便是"打酱油的钱不能打醋"的办法——这都是法国人所说的"经济的定数论"派。那么，只好听他们"长期的忍耐"罢。

这派人还有第二个根本错误，就是把"资本"看得同"资本家"、"资本主义"一样的。现在治中国的病要"增加富力"，这是什么人都不能够否认的；可是"富力"的界说和"增加富力"的方法，却不一定要用提倡资本主义的经济学者的学说。从前的经济学者如斯密亚丹（Adam Smith）一流人，都把经济学看作国富的科学，《富国论》中所讨论的大半都是国家的生产。从前的经济的使命在使国家富足，现在经济学的使命在研究各个人的欲望充满或没有充满。所以估计一国的富力并不以交换的总额做标准，是调查一国之中贫穷的人数和享幸福的人数，两相比较，看究竟不能满足生活的欲望的到底有多少。所以个人的欲望和满足欲望的事体是最近的经济学所应该第一要知道的。

因此，往年的经济学注重生产，现在经济学注重分配。只注重生产，以为"生产可以满足一切人的欲望"，是根本错误的。为中国增加富力打算，我以为第一要打破的就是资本主义家"生产是满足万人欲望"的这句话。生产既不能满足万人的欲望，那么，想用资本主义来医治"从前未过过人的生活"的社会，不知道怎样办得到呢？

所以我以为中国现在定要增加富力（这是和张东荪见解相同的），但是增加富力，只要得资本，不要得资本家，更不要提倡资本主义。资本是生产的必需品，可是资本一为私人所有，便成了资本阶级，便成了资本主义了。在有资本阶级的社会之中，在实行资本主义的社会之中，所谓增加富力，只是增加资本阶级的富力，"从来没有过过人的生活"

的人仍然压在底下。说在资本阶级之下，可使一切人都可以过"人的生活"，是闭着眼睛说瞎话。如果瞧瞧欧美各国现在的情形，如果稍为研究研究社会主义所以发生的原因，我想再也不致于有这种错误。

我现在不能详细的证明我的结论，只有简单的说明我的结论。我的结论是什么呢？就是历史的变化是可以人力修补或改变他的趋向。换句话说，就是不从资本主义的时代经过也可以达到社会主义的时代。人类所以有创造的智慧，就是教人不要把古人的失败史"如法炮制"的重抄一遍。换句话说，就是欧美从前的经济学只注重生产，所以造成贫穷的阶级；我们现在注重生产，同时就应当注重分配，千万不要把欧美的资本主义罪恶史重演一遍。以人力改变历史的趋向，不要问他能不能，只要看他的方法善不善。所以我认定我们改造资本主义没有发达的社会，只当研究改造的方法，不当武断的或抄袭的下"世界上并没有不经过此（资本）阶段而能达到社会主义"的断言。

（原载《评论之评论》第 1 卷第 3 号）

省宪法中的民权问题
（1921 年 9 月 1 日）

　　少微研究过宪法的人，大概都知道宪法是人民的"权利书"，因为宪法中最重要的部分就是保障人民的权利。现在一提起"人民权利"四个字，差不多人人都记得他的内容是包括"自由"和"财产"在内。自由的内容又包括"言论自由"、"出版自由"、"信教自由"、"集会结社自由"、"书信秘密自由"、"身体和家宅自由"、"营业自由"等权利在内。欧洲几百年的宪法战争，差不多都是为着这几种自由权而起的。因此，便有人说"宪法是不祥之物"，为什么呢？因为得到宪法必须革命流血，失掉宪法也必须革命流血的原故。得到这几种权利既已这样的难，又何怪人家要把这几种自由权利看作神圣不可侵犯呢？

　　我们从表面上看来，似乎欧洲这几百年的文明进步，都是几种权利所赐的。但是如果仔细研究一下，就知道这样观察实在错误。因为法律上的条文，只是社会文明进步的结果；有了这样文明进步的结果，回头来又才成为文明进步的原因。换句话说，就是欧洲宪法上所规定的人民权利，只是那时自由思想发达的结果，并不是凭空结撰的规定几条宪法，便能创造起来人民的自由。

　　我们明白这个道理，就可以知道欧洲宪法上所规定的自由权利，都是从那时中等阶级的经济情形、政治地位和思想程度，种种事实上而来的结果。这几种自由权利既已是由中等阶级做中坚分子要求来的，那么，自然都是中等阶级所能够享受的了。换句话说，就是十七、十八两世纪中的政治运动，只是有产阶级的政治运动，并不是无产阶级的政治运动，所以由这种政治运动得来的结果，也只有有产阶级才能够享受。就无产阶级的经济情形、政治地位和思想程度说，便一点光也沾不着了。为什么呢？只因为有产阶级所要求的是"政治的基本权"，无产阶级所需要的是"经济的基本权"。

（A）政治的基本权的发生

凡是十七、十八两世纪中政治家所要求的权利和宪法上所规定的权利，通同可以叫做"政治的基本权"。要想知道政治的基本权为什么重要，一定要看看那时经济政治和思想的情形。

中世纪的工业的单位，就是"同业公所"（Guild）。无论是手工业、商业、渔猎业，教师、画家甚至农奴，都有同业公所的组织。同业公所对于内部有独立的裁判权和独立的行政权，无论什么权力都不能干涉他们的内部。对于职业上有严重的限制，不准人家自由改业。譬如生在铁匠家里，便子子孙孙的做铁匠；生在鞋匠家里，便子子孙孙的做鞋匠。居住迁徙不能自由。商品的价格由法律规定，不许自由涨跌。同业公所有工商业上专卖专营的特权，个人是绝对不可侵犯他的。简单一句话，就是在同业公所的制度之下，完全没有个人的自由。同业公所的制度虽然和封建制度渐渐的废去，但是很有许多习惯还难得根本铲除。英国在近世纪之初，人民还没有经济上的自由。工钱由法律规定，利钱由法律限制。还有一种"徒弟规则"，无论什么人，如果没有做过七年的徒弟，惹凭什么职业也不许他做。

当封建制度灭亡后，中央集权的国家渐渐的成立。这时有一个普通的思想，就是以国家为致富的机关。国家定下保护干涉的政策，奖励出口货，限制进口货，想用这种方法来发达国内的工商业。又大大的扩张殖民地，奖励他与母国贸易，禁止他与别国贸易。这些政策又没有不是和个人自由极端相冲突的。

处这种不自由的境况之下，又过着交通利便的机会，人人都可以向海外发展，人人都可以凭着个人的能力去经营工商各业。因此，便使从前一般自耕自食、自织自衣、安享乡土之乐的人，赶进近代活泼泼的经济舞台上来了。个人发展的第一步，便在打破同业公所的专制，要求"职业自由"，推翻同业公所专卖专营的特权。向海外发展的第一步，便在打破保护政策，要求自由放任政策。想使这种个人自由得到法律上的保障，所以大家都在宪法上用意，把"营业自由"、"居住迁徙自由"种种权利，规定在宪法之上，便他们都成为神圣不可侵犯的东西。

经济事实既已发达，工商阶级的首领渐渐的变成中产阶级。他们既已有了金钱，自然有能力去研究学术思想了。这时最和学术思想相冲突的便是宗教。工商业初起的时候，法律和教义处处都和他们有碍，不但抑制那做工业主义基础的个人勤勉力和创造心，并且把蓄积财物、储蓄金钱都看做罪恶。教会想把社会的一切行动都放在他的支配之下，所以他的警语便是"服从"。人民只有义务没有权利。莫克法森（Hector Macpherson）说的好，他说：那时"无论工业、宗教、政治，只要是有益于文明的东西，都消灭完了。凡是劳动者，如要求为自己工作的权利，都看作叛逆的农奴；凡是宗教家，如果要求脱离教会的权利，都看作异端；凡是政治处如果反抗专制政治，都看作反叛。"在这种神政观念之下，绝对没有容认个人权利的余地。工商业发达后，经济的情形便首先和这种教义相冲突。他们要求几种必不可缺的自由，这几种自由便是近代文明的产母。换句话说：就是工商业发达之后，中产阶级的经商生活已经毫无顾虑，故逞着这个机会更进一步，要求高等文明生活的自由，来打破由中古沿袭下来的政治专制、宗教专制、思想专制……的旧习惯。这些自由便是"思想自由"、"信教自由"等类，也要求规定在宪法之上，看作神圣不可侵犯的东西。

以上种种自由权利，都是"政治的基本权"。这种政治的基本权既然是中产以上的阶级所要求的，当然只有中产以上的阶级才能够享受了。

（B）政治基本权的缺点

照前边所说的各种情形，可见得这些权利在那时实在是发展个人能力所以不可缺的东西。可是我们看看这几百年历史上的经验，可以知道这些权利只不过有一部分中产阶级的人可以享受，大多数无产阶级还受不到这些权利的一点儿恩惠。换句话说，就是这些权利必定要有相当的财产、相当的职业、相当的技能的人才能够享受——这都是非享受高等生活的人不能有的权利。

我们就拿财产权——包括物权、债权、袭产权在内——说罢。财产权的根据本很简单，有一派人说是使劳动的人得享受劳动的结果。为什么人类要享受自己动劳的结果呢？因为人性是自利的；如果承认他由自己的能力生产出来的结果，得由他自己安安稳稳的享受，便可以鼓舞起来人类的自利心，奖励人类的劳动。所以边沁（Bentham）一派的功利主义（Utilitarianism）家都说：所有权的安全乃是进化的真正的起点和鼓舞进化的原因。他们只要求财产安全，不要求财产平均。所以边沁说道：

> 当安全与平等冲突的时候，必定立刻便把平等牺牲了。第一件重要的就是生命的基础，生存、富裕、幸福，件件事都靠着他。平等只能够生出一部分的利益。而且我们无论怎样做都不能完全，我们所能做得到的只是减少一点不平等。………假若想使所有平等，把财产权推翻，便要生出不可收拾的坏处。也没有保障了，也没有勤励了，也没有富裕了，社会一定要回复到最初的野蛮状态了。

从这几句话上看来，可见得那时普通的思想只要财产稳固，不要财产平等。

当初弄到财产的人，也许是亲手起家的，自己安享自己亲手弄来的财产，原是正当的办法。但是后来财产多的人，便以财产生财产，或收买土地睡在家里收租税，或放出本钱睡在家里吃利钱，或生在有钱的人家终身吃他老子的饭。等到这一类价财产发生，便把所以保护财产的原意失掉了。财产不但不能奖励人家勤劳，倒反转来奖励人家懒惰了。财产自身并不是由自己勤劳的结果，却是劫夺人家勤劳结果的赃物。所以蒲鲁东（Proudhon）便大声疾呼的说："财产便是贼赃！"

反有一派人说："财产权是占有无主物的人对于该物的所有权。"如果这句话实在，那么，世界上人口渐渐增加，所有土地尽让先来的人占完了，后生的人岂不要活活的饿死？所以马尔塞斯（Malthus）说：

> 一个人生在一切东西都被人家占去的世界之中，如他不能从他老子正正当当的要求到生活费，社会再不要他的劳力，那么，他便没有得到一点食物的权利，他生这个世界上只是多生的。"自然"的大宴会中，没有他的座位。并且叫他走开，立刻就执行自然的命令。（《人口论》第二版正三一○页）

照以上财产权的两种理论说来，宪法上把财产权看作神圣不可侵犯，岂不是替贼人来保护赃物？岂不是只愿全已经占有财产的一部分人的利益，叫后生的人活活的饿死？

再就自由权说，也是这样。譬如宪法上只规定"人民有言论思想的自由"，试问能享受这种自由权的人，是否要有相当的生活的能力？社会对于这个人，是否要有相当的设备？凡是能享受言论思想自由权的人，第一个条件就在要能够生活。如果生活都不能够维持，便不能身受教育了。就是能够维持生活，能够身受教育，个人本身不发生别的问题，但是社会上如果没有图书馆的设备，如果没有学者指导他，或引起他研究的兴趣，或者社会上如工业制度和别的习惯等又不能便利他使他有研究的机会，这样一来，就是宪法上冠冕堂皇的规定下来言论思想的自由，试问教他怎样能够享受呢？

职业选择的自由也是这样。能够自由选择职业的人，第一要有技术上的训练。既已受过技术上的训练，又要有相当的生活费，使他不致为饥寒所迫，苟且迁就。不然教一个一天不做工便要饿死的工人去自由选择职业，岂不是一句笑话吗？比方抬轿本是不人道的职业，但是在中国现状之下，且有人抬轿而不可得的。教这种求抬轿而不可得的人去自由选择职业，岂不是教那些连饭都没得吃的小百姓去拣选上等的山珍海味来滋阴补阳吗？

所以我总以为这些政治的基本权是中产以上阶级能享受的权利，绝不是无产阶级所能享受的。宪法既然是一般人民的权利书，便不应该仅仅的保障有产阶级政治上的自由权，应该兼保障无产阶级经济上的平等权。

（C）经济基本权的重要

从前宪法的缺点就在只知道注重政治基本权，不知道注重经济基本权，结果便把一般不能够维持生活的人排除在宪法保障的范围之外。所以十八、十九两世纪的宪法只是中产以上阶级的宪法，十八、十九两世纪的政治只是中产以上阶级的政治。我们如果明白不能维持生活的人断不能享受各种自由权的道理，那么，要创造新宪法的时候，便应该把经济基本权加入宪法的保障的范围。

经济基本权的内容是什么呢？第一就是"全劳动收益权"，第二是"生存权"，第三是"劳动权"。全劳动收益权是在共产制度之下行使的，劳动权却是在私产制度之下行使的，生存权也可以在共产制度之下行使，也可以在私产制度之下行使。

什么叫做"全劳动收益权"呢？因为自马克斯（Karl Marx）以来，大家都知道"富财是劳力的创造品"。既说富财是劳力创造的，那么，各人就应该把各人自己由劳力生产出来的东西，拿来供自己享用，那些不用劳力的资本家便不应该坐收地租、利息了。因为地租、利息是不劳而得的东西——是把人家劳动的结果拿来供自己的享用。结果劳动者每天就是做工八小时，可是自己只落得一小时的报酬，其余七小时的劳动结果，都归资本家抢劫去了。因此便有人主张"凡是劳动者生产的东西，都应该完全归劳动者自己享用"。由这个原则上发生出来的权利，就是"全劳动收益权"。

我们现在虽然未能废除私产制度，但是却断断乎不能再助长资本制度。现在不妨用法律来限制土地和资本独占的趋势，保障自己以劳力直接生出财产的财产权，限制遗产和利息等不劳而获的财产权。

什么叫做"生存权"呢？就是一切财物适应各人欲望的需要分配起来。譬如有一件东西，在甲没有什么大用处，在乙却用处大的很，便应该分配给乙去享用。全劳动收益权以劳动做分配财产的标准，生存权以欲望做分配财产的标准。但是归综一句话：人类既已生存，就该有保持生存的权利，不应该使一部分人连生命都不能维持。我们当共产制度没有采用之先，应该以法律来保障那些得不到生存资料的人。详细说来，就是法律上应该承认未成丁的人有受教养的权利，承认衰老残疾失掉劳动能力的人有受救济的权利。

什么叫做劳动权呢？就是凡有劳动能力的人，在私企业者之下，不能得劳动的机会者，都有要求给与劳动机会的权利。行使全劳动收益权的人可以要求自己生产的全体归自己享受；行使劳动权的人仅仅要求得到卖工的工钱，不能要求享有生产物的全部。我以为在私产制度之下，如果想救济失业的弊病，法律上应该承认凡有劳动能力的人都有要求劳动机会的权利。

我以为我们现在不谈宪法便罢，如果要谈宪法便要把经济的基本权收由宪法保障。因为我们认定经济问题不解决，政治问题也万不能解决，人民不能得到经济上的平等权，便不能享受政治上的自由权。真正能保障人民经济上的平等权的宪法，可以算做全体人民的"权利书"；真正能保障人民全体权利的政治，才可以算做"全民政治"。

（原载《新青年》第 9 卷第 5 号）

一百三十年来联邦论的趋势
（1922 年 2 月 28 日）

联邦制度本是近代造成的一种特别的国家组织，但是如果要追求根源，在二千多年前已经有了萌芽。现在因为篇幅和参考书的限制，不能详细叙述联邦制度变迁沿革的历史，只能略微述述联邦主义的大概趋势。但当没有叙述近一百三十来联邦论的趋势之前，且略微说说希腊晚年的联邦主义，继此再入本题，叙述美德联邦初期的联邦论、美德统一时期的联邦论，及最近联邦论的倾向。

（一）希腊晚年的联邦主义

希腊国家本都是城市国家（City-state），所以政治思想家如柏拉图（Plato）、亚里士多德（Aristotle）等所描写的理想国都不过是只容得十万人以上的小国家。但是这种小国家在和平无事的时候，固然可以做人类道德生活、精神生活的惟一团体，可是一到有事的时候，这种分散的小团体便不能够同外族相抵抗。当波斯西侵及马基顿势力南下的时候，希腊人一齐觉悟，知道小国家万不能和大帝国相抵抗，所以才丢开一城一市各自独立的小国家观念，同时发生两种主义：（一）联邦主义，（二）世界主义。

马基顿以武力推翻希腊的民治政体之后，把希腊各城市一齐放在武力支配之下，爱自由、爱独立的希腊人当然不能心服。所以亚力山大以一死（纪元前三二三年），马上就起来反抗。希腊人本善于应付政治环境，一看见散漫无纪的小城市不能抵抗武力统一的国家，故当纪元前三世纪的时候，就组织成功两个重要的联邦，一个叫做亚嘉亚联盟（Achaean League，是纪元前二八一年设立的），一个叫做伊多尼亚联盟

（Aetolian League，纪元前二八〇年设立的）。这两个联盟，都到纪元前一四六年被罗马灭掩了。这种联邦是拿民族来代替城市，联邦的组织便是希腊民族的组织。亚嘉亚联盟有中央议会，每一个联盟的城市（国家）有一票权。又有中央行政部和裁判所，单独一市不能宣战、媾和或同外国人私定条约。中央政府并是直接的民治制度，并不是代议制，凡过三十岁以上的市民都有出席中央议会的权利。每一个城市虽然不得中央政府的许可不得接受外国的公使，但是国内的政治、法律仍然各自独立，不受中央政府的干涉。可以这个城市的市民可以在别的城市之中得到市民权、互相结婚权和私有土地权。

这时候联邦的目的是想藉各市的团结势力来驱逐马基顿的武力统治，因为他们已经觉得城市国家的势力不够用，故来组织如近代所说的"邦国国家"（Country-state），所以这种联邦意在集合许多下国家组成一个大国家，目的注重在集权，并不注重在分权。

（二）美德联邦初期的联邦论

希腊晚年的联邦制，严格说起来，只具联邦的雏形，所以和现在联邦制相比较，只可叫做邦联，不能叫做联邦。真正的联邦制要算是自美国一七八九年联邦宪法成立之日发源的。希腊的联邦制是为抵抗马基顿武力而设的，美国的联邦制也是为抵抗外国势力而设的。蒲徕士（Bryce）说：

> ……诸州议会决然采用此宪法者，苟无一大原因在，恐万无可望。原因维何？及畏惧外国之势力是也。（见《平民政治》第三章）

美国联邦宪法虽然被这种特别原因逼着各邦会议通过，但是人民的争论却不曾少歇。因此分成两大党派，终演成南北战争。当时联邦论可分成邦权论及调和论两派。

（A）邦权派的议论

这一派所以反对联邦，立论的基础完全建筑在"自由"之上。他们以为强有力的中央政府成立，一定要妨害各邦的权利及市民的自由。所以蒲徕士说道，那时美国人民都说：

> 自由要亡了，被乔其第三（George Ⅲ）所保存的自由将要亡于他子孙之手了。中央集权将要毁坏各市政府和地方制度了。（见

《平民政治》第三章）

莱荪（Mr. Nason）在一七八八年宪法会议中下一回最悲惨的哀求，说道：

> 我求这尊荣的会议容我放肆叫几声：自由哦自由，最好的宝贝！我同你一道生，同你一道死！如果我当他垂危的时候要掉下一滴眼泪，大家要恕恕我呀。诸公，我不能眼睁睁的看着这个无价之宝受伤。我们可以立刻丢开他吗？哦，不能！

但是这时美国人不但有反对联邦的感情，并且有反对联邦的学理。那时有一位法学家屠克（Tucker）极力的拥护邦权。他说："做联盟国一分子的各邦仍然保有独立和主权，每邦仍然是主权国，如果有必要时，仍然可以充量的行使他的职权。公共政府如果要妨害各邦的权利，不论何时，各邦都可以脱离关系。这是各邦人民的自然权利，没有什么势力或契约可以剥夺他们的。邦和邦中的各个人一样，随时都有脱离联邦政府的权利。"

后来又有一位南方的大政治哲学家贾尔洪（John Calhoun）也主张这种议论。他在《政府论》（*A Disquisition on Government*）上说出他很有系统的议论。贾尔洪的联邦论可以分为两部分：（一）取消论，（二）脱离论。

贾尔洪所最痛恨的是多数专制。他极力说"数的多数"（Numerical majority）的危险，主张一切政事由"同意的多数"（Concurrent majority）决定。同意的多数就是给予社会中一部分人消极的行动权。他以为不行同意的多数制，就不能成为消极的；不能消极，就不能成为宪法。消极权就是阻止政府的行为的权力，随便用什么名称，或叫做否决，或叫做劝解，或叫做取消，或叫做牵制，或叫做抗衡，都可以。积极的权力造成政府，消极的权力造成宪法。同意的多数就是给各关系者以否决权，政府的行为不以多数个人同意为条件，但以各关系者的同意为条件。联邦的分子国可以适用这个原则来否决公共政府的行为，凡公共政府有违反宪法的政策，每一个分子国都可以抗拒他。如果四分之三的分子国都赞成公共政府的行为，四分之一的不赞同的分子国便可以脱离关系。这就是他的取消论。

此外贾尔洪还有脱离论。脱离论的观念是由他的主权论发生出来的。他以为主权是惟一而不可分的东西，"分他就是毁灭他"，因此便说半主权国家和半主权政府不能结合在一块。他只承认邦权是固有的，中央政府只享有行使主权的权利，并不能自有真正的主权。中央政府只是代行主权者，自己并不是主权者。因为各邦是真正的主权者，所以无论何时都可以行使主权和联邦政府脱离关系。这就是他的脱离论。

贾尔洪学说的势力在南方很占优势，南方的独立党（Particularistic Party）几乎奉作信条。他们持这种议论，推到极端，所以后来竟演成了南北战争。

(B) 调和派的议论

当美国联邦政府成立的时候，因为是"破天荒"的制度，所以没有适当的名称可用。有人叫做"复合的共和国"（Compound Republic），有人叫做"联合的共和国"（Confederate Republic），有人叫做"联合国"（Confederacy），又有人叫做"社会的集合国"（Assemblage of Societies）。因为新联邦的性质既不是统一性，又不是联合性，只是统一性和联合性的结合而成的。从宪法的批评上看来——因为宪法由各邦批准——是一个联邦国，从立法部的组织上看来——上院的组织含有联邦性，下院的组织又含有统一性——却是一个半统一、半联邦的国家。行政部的组织也是这样，因为选举票的分配一半按照各邦平等的原理，一半又按照人口的原理。但是从政府的活动上看来，可以直达人民，不要由各邦政府转达，又是统一国，不是联邦国。可是从政府权力范围上看来，中央只有特举的几种权力，其余的权力仍由各邦保留，又是联邦国，不是统一国。

因为新联邦政府的性质这样复杂，所以调和派才大唱主权可分的学说。主权可分的学说自美国联邦宪法采用的时候起，直到贾尔洪止，可算是美国人很普通的思想。联邦派便以普通思想做根据，大唱主权可分的学说。他们以为从前十三邦联盟（自一七七六年宣布独立起，至一七八九年新宪法成立止，都是联盟时代），所以不能成功，就因为联盟公会只有半主权，完全的主权仍在各邦的手中。新宪法的好处就在使各邦得保有很重要的主权，不致于降到省、县的地位，各邦虽然虽然不能有完全的主权，但是却有保留的主权。

那时美国的法院也采取主权可分的学说。当一七九二年裁决 Chisholm V. Georgia 一案时候，曾宣言说，中央对于让与的各种政权是主权者，各邦对于保留的政权是主权者。调和派的大将莫狄生（James Madison）也说，美国的联邦政府既不是联邦的，也不是统一的，只能叫做"联合的共和国"（Federal Republic）。他以为如果说主权不可分，那么，美国的制度便是极滑稽的制度，因为美国联邦政府是一种"破天荒"的制度，从前没有先例的。他的结论就是，主权一部分在中央政府，一部分在做分子国的各邦。

中央政府与各邦政府虽然皆有一部分主权，但是主权的来源彼此却不相同。所以从联邦宪法的历史上看来，各邦的权力有固有的性质，中央政府的权力却有由各邦让与的性质。就是近来的著作家，如果说到历史上的事实，也多是这样主张。且看威尔逊说：

> 各邦仍然是国家，因为他们的权力是原始的、固有的，不是从人家让与的，因为他们政治上的权利不同时就是法律上的义务，因为他们发布命令有与法律相等的效力。（An Old Master and Other Political Essays）

蒲徕士也说：

> 中央政府与各邦政府中间权力的分配，是由两个法子弄成的。积极的方面，把若干权力让给中央政府；消极方面，把各种权力加以限制，不要再给与各邦的权力，因为各邦都得保留实际上不曾割让的一切权力。（见《平民政治》）

这都是说明各邦所以与地方行政区域性质不同，惟在邦权是固有的一点。

这种调和派的论调不独在美国联邦初期是这样，便是德国联邦初期也是这样。德意志的联邦可分做两个时期，从一八一五年到一八六六年为第一个时期，从一八六六年到一八七一年为第二个时期。第一期是联邦时代，第二期是德意志帝国成立时代。在第一个时期中，有魏慈（Waitz）一派人却主张中央政府与各邦有一定的权限。在这种权限之中各自独立，你也不能干涉我，我也不能干涉你，这种独立的权限就是主权。魏慈把主权的范围和内容分开说，范围是有限制的，所以联邦及各邦都不能逃出自己范围之外去侵犯他方面的独立；内容是无限制的，所以联邦及各邦在自己的范围之内都可以独立做事，不受他方面的干涉。换句话说，就是无论是联邦，是各邦，只要在自己范围之内，都有最高的和不受限制的主权。

我们把德美初期的联邦论综合起来看，有几个重要的特点：（一）各邦始终保有国家的资格，各分子始终是国家，不是做行政区域的地方团

体；（二）各分子国始终得保有完全的或一部分的主权；（三）各邦的主
权是各邦固有的，不是中央委托的；（四）中央的主权是各分子国让与
的，不是固有的。这也是初联邦时大家舍不得割弃邦权应该有的论调。

（三）美德统一时期的联邦论

美国主张统一论的学说在南北战争以前还不大发达。到南北战争终
了之后，联邦的感情逐渐得势，所以统一论便变成思想界的正宗。当南
北战争之后，欧洲大陆上也同样的发生统一的感情。那时德意志、意大
利等国的统一，和美国一样，也是以铁血造成的，铁血成功后才发生统
一的学说。

美国统一论的特点：（一）主张权不可分的学说；（二）消灭各邦的
国家资格；（三）丢开十八世纪的契约说，专门注重组织的原理。

美国学者主张统一论最透彻的要算柏哲士（Burgess），他在《政治
学及比较宪法》中说：

> 联邦者，非复合国也。极而言之，联邦之名，吾且不承。
>
> 所谓联邦云者，亦两种政府成立于同一萨威棱帖（主权）之下
> 云耳……原有之国家在新国家中仅成为政府之各部，非有他也。以
> 邦名之，绝不正当，所以云然，亦中无所有之荣名而已。自来事物
> 新陈代谢，旧名每沿而不改，别创新名，以诂新质，盖非一时所能
> 为也。（用章秋桐译语）

柏氏又说：

> 再造诸邦，其钥乃在为联邦制之所谓邦下一精诂……吾知单纯
> 国家之根本原则，萨威棱帖也。萨威棱帖者，权之最初无限，可以
> 致人服从，否则加罚者也。至联邦制下之邦则异。若而邦者，地方
> 自治机关，立夫共同宪法最上威权之下而保留其余力者也……邦之
> 性质如此，人谓联邦之邦不能解散，是何理也？（同前）

韦罗贝（W. W. Willoughby）也痛驳各邦主权和各邦主权有原始性
的话，他也把各邦同地方行政区域一样看待，说联邦的邦只在历史上有
邦的名称，在现在，邦的名称已经不存在了。且看他说：

> 或曰：诸州权力本来有之。吾直不解所谓本来乃何义也？如诸
> 州者，不能外于联邦别有政治团体之资格。则本来权力一语亦仅含

有历史上之意味，谓创造联邦之时彼或为独立国家而已。至言法理，彼之得为合众国之一员，其法权纯出于联邦宪法之畀予，无有他也。或曰：诸州政权不同法律义务。苟吾诠之不谬，盖谓权之行使与否以及行使之方式，大抵由诸州以意为之，无法律为之限制也。虽然，有若市府，有若郡邑，仅得字为行政小区者，亦何尝不有此种自由伸缩之权乎？或又曰：诸邦发号施令义同法律，故不失为国家。易词言之，彼于法权以内所布政令，效力乃与法律同科。然此种定义，推之所有一切机关无不相宜。综而言之，从法理上以观，联邦之诸邦与诸邦之地方行政区域，其权力之不同，特一程度问题，至根本上之异点，自诉之史迹以外，直无从觅也。（见韦氏《国性论》，此用章秋桐译语）

照韦罗贝的话看起来，联邦的邦并不能算做国家，他的权力只是由联邦宪法付与的，并不是固有的。邦与地方团体所有的权力，只有程度的差别，没有性质的差别。

德国到一八六六年之后，是倾向统一的时期，所有从前主权可分的学说，到此时也不能适用了。大法学家如迈叶（Meyer）、拉庞德（Laband）、耶律芮克（Jellinek）等都倡"主权为法律上自行决定统权之能力"，说这种能力在什么地方，就是主权在什么地方。譬如一乡一村一城一市，在自己范围内部有独立自治权，但这种权力范围怎样规定，乡、村、城、市的自己都没有这种能力，只得听位置较高的机关代定。有主权的国家却不是这样，他自己有决定自己统辖的能力。一国之中不能同时有两个主权并立，所以各邦不得有主权。且看耶律芮克说：

> 联邦者，合诸邦而为一体者也。易词言之，凡联邦权限所能达到之处，诸邦所有各别存在之点皆当消灭。以是之故，诸邦之土地人民皆收入联邦权限之中，凝为一体，邦之疆域即国之疆域也，邦之人民乃统于一尊之人民也。

耶律芮克说，国家的要素就在主权，主权既在联邦，故联邦内的各邦皆当合为一体，消灭他们国家的性质。因此，他主张诸邦在法理上没有脱离联邦政府的权力。

不过，德国的联邦还有一种特别情形，就是各邦势力非常的强横，普鲁士一邦便是一个例。当由邦联改组联邦时，各邦固有的邦权大概都不肯轻让，固有的名号大概都不愿意取消。这时要想平各邦的心气，只有别创一种学说，以保全各邦原有的国家资格。所以拉庞德说：

> 单一国土地及人民皆属国家统治高权之下，而于联邦则有二重：即土地、人民属于邦权之下，此邦又隶于国权之下是也。国权之直接客体为邦，邦者为单一体，为公法上之法人，乃国之直臣属也。邦之疆域间接为国之疆域，邦之人民间接为国之人民。故联邦者，邦自屈服之谓也，非压制及解散其邦也。邦上戴国，下复驭民。

照拉庞德的话看来，联邦成立之后，邦的单一体仍然存在。换句话说，就是各邦仍得保有国家的性质。我们单看拉氏的一段话，还不能够明白德国这时何以还有人承认邦有国家资格，我们想要明白这个理由，必定要知道拉氏学说的全体。拉氏不以主权为国家的特性，故承认没有主权的各邦为国家，把主权的实体已经夺过来了，只保存国家的空名。与统一不但没有多大的妨碍，并且可以平各邦之心，使各邦可以自安。这是拉氏的调和论所以发生的原因。

总看德美联邦成功时代的联邦论，共计发见几个特点：（一）联邦国的性质法理上与单一国没有区别；（二）联邦国的各邦事实上就是地方自治团体；（三）邦的名称只是历史上的遗形物，到现在已经是名存实亡了；（四）邦的权力是由中央宪法构成的、畀予的，并没有固有的性质。

（四）最近联邦论的倾向

从这一百多年的联邦论上看起来，可见得联邦制度很有由分权趋向集权的倾向。从前各邦在事实上仍然保有国家的资格，所以学者也加以国家的名称；现在各邦事实上已经变成了地方行政区域，所以学者也取消他们的国家资格，只把他们作为地方团体看待。这就是这一百三十年来联邦制度联合性趋到统一性的明证。

但是我们讨论联邦制度有一个最要注意的地方，就是在联邦制度之下，无论怎样趋向统一性，可是统一性只以能维持中央政府的存在及使中央政府可以自由处理全国公共事件为最大限度。此外，无论在法理上或在事实上，都不能再进一步去剥夺各邦的自治权。我们就是认定联邦国与单一国对于地方政府只有程度的差别，没有性质的差别；但是这个统一的程度也只能到现行的联邦制为止，不能够再向统一上更进步——

这是可以断言的。

现在的联邦论纯粹从职务上着想,不大从权力上着想。从前只从地方团体上着想,现在且从职业团体上着想。所以从前的联邦论是中央与地方的分权论,现在的联邦论是国家与职业团体的分职论。

从前的学者多把国家看作个人的集合体,现在的学者多把国家看作"群"(Group)的结合体。所以白尔克(E. Barker)说:

> 如果我们要是现在的个人主义家,我们便是结合的个人主义家,我们的个人正在结合成群。我们不要再做《个人与国家》(斯宾塞的书名)的书,只做《群与国》的书。现在联合主义(Federalism)盛行,普通人都以为单一国享有唯一的主权是一种错误的见解,同生活的事实不相符。我们以为每个国家多少总是联合的社会,包括许多不同的人群、不同的教会、不同的经济组织在内,每个团体都可以行使对于团体员的支配权。联合主义的感情异常的普及,新社会主义已经丢开独受中央支配的集产主义的方法,在行会(Guild)名义之下造"群"。他承认国家为生产工具的最后主人,要求把这种工具的动用权付托各种同业行会管理之下,想教国家来鼓励文化,要求由行会管理经济的生活。(见《政治思想小史》)

照白尔克这段话看起来,将来的国家不是联"邦",乃是联"群"。他以为中古的国家是一个"许多社会的社会",是行会、教会、都市、郡县的结合体的总集;近代在同业社会主义之下的国家,乃是一个职业行会的社会。因此便说:"我们既以为各种国家——不但真正的联邦国,就是统一国——性质上都是联合的(Federal),我们也可以承认主权不是单一的和不可分的,只是众多的和多数细胞集合的。"(同前)

同业社会主义家所主张的国家说,大概如白尔克所述的话一样。就是俄国现行的苏维埃制,也有些像群的联合。这就是近来的学说所以多注重国与群的分职、不单注重中央与地方的分权的原因,这就是由联邦论变到联群论的倾向。

(原载《法政学报》第 3 卷第 1 号)

政治与社会
——答《晨报》、《益世报》记者
（1922 年 5 月 21 日）

自从《我们的政治主张》发表之后，便惹起《晨报》记者的根本疑问和《益世报》记者的"怀疑"。两位记者的议论虽然各不相同，可是关于改革政治的"入手方法"的主张却完全一致——就是改良政治必先从改良社会下手。《益世报》的社评《好政府》文中第二段说：

> 以为今日之事而不从根本之教育入手，皆是废话。以吾国地大物博，岁入之丰，欲国民免去印度人民之困苦，非实施三五年以上之普及教育，实不足以语政治之事。

《晨报》的社论《政治主张底根本疑问》一文，议论很精密，在他未说明他自己的观察之前，也承认"政治方面和社会方面底工作，原来是无可轩轾的，只看各人底志愿和能力如何罢了"。到了说明他自己的观察时，却以为：

> 政治是为社会而发展的，同时又要待社会而发展。社会方面底工作比政治方面更重要些。而且政治方面底工作不能单独进行，同时还要靠社会方面底工作做基础。

这就是两位记者的根本主张。

我们的见解不但不与两位记者相冲突，并且要引两位记者为同调。我个人原够不上说什么主张，但是蔡、胡诸先生对于"改良政治必先从改良社会下手"这句话，不但近几年来在言论上常常主张，并且抱定这种主张做终身实行的事业。我们要求两位记者和全国同志谅解的，就是这回《我们的政治主张》的宣言，并不是抛弃我们多年"改良政治必先从改良社会下手"的主张，实在只是贯彻我们多年的主张的一种办法。

两位记者所要请问的是"恶社会之中是否可容'好政府'出现或存

在"？我们所要请问的是"恶政府之下是否可容许或不妨害我们做改良社会的事业"？

说到这个地方不能不"言归正传"，说说政治与社会的关系。我记得民国四年梁任公先生因为政治的主张失败，便改头换面的来谈社会事业，在《大中华杂志》上发表一篇《政治之基础与言论家之指针》，申明政治的基础于社会的道理。可是他虽然主张政治的基础在社会，却同时也承认社会的基础在政治。且看他说：

> 设有难者曰：今日社会种种罪恶，强半皆政治现象所造成，政象不变，其导社会于下者且不知所届，而从事社会事业之人乃如捧土以塞孟津，虽劳何补？此难吾固无以为应也。又难曰：社会事业强半须政府积极扶助发，然后能成；即不尔，亦须消极放任，有发荣滋长之余地。而在恶政府之下，时不惟不助长之，而更摧残，则所谓社会业者何由自存？此难吾又无以为应也。更曰：社会事业，殖其萌蘖已大不易易，政治现象既予人以不安，一有变故，遂见坏。人人有汲汲顾影之心，谁肯从事？此吾又无以为应也。

从这一段文字上看来，任公也未尝不承认社会的基础在政治。不过因为政治方面无法可想，方想从事社会事业。任公当时幸而没有专门从社会事业下手，如果要这样做，我恐怕他的"今日之我又要同昨日之我挑战"，又要说社会方面无法可设，不得不回转头去，先要改良政治了。为什么呢？就是因为政治与社会两者绝对不能分离的原故。

政治与社会既然是绝对不能分立的东西，我们如果要想"单独进行"，必定要先有一个假定，就是社会与政治两两分离，我做我的社会事业，你做你的政治事业。我纵不能帮助你，但至少也要不妨害你；你纵不能帮助我，但至少也要不妨害我。如果这个假定可以实现，那么，我们才可以使用《晨报》记者的"只看各人的志愿和能力如何"的例，决定他自己下手的所在。如若不然，恐怕任凭从何方面下手，都是"白费精神"了。

我们国内的政治现象怎么样呢？在这种政治现象之下能使这个假定实现不能？只要不是"丧心病狂"的人，我敢断定他的回答必定说"不能"。我们且不必高谈学理或高谈国家大事，只就两位记者和我们发布宣言人亲身的经历说，也可以证明在恶政府之下，断断乎不容你们办社会事业。办《晨报》、《益世报》，岂不是社会事业吗？你们为什么封闭了好几次？你们当直皖战争和奉直战争时为什么不"有闻必录"，偏要载些假新闻来欺骗全国？我敢假定你们的回答必定说："受恶政府的妨害。"

我们发布宣言的人多是在教育界上做事的。教育岂不是社会的事业吗？请问目下教育机关为什么天天在风雨飘摇之中？教育界为什么一点没有生气？教育界中学术思想为什么不发达？办教育的人为什么没有远大的计划？我们如果按着良心说话，便又不能不说是"受恶政府的妨害"。

《我们的政治主张》的宣言末尾明明署上各人的职业，这就是表明我们不是想抛开教育事业不管、一心要想去做政治事业，只想要求一个容许或不妨害我们办教育事业的政府。我们并不是想从政治方面"单独进行"，把社会事业一切停止；只想要求政治事业与社会事业携手同行。我们"好政府的至少涵义"中明明说：

（1）充分运用政治的机关为社会全体谋充分的福利。

（2）充分容纳个人的自由，爱护个性的发展。

这就是表明我们"最低限度的要求"，并不是迷信政治万能。换句话说，只想"平心降格"的要求一个容许或不妨害我们办社会事业的政府，并不是痴心妄想的在这里做"政治一好什么事都好"的一场春梦！

两位记者似乎都相信"社会不良断断不能产生良好的政治"（这一层和我们相同），可是我们更从这一点之外又相信"政治不良断断不能保得住良好的社会"。照《晨报》的记者说："我们须知现在窟穴在恶政府里面的人，多一半也都是当时社会所谓优秀分子，因为到了容易为恶的地位才恶化了。……万一新分子再恶化了又该怎么样？"我以为这几句话不但不能证明我们不应该从政治方面做工夫，反可以证明我们非兼从政治方面做工夫不可。如果让恶政府永远存在，就是我们费尽心力去造出来的优秀分子，不到三个月两个月便同化了，那么，我们就是从社会方面做工夫，结果不仍然是"白费精神"吗？因为有这一层忧虑，所以为保全我们教育的效果起见，更不得不格外要求好政府。

再：《我们的政治主张》的内容，不只要求"人"的变更，并且要求"制度"的变更。如果从我们的宣言之中看出"主张智识的集权主义"，那么，"去一特殊阶级，换一特殊阶级"，不但《益世报》记者不以为然，就是我们自己也要不以为然的。我们所要求的明明是一个"宪法的政府"、"公开的政府"、"有计划的政府"。怎样是宪法的政府？怎样是公开的政府？怎样是有计划的政府？都要用法律定为制度，并不是换汤不换药便可了事的。章秋桐先生有几句话最警切，他说：

> ……是不必人之度量如此相越，实乃政制迥别，法度不同。人之组织，使从政者不得不诚，尤才者诚尤甚，诚尤甚者位益隆焉。吾之组织，则使从政者不得不诈，尤才者诈尤甚，诈尤甚者处益显焉。……故政治之良恶、人才之成败于是乎系，决不爽也。（见《甲寅杂志》第六号《政治与社会》篇）

故我们所主张的好政府，用意在造成一种好组织，使国中优秀分子能随其才之高下直接或间接得用之于政治。不但想使优秀分子到政府里面去仍然保得住他本来的面目，并且想使不十分优秀分子到政府里边去反而改变他的面目。《晨报》记者如果像无政府党，把政治本身看作万恶的东西，那么，我们就可以不必多费口舌来辩论。如若不承认政治制度是绝对不好的，那么，我们还可以有商量的余地。换句话说，就是承认恶政治是可以改善的。恶政治既然可以改善，那么，我们想从政治制度上下手来改善政治，或者也不是疯话。

以上是我个人以自己的感想来回答两位记者的，两位记者以为如何？

（原载《努力周报》第 3 号）

个人对于社会的责任
（1922 年 5 月 30 日）

个人对于社会的责任这个问题看起来好像值不得研究，但是如果要仔细想一想，却是一个最重要、最复杂的问题。许多哲学家及政治学家大半凭着这个问题的解答的结论，来决定他自己对于社会的态度。所以这个问题便是哲学家和政治学家的根本问题。

但是我们当没有解答这个问题之先，还要更进一步，讨论个人与社会的关系。换句话说，到底个人是社会的创造品呢，或者社会是个人的创造品呢？这个问题如同"英雄造时势"、"时势造英雄"的问题一样，本是个连环套，要想主张一半、丢开一半，便没有什么理由可以证得圆满的。我现在解答这个问题，只好凭我自己主观的判断，再拿人家的理论，来做我自己主观判断的辩护人。我的主观的判断，认定文明是社会的产物，个人的知识是由社会文明构精结胎成形而来的，待到分娩之后，再独立生长，自己成熟，成熟之后，再行构精结胎成形，产生新的文明。以下且反复证明我的这个定义。

一、极端个人主义家的见解

极端个人主义家件件事都想脱离社会的关系，只讲求"自知"、"自我实现"。这种方法固然是发展个性的第一个好方法，可惜他们太把社会的影响看轻了，所以他们心目中的个人好像是从天上掉下来的一点没有尝过人间烟火气的仙人一般。其实世界上那里真有一点不受社会影响的个人呢？斐希特（Fichte）说得好，他说："个人离开他的四围和关系，便是抽象的、玄想的、无形的幽灵！"

但是极端个人主义家却不要受社会影响的个人，只要脱尽社会关系的个人。这种个人主义派发生很早，纪元前五世纪下半期希腊的犬儒派（Cynics）就是他们的老祖宗。犬儒派不承认社会、国家与人生有什么关系，要是有智慧人便可以自足，便不要受一切物事的拘束。由此推论下去，便不要婚姻，不要家庭，不要社会，不要政治，只要自己听自己的理性指挥，以求"自我实现"。他们不但反对人为的社会、国家，并且反对人为的习惯、礼节，更连自然的羞耻心都一齐反对——因为羞耻心是由顾忌人家意见发生出来的。照这派人想去，人生与社会可以完全离脱关系。

但是犬儒派对于个人主义的学理还没有尽量发挥，尽量发挥这个主义的要推德国斯特拉（Max Stirner）为最。他以为个人第一要觉悟的，就是思想要服事自己，自己万不要服事思想。思想要由自己脑筋中产出，如果得自人家，人家便是自己的主人，自己便是人家的奴隶。如果一个人只有人类的思想，便没有个人的思想，因为人类的思想并不真正是他自己的。且看他说：

> 凡不能使自己脱离一种思想的人便只是替人家传话的奴隶——言语是人类思想的宝藏，言语对于我们专制比什么都厉害，因为他率领固定观念的全军来压制我们。如果你们无论何时都抛开思想和言语，试在反省之中注意自己，便可以看出自己独有的真实进步。你们不但在睡眠中无思想无言语，你们就在深切自省之中也是这样。只有在无思无言之中，才可以有你自己。只从这一点上看来，所用的言语才是自己的言语。

> 如果思想不是我的思想，便只是牵引出来的思想，只是奴隶的话语。因为我的思想的来源，并不是思想，只是我。我是他的标准，他的历程只是我自己自享自受的历程。

斯特拉的眼中没有什么真理，他以为真理是我自己创造的才有价值，不然便一个大也不值。且看他说：

> 凡在我之下的真理对于我才有价值，在我之上的或拘束我的真理我都不承认。没有为我而设的真理，因为没有什么东西是先我而有的。就是自己的生性，就是人类的生性，也不是先我而有的。

个人主义家最能够摆脱一切的，要数斯特拉为第一。照他的理想，个人绝不可和社会发生关系，言语、思想、观念、真理，都是因为有我在，他们才存在，因为我真实，他们才真实，没有我便没有言语、思想、观念、真理。我们个人绝对不可受固定的言语、悬想的观念、前人的思想、客观的真理等所拘束，一受他们拘束，便是他们的奴隶！

不但欧洲个人主义派是这样摆脱外来的关系，便是佛家的禅宗也是这样。禅宗要求真正见解，生死不染，去住自由。他们以为众生生来便不出法性三昧，长在法性三昧中。着衣吃饭，言谈祇对，六根运用，一切施为，都是法性。因为这样，所以只要自信，莫向外求，自然可以彻悟。临济宗主义玄有几句最沉痛的话，足以表明他们对于一切的态度。他说：

> 道流。你欲得如法见解，但莫受人惑。向里向外，逢着便杀。逢佛杀佛，逢祖杀祖，逢罗汉杀罗汉，逢父母杀父母，逢亲眷杀亲眷，始得解脱，不与物拘，透脱自在。如诸方学道流，未有不依物出来底。山僧于此间从头打，手上出来手上打，口里出来口里打，眼里出来眼里打，未有一个独脱出来底，皆是上他古人闲机境。山僧无一法与人，只是治病解缚。你诸方道流，试不依物出来！我要共你商量，十年五岁并无一人，皆是依草附叶竹木精灵野狐精魅，向一切粪块上乱咬……瞎汉！头上安头，是你欠什么？是你自家目前用底，与佛祖无别，只么不信，便向外求？（见《古尊宿语录》四）

历史上像这一类的话很多，也用不着一个一个的引证。但是依我看来，他们所以这样主张，都是受时势或社会思想的反动。就以斯特拉说，他自己所以要摆脱观念或真理的拘束，都是受海格尔（Hegel）思想反动的结果。我们平常所说的社会影响有两层意思：（一）受社会思潮的束缚，（二）与社会思潮相抵抗。前者固然是受社会影响，就这后者也是受社会的影响。因为历史上没有无的放矢的思想，无论向的放矢与背的放矢，都通同脱不掉方向的拘束。再：斯特拉固然是想打破言语文字中固定的观念的拘束，但是他自己的著作中文法字义果有一个是他自己独创的吗？他所用的文法岂不是德国社会上通行的普通文法，他所用的字义岂不是社会上公同承认的普通字义吗？所以我敢说，个人主义家理想中的个人，无论怎样超脱，但是至少总要受他的四围和关系的影响，我在思想史上从没有找出一个从天上掉下来的赤条条的个人！

二、主张伟人学说的见解

又有崇拜英雄的人，说社会文明是伟人的创造品。这一派在历史上要推加莱尔（Thomas Carlyle）为第一个人。照他说，世界历史只是几个伟人制造成功的历史。且看他说：

> 依我说，世界历史，现今世界上人类所造成的历史，只是伟人行动的历史。他们是人类的首领，是群众做事的模型，照广义说，是一切事业的创造主。现今世界上所有一切事件都是伟人思想的结果与实现，全世界历史的精神都可说是伟人精神的遗迹。（见他的《英雄崇拜论》第一篇）

崇拜伟人者的见解，大概都是这样。我们自一方面看来，觉得伟人造历史的学说，很可以令人相信。譬如中国出了一个孔丘，便使中国的历史几几乎完全变成儒教的历史；犹太出了一个耶稣，便使一部欧洲中古史完全变成耶教的中古史。他如出了一个亚力山大，便沟通欧亚造成一个世界帝国；出了一个哥伦布，便使新大陆发现。诸如此类，数不胜数。由此看来，英雄造历史的话似乎有点可信。

但是我们如果要相信英雄造历史的话，还要先相信一件事，就是第一要相信"圣人由于天生"这句话。究竟英雄伟人到底是天然生成的或是社会造成呢？现在再进一步讨论这个问题。

三、个人是社会文明的创造品

照前边两派学者——个人主义派和崇拜伟人派——说，社会上的文明、历史上的文明都是个人创造的。这种见解固然有片面的理由，但是只看见个人的后半截，没有看见个人的前半截。譬如我们说："鸡是鸡子产生的。"这话固然不错，但是却不能不更进一步，说："鸡子是鸡产生的。"个人主义家和崇拜伟人家的错处，就在只记得"鸡是鸡子产生的"，却忘记了"鸡子是鸡产生的"。所以他们心目中的个人，好像是来路不明的东西。

我们要想知道个人的来路，必定要看清楚了个人的环境和个人的历史。个人主义派主张个人自由不必受社会一切势力的限制；但是我以为个人自由至少总要受社会的限制，绝对自由的个人只有在一个人的世界中可以找得出，在社会生活中的个人绝对不能这样。赫胥黎（Huxley）说得好，他说：

> 普通一般以为"我能够做我所高兴做的事情"一句话是和"必须"的学说相反的，对于意志自由论的争辩多半因此而起。这个问题的解决方法是：无论如何，在某种限度以内，一个人总是能做他所高兴做的事情，但是决定他的"高兴"和"不高兴"的东西是什么呢？……"自由"是反对"必须"学说的人的护身符，然而现在既没有人否认自由，那又何必极力去高呼自由呢？假使他们能推翻了"必须"的道理，他们就应该证明他们可以自由的结合情感和意志，喜欢痛苦如快乐一样，喜欢罪过如德行一样。简而言之，就是证明不管宇宙事物的定序是怎样，而思想的定序确是由机会而定的。

赛利格曼（Seligman）在《经济史观》中引赫氏这段话证明自由多少总要受社会的限制。赛氏跟着说道：

> 每个人都有"意志力"，并且可以决定去做或者不做一椿事情——这可以表明他是一个自由人；但是他最终的判决是怎样，却全靠着他的"机体"里的某种原因而定。……每个人是他自己那么一个样子，是因为已往的和现在的环境的影响的缘故，是我们所知道的。……
>
> 人既然同别的东西一样，因为已往的和现在的环境——就是祖宗的和他自己的环境——的缘故，就成为他自己那么一个样子，那么，如果我们能够知道他已往的和现在的环境的一切事实，我们就更可以预言每人的行为。……
>
> 关于社会环境最简单的解释，就是个人虽然在道德方面和智识方面有绝对自由权去选择他的行为，然而他的选择的范围大部分是要受社会里各种情形、传说、风俗、习惯的影响。（见《经济史观》卷下第一章）

大概每一个社会必定有他的道德观念，这种道德观念是经过这个社会中无数自由人判决过的行为的标准。除特别的关系之外，凡是在这个社会中的人总要以这个标准做他行为的普通倾向，这是毫无疑义的。平常所说的"社会定律"，就是从社会里自由人民的无数判决之中，找出一个行为的普通趋向和划一样式。个人无论怎样自由，但是他的行为至少总要受这个社会中行为的普通趋向和划一样式的影响。

伟人和社会文明的关系也是这样。伟人至多不过能够利用社会的文明，他一手一足的能力却不能够独立创造社会的文明。赛利格曼说道：

> 世人所归功于伟大人物之效果常常大部分都是许多势力的结果，不过这些人碰着巧，刚刚是表现这些势力的工具罢了。凯撒建造罗马帝国，但是不管有没有凯撒那样一个人，罗马帝国是一定要出现的；拿破仑在他的时代改变欧洲形式，但是就是从来没有拿破仑那样一个人，今日的法国大体上也一定没有什么分别；华盛顿和林肯对于当时自然都曾有很大的影响，然而就是从来没有华盛顿和林肯，美国的革命也是一定要成功，南部的背叛也是一定要失败的。（见《经济史观》卷下第一章）

由此看来，从古至今，没有一个伟人不是能够适应社会的需要；从古至今，没有一个伟人不是时势的产儿，不是社会的创造品。例如基督教，不过是犹太的教义、希腊罗马的文明、东方神秘派的迷信和希腊晚年的大同主义一视同仁的精神的总结晶。孔丘的思想也不过是中国尧、舜、禹、汤、文、武周公等思想的集大成。就是哥伦布发现新大陆，也不过那时天文学的发明，普通人向外发达的冲动，和他同行的水手伙夫及造船的工人，造罗盘器的工人，供给他粮食、衣服、银钱的人，感动他的著作家的著作……互相帮助才做成功这样一场大功劳！

照前所说的话看来，个人生活无论如何，都脱不掉社会文明的影响。若没有那样这样的社会，绝不会有这样那样的个人。胡适之先生《不朽》中有一段话说明这个道理。他说：

> 我这个"小我"不是独立存在的，是和无量数小我有直接或间接的交互关系的，是和社会的全体、和世界的全体都有互为影响的关系的，是和社会、世界的过去和未来都有因果关系的。种种从前的因、种种现在无数"小我"和无数他种势力所造成的因都成了我这个"小我"的一部分。我这个"小我"加上了种种从前的因，又加上了种种现在的因，传递下去，又要造成无数将来的"小我"。这种种过去的"小我"，和种种现在的"小我"，和种种将来无穷的"小我"，一代传一代，一点加一滴，一线相传，连绵不断，一水奔流，滔滔不绝——这便是一个"大我"。

我们知道个人和社会的关系，就可以知道社会文明并不是几个"寡头"人物造成功的。克鲁泡特金在《自叙传》中说过："世界上不出名的人民多有能成就历史上的大事业或建筑战争胜利的大基础。"他又在《无政府共产主义》（*Anarchist Communism*）中说：

> 我们试拿一个文明国来看，那些森林已经辟了，沼泽已经清了，各方面的大道和铁路已经密如蛛网了，河流已经通航了，口岸已容易升登了，运河已连着大海了；工厂遍布于四野，科学已经教人怎样用自然的能力满足自己的需要；城市经过多少时代已慢慢的发达了，科学和美术的宝库都积聚在这些文明的中心点——可是这些奇迹是谁做出来的呢？这些结果是数十代以来的人类合力所做出来的。森林已经辟了几百年了，几百万的人费了一年又一年的工作，才开通那些沼泽，修平那些道路，筑好那些铁路；别的千百万人建立那些城市和创设下我们拿来夸耀的文明；整千整万的发明家——大多数是"没世而名不称"的，大多数是死于贫困的——已经构造好了人类赞羡他的天才的机械；整千整万的著作家、哲学家、科学家，辅以许多许多的装订者、印刷者和其他无量数的劳动者，共同操作，才把智识构成了，散播出去，免掉许多错误，创造科学思想的空气。要是没有这些人，我们的时代断乎不能发生这样文明。

把以上所引的话综结起来，可得两句极简单的断语，就是个人是社会文明的创造品，文明又是社会的创造品。

四、个人在社会中的地位和责任

但是所谓"个人是社会文明的创造品"这句话，也要好好的解释，不然便要生出许多错误。我们说个人是社会文明的创造品，并不是消灭个人的人格，教他去做听社会摆布的奴隶。说到这个地方，便不得不说明个人在社会中的地位：

（一）我们只把社会文明看作因人而活动的东西，并不把他看做一个真实的有机体。社会文明所以可宝可贵，只因为他是活的。文明自身不会活动，只是因人而活动。古人说"文以载道"，究竟文字上所载的道还是死道，所以说"文以载道"仍不如说"人以载道"的好。社会所以有文明，就因为有人，没有人存在，就是历史已经发达的文明也会消灭。平常所说的社会文明，只是寄托在真实社会之中的真实个人之上的活文明，并不是寄托在"故纸堆中"或"冢中枯骨"里的死文明。关于这一点，我们也承认个人主义的说法，不过我们的活文明乃是用活人的力量把历史上或社会上已有的文明活动起来，并不是个人全凭自己独立的见解凭空特创起来，和历史上或社会上已有的文明一点没有影响。知道活人是活文明的本源，便可以知道个人在社会中的地位。

（二）我们虽然说活文明是用活人的力量把历史上或社会上已有的文明活动起来，但是却不把活人看做"继往开来"的机械看待。因为旧文明虽然是新文明的种子，但是新文明却不是翻印旧文明，所以活人也不是翻印旧文明的死机械。社会文明是天天进步发展的，譬如一篇草稿子，天天在修正之中，天天在接续往下做之中。因为进步发展的原动力在活人，修改和接续往下做的动作也是活人的动作。

（三）我们所说的个人，大概当求学的时候，总在受社会文明的铸造之中；当做事的时候，总在创造社会文明之中。但是真正说起来，个人没有一天不受社会文明的铸造，也没有一天不铸造社会的文明。所以无论古今中外，只有真正能代表时代精神的人才能够转移时代的精神。

我们从这三点上可以看出个人对于社会的责任。胡适之先生有几句话表明他自己的"宗教的教义"，且把他引来当作我这篇文字的结论：

> 我这个现在的"小我"，对于那永远不朽的"大我"的无穷过去，须负重大的责任；对于那永远不朽的"大我"的无穷未来，也须负重大的责任。我须要时时想着，我应该如何努力利用现在的"小我"，方才可以不辜负了那"大我"的无穷过去，方才可以不遗害那"大我"的无穷未来！

（原载《晨光》第 1 卷第 1 号）

省制的讨论
（1922 年 6 月 11 日）

　　"省制应否加入宪法"是民国五年宪法会议中争论最烈的一个问题，现在翻开那一年的宪法会议的会议录，看看那时议员诸公所持的议论，真真教人失望！现在且把那时议员先生的省制意见书中的误点略举几条于下：

　　（一）只注重行政分权，不注重立法分权。

　　那时普通的论调，都以为省制应该由中央的宪法会议制定，全国只有这一种省制，各省都要适用这一种省制。不问各省的情形如何，通同适用一种制度，就性质说，仍然是单一式的国家，绝不是联邦式的国家。我以为现在我们不谈省制便罢，如果要谈省制，至少要在国宪上承认各省有自行制定省宪法的立法权。

　　（二）只注重省制的加入，不注重省制的内容。

　　那时国民党的分子多主张把省制加入宪法，可是也只希望把省制加入宪法便算了事。至于省制的内容、各省长民选等重要条件，他们都不惜牺牲。照民国五年的宪法会议中所提出的《省制草案》，充其量不过把《省议会暂行法》第二章"省议会的职权"规定在宪法上罢了，对于省权并没有丝毫的扩张。

　　（三）只注重省制的巩固，不注重省制的变通。

　　省制不加入宪法，只用普通的法律规定，那么，修改省制只照修改普通法律的程序，省的基础当然不能稳固——这一层坏处我也认为要防止的；但是我以为这绝不是巩固省制的好办法。要想巩固省制，必定要把省制的制定权和修改权奉归各省，必须由各该省制定或修改。如果照民国五年的宪法会议的主张，把省制规定在国宪之内，一经规定之后，无论何省都要采用，如果有一省两省事实上不能适用，便非用修改国宪的程序修改不可。照《天坛宪法草案》，各省没有提议修改宪的权限，这样一定，岂不是剥夺各省关于本省省政府的组织权吗？

（四）只注重省性质的规定，不注重表现省性质的法制。

那时宪法会议中对于"省是地方行政区域，或是地方自治团体"这个问题很加意讨论。他们以为只要在宪法上规定他是"行政区域"便是行政区域，规定他是"自治团体"便是自治团体。依我看来，却不是这样。因为省的性质是由省的组织和职权表现出来的，如果省的组织和职权同现行法一样，一点也不修改，那么，就是在宪法上规定他是"自治团体"，也不能教他名实相称。而且中国的省是一种特别的组织，就说他是自治团体，也断不能当做单一国的郡县看待。所以我的主张以为，单把省定为纯粹做自治事务的自治团体，还不能发展省的政治，必须要把他看做半独立国的政府，才可以发展省的势力。我所主张的中国政制，就是采取两重政府制，不是采取单一政府制——把中央政府看作政府，把省政府单看作自治团体。

将来制定国宪，如果不纠正这四个误点，我敢断言仍是中央集权制，不是各省分权制；仍是单一国的制度，不是联邦国的制度。

我主张中央的宪法上边，只能规定国权与省权的分配，不得由中央代各省去规定省制，各省省制要让各省各自制宪规定。

我又主张中央政府的权限取列举主义，各省的权限取概括主义。换句话说，就是凡不在中央政府权限之列的一切权限一律为各省所有。

我所主张的中央政府的权限如左：

（一）外交行政权。

（二）国军行政权。

（三）交通行政权。

（四）国税行政权。

海关税、盐税、烟酒税、印花税、所得税为国税。

（五）司法行政权。

（六）币制的制定和国币的铸造权。

（七）对外的宣战、媾和及缔约、修约权。

但关系各省权利的条约，不得各省的同意不发生效力。

以上是我对于中央政府权限列举的标准。

照近两天的情形看来，似乎还说不到这个问题。国会的恢复究竟能不能成为事实？恢复后能不能安安稳稳的制宪？照从前议员先生的品行学术，所制的宪法能不能合乎人民的和现状的要求和需要？谁也不敢保障。但是就假定国会不能恢复，黎元洪不能复位，也没有什么不得了的。我以为如果真是走投无路，还有一个绝妙的办法，就是暂让南北两政府暂时各维持各方面的现状，双方协定，划出一年期限，让南北各省自行制定省宪法。待省宪法完成之后，由各省按照省宪法组成省政府，再由省议会选举国宪起草员，把中央的宪法定好，交由各省人民投票批准，然后按照国宪来组织中央政府。这样一来，可以得到许多好处：

（一）省宪法由各省自定，可以免去中央集权法制的一切弊病。

（二）按照联邦国"先有邦后有国"的先例，也可以说得过去，故所定的国宪必充满联邦制的精神。

（三）省既为创造中央政府的基础，省的势力必定增大，可以制止中央政府的一切专制。

（四）省的势力既大，政治势力的中心必定由中央移到各省，各省的政治必定可以日见发展。

（五）省既有很强固的组织，中央政变必不能摇动各省的政治基础。

蒲徕士（Bryce）有一段巧妙的比喻，说明美国联邦制的完备。他说：

> 中央政府与诸州政府，譬如同在一土地之上一大建筑物，包有诸群小建筑物。两者之关系如在许多座小礼拜堂之上建一壮大之新礼拜堂。其初各别建筑之许多小礼拜堂，建筑之时不同，建筑之法亦异，林列于地盘之上。后建造一宏壮寺院，巍然而立于其上，其屋脊摩空而耸高，其墙壁基于旧礼拜堂之上而并合焉，其内部以本身之结构而轮焉奂焉；然其旧建筑物之本体，决不因之而消灭也。若其新而且大之堂宇云亡，则各小建筑稍稍补葺，亦足以蔽风雨，一如其旧焉。举亚美利加诸州悉网罗于联合体之内，其联合体不仅为诸州之一团结，诸州亦不仅为联合体之一部分。联合体破坏，诸州就其现有权力稍稍增益，犹得为各自独立之团体，而无害其生存。（见《平民政治》第二章）

我国各省如能照这样组织，便完完全全是一种联邦制，凡蒲徕士所说的利益，也可以发见于我国了——我个人对于省制的主张如此。

（原载《努力周报》第 6 号）

女子参政问题
——在武昌暑期学校的演讲稿
（1922 年 8 月 15 日）

最近北京方面要求女权的团体同时发生的有两个：一是中华女子参政协进会，一是女权运动同盟会。但这是京内女界的运动，至于京外，除掉天津方面组成团体一致进行之外，各省女界对于这个问题还没有十分的注意——这就是我今天要讲演这个问题的动机。

当没有说到女子参政的必要之先，且略微叙叙普通人反对女子参政的论调。反对女子参政的理由是：

（一）男女知识上不平等。普通人多以为女子的知识总是不及男子，故女子至今没有一个能在历史上占地位的哲学家、政治家。但是我以为男女知识不平等，只是人为的结果，不是天然的结果。因为教育的功能可以变化人类的气质，故密儿的女权论便是根据这种理由。他以为人性可以变迁无定，环境的势力可使人类精神区别。性（Sex）的区别是由外面情形发生的，很可以人力来改变他。因此，便认定男女的区别不是根本的、必不可避的区别，乃是由很久的习惯造成的。如果女子得到社会的、政治的自由，这种区别便可以消灭。女子得参与政治运动、社会运动，便可使才力发展，和男子平等。故我敢断定历史上没有女子哲学家和政治家，只是教育不同的结果，因为有教育不同的原因，所以才有知识不平等的结果。

（二）男女生理上不平等。普通人多以为女子体质薄弱，不及男子体质刚强。但是女子的体质是否比男子薄弱，还是科学上争论未决的问题。我们的目的并不在解决这个问题，我以为假定女子的体质真正是弱于男子，也不能推倒女子参政的论据。因为参政非比战争，是用智力的，不是用体力的。况且最近各国的女子，学工的也有，学农的也有，学农的、学工的比较学政治的用体力的地方究竟总要多些，女子且能做农、做工，又何不可以参政呢？

（三）女子不能服兵。从前法国的宪法上曾有"非服过兵役者不得有选举权"的规定，似乎参政应该以能服兵不能服兵做条件。但是我以为这是军国主义时代的参政原理，绝不适用于现在的劳动世界。从前国家的基础建筑在军国主义之上，故凡是人民都要当兵；反过来说，非当过兵的人，不能有参政的权利。现在国家的基础以经济为根据，故凡是人民都要劳动；反过来说，非是有职业的人，不能有参政的权利。所以现在的参政只以有无职业做条件，不以能否服兵做条件。

（四）女子不能离开家庭。普通人多以为女子有与男子同居的义务，故女子不能离开家庭，来替国家办事。但是现在各国的女子做工的也有，经商的也有，从事教育事业的也有，且有许多人家，夫妻子女散处在各洲做事的。农、工、教育等职业，并没有人数的限制，女子尚且可以做；做官吏、做议员并且有人数的限制，何以女子反不能做呢？无论国家的官吏、议员怎样多，总不及从事各种职业的人数之众，安见女子一参政，便个个要离开家庭去做官吏、做议员呢？

（五）女子富于感情。普通人多以为女子富于感情，如果有选举权，便只知道选择亲近的人，不能为国家推贤选能。我以为这种话更没有价值。就是认定女子只能举亲不能举贤，但是无论何人，绝不会有成千的女子都和他有亲属的关系。一两个女子情愿举他的父母、兄弟、丈夫，与全国选举又有什么妨碍呢？而且依我看来，女子在团体中调和之力每较男子为强，团体中有了女子倒反可以收许多调剂党争的弊病。

上述的各种反对的论调，久已被人家驳倒了，现在我们且不必讨论。不过我以为中国的女子要想参政，有一个必要的条件，就是要改变女子的"人生观"。

中国女子的"人生观"只在做"良妻贤母"，所以说"妇人主中馈"，说"男正位乎外，女正位乎内"，妇人称丈夫为"外子"，丈夫称妻子为"内助"，丈夫得到好妻子，就说他可以"无内顾之忧"。

如果抱定这种"人生观"，那么，女子充其量不过是家庭之一员，不过是男子的附属品，和社会公共生活不直接发生关系。女子既已不替社会服务，当然没有参政的必要了。

我以为男女既然通同是一个"人"，当然（一）在社会上都有谋自由独立生活的天职，（二）在社会上都要做同等的事务。女子如果要这样做，一定要打破良妻贤母的"人生观"，离开家庭，出去做社会的事业。必如此，女子才可以做社会之一员，才可以脱掉依靠男子生活的地位，才可以和政治社会发生关系。既然和政治社会发生关系，然后才有参政的必要。

但是这种人生观只是一种理想的目的，要想达到这个目的，必定要有养成这种人生观的方法。我以养成这种人生观的方法计有三种：（一）经济独立，（二）教育平等，（三）权利平等。

我国继承法仍沿古代宗法社会的旧习惯，承继人仍以男子为主。至于妇人，必定要是"夫亡无子守志者（才）得承其夫应继之分为继承人"（《民律·承继编》第一四六七条第二项）。承继人的权利，除掉宗祀权、身份权不计外，最重要的是财产权。我们在私有财产制度之下生活，当然要借遗产的帮助。女子因为没有承继先人遗产权，所以经济不能独立。再：嫁人之后，所有财产又要由丈夫管理使用。（《民律》第一三五八条）因此，女子的经济便不能独立。因为经济不能独立，所以许多有志求学的女子，都被经济情形压迫，不得不向家庭低头！求学的机会都不给她，又怎么能够出来做社会的公共事业呢？所以我认定现行的承继法，就是断送女子作社会生活的机会的恶法，女子要想抱着为社会之一员的人生观，非打破这种使女子经济不能独立的继承制度不可。

我国的女子教育制度多偏重家事方面，所以国民学校中所用国文读本要加入家事要项，女子中学的课程特设家事、园艺、缝纫各科，女子师范特别加入"以造就蒙养院保姆为目的"一项，再看各省及中央所办的女子职业学校，大概总不外家事、烹饪、缝纫、蚕桑、缫丝、编物、刺绣、摘棉、造花等科。这种教育机关，简直可算是"良妻贤母养成所"！所有的职业，大半属于家庭的事业；所学的知识技能，大半是操持家政的知识技能。我们天天说男女知识不平等，请问这种教育制度——女子教育与男子教育不同——又怎能造成男女知识、职业平等的结果呢？所以女子要想抱着为社会之一员的人生观，又非打破这种使女子知识不能与男子平等的教育制度不可。

再：我国宪法上的各种权利，都只是专为男子设的，女子绝对的受不到宪法上的保障。至于关于公民参政的种种法律，如《众议院议员选举法》第四条和第五条中所规定的选举权及被选举权，都只以"有中华民国国籍之男子"为限。假定女子的经济能独立，更假定女子的知识能与男子平等，这些法律的规定不改正，就是有政治天才和技能的女子，没有到政治社会中做事的机会。所以女子要想抱着为社会之一员的人生观，又非打破法律上男女不平等的规定不可。

照以上所述的三种理由看起来，女子要想达到新人生观的目的，非先实行这经济独立、知识平等、法律上权利平等的三种方法不可。要想实行这三种方法，非先改正民法、教育法、宪法、选举法不可。试问修正法案，岂是别人能代女子完全办到的事体？欧洲的劳动阶级的幸福，是劳动阶级自己争来的；欧美的女子参政的权利，也是女子自己以服务社会的成绩换来的，或以政治的结合争来的。中国的女子如果想争女权，便要自动的要求参政；不然，任凭你们等到何时，终究恐怕没有人拿女权来作人情赠送你们的！这就是我个人的女子参政的必要的论据。

女子参政的必要已经说过了，但是这是就女子自身的利益说的；如果就现在选举权的原理说，也当然有使女子参政的必要。选举权的原理在历史上经过好几次的变迁，现在且简单的说明如下：

（一）特别报酬说。在欧洲各国初有议会的时候，大家都把选举权看作国家对于特别效劳、特别贡献的国民的报酬。因为古代的国家一切费用皆用国王的私财，到后来国用越多，单靠国王的收入是不够用的，所以渐渐教地方上有钱的人去担认新税。若是一回二回，倒也罢了；至一而再、再而三的加税，那些有钱的人可就不能够忍受了，所以君臣之间往往发生冲突。因此，便开一个新例，凡教国民承认租税，事先就要向国民的代表会议把为什么要钱的理由说明白给他们听听。这样一来，那些担认特别钱量的财主，就得了讨论政府财政问题的权利，所以美国竟有"不出代议士不纳租税"的格言。

可是现在的选举权对于财产的限制已经取消，无产阶级也都得到选举权了，因此，便把特别报酬说的选举权的原理根本推翻了。所以到现在，没有一国还把选举权看作是以财产的资格换来的报酬了。

（二）天赋人权说。到了十八世纪的末期，自然权利说大盛，大家都以为人人生来就有天然生成的权利，国家社会都是人类为保护他们自然权利而设的。这种学说一行，所以选举权就变成人人固有的和绝对的权利。因为国家是由人人同意结成的，把这个道理引申起来，凡是国内人民，便没有一个不应该参与国政，因此，便把选举权看作人类天然生成的权利。到了乐利主义派发生，认定权利是法律的创造品，不是天然生成品，所以天赋人权说的选举权的原理也被根本推翻了。

（三）社会协进说。这种学说是近代新发生的，法国人所说的 Solidatite Sociale 就是这个道理。这种学说的大要，是说人类必定生在国家团体之内，才可以遂他生存的目的。个人若离开团体的生活，便不能满足自己的生活愿望。所以我们要想使自己生活稳固，一定要先使团体生活稳固。因为国家和个人，是因为有机的关系成立的，国家不得不想方设法的把个人弄好，个人也不能不想方设法的把国家弄好。由此可见，国民一方面有分担经营国事的积极的责任，一方面又要要求得到能尽经营国事的责任的地步。因此，便把选举权看作人民"要求得到能尽经营国事的责任的地步"之一种方法。现在选举权的原理，大概多受这一说的影响。

我们的选举权的原理如果要根据第三说，那么，女子参政的理由便格外显明。因为从前的女子专门做家庭之一员，所以没有分担经营国事的责任；现在的女子多为社会服务，如美国的全国教员女子占了四分之三，欧洲的女子为社会服务的也日多一日。女子既已为社会之一员，当然有分担经营国事的责任了。所以从选举权的原理上观察，女子也有必定要参政的根据。

大凡社会上各阶级的权利都是对立的，这一阶级多得到一点利益，那一阶级必定要多丧失一点利益。例如劳动阶级多争一分工资，资本阶级必定要多损失一分余利。但是女子却不是一个阶级，所以女子多得一分利益，并不使男子多损失一分利益。岂但不使男子损失利益吗？并且因为平权的原因，得到互助互利的效果！所以女子参政运动，凡是人类——不分男女——都应该赞成的。但是女子要想领略权利的滋味，千万不要靠男子以权利为赠品来恩赐女人，一定要经过艰难困苦的力争，争到一分便多生一分趣味。所以女子参政还要女子自己出来力争。

（原载《晨光》第 1 卷第 2 号）

联省自治
（1922 年 10 月 8 日）

自从陈独秀君发表一篇文字，说"联省自治"不是救济中国目前政治状况的良药之后，这几天报纸上很有人讨论这个问题。独秀君自己说得很明白，他说：

> 联省制即联邦制的理想，固然是我们所不反对的，自治更是我们所赞成的……

但是独秀君为什么说联省自治不能医治目前的病症呢？他的理由是：

> 我以为我们人民底政治能力，才发达到都市自治的程度，若说已能勉强运用省自治制，此则为常识所不许。不能而强欲其能，至不惜以武人割据冒居其名，其结果，上不能集权于政府，下不能分权于人民，徒使军阀横梗其间，统一与民权两受其害。因为真能运用省自治制底联邦，未必有害于统一，而武人割据的联省自治，却去统一太远了。

此外又有李蠡天君也说："联省自治说可以取消。"他的理由是：

> 联省者，实含联督联防、攻守同盟，且其里面似带有狼狈为奸之色彩者也。

这一派的议论，对于联省自治的主张，实在不免误解。我虽然不主张非骡非马的联省自治，但是却很知道一部分非政客、非军阀的唱联省自治的主张，他们的目的，就想以自治做方法，一方面打破凭借中央政府作祟的野心政客和腐败官僚，一方面推翻形同割据的各省督军，却没有一个人说：陈炯明和吴佩孚携手，便是联省；卢永祥入浙江籍，辞督军的名，便是自治。

我们想用联邦制来促进各省人民的自治能力，想用联邦制来减少中央与各省的纠纷问题，想用联邦制来使人民组织起来省政府，藉人民所组织的省政府来铲除军阀，所以才主张联邦制。我们和独秀君不同之点，在一个认定联邦制不是铲除军阀的方法，反造成助长军阀势力的机会；一个认定非使人民发展自治能力，不能推翻军阀，并认定联邦制是使人民发展自治能力的比较上妥善些的方法，所以主张采用联邦制。我们并不曾承认各省的武人割据便是联邦，也并不承认"联督联防"便是联邦，请讨论这个问题人千万不要误会了！

（原载《努力周报》第 23 号）

议员与内阁
（1922 年 10 月 8 日）

我们老责备行政方面的人，说："某人做了国务总理，为什么不宣布大政方针？"这个责备固然是正当，可是立宪政治大政方针的决定权多在议会，我们的国会第三届常会马上就要招集了。各国议会之中，没有一国没有政党，各政党当议会开会之前，也没有一党不预先宣布大方针。

我国议员先生们，方极力的掩饰，说□自己无党，或说其党或系只是历史上的旧名称，现在与我们不发生什么关系。对于党派这样的讳莫如深的态度，真正教人不解！

各国政党对于现内阁，总分为两派：一是友党，一是敌党。我国政党与内阁好像不发生什么关系似的，既无友党挺身出马的出来帮忙，也没有敌党彰明昭著出来攻击。一切大政方针的决定权，不在某党的本部，不在阁员的自身，也不在那象坊桥，也不在那东厂胡同，却远在那保定、洛阳之间！而议员先生们只完完全全的做一个"旁观党"，煞是快活！

议员先生们没有一个预备宣布议会的大政方针，全国舆论界也没有一个希望议员先生们宣布大政方针，也没有一个责备议员先生们不宣布大政方针，可不是立宪国家的怪事！

（原载《努力周报》第 23 号）

废督裁兵的方法
（1922 年 10 月 15 日）

双十节的国民裁兵运动可算是北京市民的空前的群众运动，但是结果如何，从黎元洪的演说词中已可看出大概。他说：

> 一切事情有一定的手续，大家可向代表人民机关之省议会、国会去请愿，彼若不履行职务，可以取消其资格。

他这几句话倒是把责任推得很干净。我要问一问做总统的黎元洪到底讲不讲法律！请问督军制度的设立，是不是约法上"大总统得制定官制"一句话而来的？督军和巡阅使的制度，设立的时候，从没有得过正式国会的同意，与省议会更有什么关系？发行公债本是应该通过国会的，但是政府发行十一年的短期公债时，心目中就没有想到国会两个字。至于废督裁兵本是行政官的权限，倒反而谦恭起来，尊重代表人民机关的国会！我不解黎元洪这是推诿呢，还是欺负我们国民不懂得法律呢？

我以为我们国民要求政府裁兵废督，可说是走错了门路。总统是军阀拥戴出来的，内阁是依附军阀苟延残喘的，议员总然不尽是军阀的"走狗"，但是恐怕很有许多是军阀的"走人"！凡政界中人，真正没有"领家"、纯是"自家身体"的，恐怕很少！我们请他们出来帮我们裁兵废督，真可叫做"与虎谋皮"！

所以我的裁兵方法，是要大家到军队中去，（一）要劝兵士不要哗变、向民间抢劫，（二）要劝兵士不要向国家索饷。"谁扣你们的饷，你们向谁算账；谁私自雇你们，你们向谁要口粮"！这样一来，恐怕军阀的裁兵的热心还要比我们小百姓高得万倍！

（原载《努力周报》第 24 号）

福建问题
（1922 年 10 月 15 日）

　　"武力统一"的迷梦，自从袁世凯、段祺瑞失败后，大家似乎应该醒了。但是直到前回文治总统及现在博士内阁的时代，还是"同床异梦"！福建问题我以为是军阀迫压人民的最后的破裂！徐树铮在里边闹，国人当然要一致的声罪致讨。但是自命为"好人政府"、反来蹈袁段覆辙、主张以武力解决、主张维持迫压人民的军阀李厚基，可不是教人费解！

（原载《努力周报》第 24 号）

王内阁辞职的理由
(1922 年 10 月 22 日)

　　欧洲各国宪政上的好例，大半是有名的政治家"以身作则"提倡起来的。民国十一年以来，从没有一个内阁总理是有名的政治学者，所以内阁制度虽然行了十一年之久，却没有一个人在宪政史上留下一个好成绩。王宠惠以学者的身分组阁，总算为中国宪政史开了一个好例。我们自始至终，总希望他组成一个有计划、有政策的内阁，并希望他光明磊落，抱着一定的大政方针上台，待到大政方针失败时下台。

　　不想他的"整理财政"和"裁减军队"两种大政方针的内容还没有宣布出来，而北京各报上便接连不断的传出"王署阁决定总辞职"的新闻！

　　我们现在姑且不问他为什么而来，且看看他到底为什么而去！据《晨报》的消息：

> 王宠惠鉴于四周空气之恶劣，态度颇为消极。昨日阁议席上，又向阁员声述京、津、保三处，对于现阁均无拥护之诚意，将来同意案提出国会，纵而侥幸通过，而一切政策亦无实行之希望。此际含垢忍辱，而结果仍不免一去，则如何早自摆脱之为意。（十月十三日《晨报》）

又一消息见十月十四日的《晨报》：

> 总之内阁问题，纯在于内阁之自身。至外传保方如何不满，尚非真相。现时津方确有一种改组内阁计画，而保方是否同意，尚不可知。

十七日的《晨报》又说：

> 至内阁问题，昨日尚无何等发展，据闻保定方面并未开始讨论。

无论这种报纸上的消息是真是假，但是王内阁如果因为津、保方面
"对于现阁均无拥护之诚意"而去，不但不为中国宪政史上留下一个好
纪念，并且在中国宪政史上留下一个极大的污点！

我记得王氏在《中华民国宪法刍议》上有一段话说道：

> 国务员应对于众议院而负责任，如是者为议院政府制。斯制
> 也，促政治之进步，奠国势于安全，比较之善，无过于此。

今王内阁如果注重议会方面的意见，也应该待到国会不同意的时
候，再明白宣布辞职。民治国的内阁与其因军阀"无拥护之诚意"而
倒，何如因国会不信任而倒呢？

（原载《努力周报》第 25 号）

如何收拾闽局
(1922 年 10 月 29 日)

福建问题总算是近来政局上最难解决而又最关紧要的一个大问题。因为徐树铮夹在里面，高树"建国军政制置府"的旗号，吴佩孚决不肯轻易放过，所以常德盛的先锋队已到福建的边境，蔚耀南和孙传芳协商后的援闽的鄂军，又由汉阳兵工厂运去步枪三千五百枝、子弹四十万发、机关枪四架，克日出发！

徐树铮自宣言服从孙中山、段祺瑞的指挥后，凡在广东失意的民军和在北方失足的安福部余党，一个个都协力帮助。许崇智既与徐树铮合兵一块，而吴光新、陈文运又在上海方面为徐树铮奔走军费、军装等事。近则浙江方面的卢永祥可以响应，远则奉天方面的张作霖可以遥作声势！

陈炯明赶走孙中山后，已和民党成了不共戴天之仇。陈为自卫计，为联吴计，都不能隔岸观火。故近来不得不调兵移驻汕头，在这一方面设立兵站线，以便乘机而进！

福建人痛恨李厚基等于安徽人痛恨倪嗣冲、湖北人痛恨王占元。自李厚基逃走后，各地自治军乘机而起，司令招征的名称，几乎处处皆是。萨镇冰南下的时候，对于福建的自治派久已表示好意；近来又被绅商学界中人举为临时省长，并得多数自治军的信任。故萨氏为顾全信用和桑梓起见，又不得不坚持保闽人拒客军的计划！

徐树铮、吴佩孚、陈炯明、萨镇冰等，各有各的雄心，各有各的实力，要怎样做便怎样做，独独苦了"两姑之下难为妇"的中央政府！

在我想来，现内阁应该完全容纳福建人民的要求，使福建人自治福建，任凭谁方面的军队和势力，都一律扫清，使福建成为一个无兵的省分。

不想中央政府近来仍然袭用段祺瑞武力统一的旧政策，用皇皇的命令，特派李厚基为讨逆军总司令、萨镇冰为讨逆军副司令，只记得调兵派将及为援闽军筹饷，却把福建人希望和平、希望自治的热心送在千丈冰渊之下！

中央现在就是不追究李厚基祸闽的旧罪，也应该办他潜逃的新罪，遵照李厚基的母亲的话，教李厚基"引咎北归，束身司败，自请处分"，才可以敷衍"国法"的面子。不料中央不但不"伸国法"，"特派"一败涂地、弃职潜逃之李厚基出来讨逆，教他来"伸国法而杜乱萌"！萨镇冰在福州，已同许崇智、徐树铮等共商收拾闽局的办法，赤手空拳手的萨镇冰，已经被许、徐包围住了，中央反教他做讨逆军的副司令，"从严剿办"，"克日肃清"！

所以这道命令，不但和福建人开玩笑，并且和李厚基、萨镇冰开玩笑！

（原载《努力周报》第 26 号）

国会自杀
（1922 年 11 月 12 日）

　　我们在几个月前曾有恢复旧国会的主张（见《我们的政治主张》），照现在的情形看起来，不啻在我们信任旧国会的热心上，泼了一盆冷水！参议院开了一个月的常会，不但没有议决一件案子，连院内的一个议长都选不出。从前议员在议席上偶然摔墨盒子打人，舆论界便指为大逆不道；现在议会中有打破书记的头的，有拍桌叫骂的，有抬棺材到院里来拼命的，但是舆论界却装作不闻见的。我不知道还是全国人民宽恕这些议员呀，或是这些议员已经为全国人民所不齿呢？

　　我们也曾在他国议会旁听过，也曾看见过他国议会里面党派纷争的历史。但是人家无论怎样吵，怎样闹，到底还为着政见，还为着主义。我们的国会闹的是什么？且看参议院议员自己口内的供词：

> 外国国会有大政党，可以代表国会多数，故议长即属多数党之首领人物，选举极为容易，此就主义之结合而言。吾国国会既无政党之组织，更无所谓主义之结合，则今日想当议长者，拿钱买票，亦系当然之现象。同人试思之，既无政党，又无主义，则舍拿钱买票外，又岂有其他方法？……国会之投票，可以改日"投标"。（是参议员王用宾八日在参议院中所说的话）

　　我们看到"拿钱买票，亦系当然之现象"，看到"舍拿钱买票外，又岂有其他方法"，看到"投票可以改曰'投标'"这几句话，还能承认这种议会可以存在于二十世纪者，恐怕不是疯子，便是个痴子了！

　　议员先生们！老百姓何负于你们！袁世凯驱逐你们，后来老百姓希望你们复职；张勋时代解散你们，今年老百姓又主张你们复职。你们要晓得国会能一再恢复，并不是你们议员本身的价值，乃是袁世凯、张勋等一班笨人用非法解散的手段为你们造机会！非法解散是遮掩你们罪过的好方法，如果不遇着这些笨人，让你们长期打架、抬棺材、买票、投标……的闹，恐怕早已"自杀"了，到今天那里还有两所高大房屋做你们的"养老院"呢！

国民国民，国会既不能解决我们的问题，我们何不起来解决国会的问题！

（原载《努力周报》第 28 号）

我国宪法与欧洲新宪法之比较
（1922 年 11 月 25 日）

　　自一九一七年到现在，总共不过五年。这五年之中，欧洲大陆上产出好几个新国家，这几个新国家又都制定成功他们的新宪法。这几种新宪法各有各的精神，例如俄国的宪法是代表共产主义精神的，德国的宪法是代表社会革命精神的，波兰宪法、捷克斯洛伐克（Czecho-Slovakia）宪法、南斯拉夫（Yugo-Slavia）宪法是代表最近民治主义精神的——都有他们特别的彩色。我国的宪法怀胎已经十年了，今年究竟能不能分娩还不能说定。就是今年能够"呱呱坠地"，可是一拿他的内容和上述的五国宪法相比较，恐怕断没有人能够猜想到他们是同一时代的产儿。

　　宪法是时代思潮的结晶体。当美国独立的时候，社会契约说的势力最大，故美国各邦及中央的宪法都充满了自然权利的精神；法国革命的时候，也是人权说大盛的时代，故法国第一次革命后的宪法也充满了民权自由的精神。但是那个时代的普遍思潮，只注重个人，不甚注重社会；只注重政治，不大注重经济。所以那时的宪法也只注重个人的权利和个人政治上的自由，至于社会的权利和经济上的自由，都一齐放在宪法的范围之外。简单一句话，那时的宪法只可算是个人主义的政谱。

　　我国的宪法不啻是这一百四五十年个人主义的宪法的汇纂。在十年前世界上还没有代表最新思潮的新宪法发见，故还可以藏头盖面的掩饰过去；现在不幸世界上有了代表新思潮的新宪法，拿这几种新宪法来和我国的宪法比较比较，便发见出来许多不可遮掩的破绽。我本不是研究宪法的专家，故不能作逐条的比较。现在且把我国宪上违反时代思潮的几个最大缺点指出来，给研究宪法的人参考。我以为我国宪法——以经过二读会者为限——所没有顾虑到的有下列四个大问题：

（一）经济生活的问题。

（二）团体生活的问题。

（三）分职的问题。

（四）立法的问题。

一、经济生活的问题

少数研究过近代民治主义的人大概都知道，近代的民治主义的基础不仅仅的建设在政治的自由上边，并且要建设在经济的自由上边。因为政治自由的幸福必定要在经济自由之后才能够享受得到。从希腊到十九世纪，凡在政治范围之内活动的人，大概都是有产阶级，他们自己并不曾尝过经济压迫的滋味，所以他们开始就要求政治的自由权。那时不但不重视经济的自由，并且把经济事业排除在政治范围之外。柏拉图（Plato）的共产主义就是想教治国的阶级专门做政治事业，把经济事业让给奴隶阶级去做，所以柏氏的结论就是想使经济的生活完全与政治的生活分开。直到法国革命之后，个人主义家也都一个个力争人类政治上的自由权，把经济事业划在国权范围之外，好让个人去自由竞争。我国的宪法仍然死抱着个人主义的旧说，所以对于社会中的经济生活一个字也不提。

经济自由的唯一条件就在打破地租、利息、遗产等种种经济制度，单以劳动做生活的基础。俄国的宪法是共产主义的宪法，所以"劳动群众权利的宣言"第二章中明定土地、森林、矿产、水道、六畜及田地附属品等一切宣告为公产，并于"宪法大原则"章（第五章）中规定："俄苏维共和国宣言劳动为人人应有之义务，凡不劳动者不应得食。"（第十八条）他的财政政策就在"没收资本家之财产，使全国人民对于生产、分配上立于平等之地位"（第十六章第七十九条）。总而言之，俄国宪法的目的在打破资本主义，消灭剥夺阶级，使全国人民都以劳动为生活，这是他想达到人人经济生活自由的唯一的途径。

但这是共产制度，究竟这种制度能否试验无弊，就俄国这几年的政治情形看看，还不敢武断的肯定。我们且退让一步，再研究非共产主义的宪法。德国一九一九年八月十一日所公布的宪法并不曾采取共产制度，故社会的公益和个人的私利并重。但是德国的宪法虽然是公益和私利并重，可是却有个人人共见的特点，就是他的目的是想用社会主义来代替个人主义。因为如此，所以注重社会的公平，限制个人的自由，所以渐废个人私有制，代以社会公有制；渐废遗产继承制，代以遗产国有制；渐废私人营业制，代以国家营业制。

德国宪法第五章特别规定经济的生活。在这一章中可以看出个人自由主义和社会主义的调和。且看第一五一条：

> 经济生活的秩序应该和公平的大原则及人类维持生存的大目的相合。

同时又规定：

> 工商业的自由依国法之规定保障之。

这是一方面维持公平的原则、一方面保障个人自由的铁证。

德国的宪法仍然保障私有的财产，仍然保障土地私有制，但是一方又注重社会的公共幸福。且看一五三条：

> 私有财产受宪法上的保障。

但是同时又规定：

> 公用征收，在发达公共幸福的范围内而有法律根据时，方得行之。

由此可见，私有财产一方面为个人财产的安全起见可得宪法的保障，一方面为发达公共幸福起见又可以用报酬去征收他。财产的继承权也是这样。一方面可由私人继承，一方面又可由国家继承。（第一五四条）

土地所有权在德国也没有完全废止，但是"为供住宅的需要，为移民耕樵的发展，为农业的发达，可以征收私人的土地所有权"（第一五五条）。再：土地的价值增加，如果不因为劳力应用、资本应用者，应由国家拿来谋达公众的利益。（同上）至于土地的宝藏及可以利用的天然力——如矿山、水利等——都一齐放在国家的监督之下，私人的矿业特权依法律所规定可以移归国家。（同上）国家对于土地的监督：（一）为防止土地权的滥用，（二）想使人民有卫生的家宅。（同上）这就是防止土地集中于大地主的手中的最好的办法。

私人营业的原则在德国宪法中也没有禁止，但是适于社会所有的私人的营业，得收为国有财产。（第一五六条）至于现有的私人营业，虽然不完全废止，可是得由国家令各邦或地方团体参与管理，国家对于私

人营业认为不适当的，又得有抗议权。（同上）

综看这两国——俄国、德国——的宪法，都充满社会主义的精神。俄国宪法上明定"俄罗斯共和国为一切劳动者之社会主义的团体"（第五章第十条），目的在铲除社会中的寄生阶级。果能行之久远，则全国只有一个劳动阶级，绝没有资本阶级可以存在。在这种制度之下，当然不再有阶级战争的弊病。就是德国，虽然还没有实行共产，但是已经用全力向共产方面走去。故俄国的激进的共产虽然不能仿效，而德国渐进的共产未始不可取法。我国宪法就是不采取共产主义，也应该把眼光放远些，预先防止资本阶级的成立，断不能设法扶植资本阶级，使将来的社会又要发生阶级战争。

现在且看我国宪法的规定。第十二条：

> 中华民国人民之财产所有权不受侵犯；但公益上必要之处分，依法律之所定。

此处所说的"公益上必要之处分，依法律之所定"，大概是指着土地收用法一类说的。我国宪法上关于债权、遗产继承权、土地所有权、私人营业权都没有特别的规定，可见得这些权利都一齐包括在财产权之内了。这样囫囵吞枣的规定实在很有些危险。以下且说明危险的理由。

关于财产权的理论虽多，但是各派共同的一点，就是"财产权是使劳动的人得享受劳动的结果"。照这个定义严格的解释起来，只有亲手弄来的财产才可以由自己享受，此外如遗产、地租、利息、利润都不是自己劳动的结果，当然不能算做财产权了。如果财产权的内容是这样，为鼓励人人劳动起见，当然有受宪法上保障的必要。可是我国宪法上财产权的内容绝不能作这样严格的解释，多半包括不劳而得的遗产、地租、利息、利润等在内。换句话说，我国宪法上所认为"不受侵犯"的财产权，并不是由自己劳动的结果，却是劫夺人家劳动结果的赃物。把这种财产看作神圣不可侵犯，便不啻替贼人来保护赃物！

再：财产权包括土地所有权在内，更有许多危险。因为土地本是天然生成的东西，土地所有权便是占据天然物认为已有的结果。世界上人口渐渐增加，所有的土地尽让先来的人占去，后生的人岂不要活活的饿死吗？所以马尔萨斯（Malthus）说道：

> 一个人生在一切东西都被人家占去的世界之中，如果他不能向

他的老子要求到生活费，社会再不要他的劳动，那么，他便没有得到一点食物的权利，他的生在这个世界上只是多生的，自然的大宴会中没有他的座位，并且叫他走开，立刻就执行自然的命令。(《人口论》第二版五三一页)

由此看来，假如宪法上绝对的保障土地所有权，结果一定要使后生的人活活饿死了！个人主义派关于财产权的理论有个不可遮盖的缺点，就是只要财产安固、不要财产平均（乐利主义派的边沁〔Bentham〕就是这样主张）；我国宪法上虽然容认"公益上必要之处分"，但是目的只在使为公共利益而设之事业有收买或租用土地的机会（参看土地收用法第一条），并不像德国宪法对于土地所有权的规定，目的在防止土地权的滥用和使人民得有卫生的家宅。归综一句话，我国的宪法对于遗产继承权、土地所有权、私人营业权都取积极的保护主义，无论财产所有主怎样使财产集中，绝不受宪法上的限制。德国的宪法却不是这样，他对于遗产继承权、土地所有权、私人营业权都取消极的限制主义，财产所有主私人的利益如果违反了"公平的大原则及人类维持生存的大目的"时，国家即有权力去实地限制。所以拿德国宪法关于财产权的规定和我国宪法相比较，一个可以代表社会主义的精神，一个只可以代表个人主义的精神。

近来社会主义家把从前宪法上所规定的各种权利（如我国宪法自第五条到第十六条所规定的权利）通同叫做政治的基本权，把生存权、劳动权、全劳动收益权叫做经济的基本权。全劳动收益权非在共产制度之下不能实现，至于生存权和劳动权，德国宪法中已经有了相当的规定。第一六三条：

> 凡德意志人，应予以机会，使得由劳动而维持其生计
> 有求相当劳动机会而不得者，则为之筹尽每人所需之生计。

我国的法律尚没有容认劳动阶级参政的余地（因为《选举法》以纳税为原则，《治安警察法》更不容工人作政治的集会、结社），更说不上生存权和劳动权了。但是凡是制宪的人都应该放大一点眼光，或少微翻一翻欧洲的社会主义家的名著，使脑筋中知道政治的基本权是中产阶级享受的，要想保障无产阶级的生命，非在宪法上容纳经济的基本权的精神不可。这就是因为经济生活问题是近来宪法上的一个中心的问题。

二、团体生活的问题

从前的学者多把个人从团体中解放出来，听凭各个人自己去自由发展。所以十八、十九两世纪的宪法学者极力打破国家的专制，要求个人自由；极力打破"同业公所"（Guild）的专制，要求职业自由；极力打破教会的专制，要求信仰自由。这是解放个人的时期，当然要在宪法上绝对的保障个人的自由权利。可是现在的国家之中，个人的地位已经和从前大不相同了。因为现在社会的生活进步，一国之中，绝没有纯粹孤立的个人，只有做社会之一员的个人，个人的能力和特性，大半都是社会养成的。现在人与人的群集生活，并不像堆积许多鹅卵石在一块，倒很像丝丝相连的一个细网子，这条线牵连那条线，没有一条线不与别条线发生关系。因此便有许多学者把国家看作"群"的结合体。且看白尔克（E. Barker）说：

> 如果我们要是现在的个人主义家，我们便是结合的个人主义家。我们的个人正在结合成群。我们不要再做《个人与国家》（*The Man versus the State*，斯宾塞所著的书）的书，只做《群与国》的书了……我们以为每个国家多少总是联合的社会，包括许多不同的人群、不同的教会、不同的经济组织在内，各个团体都可以行使对于团员的支配权。（见《英国政治思想史》）

这些话如果是实，那么，适应现在思潮的宪法便应该特别注重团体生活了。

俄国的国家是由许多苏维埃（Soviet）联合而成的，所以中央苏维埃、分区苏维埃等组织和权利都得到宪法上的保障。凡是劳动者的集会、结社，都绝对的不受限制。德国宪法更特别的规定"团体生活"一章（第二章），这一章中关于群集生活——如婚姻、家庭、教会等——都受宪法的保障。至关于集会、结社，更有极明了的条文规定。

第一二三条：

> 凡德意志人，平和的且不携武装，可不必通知，并不必得特别许可，有集会之权利。

第一二四条：

> 凡德意志人，关于不背于刑法之目的，有结社之权利。

此项权利不以预防方法限制之。

各项团体，遵民法之规定，有取得法人资格之权利。

此项权利，不得以其团体所抱为政治上、社会政策上、宗教上之目的，从而拒绝之。

这种规定虽然没甚稀奇，但是总可算是适应现在社会生活的潮流。我国的宪法又怎么样呢？且看第九条的规定：

中华民国人民有集会、结社之自由，非依法律不受限制。

这一条的规定，从字面上看来似乎很严重，很冠冕堂皇；但是仔细分析起来，便不啻把集会、结社的自由权根本取消。（其余言论、著作、信仰、职业等自由的规定也犯了同样的毛病。）因为从正面说"非依法律不受限制"，自反面说"依法律便得受限制"。如果依《戒严法》，还不过暂时受限制，若要依《治安警察法》，便要时时刻刻的受限制了。因为《治安警察法》把集会、结社的自由放在行政官厅手中，不但政治的集会、结社要受行政官厅干涉，就是关于公共事务的集会、结社，也要听行政官厅的裁度。宪法上很好的一条规定，可以被"依法律"三个字把他根本取消了。在现在群集生活盛行的时代，群众的集会、结社如同吃饭、睡觉一样，又何必要经官厅特别许可。就是极守旧的英国人也老早就承认这层道理了（见戴雪的《英国宪法论》），不想一九二二年新出来的中国宪法还不加以承认！又是我国宪法不能适应社会生活的潮流的一个铁证。

三、分职的问题

从前的国家大部分职务在于治人，所以国家的动作都含有权力的意思；现在的国家大部分职务在于治事，所以国家的动作却含有义务的意思。从前唯其是权力，所以分配国家职务叫做"分权"；现在唯其是义务，所以分配国家职务叫做"分职"。大概近来社会事业一天复杂似一天，国家是谋社会公共利益的机关，故国家的职务也一天扩张似一天。但是近来国家的职务是专门替社会做事业的，故每一个国家都有他分内应该做的种种职业。职业本是专门的事体，不分工便不能做得好。工场内分工的目的，全在"效律"（Efficiency）的增加，国家内各机关分职的目的，也全在"效律"的增加。故最近的国家不按照中央和地方的性质分职，便按照国家和社会的性质分职，断没有不论何事都由中央立法或执行的。

近来国内有一派人害了神经病，以为宪法上一列举中央政府的职权，便是联邦国家，又以为凡是联邦国家都是不能统一的。这话只有教人笑死！最近如波兰、捷克斯洛伐克、南斯拉夫的宪法都是采取单一制，就像德国，从前本采取联邦制，现在的新宪法却把地方主义的观念完全打破，几乎变成一个很集权的单一制。所以我的朋友张慰慈先生就断定："联邦制度实是违反现今政治的趋势。"（见本号《欧洲的新宪法》）我以为小国家不取联邦制犹或可说，断没有大国家如中国可以单一制成功的。德国的新宪法诚然把地方主义的观念打破，但是中央与地方分职的观念比较从前的宪法更加明了。且看德国新宪法第一章"国家与各州分职"的规定。第六条：

> 以下各项属于国家独有之立法。甲：对外关系；乙：殖民地；丙：国籍、自由迁徙、出入境、递解；丁：国防制度；戊：币制；己：关税、关税区商业区统一问题，货物自由交通问题；庚：邮政、电报、电话。

第七条：

> 以下各项属于国家立法。一：民法；二：刑法；三：法庭规则、刑事执行、官厅互助；四：护照及外人警察；五：救贫制度、游民管理法；六：报纸、结社、集会条例；七：人口政策，产妇、婴孩、孩童及青年保护法；八：卫生法、兽医法及植物受病之保护规则；九：劳动法、保险、劳工及佣工之保护、劳动供求所法；十：国境内职业代表机关之设立；十一：战事军人及遗族之保护；十二：公用征收法；十三：矿产及生计的企业之收归社会所有，关于公共生计上生计的财物之生产、制造、分配以及定价；十四：商业、度量权衡、纸币发行、银行及交易所制度；十五：饮食品、享乐品及日用需要品之买卖；十六：工业、矿业；十七：保险制度；十八：航船、公海及沿海渔业；十九：铁路、内河航路、水陆空中之自动机交通、公共交通上及国防上道路之建设；二十：戏馆及电影。

中央政府的职权这样列举的规定，和美国联邦宪法第一章第八条的规定性质上有什么区别？故我说德国新宪法虽然没有联邦之名，可是他分职的精神却和联邦国丝毫没有差别。至于俄国的宪法开首就把"联邦"两个字抬出来，明白写下"俄罗斯苏维埃联邦共和国之宪法大原则"云云，各条文内用联邦字样的不知几多次，又安见得俄国的宪法不适应"现今政治的趋势"呢？且俄国宪法第四十九条规定"全俄苏维埃会议"及"中央执行委员会"的职权，也和美德的宪法一样，列举十七项大权属之中央政府。所以我的结论就是现今的宪法趋势，除掉几个小国家而外，没有不仿效联邦国家列举中央政府职权的。就是宪法上不明说采取联邦制度的名称，却断没有不明明采取联邦制度精神的。

我国的宪法却是怎么样呢？经过八十天的争议（自民国五年十月二十日到六年一月），会议到十次之多，仅仅通过"第○章地方制度"六个大字。而地方制度草案之中，充其量不过把省议会暂行法中的权限微微列举几条充数罢了。现在虽然有人提议增加"中央政府权限"一章，但看看议会内的空气和议员先生们脑筋，觉得总有十之八九流于悲观！而通过二读会的条文，只是囫囵吞枣的说："中华民国之立法权由国会行之。"（第二十条）"中华民国之行政权由大总统以国务员之赞襄行之。"（第五十五条）如果要问：中央的立法、行政权与各省立法、行政权有什么界限？无论何人，不能解答；无论根据何法，也不能解答。这样集权的宪法，不想还要出现在二十世纪中，真是奇事！

据我看来，古今权限的冲突多半起于政权的不确定。故免除权限冲突的好方法，只在有明确的划分。当现在社会生活极其复杂的时候，要想不论何种职权都一齐揽在中央政府的手中，结果只有使一件事都不能做罢了。现在的分职学说只有两种：（一）分职于地方，（二）分职于社会。前边是联邦制或地方自治制的分职，后者是同业的社会主义的分职。同业的社会主义现在已经丢开独受中央支配的集产主义的方法，在"行会"（Guild）名义之下造群，一方面承认国家为生产工具的所有主，一方面却要求把这种生产工具的动用权付托在各种行会管理之下，国家只做鼓奖文明的事业，社会却要管理经济生活的事项。一个国家之内划分许多区域，使各区域都有独立做事的权限，叫做联邦；一个国家之内划分许多行会，使各行会都有独立做事的权限，叫做联群。但是现在的宪法，不采取地方分职主义，便要采取行会分职主义，如果一个都不采取，像我们中国的宪法，那倒真是"违反现今政治的趋势"了！

四、立法的问题

近来的学者对于议会制度——代议制度——都不十分表示满意，所以对于限制立法的问题想出三种新方法：（一）是专门家立法制，（二）是执行部立法制，（三）是国民直接立法制。前两种方法，只有实例可引，在宪法上还没有明文规定；第三种方法，现在的新宪法差不多都采用了。

为什么要用专门学者立法呢？因为近代各国的立法部全由政党把持，所以立法事业完全由政客包办。又因为用政党协议的选举制，凡是品行高洁和思想独立的人，都不大愿意就政党的范围，所以每一次选举，总要便宜了许多入党的庸人，拒绝了许多不入党的学者。立法本是一种专门的事业，当现在社会事业和情形越过越复杂的时候，要想有科学技术的立法，便不能不在被政客所盘据的议会之外另想出一个方法，来救济政客式的立法的弊病。美国各邦近几年来试用的新方法就是设立"立法起草局"（Drafting Bureau）来代替议员，专门做起草的事务。据一九一三年的报告，各邦设立立法起草局的，已经有十三邦之多了。这十三邦中为议会或议员筹备的有两件事：一是立法的参考，一是立法的起草。这便是帮助议会立法的一种新趋势。

再：从前国会对于立法事项几乎毫无限制，但是照最近政治上的经验，政府的职务还有许多不能够按性质分类的，有许多立法事业，为执行的便利起见，不得不委托行政部去做。例如英国的地方行政部（Local Government Board），如果要不能立法，便没有重大的职务可做。最近英国的税务部部长说道：

现在税务的事务和前二十年或十年绝不相同。那时国会议决一种租税，规定的非常的详细，只把执行的事务交给税务部，使他照着国会设定的标准去实行。现在国会的意向，只定下一些原则，把困难的事实让给税务部去自行裁度。所以现在我们税务部所做的事务很可以说是司法的事务和近于立法的事务。（见拉斯基：*Authority in the Modern State*）这是从经验上表现出来，议会包办一切立法在事实上是绝办不到的。

但是这两种方法不过是帮助议会立法，或分去议会立法权的一小部分，并不是夺去议会的重要的立法权。至于这第三种方法，便是不信任议会立法的最大的表示。德国宪法中关于"国民公决"的规定如下：

第七十三条：议会议决之法律，如总统在一月以内决定提交国民公决时，得在公布之前提交国民公决。

法律之由议会议员三分之一要求展限公布者，如选民二十分之一提议提交国民公决时，此项法律应即提交国民公决。

选民十分之一要求提出某项法律草案者，亦以国民公决之。

（原载《东方杂志》第 19 卷第 22 号"宪法研究号"）

国法何在！
（1922 年 11 月 26 日）

罗文干案的内容我们不是检察官，本没有侦察的必要，而且此案还没有到了结的时期，亦当然不能由局外人妄发议论。但是当此案发生的前后，行政官、国会、检察厅几乎没有一处不违法，这个问题却是我们所不能轻轻放过的。

（一） 总统方面

凡行内阁制的国家，总统的命令如不得国务员的副署，在法律上便不能发生效果。所以我国约法第四十五条：

> 国务员于大总统提出法律案、公布法律及发布命令时，须副署之。

这回总统发布逮捕罗文干的命令，并没有经国务员的副署，请问是不是"违宪"？

有人说，罗文干是国务员之一，如果必待国务员副署才能逮捕，恐怕消息走漏，罗文干早已逃走了，不是使国法无效吗？

这一说初听到似乎有理，可是仍是不法的议论。无论宪法及各种法律上皆没有关于国务员本身问题不要国务员副署的特别规定。就是就事实论，罗案最关刑事，并不是寻常的政治犯。政治犯逃到国外，没有方法逮捕，刑事犯只要他不飞上天去，皆是可以逮捕的。假定罗文干真正犯罪，并且同从前财政次长殷汝骊一样，逃避无踪，那么，这也不过是一个人逃罪的问题，比违宪问题到底是谁轻谁重呢？置一个人于法，不惜破坏国家根本大法，开这种方便之门，恐怕是法律上绝对不能容许的吗？

（二）国会方面

国会的议长对于院外虽然可以做一院的代表，但这是指着礼节说，不是指着法律行为说的。因为议会是合议制，议会的意思只由开会议决表现，不能由议长个人表现。

关于逮捕罗案的公函，发在查办案未曾通过之前，当然不能认为全院的意思，只能认为吴景濂、张伯烈个人的行为。现在吴、张两人既已不承认自己是"告发人"，便是不承认这种行为是他们私人行为了。吴、张的违法情节是有目共见的。照议院法第二十一条：

> 议长、副议长有违法情节，经过议员五分之一以上之提议，应交惩戒委员会审查后，付议院决定。如得有总议员三分二以上之出席，出席议员三分二以上认为违法时，即解职另选。

乃众议院议员们竟把这件事轻轻看过，而以"一哄而散"了之，此后议院还谈得起什么法律，还配定什么法律！

（三）监察厅方面

监察厅行使侦查处分，必定要先有要求审判犯罪的意思表示。依据刑事诉讼律第二百六十一条，检察官开始侦查证据及犯罪人的处分，要有四个原因：

一、由被害人告诉；

二、由第三者告发；

三、由犯罪人自首；

四、由检察官直接闻见。

今罗文干到厅既没有人告诉，吴景濂、张伯烈又不承认为告发人，罗文干自己又没有自首，检察官自己又并没有直接闻见，依法律说，这种无因而至的案件，当然拒绝不受，这种无原告的被告人，当然不能收留。

检察厅既已收留了，既已行使侦查处分，当然要依法办理。请问不被告的人何以能留在检察厅？既认为被告人而有犯罪嫌疑，又何以能住在检察长的办公室？现在施行侦查处分的时候，又何以任犯罪人亲友穿梭不断的面会？《看守所暂行规则》第二章至第七章的规定，对于此案何以一律无效？

而且凭一纸违宪的命令将犯罪嫌疑人收入，正在侦查之中，又何以凭汪大燮、孙宝琦等传递总统的话便又将犯罪嫌疑人释放？检察厅的大门的出入，比中央公园的大门的出入还要自由些，岂不是一件怪事！

总而言之，我国的法律是为议员们在议席上混时间、为教员们在讲堂的说白话混饭吃的，一放在政府面前，便一个大不值。同现政府——中国人——讲法律，原是一椿傻事！所以罗文干从检察厅出来到总统府和总统见面时，总统便为罗文干喜，并说：

> 非我屈君，则君之人格名望何能倍增曩昔！岂非一大可喜之事？（见二十二日《晨报》）

总统用什么方法不能增加罗文干的人格名望，偏要破坏约法才能增加罗文干的人格名望！增加罗文干的人格名望，便是总统破坏国家根本大法的原来的用意！这种运用法律的深心，便是精通法律的人也不能窥见万一了！

（原载《努力周报》第 30 号）

联邦与割据
（1922 年 11 月 30 日）

近来留美学生康洪章（原名白情）等五十四人联名发表一篇《制宪庸议》，寄到国内各报馆，"求为镌布，并赐批评"。他们有致各报馆的一张公启，上边说道：

> 自联邦说兴，国内军人士大夫狃于现状，乃揭橥联省自治，欲易我二千年来沿习善制。……

这几位先生"留学联邦"，却力说联邦的坏处，以为"中国历史正统相承和约法所定，都是单层统治权"。

因此，便说：

> 单层统治权利多害少，二重统治权利少害多。

这几位先生都是"留学美国各大学同人"，所发的议论当然可使我们佩服的。不过要拿"中国历史正统相承"做理由，要拿"二千年来沿习善制"做理由，而仅仅的反对联邦制，似乎还不甚彻底，顶好是要连共和制一并反对，才可以保存中国的国粹和特性。因为皇帝专制政体，乃是"中国正统相承"的政体，乃是国粹派认为"二千年来沿习善制"！

诸位先生现在仍不免有效法西洋的彩色，仍不免有模仿的弊病，这样弃皇帝专制之名，暗中保全皇帝专制（单层统治权）之实，似不免有"名不正"的嫌疑！

现在且丢开闲言，言归正传，讨论康先生等反对联邦制的理由。康先生以为和平是由统一而来，这的确是欧洲中世纪末期学者的普遍见解。康先生等说：

> 中国地广民杂，很像欧洲，但中国统一，欧洲不统一。所以中国历史虽一治一乱，究不如欧洲战争之多。

康先生等到底是可惜欧洲各国不能合成一国呢，或者是说欧洲各国都没有单层统治权呢？我不大懂得欧洲的历史，所以不敢说欧洲每次战争都是由没有单层统治一个理由发生的。但是据我所知道的，欧洲的战争多为国际的，中国的战争多为国内的，欧洲各国的国内战争比较很少，这是可以相信的。康先生等如果说"这就是单层统治权的效果"，那么议论还不大自相矛盾。可惜康先生等竟把国际战争和国内战争混为一谈，未免太欺负我们没有"留学美国各大学"的"同人"！请问欧洲那一国没有过单层统治权？请康先生等为我们指出来。若说"封建时代无论那一国都没有单层统治权"，那么，你们反对封建制度好了，为什么又把封建制度同联邦制度看作一样东西一概反对呢？岂有"留学联邦"的"大学同人"反弄不清封建制度和联邦制度的区别吗？

就说欧洲的战争多是由于没有单层统治权罢，美国没有单层统治权，为什么战争又不多呢？如果承认美国的战争究竟比中国少，那么，岂不是可以证明战争的多少与单层统治权到底没有关系吗？

再：康先生等以为"国民民治修养的不足"，也是不能采用联邦制的理由。故说：

> 就如美国政治现在这种成绩，也经美国人百多年的修养得来。中国社会虽极富于德谟克拉西的精神，人民在政治上却太缺乏这种修养。

请问：美国国民运用联邦制的能力，是自实施联邦制后修养成功的，还是在没有采用联邦制以前就早已有了这种修养呢？康先生等既说"经美国人百多年的修养得来"，可见得美国人运动联邦制的能力，是在实施联邦以后了！中国既不行联邦制，请问：怎么能使国民得到这种修养？康先生等以为国民没有某种修养之后，万不可采用某种制度；我以为唯在实行某种制度之后，才可以使国民得到某种修养。

康先生等因此使说：

> 不但人民自己不善应用，就是主张联省自治的军人、士大夫，也未见得甘守纪律，能在轨道上拥护二重统治权。如湖南、广东首制宪法，现在成绩如何，可以为证。再如浙江宣布自治，竟宣言嗣后铁路、电报等项，概由浙人自管。世界上宁有这样的自治么？

康先生竟这样黑白不分，拿武人割据的事实来反对联邦制度！前边既拿封建制度的弊病来栽诬联邦，此处又以武人割据的弊祸来栽诬联邦，难道你们留学的联邦就是这样吗？我们虽然没有"留学联邦"，但是也万不敢承认武人割据或武人所主张的"联省自治"便是联邦！康先生等在那里看见"士"——除了军人、大夫——所主张的联邦制和现在的武人割据的内容完全相同？

请康先生等放开眼界，看看国内主张联邦制的人的议论，不要做"捕风捉影之谈"！老实说，我们所以主张联邦，就是想扩张省权，使全省人民藉省机关政治得到政治上的势力和经验，好推翻武人割据的局面。靠中央裁兵废督是靠不住的；想使武人各自抛弃权利，自己施行联邦制，也是绝对没有希望的。最好是把省政权和中央政权划清界限，把省议会造成省政治的中心。康先生等要知道，各省督军是现在中央政府的上司，靠中央来撤消督军，只是做梦！省人民的政治热果然增高，倒还有抑制武人的希望；单靠中央的统治权是无效的。我们主张联邦制，是为人民争政权，想打倒军阀的地盘，并不是为军阀争地盘。真正的联邦制断不容军阀的跋扈，和真正的统一亦不容军阀的跋扈一样。现在各省是军阀割据，不是"联省自治"，更谈不上联邦。请康先生等不要闭着眼睛，把各省的现状和联邦制合为一谈！

此外还有许多误点，已由《努力周刊》第三十期及《时事新报》的记者批评过了，用不着我再费神舌了。

十一年十一月二十七日

（原载《晨光》第 1 卷第 3 号）

军阀们看不起的机关
（1922 年 12 月 3 日）

　　自称"孤寄白宫如同聋聩"的黎总统，这回听到曹锟"毅然独行"一句话，居然壮着胆子独行独断的把汪大燮内阁发表出来，总算黎总统生平第一件痛快事！

　　近几年来政党内阁已经不大时髦了，就在政党内阁发源地的英国，也行了许多次的"联立内阁"。可是外国的联立内阁是以"政策"做线索的，先把几种政策磋商好了，然后才提人员。中国从来没有过政党内阁，总是混合内阁。而这种临时拉杂的内阁，又不以政党做后盾，却多以军阀做靠山。譬如上次内阁，人家多知道某某是保系的人，某某是洛系的人，却看不出某某是某党的党员。所以英国的阁员是国会的委员，中国的阁员却是军阀的委员！尤其稀奇的是，外国的国会是代表性质的团体，而中国的内阁是代表性质的团体（军阀的代表）！

　　这回内阁比较上代表的性质很少，除掉两高之外，似乎都不是忠于一个军阀的人。从这一点上看来，似乎是好现象。但是据报纸上传说：

　　　　许世英在皖与马联甲不相容，彭允彝在湘竟争内务司长，致令赵恒惕为难。故许、彭入阁，不过为马、赵调虎离山而已，并无他种深意。（见三十日《晨报》）

　　这话果然是真，可是把阁员的品格又降落一层了。从前阁员是军阀代表，虽然品格不高，但内阁还可算是军阀们安插私人的地方，还可算是军阀们看得起的机关。现在的阁员却变为安插军阀所不要的人物的地方，岂不是成了军阀们看不起的机关吗？前几年教育部、农商部、财政部都设下许多"行走"和"办事"的名目，以便收容各省被拒回京的教育厅长、实业厅长、财政厅长，现在的内阁恐怕又要变成各省被拒回京的省长们的"收容所"了！这不是"近视眼养瞎子"，一代不如一代吗？

（原载《努力周报》第 31 号）

违法的先例
（1922 年 12 月 3 日）

　　从前人家多说："在中国违法算不了一回事。"这句话也不过在大家口头上说说罢了，并没有人替我们证明过，可是现在却有明文可以证明了。请看黎大总统覆吴佩孚的梗电：

　　　　年来官吏被议，先交法庭，再请免职者，先例繁多，近月弥甚，档案具存，未闻非难。财部前次长钟世铭，久被看管，迄未免职，警厅奉执事之命，犹且毅然行之……

　　总统的意思就是说："从前的违法事体多的很啦，并不曾有人'非难'，现在违法又算得什么一回事呢？你吴佩孚都可以违法命令警察厅捉拿财政次长钟世铭，难道我黎元洪不能违法命令军警捉拿财政总长罗文干吗？"

　　假使只要有违法的"先例"可凭，都不算犯罪，那么，人家就是杀人放火，也不能惩办！如果政府惩办他，他要辩道：

　　　　年来土匪，到处杀人放火者，先例繁多，近来弥甚，豫匪涂颍，未闻非难。

　　我不知道政府听到犯人这种陈述的大理由，可否置之不理？

　　就人情说，他人违法不惩办，单单惩办我，当然要教人不平。可是依法律说，他人违法不惩办的事实，绝不许引来做我开脱罪案的理由。不想总统训示国家现任官吏的明电，竟出此言！卢永祥通电讥刺吴佩孚还可以恕得讨，堂堂行政元首，对于官吏不下明令惩戒，却互相讥刺，岂不是既藐视国家的法律，又失却总统的尊严吗？

（原载《努力周报》第 31 号）

石志泉辞职呈文
(1922 年 12 月 3 日)

　　司法次长暂行代理部务的石志泉，果是什么样的人，我们姑且不论他，但是他辞职的呈文看起来，似乎很可以激发人家的天良！他说：

　　　　收回治外法权之说……已得友邦谅解，是以各国有调查委员会之设，本定今年七月相率来华，以调查吾国法院为入手办法。……外人调查事项，形式特其一端，要其眼光所注，必以吾国法院是否有真正独立之精神为其重要部分。比者百端待理，纲纪未张，每遇要案发生，外界辄有干涉之嫌，士夫亦存轻视之意，遂至办案益形棘手，法院失其尊严。本国人士尚不尊重本国法权，以此而供调查，不惟自惭形秽，恐将艰难收回之希望又复丧失无余。

　　自罗案发生之后，军阀们兴高采烈，一片声儿叫"组织特别法庭"！恨不得把判决书都弄好了，交由法庭照抄！罗文干就说是丧失利益，也不过是金钱上的利益，还有价格可算；

　　军阀们因干涉司法，以致治外法权收不回来，岂不是一种无价的损失吗？

　　　　　　　　　　　　　　　　　　　　（原载《努力周报》第 31 号）

国会神圣？
(1922 年 12 月 17 日)

十三日《晨报》上有一段很沉痛的话，说："神圣尊严之国会而行使法赋之职权，尚须仰承军阀鼻息。不独可耻，抑亦可怜！"

这几句话对于别人说还可以，对于议员先生们说实在是不伦不类。他们如果知道国会神圣，那会去到处乞怜；如果不仰仗军阀鼻息，那里还有岁费拿；如果还有羞耻心，那会跑到光园去磕头！

近来又有许多国会的小团体在宣外大街二百号开什么联席会议，主张"先请张绍曾发表政见，以为赞否之标准"。这是痴人说疯话，张绍曾的政见就是"仰仗军阀，过过官瘾"八个大字，久已挂在面孔上，谁人不晓，还要"请"他发表干什么呢？

（原载《努力周报》第 33 号）

农村立国
（1922 年 12 月 24 日）

宣布政见本来是一椿难事。当袁世凯时代，熊希龄组织内阁时，曾由梁任公草出一篇洋洋数千言的大政方针，结果却没有一件能实行。这一次王宠惠内阁，我们也曾要求他宣布大政方针，谁知他自上台到下台，却没有宣布一个大字。

这个星期内，不想竟有两个平素不理于人口的武人，居然各自宣布出来大政方针！

这两个宣布大政方针的武人，一个是张绍曾，一个是赵恒惕。

张绍曾的政见无论怎么坏，但总是他"出自心裁"的，以不成政客的政客，来宣布不成政见的政见，无论如何，总可算是"率真"。至于赵恒惕，就省长任的宣言，我并不要求他能够实行，只要他当大众面前，能把这篇宣言书朗诵成句，就算是他的本事！因为据各报上的传闻，这篇宣言书是章行严先生的手笔，是章行严先生的主张，赵恒惕居然冒名顶替，真是最滑稽不过、最儿戏不过的事！宣言书中说道：

> 侵至冒为一切之事，以显其事事可能，而不必真有可能；皆为无端崖之辞，以显其事事知之，而不必真有所知。

我不知道赵恒惕看见这几句话又将何以自解！

这篇宣言书乃是章先生"农村立国论"的发端。章先生近来以为中国无论采用欧洲某种制度，结果总只得到他的坏处，却得不到他的好处，他因此便断定农业国不能采用工业国的制度。且看这宣言书中说：

> 夫欧洲以工业立国，产业革命数百年，全国悉为工化，而群伦政纪，类以工业为基。资本家立于社会之巅，恣情挥斥，故其规模壮阔，举止豪华，非东方朴鄙之民所能想象。而我国以农立国，适

居其反。政理以无为为极，彝伦以宁静为宗。国中贫富，无甚参差，尚俭尚勤，通国一致。于斯以工业国之政制来相运用，朴愿者丧其所守，狡黠者无所不为，驯至事无大小，动以贿成，人无愚智，皆冀非分。……他人工业国之长，以吾无其质，无可发挥；而所有弊害，则往往充类至尽。长此不已，其何能国？

章先生以为政理彝伦都由物质生活的情形决定，几几乎与唯物史观家同一口吻。

但是章先生虽然注重联业，也知道中国无业可联，不像英国中世纪以来就有"同业组合"（Guild），可做现在社会主义家联业的基础。于是又变掉唯物史观家的口吻，说道：

> 今欲为联，首在造业；今欲为造，首在分业。

由此看来，章先生联业政治的目的物——业，还待创造，待创造成功之后，才说得上联。没有工业国的基础既已不能采用工业国的政制，为什么没有业的基础倒反可以说联业呢？章先生不是谈架空政治的人，还请把"农村立国论"早早做成功，或者一方面可慰读者的渴望，一方面可免我们的怀疑。

（原载《努力周报》第 34 号）

学　风
（1922 年 12 月 24 日）

　　中国自有学校到现在，以时期计算，总共不到三十年。可是这三十年来的学风，真可以说是千变万化的了！有时候一个学校闹饭厅，因而使各省的学校都发生闹饭厅的风潮；有时候一个学校抵制外货，因而使全国的学校都发生抵制外货的运动；有时候一个学校闹校长，因而使个个学校都发生闹校长的风气。

　　就以北京论：自五四运动到现在，学校的风气也变过好几次。有时一个学校办一种小报纸，便使个个学校都争先恐后的去办小报；有时一个学校演新戏，便使个个学校都争先恐后的演新戏；有时一个学校收女生，便使个个学校都招考女生；现在一个专门学校改办大学，便使各专门学校都要改办大学；一个学校驱逐校长，便引起各学校都起来驱逐校长！

　　曾国藩在他《原才》篇中论到风俗的趋向，照他说：

　　　　风俗之厚薄奚自乎？自乎一二人之心之趋向而已。民之生，庸弱者戢戢皆是也。有一二贤且智者，则众人君之而受命焉，尤智者，所君尤众焉。此一二人者之心向义，则众人与之赴义；一二人者之心向利，则众人与之赴利。众人所趋，势之所归，虽有大力，莫之能逆。故曰："挠万物者莫疾乎风。"风俗之于人心，始乎微而终乎不可御者也。

　　如果风俗真是"自乎一二人之心之趋向"而来，那么，至少总免不掉两点毛病：（一）盲从，（二）浮浅。

　　盲从是教育界的大耻辱！兵士可以用耳朵不用心思，一听到上官的命令，可以绝对的服从；教育界做事却不可这样。凡是自己耳朵所听到的，必定要经过自己意识的作用思索一番，然后才可以决定取舍。群众运动可以重感情，教育界的运动却要重理智。重感情的运动可以一呼而来，一哄而散；重理智的运动却可以永久不变。近来教育界中的运动往往只得到"五分钟热心"的称赞，大概都是盲从的结果。

浮浅也是教育界的大耻辱！我们谋学校的进步，绝不可仅崇拜几个偶像的名人。一个蔡元培绝不能撑住北京大学，一个章士钊也绝不能使农业学校变成他梦想的农村。只换换学校的招牌，请一位刻字匠便可以办得到；只抬出一个偶像人物做校长，教育部一道命令也可以办得到。可是这只是最浮浅的表面文章。如果教育界费了九牛二虎之力，所争的目的仅仅在此，那就不如趁早撒手了！

我以为学校的风气绝不是模仿人家的行动所能造得成的，应该更进一步，从学生自己身上起，打定主意，抱着一种精神，埋头用功做下去。久而久之，方可建为一校特有的学风。所以现在各校闹校长、改大学的风气，只可说是传染病，却不能叫做学风。要想创立一校特有的学风，必先要免去盲从和浮浅的两个毛病。

章士钊先生前几天曾说过："愿为农校的炮手，不愿为农校的校长。"从前严又陵先生到安徽去做高等学堂的监督时，到校第一日便对学生说："当我未到校之先，自由是你们的；自我到校之后，你们的自由都一齐交托我。"这两天法专的校长风潮又发生了，法专的学生如果想证明他们不是盲从的运动和浮浅的运动，便应该为法专请一个"炮手"来，便应该为法专请一个没收学生"自由"的校长来！农专的学生如果只欢迎那做"农村立国论"的章士钊做校长，不欢迎那做"炮手"的章士钊做校长，那么，便同从前的安徽高等学堂的学生听说严又陵的大名便欢迎他，听说他要没收学生的自由便又要驱逐他一样了。如果是那样，那么，学生的运动便成了盲目的或崇拜偶像的瞎闹！

（原载《努力周报》第 34 号）

讨论宪法草案
（1922 年 12 月 31 日）

　　喧传专心制宪不管政治问题的国会，为了罗案、张阁等非政治问题（？），闹了许久。不想在议员先生们"指头流血"、"墨盒横飞"、"保定磕头"和"包办内阁"的百忙之中，居然有几条宪法草案出现，宪法会议真来制宪，总不能不算是一件稀罕不遇的事体！

　　宪法草案中"国权"及"地方制度"的规定，大体上很可以使我们满意。而且在近一年来，各团体和私人所拟的各种宪法草案中，要算是比较尽善的法案。该草案的精神，中央事权取列举主义，各省事权取赅括主义。中央事权计列举二十八项，二十八项之中，又划分十五项完全由中央立法、中央执行；其余十三项却由中央立法（或执行），令由地方执行。由中央立法并执行的：

　　（一）外交；

　　（二）国防；

　　（三）国籍法；

　　（四）刑事及商事之法律；

　　（五）监狱制度；

　　（六）度量衡；

　　（七）币制及国立银行；

　　（八）关税、盐税、印花税、烟酒税、其他消费税，及全国租率应行划一之租税；

　　（九）邮政电报及航空；

　　（十）国有铁路及国道；

　　（十一）国布财产；

　　（十二）国债；

（十三）专卖及特许；

（十四）国家文武官之铨试、任用、纠察及保障；

（十五）其他依本宪所定属于国家之事项。

由中央立法或执行，并得令地方执行的：

（一）农工矿业及森林；

（二）学制；

（三）银行及交易所制度；

（四）航空及沿海渔业；

（五）两省以上之水利及河道；

（六）市制通则；

（七）公用征收；

（八）全国户口调查及统计

（九）移民及垦殖；

（十）警察制度；

（十一）公共卫生；

（十二）救恤及游民管理；

（十三）有关文化之古籍、古货及古籍之保存。

但第一类第九项有"航空"二字，第二类第四项又有"航空"二字，据我想来，航空事业应该归中央立法并执行，没有令地方执行的必要。或者是报纸上误刊，也未可知。

以上两种分类的方法，很可算是有酌斟的类别，为各种法案上所未见的。向来议会中的法案，我从没有赞成过，对于这次宪法草案可算是我赞成的破题儿第一遭！

（原载《努力周报》第 35 号）

所谓 "最高问题"
(1922 年 12 月 31 日)

中国实力派这几年的行动，简直可说是《水浒传》中强盗报仇的行动。只有报私仇的结合和战争，绝没有守正义的结合和战争！所以近来报纸上又宣传曹、张、段、孙四派大联合，目的在推倒洛阳吴佩孚的势力！

照常理推测，曹的地位只是吴佩孚替他争来的，曹与张、段、孙联合倒吴，似乎不近情理。但是最可使人将信将疑的，就是关于报纸上所说的 "最高问题"。

四派联合起来倒吴，本不是什么难事，最难不过的却在政权的瓜分。因瓜分政权而联合的，结果亦必因分赃不匀而分散。梁山泊群盗所以能够始终结合，就因为他们正同心合意的做报仇的事体，不去勾心斗角的争分赃的事体。他们虽然 "打家劫舍"，可是却 "大秤分金银，大碗吃酒肉"，所以结果还能保全一点 "义气"。这就叫做 "盗亦有道"。自这一点上看来，可惜中国实力派的知识还远不如梁山泊的群盗！

(原载《努力周报》第 35 号)

军阀反对宪法草案
（1923 年 1 月 7 日）

这回宪法起草委员会制定"国权"和"地方制度"两章的草案，总算是少数议员先生不"私奔"、不"卖身投靠"而专心研究世界的政治潮流和尊重普通人民的希望的一点成绩。不想实力派对于这两章的规定，居然表示反对！

实力派为什么要反对呢？就因为这个草案中采用地方分权，缩小中央权限，且有点近于"联省自治"。这"联省自治"四个字，真正倒迷！社会主义派反对他，因为唱"联省自治"就是为督军谋地盘的稳固；实力派也反对他，因为实行"联省自治"，现在的割据主义便根本不能存在。到底"联省自治"是扶植割据主义，还是廓清割据主义呢？

我在这一点上，不能不说军阀派的见解究竟比社会主义派的见解高得多。因为我认定自治的实现那一天，就是军阀的倒塌的那一天。现在军阀们反对宪法草案，总算他们还有点眼光！

中国的国会，每到人民讨嫌他的时候，总有人出来替他恢复名誉。民国二年、五年两个先例不必说了，这回国会开会两三个月，实在把国会的尊严丢净了！最好是坚持这个宪法草案，等到实力派来推翻议会，方可恢复国会的名誉。

议员先生们！你们想想军阀反对你们，比较在光园里招待你们是好些还是坏些？依我想来，你们赎回声价，也只有招军阀反对一个法子了！

我奉劝你们一句话：宁可牺牲国会的生命，断不可牺牲起草员的主张。

（原载《努力周报》第 36 号）

希望"宪法会议"修改宪法
草案中的《大总统选举法》
（1923 年 1 月 7 日）

　　宪法草案第六章关于总统选举的规定，自第五十六条至第六十二条是完全照抄民国二年所公布的《大总统选举法》自第一条至第七条的条文。我当民国五年十二月间曾在《宪法公言》上发表过一篇《〈大总统选举法〉刍议》，极力反对"大总统由国会议员组织总统选举会选举之"一条的规定，主张采用美制，"由人民选出总统选举人集会于各省选举之"。

　　不想事隔六年，这个问题还没有决定。我个人直到现在，对于总统民选的手续虽然意见略有变更，但是对于国会议员包办总统选举的规定仍然是极端的反对。

　　欧美的学者从前也曾讨论过这个问题——总统是由国会选举好呢，或是由人民选举好呢？例如密尔约翰（John Stuart Mill）就是主张总统应该由国会选举的一个人，他的理由：

　　（1）凡在国会中占多数的政党，必有声誉最好的第一流政治家做他们的党魁，故由国会选举行政元首，可以选出超群出众的人材。

　　（2）凡超群出众的人物，自己必有独立的主张，他的言论行为，不招敌党的猜忌，便惹起地方的恶感。故美国的总统当选，常常是无声无臭的第二流人物，而第一流人物往往因锋芒太露，得不到全体人民的赞同。由国会选举，多数党可以一致的推戴本党的党魁。

　　（3）总统由人民几年举一次，往往引起政治家营谋当选的权术，多数政治家在这几年之中，没有一天不想偶然用一种方法，侥幸得到人民的称赞。

　　美国的柏哲士是主张总统由人民选举的一个人，他的理由：

　　（1）总统选举不由国会，可使行政部超然独立。

（2）行政部附属于国会，不能与党派分立的国会相抗，那么，国事必然要被少数野心家把持。因为有名无实的总统，必然一件事都不能做。

蒲徕士亦称赞美国的总统选法，他的理由：

（1）总统的地位完全独立，对于国会，既没有什么希望的，也没有什么怕惧的，故可以专心谋人民的幸福。

（2）总统选举，如果由人民直接投票，一方面必引起非常的骚扰，一方面必使候补人过分的迎合人民的欢心。如果由国会选举，不但破坏三权分立主义，且将使总统变成最有势力的党派的私有物。美国用复选的方法，可以免掉这两种弊病。

英国的学者的论据，当然要以英国的政治情形为主；美国学者的论据，也当然要以美国的政治情形为主。此外，如法国宪法规定总统由国会选举，也有法国的政治上特别的情形。法国当一八四八年，拿破仑第三做总统，是由人民直接选举的。后来竟藉人民的势力，来迫压国会，到一八五二年，竟以兵围攻议会，使选彼为皇帝。所以法国的总统由国会选举，乃是防止总统假托人民的势力来推翻国会的祸根。

中国现在的政治局面，当然比不上英、美、法等国，因为他们政治已经上了轨道，我们的政治还在轨道之外行动。宪法固然不能因一时的特殊情形而定，但是也不能抹煞当时政治情形，不去防止将来的祸变。如果根据中国的政治情形说话，我以为应该注意的有下列几点：

（1）英国有大政党，故党魁可以副全国人民之望；我国素孚人望的特出人材，往往站在政治关系之外。就这一点说，总统绝没有由国会选举的必要。

（2）英美各国的政治家，没有一个人做事不把"人民"两个字放在心上，所以不必再有一种制度去引导政治家格外在人民身上注意；我国的政治家，心目中绝没有"人民"两个字，所以必须设下一种制度，使将来大有为的人，不去仰特殊势力的鼻息，而来注意人民的愿望。就一点说，总统正应该要由人民选举。

（3）美国的总统如果由国会选举，则国会可以操纵总统；我国的总统由国会选举，倒不必忧虑这一层。因为我国的国会势力非常薄弱，故总统由国会选举，一方面酿成总统候补人操纵国会议员，一方面使国会议员奔走总统候补人的势力之下。现在军阀勾结议员和议员"私奔"军阀，都是明白的证据。就这一点说，总统也绝不能由国会选举。

　　我们既已不赞成总统由国会议员包办的宪法中的规定，但是主张用什么手续选举呢？依我个人的见解，可用下列的方法：

　　（1）由各省省议员选举总统选举人，如各省应出参议院议员之数，就各省省城中投票选举总统。

　　（2）由国会议员互选总统选举人，合两院人数三十分之一，就国会所在地投票选举总统。

　　（3）由各省农工商会各选出总统选举人，如省会所选出的总统选举人之数，就各该会会所所在地投票选举总统。

　　（4）将各选举票印封送到参议院，由参议院当议员面前开票，宣告得票过全国省份半数以上者为当选。

　　（5）如无得法定票数之人，再仿照美国制度，由参议院决选。

（原载《努力周报》第 36 号）

不值一驳的反对论
（1923 年 1 月 14 日）

自去年十二月二十日宪法起草委员会把《地方制度修正案》、《国权草案》咨送宪法会议以后，便发见出来许多反对《国权草案》的议论。前几天又有民治社、全民社、新民社、讨论会……中议员五六十人在松树胡同民治社开会，表示不满意于该草案的规定。而议员中用个人名义提出反对的意见书者也有几十个。我以为这个问题倒还值得讨论。大家整天的争阁员、谋总统，都不过是些枝叶的问题，只有这个问题真正是国家的根本问题。与其因为拥曹、拥黎而发生私人的派别，倒不如因为拥护联邦或反对联邦而发生政见的派别。我甚盼望两方面根据国情，引申学理，来极力的发挥双方的拥护论或反对论，千万不要做那无意识的调和！万一相持不下，竟把政界中的人物分成拥护联邦和反对联邦的两大党，双方皆以这个问题作党派区分的疆界，那倒真在中国政党史上留下一点极光荣的纪念！

不过近来我看反对派的议论，每每使我们失望！因为反对派不但是个"瞎子"，并且是个"聋子"！他们不但没有看见各省自治独立的事实，并且好像也没有听见过各省要求自治的声浪。他们仍旧闭着眼睛瞎说话，以为中国的现在的局势仍然是统一的单一国。

再："先邦后国"的争论，早已发见在民国五年以前，虽然经过秋桐先生《学理上联邦论》的辩证，他们仍是记不得。

更有许多人把"联邦"和"统一"看作势不两立的东西。他自己虽然也承认美国的联邦是"团结巩固，组织绵密"，但是却以为中国一说到联邦，便要"启分崩离析之渐"！

这些不值一驳的反对论我们已经领教过了，但不知真正有价值的拥护论何以至今还没有看见发表？

（原载《努力周报》第 37 号）

希望反对联邦论者注意最近的国家性质新论
（1923 年 1 月 14 日）

近来国内外所有反对联邦制度的人，无论他们的论据怎样不同，但是总有一点相同。他们相同的一点是什么呢？就是"单一的国性观"。例如留学美国各大学学生的《制宪庸议》中说：

> 我们以为统治权的表现为统一……中国自秦始皇兼并六国后，郡县制度确立，即为单层统治权。……所以，我们的历史是从稍统一而趋于渐统一，而趋于全统一的。

最近众议院议员钱崇垲反对宪法采用联邦制度的《意见书》中，也说道：

> 然在吾国，自秦废封建后，久为单一国家。省之地位，仅为国家之一行政区域，即自治团体之性质尚且未具，遑言成邦？

此外还有许多人都抱着这种见解，也用不着一个一个列举了。

这一派人的错误就在把国家看作单一体，以为一国之内，上只有国家，下只有个人，绝不承认有由个人集合起来的"群"。现在的国家并不是个人与个人的集合体，乃是群与群的联合体；现在的主权也并不是单一的主权，乃是许多对等权力同时并立的主权。且看白尔克（E. Barker）说：

> 我们常常说：中古的国家乃是"群众社会的一个社会"（Community of Communities），乃是许多团结体——行会、教会、都市郡县——的总积。在同业社会主义下的近代国家，将要成为包括许多职业行会的一个社会。

他又说：

我们需要一种国家的新观念，我们要倾向一种国家的新观念，其需要的，尤其要倾向的，是一种能够容纳许多新理想的主权的新观念。我们以为各种国家——不但真正的联邦国，就是单一国——性质上都是联合的（Federal）；我们又承认主权不是单一的和不可分的，只是众多的和多数细胞集合的。（见《英国政治思想小史》）

以上是说明国家和主权的性质的新观念。

众议院议员钱崇垲君又主张"分权于民"，反对"分权于省"，这种见解仍是从前个人主义的国家性质观。斯宾塞从前著过一本书，叫做《个人与国家》（*The Man versus the State*），他们这一派都只承认下头只有个人，上头只有国家，绝不承认由个人群集起来的"群"的地位。到现在，这种见解已经不能成立了。再看白尔克说：

如果我们要是现在的个人主义家，我们便是团结的个人主义家，我们的个人正在团结成群。我们不要再著《个人与国家》的书，只著《群与国》（*The Group versus the State*）的书了。现在联合主义（Federalism）盛行，普通人都以为说单一国享有唯一的主权是一种错误的见解，同生活的实际不相符。我们以为每个国家多少总是联合的社会，包括许多不同的人群、不同的教会、不同的经济组织在内，每个团体都可以行使对于团体员的支配权。联合主义的同情心异常普及，新社会主义已经丢开独受中央支配的集产主义的方法，在行会名义之下造"群"。他们承认国家为生产工具的最后主人，要求把这种工具的动用权付托于各种同业行会管理之下，想教国家来鼓励文化，要求由行会管理经济的生活。（同前）

由此可见，现在的国家并不是一盘散沙的个人的总积，乃是集合成群的群的联合体。近来的国家无一处不含有联合的性质。由小国家联合起来的，叫做"联邦"；由职业团体联合起来的，叫做"联业"；由许多小苏维埃联合起来的，或者也可叫做"联会"。所以在联邦的国家之内，可以分权给邦；在联群的国家之内，可以分权给群；在联会的国家之内，可以分权给会。但是在现在"分权于民"，必定要分给有组织、有团体的人民，绝不能分给赤条条的孤立的个人。不然便同"主权在于全体人民"的规定一样，只能在法律上享有一个空名罢了。

钱君也知道"分权于民"是一句空话，所以把"分权于民"和"分权于县"一样看待，这又是不知"国权"、"省权"、"县权"、"民权"的区别的错误。人民对国家、对社会所享受的权利，不外自由权、收益权、劳动权、生存权和在私有财产制度之下的财产权几种，无论什么国家，断没有把国权分给人民之理！至于钱君说"将国家权力分配于各县"，更是不通！因为中央给予县的是自治的权力，并不是国家的权力。我们不但不主张把国权分给各省，并且反对各省行使国权。我们所提倡的分权论，只是把国权分给国家、省权分给各省、县权分给各县、民权分给人民、团体权分给团体，并不曾主张把国权分配于任何团体。

我们第一要明白的，就是国权的性质。要想明白国权的性质，必定要先研究国家和社会的性质。国家和社会的性质是什么样呢？且看柯尔（G. D. H. Cole）说：

> 国家是什么呢？国家不过是在全体社会中间统制的政治机关。
>
> 今日文明世界中有许多在政治上独立的和有主权的社会，有许多别的附属于这些社会的社会。每个独立的社会各依统治的机关——依国家——来表明他对于别种社会的关系。每个独立的社会和许多附属的社会又用国家来对付那些个人的关系、团体的关系及个人与团体间相互关系的内部行为。因此，国家便成为统制的机关，是为各种社会表明公共目的、行使公共行为而存在的。（见《工业自治》第五章）

由此可见，国家只是一个表明公共目的、行使公共行为的统制机关。故国权只以达到"公共目的"和行使"公共行为"为限了。

所以联邦制度下的分权，乃是把关于公共目的和公共事件划归中央，把各邦的单独目的和单独事件划归各邦；联业制度下的分权，也只是把关于公共目的和公共事件划归国家，把各行会的单独目的和单独事件划归各行会。中国宪法上的分权，也当然要仿照这个原则，把全国公共事项划归中央，把一省单独事项划归一省，更把一县单独事项划归一县，既不得把国权划归各省，更不得把国权分给各县。

最后，更希望制宪的议员诸公注意的就是主权的性质。现在大部分人都迷信主权有最高的和无所不包的性质，这种谬见顶好完全抛弃。因为国家这个社会，并不是高出于一切社会之上的一个社会，只是与各种社会平行并立的东西。所以我们到现在还主张绝对的主权、唯一的主权，实在是离开实际的生活瞎说。我以为从现在国家的实际上说，只同别种社会共有"对等主权"（Co-Sovereignty），绝没有由国家独占的"绝对主权"。所以现在的国家只能在全体社会中行使一部分权力，绝没有什么无所不包的权力。且看柯尔说：

> 在人类各种不同的社会中，国家得要求一个重要的地位，但不得要求唯一的特殊地位。在"全体社会"中的各分子都有同等关系的群集的活动，国家便是为执行这种群集活动的重要种类而存在的。关于别种行动，人类分成别的群，又要有别样的团体来执行。这些各式各样的团体，在他们权限以内，与国家在自己的权限以内一样，都有他们的主权。（见《工业自治》第五章）

大概同业社会主义派都想把行会的资格抬高，使行会与国家享有对等的主权。他们的分权，就是把关于国民精神的事件或通国公共事件——美术、教育、国际关系、正义、公共行为——划归国家，把关于国民收入的事件划归行会。例如专就教育说，国家管理最高教育，行会管理技术教育。这样一来，国家与行会在自己的权限范围以内都有主权，庶几乎可造成分工合作的国家。

联邦制度是按邦土的区别分权，联业制度是按职业的区别分权。总而言之，在近来的国家之内，绝没有总缆一切权力的单一国家。我们如果见到这一层，那么，对于采列举主义的国权的规定，当然用不着争论了。

（原载《努力周报》第 37 号）

国民应该起来制裁这制造革命的国会！
（1923 年 1 月 28 日）

约法第二章第七条明明规定：

> 人民有请愿于议会之权。

议院法第十一章自四十六条到五十四条明明规定有：

> 请愿之受理。

人民的请愿，不但在法律上不得禁止，并且是宪法上所特别保障的一种权利。议会对于请愿，不但在法律上不得禁止，并且在法律上承认这件事为议院的一种义务。

宪法上所以要保障人民的请愿权，为的是防止革命。国家在法律轨道内如果没有方法可以容纳人民的要求，人民便一定要忍无可忍，走到法律轨道外边去暴动。在法律轨道外暴动，便是革命流血了！

在英国的政治进化史上为什么看不见掀天动地的大革命？皆因人民的意志可由议会转达到政府。法国为什么突然发生了一七八九年的空前的大革命？皆因自一六一四年到一七八九年国民议会中断，政府和人民之间没有方法可以沟通意志。英国人看出这个秘窍，所以自此而后，极力的使议会接收人民的请愿事件。且看英国众议院在十九世纪上半期接受人民请愿书的总数：

自一八二七年到一八三一年：计收请愿书二四四九二件。

自一八三八年到一八四三年：计收请愿书九四二九二件。

自一八四四年到一八四八年：计收请愿书六八五〇一件。

看见英国的众议院接收请愿书如此之多，便可以证明英国的众议院是真正代表民意的机关。因为英国众议院是真正代表民意的机关，所以免掉人民的轨外行动的革命。人类本性总是爱惜和平，然人类意志又总望有流通的机会。但是若走到政治绝望的地方，便不得不丢开和平的方法，一齐走到那革命的一条路上去了！

我们读到蔡元培先生辞职书中"痛心于政治清明之无望"这一句，只要我们不取消极的态度，立刻就要联想起来"只有革命"这四个字。满清末年为什么藉"铁路国有"一件小小的事体，便闹起辛亥的大革命呢？因为那时人人心中都怀着"政治清明之无望"七个字。现在军阀横暴、议员丧节，使神圣尊严的国会，立刻变成拥戴军阀的机关；使代表民意的议员，立刻变成军阀豢养的鹰犬。人民对于政治的一线希望，对于议会的法律行动，只有这"请愿"一个方法！

我们在外国的历史上只看见政府与人民冲突，只看见政府残杀人民，却未看见过议会与人民冲突和议会残杀人民。议会打杀请愿的人民，只在中国演过一次！我们读到学生告诉书中：

> 巡警或用长杆，或用皮带，或用刺刀，向"请愿人"扑杀。以致"请愿人"或伤头面，或伤耳目，血肉横飞，悲惨已极！对于奔逃之"请愿人"，犹……向前追击，有颠仆者，更被其拳足交加，以致脏腑受损，而落后之人，更被其捉入门内，施以毒打，然后放出……

及参议员李素致参院同人书中：

> 议院对于请愿有相当受理……乃警士横加干涉，学子备受赶击，刀砍棍伤，如捕盗犯。人孰无情，何能堪此！

心中的感想如何？议会对于请愿人如此，岂不是绝灭人民对于政治的一线希望，阻止人民对于议会的法律行动吗？换句话说，岂不是想制造革命吗？我想平常想使国家免去革命祸乱的人，一定不肯放过这个好机会，必定要起来制裁这个制造革命的机关。就是平常以革命自命的人，也一定不肯放过这个好机会，必定要起来实行他们寻常怀抱的革命的理想了！我写到此处，不由得不替我国政治的前途担忧！

（原载《努力周报》第 39 号）

关于旅大租借的条约
（1923 年 4 月 8 日）

一八九八年三月六日中国和德国《胶州湾租借条约》成立，一八九八年三月二十七日《旅顺大连租借条约》也以威力逼着定成了。该条约的第一条：

> 俄国欲在清国北境得到适当之军舰停泊所，以保全俄国海军，故清国皇帝将旅顺口、大连湾及附近水面借与俄国，但不得因此妨害清国之主权。

第二条：

> 租借期限自条约盖印之日起，以二十五年为期。期满之后，经两国协议得延长之。

到了一九〇四年日俄战争开始，八月间旅顺为日本所得。一九〇五年八月二十三日，《日俄媾和条约》成立，该和约中明定把俄国的旅大租借权转让给日本。该和约第五条：

> 俄罗斯帝国政府将旅顺口、大连并其附近之领土及领水之租借权，及与该租借权相关或组成该租借权之一部之一切权利、特权及让与，得清国政府之承诺，转让于日本帝国政府。
>
> 日俄两国互约遵守前面规定之"得清国政府之承诺"的事件。

日本当这个和约盖印后，便接着同中国定下《北京条约》（一九〇五年十二月二十三日）。《北京条约》第一条：

> 清国政府承认俄国由《日俄媾和条约》第五条及第六条所让与日本之一切转让事件。

从以上三种条约上看来，可得下列的结论：

（一）日本得到旅大的租借权是由于俄国的转让；（二）日本的旅大租借权既是由俄国转让的，那么，内容和范围当然以中俄互定的《旅大租借条约》为限；（三）中国租借旅大与俄国以二十五年为期，日本既是承继俄国的租借权，亦当然以补足二十年的定期为限。

自一八九八年三月二十七日起到一九二三年二月二十七日止，刚刚满足二十五年的定期，当然要根据条约给还中国的。到了民国四年，日本又提出"二十一条"的要求，后来用"最后通牒"强迫中国政府承诺，内中关于南满及东部内蒙古的条约的第一条：

> 两缔约国于旅顺、大连之租借期限，并南满铁路及安奉铁路之期限，一律延长九十九年。

这个条约现在已经国会否决了，被国会否决的条约如果是当然无效，那么，今年收回旅大当然不成问题。故目前的争点只在民国五年的条约的效力上，至于从前的条约都是死板板的规定，当然没有问题。

（原载《努力周报》第 47 号）

不信任内阁问题
（1923 年 4 月 22 日）

参议院中不信任内阁的议案已经通过，十八日常会议决将此案移付参议院。在中国的法律上，这种不信任内阁的议决案，究竟能不能发生效力，还是一个问题。

从前行议会政府制的国家的习惯，凡内阁所提出之重要议案，如果不能得国会的同意，就认为国会对于内阁有不信任的表示。结果不是内阁阁员总辞职，就是解散议会。照理说，国会不通过内阁的议案，不必一定是不信任内阁，因为在事实上是认内阁的政策，而反对内阁的一两种议案，也是常有的事。但是立宪国的政治家是为政见上台的，目的本不在做官。所以他们所提出的议案如被否决，为政治道德计，不得不相率去职。一两种议案通不过，尚且认为不信任的表示，何况明明白白的由国会提出不信任的议决案呢？

照这样看来，否决内阁的一两种议案，不信任内阁的程度犹浅；至于专为不信任内阁而提出不信任案，似乎不信任内阁的程度较高了。如果是专为政见上台的政治家，我们敢断定他们一定要连□去职的。如果还要老皮厚脸的说，法律上没有不信任内阁案通过国会后阁员便要总辞职的规定，便丢去不理，一定不是政治家的口气。因为否决内阁的议案内阁即行辞职的习惯，也没有法律的根据，不过是英国的习惯罢了。所以我以为不信任案如果通过国会，内阁就要辞职，绝对不发生法律上有效无效的问题。

最近的捷克共和国关于这一点已经在宪法中用明文规定了。且看他的宪法第七十五条：

政府对于众议院负责。参议院对于政府得为不信任之宣告。

波兰的宪法也有同样的规定。第五十八条：

　　议会以投票制普通多数，由政治上之见地，就国务员之行为问其责任。内阁及其阁员有议会之要求时，即应辞职。

　　这种规定是确定议会对于政府信任与否的最明了的方法。我国议员如果因为这次不信任内阁案失效，得到一回经验，就把类似这一类的条文，提出宪法会议，正式规定在宪法之中，也可以免掉将来的许多争执。

（原载《努力周报》第 49 号）

卖身议员的供状
（1923 年 4 月 22 日）

　　近来报纸上宣传"制宪借款"的怪事，乍听到的人总绝不肯相信。但是前几天已经提出国务会议里讨论了。制宪借款的理由有某议员的说帖说得很明白，这个说帖上说道：

　　　　十年以来，变乱相承，靡有宁日。推源其故，实由于国家根本大法未经制定。迩来宪法会议累以人数不足，不能成会。原因虽多，而岁费不足以维生活，实为各种原因之最重要者。当民国元年时，曾有人提议岁费过多，应从减少。今则相隔十年，社会生活程度日益增高，则年五千元之议费，不特不得为多，且尚觉其少。况所谓五千者，犹不能按月照给，议员为维持生计之故，自不能不别求所以活动，此宪法会议所以多缺席也。为今之计，惟有由政府以制宪名义，发行一种公债，定额为五百万，以青岛关税为担保。（该关税每年收入约一百余万元）此项公债，亦归安格联保管，以昭信用。至所募集之款，全数蓄存某某银行。除按月拨充岁费外，每逢宪法会议，另给出席费二十元，制宪期间，以四个月为限。如此则议员收入既多，自可安心从事于宪法之完成。且不出席则不得出席费，尤足以资鼓励。制宪前途，实利赖之。

　　我们看过这一段供状，才大悟议员先生们"别求所以活动"的原因！或南或北，为的是"维持生计"；护阁倒阁，为的是"维持生计"；光园的磕头，为的是"维持生计"；红罗厂的打架，为的是"维持生计"！将来就是卖省、卖国，又何不可说是"维持生计"呢？区区二十元的出席费，就可以"鼓励"议员出席，到底是那里来的这幅贱骨头！

　　　　　　　　　　　　　　　　　　（原载《努力周报》第 49 号）

代议制的讨论
（1923 年 4 月 29 日）

    章行严先生最近在《申报》上发表一篇《论代议制何以不适于中国》的短文，他的结论是：

        吾为农国，不能妄采工业国之制度，今图改革，请从农始。

    章先生近来有点"农迷"，所以他凡讨论制度总说："中国是农国，不适用欧美的工业国的制度。"不过我个人心中总有几点疑问：（一）代议制是否为工业国的专有品？（二）代议制是否绝对的不能移植于农业国？（三）凡是农业国，除掉古代已有的制度外，是否绝对的不能发生新制度？

    章先生说："近日欧贤谈政，掊击代议，几无完肤，可见斯制在欧，已邻末路。"我对于这几句话也深表同情。但是如来此话当真，那么，就是工业国也不一定适用代议制了，又何以见得代议制是工业国专有的制度呢？而且章先生又明明的说道：

        欧洲之有是制，乃出于事势之偶然，而非创议建国，在逻辑非此不可。

    由此可见代议制就在工业国也不过是"偶然"发生的制度，并不是"必然"的制度。换句话说，代议制和工业国并没有逻辑上的联系。为什么结尾又说他是工业国的制度，教我们不要"妄采"呢？

    章先生说：

        代议之设，滥觞英伦。当时英王下令征税，入税者因举代表面王，共订税则。所谓不出代议士不纳租税之名言，基于是时。以知代议之为物，其实不能脱离纳税二字别成一义。

        代表者何？质言之，即代表入税者之荷包也。

由此更可见，代议制是因为"纳税"而生的，不是因为"工业"而生的了。如果农业国也要"纳税"，那么，已经和代议制的真正意义相合了，又为什么不能"采用"呢？工业国的资本家既"佩戴"、"荷包"，安见得农业国的资本家在逻辑上就不能"佩戴"、"荷包"呢？

章先生又说：

> 代议制者，吾国古无有也。近来有此一物，徒以欧洲诸国以此为文明之标识也，吾捧心而效之，点缀共和，于焉取资。

章先生从前讨论联邦制，说无邦的国家可以"造邦"；讨论政党制，也说可以"造党"；最近讨论联业救国，又说无业的国家可以"造业"。何以这个逻辑独不适用于代议制，在无代议制的国家之中独不能"造代议制"呢？若说凡是农业国自古无有的制度，后来便不能创造或采用，那么，共和制也不是中国"古已有之"的制度，难道我们或应该唱复辟论吗？

再：章先生近来有一种普通的笔调，每次作文总离不掉"如愿有闻，请俟异日"，或"若须详论，尚待专篇"，不然便说"异日有暇，当详论之"。我们渴望章先生的议论已非一日，去年许我们的《农村立国论》，等到今日还不曾交卷。所以我近来每想挑动章先生从前每被驳必答辩的脾气，不惜"抛砖引玉"的挑战，不知章先生能否堕入我们计中，把"异日"改作"今日"，好慰我们的渴望？

（原载《努力周报》第 50 号）

"中国根本的社会问题"
（1923 年 5 月 6 日）

这是余天休博士在北大讲演的题目。照他的观察：

> 中国现在的社会根本问题，是一个生产问题，不是分配问题。（《演讲录》，载在四月二十五日的《北大日刊》）

说中国今日要注重生产问题，这是人人不能否认的。但是若说分配问题不必注意，我可就不敢承认了。因为单注意生产，不注意分配，是欧美经济社会在这百年中表现出来的一大缺点，到现在没有方法补救，才演成阶级战争和劳动革命。我们如果再把这个悲剧重行抄演一遍，以后必得产出同一的结果。人家已经在那里懊悔从前走了转头路，我们还要一步一趋的仿效他，必等到无路可走的时候再想回头，这不是枉费脚力吗？

余先生所说的生产四要素——（一）土地，（二）劳动，（三）资本，（四）经理——都是个人主义经济学者的常谈。至于报酬，土地应得"地租"，劳动应得"工资"，资本应得"利息"，经理应得"薪俸"，这也是私有财产制下普通的分配方法。我们在私有财产制下，当然不能主张"劳动生产说"，可是也断断乎不可抄袭外国的老文章，使劳动者的"工资"终不抵"地租"、"利息"、"薪俸"十分之一。要想免掉余先生所说的：

> 中国人大概每百人中有九十五个是穷的，每天没有饭够食的。
> 听差生活，每月不过得五六元的工资，还要去养活家庭，这那儿能够呢？
> 此外，当学徒的、供使唤的，只图得饭吃，一文钱都没有，这种人非常之多。

　　这许多劳动者贫穷的现状，岂不是由于分配的问题发生的吗？孔丘说："不患寡而患不均。"不均既是社会的大患，为什么又可以看轻分配问题呢？

　　我的意思是想把"生产"、"分配"两个问题看得一般重，同时并行，不要偏重这个忘记了那个。所以我的主张就是中国现在的根本问题是要"社会的生产"、"平均的分配"！

（原载《努力周报》第 51 号）

"新文化运动的批评"
(1923 年 5 月 13 日)

    这是章行严先生前一个星期六（五月五日）在中国大学讲演的题目。我因为一来，自新文化运动发生以来，大家都糊里糊涂的盲从，不曾遇到过真正学者的严重批评；二来，章先生近来的议论，往往像云里的神龙，见头不见尾的，所以我对于他这一次的讲演不得不安心静听。可惜我当时未带纸笔，不曾把他的演说词一句一句的记下，到今天已大半忘记了，只得把我所记得的几点略为述一述。

    章先生说：

    "新文化运动"这个名词，我就不懂得怎么讲。姑且把这个名词分开来说，依我看来，人类的知识有限，世界中所有的思想都是从前所有的思想，绝没有什么新的发生。譬如衣服，前几年巴黎的妇人都深爱穿极短的裙子，以为这是新式的衣服；最近巴黎妇人的裙子又长到脚后跟了，又以为这种长裙子是新式的衣服了。我去年回到上海，看见上海的女人的群体也作劲短的，也以极短的裙子为新式的衣服。这种样式原是巴黎来的，可是上海当以短裙为新的时候，而巴黎已经又以长的为新了！换句话说，我们今天认为新的，他们今天已经认为旧的了！

    再如我们中国的衣服，从前多么宽大，后来时新的样式改为狭小的，以为越狭小越新，到近两年来，又从狭小的样式变为宽大的样式了。可见得今天所谓"新"就是从前所谓"旧"。

    思想也是这样，他只是循环的，不是突然的发生的。凡是能适合时势需要的，就可叫做新的，凡是不能适合时势需要的，就可叫做旧的。

    我和章先生意见相同的有两点：（一）思想不是突然发生的，

（二）思想要适合时势的需要。

但是我虽然承认思想不是突然发生的，却不承认"世界中所有的思想都是从前所有的思想，绝没有什么新的发生"；我虽然承认思想的进步不是直线的，不是有进无退的，却不承认所有思想都是循环的。譬如长江大河的流水，我们如果只看一小部分，又何尝不有回旋的和逆流的水呢？可是一看他的全体，总是就下的，总是前进的。照章先生的话说，那么，学问思想好像一桶水，从这个桶里倒到那个桶里，倒来倒去，仍然是原来的水，只有分子地位的变化，绝没有新加入的分子。我对于这一点觉得非常的怀疑。

章先生近来很有些"复古"的思想，所以一方面说"新的就是旧的"，一方面又说"新的不如旧的好"。他的证据是："凡是美术品，新的总不及旧的好，例如雕刻，现代已不及古代；例如古碑，唐碑不如魏碑，魏碑不如汉碑。"

我以为要比较文化的进步或退步，万不能单拿文化中所包括的一两件事做代表，应该要观察文化的全体。某一时代需要某一两件事，某一两件事固然可以发达，到了后来时势的需要又转向他方面去了，所以从前很发达的东西，到现在不得不退步了。例如八股文，从明到清，可算进步到了极限，现在不需要这种东西，所以这种东西绝传了。章先生又可以拿清末的策论不及清初的八股、清初的八股不及明代的八股做代表，说现在的文学退化吗？章先生又为什么不说科学、工业今不如古作现代文化退步的证据呢？

章先生反对白话诗，我不敢强辩，因为我是外行；但是章先生反对白话文的理由有一点觉得很薄弱。他说："白话文太简单，没有选词择句的余地。譬如我们初学外国文的，想造文句时，常常为词字及句法所限，不能作出好文字。文言词句完备，每种意思可以各种词句达出；白话文简单，每种意思只可以少数词字或一个方法达出。"

章先生又说他自己是"做白话文最早的一个人"，"二十年前就做白文，但是因做不好，所以不敢做"。由此可见白话文作得好、作不好，是一个问题；白话文体到底简单不简单，又是一个问题。现在作白话文的作不出好文字，只能归罪于白话文学家的手段太低，却不能归罪于白话文的文体。《红楼梦》是一部白话文体的小说，有什么意思达不出？《金瓶梅》也是一部白话文体的小说，他描写一切情形那一件不是"惟妙惟肖"的呢？章先生作文言可以"畅所欲言"，我们现在多年不做文言了，要想做一篇文言说明自己的意思，转觉得十分的困难。但是我们可以因此就归罪于文言的体裁不好吗？

　　以上是我个人听过章先生讲演后的感想，故不分层次的写出来，供大家讨论讨论。至于我或者有误会或误记得地方也未可知，还要请章先生指正。

（原载《努力周报》第 52 号）

反对省宪同志会宣言
（1923 年 5 月 20 日）

近来反对省宪的声浪虽然很高，但是从没有看见过这一派人的议论。最近反对省宪同志会发表一篇宣言书，列举他们反对省宪的四大理由。他的第一理由我就以为不能成立。第一理由是：

> 今兹制宪，原期巩固国家，乃置二千余年之统一历史于不顾，而令各省自制宪法。由合而分，以构成联邦之势，必致各省制度各不相同，划中国为二十余国，破统一旧制，召全国之分崩，造此乱因，后难收拾。

这几句话可以代表现在反对省宪者的普通心理。反对省宪者以为一让各省制宪，便破坏国家的统一；主张宪法者也以为只有让各省制宪，然后才可以建设起来真正的统一。由此可见，这两派的目的完全相同，只有方法不同罢了。

统一的目的，本来可用两种方法达到。两种方法是什么呢？就是"集权"和"分权"。当民治政体未发达之前，所有主张统一的人差不多都用"集权"一个方法。例如浩布思，他痛恨英国内乱，所以主张独裁的君主政体，把一切权力都集中在君主一个人手中，全国之内只有君主一个人有主权。

但是这是理想的方法，不但事实上做不到，就是做到了，因为一人有权，万人无权，结果反惹起不统一的扰乱。所以自民治政体发达后，大家又想出第二个方法——就是用"分权"的方法来达到统一的目的。因为分权的结果，使人人各得其所，人人各得其所，便可相安无事，人人相安无事，国家内便有了秩序，人人尊守秩序，就是真正的统一。所以这一派人以为统一的原因不在政权一不一，只在政权定不定，政权一定，便没有纷争，结果才能算是真正的统一。

故依我看来，全国分崩是"统一之旧制"所造下来的乱因，却不是"分权"所造下来的因。如果"分权"可作"分崩"解释，那么，反对省宪同志会又为什么要声明他们是主张"分权"呢？

（原载《努力周报》第 53 号）

到底谁是匪？
（1923 年 5 月 27 日）

自临城劫车案发生之后，拿政府方面的电报文书看，都一片声儿称孙美瑶等是"土匪"；再拿孙美瑶的布告看，又一片声儿称政府官吏是"土匪"！我们从前只知道"匪即是兵，兵即是匪"，现在又知道"匪即是官，官即是匪"！

河南、山东、直隶各省，本都是军阀盘据的地方，同时也就是土匪盘据的地方。一般小百姓亲近土匪，或有牺牲一部分财产保全一部分财产的希望，可是一与官兵相接近，便连生命财产都不保了！从前乡下人说"非做官不能撑持门户"，现在却说"非通匪不能撑持门户"！

一部《水浒传》是宋朝的贪官污吏造成的！中国历史上凡贪官污吏横行的时代，也就是土匪横行的时代。那方的贪官污吏多，那方的土匪也必定多。所以要想扫清土匪，必定要先扫清制造土匪的工厂——官厅。所以这次临城案件，责任全在军阀。推翻军阀，土匪便尽化为良民了！故我以为要剿灭土匪，必先自剿灭军阀做起！

（原载《努力周报》第 54 号）

议会改造的我见
（1923 年 5 月 30 日）

　　代议制度的坏处差不多人人都能够明白，但是代替代议制度的新制度差不多全世界上 的人都没有想出来！在中国现在，只要不是神经丧失的人断没有相信议会可以救国的，但是就是神经健全的人也没有一个人想得出除掉代议制度外还有什么救国的好方法！现在我们在没有方法中想方法，除掉改造议会一个办法外，似乎再没有别的方法了！

　　英国的同业社会主义家如柯尔（G. D. H. Cole）一流人，虽然反对代议制，但不是想从根本上打消代议制，另外代以一种新制度。他只是不相信这个人可以代表那个人，或一个人可以代许多人的代议制。且看他说：

> 没有人可以代表别人，没有人的意志可用别人的意来代替或代表。（见《社会学理》第六章）

　　从他这两句话上看来，好像是根本打消代议政体，其实不然。再看他说：

> 只有一个法子可以免掉现在议会政府方法的缺点，就是每一种职业，有一个代表的团体，每一个代表的团体，有一种职业。换句话说，真正的民治政体并不是建设在唯一无二的万能的代表议会中，只建设在许多并峙的职业代表团体的制度之中。

　　柯尔为什么要这样主张呢？因为照他看来，选民团只要一经投票之后便消灭了，必待新选举发生后能集合，故不能指挥监督被选的人。这就是卢梭所说的：

> 英吉利国民每自命为自由，其实大误。其所谓自由者，惟选举下议院之议员而已。议员既选举而后，国民即为奴隶，不成为何

物。其自由之时间极短，选举既终了以后，即无所谓自由矣。（见《民约论》第三篇十五章）

这种情形就是我们现在身受的痛苦。我们的心中虽然天天不相信我们的代表——议员，但是却没有方法可以指挥监督他们。就是行"召还制"（Recall）的小邦，也要费尽九牛二虎之力才可以把他们召回一两个人；像我们中国不但法律上没有采用这种制度，即便采用，恐怕也是等于空文了！

然则我们既已明知代议制不好，却不想方法，就听他们断送国家的生命吗？这可不能！

依我想来：中国的议会大病根只在《议会组织法》及《议员选举法》。中国式的政客，简直可以说是素无职业的高等游民！这些游民尽是官僚、军阀的寄生虫！这些游民如果对于官僚、军阀取"不合作主义"，那么，官僚、军阀马上就可以立不住脚！所以我以为要想廓清中国的政界，必先设法断绝无业政客的生路！

要想断绝无业政客的生路，我以为应当先从改造议会的制度下手。我的议会改造方案约举如下：

（一）废除两院制

两院制在中国实在没有采用的理由。因为我国现在既没有贵族阶级存在，又何苦要硬用法律来特创贵族阶级，使他们好凭参议院作祟！而且就在两院制创始的英国，自"巴力门"通过禁止上院否决权的议案之后，贵族院的存在，也不过是历史上一种遗形物了！英国的上院正在消灭的路途上，我们又何必要违反进化的轨道，一定要把人家遗形物特别装潢起来呢！

（二）减少议会人数

议会人多，当然要生出人品不齐的弊病。现在两院之中要说没有一个好人，也不见得。但是一个好人夹在十个坏人中间，自然只容得坏人的猖狂，人品高尚的好人当然要"去之若将浼焉"了！故我以为人多则责任不明、人少则责任心重，即不然也断不致常常发生行凶打架的非为！

（三）被选资格以现有职业者为限

所设现有职业，单以现在在教育、农、工、商各界做事者为限。由各界设立选举会，各选本行业中的代表人。每个行业，又设立一个团体，凡关于本团体中的事项先在本团体中议决，再交由本团体议员到议会中代表提出，或使本团体议员照本团体议决到议会中去主张。这样一来，代议士的性质已经变为委员，故选民对于代表时时保有指挥监督的全权了。

但是这三个改造议会的方法要想由现在的议员提出，真乃是"与虎谋皮"！反正希望现在的议会完成宪法，是根本绝望了。等到议员满任，即召集国民制宪会，由国民制宪会重新制定《国会组织法》与《选举法》，或可达到这种希望。

一二. 四. 一五

（原载《晨光》第 1 卷第 5 号）

骑墙政策与殖兵政策
(1923 年 6 月 3 日)

　　近来武人之中，以统一相号召的有两个人，一是吴佩孚，一是齐燮元。齐燮元眼见冯国璋在南京，以"骑墙主义"起家，攫得副总统的地位，所以他近来也想以一只脚踏两只船，一方面参与什么"最高问题"的阴谋，一方面又派人到上海去和孙洪伊等开统一会议，磋商条件。苏皖赣巡阅使的头衔既不得到手，又垂涎苏皖浙三省的导淮督办，想凭藉这个头衔，来攫取副总统的地位，好像中国副总统一席，非骑墙派不能当选似的！

　　吴佩孚的武力统一的旗帜，近来越弄越鲜明了！一方面提拔沈鸿英，一方面暗助陈炯明，既派孙传芳入闽，又驱杨森、王汝勤入蜀，近来又调动匪首老洋人率兵南下了。其实吴佩孚自己何尝傻，吴佩孚的政策又何尝笨！他自己的本意又何尝在统一！他自己又何尝相信武力可以统一！他自己又何尝相信他调动出去的军队可以打仗！只因为河南、湖北的兵队多了，最容易发生"心肠之患"，调动出去，打胜了，不得不奉他为上司，打败了，于他自己也丝毫没有损害。所以吴佩孚的统一政策，骨子里只是殖兵政策。

（原载《努力周报》第 55 号）

介绍《制宪特刊》
（1923 年 6 月 10 日）

《制宪特刊》是省宪同志会的机关报。发刊词中说道：

> 《制宪特刊》为关乎制宪之出版……主其事者——所有编辑纂述诸员——即为参与制宪之人，其所记载、搜集，乃至论列得失，或较为翔实而著明，可以供国人之参考，而资其判断也。编辑纂述又皆为省宪同志会之人，其所主张，自与省宪同志会之旨趣无异。

《制宪特刊》既是代表省宪同志会主张的，故第一期登载的文字，皆是赞成省宪的文字。不过省宪同志会同人中一大部分胆子很小，不但不敢高唱联邦制，就是牺牲"省宪"的名称，定为"省自治法"，他们也可以承认。我所以不满意于该会，就因为该会持这种畏首畏尾的态度。严先生的《省宪与联邦》文中，有几句针砭的话说的很痛快。他说：

> 特愚有与汤漪、吕复诸君微异其趣者，则诸君盛言省宪，不肯居联邦之名。愚谓不言联邦，仅为诡避狙怒之道。愚不欲众狙我同人，故宁坦然布怀，极言中国非联邦莫救。

但是汤漪先生却不敢这样说。他的《省自定宪法与地方制度》文中，力辩省宪非联邦。且看他说：

> 省宪即联邦说——此等武断式的误解，更为离奇。……因为联邦非联邦，是从国家全部组织上决定的，不是地方制度上一个条文所能决的。究竟省在国法上之地位，是何等性质？本席可以答复，曰："省为地方自治团体，兼为国家行政区域。"

依我看来，汤先生这种解释，实在有点"众狙同人"的嫌疑。联邦的邦又何尝不是"地方自治团体"？且看柏哲士说：

> ……至于联邦制下之邦则异。若而邦者，地方自治机关，立夫共同宪法最上威权之下，而保留其余力者也。

近代的联邦论者大概多不承认邦是国家，只承认邦为地方自治团体。汤先生以"省为地方自治团体"做理由，来证明"省宪"非"邦宪"，反对党如果稍微读点书就马上可以驳倒他。又何必不学行严先生，简直大唱省宪即联邦之说，较为直截痛快呢！

我要忠告省宪同志会同人一声，就是诸公应该为主义而定宪法，不应该为宪法而牺牲主义。中央集权的宪法早一日成立，即不统一的政局多一日延长。当此南北分裂的时期，宣布宪法成立，实在是宣布宪法的死刑！倒不如为宪法留一点虎豹在山之势，或者可保存宪法的尊严！故省宪同志会应该以宪法起草委员会的《地方制度□正案》及《增加国权一章草案》为最后的主张，不当再有所让步。

（原载《努力周报》第 56 号）

黎元洪为什么逃走？
（1923 年 6 月 17 日）

按照责任内阁的原理说，凡内阁的行为总统如果要拒绝盖印，或是总统的行为阁员如果要拒绝副署，结果只有走阁员总辞职的一条道路。

中国这回政变，就张绍曾的辞职呈文和通电说，原因只在争内阁的责任。黎元洪如果肯容纳阁员的意见，只有挽留阁员的一个办法；如果不肯容纳阁员的意见，也只有重新组织内阁的一个办法。我们就找遍世界各国的政例，固然看见总统与阁员冲突的结果有阁员下野，从来没有看见过总统下野，而让阁员连任下去的。黎元洪这一走，真可算是为中国政局上——世界政局上——开一个无奇不有的创例！

（原载《努力周报》第 57 号）

一个紧急动议
——组织统一委员会
(1923 年 6 月 17 日)

黎元洪"□津行使大总统职权"的办法，是我们绝对不能承认的；"国家不可一日无主"的旧思想，也是我们应该极力打破的。我们虽然不承认"政府是惹祸的根由"，但是却不能不承认在最近的时期内选举总统是惹祸的根由。就是不惹起别的祸乱，至少也要为南北统一的一大障碍！

我敢说一句老实话，现在要想南北统一，非毁去旧政府、从新创造新政府不可。要想从新创造政府，最好趁着这个无政府的时期，把这号令不出府院门外的中央政府暂行停止了，组织一个"统一委员会"，专门办理南北统一的事项。一方面把统一的手续办好，一方面由国会赶快制成宪法。待新宪法□布和南北统一后，再行选举新总统，重新组织新政府。

这个统一委员会由各省选出全权委员一人组织之，自成立之日起，宣告各省战争一律停止。统一委员会的最大职务：

（一）议定全国兵额；

（二）监督全国裁兵；

（三）统筹裁兵费用。

（原载《努力周报》第 57 号）

想解决时局应该先停止
北京国会的职权
（1923 年 7 月 1 日）

国会这个机关，在中国真是一个不祥之物！这回逼走黎元洪的祸首虽然是冯玉祥和王怀庆，可是真正的祸首却是吴景濂。吴景濂何以能够成为逼走黎元洪的祸首？就因为他所倚仗的是国会这个机关。

吴景濂包办总统的决心和阴谋，蓄了好久。这般见了钱红着眼的议员，老早就被吴景濂看穿，先料定他们必不能见钱不要的反抗。不料这回阁员发难之后，反弄巧成拙，激走了一百八十多个议员。所以吴景濂近来大着急，便想出一个迅雷不及掩耳之计，好强奸这般留恋北京出席拿钱的议员。

他的方法是，先将总统选举会印信及已经备好封藏的总统选举票，一并秘密由参议院索来，待到宪法会议人数满足时，即刻宣告改为总统选举会。

国民想解决时局的纠纷，应该一致的宣告自六月十五日——一百八十议员离京之日——起，所有北京残留的一部分受吴景濂支配的议员假藉国会机关所做的事一律无效。

（原载《努力周报》第 59 号）

开南北和平会议的条件
(1923 年 7 月 8 日)

曹锟于这月二号致孙中山先生一电，说道：

> 迭奉宣言，促开南北和平会议，并提倡兵工政策。老成谋国，尤极服膺。深信解决时局，舍此别无良法。现在国会制宪之功仅亏一篑，迭据各政团代表来保，与锟面商，结果拟即依照先生主张，召集南北和平会议，聚全国名流于一堂，共商国是，将一切政治问题，讨论解决。俾国会得以从容言法，树国家万年不拔之基。当亦先生所乐许也。

看到这个电报的人，必定要惊讶说："直系为什么忽然言和？"直系本是主张武力统一的，直系的地盘也完全是建筑在武力之上的，现在不但采取和平统一的方法，并且不惜牺牲自己的武力基础，而赞成兵工政策。如果我们不是个傻子，那么，自然不能相信这个电报是真的了。

如果这个电报是真的，我们便要先问问直系："你们到底是因为图谋总统，激成国会的分裂和国人的责骂，乃设下这条计策，借此和缓国人的感情呢"，或是"你们自己认定武力统一只是梦想，现在忽然觉悟，抛弃从前的政策，服从他人的主张呢"？

我们也不问这个电报的动机是由于第一个原因，或是由于第二个原因；但是总要直系有谋和的决心表示。直系要想表示他的谋和的决心，至少要履行下列的几个条件：

（一）罢免吴佩孚的官职，以为主张武力统一者戒。

（二）撤回扰乱广东、福建、四川各省秩序的军队。

（三）曹锟自请解去兵权，并宣誓不作下届总统。

（四）请黎元洪回京复职，暂维持中央政府的秩序。

（五）请离京议员回京，专门从事制宪。

（六）待新宪法公布后，再行选举正式大总统，组织新政府。

必能履行这几种条件，方才可以表示出来直系的谋和的诚意和决心。

（原载《努力周报》第 60 号）

北京教育界的歧路
（1923 年 7 月 15 日）

北京的教育界向来就有两样的主张：

（A）派的主张是：要想维持教育，必先澄清政治。因为教育和政治是分不开的。教育不良，固然不能产出好政治；可是政治不良，也同时不能维持好教育。所以蔡孑民先生说："数月以来，报章所纪，耳目所及，举凡政治界所有最卑污之罪恶、最无耻之行为，无不呈现于国中。……元培目击时艰，痛心于政治清明之无望，不忍为同流合污之苟安，尤不忍于此教育当局之下，支持教育残局，以招国人与天良之谴责。惟有奉身而退，以谢教育界及国人。"

把这一派的意义归纳起来，就是想发展教育，必先澄清政治，如果政治不能清明，只得放弃教育的责任。

（B）派的主张是：要想维持教育，必先使教育界与政治脱离关系。因为中国的历史上的陈例，纵有神奸巨蠹，也不敢明目张胆的摧残教育。即民国十二年来，虽如袁世凯的专横、安福党的作恶，也不敢公然的干涉教育界。北京教育界的责任只在把大门关得紧，不使政治的恶势力侵入教育界，万不要越出范围，插入政治运动。

把这一派的意思归纳起来，就是办教育的人，只要闭门办教育，不要出门去干涉政治。只要你们不陷入政治漩涡之中，自然可以保持得住教育界的清明。

自从五四运动以后，教育界仿佛是取前一派的态度，举凡外交内政上有大问题发生，教育界总要出来说话。可是自这一次政变起来，一直到现在，上海的商会有主张，安徽以及其余各省的教育界有主张，而北京教育界几几乎一言不发。这又似乎是取后一派的态度了。

我敢本着个人的良心对教育界下一忠告，就是教育界如果能把大门关得水泄不通，无论什么恶势力都绝对的不能侵入，那么，B派的态度也未始不可以采取。但是事实上办得到吗？如果事实上办不到，便不得不采取A派的态度。当此非常政变之时，教育界如果要想表示人格，如果要想表示我们不是那"有奶就是娘"的学者，只有公然作抵抗拿金钱势力强夺总统的黑暗运动。

这是教育界的歧路。请你们想一想，到底应该走那一条！

（原载《努力周报》第61号）

顾维钧到底替谁看大门？
（1923 年 7 月 29 日）

我从那一天在开明剧场里面省宪同志会的会场上，听到顾维钧的演说之后，便警醒了从前希望他做大外交家或大政治家的迷梦。从他的知识上下断语，只认定他是"一位很会出风头的教会学生"。

以"傻子"自命的王正廷，现在尚且若有意若无意的跑开北京；靠做官生活的颜惠庆，现在尚且若隐若现的不肯抛头露面。对现在争权夺利的政客去谈"出处大节"的，当然是个"迂子"；但是我们亲眼自见的，就是在袁世凯时代，凡是被他"垂青"或被他"宠幸"的人，没有一个不丧失了"个人名誉"和"政治生命"！我想到这一层，不禁为这位在中国政治炉中未经烧炼过的顾维钧害怕！

顾维钧所发表的自欺欺人的谈话，说他这次出来专门在"维持国际地位与国家资格"。这一派好听的门面话，凡在袁世凯部下供奔走的人，没有一个不说得嘴响。不想顾维钧到今天还以为是他自己的发明！

顾维钧的通电中所声明的两大宗旨：（一）是"行使约法赋予之职权"，（二）是"维持国际现有之地位"。第一个宗旨和他的谈话刚刚相反。约法上明明白白规定"国务总理及各部总长均称为国务员"，又明明白白规定"国务员辅佐大总统负其责任"，而《政府组织令》中又明明白白规定"政府以国务员组织之"，又明明白白规定"国务由国务会议议决行之"。外交总长既是国务员之一，既出席于国务会议，又安有"只守门户不管政争"之理！如果顾维钧能在世界的所有书籍中找出"外交不是政治"或"外交与政治无关"之一类的解释，我们便可相信他的谈话，不然便是一窍不通！如果顾维钧不出席国务会议，那么，自己首先违法，又怎么偏要通电声明说"行使约法赋予之职权"呢？顾维钧知道官吏的责任含有强制性质，凡法律上所有应负的责任都要一律担负，不准自由伸缩的道理吗？

至于说"维持国际地位"，本来是迎合国人心理的一句漂亮话。但是你要求外国撤废领事裁判权，他偏要随便的发生一件侵害人权的案件（罗文干案）或侵害司法独立的案件（东省特别区法官免职案），使外国人不来中国调查司法状况。你想免除国际共管的国辱，他偏要在直鲁豫巡阅使界内，自己肘腋之下，出了临城案件。你要维持国际信用，他偏要把那些指作外债基金的收入提充军费。你又怎样办呢？在这种军阀横行的世界，你一个人又能做什么事呢？

所以我说顾维钧被诱上台，结果，只能替人家状状门面。老实说，就是替一个谋总统者招待外宾，并不是替全国看守门户！

（原载《努力周报》第 63 号）

曹锟通电表示要做总统
（1923 年 7 月 29 日）

　　自天津派逼走黎元洪、激动议员不合作之后，为和缓人心计，当然不能不教曹锟通电表示他不愿做总统。可是曹锟的电报果然出来了，据这个电报的语气，不但没有表示不愿做总统的话，反而表示只有他才能做总统，或做总统是他的"夙抱"或"素志"。且看他的养电：

　　……抑锟尤有进者。国家创建之始，常患无法，而在宪法初立之国家，则患在有法而如无法。非有遵守宪法之诚心与实行宪法之毅力，必不能除去事势上一切之困难，而遵循法律中惟一之正轨。国会为人民代表，人民为国家主体，所贵有立法之责者，必求其可以共守，可以实行，成为法治之国家。有行政之责者，必诚心毅力二者具备，以负此法治国家之责任。此则锟之夙抱（注意），所愿为我国民披沥陈之者也。锟服务国家垂四十年，民国肇建，未尝一日自逸，私人权利，夙不敢争，耿耿寸衷，惟知有国。用敢尽言，以明素志，邦人君子幸共鉴之。曹锟养。

　　他的意思就是说国会虽然是"有立法之责者"，但是必须得一位"有遵守宪法之诚心与实行宪法之毅力"的人，"以负此法治国家之责任"。"诚心毅力，二者具备"，舍掉"服务国家垂四十年，民国肇建，未尝一日自逸"的曹锟，更有何人！他的"夙抱"或"素志"既然如此，那么，只有他可以"负行政之责"，"能除去事势上一切之困难"了。试问负这种执行宪法之责的，不是大总统是什么呢？

（原载《努力周报》第 63 号）

答 KC 君
（1923 年 7 月 29 日）

KC 君在《解决政局纠纷中的一种办法》（见本报前期）中，开始有几句话是对于本报的质问。说道：

> 去年政变，《努力周报》曾有一种明确的主张贡献于国人，可惜未能见诸实行，迁延因循，酿成今日这种局面。现在北京政府陷入进退失据的地位，已经一个多月了。惊心动魄的外交和内乱，一步一步紧逼上来。《努力周报》是舆论先驱，何以至今没有具体的表示？我们读报的人有点忍不住了，所以大胆把个人的意见发表出来，供大家的讨论。

KC 君所发表的意见，如"组织中央临时执行委员会"，如"另组宪法会议"，如"裁并无关重要的机关"，如"改定部员的俸给"，如"以关税、盐税等作国债整理金"，以及"各省得自定省宪、自组政府"等主张，都是一般人公同赞成的。现在姑且放下这些问题不谈，先说说本报对于这一次政变的态度。

这一次政变，在我个人只认为是退步的政变，不是进步的政变。所以政变的结果，只有把政治上所有的罪恶尽量的表现出来，绝对不能现出一线光明之路。

我们在舆论界中过生活的人，至少要明白中国历史上所有政变的特性。我敢武断说，一部二十四史中的所有的政变，只是政治首领的变更，绝不是制度或政策的变更。换句话说，只是一家的兴亡，不是政体的变革。那些争帝争王的人，只想把江山夺过来，至于法律、制度、政策那一样不是因袭前朝的。我们拿这种观念来看民国以来的政变，可以说没有一个例外。倒了一个专制的袁世凯，又来一个专制的段祺瑞；打倒了无恶不作的安福部，又来了无恶不作的天津派；吴佩孚在湖南时代以反对段祺瑞武力统一的政策得名，现在在洛阳却自己做了武力统一的中心。所以这一次各派的冲突，无论将来中央政府是属于曹、属于段，或属于张作霖，一说到政策，那就"乌龟莫笑鳖"，大家都是一样的。

我们从前正在做梦，所以每逢一次政变，照例总要高兴一次，以为这回该可以有点光明的希望了。谁知结果仍然是半斤之于八两，甚至于"朦朦眼养瞎子"，一代不如一代！我们这一次不敢再高兴了，所以不提出具体的主张，为的就是减少废话。

《努力》的主张是：

好政府主义。

好政府积极方面的最少涵义是：

（一）充分运用政治的机关为社会全体谋充分的幸福。

（二）充分容纳个人的自由，爱护个性的发展。

惟在这样的政府之下，可以希望他实行我们所提出的"政治改革的三个基本原则"，就是：

（一）宪政的政府。

（二）公开的政府。

（三）有计划的政府。

这一次摄政的政府，只是曹家的政府，全幅精力都注重在大选一个问题上边，怎能说得上"为社会全体谋充分的幸福"呢？至于"个人和自由"和"个性的发展"，他们更不知道是怎么一回事。我们如果对于北京政府建什么议，那岂不是一个傻子吗？

其次希望议员南下去组织政府一层，我们也不敢领教了。因为议员先生们所为的是金钱势力，如果把他们粉身碎骨的分析起来，除掉金钱势力的成分而外，再也没有别的成分。何以见得他们一离开北京便可相信呢？所以我们对于议员也是绝望了。

再其次，如独秀先生在《向导》里边说：

> 此时国人无论对于何人都绝望了，所希望能救国的只有国民党。国民党就应该起来统率国民做革命运动，便应该断然抛弃以前徘徊军阀之间、鼓吹什么四派势力裁兵会议与和平统一政策。

国民党诚然比什么研究系、政学系、安福系、直隶系等——在历史上看起来——少胜一点。

可是现在北京的民宪同志会，岂不是国民党的重要分子所结合的吗？内中有一大部分，正在这里做攀龙附凤的事业，还有谁想"统率国民做革命运动"呢？退一步说，他们就是肯去做革命运动，像吴景濂这一派人，又有那个"国民"肯听他"统率"呢？所以我们对于国民党也老早就绝望了。

我们现在无论对于何方都绝望，就是提出具体的主张，也不过是一时高兴为报纸上凑凑篇幅罢了。即如 KC 君所提出的意见，何尝不是救国良方，但是依我看来，除非 KC 君亲自上台，是绝对不能实现的。我个人对于时局很消极的，故且略述鄙见，聊作本报的答词。

二六，夜三时半

（原载《努力周报》第 63 号）

考试和情面
(1923 年 7 月 29 日)

我在北京教育界过了五六个年头，每年夏间，只要各学校的招考广告登出，照例总要接到"八年不见面"、"十年不见面"或东在广东、西在甘肃的朋友几十封介绍信，信中大意千篇一律的说：

> 听说，北京入学考试，半靠学业，半靠人情。苟无人为之关照，即成绩甚优，亦往往以额满见遗。某生初次到京，人地生疏，务望力为关说云云。

我去年夏天在武昌，正值武昌高等师范招考，听说，凡英文、算学考得零分的学生，总挟有几十封或三封两封介绍信不等。从前北京大学招考，国务总理段祺瑞也有半说情半"手谕"的性质的介绍信。以在北京教育界重要程度等于零的我，也平均每年接到几十封信，何况那些数一数二的教育界的重要分子呢？由此可见考试和情面在社会一般人眼中已经成为一件不可分离的事实了。

在科举时代有句俗话，叫做"场中莫论文"。但是那时他们还有个道德的迷信隐藏在心中，叫做"全凭阴骘"；或者听其自然，叫做"总由天命"。我以为抱这种观念的人，还有几分靠自己、靠天理的信心，比较现在的学生，不求自己，到临时才去低头乞怜，人格上还有点高低的分别。

我要总回答致信的朋友们的，是我个人不但无能力替他们帮忙，就是有能力也不干这样没出息的事。我要特别忠告的是：

（一）北京学校考试，不用合议制的委员会，便用不露姓名的弥封法。从前也许有单靠人情的，现在绝对的没有容纳人情的余地。

（二）现在外省的学生多主使或参加校外活动，把学校的功课丢在脑后。要想矫正这种恶习，甄别谁勤谁惰，只有从严把守升学考试这一关。

做父兄亲友的万不要替他们开一个方便之门，好纵容青年子弟在学校中鬼混。

（原载《努力周报》第 63 号）

我们最后的希望
（1923 年 8 月 5 日）

我在《答 KC 君》的文中（见前期）曾说过，我们对于北京政府绝望，对于南下议员绝望，对于北附议员也老早就绝望，对于研究系、政学系、安福系、直隶系甚至于对于国民党，也都一律的绝望。

这样一说，似乎中国前途条条都是死路，那么，我们又何必不"今朝有酒今朝醉"，还要各自努力呢？不要绝望，不要绝望，还有别的希望！

我们对于什么北京政府、南下议员、北附议员以及什么系、什么派、什么党，固然都一律绝望，可是此外还有几个大有希望的阶级。我们对于什么北京政府、南下议员、北附议员以及什么系、什么派、什么党，固然都应该为减少废话计，不必向他们建一议、画一策，可是对于这几个大有希望的阶级却不可不说几句话。换句话说，我们对于这些武人、政客的"火并"虽然不必去管，但是对于这几个大有希望的阶级，却不可不想方设法的赞助。

这几个大有希望的阶级是什么阶级呢？就是教育界和工商界。

我以为中国政府坏到这步田地，如果我们仍抱着头痛医头脚痛医脚的办法，终久是没有功效的。我们的社会简直是百孔千疮，比不得欧美的社会大部分健全，只有小部分生点癣疥。所以英美的实验主义派可以主张零碎修补，我们便不得不主张根本改造。我希望全国教育界根本改造的事业是：

由全国中等以上学校组织选举会，选出专门学者充任宪法起草委员，人数不得过五十人。

我相信由学者制宪，至少可以采纳下列的主张：

（一）曾任或现任的军人不得被选为大总统。

（二）曾任或现任的军人不得为国务总理。

（三）废除代议制。把国会变作法制局，由全国职业团体选举。在职业团体的组织未完备以前，暂以考试代选举。

（四）采取联邦制。把国权与省权详细划清，并承认省得自定宪法、自组政府。

（五）设立护民官。仿效罗马保障民权的办法，由于人民选出护民官，无论官吏何种权利都可拒绝。

其次希望工业界出来主张：

凡无职业者不得充任国家一切官吏。

我以为无业的政客所以变成军阀的爪牙，并不是道德的问题，只是经济的问题。而经济的问题，也并不是增加区区的出席费、岁费、薪给等所能解决的，最重要的在仿照从前"辍耕而仕"、"致仕归农"的办法，因为有职业的人被选便做官，免职便仍回去劳动，自然没有"卖身投靠"的必要。

再：此次希望商业界出来干涉财政，主张：

凡国家一切收支，都由纳税者选出代表去监督。凡不由纳税代表团承认的收支，或收支不对于纳税代表团公开，都认为无效。

我们翻翻欧洲近代政治史，到处都可以看见欧洲新商业阶级的努力。我敢说促进欧洲近代政治进步的最大动力，多半发生于都市。宗教改革是新商业阶级的助力，打倒封建贵族是新商业阶级的助力，英法各国的革命是新商业阶级的助力，议会政治是新商业阶级的助力。所以中国商业阶级如果觉悟，很可以和工业界、教育界联合起来，共同担任改造中国的大责任！

这就是我个人最后的希望。

（附记）我这篇短文刚刚做成时，接到张克昌先生的一封长信，对于我《答KC君》的文，取消极态度，大不满意。他最后有几句很沉痛的话：

> 《努力》设"在无可奈何的境地里"（见《努力》），虽不能做那割舌的颜杲卿、东林之顾宪成……至少总得学那设《新民丛报》于东京的梁启超、设《向导周报》于广州的陈独秀，这才不至空谈"主张"，这才配那"舆论先驱"！不然，与其"消极"，不如停版！

我要回答张先生的，就是我们现在不必向北京政府、南下议员或北附议员去建什么议，要掉转头去另从别的方面着想。我个人的意思，是说这次政变之后，北京绝对的不能有好政府出现，不是断定中国永远没有希望。对于现政府取消极的态度，对于改造的事业仍和从前一样，仍然是取积极的态度。我很感谢张先生的诤言，故在此处略微申明几句话。

（原载《努力周报》第 64 号）

法国一部
有名的反抗君政论
（1923 年 8 月 5 日）

法国当宗教战争期中——十六世纪末期——文学上发现了许多的反对君政论（Anti-Monarchic Doctrines）。新教徒因为受了"圣伯塞老密日"（St. Bartholomew's Day）事件的激刺，旧教徒因为受了格司（Guise）首领被杀案的激刺，都一致的鼓吹反抗暴君的学说。那时胡格老派（Huguenots）有两大名著：一是浩特曼（Francis Hotman）的 *Franco-Gallia*，一是用布鲁特（Stephanus Junius Brutus）假名公布的 *Vindiciae Contra Tyrannos*——《反抗暴君的权利论》。这本书的真正作者，据多数学者的推定，多半是郎格（Hubert Languet）或莫来（Duplessis Mornay）的手笔。

Franco-Gallia 是一五七三年出版的，书内并没有讨论到普通政治学理的范围，不过从历史上证明法国从来只由国民普通议会行使最高的政权，绝没有行过独裁的君主政体。至于《反抗暴君的权利论》的性质，便完全不同了。这部书对于君权的基础很加以精密的讨论。他所根据的根本原理，和从前宗教改革派的见解绝不相同。他所解答的有四个问题：（一）人民是不是要服从那命令违反神法的君主？（二）抵抗那违背神法和蹂躏教会的君主是不是合法的？如果是合法的，那么，由何人抵抗，或抵抗到什么范围？（三）抵抗那危害国家的君主是不是合法的？（四）赞助邻邦因信仰真正宗教而被压迫的人民或被暴君压迫的人民，是不是君主的职权？

我们要想明白这部书的著者解答这四个问题的论据，必定先要知道他的全般理想。著者的自然世界观很和孙里嘉（Seneca）相近，把太古之初看作"黄金时代"，在这个时代，政府乃是不必要的东西。且看著者说：

最显明的是人类天性自由，不愿做奴隶。生来就想自主，不想服从，如果没有多大的利益，绝不愿抛弃自己的自然权利，去服从他人的权利。（见该著第三编）

人类的原始社会既是这样，自然不要政府，自然无庸立君了。那么，政府和国王又怎样发生呢？再看著者引孙里嘉的话说明：

在黄金时代，政府是在许多贤哲的手中。他们能打倒强者，保护弱者，并引导人民免害就善。凡人民所需要的，就由他们的智慧供给。他们的刚勇可以免除人民的危险，增进人民的福利。他们的职务是劝勉，不是统驭。因为他们有同化力，所以没有人反抗他们。（同前）

著者因此便断定：

政府的唯一目的在人民的权利，君主的唯一义务在护卫人民。真正说起来，皇王的高位不是名誉，只是责任；不是特权，只是职业；不是特别免许，只是应分义务；不是矜贵，只是奉公。（同前）

由此看来，政府是为人民而设的，国王是由人民拥戴起来的。政府和国王的职务是专为图谋人民的福利而设的，绝不是为什么尊荣光辉而设的。因此又毅然决然的断定：

没有生而为王的。有时有无王的人民生存，绝没有无人民的王可以生存的。（同前）

著者从这种自然世界观中，得到国王由人民拥戴起来的理想。又从这个理想中，找出人民反抗国王的学理上根据。他的意思就是想以人民护立国王的目的作国王的职务范围，如果国王违反这个目的，便允许人民有反抗的权利。著者从这种自然世界观中看出人民对于暴君的反抗权，可算是后来洛克、卢梭辈从他们的自然世界观中看出人民对于政府革命权的先导。

著者理想中的国王，只算是人民公仆。国王既是人民公仆，人民便是一国的主人。因为他抱着这样理想，所以他的议论有和从前许多宗教家大不相同的一点，就是从前的宗教家承认国王只由上帝选择，没有人民插嘴的余地；可是在著者看来，国王虽然由上帝选择，却要得到人民的确认。因此便断定人民在国王之上——因为被立者总要比立者低一些，授权者总要比受权者高一些。国王既然是个仆人，那么，设立这个仆人时，必定要有两个契约（Contract）：一是君民和上帝的契约，二是人民和君主的契约。我们最应该注意的，乃是第二类的契约。在第二类契约之下，人民和君主虽然是契约的当事人，但是只是人民立君，不是君立人民，所以人民居"主约者"（Stipulator）的地位，君主居"受约者"（Promiser）的地位。换句话说，就是：

> 为主约者的人民，要求国王依据法律秉公执政，而国王答应他们这样做。（同前）

由此可见，王权的基础只建设在契约上。如果王遵守契约，人民便负有诚心服从的责任，不然，全体人民或人民代表便有合法的处罚他的权利。故在著者看来，人民服从国王，是以国王遵守契约为条件的，国王一旦不履行契约，人民便可解除服从的义务。

但是倘若国王用武力来强制人民服从，又怎么样呢？在著者看来，凡是违反道德或自然法的契约，都一概无效。所以国王用武力强制人民服从，便同强盗强迫私人写支票一样，应当无效。因为契约以利益为主，人民不得定下违反自己利益的契约。

国王不但要遵守这为王权基础的契约，并且要服从一切的法律。著者把国王放在法律之下，说他只可以补充法律，不得破坏法律。且看他说：

> 所有国王都应该服从法律，而且承认法律在他们之上。……他们不可以服从法律为愚事，因为法律是一种工具，人类社会用这种工具方可成为郅治，并达到幸福的目的。……法律是贤君的精神，他的神灵生命都在法律之中。国王是法律的官能，法律得他的力量才能完成职务、表现意义。法律是多数圣贤的理智的集合，多数的真知达见远胜于一个人，故信奉法律比信奉一个聪明的人格外安全。法律是不可扰乱的理智，既不受感情好恶的势力牵制，亦不为悲哀威吓所动。至于人，就是禀赋很好，但是常常被愤怒、复仇和别的私欲牵制，感情扰乱，不能自主，理欲交战，欲常胜理。……法律是群众精神的聚合，精神是神的精灵的一部分，故人服从法律，就是服从上帝，使上帝做自己的裁判官。（同前）

著者这种模范性的法律观和客观性的法律观，虽然不是自他作始，可是他把法律放在君主之上，并且信任群众理智结晶的法律，而不信任个人独裁，很可算是那时迷信君主独裁制的当头一棒！

著者重要的议论大概是这样，我们由此便可以明白他对于前边所说的那四个问题的解答。他解答第一个问题多根据经典，拿稣尔（Saul）被立为以色列（Israel）国王的事作证。他主张对于违反神法的君主不一定要服从，这种主张和路德、加尔文等几乎没有什么差别。

著者解答第二个问题的论据，便建设在契约的基础上边。国王违背神法，蹂躏教会，便是不遵守这两种契约。因为国王和人民是为尊奉上帝而互相定约的两造，各方面都有完成这种职务的责任，各方面又都有限制他方违背契约的权利，故人民对于尽事神义务的国王都有反抗权；但是私人对于国王却不能反抗，只有全体人民的代表才有反抗权。他所说的人民代表，乃是由贵族合组起来的议会，是以监视国王做事或以保障国家和教会的安全为责任的。他这样尊重议会和人民代表，大概都是受康士坦斯（Constance）和巴色（Basel）议会中主张的影响。

著者解答第三个问题，多根据于人民的主权。因为凡是国王都是由人民拥立起来的，没有生而为王的，故国王乃是人民为着自己的利益而设立的公仆。如果违反人民立君的目的，全体人民当然有反抗的权利。他这样一主张，便使那时胡格老派反抗查理九世和亨利三世的行动得到学理上的根据。

著者解答第四个问题是受那时国际战争的影响。他以为基督教会是一体的，人性也是统一的。故教会有对于上帝的义务、人类有对于邻人的义务，国王因此便有帮助他国、干涉异教压迫正教和暴君压迫人民的权利。他这样一主张，又使那时英后爱莲色白和德国信仰新教的国王帮助胡格老派的行动得到学理上的根据。

把《反抗暴君的权利论》中的理论综合起来，可以得到"自然世界"、"自然权利"、"政府契约"、"主权在民"和"革命"等原理。他的证明，多靠《旧约》史和罗马史，虽然不甚确当，虽然仍脱不掉宗教家的鄙陋，但是议论却很新颖。他这种主张，直到卢梭止，都在政治思想史上占有正统思想的地位——这是最值得我们注意的地方。

（原载《努力周报》第 64 号）

我对于国民党的态度
——答邓初民君来信
（1923 年 8 月 19 日）

我在前几期《答 KC 君》和《我们最后的希望》文中，很有不满意于国民党的表示，把他和安福系、研究系等一律看待，于是激动了我的朋友邓初民先生，他老远的寄封信来和我讨论。他说：

> 你那篇文字——《我们最初的希望》——开始便说："我在《答 KC 君》的文中曾说过，我们对于北京政府绝望，对于南下议员绝望，对于北附议员也老早绝望，对于研究系、政学系、安福系、直隶系甚至于对于国民党，也都一律的绝望。"我觉得你这"一律绝望"的态度，尚不能令人心服。就是没有分析，没有比较，一概抹杀。政府是不足道，军阀是不足道，专就政党说，国民党的分子固不能尽善，而"国民党"的三个字，似不能不以分别的眼光论断之。凡政治的行动都要有组织，人类在政治生活中，按着自己政治的目的和意见分组各种政治的结合，就是政党。政党与非政党的区别，纯在他的结合有无共同的政治目的和意见。换句话说，即在有无超于一种个人的私的主张。如拿这个标准来衡中国的政党，国民党是万不能与其他的什么系、什么派、什么俱乐部一概抹杀的。何以故？国民党是有一种超于个人的主张的，是有三民主义、五权宪法的党纲的。即其党员的活动，在南在北，亦多少具有特别色彩，非其他什么系、什么派的分子可比。国民党最令我不满意的，怕也是多数人不满意的，就是誓约组党一事。不过也还有可以原谅处，即国民党始终是一个革命的党（略带军事性质），到处标榜革命，自辛亥以至现在，还无日不在革命的行程中，无日不在做他革命的工作。我以为国民党之所以能吸收现在多数学生（智识阶级）、多数工人（劳动阶级）的同情的，就在这一点。国民党之所

以不能一概抹杀的，也应该在这一点。试看从前许多骂国民党唱高调的，近来的主张，也渐渐趋于一致。如你说："中国政府坏到这步田地，如果我们仍抱着头痛医头脚痛医脚的办法，终久是没有成效的。我们的社会简直是百孔千疮，比不得欧美社会大部分健全，只有小部分生点癣疥。所以英美的实验主义派可以主张零碎的修补，我们便不得不主张根本改造。"对呀！早就该根本改造。根本改造就是国民党澈始澈终所标榜的革命。这不是国民党的聪明，实在是中国的政治社会迫得必然的如此。换句话说，"中国政府坏到如此地步"，国民党的革命论，已不是国民党独有的主张，差不多成了一般的共同趋向了。如此说来，国民党怎能与其他的什么系、什么派……一概抹杀呢？我在此须声明一句，我是没有任何党籍的，但将来我开始我的政治行动时，如果不能独立组党，就要加入国民党。

此外还有陈独秀先生近来也一样的重视国民党，他在《向导》第三十一与三十二期合刊上《北京政府与国民党》文中，说道：

> 国民党究竟怎样？我们用不着夸张，我们敢说：国民党两次在广东执政，为期尚短，虽无什么积极的建设，而消极的未曾压制人民集会、结社、出版之自由，这是我们亲见的。至于国家每有大难，如袁氏谋叛、张勋复辟、段氏毁法等，国民党莫不出而肩负巨任，为国牺牲。这些事实，便是反对党也不能否认。

邓君尊重国民党的主义和精神，陈君尊重国民党的历史和事实。若专就这两点论，我个人对于国民党也是完全赞同的。不过邓君所说的"国民党……是有三民主义、五权宪法的党纲的"，我以为这只是孙中山先生或与中山表同情的几位国民党的学者（如汪精卫、张继诸人）的主张，至于多数国民党议员（如包办大选的议长之类）恐怕就连这"三民主义、五权宪法"的意思都不能明了了。所以我个人很赞成国民党的主义，却大不赞成国民党中所收罗的那些无聊的党员。国民党的主义经然"成了一般的共同趋向"，可是国民党党员的行为却成为众矢之的。

国民党的多数党员在共患难时有主义，在共安乐时却无主义。所以国民党得荣誉往往在失败之后，国民党遭痛骂往往在得意之时。这种事实不能不令像我们这一类诚心诚意赞同国民党的人大大的失望！

袁世凯称帝的时候，淘汰了一部分国民党的败类（如孙毓筠、胡瑛一流人），这次北京政变，又要淘汰了一部分国民党的败类（如吴景濂一流人），同时又试验出来一部分有志气、有操守的人，可以看得出他们遵守主义到底不变的态度。所以国民党到了现在只剩下一块空招牌，虽然还有几位少数的伙计，但是他们也不打着国民党的老招牌做生意，又新立字号、择吉开张了。所以我以为国民党到了今天，既然只剩下一空店面和一块老招牌，就应该重订店规，重新召股，从新批发，最好是从新制造些货物，在用户面前贩卖。必待用户有个"货真价实"的总批评出来，方可撑持这个门面。

我个人是很相信国民党所抱的主义，可是又同时很相信旧有国民党大部分的党员绝对不能实行国民党的主义。现已相信他们绝对不能实行国民党的主义，那么，只有把他们同什么系、什么派……一样的看待了。邓君说："将来我要开始我的政治行动时，如果不能独立组党，就要加入国民党。"我个人也是这样的想。但是我个人如果要加入国民党，却有个条件，就是：

（一）要使在北京的民宪同志会的老国民党的党员完全出党！

（二）要国民党自身完全变成社会主义的政党——仅仅与劳动阶级联络或表同情于劳动阶级，我都不认为满意。

（三）要使有职业的人加入，不可使无职业的人加入，或有职业的人因为入党便抛弃职业，去专门做政治生活。

国民党如果是这样办，我也是要首先加入的一个人。由此可以知道我个人对于国民党的态度。

附注：邓君原函说到别的问题，恕我不一一答覆了。

（原载《努力周报》第 66 号）

不值批评的批评
（1923 年 10 月 14 日）

"发扬国光，巩固国围；增进社会福利，拥护人道尊严……永矢咸遵，垂之无极"的中华民国的"神圣尊严"的宪法，竟出自南北领钱、丑声四播的议员之手！

执行"中华民国之行政权"、"对外国为民国代表"、"以至诚遵守宪法"的中华民国大总统，居然举出辛亥年扑灭涿州革命军及讨伐西南护国军总司令的曹锟！

停顿至十年之久，开会到二百零二次之多，总计十三章一百四十一条的国家根本大法，竟在统共不出两点半钟以内的三读会中，把全文完全通过！

号称采取联邦主义的宪法，号称拥护省宪的宪法，号称尊重省权的宪法，并"省宪法"的名称都不用，而且连省制和县制都规定了。广东、云南各省且不说，到底看将来怎样对付湖南、浙江！

我们老早就说过，武力不能统一，几派首领人物结合也不能统一，分赃式的和平会议不能统一，土匪式的占据地盘主义也不能统一。将来统一的一线光明，全仗着这个满足人意的宪法。试问这个宪法怎能达到这个目的？

没有宪法固然是国家的大不幸，有宪法而不能实行尤是国家的大不幸。约法虽不完备，还可以代表革命政府的主张，袁世凯破坏他，还有人出来保障。这次宪法将来到底看有何人出来替他保障！

美国宪法宣布的时候，有许多宪法会议的议员著书立说的辩护他、阐明他。我国宪法会议诸公，何人够得上著书立说，何人的著书立说可以引得起社会的信仰？

又何怪乎双十节天安门前的人民只注意表彰宪法、悬挂宪法的彩楼电灯，并昂头看中央公园的烟火，又何怪他们看见了一个好看的烟火，欢欣鼓舞之情比看宪法增高万倍呢！

（原载《努力周报》第 74 号）

宪法与制宪者
（1923 年 10 月 14 日）

我们到了今天，当然不能相信古代"圣人立法，愚者制焉"的格言，当然不能把法律同道德合在一块，说法律是人类行为的标准模范了。所以我们因此很可以退让一万步说：只要宪法制得好，倒不必问制宪者是阿猫阿狗！

而况"宪法会议"是"宪法会议"，"总统选举会"是"总统选举会"，在法律上究竟是两样资格。我们不必因为报纸上天天骂那些做总统选举会的议员是"猪仔"，是"走狗"，就适用那"狗嘴里吐不出象牙"的公例，断定这些人一定制不出好宪法来！

我有一位朋友，当民国元年时，在安徽做警察厅长，想出一个布告，禁止人民吃鸦片烟，于是请他的秘书起稿。这位秘书是卧床不起的瘾者，就在鸦片烟床上做了一篇冠冕堂皇、字字玑珠的禁烟文。但是我们那时总不忍因为他言行不一致，便说他的禁烟文做得不好！也只得退让一万步说：吃烟是他个人私德，起草是他秘书的职分。我们假若这样设想，那么就是卑污苟贱的议员，也未始不可以制定出来神圣尊严的宪法。

但是本报第四十一期"这一周"中曾经说过：

> 宪法是国家的根本大法，至少要能引起国人的信仰与崇敬。试问这一个光园拜寿、红罗场领冰炭敬的无耻政客团体定出的宪法，能引起谁的信仰与崇敬？……总之……民治国家的法律决不是那班自己不守法律的无耻政客所能制定的。我们可以预言，吴景濂、张伯烈的国会即使定出一个宪法来，将来决不会有宪法的效能，将来不过添一张废纸！

我们试看看德国的宪法，乃是柏吕斯博士（Dr. Preuss）平昔研究的结果；俄国宪法乃是列宁等多数派的主张的结晶；从前美国的宪法更不用说了，凡是美国的伟大人物，如华盛顿、哈密顿、莫迪森、甲恩森、佛兰克林、詹姆斯·威尔逊等，凡功高望重的政治家兼学者几乎没有一人不在内。我国的宪法会议诸公如果拿镜子自己照照，能不自惭形秽吗？用狗粪做菩萨，还强令人低头崇拜，能不为神圣尊严宪法悲吗?!

（原载《努力周报》第 74 号）

二十年来中国的政党
（1924 年 1 月 10 日）

《东方杂志》自创刊到现在，刚刚二十周年。这二十年中，中国政治上发生极大的变迁。单就政党一项说，已经开中国古来未有的先例。因为《东方杂志》发行二十周年纪念号，向我征文，故略述二十年中国政党变迁的概略如左：

一、政党结胎的时期

政党本是立宪政治的副产物，凡采用立宪政制的国家，便自然要发生政党的组织。中国自戊戌变政（一八九八年，即光绪二十四年）及拳匪之乱（一九〇〇年，即光绪二十六年）而后，张之洞、刘坤一等便有改革国政的建议（一九〇一年，即光绪二十七年），清廷也想"鉴前事之失，破迂谬之谈，采外国之长，补中国之短"，于是废科举、设学校、派遣留学生。这时救国的两大方略是"颁布宪法"和"开设国会"。这几年清廷对于宪政的设施：

光绪三十一年　命载泽、戴鸿慈、徐世昌、端方、绍英五人出洋考察宪政。

光绪三十二年　八月，考察宪政大臣归国，开御前会议，颁布预备立宪的上谕。十一月，以军机处为行政的中枢，增改内阁的各部，添设资政院和审计院。

光绪三十三年　六月，发布地方官制。九月，把考察政治馆改为宪政编查馆，又将会议政务处归并于内阁。十一月，命各省准备设立咨议局，及命府州县设议事会、各省设调查局和统计处。

光绪三十四年　八月，公布各省咨议局规程及议员选举法。十二月，公布九年后召集国会的上谕。

"九年后召集国会"这一句，就是中国政党结胎的原因。到宣统元年，各省咨议局便为国会速开运动的中心，江苏咨议局长张謇通电，至谓"救亡之要举在速开国会"。各省咨议局联合运动的结果，代表齐集上海后，便有"国会请愿同志会"的组织。后来清廷缩短召集国会的时期，定于宣统五年（一九一三年）正式召集国会。

清廷所设的资政院已经于宣统二年十月三日举行开院礼。资政院中的钦选议员（百名）多缺乏政治经验和宪政的知识，当然与由各省咨议局中互选出来的议员（百名）主张不同，资政院中便天然生出政党的形势。国会请愿同志会一部分人组织起来"宪友会"，于宣统三年六月六日正式成立。政府为对抗宪友会起见，又组织一个保守党叫做"宪政实进会"，另有一派人又组织一个"辛亥俱乐部"。这就是新旧两党——民党宪友会及保守党宪政实进会与辛亥俱乐部互相对抗的形势，也就是中国的政党呱呱坠地的第一天。

这三党的政纲及组织大概如左：

(A) 宪友会

（一）政纲：

（1）尊重君主立宪政体。

（2）督促责任内阁。

（3）整理各省政务。

（4）开发社会经济。

（5）注重国民外交。

（6）提倡尚武教育。

（二）组织　这时政党的特色，不但在有政纲，并且粗具政党的组织。故这时的党员并不以议员为限，院外有力的人物参加的也很多。这一党各省支部的领袖如下：

直隶：孙洪伊

湖北：汤化龙、张国溶、胡瑞霖、郑万瞻

江苏：马良、沈恩孚、黄炎培

山西：梁善济

奉天：袁金铠

江西：谢远涵、黄为基

福建：刘崇佑、林长民、林志钧

四川：蒲殿俊、罗伦

湖南：谭延闿

　　这党宗旨在和平改革，无论在什么时代，只要容许他们活动，他们都可俯首迁就。到了他们不能活动的时期，也可偶然加入革命党；但是时局一定，他们便仍然依附势力，托庇势力之下以从事活动。例如汤化龙等在清廷招忌，便回武昌加入辛亥革命；张勋复辟，便依附段祺瑞来恢复共和。他们无论在袁世凯、黎元洪、冯国璋、段祺瑞等那个势力之下，都不停止活动。但是他们也有个最大的限度：例如袁世凯称帝、张勋复辟，在这个时候，他们也停止活动了。这一派入民国以后，先后分合，孙洪伊一派组织"共和统一党"，汤化龙、林长民一派组织"共和建设讨论会"，后来合并改称为"民主党"。

　　(B) 宪政实进会与辛亥俱乐部

（一）宪政实进会政纲：

（1）尊重君主立宪政体，以期上下意见之疏通。

（2）使地方自治发展，以巩固宪政之基础。

（3）谋政治之改良。

（4）期法律之完备。

（5）定教育之方针。

（6）完成移民事业。

（7）实行整理财政。

（8）发展人民生计。

（9）研究外交政策，以期国家权利之集中。

（10）谋军备之充实。

（二）辛亥俱乐部政纲：

（1）阐扬立宪帝国之精神。

（2）提倡军国民教育。

（3）发展地方之自治能力。

（4）主张保护政策，以振兴实业。

（5）整理财政，以增进富力。

（6）审度公私经济能力，以谋交通之发展。

（7）整饬军队，以充实国力。

（8）体察内外情形，确定外交方针。

这两派是纯粹的官僚党，一入民国以后，便无影无形的消灭了。宪政实进会中如劳乃宣、陈宝琛等始终对于清廷尽忠，赵炳麟虽然加入国民党，也不过随声附和罢了。

以上所说的各党，在清末通同可称为君主立宪党，也通同在清廷的法律之下活动。此外还有一派革命党，或在海外活动，或在内地各处潜伏，暗中活动——这一派就是所谓"中国同盟会"。

中国同盟会是国民党的老祖宗，他们的精神是共和主义。这个同盟会是在光绪三十一年成立的，会的本部设在日本的东京，由孙文派的"兴中会"、黄兴派的"华兴会"和章炳麟派的"光复会"大同团结而成的。孙、黄等那时所宣布的政纲如下：

（1）推翻清室的恶劣政府。

（2）建设共和政体。

（3）维持世界之真正和平。

（4）主张土地国有。

（5）主张中日两国之国民的联合。

（6）要求世界列国对于中国革新事业之赞成。

这一派人在那时鼓吹民族主义，到处作秘密的革命运动。但是他们同是革命派，主义精神都趋重革命方面，故卒造成辛亥革命的大运动。

二、政党的极盛时期

辛亥革命成功后，国内民气到处发扬，党会的发达也为前代所未有。秘密结社的中国同盟会到这时亦改公开的中国同盟会。他的政纲比较从前很有点变动：

（1）完成行政统一，促进地方自治。

（2）实行种族同化。

（3）采用国家社会主义。

（4）普及义务教育。

（5）主张男女平权。

（6）励行征兵制度。

（7）整理财政，厘定税制。

（8）力谋国际平等。

（9）注重移民开垦事业。

同盟会的特色，如采用国家社会主义、主张男女平权，比较别的党派，似乎含有急进的性质。这一派当南京政府时代，几几乎成为包办政府、议会（临时参议院）的独一无二的大政党。南北统一后，政治中心从南京转移到北京，别的党派同时并起。又因孙文、黄兴两人放弃政权，唐绍仪及同盟会的四总长辞职后，党势便渐渐的衰退。

南北统一后，第一任内阁总理是唐绍仪。这个内阁号称南北联立的内阁，内阁中的阁员如左：

总理——唐绍仪，外交——陆徵祥，内务——赵秉钧，财政——熊希龄，陆军——段祺瑞，海军——刘冠雄，司法——王宠惠，教育——蔡元培，农林——宋教仁，工商——陈其美（后改任王正廷），交通——唐绍仪兼任。

这个内阁虽然号称联立内阁，但是重要的职务都为北方独占去了，只剩下不甚重要的司法、教育、农林、工商归同盟会会员之手，这就是南北统一后预先伏下决裂的隐藏的祸根。

唐内阁因借款问题受国人攻击，阁外的领袖人物如孙文、黄兴等都提倡国民捐以反抗借款政策。内阁以内又互相排挤，不能统一。故到民国元年六月间，唐内阁便不得不倒。陆徵祥继唐出任总理，同盟会四总长（蔡元培、宋教仁、王宠惠、王正廷）相率去职，党势更形衰落。至八月间，宋教仁运用他的心思才力，以同盟会做主，联合"统一共和党"、"国民共进会"、"共和实进会"、"国民公党"四政团造成一个新政党。这个新政党就是中国唯一的、有希望的、得到新人物同情的"国民党"。

国民党是民国元年八月二十五日正式成立的。国民党采取两党对立主义，故在宣言书中说道："一国政党之兴也，只宜两党对峙，不宜小群分立。"他们想造成政治上的中心，故又取联合主义，使政见相近的各小党合为一体，以便造成共和立宪国的政治中心的势力。他们因着时势，发布五大政纲：

（1）政治统一。

（2）发展地方自治。

（3）种族同化。

（4）民生政策。

（5）维持国际和平。

最可注意即是国民党领袖人物只图党势的扩张，不想主张的贯彻，故把从前的政纲，如国家社会主义、土地国有、男女平权等主张一概抛弃，以迁就所合并的各党党员的主张。据我看来，国民党的成功在这一点，国民党的失败也在这一点。

当辛亥革命后，从前"预备立宪公会"一派人如张謇等，抱着嫉视同盟会的感情，和章炳麟一派的光复会联合起来，以江浙为中心，造成一个"统一党"。统一党本因不满意同盟会的动机而起，故不惜与同盟会的政敌袁世凯携手，作为袁世凯的与党。统一党的政纲是：

（1）团结全国领土，厘正行政区域。

（2）完成责任内阁制。

（3）融和民族，齐一文化。

（4）注重民生，采用社会政策。

（5）整理财政，平均人民负担。

（6）整顿金融机关，发达国民经济。

（7）扩兴海陆军备，提倡征兵制度。

（8）普及义务教育，振起专门学术。

（9）速设铁路干线，以谋全国交通。

（10）励行移民开垦事业。

（11）维持国际和平，保全国家权利。

这一党的政纲比较后来国民党虽然没有多大的差别，可是比较同盟会便含有温和稳健的性质了。这党的成立时期，在民国元年一月。

统一党为对抗同盟会起见，到五月间又与"民社"携手，将"国民协进会"、"民国公会"、"国民党"（这是伍廷芳、温宗尧等所设的，与前面所说的国民党两样）三团体联合起来，创造一个"共和党"。共和党的政见是：

（1）保持全国统一，而取国家主义

（2）以国家权力，扶持国民进步

（3）应世界之大势，而以和平实利立国。

这个党是袁世凯的与党，可以从他们的政见中完完全全的看出来。不过统一党的章炳麟、王揖唐、王印川等不满意于共和党，宣言退出，于是共和党便分裂了。

"共和建设讨论会"（汤化龙、林长民）与"共和统一党"（孙洪伊）本都是清代宪友会的化身，他们本老早就同情于梁启超，梁氏归国后

（从日本归国），便联合共和建设讨论会、共和统一党、共和俱进会、共和促进会、国民新政会，合为"民主党"。到了民国二年五月间，共和党、民主党、统一党三政团大联合，便造成与前述的国民党相对抗的"进步党"。

进步党一方面不满意于官僚的隐秘政策，一方面又不满意于民党的激烈政策。他们自命为健全的政党，想自守轨道，而率天下趋于轨道。他们也主张两党对立主义，故他们结成大党，就是想与国民党作对。进步党的政纲如左：

（1）取国家主义，建设强善之政府。

（2）尊人民之公意，拥护法赋之自由。

（3）应世界之大势，增进和平之实利。

进步党是个联合的大党，团结力当然不能十分巩固。民主党在该党中势力最大，因此，便有一部分脱党而去的，成为"新共和党"。

民国二年四月八日开会的第一次国会之中，最大的政党只有国民党、进步党两个大团体，两院议员的党籍如左：

政党		众议院	参议院	合计
国民党		二六九	一二三	三九二
（后来的）进步党	共和系	一二〇	五五	一七五
	统一系	一八	六	二四
	民主系	一六	八	二四
兼党者		一四七	三八	一八五
党籍不明者		二六	四四	七〇
总计		五九六	二七四	八七〇

照这个表的党籍计算，国民党在国会中当然占最多数。可是进步党成立之后，一方面收纳无所属的议员，一方面运动宗旨不定的国民党议员，又加以袁世凯的金钱收买，便把整整齐齐的国民党，弄得四分五裂。因此，便发生下列的各小团体：

政友会——孙毓筠、景耀月

集益社——朱兆莘……

超然社——郭人漳……

癸丑同志会——陈家鼎、韩玉宸……

相友会——刘揆一、杨度……

国民党既然这样分裂，结果便把轰动一时的大政党收在袁世凯手中去玩弄！大概国民党自丧失宋教仁之后，在北京的党势便一天一天的低落了！

三、政党消灭的时期

第二次革命（民国二年七月）起来，国民党的稳健分子又分为两派。张继、白逾桓一派南下，加入讨袁军；吴景濂、李肇甫、张耀曾、谷钟秀一派仍然在北京。在北京的国民党被袁世凯种种压迫，八月间便有国民党七议员同时逮捕之事。参议院自张继抛弃议长之后，九月三日选出进步党的王家襄继任，国民党的势力更形衰弱。九月十一日熊希龄的"人才内阁"告成，进步党的势力可谓达到极点。人材内阁的人物如左：

总理——熊希龄，外交——孙宝琦，内务——朱启钤，财政——熊希龄，陆军——段祺瑞，海军——刘冠雄，司法——梁启超，教育——汪大燮，实业——张謇，交通——周自齐。

这个内阁，进步党占了四个阁席（熊、梁、张、汪）。但是进步党虽然是倾向袁世凯的政府党，究竟还与梁士诒一派的纯粹御用党不同。梁士诒在这时把"议员同志会"、"潜社"、"集益社"三个小政团联合起来，组成"公民党"。这个公民党纯粹是袁世凯的私党，不但嗾使他们出来抵抗国民党，并且嗾使他们出来抵抗进步党。公民党出来，便激动国民、进步两党的议员，使他们内中有一部分人实行携手，因此便有国民、进步两党混合而成的"民宪党"。

这时真正有势力的党派有四：（一）进步党；（二）公民党，是政府的御用党；（三）国民党；（四）民宪党，是政府的反对党。

到了袁世凯正式被选为总统后，便先设法消灭为国民党占据的国会，十一月四日便把国民党议员四百三十八名的当选证书及徽章夺回，国会自然便停止了！

政党本为立宪政治的副产物，国会更是运用立宪政治的唯一机关。国会一停闭，不但国民党没有用武之地，就连御用党的进步党也不得不匿迹销声了！国民党以遭袁仇恨而亡，进步党以献媚于袁而亡。故国民党的失败是国民党的荣誉，进步党的成功是进步党的耻辱。因此，国民党多失败一次，多得国人同情一次；进步党多成功一次，多遭国人唾骂一次。进步党自谓一方面反对官僚、一方面反对民党，但是他们每次活动，莫不和官僚携手。国民党固号称激烈，但是一到北京，凡事能迁就者没有不低头迁就，结果一件事都不做。而且除掉一部分民党稍有骨气而外，其余的民党莫不随波逐流、趋炎附势，一遇着金钱贿赂，莫不低首受降，这也是国民党最大的耻辱！

自国会停闭到第二次国会重开（自民国二年十一月到五年八月），这三年之中，只有私党，并无公党。此后中国的政党，便生出三大流弊：

（A）政党为议员所独占，各党中都没有非议员的党员。

（B）有政团而无政纲，只有人的结合，没有主义的结合。

（C）各政党只有本部，并无支部，因此便与人民相隔绝。

故自国民党解散而后，严格说起来，可算是中国的政党横死的时期！

四、变党为朋的时期

自袁世凯死后国会复活（五年八月间）到现在（十二年十二月），国会议员不知分成多少小朋党。第二国会时代的朋党如左：

（1）宪法商榷会——这个会是由旧国民党系的稳健派、激进派，与进步系孙洪伊一派联合起来的，后来又分为四个政团：

（A）政学会——谷钟秀、张耀曾、李根源……

（B）益友会——吴景濂……

（C）丙辰俱乐部——田桐、居正、白逾桓……

（D）韬园——孙洪伊、王乃昌……

（2）宪法研究会——梁启超、汤化龙、林长民、王家襄……

（3）宪政讨论会——江天铎、孙润宇、陆宗舆……

（4）宪法协议会

（5）宪政会

（6）苏园

（7）新共和党

民国六年，各政团越分越多，甚至有三两个议员同住，门上也挂出一个招牌，号称一个团体。当时的各小政团如下：

（1）政学会

（2）益友社

（3）丙辰俱乐部

（4）民友社——韬园为主，加入一部分国民系

（5）平社——向乃祺、黄云鹏、解树强……

（6）宪法研究会

（7）宪法讨论会

（8）澄社——靳云鹏……

（9）大同俱乐部——由宪法协议会，宪政会，苏园联合变化而成

（10）民彝社

（11）宪友会

（12）衡社

（13）友仁社

（14）潜园

（15）尚友会

（16）静庐

（17）………

民国六年六月十三日，国会解散，七月一日，张勋复辟，此后北方便是段祺瑞的时代。临时参议院由梁启超、汤化龙等提倡，于十月初召集，到七年二月间公布《国会组织法》及《议员选举法》。六月间旧国会在广东正式开会，八月间新国会在北京正式召集，此后便是南北两国会并立的时期。北方政府下的政团如左：

（1）安福俱乐部——安福俱乐部是"中和俱乐部"的后身。中和俱乐部是六年三月组织的，以靳云鹏为首领，到此乃以徐树铮为首领，不过表面上归旧统一党系的王揖唐指挥罢了。这一派是段祺瑞的嫡系的御用党

（2）研究系——就是从前宪法研究会一系

（3）讨论系——就是从前宪法讨论会一系

（4）交通系——梁士诒、叶恭绰、周自齐、朱启钤……

（5）新交通系——曹汝霖、陆宗舆……

南方国会中的政团如左：

（1）政学会系

（2）益友社系

（3）民友社系

到了民国九年直皖战争而后，八月三日把安福俱乐部解散，三十日新国会闭会，段祺瑞的时代已经过去，中央政府便成为直奉相持的时代。十一年五月，直系战胜，六月间，徐世昌走了，黎元洪重行复任。八月一日，旧国会破镜重圆，居然能在北京开会。当初有一部分议员提议"国会只议宪法，缓行其他职权"，故政团一时不能出现。后来因为种种政治上的关系，使有形无形的又发现许多议员的结合体。这一年中的国会中的政团如左：

（1）政学系——为黎元洪的与党

（2）民宪同志会——旧国民党吴景濂、褚辅成一系

（3）新民社——张伯烈……

（4）全民社——温世霖 ⎫
（5）民治社——孙洪伊一系 ⎬ 主张孙曹联合

（6）中国国民党——孙文系、田桐、白逾桓……

（7）研究系 ⎫
（8）讨论系 ⎬ 主张制宪

（9）安福系——反对曹锟

到了十二年夏天黎元洪出京之后，国会中便发见分裂的现象。这时议员南下的号称四百多人，这些人的党籍如左：

（1）政学系

（2）褚辅成一派的民宪同志会

（3）安福系

（4）中国国民党

留京参与总统选举会的政团如左：

（1）吴景濂一派的民宪同志会

（2）新民社

（3）全民社

（4）民治社

（5）研究系

（6）讨论系

此外还有诚社、宪政社、政社、乐园、匡庐、均社、三号、二百号、七号等许许多多的不成政团的政团。

曹锟于十二年十月当选大总统后，便有甘石桥"宪政会"成立。此会由王毓芝、高凌霨、吴毓麟等发起，是纯粹的政府党，想利用他们对

抗吴景濂一派的民宪同志会。其实民宪同志会自褚辅成一派南下后，并没有开过党会，早已无形消灭了。此时在京的旧国民党系不过仅有吴景濂一派投降而反遭屏弃的几十人罢了。

宪政会虽然以恢复统一和实施宪法为政纲，但是凭金钱势力而结合的团体，我敢料定不久必要涣散的。这时我们唯一的希望只在尚没完全组织成功的"中国国民党"。

中国国民党于十二年正月一日宣布政纲三项如下：

（A）民族主义的政纲

（甲）励行教育普及，增进全国民族之文化。

（乙）力图改正条约，恢复我国国际上自由平等之地位。

（B）民权主义的政纲

（甲）实行普选制度，废除以资产为标准之阶级选举。

（乙）以人民集会或总投票之方式，直接行使创制、复决、罢免各权。

（丙）确定人民有集会、结社、言论、出版、居住、信仰之绝对自由。

（C）民生主义的政纲

（甲）由国家规定土地法、使用土地法及地价税法。在一定时期以后，私人之土地所有权，不得超过法定限度。私人所有土地，由地主估报价值于国家。国家就价征税，并于必要时得依报价收买之。

（乙）铁路、矿山、森林、水利，及其他大规模之工商业，应属于全民者，由国家设立机关经营管理之，并得由工人参与一部分之管理权。

（丙）清查户口，整理耕地，调正粮食之产销，以谋民食之均足。

（丁）改良币制，以实货为交易之中准。并规定税法，整理国债，以保全国经济之安宁。

（戊）制定工人保护法，以改良劳动者之生活状况，徐谋劳资间地位之平等。

（己）确认男女地位之平等，并扶助其均等的发展。

（庚）改良农村组织，增进农人生活，徐谋地主佃户间地位之平等。

以上都是中国国民党的适合时代思潮和中国需要的政纲。

我的政党组织的条件是：

（A）须立下一定的主义。

（B）须以利害相同的阶级为基础。

（C）须有坚固的组织。

因此我深望中国国民党缓缓的前进，如果这个政纲得到全国中多数人同意，然后再用大规模的组织，使党员随时可以监督本党在朝党，庶可以免掉今日政党无主义、无实力且与人民相隔绝之大弊！

（原载《东方杂志》第 21 卷第 1 号"二十周年纪念号"）

福滨社会主义派的方法和理论
（1924 年 2 月）

一、产生的时代

"福滨社会主义"（Fabianism）是英国科学的社会主义，"福滨社会"（Fabian Society）是一八八四年成立的。这一八八〇年可算是英国的政治思想从个人主义变成社会主义的时期。英国从一八四八年到一八八〇年这三十二年之间，可算是个人主义的极盛时代。密尔（J. S. Mill）的《自由论》（*On Liberty*）是一八五九年出版的，《代议政制》（*Representative Government*）是一八六〇年出版的。斯宾塞（Herbert Spencer）的《社会静止论》（*Social Statics*）是一八五〇年出版的，《个人与国家》（*The Man versus the State*）虽然是一八八四年出版的，但是思想却是在这个时代中酝酿成熟的。到一八八〇年，放任主义的时期已经过去，国家已渐渐的干涉教育了。这一年格林（Green）在牛津讲政治义务原理（The Principles of Political Obligation），主张国家应该除去妨害人民自由进步的障碍。在先，英国青年学者除掉白格思（Mr. E. B. Bax）没有人欢迎社会主义的；一过一八八〇年，便出来许多青年学者注重社会主义的研究。英国的青年学者所以在这个时期变转头去研究社会主义，大概有下列的几种原因：

（一）放任主义破产。英国在一八八〇年前，放任主义已经发见破坏的预兆。照戴雪（Dicey）说：自福司特（Forster）提出第一次教育规程时，英国的立法已经从个人主义变成"集合主义"（Collectivism）

了。① 密尔一生不只尽力于个人主义，并且想把个人引进社会之中，使他们渐渐的变成与社会有关系的个人。他当一八四八年就在《经济学原理》之中，承认分配是人为的事，应该归国家管理，并且主张对于不劳而获的土地征税。更在《乐利主义》（*Utilitarianism*）（一八六三年）之中，放弃"自利"的原理，采用"自损"（Self-Sacrifice）的原理，说："牺牲自己幸福以成就别人的幸福"是"人类可以做得到的最高的道德"。耶芳斯（Jevons）当一八八二年做成《国家和劳工的关系》（*The State in Relation to Labour*），把那些"自然权利"和"放任主义"更从根本上推翻了。他以为个人的自由不是目的，只是达到公共幸福的方法，所以为公共幸福计，一定要由国家干涉。而且海德曼（Hyndman）等于一八八〇年在伦敦组织一个民治联合会（The Democratic Federation）——就是现在的社会民治党——宣传马克思派的社会主义，主张土地国有和普通选举等政策。这时只有斯宾塞还在鼓吹个人主义，但是一般青年思想家却把他当作老古董看待了。

（二）旧民治主义缺点暴露。克拉克（William Clarke）说："二十几年前，美国的共和主义曾为英国的政治思想的引路的明星，现在却不然了。"因为英国这时的问题老早不是代议制、选举制、内阁制、议会制、政党制等纯粹的政治问题了，这些问题都退到第二位，还有第一等重要的问题——社会问题——急待解决了。经济上不平等比较政治上不自由的弊害更大，故政治自由的幸福到底抵不住经济压迫的痛苦。有这种贫富问题横呈在政治学者或经济学者的面前，逼着他们不能不丢开旧民治主义，来讨论经济改革的问题。故这时的民治联合会已经以"土地国有"为政纲，莫利士（Morris）、海德曼一般人不能不受乌托邦派或马克思派社会主义的洗礼，专心研究经济组织的改造了。

（三）新文学发展。浪漫主义的文学已经死去，很有势力的唯实主义派的文学已经引起一般人的注意。他们受了这派文学的影响，便丢开理想中的幻景，注重社会上的事实。社会上痛苦的境状就是他们笔尖的对象，他们的作品便成为社会一切愁惨状况的照妖镜。俄国的文学家多充满社会主义家的感情，因此便引起许多读者研究社会实际问题的兴趣。养成这种趋向的文学家如笛更斯（Dickens）、嚣俄（Victor Hugo）、加莱尔（Carlyle）、惠特曼（Whitman）、罗斯金（Ruskin）、托尔

---

① 在一八七〇年。

斯泰（Tolstoi）、左那（Zola）、亚拉德（Arnold）……虽然不尽是社会主义，可是他们的感情却是培养社会主义的肥料。前几十年来，人类注意社会问题的研究，多半是受了这派文学家的影响。

（四）旧经济学失势。个人主义的经济学到这时已经和社会情形相抵触，真正适合社会改造的新经济学尚没有发生。故英国当这个时期，不得不输入外国的经济著作。输入最多的要算是德国的思想。我们看看那时孙伦秀（Sonnenschein）印行的《社会科学类纂》（*Social Science Series*）内中有一半是社会主义的著作，就可以知道英国的旧经济学不合时宜了。

把以上所说的各种原因总集起来，再加上别种原因，便感动了英国一群饱受教育的青年，使他们集合起来，组织成功一个福滨社会。

二、进行的方法

在英国十九世纪初头，能够把法国革命的潮流截堵住了，使卢梭的几何式的革命方法在英国不能发生影响。到十九世纪末期，又能够把德国社会革命的思潮截堵住了，使马克思的阶级战争的学说在英国不能发生效果。防止法国革命思想侵入，我以为并不是白克（Burke）一派守旧党的功劳，乃是容纳革命原理、避开革命形式的边沁（Bentham）一派改革家的功劳。现在防止德国的革命社会主义的流行也不是反对社会主义的保守党的功劳，乃是容纳社会主义的学理、避开激烈革命的形式的福滨社会的功劳。福滨社会的命名，和他们对于社会改革的态度有极大的关系——就是应用罗马大将福滨（Quintus Fabius Maximus）的迟缓主义。福滨战韩连伯（Hannibal）的时候，无论敌人用什么方法挑战，他总是把免战牌高悬，静待机会，因此便得到"迟延者"（The Delayer）的绰号。但是他的迟延处正是他的慎重处，迟延是他的方法，静待机会却是他的目的。现在福滨社会用福滨作社会的名称也就是想以迟延战胜。他们不取急进的态度，只想充分的研究、尽量的讨论。进行虽然迟缓，方法却要稳当。该会所相信的格言是：

> 你们应该等待正当的时机，如同福滨战韩连伯一样，充分忍耐，就是得到迟延的非难也不必顾虑。但是你们也要和福滨一样，时机一到，一定要竭力奋斗，不然，你们的等待便没有结果了。

由此看来，"等待"和"奋斗"两个名词很可以作福滨社会对于社会改革事业的进行态度的写照。

福滨社会是一般青年学者听到美国的乌托邦派大维孙（Thomas Davidson）讲演激动起来的结合。社员包括许多现在的名人在内，例如卫布（Sidney Webb）、萧伯讷（Bernard Shaw）、瓦拉斯（Graham Wallas）、布朗得（Hubert Bland）、蒙莱（Chiozza Money）、康白耳（Rev. R. J. Campbell）等。或是经济学家，或是美术家，或是文艺的批评家，或是宗教家，或是哲学家，或是教授，或是女优，或是律师，或是新闻记者，或是医生，或是工人，或是无职业的人，都一齐收罗在一块。他们所以奉迟缓主义为信条，就因为他们有他们相信的进化观念。且看卫布说：

> 社会的理想不是静止的，是活动的，社会有机体常常有生长发展的必要，已经成为公例。哲学家所注意的只是从旧秩序变到新秩序的循序演进，在演进的行程中不要使全社会组织的连续性中断，或突然变迁。新陈时时代谢，刚认他为新，已经变作旧的了。而且历史所昭示我们的，没有什么乌托邦的或革命的空想忽然成为事实的陈例。①

再看瓦拉斯说：

> 我们应该承认时代精神的缓缓的进步，而且常是不知不觉的进步，为社会进化的真因。我们与其凭理想断定将来社会应该怎么样，倒不如凭事实发见或宣言将来社会一定怎么样。②

从这两段话中看出来福滨社会对于社会改革的态度。换句话说，从此可以看出他们所以抱定主义、静待机会、不取急激态度的原因。他们因此便不得不一方面反对革命派的急进主义，一方面反对乌托邦派的空想的完全社会。

福滨社会所以得到一般人的信仰，并不是因为有出类拔萃的名人做会员，只因为社会的基础建设在知识和理论之上，因此便把社会的势力弄得稳固。他们以为社会问题的解决，虽然离不掉感情，但是不能全靠纯粹的感情解决。应该苦心的思索，严密的研究，平心静气的讨论，不能全在书本子上做工夫，要在社会的事实上找证据。他们不梦想有个极

---

① 见卫布的 *The Development of the Democratic Ideal*。

② 见瓦拉斯的 *Property under Socialism*。

乐国可以即刻发见，只想从事实上一点一点的改革，使社会渐渐进步，朝着极乐国这条道路上慢慢的前进。因此该会的会员们一个个从深思力学入手，并把历史上、经济上、政治哲学上疑难的问题拿来严重的讨论。该会最初人数很少，常常聚在私宅之中讨论。但是这些会员大都是专门学者，所以人人听到讲演都可以立刻发表意见，互相辩证。在先，该会会员们每两周开会讨论一次，但只是自己和自己辩论，只是自己指教自己，并不想教正别人；后来才把他们自己相信的理论向会外去宣传，再后才把他们相信的主张提出到政界上去活动。所以福滨社会的活动可以分作三个时期：（一）自悟的时期，（二）悟他的时期，（三）政治活动的时期。在第一个时期中，极力的创造本会的理论；在第二个时期中，极力拿本会的理论去教育国人；到了第三个时期，便一面继续教育的事业，一面把本会的主张拿出去实地试行。该会所做的事业大概如左：

（1）开会讨论与社会主义有关系的各种问题。

（2）调查关于经济方面各种问题，并且征集事实去解释这种问题。

（3）刊行关于社会问题的报告和社会主义的辩论。

（4）在别的社会和俱乐部中提倡社会主义者演说会和辩论会。

（5）选派代表加入各种讨论社会问题的公会。

该会的讲演题目不下千种，多印成许多小册子分送工人去看。所讲演的题目都是社会中重要的问题——例如罗斯金的社会主义、八点钟的法案、铁路的改革、自由平等博爱、社会演进的方法、我们为什么要劳动党、社会主义与个人自由、面包和牛油的福音、生活的权利、许多人为什么贫穷等类。小册子最有价值的就是《社会主义者须知》（*Facts for Socialists*）和《伦敦人须知》（*Facts for Londoners*），完全用最好的、有用的统计学做根据。《读什么书》（"What to Read"）篇中选择许多社会改革家应该看的书目录。《无政府主义的不可能》（"The Impossibilities of Anarchism"）篇中，严重批评无政府主义的要旨。福滨社会讨论社会问题的基础不放在悬空的理想上边，只放在社会的事实上边，尤其是放在可靠的统计的事实上边。白克尔（Barker）说："一八三四年的政治家解决救贫法的问题全靠个人主义的第一原理帮助，八十年后的政治家对于这个问题却靠几百页统计学帮助。"[1] 其实"根据统计学

---

[1] 见白尔克的 *Political Thought from Spencer to Today*，一〇七页。

立法"的风气固然是耶芳斯开始的，但是"根据统计学论社会问题"的趋势却是福滨社会转移过来的。这就是该会的理论所以根基稳固的原因。他们尊重这种方法，当然要教乌托邦社会主义派羞死！

再：福滨社会主义只是时代精神的说明。他们不株守一家一派的正统思想，所以他们的思想可随社会演进而变迁。他们很自慰的就是没有一个福滨社会的首领受过马克思非常势力的支配；他们更可以自慰的尤其是福滨社会没有一尊的、压倒一切的首领，会内的常任主席只是选举的，可以时常更换的。福滨社会因此便没有株守一先生之说的弊病，没有崇拜某人为正统思想的缺点。时代精神变迁，他们的理论也跟着变迁，因此便可以博采兼收，便可以因时变通，不拿社会事实来迁就学说，只拿社会事实来做学说的标准。这种态度真可算是科学家在试验室中的态度。

三、重要的理论

福滨社会的根本观念是建筑在演进的原理上，不是建筑在革命的理想上，所以这个社会主义的思想的来源，不在马克思，只在密尔。他们所开始攻击的不是资本，只是土地私有的制度。换句话说，他们不像马克思攻击资本家偷窃劳动的结果，只像密尔攻击地租，承认地租是不劳而得的东西，地主所得的地租就是把社会所创造的东西窃为私有。

所以福滨社会的目的在他正式宣言中可以看出来的，是：

> 福滨社会是由许多社会主义家组织成功的，他志在社会的改造，改造的方法是把个人和阶级私有的土地和工业资本解放出来，归社会公有，以谋公共的利益。只有用这种方法才可使这国的天然的和既得的利益由全体人民平均的享有。这个会因此便尽力使土地私有权、因土地而得到的租金的私有权以及利用土地的肥沃和地位而获得的利益的私有权等完全消灭。

由此可见英国的福滨社会主义与其说是主张资本公有，倒不如说是主张土地国有。

福滨社会所以主张土地国有也有一种特别的原因。因为英国土地所有的制度很特别，我们如果到英伦去看，到处都可以看出土地集中在少数人手中。无论在市外市内，一望无涯的地皮总都被一个两个地主独占。土地的集中如此，自然要使多数人贫穷到没有立锥之地的地步了。

所以英国的学者对于资本的态度就是很和平的，可是对于地主的态度却很激烈。格林那时就很非难土地私有的制度，认定这个制度是制造无产阶级的祸首。在格林之先，有斯宾司（Spence）宣传土地国有的主张；在格林之后，有斯宾塞在他的《社会静止论》中反对土地的私有权。密尔在他的《政治经济学》中攻击地租更加厉害，简直说他是不劳而得的东西，应该正正当当的属于社会公有。这些理论大概都可算是福滨社会主张土地国有和地租社会化的思想的渊源。

但是福滨社会的信条是思想自由，因此便不承认他们自己的思想属于某系某派。他们自信他们自己已经脱掉知识的拘束，不曾崇拜过马克思为社会主义的正宗。他们自信不但使英国的社会主义家思想自由，就是德国修正派（Revisionist）白恩斯坦（E. Bernstein）使德国社会主义家思想不受马克思一个人支配也是受他们的影响。福滨社会对于马克思的社会主义几乎全部否认。马克思的思想是建筑在"阶级战争"的原理之上的，他以为社会主义只是无产阶级的信条，社会主义的战胜就是无产阶级对于有产阶级的战胜。福滨社会却没有这种见解，他们以为社会主义不过是中产的平民政治的观念的扩张。他们并不丢开现在支配社会的原理，他们的目的并不在使无产阶级高居中流社会之上，甚至于把工人仍然放在工钱制度的压制之下，他们只想在社会全体的利益之上组织工业。所以说："我们不想看见矿山和由矿山而来的利益转移到矿工的手中，只想转移到全体社会手中。"又说："社会主义是为一切人保障平等的权利和机会的一种计划。"① 由此可见福滨社会所说的社会主义不是一阶级的信条，只是公共利益的一种哲学。

福滨社会既然主张国家社会主义，他们理想中的国家是什么样的国家呢？他们反对寡头政体的国家，因为这种国家只谋阶级的利益；他们又反对行放任主义的国家，因为国家不能行使干涉的权力，结果必定柔弱无能。因此便提出两种政制的主张：（一）纯粹的民治国家，（二）人材的贵族政体。他们以为富财是全体社会的制造品，所以一定要归全体社会所有，由全体社会管理。如果生产的工具为私人所有，那么，人民生活的情形便要受私人操纵；如果归全民公有，那么有生产工具的人同时就是使用生产工具的人，故人民的生活事实上就是受自己的指挥。他

---

① 前边几句话见"Social True and False"篇中，后边几句话见"What Socialism is"篇中。

们这种民治国家的观念可以说完全是卢梭的民治国家的观念。统治的人民同时就是被治的人民，被治的人民同时就是统治的人民，故各人受国家的指挥就是受自己的指挥。萧伯讷以为如果渐渐的扩张选举权，渐渐的把租金、利息收归国有，便可以达到这个目的。

但是福滨社会同时又反对平凡的政府，要求专门的政府。因为国家管理经济的事项非有专门的、有经验的政府不可。因为他们主张要专门技术的政府，所以有许多反对派说他们主张官僚政治。官僚政治是反对平民政治的，因此便说福滨派反对平民政治。其实福滨派在先就主张地方分权制，他们以为要想实行他们的主张非打破中央集权制的国家不可。他们认定地方政府或都市是天然执行社会主义的权职的团体，使地方政府民治化，使地方政府专门化，这样一来，中央政府不过是地方政府各机关的总联合罢了。从前密尔詹姆士（James Mill）把中等阶级看作人民的真正首领，所以他所主张的民治政体就是由中等阶级指挥引导的民治政体。福滨派一方面主张由智识阶级灌输他们的主张到一切阶级里面去，一方面又主张用专门人材组织政府来执行专门的事件，和密尔詹姆士的用意几乎完全相同。密尔詹姆士一派所主张的民治政体就是"代议的民治政体"（Representative Democracy），卫布和莫克道来（Ramsay Macdonald）等也要求一种代议的民治政体，就连复决权和比例代表制都一律反对。故福滨派所主张的政体，简直是加莱尔的"人材的贵族政体"（Aristocracy of Talent）。

福滨社会所以主张渐进论，就因为把社会看作有机体。无论从经济方面看，或从政治方面看，都把社会当作有生的团体看待。他们以为富财是社会的创造品，是协力合作的出产品，个人不得社会做帮手便不能做事。至于政治团体，更是有机的单位。卫布和莫克道来主张社会有机体的见解，几乎和斯宾塞一样，不惜用生物学上的用语。凡是有机体的生命都不能猛然促进或突然改造的，因此，便生出他们的社会演进说的信条。

福滨社会主义总算是国家社会主义。可是因为他们过信国家，过信代议制的政府，所以又惹起许多人的反动。这个主义在英国盛行不到三十年，便有"同业社会主义"（Guild-Socialism）和"工团社会主义"（Syndicalism）两派起来同他们抗衡。因为他们过信国家，所以有人说他们的"国家社会主义"实在是"国家资本主义"；因为他们主张有经验的代议政府，所以有人说他们的"平民政治"实在是"官僚政治"。

故英国近来福滨社会主义大有被同业社会主义"取而代之"的趋势。不过自福滨派自己的眼光看来，他们的贡献究竟是社会主义的方法，不是社会主义的理论。他们的理论不是刻板的文章，是随做随改的文章。他们尊重思想自由，新时代一有什么新需要，就可以有新学说出来应付。他们不崇拜某一派学说，因而也不想教人家崇拜他们自己的学说。他们可以自豪的不是已经出版的几篇死文字，乃是因时制宜的一般活青年！

（原载《国立北京大学社会科学季刊》第 2 卷第 2 号）

政党要怎样改造？
（1924 年 3 月）

中国政治的紊乱，责任在智识阶级，绝不在一般人民。智识阶级不能把政治引上轨道，不能归罪于智识阶级的个人，只能归罪于智识阶级无良好的组织。中国的智识阶级素来以不入政界为高尚，故民国元年就有民党中几位很孚众望的先生们，以"不做官"、"不做议员"相号召。自此以后，便使中国的政党生出几种大弊：

（一）政党为议员所独占，各党中都没有非议员的党员。

中国的政党可以说是和议会相终始的。前清末年，资政院成立后，中国才有正式的政党出现。那时"国会请愿同志会"中一般人，于宣统三年六月间，正式组成一个"宪友会"。和宪友会相对抗的保守党有二：一为"宪政实进会"，一为"辛亥俱乐部"。同盟会虽然是国民党的始祖，但在前清末年，只能算是秘密结社，不能算是公开的政党。革命后，虽然挂上政党的旗号，但是到了民国元年八月间即变成国民党。到民国二年二月正式国会选举之后，可算是中国的政党极盛的时代。可是第二次革命后，国民党解散，国会亦无形消灭，因此，便又使进步党一同消灭。民国五年八月国会重开，国民、进步两系又分作无数的政团同时并立。此后，如"安福俱乐部"，如"民宪同志会"等，也都产生在有国会的时期。大概自国民党成立到现在，国会存，政党亦存；国会解散，政党也解散。因此，便使国会中有政党，国会外无政党，不是议员即同时不是党员。政党和人民无关，人民也从此不管政党了。

（二）先党员而后党纲，甚且牺牲党纲去迁就党员。

自民国二年到现在，中间发生许多政党，大概都是先号召一部分党员，然后组织，故往往有政党成立许多时，并没有宣布政纲的，如安福俱乐部和现在甘石桥的"宪政党"之类是；甚且有自始至终都没有党纲的，如某社、某团、某庐之类是。即如国民党，虽然有正正堂堂的政纲，但是往往因为党员的关系逐渐牺牲原来所抱的主义。例如前清末年的同盟会曾宣布有六条党纲，第四条是"主张土地国有"，到了民国元年，便把这一条删除了。民国元年同盟会还有"主张男女平权"的党纲，到了国民党出现，因为联合"统一共和党"、"国民共进会"、"共和实进会"、"国民公党"的结果，又把上述的两条党纲一概删除了。政党本是为政见为主义而结合的团体，无政见无主义而组党，或为组党而牺牲政见、牺牲主义，自此而后，各政党便不得不自然而然的剩下一块空招牌了。

（三）各政党只有本部，并没有支部，因而重中央而轻地方。

这一类的弊病是由第一类弊病发生出来的当然的结果。因为党员以议员为限，议员集中在中央，故各政党也只得设立在中央。民国元、二年同盟会、统一党、共和党等政党的党员尚不以议员为限，所以各地方还设有各政党的支部；后来国民党解散，别的政党亦随之取消，故全国之中只有中央还有政党机关偶尔出现，各地方已久无政党的组织了。因此，政党的存在和政党的活动都只以中央为范围，故各党的目光都只注重权力，依附权力，便可生存，便可活动，一旦没有靠山，便使本党完全失势。至政党与人民的关系，减到零度，故没有一个政党肯向人民方面下工夫。这就是各政党所以趋炎附势、投效武力阶级的原因，也就是各政党与人民隔绝、不顾民意、倒行逆施的原因。

各政党既然都有这三种大弊，又怎能不变化无常、倏生倏灭呢？既然倏生倏灭，又怎能不随势力转移呢？既然随势力转移，又怎能不违反人民意思，引起全国反对呢？

我们既然认定在平民政治之下不能无政党，又同时认定中国的政党绝对不能实行平民政治，那么，自然只有走改造政党这一条路了。依我想来，不想改造政党便罢，如果要想改造政党，非依下列各种条件不可：

（A）须立下一定的主义。政党本是主义相同的人的自由集合，蒲徕士说："夫有机体一失其生命，则为无用之物，为腐败之物，为传染疾之媒介，除移而去之于人所不见之处无他道也。主义之必要于政党，犹生命之必要于有机体也。政党而失其主义，则其体不得不瓦解，至是构成政党之诸要素必飞散于空中，更成其他之新机体。"大概主义必得政党方能实行，政党亦必有主义方能结合。一盘散沙的个人，就是各有主义，也不过是一种空论；毫无主义的政党，就是人数甚多，一旦遇到事变，主张各不相同，便自然要涣散的。最好先提出一定的主义作为党纲，就拿这种主义向民间去宣传，宣传的结果得到多数人同情，然后再把这些同情的人用方法组织起来，树立一个政党，作为实行主义的一种方法。故政党是方法，主义是目的，政党是身体，主义是灵魂。这就是组织政党的第一个条件。

（B）须以利害相同的阶级为基础。政党是目的相同的人的自由结合，要想使所有的党员目的相同，必定要看所有党员的利害关系是否通同一样。我们如果先提出一定的主义，便可拿这种主义去号召，使一般利害相同的人集聚在一个旗帜之下，共同合作。例如耶稣教立下一个自然平等主义，把奴隶阶级招引在一个旗帜之下；柯贝登（Richard Cobden）提出一个废止米谷条例问题，把一般困在重税之下的分崩离散的人民，结合成为很有组织的"反对米谷条件同盟会"；就是近代的社会主义家，也是提出一个共产的主张，招致一般无产的人民站在一齐，造成劳动阶级，好同资本阶级相抵抗。民国元、二年的国民党拉入许多官僚，结果便成为团结不坚的团体，一旦事变发生便相率背叛而去了。大概主义与阶级的利益是不可分开的，抱社会主义的政党，如果加入资本阶级，结果不是分裂，便是牺牲主义。故党员的利益相同是组织政党的第二条件。

（C）须有坚固的组织。以毫无组织人民去监督政府，如同以毫无组织的人民去监督政党一样，皆是必不可能的事体。只有强有力的议会可以监督政府，只有势均力敌的此党可以监督彼党。而在一党之中，又只有本党在野的党员可以监督在朝的党员。故由选民监督政党，只能作一时的监督；由本党的党员监督政党，可以作永久的监督。且看柯尔（G. D. H. Cole）说："真正的代表制……所代表的不是个人，乃是各团体公共的意旨。"在朝的党员如果能自由发表意见，不遵守本党的党纲或本党会议的议决，便不能算是本党的代表。故党员的在朝是直接受本党委托的，如果违反委托的原意，即可由本党召还他。这样一来，便非有极坚固的组织不可了。这是组织政党的第三个条件。

我以为这三层是改造中国政党须不可缺条件。如能采用，至少可以免除中国近几年来政党的各种积弊。

关于《努力月刊》的几句话
（1924 年 8 月 28 日）

　　《努力》本是胡适之先生独办的报，当然只有胡适之个人可以决定他的生死。我是一位插旗呐喊的小卒子，就是发表意见也不能代表努力社的主张。可是适之先生现在在北戴河养病，或者不容易看见萧保璜和澄水两先生的文字。所以做小卒子的我，便不得不越分回答几句话了。

　　《努力月刊》的创议在去年秋天。商务书馆一听到这个消息便要求归该书馆承办（或包办），同时亚东图书馆也想代为发行，两家竞争的结果，终让商务书馆战胜。商务书馆于是便板起资本家的面孔，说"给你们做文字人的三块钱至五块钱一千字"！适之先生想得一点稿费来报酬常期投稿的穷朋友，本是办报人应该有的善意，但是教我们出来为"三块钱至五块钱"去替那些持商务书馆股票的人争红利，老实说，心中总有一点痛！所以我这一个小卒子对于商务书馆要包办的《努力月刊》，不得不暗地里抱着"不合作主义"！

　　但这是闲言，如果要"言归正传"的说：（一）因为适之先生不能过劳，朋友们多希望他减少一点工作；（二）适之先生想请张奚若先生回国主持这个月刊，张先生现在还在巴黎；（三）因为由周刊改为月刊，文字的"质"、"量"都和从前不同，这样一严格，杂凑的和浅薄的文字不得不割爱，所以非先有确定负文字责任的基本人数不能冒然出版。依我个人意见，这三件事便是使《努力月刊》至今尚未出版的原因。

　　萧先生所提出的三个疑问——"畏威"、"灰心"、"畏难"——也有一点关系。我是"畏"资本家之"威"，我是对于做"文丐"的事业

"灰心"。至于做事的难原不足畏，适之先生的病倒足畏，故虽不是"畏难"，却有几分"畏病"。

至于适之先生的"确实的答覆"怎样，只好待他回京之后再说罢。

（原载《晨报副镌》第 203 号）

唯物史观的解释
(1924 年 8 月)

　　我从前读塞利格曼（Seligman）所著的《经济史观》（*Economic Interpretation of History*），看见他述反对派的批评说："经济史观的学说是一个宿命的学说，是和'意志自由论'反对的，并且没有注意到历史上伟人的重要。"自从唯物史观的学说输到东方来，有许多学者也有这样的怀疑。日本的中泽临川在《中央公论》上说道："马克思的唯物史观，从实践的方面去看，这种机械和世界观，一切都受生产的方式束缚，人类的意志在这个中间是一点力量都没有了。我们只要拱手无为以待资本主义的瓦解、共产社会的实现那就好了。人类既没有依从理想、向一定的方面努力的必要，又没有努力的余地，乃是无为的天下，乃是最适宜于懒惰者的世界。人类不过是忍着饥饿坐待果实熟了落到口中的懒人罢了。"最近这个问题也在中国的论坛上开始战争了。例如胡适之先生在《科学与人生观》的《答陈独秀先生》文的末段也说道："其实独秀也只承认'经济史观至多只能解释大部分的问题'，他能不相信思想、知识、言论、教育也可以'变动社会，解释历史，支配人生观'，那么他尽可以袖着手坐待经济组织的变更就完了，又何必辛辛苦苦地努力做宣传的事业、谋思想的革新呢？"不说别人，就是我自己胡乱的写《欧洲政治思想小史》的时候，也抱着同样的见解，说道："历史的进化都是人类以意识建筑起来的。人类意识可以征服自然，指挥自然，至少也能利用自然，使自然顺着人类的意志向进化的路上走去。如果人类都睡在那里，自然自己断不会有进步的。"这就是我们自己不满意于马克思的自然进化的历史观的论调。现在少少看过一点关于唯物史观的学说，才知道马克思的唯物史观对于个人的努力的问题并没有十分轻视。因作这篇，想说明唯物史观并不是一种宿命论。

一、唯物史观的公式

马克思（Karl Marx）的唯物史观的公式都在他的《经济学批评》①的序文中，他的公式是：

人类在他们生活之社会生产上，必进入一定的、必然的和独立于他们意志之外的关系，即进入适应于他们物质生产力的、一定的发达地步之生产关系。这些生产关系的总和，便成为社会的经济构造，便是法律、政治的上层建筑所据以成立的真正地盘，便是发生与他相适应的一定的社会意识的真正基础。物质生活的生产方法可以决定普通社会的、政治的、精神的之生活过程。人类意识不能决定他的生活状态，但是社会的生活状态反可决定他的意识。（公式第一节）

社会之物质的生产力发展到一定程度，便和那从来活动于社会内部的生产关系或单由法律表现出来的财产关系发生冲突。这种关系本来是生产力的发展形式，到此便变成生产力的桎梏。于是社会革命的时代便来到了。巨大的上层建筑的全部便随经济基础的变动，或者缓缓的、或者激剧的变革了。（公式第二节）

当观察这种变革时，不可不把那起于经济生产条件上的物质的变革和那人类识破这种冲突且和他决战的态度——法制上、政治上、宗教上、艺术上或哲学上的态度，简单说起来，观念上的态度——分开。把这样变革时代用这时代的意识来判断，恰同某人以自己的思想为标准来判断他自己一样，不但毫无所得，并且这种意识本身都不得不由物质生活的矛盾而说明，即不得不由社会的生产力和生产关系间现有之冲突而说明。（公式第三节）

一个社会的组织，一切生产力只要在这个组织之内有发展的余地，便非到了完成发展之后决不会颠覆的。再新的、更高度的生产关系，他的物质的存在条件，如果不在旧社会的胎内孕育好了，也决不会发现出来的。故人类常常只以自己所能够解决的问题为问题，因为问题自身就不是已具备解决他所必要的物质条件，便至少也要能在他生成到一定的时候，才能够发生。（公式第四节）

---

① *Zur Kritik der politischen Oekonomie.*

我们可以以亚洲的、古代（希腊、罗马）的、封建的及近代有产阶级的生产方法作为经济社会构成的进步段落。有产者的生产关系是采用社会生产方法之对敌的状态的最后一段落。此处所谓"对敌的"并不是个人对敌的意思，乃是从个人之社会的生活条件而生的对敌的意思。但在有产者的社会之胎内发展起来的生产力，同时就是解决这个对敌所必要的物质条件。故人类社会史的正幕，到这个社会构成方才开始。（公式第五节）①

马克思的唯物史观的公式很有些难解的地方，今为便利计，且把他分成五段，于次节中作一个简单的解释。

二、唯物史观公式略解

（A）公式的第一节。我们要想明白马克思唯物史观的公式的意义，必先要明白他三个名词的意义——"生产"、"生产力"、"生产关系"。马克思自己关于"生产"的意义也没有定下一定的界说。不过从消极方面说，马氏所谓生产不包括消费、交通、交换、分配及人类生命的生产（人口繁殖）在内，单指那人类生活上所必要的货物的生产而言。所谓"生产力"就是指着生产的可能性而言，纯粹属于技术的观念。所谓"生产关系"乃是指人与人之间的、一定的社会关系而言，即人类为生产生活上所必要的货物，所直接进入的社会关系。人类要想生产生活上所必要的货物，当然不能孤立的生产，一定要合群而作社会的生产，相互结下社会的关系，才能够生产货物。换句话说，就是社会关系对于经济关系非常的重要，如果没有社会关系，便不能成为社会的生活。社会关系大体上是必然的、一定的，不是一个人的意志所能左右的。例如在封建的经济生活之下，一定脱不掉封建社会的法律和制度的关系；又如在资本主义的经济生活之下，劳动者若不向工厂去出卖苦力，便不能够生活。因此便说"人类在他们生活之社会生产上，必进入一定的、必然的和独立于他们意志之外的关系"。

人类为谋社会的生产，相互跳入一定的生产关系，结果（一）造成"社会的经济构造"，然后以这经济的构造为地盘；（二）建筑起来"法律、政治的上层建筑"；（三）更形成那与此相适应的"社会的意识"。

---

① 这几段根据英译本，并参以河上肇《唯物史观研究》的译文。

因此便又说"物质生活的生产方法可以决定普通（一）社会的、（二）政治的、（三）精神的之生产过程"。

（B）公式的第二节。社会组织虽然不是有机体，但是有些地方很可以拿有机体去比喻他。譬如螺蚌的坚硬的甲壳，本是为保护柔嫩的肉体而生的。在肉体初发展的时候，甲壳内很有余地可以容他的发展，但是发展到一定的程度以上，旧有的甲壳不但违反原来保护肉体的目的，并且为妨害肉体发展的障碍物了。到了这时，就是甲壳和肉体发生冲突的时期，终久必定有脱去甲壳的革命。社会组织也有两个时期。第一期：社会组织和社会的生产力正相调和、正在最宜于发展的时代。第二期：社会的生产力发展到一定的程度以上，社会组织便同社会的生产力失掉调和，从前赞助生产力发展的社会组织，到这时便变成阻碍生产力发展的社会组织了。冲突越过越甚，便发生缓缓的或激烈的革命。

（C）公式的第三节。马克思以社会的经济构造为政治、法律和意识的地盘。政治、法律是经济构造的地盘上建设起来的上层建筑。至于社会的意识，不但也是在经济构造的地盘之上发生的，并且还要和经济构造相适应。社会组织的改造并不是机械的、自动的，社会是有意识的人类集合起来组织的，故社会组织的改造当然也离不开那生活于这社会之中的人类了。社会组织到了第二期，精神方面被压迫的阶级便发生阶级的自觉心，逐渐发生那可以代表这一阶级的新思想。因此便说"人类识破这种冲突，且和他决战"。意识既已是在经济构造的地盘上发生的，那么"物质的变革"既已起来了，故"观念上的态度"自然也要随地盘的变更而变更了。但是"观念上的态度"是果，"物质的变革"是因。换句话说，就是并不是因为"时代的意识"变迁，然后才有物质的变革，只因为有物质的变革，然后才有"时代的意识"的变迁。知道社会组织和生产力的冲突而出来同他相决战，这固然是人类的意识，可是这种意识却是由"物质生活的矛盾"而起的，却是由"社会的生产力和生产关系间现有之冲突"而生的。故说意识本身必定要由他们来说明。

（D）公式的第四节。在一定的社会组织之下，社会的生产力逐渐发展，有如伏在茧中的蛹一样。如果还没有成熟，这个茧还不曾变成蛹的障碍物，故蛹上绝不会咬破茧的。一旦养育成熟，便咬破茧头出来变而为蛾。由蛹变而为蛾，形状固然是不相同，但是"新的、更高度的"

蛾的生存所必要的物质条件就是"在旧社会的胎内孕育好了"的蛹，绝不是无因而至的东西。当蛹没有变成蛾的时候，茧还是保障蛹的东西，故茧在这时还没有成为蛹的问题。一旦蛹已经完全发展，故对于茧不得不视为障碍，计划将如何咬破他了。茧的问题是蛹"所能够解决的问题"。凡问题非到解决他所必要的物质条件既已存在或生成到一定的时候，绝不会成为问题的。故蛹能够解决茧的问题，才能成为"新的、更高度的"生物蛾；如不能解决，便要同归于尽了。社会的问题也是这样。人类如果能够解决他，才能造成"新的、更高度的生产关系"，不然社会全体必定要灭亡，社会的历史的发展也从此告终了。

（E）公式的第五节。马克思把社会组织看作进步的。例如由封建的经济构造进到资本主义的经济构造，乃是一段一段往前进行的。现在的资本主义的生产关系必定要由无产阶级起来战胜，变成社会主义的新组织。他以为到社会主义的社会组织实现之后，人类的历史才算开幕，以上所演的都不过是"前史"罢了。故说"有产者的生产关系"是到社会主义的生产关系的"最后一段落"。再：马氏把从来的历史都看作"阶级战争"的历史，把所有过去的社会都看作阶段对抗的社会。凡在同一社会之中，必定有利害相反的两个阶级，这一阶级若以为维持现状于自己有利，于是便反对那个想打破现状的阶级；那一阶级以为打破现状于自己有利，于是便反对那个想维持现状的阶级。现在是资本主义的生产关系和社会主义的生产关系立在"对敌的"地位的时代，这种"对敌的状态"不是因个人的理由而对敌，乃是因社会组织的关系而对敌。但是社会主义的生产关系也并不是凭空而来的，却是从资本主义的生产关系中胎胚而成的。故说："在有产者的社会之胎内发展起来的生产力，同时就是解决这个对敌所必要的物质条件。"

从马氏的唯物史观的公式中，可以看出他的社会组织的进化论。马氏虽然主张社会革命，马氏虽然说革命有"缓缓的"和"激烈的"两种，可是他的革命既不是使社会组织的连续性一旦中断，又不是拿那从天上掉下来的新社会组织来代替旧社会组织，更不是把从来社会组织一扫而空。马氏的社会组织的进化，乃是由果实而发芽，由发芽而成树、而开花、而结果的一步一步的进化。凡是可以发展的"新的、更高度的生产关系"——即社会组织——没有不是"在旧社会的胎内孕育好了"的。由此看来，马氏的社会革命（Revolution）论实在也就是社会演进（Evolution）论。

三、唯物史观的必然论

凡可以称为因果律的，大概都含有"自然"——自己如此——或"必然"——不得不如此——的意思在内。换句话说，就是既已有某样的原因，自然或必然有某样的结果。马克思是在人类历史的进化中发现出来自然科学的因果律的人，他以为社会的变革有一定的因果律，和那由一定的数学方式演绎出来一个新方式一样的准确。照他说，凡某种社会组织，只要到了拘束生产力发展的时候——原因，这个组织便必然要崩坏，发生出来一种新的社会组织——结果。因此便断定现在的资本主义的组织必然要崩坏，而社会主义的组织必然要成功。

马克思在这个地方，便引起来反对派的许多非难，因此便有人说他的必然论是命定主义，是无为主义。如果照这样解释，那么人类在社会之中只要拱手无为，静候那必然的命运到来便够了，凡教育、思想、运动、宣传都一点没有用处了。既然"人类意识不能决定他的生活状态"，而"社会的生活状态反可决定他的意识"，那么人类的智识到底有什么用处呢？因此便非难马克思的唯物史观，说他只注重物质的势力，反轻视精神的势力。

但是依我看来，马氏的必然论只是表明他自己对于唯物史观的信仰，却不是表明他对于人类理智作用的反对。例如说数学上二加三必然为五，不过是相信数学的公式一定不会错的，并不是说不必待那做数学的人去把三加在二上，就会自然而然的变成五的。必然为五是表明公式可以确信，把三加在二上却是表明演题者的活动。公式可以确信，不但离不开人为，并且必定要得到人为，然后才可以证明公式的准确。

马克思所谓社会组织的进化，并没有一处看轻人为的势力。他说由资本主义的组织变成社会主义的组织，这中间必要的关键就是"阶级战争"。故马氏常常把那改造资本主义的社会和实现社会主义的社会的伟大的事业，放在劳动阶级的双肩之上。社会进化必定要经过那由生产力和社会组织的冲突而酿成的阶级战争，然后才可以实现。识破这种冲突者是人，已既识破这种冲突然后和他相决战者也是人，故人类的努力就是构成冲突现象的一部分。假使没有利害相反的两阶级同时并立，便绝不会生出那维持现状和打破现状的两种社会运动。

旧社会组织到了成为生产力障碍的时候便要发生冲突，有如蛹发展到一定的程度以上，茧便成为蛹的障碍物一样。但是蛹能够变而为蛾，就因为蛹能够咬破茧头，能够打破妨害蛹的发展的障碍物，然后才有这种新生命。社会组织变成生产力的障碍物，也全靠阶级战争，新生阶级能够打破旧有阶级，能够战胜和他相"对敌的"的阶级，然后才能建设起来"新的、更高的"社会组织。不然蛹不能咬破茧，或新生阶级不能由"阶级战争"而打破旧有阶级，结果只有同归于尽。由此看来，人类总是制作历史的素因，历史的进化绝不能离开人力纯粹是机械的作用。

四、唯物史观与人为的势力

照前节所说的看来，唯物史观固然不曾看轻了人为的势力，可是人为的势力一定要在物质的基础之上，和物质的情形相适合，然后才可以发生效果。换句话说，就是人类的意志必定要和经济构造相适合，然后才可以算作有势力、有功效的意志。照这样看来，经济构造到底是人类意志活动的地盘，不在这个地盘上建设起来的人类意志，到底只是幻想，总不能成为事实。

马氏固然说人类是制作历史的素因，可是所谓人类制作历史，却不是随意乱作的。无论在什么时候，总要受物质界的制限。唯物史观的特色，就在能够把这物质条件的拘束认识得清清楚楚。一方面认定历史不是机械的或自动的东西，一方面又认定人类不能自由自在的随意去创造历史，只有人类且受物质条件的限制且立在物质条件的地盘之上去奋斗，然后才能够演成社会组织的进化。

从前嘉莱尔（Carlyle）提倡英雄崇拜论，他以为古今来的历史都是英雄豪杰活动的成绩，换句话说，出了什么样式的英雄，就能创造起来什么样式的历史。若据唯物史观家的眼光看来，伟人及于社会的影响固然是很大，可是影响所以很大，就因为他的思想能够适合社会的环境。塞利格曼说道：

> 至于世人所归功于伟大人物之效果，常常大部分都是许多势力的结果，不过这些人碰巧刚是表现这些势力的工具罢了。凯撒建造罗马帝国，但是不管有没有凯撒那样一个人，罗马帝国是一定要出现的。拿破仑在他的时代改变欧洲形势，但是就是从来没有拿破仑那样一个人，今日的法国也一定大体上没有什么分别。……

一方面伟人之出现好像只是凑巧，他方面必定要社会已经到了需要伟人的时候，伟人对于社会方才可以有影响。如果社会不需要他，他就不得称为伟人，而称为幻想家或失败者。……①

怎么叫做"幻想家"？就是个人的意识和当时物质生活的条件不相容。怎么样才成为"失败者"？就是自己的思想和当时社会生活的情形不相适合。伟人能够代表某一阶级，就是为某一阶级所需要的人。其实并不是因为社会需要他，他方才成为伟人，乃是因为能够代表某一阶级的真正精神，所以才为社会所需要。由此看来，伟人自身却都是物质环境的创造品了。

英雄豪杰的产生，原因非常的复杂，绝不能如海鸟、陨星一样，可以倏然飞来的。故要想得到伟人出来铸造群众，却非先有由群众铸造出来伟人不可。斯宾塞（Herbert Spencer）说：

虽有文学的天才如莎士比亚（Shakespeare），如果没有数千年闻见的积累以充足他的思想，又没有数百年修明的文辞以传达他的意思，不知他的词曲将从什么地方而来？虽有发明的天才如瓦特（watt），如果他生在那不知道用铁的时代，或生在那手工炼铁的国家，力学未明，旋床未兴，他又将从什么地方去制造汽机呢？②

英国《泰晤士报》（Times）有一回说瓦尔特印刷机（Walter-press）很详细，说每一小时可印一万六千张，凡加墨、切纸、叠纸一切皆由机器自己去做。但瓦尔特的新机一定出在英国，一定出在二十世纪的英国，有无数的旧机做他的发明的基础，故瓦尔特印刷机也不过比较其他旧机更进一步罢了。使瓦氏生在非洲或亚洲机器制造品不曾发达的国家，他就是有发明的天才，亦将无能为力了。不但英国的机器进步可以帮助瓦尔特的发明，即机器上所用的纸也是连卷成轴，伸之长至数十里，使没有此纸，印机亦将归于无用了。这些物质方面的帮助，皆是养成发明人才的培养料，若没有这些社会方面的补助品，就有伟人，也不过碌碌而死罢了。

唯物史观家最扼要的一点，就在看清楚了社会环境与人类思想的关

---

① 见《经济史观》卷下第一章。
② *The Study of Sociology*，p. 34.

系的重要。他们并不是看不起能够代表社会关系的思想，乃是看不起那与社会生活不发生关系的空想；并不是看轻思想的势力，乃是因为重视思想的势力，故把思想引到真正的基础之上，使他容易发生影响。故唯物史观家只想寻找出来思想有效的方法，并不想把幻想奉作真正的思想。

（原载《国立北京大学社会科学季刊》第 2卷第 4 号）

美国独立时代的普通政治思潮
（1924 年 11 月）

美国独立（一七七六年）和法国革命（一七八九年）无论在事实方面、在思想方面都有互为因果的关系，因为酿成美国独立的根本思想大部分是由法国或英国输入的，对于卢梭的学说尤其是惊天动地的崇拜，而美国独立的战争又得到法国公然的或暗地的帮助。美国独立后，就用卢梭所说的民治主义做基础，造成若大的共和国，使卢梭的梦想马上成为事实，使从前攻击或怀疑卢梭的理想不能实现的人，到此时不能不改变态度。法国人对于美国最初的各邦宪法非常注意，在一七七八年曾有人把美国各邦宪法编订起来，以备法国人民诵读，不久，美国国会又重印两百部正订本送到法国。屠格（Turgot）、莫布莱（Mably）、孔道西（Condorcet）一班人都曾做过批评美国制度的著作，法国的国民会议里面讨论的时候常常提起美国的《权利宣言》。故美国独立一方面供给法国革命的一个先例，一方面又增长法国人对于革命运动的决心。

美国独立的政治上的远因，起于"七年战争"。经过七年战争，美国人（一）得到军事的经验，（二）对于英国的关系渐渐薄弱，（三）觉悟十三邦有共同行动的必要。经济上的远因，乃因为英国的殖民政策多取吸收主义，使殖民地的商业由母国独占，殖民地的粗生品专向母国输入，并禁止殖民地内的工业，使专用母国的制造品。至于近因，却起于一七六五年的印花税法（Stamp Act）。因为七年战争的结果，英国的国债增多，想从殖民地中取偿，故由英国国会通过印花税法。美国人以为"不出代议士不纳租税"是英国宪法上的大原则，这回的课税是由那没有美国代议士在内的英国国会议决，故美国人没有服从的义务。英国方面以为，议会是有最高权力的政治机关，凡议会所决议的法律案，只要在英国领土内的人民不论海内海外都应该一律服从。美国方面却以为英国议会只能代表在英国居住的国民的利害，和美国没有交涉，故议会的议决当然不能对于那远在海外的人民发生效力。争论越过越激烈，便从法理的关系一步一步的进到政治哲学的范围，因而讨论到人类的自然权利。一七七六年七月四日，十三邦的委员在费拉得肥亚（Philadelphia）开联合会议，发表有名的《独立宣言书》（*Declaration of Independence*），宣告永远脱离英国，自称"合众国"（United States）。这个宣言书是甲富森（Thomas Jefferson）起草的，虽然没有法律上的效力，可是在政治思想史上却有重大的价值。除掉这种文书之外，还有发吉尼亚（Virginia）的《权利宣言》（*Declaration of Rights*），马沙诸些（Massachusetts）的一七八〇年的宪法，都是独立时代美国的普通政治思潮的表现。

《独立宣言书》中最重要的政治思想可从下段文字中看出：

> 我们信为真理的就是，一切人类都是生而平等的。他们有天赋的、不可转移的权利，这些权利就是生命、自由和幸福的图谋。他们为保障这一类的权利才建设起来政府。政府的正当权力乃是由被治者同意而来，无论何时，只要政府破坏这些目的，人民便有改变他或废止他的权利，并且可以从新建设起来最适宜于安全和幸福的新政府。

从这一段文字中可以看出下列几点：（一）在政治社会未成立以前的自然世界中，人人有天生的平等和天赋的权利；（二）政府是为保障自然权利由人民同意建设起来的；（三）政府如果违反这个目的，便可以改造他或推翻他。这就是由欧洲输入的自然权利说、社会契约说、主权在民说、革命权利说等普遍思潮的表现。

美国人深信，在没有政府制度以前的自然世界中的人类是完全自由平等的，各人保护各人自己，没有人可受别人的支配。所谓在自然世界中一切人类平等，并不是体力和知识平等，只是身分和权力平等。没有人生来就是统治别人的，只有生来就是自由支配自己的，各人支配自己的权力平等。美国人在做英国属民的时代，并不以宪章上所允许的权利为满足，故往往超过法律的范围之外去讨论自然权利，认定自然权利是政治权利的根本基础。故笛肯生（John Dickinson）说："我们的自由不是从宪章而来的，因为宪章不过把既已存在的权利公布出来。"他们以为权利是"万王之王"或"万物之主"造成的，是从"造物主"发源而来的，不是从文书上得来的。《独立宣言书》上所说的"他们有天赋的、不可转移的权利，这些权利就是生命、自由和幸福的图谋"，新韩朴霞（New Hampshire）宪法上说有"几种自然的、重要的和与生俱来的权利，这些权利就是享受生命、自由，保障生命、自由，取得财产，享有财产，保障财产。归综一句话，就是寻得幸福"，都是这种自然权利说的表现。

人类生来既已是自由平等，那么，政府制度又怎样建设起来呢？说到这个地方，当然要采用社会契约说的原理了。美国人的信条就是凡是公正的和自由的政治社会，除掉得到被治者各个人同意外，再没有别的根据。他们说现在政府所以能拿强制的权力来支配那些各有主权的各个人，原因只在这一点。故《独立宣言书》中有"政府的正当权力乃是由被治者同意而来"的话，马沙诸些宪法的序文上也说道：

> 政治团体是由许多个人随意结合而成的，这就是社会契约。全体人民和每个公民、每个公民和全体人民共同合意，约定为公共幸福起见，一同受某几种法律支配。

此外，在发吉尼亚的《权利宣言》上也说"人类生来就有同样的自由和独立"，进入社会乃是由契约协定的。这时美国人的普通感情都同卢梭一样，相信政治组织乃是契约的生产品。至于契约的确实性质是什么，他们却没有讨论到。由此可以看出他们对于契约说相信的程度。

和这契约说最接近的就是"课税而无代表便是专制"（Taxation without representation is tyranny）的理论。他们以为，合法的法律一定要由代表参与，由代表参与便是由人民同意。亚丹（John Adam）说："凡不受那没有经过自己同意的法律的支配，便是真正的自由人。"这时美国人的普通感情都以为课税而有代表便是自由课税，而无代表便是奴隶。因为一个人如果要受别人的意志支配，不问支配者是好是坏，总是奴隶。这就是美国人由反对印花税法而来的根本思想。

从自然权利说和被治者同意说上，便生出来主权在民的理论。美国人在这个时候，对于人民是政权来源说已经信为天经地义，因为一切人既然生来就有自然权利，一切政府既然要以人民同意为根据，那么，人民当然是国家的基础了。故凡不由人民同意而来的主权便不能存在，因为在自然世界中，这种固有的和不可转让的主权是属于各个人的。所以《独立宣言书》中说："政府的正当权力乃是由被治者同意而来。"马沙诸些一七七六年的布告上说，主权"常常在人民的全体，绝不会或不可委托于一个人或少数人，因为造物不曾把那用权力去支配别人的权利给予人类"。北加罗尼拉（North Carolina）宪法上说："一切政权都只属于人民或来自人民。"新韩朴霞的宪法上说："一切正当的政府都发源于人民。"这都是人民主权说在建设方面的表现。至在破坏方面的应用便变成革命权利说。

当美国人反抗英国政府时，大多数人都狂信这种革命权利说。笛肯生很反对那种无抵抗的服从说，以为"巴力门"（Parliament）时常会做错事，故抵抗是绝不可免的。譬如做父亲的如果被坏人欺骗，给他的儿子毒药吃，做儿子的如果要知道是毒药，便应该拒绝不饮。包士顿有一位演说家说，政治自由就是一种权力，无论在何时、为何事都可以变更旧政权、建设新政府。《独立宣言书》更明明白白的说："无论何时，只要政府破坏这些目的，人民便有改变他或废止他的权利，并且可以从新建设起来最适宜于安全和幸福的新政府。"新韩朴霞的宪法上说，无抵抗主义是奴隶或毁坏人类的幸福。盘西微尼亚（Pennsylvania）的宪法上也说，社会有改革政府的不可割让的权利。大概美国人这时多以为政府的目的在保障人民的自然权利，如果违反这个目的，人民便有权力可以改造他，再重新创造一个适宜于公共幸福的新政府。而且政府的权力是委托的，是要有限制的，并且要根据制衡原理，把政权分作立法权、行政权、司法权三部。行政部和立法部的人员一定要由人民选举，任期很短，如果要滥用权力，人民就可以不再选他。这种政府的组织完全根据民治主义的原理，主权是时时刻刻在民的，故政府一不良，人民立刻就可以起来反抗。

美国人的政治思想除掉上述的几点之外，还有一点更值得我们注意的，就是政权分立的理论。当美国独立的时候，一般人的感情，都怕惧强有力的政府，对于武力尤其是怀疑，总想把武力放在政力支配之下。至于立法、行政、司法各种政权，更照孟德斯鸠三权分立的原理严格的分配起来。马沙诸些的宪法上说："共和国的政府，立法部不得行使行政权或司法权，行政部不得行使立法权或司法权，司法部也不得行使立法权或行政权。"以为达到这个目的便是法治国，不是人治国。莫狄生（James Madison）说："把立法、行政、司法等一切权力集聚在一起，也不问是在一个人手中、少数人手中，或多数人手中，并不问这个人是世袭的，是自己任命的，或是选举的，都可以正正当当的说他是专制政体。"美国各邦不但在学理上采用三权分立说和制衡原理，就是在实际上也很防止各部的专权。故各部的人员都来自选举，限制任期，削除特权，对于行政部尤其是格外限制。

自美国人把欧洲自十六世纪以来一般学者所唱导的民治主义、自然权利、社会契约、人民主权和三权分立等学说充量的实现起来制成法律之后，欧洲人心为之一变。就是从前反对这些学说的人，到此时也不得不默然无言。法国人研究美国制度的日见其多，故这些学理又变成实现法国革命的学理。

（原载《国立北京大学社会科学季刊》第 3 卷第 1 号）

军阀末运
（1924 年 12 月 13 日）

自冯玉祥通电辞职，有"务使军不成阀，阀不代阀，一可斩循环报复之根，二可去民治推行之障"一类动人听闻的话，此后大小军阀接连都有"下野"的通电，吴佩孚也有"罢兵求学"的通电，杜锡珪也有"避位让贤，赴沪养疴"的通电，孙岳也有"另简贤能，俾岳稍释仔肩"的通电。他如蔡成勋已仓皇出走，齐燮元亦预避逃亡，都可算是军阀失败的告白。就连萧耀南与张作霖也愿取消巡阅使的职位，一则不愿帮吴再战，一则自愿率师出关。中央果有彻底改革的决心，应该趁着这个时机，把所有军职一律撤废。凡巡阅使、督军、督理、镇守使、护军使等名称一概取消，使军人专门治军，最高军官只到师长为止，各省民政概归文官执掌，不得中央或省长的命令，军队不得擅自调动。军阀既去，裁兵便容易进行。不知号称"与民更始"的执政府，是否有此决心？

（原载《现代评论》第 1 卷第 1 号）

贿选问题
（1924 年 12 月 13 日）

　　刑律上关于"妨害选举罪"的规定，本来不曾以受贿者为限，凡受贿者、施贿者、介绍者，都一律有罪。故现在不但要检举贿选的议员，并且应该检举施贿的曹锟。执政府既已认清曹锟是施贿的人，应该把他交由检察厅看管，为什么偏要明令交由内、陆两部的监视？曹锟并不是现役军人，而且所犯的又是普通的刑事罪，凡犯普通的刑事罪者，无论是官吏是人民，一律交由普通司法机关裁判，才可以证明在法律之下一切平等。章行严先生昔日反对行政裁判时，曾论到这一点，为什么不趁这个机会实行？

　　章行严先生办理贿选的态度和理由，也有些地方令人不解。他说："倘贿选同人具此觉悟，于执政府成立之日……毅然舍去国会之旧巢，自行检举，别寻政治生命，本其国民固有之资格，与反曹诸派共同活动于根本改造之中，鄙人敢决定此种贿选公案可以不起。"从他这几句话上看来，似乎是因政治上主张不同，因而翻出贿选的旧案去检举他们，假使他们能掉过头去，赞成执政府，便可无罪了。假如一个杀人放火的强盗，一旦毅然放下屠刀，本其国民固有之资格，别寻生命，在法律上是否可以因此不根究他从前杀人放火的罪案？章先生假使说"可以"，试问这是根据中国的法律或世界上各国的法律那一条？今请问章先生，贿选本身可否构成犯罪？如果不能构成犯罪，为什么可用政治上主张不同而去检举他？如果可以构成罪犯，为什么又可由政治上主张相同而免罪？我们想到这一点，不能不联想到章先生一句格言："必也不好同恶异，而后可生法治之精神！"

国会问题
（1924 年 12 月 20 日）

　　从法统问题上观察国会应该消灭 。

　　从受贿问题上观察议员资格应该消灭。

　　从代表意义上观察议员资格也应该消灭 。

　　本篇的目的只在讨论"旧有的国会和旧有的议员资格应否消灭"一点。在这样短篇论文中，并不能涉及国会制度的根本问题，换句话说，并不愿讨论"国会制度是否适宜于中国"或"中国将来是否仍采用国会制度"。我不能附和章行严先生，说"代议制只适宜于工业国，不适用于农业国"；我也不愿抄袭柯尔（Cole）的议论，说"人类的意志不能由别人代表，只有职业团体的意志可以用人去代表"。我现在所要讨论的就是在这以"革命"自居的执政政府之下，旧有的国会是否还有存在的余地？

（一）从法统问题上观察

　　我们要知道，旧有的国会是根据《临时约法》的第五十三条发生的，我们更要知道，这次革命不但是对于曹锟的政府或对于那由贿选国会制定的新宪法的革命，乃是对于民国开国十三年以来一切法律制度的根本革命。换句话说，就是把民国十三年中所演的一段历史一笔勾消，在一张白纸上从新绘画出来一个新制度。执政政府既已决定取这种态度，那么，新宪法和《临时约法》即不待宣布无效，也早就应该无效了。约法既然失效，那么，根据约法而产生的国会，除掉由临时执政另行颁布法令承认他有效之外，也早就应该消灭了。国会的机关既已消灭，那么，议员的资格也应该随同消灭。平常所谓"解散国会"，只是取消议员的资格，并不是取消国会的机关，故只能行于国会的机关仍然存在的时候。若国会的机关已经消灭，议员的资格当然随同消灭。议员的资格既已随同消灭，当然不适用"解散"的手续了。故自临时执政政府成立之日起，国会的机关已经消灭。在执政政府之下，既无所谓"国会"，更无所谓"议员"，无论"贿选"分子、"守正"分子，一概都消灭议员的资格。故"非常国会"云云，简直是不法的行为。

（二）从受贿问题上观察

就是执政政府不下明令废止国会，自己承认这次革命只是"半革命"，仅废除为总统的曹锟，并不废除总统的制度，仅取消贿选议员的资格，并不能取消国会的制度，那么，国会在法律上虽仍然存在，在事实上也绝不能存在。因为受贿罪有"枉法贿"与"不枉法贿"两种，受贿而枉法与受贿而不枉法同为犯罪。南下议员除掉极少数人外，谁不在天津方面领南下费，谁不在上海方面领豢养费？南北两方所用的款项同是收买议员的贿赂，南下议员与北附议员同为受贿的议员。如果凡受贿者皆应该丧失议员资格，那么，自然没有什么"贿选"、没有什么"守正"的区别了。故现在不独贿选者非议员，即守正者亦非议员。所谓"由守正议员参与建国大计"，所谓"由守正议员开非常国会"云云，也都是不法的行为。

（三）从代表意义上观察

欧美各国的议员就是不能做全国人民的代表，但是至少也要能做一党或一阶级的代表，然后才有存在的价值。中国这种长期不倒的八百人，不但在时间上已经失去代表的本意，就是在实际上也离开代表的意义万里。他们只是权门的"食客"，只是势力的"寄生虫"，不但不能代表人民，并且还要代表军阀来陷害人民。故严格的、顾名思义的说起来，中国人民久已无代表，非代表就是非议员。以非议员来盘据国会机关，更是不法的行为。

（原载《现代评论》第 1 卷第 2 号）

《善后会议条例》的疑点
(1924 年 12 月 27 日)

善后会议的会员资格计有四项：如（一）有大勋劳于国家者；（二）此次讨伐贿选、制止内乱各军最高首领；（三）各省区及蒙、藏、青海军民长官；（四）有特殊之资望、学术、经验，由临时执政聘请或派充者，但不得逾三十人。顷据起草人员及各阁员的意见，第一项资格仅有孙文、黎元洪二人，第二项资格仅有张作霖、卢永祥、冯玉祥、胡景翼、孙岳等五六人，第三项资格大约至多不过五十人，加以临时执政聘请或派充者三十人，总计九十人上下。在此九十人的团体之中，临时执政所派请的人已有三十人之多；再加以第七条"本会议以会员全体三分二以上之列席开会，列席员过半数之同意议决"的规定，那么，有六十一个人列席即可开会，列席员有三十一个人同意即为议决。这种善后会议岂不是由临时执政包办吗？就是会员人人决不缺席，亦不能抵制，因为在九十人的团体之中，有三十人以上的政府党，此外都是零零碎碎的会员，无论如何，总不能与政府争胜。

再"有特殊之资望、学术、经验"一语，亦太过于含糊。例如徐树铮、曹汝霖、陆宗舆、郑孝胥一般人，在段执政的心目中，何尝不是"有特殊之资望、学术、经验"呢？他如蔡元培、汪精卫……一流人，在段执政眼中，绝不会认为有资望、有学术或有经验的人。请问这第四项资格，到底有什么标准？依我想来，既然没有标准可定，结果只有一个干净绝妙的办法，就是以安福部党员为限！

（原载《现代评论》第 1 卷第 3 号）

善后会议议员的出席问题
（1925 年 1 月 10 日）

主张各员亲自出席。

反对指派代表出席。

本刊对于善后会议的态度，已经在第四期中由王世杰先生宣布过了，就是"我们对于这个善后会议……采取一种督责的态度"。

我们并不是信任这个善后会议，我们只是在原则上相信用会议的方法来解决国事，至少总要比用战争的方法来解决国事妥当些，这就是我们所以不肯轻视善后会议的用意。

况且善后会议在这几天内，已经成为事实了，我们对于这已经成为事实的善后会议尤其是不能漠视。我以为群众对于政治运动，至少要带点疯狂的态度，赞成也要狂热的赞成，反对也要狂热的反对。如果明知他或可成功而不去督促，或明知他一定失败而不去阻止，都是放弃国民的责任，"厥罪惟均"。

我们对于这个善后会议要表示反对的，就是组织的分子，尤其要表示反对的，就是由议员自由指派代表出席。

这个善后会议除第一项和第四项资格之外，如第二项为"各军最高首领"，第三项为"各省军民长官"，具这两项资格的人员，十分之九都是残害人民或压迫人民的军阀。这一派人员既占善后会议议员十分之八九，那么，这个善后会议简直就可算是变相的军阀会议。

就是退一百步说，善后会议大半注重在收束军事的问题，因此便不能排斥军事首领，如果我们要承认这个假定是对的，那么，必定要承认所有的议员都有充分可以代表一部分实在势力的资望。例如孙中山至少可以代表国民党，段祺瑞至少可以代表一部分北洋派，张作霖至少可以代表东三省的军界，冯玉祥至少可以代表一部分国民军，这一层我们也当然是承认的。

但是我们只承认孙中山自身可以代表国民党，我们并不承认孙中山随意指派的代表也同孙中山自己一样可以代表国民党；我们只承认段祺瑞自身可以代表一部分北洋派，我们并不承认段祺瑞任意指派的代表也同段祺瑞自己一样可以代表一部分北洋派；其余张作霖、冯玉祥也是这样。如果段祺瑞派他左右梁鸿志出席，张作霖派他儿子张学良出席，冯玉祥派他左右薛笃弼出席，到底能够代表谁呢？再如"各军最高首领"和"各省军民官长"各指派他们的驻京代表出席，这一类第三四等食客及小政客又能代表谁呢？

法国革命后的国民会议、宪法会议，无论是贵族是教士，没有不亲自出席的；美国独立后的联盟会议、宪法会议，无论是华盛顿是甲富森，也没有不亲自出席的；俄国革命后的全俄会议、中央执行委员会，无论是列宁是柯基克，也没有一个不是天天在议场中生活的。独有我国的"大人物"，宁肯在私第里叩头，绝不愿到议会中张口，仿佛一入议场，便失掉"大人物"的威严。此种心理，根本上便不能建设起来共和国家。

奉告与会诸公，善后会议并不是普通行政会议，可以派员充数，并不是普通吊丧祝寿，可以派人周旋。从前督军团会议，尚且有多数督军亲身参与，去年吴佩孚做寿，尚且有许多师旅长躬亲趋拜。若把此次关系国家生死存亡的善后会议，当作普通行政会议及普通吊丧祝寿看待，甚至于看这个善后会议远不及督军团会议及吴佩孚做寿的重要，那么，这个善后会议宁可不开！

故我们主张这次善后会议之中，仅可以有代表各种势力的人员，绝不可有代表各种势力的人员的代表。老实说，代表会议我们已经是根本怀疑了，若再有代表的代表会议出现，我们只有根本上不承认。

（原载《现代评论》第 1 卷第 5 号）

联邦建国论
(1925 年 1 月 10 日)

一

民国十三年来，每次政变，总有许多关于建国方策的宣言论著，应运而生；可是公然不讳的主张联邦建国的，始终不过几个人。故章秋桐说：

> 三年已来，国中颇多消极之说，以指驳联邦论。究其实，主张联邦者何人，其说又何似，愚亦颇留意论坛消息，迄未有闻。……盖当时南京政府实主张统一者也，宋教仁之徒，信之尤笃……至于报章鼓吹，同盟会之重要机关，皆言统一……盖当时东瀛承学之士、旧朝习政之夫，倡言统一为中华唯一必取之途，反此即为不题。闻者和之，习为一谈。舆论专制之势已成，自由讨论之风莫起，强顽者有所惮，自好者亦默尔而息。（民国三年《甲寅》第四号）

由此可见，自入民国以来，国人的建国方略大致皆采单一制，几乎没有人敢明目张胆的来主张联邦制。故各党派为适合中国国情和逢迎中国人心计，所有政纲和宣言都一律主张单一制……就是偏重地方自治的党派，也只敢主张在单一制下，由中央政府赋予地方政府以自治权，使地方政府在中央政府的监督指挥之下去举办很有限制的自治事业。民国以来，党派虽然很多，可是关于这一点，几乎可算是各党一致。例如中国同盟会初改为政党的时候，他的政纲第一项即说：

> 完成行政统一，促进地方自治。

中国同盟会在那时要算是很激进的政党，党纲中且不惜采用社会主义的政策，不惜主张男女平权，然却始终不敢采用联邦制。他如统一党的政纲第一条：

> 本党以统一全国、建设巩固中央政府……为宗旨。

统一共和党的政纲第一条：

> 厘定行政区域，以期中央统一。

民国元年五月间统一党、民社与国民党的一派及国民协进会、民国公会等合并称为共和党时，党议的决定就是：

> 保持全国之统一，而取国家主义。

进步党的党议：

> 取国家主义，建设强善政府。

就是国民党也不敢不主张：

> 政治统一。

最近发生的新中国党也主张：

> 国权统一……单层统治权。

新中国党的重要分子康洪章等纠合留美各大学学生所宣布《制宪庸议》中也说：

> 我们以为统治权的表现为统一……中国自秦始皇并六国后，郡县制度确立，即属单层统治权……所以我国的历史是从稍统一而趋于渐统一，而趋于全统一的。

除上述的党派意见之外，还有更重要的就是《天坛宪法草案》第一章第一条上规定：

> 中华民国永远为统一民主国。

这一章"国体"的规定，自民国二年到民国十二年，前后十年间，经过几次政变，经过几次修改，俱照原案通过，不曾改变一字。起草委员说明"统一"两个字的时候，特别声明道：

> 民主国有单一与联邦之别，如美国为联邦民主国，中国则不然，辛亥革先并非先有各省然后始成为中华民国。因中国本系数千

年来统一之国家，非如美国先有十三州，然后始有北美合众国也。故必须于条文中规定国家为"统一"之民主国家。（起草委员杨铭源的说明）

当起草委员说明这一条时，审议会中有人提起质问说："统一二字甚有疑义。"起草委员的答复如下：

> 本草案起草时对于统一二字亦甚费斟酌，亦知统一二字非仅指单一国家而言。惟因我国数千年来皆系统一制度，自习惯上言之，统一二字当然指单一国家而言，故起草时采用统一二字。至"单一"二字不过为"联邦"二字之对待名词而已，与统一二字本无甚分别也。（同前，均见宪法会议的会议录）

以上所述，可算是民国十三年来关于建国方略的重要的主张，故由这一类的主张表现出来的《天坛宪法草案》和宪法完全是采取单一制。此外学者的论著，除少数人公然主张联邦制外，大多数人大概都是一听见联邦论即以为是异端邪说的。所以稳健的学者和与政党有关系的政论家，都绝口不谈联邦制；就是想采取联邦之实，也没有不郑重声明避免联邦之名的。

二

取联邦之实、避联邦之名的论著很多，现在不暇一一叙述，姑且选择最重要的几个人出来，做我的话的证据。第一个想避免联邦之名的，要算是王宠惠先生。王氏的《中华民国宪法刍议》，对于省制很加意讨论。他说："总之集权分权之说皆是也，亦皆非也。"因此便把集权分权看作"能并行而不悖"的。其实他已醉心于坎拿大的联邦制，所以"试就吾国种种特别情形观之，似宜略采坎拿大之制而变通之"。王氏的主张是把省权分为三种：

> 第一种类皆关于地方自治之事，或虽非纯然关于地方自治之事，而不能不就各省之情形，听其自为举办者，中央皆不干涉之。
> 第二种，虽属应由各省举办之事，但应遵照中央画一法令办理。
> 第三种，亦属应由各省举办之事，但必须得中央之允许。（《宪法刍议》上篇第九节）

综合上述的三种省权，可以看出王氏的宪法草案已经充满联邦制的精神。因为他所说的三种省权，第一种事项完全由各省便宜自办；第二种事项，统一虽在中央，而举办却由地方；第三种事项，监督虽在中央，而举办也在地方。这种宪法草案，就是不能算做采取联邦制，至少也是仿效联邦制的，但是他却讳莫如深的否认。且看他说：

> 或谓宪法而规定省制，则是采取联邦主义也。不知此与联邦制有大相径庭者。其要点有三：联邦宪法对于中央权限采列举主义，且列举之范围仅限于中央统一必要之事项，其为列邦所保留之权既巨且多，而此则列举各省之权限……一也。联邦国之各邦皆有自定之宪法……而此则各省绝无省内之宪法……二也。联邦国各邦所保留之权利，虽用修正联邦宪法之手续，如不得各该邦之同意，无论如何不得变更之……而此则各省权利关系根据于宪法，故修改宪法即可以变更之，三也。具此三者，故与联邦之制至为不同也。（《宪法刍议》上篇第九节）

此外还有一位张东荪先生主张"凡一省之事务，无分巨细，悉归省自理之，惟外交归于中央"。又说："吾人不主张集治主义，不主张一省有中央委任之长官，不主张行政有监督权。"如果照这样分权，恐怕比联邦制下的分权的程度还要高得多些。但是张氏却不敢居联邦之名，并且口头上还大骂联邦。且看他说：

> 论者必以为吾之说有类于联邦。革命未成之时，联邦论大倡，不佞当时亦为反对此制之一人。……且吾以为联邦之害，不在联邦之实而在联邦之名。……吾人但求自治，不必有联邦之名。（《中华杂志》七号）

张氏以为国人痛恨联邦，已非一日，今想避免国人的指摘，故仅居联邦之实而不居联邦之名。由此可见主张单一制的人以为单一制是天经地义，如果有人主张联邦制即为大逆不道。所以章秋桐先生说："舆论专制之势已成，自由讨论之风莫起。"

不但政论家的意见是这样，就连一般议员的意见也是这样。故在宪法会议的议席上，几乎没有一个议员敢于明目张胆的主张联邦制。这种风气一直到民国十一年第二次恢复国会之后还没有改变。故当时有人提议在《天坛宪法草案》之外，增加"地方制度"一章，即有许多人提案反对，以为宪法中如果规定地方制度，就是取联邦主义。热心制宪诸议员看见国人心理痛恶联邦制，所以极力辩护，并且极力的避去联邦之名，更有许多议员想避去"省宪法"的名称，只用"省自治法"的名称来代替，或仅称"地方制度"，不敢竟把"省"看作"邦"。如籍忠寅说：

> 现今一般人对于各省自制省宪一层所怀疑者，只不放心"联邦"二字。故本席以为吾人讨论此点，可以专注意于内容，不必斤斤于名词，如"省"或"邦"之字样是也。……设因地方分权，遽加以联邦名称，则必有人骇然。（见会议录）

吕复讨论地方制度时亦说道：

> 溯当民国二年，袁政府时代，国内讳言分权，有言之者，闻者谈虎色变，目为破坏统一。至民国六年之时，则又讳言联邦，有主张联邦者，闻者亦谈虎色变，以为破坏统一。（见会议录）

罗家衡亦说道：

> 省是一邦亦无不可，但名义上不必认定为邦。如认定为邦，则与地方团体亦自有别，并于国家统一前途上不免发生问题。故不如认为地方最高团体较为妥当。（见会议录）

此外还有许多类似这一类的见解，不暇一一叙述。总而言之，"联邦"二字为多数人感情上所痛恨，已经是毫无疑义了。故省宪同志会诸议员心理上多赞成联邦主义，提案上也充满了联邦主义的精神，可是却自始至终不敢揭出"联邦"二字。不但不敢揭出"联邦"二字，并且巧立言说，免避这种刺目的名词。由此可见民国十三年来国人心理痛恨联邦的程度。

三

国人既然这样痛恶联邦制，究竟他们反对的理由在什么地方呢？总计起来，不外三点：（一）以为就中国历史说，几千年来都实行单一制，故认定联邦制不适宜于国情；（二）以为联邦的由来，在先有邦而后联为国，决不能先有国而后分为邦；（三）以为现在各省在事实上已被军阀霸占，若再在法律上扩大省权，便不啻为虎作伥。归综一句话，从中国历史上看来久已成为统一国，联邦与统一是势不两立的，故为保持统一计，不得不反对联邦制。从历史上立论来反对联邦制的，在宪法会议上，要推景耀月辈提案为第一。他们说：

> 中国自秦汉以来，既打破封建制度之局，则与瑞士共和国之国情根本已异；有五千年之政治史，则与美国之殖民州、由欧洲各国新建设成立之合众国开端即异；为三代以下三千年来大一统国家之形成，则与德意志及奥匈等之联邦、邦联，与夫瑞典、挪威之邦联双立制度，其国基国情无不迥异；自丧乱以来，国家日日倡和平，人民日日望统一，则与俄罗斯之四分五裂、十余新国蜂起云扰，又其民性喜于分裂乐于割据之局者，又大异其趣，即一时建国之目的，亦无可以与俄国从同之点。由是言之，非由封建改设之国家，不得有二重宪法；非由万国新殖民州组织之国家，不得有二重宪法；非由联邦、邦联组合之国家，不得有二重宪法；非别具目的、别有会心、志在必如新俄罗斯之瓜分豆剖分立并峙而后快者，尤不得有二重宪法。（见会议录）

在宪法会议中反对联邦制的，要算这一派人为最有力。可是这一派人的议论，几乎全倾向感情，在理论上简直没有一点可以站得住。此外，因反对"联省自治"而连带反对联邦者，更是感情用事，简直不知联邦到底是什么。故这些人的议论，老实说，真值不得我们引证。

四

以上都是反对联邦制或怀疑联邦制的人的意见。我以为要想打破这一派人的谬见，不必枝枝节节的去同他们辩驳，须从根本上打破一元的国家观。这一派人的最大信条，只在一元的国家观一点。他们所说的"统一国家"，考其实，就是迷信一元的国家说，换句话说，就是迷信一元的主权论。我们如果能把他们这种根本见解攻破，使他们知道"一元的国家观"或"一元的主权论"在现在的社会实际生活上已经失掉根据，那么，他们所主张的单一国家根本上先没有存在的余地，故他们的反对联邦论也可以不攻自破了。现在且略述最近的"多元的国家观"。

主张"一元的国家观"的人，根本错误在把国家看作单一体，以为一国之内，上只有国家，下只有个人，绝不承认有由个人集合起来的"群"。现在的国家并不是个人与个人的集合体，乃是群与群的联合体；现在的主权也并不是单一的主权，乃是许多对等权力同时并立的主权。且看白尔克（E. Barker）说：

我们常常说：中古的国家乃是"群众社会的一个社会"（Community of communities），乃是许多团结体——行会（Guild）、教会、都市、郡县的总积，在同业社会主义下的，近代国家将要成为包括许多职业行会的一个社会。

……我们需要一种国家的新观念，我们要倾向一种国家的新观念，尤其需要的、尤其要倾向的是一种能够容纳许多新理想的主权的新观念。我们以为各种国家——不但真正的联邦国，就是单一国——性质上都是联合的。我们又承认主权不是单一的和不可分的，只是众多的和多数细胞集合的。（见《英国政治思想史》）

最近英国主张行会与国家分权的学者，以为行会与国家有"对等主权"（Co-Sovereignty），详细说起来，就是国家在国家的范围内有自己独立的主权，各种行会在各种行会的范围内也有自己独立的主权。因为人类有种种不同的生活目的，各种生活目的都不能够单独的达到，故凡要达到一种目的，必有一种结合。人生的目的越多，所结合的团体的种类也越多。例如为达社交娱乐的目的，而设立各种俱乐部；为达物质生活的目的，而组成各种农工商的经济团体；为达性的目的，而造成婚姻、家庭等制度；为达健康的目的，而设下各种关于卫生等团体；为达求学的目的，而设立关于科学、哲学等学校团体；为实现一定主义、推行一定政策，而设立党会等团体；为便利共同生活，而组织市镇村等团体。世界上没有一个团体能够满足人类生活全部目的的，故人生的目的愈杂，团体的种类也愈杂。因此便有许多团体并立在一个"基本社会"（Community）之上，各做各的事件。国家也不过是达到人生目的的一种团体，故国家与别种团体通同是一样的，也是同时并立的。在基本社会之上，既已立着许多平权的团体，那么，国家当然也是与别种团体平权了。国家既已与别种团体平权，那么，任何"国家"都不是一元的，只是多元的了。故柯尔（G. D. H. Cole）说道：

在人类各种不同的社会中，国家得要求一个重要的地位，但不得要求唯一的特殊地位。在基本社会中，各分子都有同等关系的群集的活动，国家便是为执行这种群集活动的重要职务而存在的。关于别种行动，人类又分成别的群，又需要别样的团体来执行。这些各式各样的团体，在他们权限以内，与国家在自己权限以内一样，都有他们的主权。（见《工业自治》第五章）

这就是最近的国家和主权的新观念。

由此可见近代的国家绝不是单一的，只是联合的。不但联邦国、联业国是这样，就是行自治制的国家，也是联合许多地方自治团体而成的，根本上就没有什么单一国的存在。白尔克说得最透彻，他说：

> 现在联合主义（Federalism）盛行，普通人都以为说单一国享有唯一的主权，是一种错误的见解，同生活的实际不相符。我们以为每个国家多少总是联合的社会，包括许多不同的人群、不同的学会、不同的经济组织在内，每个团体都可以行使对于团体员的支配权。（见《英国政治思想史》）

这就是现代国家绝没有什么单一性质的明证。

五

我们如果知道现在无论何种国家都是联合的性质，那么，当然没有什么单一与联合之争，只有联合什么团体立国之争了。在有农村的国家，可以联农村而立国；在有行会的国家，可以联行会而立国；在有苏维埃（Soviet）的国家，可以联苏维埃而立国；在有家族的国家，可以联家族而立国（如古代罗马）；在有省的国家，可以联省而立国（如近代初期的荷兰）；在有邦的国家，可以联邦而立国。这乃是"事有必至，理有固然"，何用大惊小怪！如以为一说到联合，便破坏单一，不知近代的国家根本上就没有所谓单一性，单一性既不存在，又何有于破坏！

大凡一个国家或者在实际上已经养成各地方独立的习惯，或者顺应世界潮流而有地方独立的要求，国家对于这种势力，即不能极力压制。如果压制过度，则事实上必然要决裂。中国的各省，事实上久已有独立的习惯，只因为高谈建国方略的人不注意这一点，甚至于想消灭这一点，所以横决至今，不可收拾。大概统一与分权都有自然的程度，过乎自然的程度，或不及自然的程度，结果都必定要破裂。说中国现在还在统一，是有目无睹的瞎说；说中国现在完全不统一，也是有目无睹的瞎说。凡不能统一的，越强制他统一越不统一，凡不能不统一的，就是不强制他统一，也自然而然的统一。例如教育一项，在东南独立的几省，表面上似乎完全与中央脱离关系，可是事实上升学仍在中央设立的学校，中小学校的制度仍遵照中央所改革的学制，就是明证。由此可见，建国方针不在权限的统一不统一，只在把那可以统一的事项统一起来，把那不可以统一的事项分散起来，自然可以推行无阻。

中国的省在这几年来，几乎与美国的邦无异。甚至美国的邦所设有的权限，中国的省都可以便宜办理。这固然是混乱时期的状况，但这种状况乃是谈建国方略的人所万不可轻视的。我以为在统一制下固然可以有秩序，即在分权制下，又何尝不能有秩序。故中央与地方的权限，不在一不一，只在定不定。一不能免争端，定则可以免争端。所以中国的建国，如果不把省权与国权详细分开，终久不能免除争与乱的状况。要想把省权与国权分开，那么，只有联邦制是极好的分权的标准。

近日谈建国方略的人有一种最大的缺点，就是只注意中央政府的分权，不注意中央政府与地方政府的分权。换句话说，只注意中央制度，不注意中央与地方的关系的制度。故对于总统制、内阁制、委员制，讨论很详；对于地方制度，每多漠视。如果不改废中央集权的制度，换句话说，如果不把省权保障得十分的巩固，无论是采用总统制，是采用内阁制，或者采用委员制，都没有不随时破坏的。故中国建国的第一个大问题就在确定各省与中央的关系，因为这个问题乃是一切根本问题中的根本问题。

六

我们现在主张联邦制，也不但想在消极方面除去中央与地方的争端，并且想在积极方面适用分工的原则。因为从前联邦论上最重要的问题，乃是邦权到底是固有的或是由中央赋予的。现在的联邦论倒不必要替邦争国家的资格，只在争各邦与中央的权力怎样分配。近来国家的观念已经从主权者的国家观，变到公务员的国家观了。在主权者的国家观之下，中央与地方所争的是主权，所以那时所讨论的，大半是分权的问题；在公务员的国家观之下，中央与地方所争的是职务，所以我们现在要讨论的就是分职的问题。说到分职的问题，便不能不应用分工主义。因为从前的政府多靠权力统治，现代的政府却多靠技术做事。现在的政府多半变成管理事务的机关，生产工具多半由政府管理。国家的职务多已经变成专门技术的职务，不但在消极方面防止人民权利的侵犯，并且在积极方面有许多事务要做，故近代的国家官吏中往往包括各种专门的技师或工程师在内。例如电灯厂、电话局、铁路局、卫生局、学校、医院以及冶金、探矿、修路、救火等事，都不是普通文官所能做的，都不是中央的指挥监督官吏所能遥领的。国家的事务已经专门化，官吏的职务已经技术化，又怎能不适用分工的原则，按事务的性质和做事的功效把各种事项完全分开呢？

由此看来，现在的国家不但就统治关系说应该分工，就事务性质说也应该分工。凡必须由国家管理或举办的事项划归中央，必须由各省管理或举办的事项划归各省，必须由各县管理或举办的事项划归各县，推而至于各乡、各城、各市、各村，都有应行管理或举办的事项，即都有应行划归各乡、各城、各市、各村的职权。这样一来，一国做一国应做的事项，一省做一省应做的事项，一县做一县应做的事项，推而至于一乡、一城、一市、一村做一乡、一城、一市、一村应做的事项，便是一个很完全的分工协作的社会。

七

我们根据上述的各种理由，不但反对那采取单一制的宪法，并且反对那由中央宪法规定省制的宪法。因为由中央宪法规定省制，表面上似乎采用联邦制的精神，可是事实上却仍含有单一制的精神。为什么呢？就因为由国宪规定省制，必定把全国制度画一，联邦制的精神就在不使全国适用画一的制度。故联合主义的好处就在使国内各部分皆得适应事势的需要和自然的状况来处理事务，以千差万别的立法行政来应付各地方的要求。如果各地方有特别的需要，可以随时给予他；如果各地方有特别的弊病，可以听他用特别的方法去医治。所以蒲徕士（Bryce）说：联邦制是开辟新疆土的最好的方法，就因为这种制度能够兼容并包，不致扑灭新社会中自由特立的本性。

如果我们认定联邦主义的精神在此，那么，像民国十二年的新宪法把地方制度定为宪法的一章，便与联邦制的真精神相矛盾。故现在若谈到建国，只有放任各省自定省宪。中央政权在国宪上取列举主义，凡不在列举的范围之内，一概认为省权。修改国宪，如有变更中央与地方的关系的地方，必先取得各省的同意。这样一来，省权才可以得到巩固的保障，省的事务才可以自由发展，不受中央牵制，中央政府做事，才可以听各省人民的制裁，中央政府的权力，才可以缩小。中央政府的权力缩小后，野心家方才不能把持中央政局，纵欲把持，也不能摇动各省的政局。必得这样，各省政局才可以不随中央政局变动而停顿，方才可以不把各省政治牵入中央政治的旋涡。这就是我的联邦建国论的大旨。

再因为我主张省宪由各省斟酌各省的特别情形，自动的规定，故不愿提出省宪的计划和标准。更要特别声明的，就是省宪的制定必须完全脱离武人军阀的操纵，彻底由民意解决。我主张省宪自定，不但不是替军阀巩固地盘，并且想把军阀所霸占的地盘，拱手奉还省真正的人民。

十三年，十二月二十日，草于北京

（原载《东方杂志》第 22 卷第 1 号）

愚弄人民的废督令
（1925 年 1 月 24 日）

　　去年十二月十日临时执政令上说什么："据张作霖电称：比年国民痛军阀之横行，日以废督裁兵相号召，正本救济，谁曰不宜。其巡阅使名义应请即日裁撤，以清祸本。"于是一面裁撤东三省巡阅使一缺，一面又任命张作霖"指挥节制"东三省"一切军事"。这种换汤不换药的办法，在政府虽以为巧妙，可以轻轻的瞒过人民，可是在我们看起来，却做得太笨。

　　这一回废"督理"和废"督军"的各种命令更是笨上加笨。请问执政府，"督军"、"督理"、"督办"，到底有什么差别？请问执政府，在江苏一省之中，为什么一面裁撤"龙华护军使"，一面又任命"海州护军使"、"淮扬护军使"？请问执政府，为什么在什么"军务帮办"、"宣抚使"、"护军使"、"镇守使"、"长江上游副司令"等等数不胜数的军职之外，又新为张宗昌设下一个"苏皖鲁剿匪总司令"？请问执政府，像这样花样翻新的废督办法，是不是敷衍军阀、愚弄人民？

　　执政府自成立到现在，所有的成绩总计不出两点：（一）为军阀报私仇，（二）以军阀制军阀。至于执政府自身，只不过在这种敷衍军阀、愚弄人民的办法之下，多为安福部党员暂时抢夺几个烟酒局、榷运局、关监督等等位置罢了！这就叫做"与民更始"的政府！

（原载《现代评论》第 1 卷第 7 号）

奉谕开会
（1925 年 2 月 7 日）

善后会议究竟是做什么事的？行政当局究竟为什么要召集这个会议？依我猜想，在开会的第一天举行开会礼的时候，一定要详细的宣布。

不料，我们读了段祺瑞和全体阁员的"祝词"、"颂词"之后，竟使我们大大的失望——段祺瑞的祝词好像是一篇"春酒颂"，全体阁员的颂词更令人捉摸不到一点意义。到底善后会议议的是什么事，至今还是一个闷葫芦！

尤其荒谬的，就是号称容纳孙中山先生的意见。孙先生所争的是在善后会议中加入代表各种法团的分子，执政府却邀集各法团的代表来作专门委员。换句话说，就是孙先生想召集各种代表民意法团来宣布那指挥命令政府的民意，而执政府却想召集各种法团的代表来做那听政府指挥命令的事务员。把省议会、教育会、商会、农会、律师公会等法团的地位，看得同各部院署的参事、司长、处长、署长等荐任官、特任官一样，这就是执政府心目中尊重民意的办法！

（原载《现代评论》第 1 卷第 9 号）

我们对于《国民会议组织法》的主张
（1925 年 2 月 14 日）

我们认定国民会议与临时政府及善后会议的性质绝对不一样，因为国民会议是创造国家的根本法和决定建国方略的，临时政府及善后会议却只是一时的、治标的、注重结束的。故临时执政尽可由实力派拥戴，善后会议的会员也尽可代表实力，而国会会议的议员却要由人民自动的选举。我们对于临时政府和善后会议所以看得不大重要，就因为我们意中有一个神圣的或完善的国民会议，可以判断他们的死活。我们意中的国民会议，若借用卢梭的话说出来，就是：

> 当人民以主权者资格合法集会的时候，政府的一切职权立刻停止，执行的权力即时中断，最下等的公民马上变成第一等的官吏，神圣不可侵犯。

我们既已把国民会议看得这样神圣，那么，对于产生这种神圣的国民会议的方法当然要慎重的讨论。我们主张《国民会议组织法》至少应该采取下列的根本原则：

（甲）废除纳税、财产、教育等限制的选举。

（乙）凡有中华民国国籍的男女，年满二十一岁以上者，皆有选举权。

（丙）凡有中华民国国籍的男女，年满二十五岁以上者，皆有被选举权。

（丁）采用直接选举制。

我们所以提出这四个最少限度的根本原则，就是想组织一个真正能代表人民的国民会议。所以我们要首先郑重声明的，就是：

国民会议只许由人民直接选举出来的代表组成，此外任何机关或个人均不得以特殊的资格推举代表参加。

我们根据上述的原则，对于拒贿议员签选代表参加，或第二届国会议员推选代表参加等等的提议，一律表示反对。

我们对于国民会议议员的选举法，主张以采用分区选举制为主，而辅之以职业代表制。现代的选举方法和选举理论，大概不出区域代表制和职业代表制两种。区域代表制是假定"在同一区域的人民总有最大的共同利害关系"，职业代表制是假定"凡从事同一工作的人民总有最大的共同利害关系"。在工业最盛的国家，同一职业的共同利害关系比较同一区域的共同利害关系重要；在交通不很发达的农业的国家，同一区域的共同利害关系却比较同一职业的共同利害关系重要。我们认定中国也免不掉要走这由农业国渐进为工业国的一条道路，故一方面有维持旧有的区域代表制的必要，一方面又有采用新生的职业代表制的必要。

（一）区域代表的选举

我们所主张的区域代表的选举的方法：

（甲）各省以现行的道区为选举区。

（乙）各省选出议员的名额依人口的多少决定，每人口二百五十万选出议员一名。

人口的总数暂依民国元年《国会组织法》第四条的根据为准。

（丙）蒙古、西藏、青海选出议员的名额，照民国元年《国会组织法》第五条所规定的名额减去三分之二（蒙古九名，西藏三名，青海一名）。

此外，尚有华侨不能包括在上项选举区域之内，然而依他们的特殊地位和民国惯例，似应当许其参加国民会议的组织。我们以为可于国民会议设置华侨议员名额二人，而适用民国元年《参议院议员选举法》以选出之。

（二）职业代表的选举

我们主张在中国职业团体未十分发达以前，不能分业选举，故仅以下列的几种有组织的团体为基础：

（甲）教育会：每省的县教育会联合选举议员二名，每省的省教育会选举议员一名。

（乙）商会：每省中大城市人口满五十万以上者其总商会选举议员一名，满十万以上的各城市的商会联合选举议员二名。

（丙）工会：大城市人口满五十万以上者，其工会联合或总工会选举议员一名。航业工人的工会、铁路工人的工会、矿山工人的工会、机器工人的工会、纺织工人的工会、印刷工人的工会等类会员满万人以上者，各选举议员一名。

上项工会会员之不满万人者，得联合同类的工会凑成会员总数万人，选出议员一名。

（丁）农会：每省的县农会联合选举议员二名，每省的省农会选举议员一名。

此外尚有几种所谓"自由职业"，不能包括在上列各项职业团体之内。然而在国内代表一部分重要的职业的利益，而且比较的具有确定的组织，如律师、医生、新闻记者业之类，似也应当给以独立的代表权。我们以为，可由律师总会或全国各地律师工会联合会、各地医生会联合会、全国新闻记者协会或各地新闻记者联合会各选出议员二人。凡属于数种职业团体之人，只许以一个职业团体分子之资格，享有一选举权。

上列各会现有的组织，或为少数人所把持，或系秘密未公开的结合，往往不能代表各会的全体会员，这是很常见的事。故我们主张在未行国民会议议员的选举以前，凡没有成法可根据的，应从新制定组织法；凡有成法可根据的，亦应指明适用某种旧有的组织法，一律限期改组。

（原载《现代评论》第 1 卷第 10 号）

太上国民与国民太上
（1925 年 2 月 21 日）

　　执政府所拟的国民会议条件草案，缺点很多，本刊此后也许可作专篇去批评他的，现在姑且批评他的两点。法制院自称，该条例采用"一般选举"和"特别选举"两个方法。可是特别选举之中，更特别的就是"拒贿议员"和"宪法起草委员"两项。这两项简直可以叫做"特别的特别选举"！一般选举每道区选出二人，根据民国元年《众议院议员选举法》全国人口的假定，约三百五六十万人口选出议员一名，特别选举大学区满五千人以上选出议员一名，实业区满一万人以上选出议员一名，铁路区满五千工人以上选出议员一名。若拿这个标准来比较，一个宪法起草委员及三个拒贿议员要抵三百五六十万选民，要抵五千个毕业及肄业的学生，要抵一万个实业工人，要抵五千个铁路工人。这岂不是"太上国民"吗？我们小百姓奉这一类拒北贿而受南贿的先生们为"太上国民"，尤其是冤上加冤！

　　再依我们看来，国民会议一开，平常最下等的公民，都要变作神圣不可侵犯的一等官吏；平常自命为一等官吏，都要变为最下等的仆役。国民会议的权限只有国民会议自身可以决定，因为没有比国民会议再高的机关可以限定国民会议的行动。现在执政府居然限制国民会议专以制宪为职权，行政既不要他监管，甚至宪法也不让他起草，这个执政府岂不是以"国民太上"自居吗？

　　故国民会议如果要想开得成，国民会议的议决如果要想有效，非先打消这"太上国民"和"国民太上"的两种障碍不可！

　　　　　　　　　　　　　　（原载《现代评论》第 1 卷第 11 号）

执政府的生死关头
（1925 年 2 月 28 日）

　　胡景翼和憨玉琨太不替执政府争口气，偏偏要在这和平解决的声里火拼起来。善后会议还没有开会的时候，本刊即主张"善后会议的第一步便应该议决全国一律休战"，果然，在谈话会席上有人提议休战，执政府也从谏如流的把"休战电"——却不是"休战令"——发出去了。无怪乎执政府现在一听到胡憨开火，便大发雷霆，命军务厅发电，饬令"双方驻军各退三十里"。

　　现在我们倒不必问执政府有无饬令各省休战的诚意，只问执政府有无制止各省战争的实力。我们倒不必问"随员会议"、"师爷会议"到底有无成绩，只问"随员会议"到底有无制止"主帅"的能力、"师爷会议"到底有无拘束"东家"的效果。如果各省不谋而合，得到一个"你议你的，我打我的"秘诀，那么，这种"粉饰太平"的善后会议，就是议决一篇堂哉皇哉的裁兵案，结果也不过同"休战电"发生一样的效果罢了。所以我以为执政府的生死关头，就在这"三十里"内决定！

（原载《现代评论》第 1 卷第 12 号）

溥仪出京
（1925 年 3 月 7 日）

　　自清室优待条件取消后，溥仪已经取消帝号，变成中华民国的一介平民，凡中华民国的人民在法律上应该享受的权利，溥仪自然也应该享受。故溥仪只要不犯罪，当然有居住、迁徙的自由权。我们对于整千累万的出京的人从来没有大惊小怪过，为什么对于溥仪出京偏要大惊小怪起来呢？

　　溥仪游历日本，也是溥仪的自由。日本为中国的邻邦，每天不知道有多少人互相往还。为什么别人到日本去，不发生待遇的问题，独有中华民国的国民溥仪到日本去，却要发生待遇的问题呢？日本贵族院议员阪谷芳郎只"希望日政府关于外交上足引起国际疑惑之待遇，应力为避免"，我以为假定日本政府要以邻国君主之礼待遇溥仪，倒不仅足以"引起国际怀疑"，并且引起国交的问题。日本如果承认溥仪仍是皇帝，便是不尊重中国法律改变的结果。

　　所以我复望中国或日本的当局和人民都不必大惊小怪，不把溥仪当做一个平民看待。

（原载《现代评论》第 1 卷第 13 号）

马克斯的唯物史观 *
（1925 年 4 月 26 日）

前两天接到贵会的信，要我来讲演。我很惭愧！我于马克斯的学说，没有多研究，不敢说讲演。不过我觉得现在有许多人，对于马克斯不是作无意识的谩骂，便是作盲目的崇拜，而对于马氏学说却没有精深的研究。像这样的谩骂与崇拜，都不能使马氏心服。大凡当不起批评的学说，算不得真正的学说。学说越经人批评，到底才越明了。所以我今天不过把我对于马氏学说所得的一点，贡献诸君，和诸君批评批评。

马克斯一人所倡的学理很多，都是很难懂的。唯物史观是他学说中的一种，尤其是难懂的一种，诸君要研究马氏学说，非先明了他的唯物史观不可。所以我今便提出这个题目来。马克斯有一句最鲜明的话就是，物质环境能改变人的精神生活，人的精神生活却不能改变物质环境。换言之，社会上的经济组织变迁了，人的思想也要跟着变迁；社会上的经济制度组织没有变迁，思想却不能使他变迁。因为这样，所以有人说，既然思想不能改变物质环境，那么，我们凡事用不着思想了，尽可以大家袖着手或者睡着，等社会自己进化，无须人们来改进。所以一班人讥马氏为命定论派，就在这里。其实不然，马氏的唯物史观，本来含有他的革命主张。我现在先说他唯物史观中的五个公式，诸君就可以知道他不是命定论家。这五个公式，是唯物史观中的根本观念，他说社会进化，都离不掉他的公式。我现在为便利起见，勉强可以把他分成这五段：

---

* 高一涵先生在中大讲，熊以谦记。此稿经高先生亲自看过。

一、人类社会生活的基础。马氏既是经济学者，又是科学的社会主义者。所谓科学的社会主义者，就是对那班理想的社会主义者而言。理想的社会主义者欲改造社会，不从社会实际方面着想，只凭各人脑筋里空想社会要如何如何的改造，不管实际方面是不是这样，做到做不到。马克斯则不然。他句句要根据实际方面，一句不肯蹈空。他以为社会上经济的地盘先有变动，然后一切制度才能变动，物质的生产方法先变动了，然后社会制度方能变动。比如在游牧时代的民族，他们的生产方法全靠畜牧，在这畜牧情形下的物质方面，不过是畜几头牛和几匹羊，不过逐水草而居，而在这种物质情形之下的经济组织，便是公有制。到了农业生产时期，生产方法变了，物质方面也不反是畜牛畜羊就完事了，必要生产五谷，居住也要建筑房舍，而经济制度也就变成私有制了。因此马氏以为人类社会生活的基础，完全建设在物质生产方法上面的，把物质生产做基础，一切制度都从这基础上面发生。好比以物质生产方法做地盘，所谓政治、法律的建设和社会的意识，都生长在这地盘之上。如：

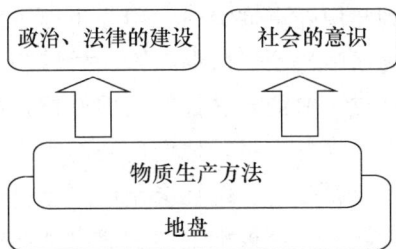

有某种物质生产方法，才有某种政治制度和某种政治、法律发生，才有某种宗教、哲学、艺术、风俗发生。所以人类社会生活，完全是跟着物质走的。物质变，生活一定要跟着变；物质不变，生活单独不会变。物质就是社会生活的基础。这完全是唯物主义，与唯心主义谓万事万物都跟着自己心理的变迁而变迁完全相反。因为马氏主张唯物论，所以他不信人类意识能改造社会环境，社会环境却能改变人类意识。手工生产不能生存了，人们不能不舍家庭生活而到工厂里找工做，过工厂生活，不管你愿不愿意舍家庭而入工厂。物质环境变了，你的生活方法总不能不变。这是马克斯唯物史观的第一点。

二、社会革命发生的原因。何以会发生社会革命呢？马克斯以为社会情形变了，而制度没有变，于是就有革命发生。这里要注意马克斯分的二个时期。他说，第一时期是物质情形与制度相合，这时不能发生社会革命；第二时期是物质情形变了，而制度未变，物质与制度便生了冲突，这时才有社会革命发生，革不合现在物质情形的制度，而使之合于现在物质情形。比如农业时代的制度，都是为保护农业生产而设的，一切只适合于农业时代的情形。等到由农业时代进而到工业时代，那用在农业时代适合的制度，便不能用在工业时代也适合，保护农业制度，不能拿来保护工业，于是非另起炉灶铸出新的适合于工业时代的制度不可。这种另起炉灶铸造新的制度的办法，是革命。我们须知道旧制度不能适合于新环境是不错的，不独人事这样，动植物通有这种情形。比如松树的外皮，本来是由保护树身的内皮变成的，等到树长时，便另生一层内皮，原先的内皮，便成了外皮，内皮生，外皮便要决裂，不然，内皮便为外皮所阻，不能发生。新内皮不能发生，树身便不会生长。新出的竹笋也是一样。笋出土时，外面有很多的壳层层包着，保护竹笋受害。等笋要生长枝叶时，原来的壳便要脱落。我们常见的螺蚌被有一层坚硬的外壳保护他柔软的肉体。肉体是要长的，壳是不会长的，等肉体长到与甲壳有冲突时，甲壳也要脱落，否则肉体的发生，反被保护的甲壳所障碍了。所谓树身、竹笋和螺蚌的肉体都好比是物质，所谓树的外皮、笋的壳、螺蚌的甲好比是制度，所谓树因生长外皮便要破裂，笋与螺蚌生长，他们的壳与甲也要脱落，好比是物质变迁了，社会制度也要变迁。但社会制度不会自己变迁，必须要人将旧的推翻，再建设新的。这种推翻旧的建设新的的手段，便是革命的手段。革命的手段，有缓进急进的不同。缓进是用和平手段改进旧制度，急进是用激烈手段推翻旧制度。如松与笋之慢慢脱落外皮，乃缓进也；螺蚌之一下子脱落甲壳，乃急进也。马氏近于缓进的革命派，此话后面再讲。马克斯革命起源之说如此，此乃马克斯唯物史观的第二要点也。

三、革命的思想与物质变迁的关系。马克斯既以物质生产方法做地盘，一切政治法律的建设、社会的意识，都在这地盘上发生。所以他以为革命的思想是因为物质生产方法变了，而制度未变，于是有思想的人出来想一种方法，使制度也变得与新的物质生产方法相合，这便是革命思想发生的原因。因为一班有意识的人，觉得物质生产方法已变，而制度不变，制度与物质情形发生冲突，而生活于此种冲突情形之下，觉得不安，非使制度与物质情形调和，生活不会安宁，于是起来革命。照这样说，岂不是社会革命还是要有意识的人出来提倡？岂不是与马氏自己的唯物史观有冲突？其实不然。社会革命固要有有意识的人出来提倡，而所以使这班有意识的人出来提倡的原动力却是因物质生产的方法变动的缘故。物质情形不变，有意识的人也不会觉得制度不合，不觉得制度不合，也不会提倡革命。然则社会革命还是离不了物质关系，这并不与唯物史观有冲突。所以马克斯以为时代的意识是形成社会革命的原因，而物质情形的变革又是形成时代思潮的原因，所以革命的思想与物质的变革脱不了关系。这是马克斯唯物史观第三重要点。

四、新制度的发生。当物质情形变动了，制度也要跟着变动。这跟着变来的制度，便是新的制度。新制度的发生，固然离不了革命的帮助，然而并不是将旧制度完全推翻，凭空另产出一种新制度，乃旧制度中已经结胎孕了这种新制度，只要藉革命的手段把新的从旧的里面产生出来就得了。好比茧这个东西。蚕之所以作茧，其目的在保护蛹的安宁，此时蛹与茧处于相安适的地位。但是等蛹化为蛾时，茧的作用便与蛾的生活冲突了。蛾要脱开不适生活的地方，另找适于生活的地方，于是只有将茧咬破，从中飞出来。我们陡然看见一只蛾从茧中飞出来，以为这新蛾是突如其来的，其实他是从旧的蛾蜕化来的。他必须在蛹的时期将蛾形成熟了，始有我们看见的新蛾。新制度也必须在旧的物质情形之下胎孕熟了，然后才能在新的情形之下产生新的制度。所以社会制度不到发生问题的时候，不会有问题发生。换言之，非有物质情形的作用，问题不会发生，某问题虽发生于此时，却早已在某种物质情形之下酝酿了。大资本主义底下的大工厂组织的制度不独为社会主义者所不愿意推翻，而且想利用到社会主义方面来作一种新的制度。可见马克斯并非激烈的革命派，是认社会进化是演进的，与进化派相像。因此，在急进派看马克斯，便有骂他不主张革命的，而在保守派却有骂他是激烈的革命派。其实马氏根本上主张革命，却不和激烈派的革命一样。他是主张新的制度是要从旧的制度里面出来，旧的制度里面已经有了新的制度，然后你的革命才能成功，否则虽革命也是无用。资本制度虽是社会主义的仇敌，但没有资本制度，社会主义不会发生，社会主义必要从资本主义下产生出来。这种新制度发生的观念，也是不背唯物史观的精神的。这是唯物史观的第四要点。

五、演进的社会革命论。马克斯是主张社会革命的，可是他很带有进化论的色彩。资本制度必承封建制度之后出来，社会主义又必从资本制度之后出来。好比升阶，须循等级，好比演剧，须一幕一幕的来演。社会主义便是社会制度最后的一幕，便是正幕，到这时候，人民才完全享到幸福，以前不过是些开台。所以马氏看社会是循着阶段一段一段进化的。因此，他虽主张社会革命，却不主张凭空革命，却不和那些理想的社会主义者的革命主张一样。他看社会虽然有变迁，其间却有一点相连续的影子。不跟着这影子革命，是不成功的。不有有产阶级的压迫，无产阶级不会起来反抗，资本制度便不会推翻，社会主义制度便不会建设。本着这自然的因果革命，革命没有不成功的。这也与他的唯物史观精神一致。这是唯物史观第五重要点。

我们明白了以上五种公式，便可以知道马克斯非反革命派。他要找出一个因果关系来，使人跟着某种因来革命，一定会得到某种果。有了资本主义的组织，一定可以产生社会主义的组织。这么一来，使革命者的信仰愈发坚定，革命愈发有效。他并不教人袖手等着社会变迁，并不说教育、宣传、运动、思想全然没有用。并且他最主张阶级战争，把阶级战争的重任全放在劳动者的肩上。由资本制度虽然可以产生社会主义，然而一班被压迫的劳动者不起来与有产阶级宣战，资本制度不会自倒，社会主义不会自兴。反之，只要劳动者起来革命，没有不成功的。二加三等于五，这是必然有的结果。马氏对于自己唯物史观的信仰，和信仰二加三等于五一样无疑。而二加三等于五不过是原理如是，而加上来须赖人为。马氏既一面信二加三等于五的自然原理，而一面又提倡那加二与三使之等于五的人为的势力。这样看来，马氏又何尝看轻人为的势力呢？又何尝主张袖手不去革命呢？他的意思不过要找出一条因果律来，使人革命思想信仰坚定，使人革命有成功的预料。

我们总以上的话可以看出马氏的唯物史观的真精神。他以为一切法律、政治的制度及社会的意识都是立在物质生活方法之上的。他以为社会革命是因为物质情形变了，制度未跟着变，旧制度在新的情形之下发生了冲突发生出来的。他以为革命思想无论如何要跟着物质变迁的线索走，不能离开物质情形而会凭空发生革命思想。他以为新制度必要从旧制度中产生出来，如小儿从母亲肚里产生出来一样。他以为现在的社会还没有达到真正有幸福的地位，必等社会主义实现才是真正有幸福的社会，而社会主义又必须从资本制度产生，资本制度是社会主义必经的一个阶段。他以为革命思想的发生虽与物质情形脱不了关系，而人为的势力适足以促成这种革命成功。这些都是唯物史观的根本观念。我们明白了他的根本观念，再来研究，便容易了解了。

（原载《京报副刊》第 130 期）

中国内阁制度的沿革
（1925 年 8 月）

（一）导言

　　中国古代并没有内阁的名称，凡国家大政均归宰相掌管，直到明代成祖的时候，才创下这内阁的名号。但是秦汉诸朝的宰相和明清两朝的内阁，虽然都是君主的辅弼，但宰相事无不统，很和近代欧洲各国的内阁执掌相似；而明清的内阁专司票拟，却和近代许多机关中秘书厅的执掌相似。因为秦汉的宰相，辅助天子，赞理万机，自钱财兵刑以至长吏的迁除，皆归宰相综核，六曹百官皆归宰相统率。到了明洪武年间，废除宰相制度，把国务分归六部管理，内阁的阁员只备顾问，重大的执掌在司票拟，仿佛如知制诰的翰林。由此看来，当那没有内阁制度的时代，倒反有实行内阁职权的宰相；到了有内阁制度的时代，却只有起草文书的秘书厅。故明清两代内阁的职掌，不但与近代立宪国家的内阁的职掌不同，并且与中国古代的宰相的职掌也不同。简单的说，没有内阁名号的时代，反有事实上的内阁；有了内阁名号的时代，反只有名义上的内阁。这是中国内阁制度的一种特色。

　　中国的中枢之任，既不必一定要由法定机关执掌，也不必一定要由法定官吏执行，究竟谁秉国钧，可由君主随时决定。往往行使宰相实权的，不一定要居宰相的官位，居宰相官位的，又不一定能行使宰相的实权。例如汉代以三公为宰相，至后汉三公虽在，但尚书却实行宰相的职权。至曹魏以后，三公更变成具员，而宰相的实权又归中书监令。唐初以尚书、中书、门下三省为政治中枢，后来各省长官如不带"同中书门下三品"或"同平章事"的头衔，便成为本省的事务官，一概不得预闻机密；至于"知政事"、"参议朝政"、"参预朝政"、"参知政事"、"参知机务"等官，就是不为三省长官，却反可以任宰相之任。再如明代的内阁，起初不过办理制诰等事，到了仁宣以后，大学士往往因为得到保傅的荣任，地位越高，阁权越大，君主反而言听计从。由此看来，中国的内阁既没有一定的组织，也没有一定的职权，有时可以把内阁的职务委托那非阁员执掌，有时又可以因为人的关系，把阁权随便缩小或扩张。这样无定制、无定员、无定职的中枢制度，又可算是中国内阁的一种特色。

近代各国的内阁地位和职权固然是各有不同，可是最不同的，要算是英美两国。英国的君主在事实上并不是行政元首，事实上的行政元首便是内阁总理；美国的内阁只算大总统的仆役，故内阁的行为，从法律上说，皆是大总统的行为。因此，英国的君主事实上有服从内阁的习惯，美国的内阁却有服从大总统的义务。中国无论是宰相、是内阁，皆不过是君主的仆役，皆一概服从君主。就这一点说，中国的内阁地位和权限与美国相似，与英国的内阁在实际上为行政元首者不同。美国的阁员由大总统任免，阁员"除与大总统会议机密外，与他官吏无异"[1]。中国的阁员任免权也由君主自由行使，宰相或阁员除参预机密外，也和他种官吏一样。丞相的名称始于秦代，应劭说："丞者承也，相者助也。"《通典》亦说："相国、丞相皆秦官，掌丞天子，助理万机。"由此可见，中国的宰相或阁员都不过是天子的仆役，他们所做的行政事务都是天子的行政事务，不是自己的行政事务。因此，便不能像英国的阁员享有特殊的地位。

再：英国的内阁为合议制的团体，阁员对于政策负有连带的责任。"美国政府无全体之行动，其实则美国政府本无所谓全体，各自隶属于大总统之下，人人对于大总统负责任，内阁员与内阁员之间无共同之政略，亦不负连带之责任。"[2] 中国的宰相或大学士也和美国的阁员一样，有时几个人同为宰相或大学士，这几个人都是各自独立的，各以独立的见解辅助君主，绝不负什么连带的责任。虽然在汉代以后，国家有大造大疑，由三公通而论之，国家有过事，由三公通谏争之[3]，明清两代，国家有大事，交内阁九卿会议，可是三公或阁员不一定要一致的议决，

---

[1] 蒲徕士：《平民政治》，第九章。

[2] 同前。

[3] 《后汉书·百官志》。

仍然可以独立的意见上奏。就是首相，也没有统一全体阁员意见的责任，因此，也没有连带辞职的必要。就这一点说，中国的内阁又很和美国的内阁相似。

凡是行内阁制的国家，总把阁员的行为看作自己的行为，并不把他看作君主或大总统的行为，因此，内阁对于职权的行使负有无条件的责任。又因为内阁负有无条件的责任，所以对于君主或大总统的违法的或不利益的命令，可以拒绝执行或拒绝副署。中国的宰相或大学士只是君主的辅弼，甚至于只备君主的顾问，所有行为都是君主的行为，故充其量只可以"献替可否，奉承规诲"①，在法律上绝没有拒绝执行或拒绝副署的特权。近代立宪国家，凡君主或大总统的行为，如果不经阁员参与，便不能发生效力；中国的阁员行为因为皆是君主的行为，所以没有这一层的限制。因为这样，所以立宪国家的阁员只是对于自己行为、不行为负责，并不是代人负责；中国的阁员本来只是君主的仆役，如果负责，便是代君主负责，并不是对于自己行为、不行为负责——因为他们自己没有独立的行为、不行为的特权。

再：近代的阁议多属公开性质；中国阁员的参赞机密事务，多属秘密性质。因此，凡是宰相，特殊的职务就在参预机密，反过来说，凡是参与机密的官员，皆可以称为宰相。后汉时尚书掌机衡之任，故尚书变成宰相；曹魏时中书监令预闻机密，故中书监令变成宰相；元魏时使门下省的侍中掌枢密之任，故侍中变成宰相；清代当西北用兵时，怕内阁泄漏机密，特设军需房，后来改为军机处，专办机密事件，故军机处又变成真正的内阁。由此看来，中国的内阁乃是参与机要的一种秘密机关。

把上述的各点综括起来，可以说中国的内阁乃是受君主随意委任、秘密帮助君主做事、专对于君主负责的顾问或辅弼的机关。再专就明清两代的内阁说，中国的内阁乃是点检题奏、票拟批答、起草诏令、兼备咨询的秘书厅。

本篇以叙述民国以前的内阁制度为限。民国的内阁制度是模仿欧洲的，和中国旧有的内阁制度没有什么沿革的关系。可是要想叙述明清两代的内阁制度，便不得不先叙述明代以前的宰相制度，要想叙述明代以前的宰相制度，便不得不划分时代。现在且把他分作四期叙述，自秦到

---

① 《明史·职官志》。

六朝为一期，自隋到宋为一期，自金到元为一期，自明到清为一期。前
三期是行宰相制度或省的制度的时代，后一期是行内阁制度的时代。

（二）自秦到六朝的宰相制度

三代时候，已经有"相"的名称，例如《晋书·职官志》说"成汤
居亳，初置二相，以伊尹、仲虺为之"，又《尚书·说命》说"爰立作
相，王置诸其左右"，皆是。但据《历代职官表》说"三代置相，虽本
左右辅相之义，非设有是官"，可见设相为官，乃是秦代的事。且看
《史记·秦本纪》说：

> 武王二年，初置丞相，樗里疾、甘茂为左右丞相。

杜佑《通典》也说：

> 始皇尊立吕不韦为相国，则相国、丞相皆秦官也。金印紫绶，
> 掌丞天子，助理万机。

由此看来，相国在秦代是最尊重的官位，班次在丞相之上。到了汉
代，相国和丞相通同是一样的官职，所以有时置相国便不置丞相，或置
丞相便不置相国。自成帝以后，设立三公，分行丞相的职权，于是三公
皆变成宰相。且看《通典》说：

> 成帝绥和元年，御史大夫何武建言，古者民谨事约，国之辅
> 佐，必得圣贤，然犹则天三光，备三公官，各有分职。今末俗之
> 弊，政事烦多，宰相之才，不能及古，而今丞相独兼三公之事，所
> 以大化久未洽也。宜建三公官，定卿大夫之任，分职授政，以考功
> 效。于是上拜曲阳侯王根为大司马，而何武自御史大夫改为大司
> 空，皆金印紫绶，比丞相，则三公俱为宰相。

经过这一次改革，不但把宰相的人数加多，并且把宰相的职掌分
开，使他们各有各的专职。古代称"三公论道经邦，燮理阴阳"[①]，可
见三公并没有专职。故《通典》又说："三公无官，参职天子，何官之
称？"就是汉初的丞相，也是没有专职的，且看《史记·陈丞相世家》
上说：

---

① 《尚书·周官》。

> 孝文皇帝问右丞相勃曰："天下一岁决狱几何？"勃谢曰："不知。"问："天下一岁钱谷出入几何？"勃又谢不知，汗出沾背，愧不能对。于是上亦问左丞相平，平曰："有主者。"上曰："主者谓谁？"平曰："陛下即问决狱，责廷尉；问钱谷，责治粟内史。"上曰："苟各有主者，而君所主者何事也？"平曰："宰相者，上佐天子理阴阳，顺四时，下育万物之宜，外镇抚四夷诸侯，内亲附百姓，使卿大夫各得任其职焉。"

由此可见秦汉的宰相，事无不统，并不专司一职，只是政务官，不同时兼做事务官。至后汉太尉（即大司马）、司徒、司空，才各有分职。且看《后汉书·百官志》上说：

> 太尉公一人，掌四方兵事功课，岁尽即奏其殿最而行赏罚。凡郊祀之事，掌亚献。凡国有大造、大疑，则与司徒、司空通而论之。国有过事，则与二公通谏争之。
>
> 司徒公一人，掌人民事，凡教民孝悌、逊顺、谦俭、养生、送死之事，则议其制，建其度。凡四方民事功课，岁尽则奏其殿最而行赏罚。凡郊祀之事，掌省牲，视濯。凡国有大疑、大事，与太尉同。
>
> 司空公一人，掌水土事，凡营城起邑、浚沟洫、修坟防之事，则议其利，建其功。凡四方水土功课，岁尽则奏其殿最而行赏罚。凡郊祀之事，掌扫除乐器。凡国有大造、大疑，谏争与太尉同。

大概宰相制度到了后汉，很有一点和近代的内阁制度相似，就是一方面分管国政，一方面又合议国政，几乎和近代的国务员同时兼各部总长相仿佛。三公通论大造、大疑，可当得近代的国务会议，谏争过事，可当得近代的拒绝副署，不过在法律上的效果不同罢了。自汉代以后，无论宰相制度怎样变更，但六曹总归宰相统率，自兵刑钱谷以至长吏迁除，皆由宰相总辖。到了唐代尚书都省之左右司，宋代中书门下之八房五房，亦皆总官庶务。由此可见，从前汉到后汉，宰相所管的职务已经有这样的变迁了。

自光武以后，政事又不任三公，尽归尚书管理。且看《后汉书·仲长统传》说：

> 光武矫枉过直，政不任下。虽置三公，事归台阁。（章怀太子注：台阁谓尚书也。）自此以来，三公之官，备员而已。

但是光武以后，虽然把政权交给尚书，却没有尽夺三公的职权。故马端临《文献通考》说："自后汉时虽置三公，而事归台阁，尚书始为机衡之任。然当时尚书不过预闻国政，未尝尽夺三公之权也。"① 自明帝有录尚书事的制度，三公才不预事，故凡做三公的，如果不录尚书事，便不得预闻国政。此后，杨秉劾侯览，尚书说他越奏，于是三公才不得劾近臣；吕强请选举但任尚书，于是三公才不预闻选事。所以自后汉而后，尚书便变成"总典纪纲，无所不统"②、"出纳王命，敷奏万机"③、"政令之所由宣，选举之所由定，罪赏之所由正……内外所折衷，远近所禀仰"④ 的中枢机关了。

自魏文帝后，又设下中书监和中书令，并管机密事务，此后，中书又变成政治中枢。这时的尚书令和中书监，如荀彧、荀攸、华歆、刘放、孙资等，皆是曹氏的私人；如贾充、荀勖、钟会等，皆是司马氏的私人。因亲信而掌机密，因掌机密而夺取相权，而三公却是一班"备员高位，畏权远势之人"⑤，故政权渐为中书一省所独揽。到六朝时代，门下省的侍中又掌诏令机密，后魏时"犹重门下官，多以侍中辅政，则侍中为枢密之任"⑥。王应麟《玉海》说："政归尚书，汉事也；归中书，魏事也；元魏时，归门下，世谓侍中黄门为小宰相。"

到了后周，仿照《周礼》设官，故以大冢宰为丞相之任。"大冢宰卿一人，掌邦治，以建邦之六典，佐皇帝治邦国。"⑦ 我们现在且把这一个时期的宰相制度综括起来说，就是秦汉以相国、丞相或三公掌内阁的职务，后汉以尚书掌内阁的职务，魏晋以中书掌内阁的职务，后魏以门下掌内阁的职务，后周以大冢宰掌内阁的职务。这是第一期宰相制度的变迁。

（三）自隋到宋的三省制度

大概自后汉到后周，这一个时代是三省（尚书、中书、门下）迭掌

---

① 《文献通考·职官考三》。
② 《永乐大典》。
③ 欧阳询：《艺文类聚》。
④ 《文献通考·尚书令门》。
⑤ 《文献通考·职官考三》。
⑥ 《文献通考·职官考三》。
⑦ 《太平御览》。

宰相的职权；自隋到宋，这一个时代是三省同掌宰相的职权；自元到明初，这一个时代是中书一省独掌宰相的职权。从隋代起，尚书、门下、内史（即中书）三省就同行宰相之职。隋代的中央政府的组织如下：

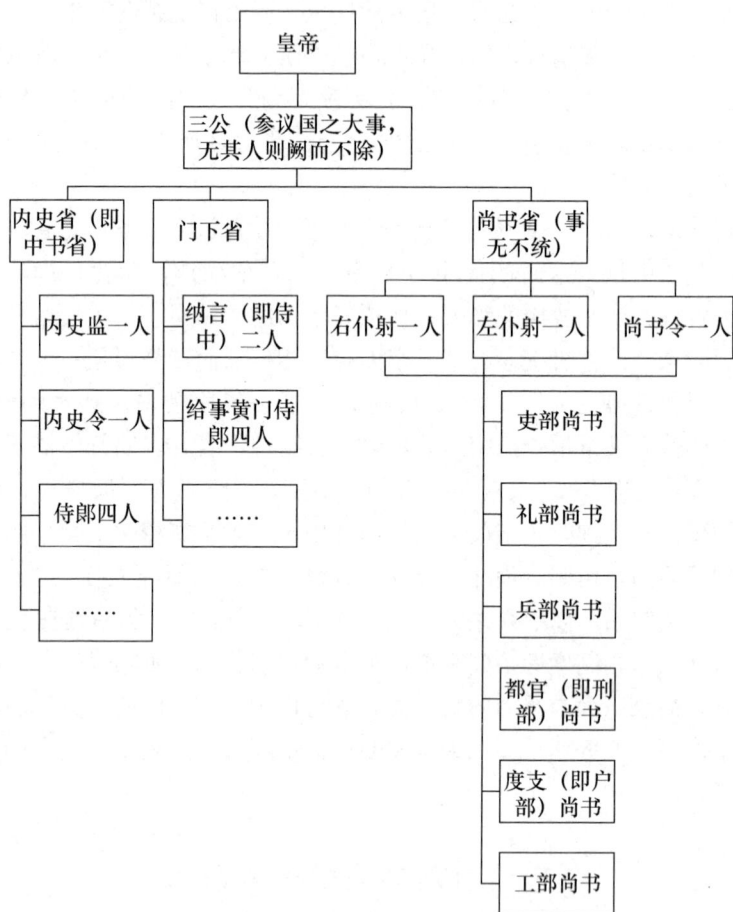

```
                        ┌──────────┐
                        │   皇帝    │
                        └────┬─────┘
                   ┌─────────┴──────────┐
                   │ 三公（参议国之大事， │
                   │ 无其人则阙而不除）   │
                   └─────────┬──────────┘
     ┌──────────────┬────────┴──────────────────────┐
┌─────────┐   ┌────────┐                    ┌──────────┐
│内史省（即 │   │门下省   │                    │尚书省（事 │
│中书省）   │   │        │                    │无不统）   │
└────┬────┘   └───┬────┘          ┌───────────┼───────────┐
┌─────────┐  ┌────────┐     ┌────────┐ ┌────────┐ ┌────────┐
│内史监一人 │  │纳言（即侍│     │右仆射一人│ │左仆射一人│ │尚书令一人│
└────┬────┘  │中）二人 │     └────────┘ └───┬────┘ └────────┘
┌─────────┐  └───┬────┘              ┌────────┐
│内史令一人 │  ┌────────┐             │吏部尚书 │
└────┬────┘  │给事黄门侍│             └────────┘
┌─────────┐  │郎四人   │             ┌────────┐
│侍郎四人   │  └───┬────┘             │礼部尚书 │
└────┬────┘  ┌────────┐             └────────┘
┌─────────┐  │ ……     │             ┌────────┐
│ ……      │  └────────┘             │兵部尚书 │
└─────────┘                         └────────┘
                                    ┌────────┐
                                    │都官（即刑│
                                    │部）尚书  │
                                    └────────┘
                                    ┌────────┐
                                    │度支（即户│
                                    │部）尚书  │
                                    └────────┘
                                    ┌────────┐
                                    │工部尚书 │
                                    └────────┘
```

《通典》说："隋有内史、纳言（即中书令、侍中），是为宰相，亦有他官参与焉。柳述为兵部尚书，参掌机事，又杨素为右仆射，与高颎专掌朝政。"[1] 由此看来，隋代虽然官制上有三公，但是因为官高不曾除人，故政治的中枢在内史和纳言。可是尚书令权最大，事无不统，当然又是政治的中枢。故隋代一方面已经以三省同掌宰相的职掌，一个方

---

[1] 《通典·职官三》。

面又以他官兼掌宰相之任（如柳述、杨素等是）。唐代三省同为宰相，及以他官同平章事，大概都是取法隋制的。

唐代沿袭隋制，以三省同掌宰相的职权。尚书曰都省，门下为左省，中书为右省。尚书省总理众务，统率百官；门下省出纳帝命，规驳非违；中书省献纳制册，敷扬宣劳。凡有军国大事，中书出命，门下封驳，尚书施行。现在且把唐代的三省制度列表如左：

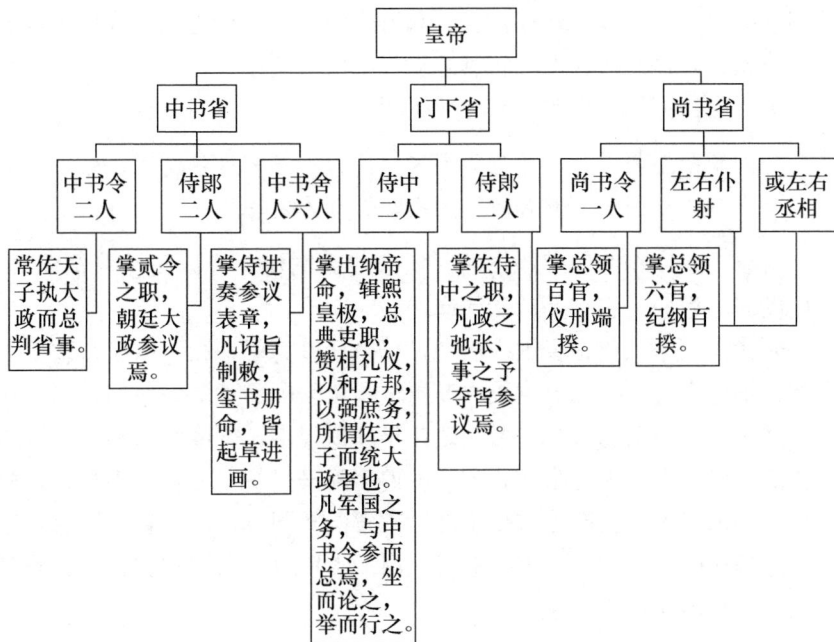

《新唐书·百官志》说：

> 唐因隋制，以三省之长中书令、侍中、尚书令共议国政，此宰相之职也。其后以太宗尝为尚书令，臣下避不敢居其职，由是仆射为尚书省长官，与侍中、中书令号为宰相。其品位既崇，不欲轻以授人，故尝以他官居宰相职，而假以他名。自太宗时，杜淹以吏部尚书参议朝政，魏徵以秘书监参预朝政，其后或曰参议得失、参知政事之类，其名非一，皆宰相职也。

又《通典》说：

> 唐侍中、中书令是真宰相，其余以他官参掌者无定员，但加同中书门下三品及平章事、知政事、参知机务、参与政事及平章军国

重事之名者，并为宰相，亦汉行承相事之例也。

大概唐以三省为政府，故仆射、侍中、中书令三官，一方面共议国政，为国务员，一方面管理省事，为一省的长官。后来以他官做国务员，凡是三省长官不带同平章事的官衔的，皆不过参预省事，为本省的事务官。三省的职掌虽各有不同，但遇有军国大事，一定要共同合议，仿佛与近代的国务会议相同。而门下省独掌封驳，遇到君主有违法的或不利益的命令，可以封还或批驳，和近代国务员的拒绝执行或拒绝副署权几乎相等。这是唐代的三省制和近代的内阁制相似之点。

再：唐代的制度，凡宰相皆兼馆职，照宋敏求《春明退朝录》说：

> 唐制宰相四人，首相为太清宫使，次三相皆带馆职，宏文馆大学士，监修国史，集贤殿大学士，以此为次序。

自唐代以宰相兼领馆职以后，历宋代到明清，皆以阁员兼领馆事，故内阁兼领馆职，实在是从唐代起的。

宋代自元丰以前，皆因袭唐制，以平章事为真宰相，以参知政事为副相。不过宋代的宰相制度屡次变更，初年以同平章事为宰相，神宗元丰年间以左右仆射为宰相，徽宗政和年间以太宰、少宰为宰相，钦宗靖康年间又以左右仆射为宰相，孝宗乾道年间又以左右丞相为宰相，自此以后，终宋代不曾再改。宋代虽然以三省同掌国政，但三省的职权在法律上分得很明白，就是中书省取旨、门下省覆议、尚书省施行。且看彭百川《太平治迹统类》说：

> 元丰五年六月诏：自今事不以大小，并中书省取旨、门下省覆奏、尚书省施行。三省同得旨，更不带三省字行出。辅臣有言中书独取旨，事体太重，上曰：“三省体均，中书揆而议之，门下审而覆之，尚书承而行之，苟有不当，自可论奏。”先是，虽沿三省之名，而莫究分省建官之意，各得取旨，纷然无统，至是上一言遂定。

由此可见，到了宋代，中书单独取旨，与君主直接的机会独多，故中书省的地位独重。自此而后，中书的权限独专，他相半成具员，“而门下、尚书之官为首相者，不复与朝廷议论”，故“元佑初，司马光乃请令三省合班奏事，分省治事”①。由此可知，宋代名义上虽说三省分

---

① 《文献通考·职官考三》。

治国政，事实上却仍是一省专政。至蔡确为中书侍郎，执中书造命之说排挤他相，使不得与造命取旨之事，更得以使其专政之私了。

宋代定制的本意，原想使取旨、审议、实行三权各自分立，可是行之不久，三权分立之说便完全打破。且看叶梦得《石林燕语》说：

> 本朝沿习唐制，官制行，始用《六典》，别尚书、门下、中书为三省，各以其省长官为宰相。左仆射兼门下侍郎，行侍中之职，右仆射兼中书侍郎，行中书令之职，而别置侍郎以佐之，则三省互相兼矣。然左右仆射既为宰相，则凡命令进拟，未有不由之出者。而左仆射又为之长，则出命令之职，自己身行，尚何省而覆之乎？方其进对执政无不同，则所谓门下侍郎者，亦预阅之矣。故批旨皆曰"三省同奉圣旨"，既已奉之，而又审之，亦无是理。门下省事惟给事中封驳而已，未有左仆射与门下侍郎自驳已奉之命者。则侍中、侍郎所谓省审者，殆成虚文也。

由此看来，三省分立之制，到宋代几乎完全破坏。宋人有提倡废门下省说的，大概就是因为这种原因。司马光虽然仍想维持三省旧制，可是却不赞成三省分立，很想使三省一同取旨，因为照唐代的三省分立制行去，办事的程序非常的繁重，往往一件事迟延至年余才能办完。且看司马光说：

> 凡内降文书及诸处所上奏状、申状，至门下中书省者，大率皆送尚书省，尚书省下六曹，六曹付诸案勘，当检寻文书，会问事节，近则寺监，远则州县，一切齐足，然后相度事理，定夺归着，申尚书省，尚书省送中书省取旨，中书既得旨，送门下省复奏划可，然后翻录下尚书省，尚书省复下六曹，方符下诸处。以此文字繁冗，行遣迂回，近者数月，远者逾年未能决绝，或四方急奏待报，或吏民词讼求决，皆困于留滞。[①]

司马光因为想免除这样繁复的办事程序，所以主张恢复从前三省合议制，"以都堂为政事堂，每有政事差除及台谏官章奏，已有圣旨三省同进呈外，其余并令中书、门下共同商议，签书施行"[②]。由此可见，到了宋代，政治的中枢已经渐渐移到中书一省，门下省因为形同虚设，

---

① 原文见《文献通考·职官考四》。
② 同前。

不能行使覆审大权，而尚书省又久已不与闻朝廷议论。元明两代废去尚书、门下，独留中书一省，或者是继续这个多年的趋势，也未可知。

宋代的宰相在事实上很具有政党内阁的雏形。当神宗熙宁二年，用王安石做参知政事，用陈升之做同平章事，不久安石升同平章事，一人独相，便制定新法，极力推行，这可算是新党的内阁成立。后来安石辞职，司马光、吕公著等旧党内阁成立，推翻安石的政策，停止新法，和近代立宪国家政党内阁更代很有一点相似。

（四）金元的单省制度

辽代官制分北南两院："北面治宫帐部族属国之政，南面治汉人州县赋税军马之政。"① 北南府宰相"掌佐理军国之大政"②，于事无所不统，和尚书令总领六部相似。辽代南院官制还有中书省、门下省、尚书省，金代自正隆定制以后，却只有尚书省。金代尚书省官职如下：

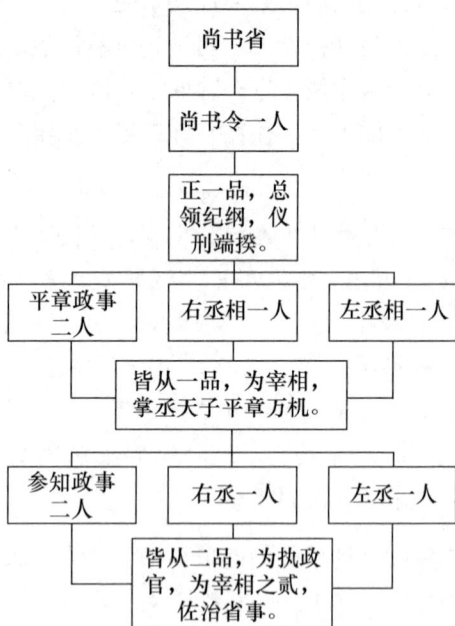

```
                    ┌─────────┐
                    │ 尚书省  │
                    └─────────┘
                         │
                  ┌──────────────┐
                  │  尚书令一人  │
                  └──────────────┘
                         │
                  ┌──────────────┐
                  │ 正一品，总   │
                  │ 领纪纲，仪   │
                  │ 刑端揆。     │
                  └──────────────┘
         ┌───────────────┼───────────────┐
    ┌─────────┐     ┌─────────┐     ┌─────────┐
    │ 平章政事│     │右丞相一人│     │左丞相一人│
    │ 二人    │     └─────────┘     └─────────┘
    └─────────┘
                  ┌──────────────┐
                  │ 皆从一品，为宰相，│
                  │ 掌丞天子平章万机。│
                  └──────────────┘
         ┌───────────────┼───────────────┐
    ┌─────────┐     ┌─────────┐     ┌─────────┐
    │ 参知政事│     │ 右丞一人│     │ 左丞一人│
    │ 二人    │     └─────────┘     └─────────┘
    └─────────┘
                  ┌──────────────┐
                  │ 皆从二品，为执政 │
                  │ 官，为宰相之贰， │
                  │ 佐治省事。       │
                  └──────────────┘
```

金以尚书令、左右丞相、平章政事为宰相，左右丞、参知政事为执

---

① 《辽史·百官志》。
② 同前。

政官，前者是管理国务的，后者是管理省务的。到了元代，虽然也以丞相和平章为宰相，以左右丞、参政为执政官，与宋金各代一样，可是官制却大有变更。因为元代三置尚书省，但终久还把他废掉，把他的职务一概并归中书省掌管，尚书左右两司曹属皆变成中书省官。这是制度上一大改革。大概元代的中央政府，已经造成一种三权分立制，就是以中书省总庶政，以枢密院掌兵要，以御史台纠弹百官。军政和监察两事另有机关掌管，故中书省只不过管行政事务罢了。元代中书省的官职如左：

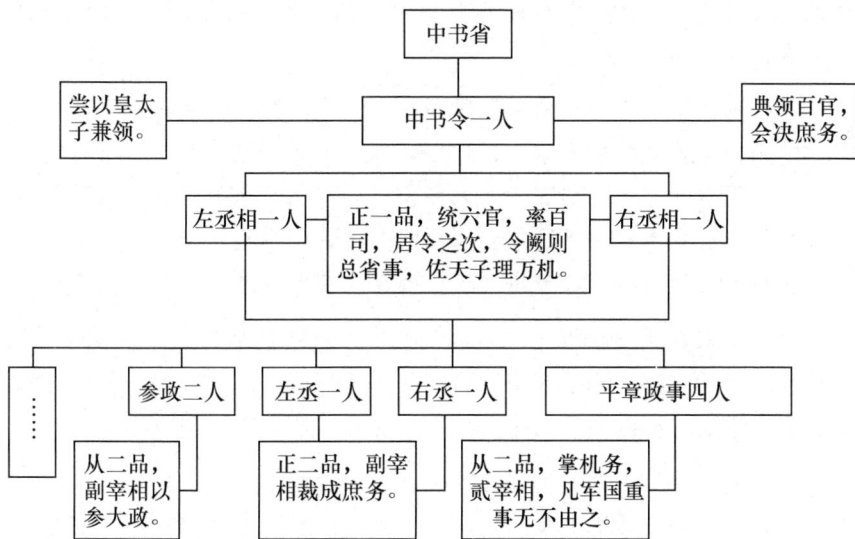

元代的中书令形同虚设，真正宰相乃是右丞相、左丞相。胡粹中在《元史续编》中，攻击元代宰相制度的错乱，说：

> 中书政本，元既有中书令矣，复立左右丞相，则丞相特中书令之佐贰耳。既以令为虚设，右左丞相为正宰相，而复设平章政事，则又以平章为宰相贰矣。然平章政事非宰相而何？名之不正，莫此为甚！至其末流，丞相而遥授焉，则冗滥极矣。

据《历代职官表》说，元代的这样制度全仿金制（惟金属尚书省，元改归中书省）①，但无论他是创始的或仿效的，总免不掉错乱的弊病。

---

① 《历代职官表》卷四。

到明代洪武十二年止，宰相制度便告终结，而内阁制度便从此发生了。

（五）明清两代的内阁制度

明代初年还沿用元代的旧制，设中书省，置左右相国及平章政事等官。到了洪武十二年，左丞相胡惟庸等既伏诛，便废掉中书省，抬高六部的地位，使分司国务，于是造成绝对的君王独裁制，历代所称为宰相之官，到这时便完令废止了。虽然仿照唐宋集贤资政等制设大学士，可是只用他们备顾问，并不用他们来参与国政。且看《明史·职官志》说：

> 洪武十五年，仿宋制，置华盖殿、武英殿、文渊阁、东阁诸大学士，又置文华殿大学士，以辅导太子，秩皆正五品。敕谕群臣，国家罢丞相，设府部院寺，以分理庶务，立法至为详善，以后嗣君其毋得议置丞相，臣下有奏请设立者，论以极刑。当是时，以翰林春坊详看诸司奏启，兼司平驳，大学士特侍左右，备顾问而已。

由此看来，当洪武年间，大学士还以掌翰林职为主，只备顾问，不能算是政治的中枢。到了成祖以后，侍讲、侍读、编修、检讨等官才参预机务，于是才有内阁的名称。再看《明史·职官志》说：

> 成祖特简讲读编检等官，参预机务（简用无定员），谓之内阁。然解缙、胡广等既直文渊阁，犹相继署院事。至洪熙以后，杨士奇等加至师保，礼绝百僚，始不复署。正统（英宗年号）七年，翰林院落成，学士钱习礼不设杨士奇、杨荣座，曰此非三公府也，二杨以闻，乃命工部具椅案，礼部定位次，以内阁固翰林职也。嘉、隆（世宗、穆宗）以前，文移关白犹称翰林院，以后则竟称内阁矣。

大概明代的中枢机关，在国初是中书省，在洪武十三年后是六部，成祖以后是内阁。至仁宗时阁权尤重，因为此后杨溥进位少保，杨士奇、杨荣进位少师，以师保兼领阁权，所以阁权渐重，和宰相简直没有什么差别。自此六部的权任渐轻，凡事多禀承内阁的意旨，然后施行，而六部便变成隶属内阁的机关了。

明代内阁的职掌，据《明史·职官志》说：

> 内阁中极殿（旧名华盖殿）大学士、建极殿（旧名谨身殿）大学士、文华殿大学士、武英殿大学士、文渊阁大学士、东阁大学士

（并正五品）掌献替可否，奉承规诲，点检题奏，票拟批答，以平允庶政。凡上之达下，日诏，日诰，日制，日册文，日谕，日书，日符，日令，日檄，皆起草进画，以下之诸司；下之达上，日题，日奏，日表，日讲章，日书状，日文册，日揭帖，日制对，日露布，日译，皆审署申覆而修画焉，平允乃行之。……大典礼、大政事，九卿科道官会议已定，则案典制，相机宜，裁量其可否，斟酌入告……以其授餐大内，常侍天子殿阁之下，避宰相之名，故名内阁。

当成祖初创内阁的时候，只正五品，官秩很卑，故朝位班次，远在尚书、侍郎之下。自仁宣以后，阁权渐重，便渐得支配六部，"嘉靖以后，朝位班次俱列六部之上"[1]。故凡国家有大典礼、大政事，由九卿科道官议决，经内阁核准，才能够上奏。可见内阁对于六部及院寺的议决有裁度可否之权，这是内阁得统制六部以下各官厅的明证。不过明代内阁的职掌，专门在票拟一事，只同知制诰的翰林，并不似古代宰相的职掌。故自后汉事归台阁而后，其官虽然不是宰相之官，其职还是宰相之职；自明代改为内阁制度以后，其官既不是宰相之官，其职也不是宰相之职了。

清朝政府多沿用明代旧制，内阁制度也是这样。清代内阁设大学士满汉各二人，正一品，"均由特简，赞理机务，表率百僚"[2]，"内外诸司题疏到阁票拟进呈"[3]。补授后，再由君主命兼殿阁及六部尚书衔。殿阁名有六，日保和殿、文华殿、武英殿、体仁阁、文渊阁、东阁。（旧制殿名四、阁名二，乾隆十三年省中和殿衔，增入体仁阁衔，为殿阁名各三。）再设协办大学士，满汉各一人，俱从尚书本衔，为从一品。协办大学士与大学士同理阁务，仿佛宋代的参知政事，比宰相次一等。不过宋代参知政事是政府的正员，清代的协办大学士却是以尚书充任的，部务乃是本职，阁务不过是兼职罢了。此外还有学士，掌敷奏本章，传宣纶绂。又有侍读学士，掌收发本章，总稽翻译。

清朝的内阁成于康熙时代，在这时已有翰林院分去内阁一部分职掌，因为翰林院也是掌制诰以备顾问的机关。到了雍正年间，别设一个

---

① 《明史·职官志》。
② 《历代职官表》卷二。
③ 《皇朝通考·职官考》。

军机处，又分去内阁一部分重要的职权。于是内阁的职权渐轻，而军机处的职权渐重，大有代替内阁管理一切机密事务的趋势。且看蔡镇藩在《请审官定职疏》中说：

> 国初内三院皆设大学士，康熙时改为内阁，分其职而设翰林院，雍正时又分其职而设军机处。内阁、翰林院、军机处，即初时之国史院、宏文院、秘书院也。惟军机处因西北军务而设，未遑定官，迄今百数十年，赞理万机，政事无所不统，并非专办军务。①

清代的军机处本为西北用兵而设，最初是专管军事的机密命令和计划的，略如元代枢密院的职掌。后来因为军机大臣天天在皇帝的左右参赞机务，便把内阁的职权渐渐夺过去了，居然成为内阁中的内阁。起初，内阁、翰林院和军机处虽然同为君主的秘书厅，可是所司的职务还是分的，且看王昶在《军机处题名记》上说：

> 本朝谕旨诰命其别有四。凡批内外臣工题本常事，谓之旨，颁将军、总督、巡抚、学政、提督、总兵官、榷税使，谓之敕，皆由内阁撰拟以进。凡南北郊时享祝版及祭告山川、予大臣死事者祭葬之文与夫后妃宗室王公封册，皆由翰林院撰拟以进。然惟军机处恭拟上谕为至要。上谕亦有二：巡幸、上陵、经筵、蠲赈，及内臣自侍郎以上、外臣自总兵知府以上黜陟补，暨晓谕中外者，谓之明发上谕；诰诫臣工、指授兵略、查核政事、责问刑罪之不当者，谓之寄信上谕。明发交内阁，以次交于部科；寄信密封交兵部用马递，或三百里，或四五六百，或至八百里以行。其内外臣工书所奏事，经军机大臣定议取旨，密封递送亦如之。

由此看来，至雍正后，凡草拟上谕、参赞这一类机密大权，已经转移到军机处手中，内阁概不能参预。就因为"内阁在太和门外，僻直者多，虑漏泄事机……军机处地近宫廷，便于宣召，为军机大臣者，皆亲臣重臣，于是承旨出政，皆在于此矣"②。这就是军机处所以夺取内阁的职权的真正原因。

到了光绪二十七年，又设会议政务处，以分军机处的职权。除关于军国大事外，普通政务方针皆由政务处审议。政务处的重要职权就是：

---

① 《皇朝掌故汇编·内编》卷一。
② 赵翼：《军机处述》。

（一）会议特旨交议事件，（二）审议百官的条陈，（三）审核各衙门的奏章。最后到宣统三年，清廷乃颁布新内阁官制十九条，仿效近代欧美各国的内阁制，而以庆亲王为内阁总理。中国废掉历史上固有的内阁制，采用各国通行的内阁制，可算是从这个时期起首的。自明代到清末，内阁制度的沿革大概如此。

（六）内阁的职权

中国内阁的职权向来是不固定的，遇到大有为的君主，如清康熙、乾隆的时代，阁员只能唯唯听命；遇到昏庸的君主，如明世宗、熹宗的时代，阁员又往往是大权独操。这种因人而变的内阁制，实在是专制政体下的必然的结果。

中国式的内阁制度到清代而止，故本节所述的内阁的职权以清代为主。又因为清代的内阁和军机处并立，职权的分野既没有法令规定，又没有天然的界限可寻，虽然到了清末，有人建议把军机处改为枢密院，专掌兵要①，但这个建议并没有成为事实，故军机处的职掌虽然和元代的枢密院及明代的都督府的职掌大致相同，但因为机关接近君主，人员又为君主所信任，所以往往夺取内阁的实权。由此看来，军机处在实际上居然成为内阁中的内阁，甚至于成为内阁上的内阁，大学士如果不带军机大臣的头衔，往往只管阁务，不得参预机密。军机处既然成为事实上的内阁，自然不能不叙述他的职权了。故本节先叙述清代内阁的职权，然后再叙述清代军机处的职权。

（A）内阁的职权。前边说过，中国式的内阁乃是"点检题奏、票拟批答、起草诏令、兼备咨询的秘书厅"，那么，内阁的职权当然以这几种事项为主了。现在为方便计，姑且分别叙述如左：

（一）起草诏令。明清两代的内阁既然很像知制诰的翰林，故起草文书乃是阁员的重要职务。明代的阁员因为起草诏令，所以有人说阁臣发议可以代替王言，地位非常重要。清代自设军机处后，上谕虽然由军机处起草，可是"凡批内外臣工题本常事，谓之旨，颁将军、总督、巡抚、学政、提督、总兵官、榷税使，谓之敕，皆由内阁撰拟以进"。诏令的起草虽然还要呈请君主裁可，比不得现代国务员的拟定命令权，可

---

① 见蔡镇藩：《请审官定职疏》。

是在事实上君主却多半是同意的，有时固然要遵奉君主的意旨去起草，但是有时君主或不曾表示意见，而阁员的草稿往往有转移君主意见的效果，使君主只立在同意的地位。

（二）票拟批答。凡内外诸司的题奏到阁，内阁检阅题奏的内容及方式，付以意见，用小票墨书贴各疏面以进。又关于官吏的任免进退，因等级的高下、事情的轻重，拟定办法进呈。有时因为有几种处分的办法，并可以用双签、三签、四签，以待君主的决定。

（三）收发本章。中央各部院的题奏直达内阁，地方长官的题奏经通政司转达内阁。（自光绪二十八年废通政司，凡外臣上奏皆直达内阁。）内阁检阅这一类的题奏，进呈君主；君主因军机大臣的详议然后决定采否。除密行文件外，皆发交内阁，由内阁发送下去，以达于各官厅。

（四）撰拟徽号、谥号。"凡上徽号、进册宝册印，俱由内阁撰拟文篆，至皇子、皇孙及王公、公主名号，俱承旨拟奏。"凡庙号、尊谥、赐谥，皆由内阁照一定的字义拟定上呈。

（五）保管御宝。清代的御宝比任何朝代都多，藏于交泰殿者二十五，藏于盛京者十。因事件的性质不同，故所用玺印也不同。这些事务也是内阁的职务。

（六）纂修实录史志诸书。"凡纂修实录史志诸书，充监修总裁官。"

（B）军机处的职权。军机处乃是办理枢务、承写密旨的地方，以机密为主。因为机密的缘故，不得不擢用亲信的大臣，因为任用亲信的缘故，不知不觉的便夺去内阁的实权。到了吸收内阁的实权而后，便变成唯一最高的统治机关，不止办理军务，凡军国大政，几乎无所不统。现在姑且把他的职权分述如左：

（一）听答君主的咨询。军机处是君主的最高顾问机关，不论君主在京或在外巡幸，总令军机大臣随行，随时召见顾问。清初机事皆归内阁，自雍正以后，本章归内阁，机务及用兵皆归军机处，故君主几乎没有一天不和军机大臣见面，凡君主有所商议，必随时召见军机大臣陈述意见。

（二）商定军事计划。计划军事乃是设立军机处的唯一目的，凡用兵方略，皆由军机处随时决定，密谕前敌军将遵行。

（三）议决国家大政。军机处不只备君主的顾问，遇到国家大政，往往交由军机处议决。例如于既定官制外从新设立新官制，或处理新设官厅的特别行政事件，及决定外交事务的方针，并宣战、媾和等事，皆由军机处密议，经由君主裁可施行。

（四）起草上谕。军机处的职掌"在恭拟上谕"①，凡"巡幸、上陵、经筵、蠲赈，及内臣自侍郎以上、外臣自总兵知府以上黜陟补，暨晓谕中外者，谓之明发上谕；诰诫臣工、指授兵略、查核政事、责问刑罪之不当者，谓之寄信上谕"，皆由军机处拟稿，呈请君主酌定。

（五）审议撰拟题奏。凡由内阁所拟的旨敕、由翰林院所拟的封册祭祀之文，如果君主认为不当，便交给军机处审定。② 又"凡内外臣工所奏，有旨敕议者，审其可否以闻"③。

（六）审理大狱。军机处关于破坏国宪、紊乱朝政的政治犯，有最终的审理权。如归军机处特别管辖，便由军机处传讯；如须和刑部协议，便同刑部会审。由此看来，军机处也可以行使特别的司法权。

（七）奏请任免钦命文武官吏。凡钦命的文武官员（京内文官自大学士至京堂，武官自御前大臣至步军、前锋、护军统领；京外官吏自将军、督抚至布政使、按察使）的任免进退，均由军机处奏请，或开列候补人的名单，或开列各官厅的缺单奏上，而请君主决定。

以上所述的乃是内阁和军机处的职权。不过严格说起来，无论是内阁或是军机处，都没有一定的权限，只有随时属托的事务。简单一句话，就是在君主专制政体之下，"创制立法皆天子之事，既出圣裁，实为典要"④，故内阁所有的只是义务，绝没有什么权利。所以《历代职官表》说："总之钧衡近地，职参密勿，其事权之属与不属，原不系乎宰相之名，而惟视乎人主之威柄以为操纵。"⑤ 如果行近代的内阁制，便是清高宗说的"为宰相者居然以天下之治乱为己任，至目无其君，此尤大不可也"⑥ 了。这是中国式的内阁制度所以无定制、无定员、无定职的原因。

（原载《国立北京大学社会科学季刊》第 3 卷第 4 号）

---

① 王昶：《军机处题名记》。
② 同前。
③ 同前。
④ 是明监察御史许士廉等对明太祖说的话，见黄元升：《昭代典则》。
⑤ 《历代职官表》卷二。
⑥ 《书程颐〈经筵札子〉后》。

那里配称得起"反动"
(1925 年 10 月 10 日)

自我病了以后,整整隔了三十期(从十四期到四十四期)没有在本刊上发过议论。有许多人说,在这三十期——二百一十天——中,国内发生一派很激烈的"反动运动",这个运动在政治上主张废除代议制,恢复科道制;废除选举制,恢复科考制。在文学上主张推翻平民文学,恢复他自己都没有做得通的什么贵族文学。尤其荒谬的,是以督理、省长为贵族,由他们指派师爷、幕友来集成什么会什么会,更用那上不在天、下不在田、南奔北附、东倒西歪的无聊政客来商榷什么是什么非。"肉麻"杂志,"饭碗"机关,装饰品似的参什么院,师爷似的起什么草……大概都是这个反动运动的总成绩。

我因为北大脱离教育部一案,多蒙人家抬举,加我"勾结肉麻派"的头衔。以"时论高之"的我,早应该鼓吹"执政府者乃乘无法之末运,开造法之初基……谋弋取天下德慧术智之总量,以奠民生而立大本"一派的吹皱一身皮肉的话,方才对得起"时论"。但是我的梗顽不化的态度,仍和从前作阶下囚时一样,故我对于反动运动的顽固的反对,仍然不因"时论高之"或"时论低之"而改变。

我以为做反动运动的人至少要具下列的三个条件:

(A)要有历史进化的眼光;

(B)要有应付时势的主义;

(C)要有容纳普通思潮的雅量。

我虽然不曾在"名邦大学负笈分驰"过,但是我却相信只要少微有点常识,总可以知道英国人是最会做反动运动的人。当法国革命思想横行世界的时候,别的国家连正眼儿也不敢相觑,独有英国人敢首先出来反对,那时白克(Burke)、边沁(Bentham)、梅因(Maine)一类人就是反对法国革命思潮的急先锋。近来当马克思的社会主义思想横行世界的时候，别的国家也只有画依样的葫芦，又独有英国人敢仗胆出来修正，最近福滨社会（Fabian Society）一派人就是反对马克思阶级战争思潮的健将。

可是边沁和梅因虽然都是同白克一样反对法国的革命思潮，想使英国免去这个传染病的侵害，但是边沁、梅因的反对法国革命思潮的论调却和白克不同。白克以为凡是英国祖先遗传下来的法律习惯，都是神圣不可侵犯的，都是完美无缺的，丝毫没有改革的必要。可是我们如果要读一读华颇（S. Walpole）的《英国史》，至少可以看出白克所颂扬的英国宪政，和那时工业发达的英国实际社会已经两不相容了。那时工业发达，城市的人口移动很厉害，古色若（Old Sarum）在法律上应出两个议员，可是却没有一个住民；壁特县（Bute）只有一个选民，却选出一个代议士。他如大地主公然买卖议席，财政部公然指派一百七十二个议员，都是人人皆知的。故只就代表制一点说，白克所认为神圣不可改易的选举制，已经变成绝对不可存在的选举制了。

至于边沁和梅因的反对法国革命思潮的方法，便不同了。边沁一方面纠正法国革命时所鼓吹的无根据的谬论，一方面却纳容法国革命时所提倡的那些关于民权、民治的真理。故边沁虽然反对"天赋人权说"，却主张"法定民权说"；梅因虽然反对"社会契约说"，却从历史上找出"社会进化说"。换句话说，边沁和梅因的思想虽然都对于法国革命思想的反动，可是经过这一次的反动，结果便淘汰了许多毫无根据的谬想，建设起来合乎社会需要的法律改革论，及合乎历史事实的社会进化论。

因此，便有许多学者认定：白克的保守说，本想截堵住政治上的革命，但是结果却制造起来政治上的革命；边沁等的改革说，本不想截堵住政治上的革命，只想疏导革命潮流朝另一方面进行。故白克的反动学说不久便渐渐失势，而边沁的反动学说却成为照着英国社会改革走上正途的明星。所以，真正能消灭革命浩劫的学说并不是白克一派的反动论，而是边沁一派的改革论。

最近英国人抵抗革命思潮的精神，仍然和从前一样的完健。当马克思阶级战争的学说侵入英国的时候，福滨社会便因时而起。他们主张缓缓的进化，不主张激烈的革命；只主张容纳社会主义的思想，不主张一步一趋的模仿社会革命的运动。结果他们便把社会主义的根本原理——如土地公有、生产机关公有、打破不劳而得的阶级等——大部分采用起来，却同时又打破社会革命的学说，建设起来这社会进化的学说。

现在且正告中国的反动派：你们如果以为自己落伍，骂骂人，出出气，那就罢了；如果真正想做点实在事，可不是斗嘴头，弄字眼儿，或尽量的把一般趋炎附势、乞恩求宠的人的私信公表出来，便算完事。第一，最少要具有历史进化的眼光，不要只在历史的轮回劫中翻筋斗，竖蜻蜓，拿古今的差异当作中外的差异，硬一口咬定了说：中国是万古都以农业立国的。第二，要有应付时势的主义，不要把那死过去的制度当作万古不变的圣经看，硬在民治政体下翻出专制政体下的袍褂出来，披在身上，做一件遮丑的衣裳。第三，要有容纳普通思潮的雅量，不要弄小心眼儿，和人家撇气，硬把时代的思潮一笔抹煞。不能如此，便不配称为反动家。

（原载《现代评论》第 2 卷第 44 号）

关税自主将变成一句空话
（1925 年 11 月 7 日）

自前一个星期各国关税会议代表在会议席上表示对于关税自主案的原则大体赞同之后，多数的报纸都认定关税自主已经不成问题。但是我们一看本月三日日本和美国各代表的提案，就可以看出此次所谓"关税自主"只不过是欺骗中国人的一句空话！你如不信，请看日美两国所提出来的条件：

（一）日本全权代表的提案

第五条："在此同一过渡期内，中国应与其他缔约国分别议订新条约，依两方愿意，规定某种物品所适用之互惠的协定税率，且此项条约应在一定期间内继续有效。"

（二）美国全权代表的提案

本代表团承认中国关税自主之原则，并允磋商一种新条约，以便将该原则发生效力。……

……订立一种新条约内应有下列之条款：（一）此次新条约发生效力三个月后，中国可以征收一种一律实行新进口税率，该项税率由值百抽五至值百抽一二·五，其出口税率由值百抽五至值百抽七·五，此作为临时办法，俟至中国关税自主发生效力为止。……

从上述的提案上看来，关税自主的原则各国虽然承认，可是关税自主的原则发生效力的时期，还不知道在于何年何月。日美两国都提议要订立新条约，这个新条约完全以协定关税的原则做根据。这个"互惠的协定税率"的条约,究竟行至何时,当然仍须仰承列国的意旨了。照这样说来,这次关税自主的原则就是经过列国承认,也不过是句空话。和从前各国租借条约一样,那一次租借条约上不承认中国的主权,但是那一个租借地上容得中国实行主权呢?奉劝注意关税自主的人,赶快起来运动,好打消那以新协定条约来代替旧协定条约的办法。

(原载《现代评论》第 2 卷第 48 号)

冯张果真能合作吗？
(1925 年 11 月 21 日)

在这一个星期内，我们虽然不能知道冯张合作的条件已否议成，可是冯张双方撤兵却是事实。双方撤兵固然不能说是冯张合作的成功，但是总可算是冯张合作的开始。据报纸上的报告，双方撤退的军队集中的地点如左：

（一）北京方面的国民军撤退，集中南口。

（二）保大方面的奉军撤退，集中保定。

（三）北京东北方面的奉军撤退，集中古北口。

（四）京津方面的奉军撤退，集中军粮城。

（五）京东方面的奉军撤退，集中玉田。

这种样式的撤兵，究竟是否为永久和平的表示，尚属重大疑问。因为在古北口的奉军与在南口的冯军，仍然是遥遥相对；在玉田和军粮城的奉军，仍然在监视京津一带；在保定的奉军，仍然是掌握京汉路线上的防御权。而况河南方面的军队又节节前来，邓宝珊已向保定方面突进，李纪才、陈文钊已向山东方面突进，皆有一触即发的危险。照这样说来，不但没有永久和平的希望，就是暂时和平也不是十分靠得往的。

强力之下无公理，武装之下无和平。政见相同，利益相同，可以合作；以力制力，绝对不能合作。故我总以为冯张合作的根本条件在裁兵而不在撤兵。

（原载《现代评论》第 2 卷第 50 号）

中国现在是否有恢复御史制度的必要？
（1925 年 12 月 1 日）

中国的御史制度真可算是世界上万国所无的一种特殊制度。御史所有的职权，无论那一国都是分散在各种政治机关分别执掌，从来没有看见过有那一国把这些职权合在一个机关、由一种官吏行使，如中国御史制度的。

本篇所说的御史，乃是包括清代都察院的都御史及科道说的。所谓科，就是六科给事中，所谓道，就是十五道监察御史，此外还有由科道中指派的巡仓、巡漕、巡察、巡城等御史或给事中，都一律包括在内。御史是台官，给事中是谏官，故科道又可只称为台谏。

在宋代以前，言官与察官本是分立的。谏官司言，御史司察。言官掌规谏讽谕，献可替否；察官掌纠弹官邪，肃正纪纲。一个监督君主，一个监察官吏。到了宋代，设下言事的御史，于是言官和察官才合而为一。但是宋代虽然使御史兼言事，可是却不许谏官兼察事。换句话说，只许御史奏论政事得失、民生疾苦，却不许谏官纠弹官吏、指斥奸邪，故台谏两官仍是分立的。到了清代雍正年间，才把六科归并到都察院，因此，台谏两官才完全混合起来了。

大概在唐代以前，待谏官比待御史隆重；到了宋代以后，君主多讨厌谏官妨碍自己的专制，于是或谏官缺出而不除人，或并谏官一起废掉。就是勉强留下给事中一职，亦不过虚应故事，绝不想使他行使封驳的职权。这样一来，给事中几乎和御史做同一的职务，从此监督君主的职务少，监察官吏的职务多了，这就是近代台谏所以完全混合的原因。我们要想明了御史制度的变迁发展，应该先少须叙一叙台谏两官变迁沿革的历史。

一、御史官职的沿革

在秦代以前，虽然也有御史，但是只掌记事的任务，不掌纠察的任务。到了秦代用御史监理诸郡，汉代用御史中丞察举非法，用御史纠察朝仪，然后御史才掌纠劾非违的任务。可是汉代的御史大夫乃是三公之官，品位次于丞相，和后世的御史大夫职掌大不相同。直到后汉废去御史大夫，使中丞出居外台，做御史台的长官，才专以纠察为职掌，和清代都察院的堂官相同。大概自这一次变革之后，御史台的官职已经确定，而各御史的职掌，如理大狱、治疑案、察非法、劾违失，以及督军、督粮、监郡、捕盗诸任务，也都从两汉以来就确定了。

自晋、宋、北魏而后，不设御史大夫，于是中丞的威望，一天比一天尊重。这个时代的中丞，声势异常的煊赫。"出入千步清道，与皇太子分路，王公百辟咸使逊避，其余百僚下马，弛车止路傍，其违缓者，以棒棒之。"（《通典》）大概专制政体唯一的精神在恐怖，故君主多盛张耳目之官的威仪，务使百僚个个怕惧。唐韦仁约说："御史衔命出使，不能动摇山岳，震摄州县，诚旷职耳。"故六朝时代，是中丞的威仪煊赫到了极点的时代，到周隋而后，这种风气才渐渐的革除。

隋代又设御史大夫，但是却废掉御史中丞，用治书侍御史代行他的职务。隋代御史制度上一大变迁，就在罢御史直宿禁中的制度。自三代、秦、汉以来，御史备官多在禁中治事，号称天子的近臣。后汉的中丞虽然出外为御史台长，但是如侍御史之类，还每夜更番入直内台。故汉侍御史何敞说："臣谬预机密。"可见汉代的御史乃是参与机密的近臣。后来虽然常有变更，可是兰台始终属内省，御史常在禁中治事。自隋炀帝废入直禁中的旧制，于是御史渐渐离开宫禁，专隶属于外台了。这也是御史制度的一个重要的变迁。

唐宋的御史台共分三院：（一）台院，其僚曰侍御史；（二）殿院，其僚曰殿中侍御史；（三）察院，其僚曰监察御史。唐代的十道巡察使，乃是明清御史分察各省的渊源；分察尚书省六司，乃是明清御史分察部院各衙门的渊源；监太仓使，乃是巡仓御史的渊源；馆驿使，乃是巡察御史兼查驿站的渊源；至于开元而后，用中丞做探访使，所有的节度使、观察使、刺史等官，多加御史大夫或中丞的头衔，更是元代的行御史和明清两代的督抚加都御史衔的渊源。

此外□有两点可以令人注意的，就是：（一）御史风闻弹事，（二）御史独立纠弹。风闻弹事，不问有无实据，皆可弹劾，乃是保障御史的唯一方法；独立纠弹，不受长官的指挥命令，又是保障御史职权独立的唯一方法。

宋代许御史兼言事，也是御史制度的一个重要的变迁。自此而后，御史不但能够纠弹官邪，并且可以条陈时政得失，奏论民生疾苦，一方面可算是御史职权的一大扩张，一方面可算是开台谏合一的先例。

自元代而后，御史的品位越发抬高，御史大夫升到从一品的地位。自此御史台便和中书省、枢密院平行，以中书省掌政务，以枢密院掌兵要，以御史台掌纠察，居然造成了中国式的三权分立制。明初因袭元制，立三大府：中书总政事，都督掌军旅，御史掌纠察，也是一种三权分立的制度。由此可见御史职权的增高和进步。

二、给事中官职的沿革

前面已经叙述过御史官职的沿革，现在再略叙一叙给事中官职的沿革。因为在清代以前，给事中一官，或属于集书省，或属于门下省，或独立自成一署，皆和御史台或都察院不生关系。到了清代雍正初年，才把六科归并到都察院中，使六科受都御史的考察，于是台谏才完全合而为一。

给事中的名称，因为有事殿中，故曰给事中。在六朝以前，大概多以名儒贵戚充任，侍从左右，掌备顾问。到了梁陈两代，给事中在侍从左右、献纳得失外，还有"省诸奏闻……随事为驳"的职掌，自此便有"封驳"的任务。"封谓封还诏书而不行，驳谓驳正诏书之所失。"（田锡的话）大概自汉到隋，给事中一官多用君主尊宠之人，自隋而后，"皆以外廷之臣为之，并不预宫中之事"（《文献通考》自序）。故从前的给事中，可以在诏书未草之先献纳得失，此后的给事中，仅能在诏书发下之时驳正违误。拿给事中来和御史相比较，虽然可说给事中可以谏止违失于诏书未行之先，御史仅可以纠弹非违于败坏已成之后，但是如果拿隋唐以后的给事中来和从前的给事中相比较，那么，隋唐的给事中似乎仅仅可以谏止违失于诏书已制之后，不能献纳得失于诏书未制之前了。这也是给事中一官由宫内移到宫外的当然的结果。

自唐而后，给事中在封驳诏书的职权之外，还可以驳正刑狱、纠理冤滞无告、裁退选补官吏的不当。到了宋代，给事中一方面分治六房，为后代六科分察六部的渊源，一方面升为门下后省的长官，为后代六科独立自成一署的渊源。这种变迁在给事中制度上很含有重要的意味。

自宋代而后，君主渐渐有嫌恶谏官的倾向，所以谏官往往不常除人。到了三省制度一废，凡谏议大夫、司谏、正言等官曾属于门下省的，也因而废掉。金代的给事中一官虽然未废，但只为内侍的转官，不掌封驳的职任。元代的给事中，又转任兼修起居注之事，也可算是名存实亡。到了明代，给事中的职掌不但恢复唐宋的旧制，并且比唐宋给事中的官职还要扩张。因为自明革中书省后，并把一切谏官裁去，只留给事中一职，故给事中兼掌谏议补阙拾遗的职任。而且在明代，给事中一官，并不属于任何衙门，独立自成一署，凡章疏案牍都和部院衙门平列。官秩虽只有正七品，而职权却非常的重要，六部官吏没有敢抵抗科参的。这是明代给事中的价值。

三、清代的台谏合一制

清初还沿用明制，六科独立，自为一署。直到雍正元年，才把六科归并到都察院，造成台谏完全合一的制度。六科给事中分察六部，十五道监察御史分察各省，六科给事中稽察各部院的文书，十五道监察御史稽察各部院的事务。把六科同十五道合称起来，所以叫做科道制。

现在，把科道的各种职权分别叙述如左：

（A）建议政事权。清代承继唐宋旧制，凡左都御史、左副都御史、给事中、监察御史都许风闻言事。旧有轮班条奏之例，凡政事得失、民生疾苦、制度利弊、风俗善恶，皆能以耳目官的资格，尽量陈述。故顺治十年的上谕说："凡事关政治得失，民生休戚，大利大害，应兴应革，切实可行者，言官宜悉心条奏，直言无隐。"平时的条奏，随人各抒意见，如果遇到政事上有大阙失，便可由各道全体列名，公同封进。

（B）监察行政权。不管是中央官厅，或是地方官厅，凡他们所管事务的施行和成绩，皆当向都察院科道报告，科道得检查这一类的报告、兼察视政治的状况。如有违反法令、妨碍公益以及紊乱官纪的事情，都可由各科道奏请纠正。

（C）考察官吏权。凡"京察"由本衙门考核，填注考语事迹，造册密送吏部、都察院、吏科、京畿道会考。至于外官"大计"，由各省督抚核实官评，分别汇题。吏部会同都察院、吏科、京畿道详加考察，分别奏请。如果有鉴衡不公、黜陟失当、循情滥保、姑容不职者，皆可由科道纠参。此外，如吏、兵等部及宗人府等衙门的议处人员，如降级罚俸等惩戒处分，亦由都察院堂官察核例案，定议具奏。

（D）弹劾官吏权。都察院虽然有监察行政、考察官吏的权，但却没有指挥命令官吏的权，并且没有直接的惩罚官吏的权。故都察院监察权的行使，全靠这种弹劾官吏权做保障。因为都察院有整饬风纪的责任，故在法律问题之外，还可以过问道德问题。因此，不但对于百官违反法令及妨害公益的行为可以弹劾，就是对于官吏个人的私德私行也可以弹劾。不但对于败坏风纪已成事实的行为可以弹劾，就是对于风闻传说未明真相的行为也可以弹劾。此外，更不但对于普通官吏可以弹劾，就是对于王公贝勒大臣也可以弹劾。这种风闻弹劾的旧例，的确是御史的唯一保障。

（E）会谳重案权。凡犯罪至死的重狱，必定要下刑部、都察院、大理寺三法司会同覆核，这就是近代司法制度中的终审权。从前的御史职在执法，故常常被称为法吏，清代也承认"御史理刑，是其职掌"，故"凡交三法司核拟事情，御史会同大理寺官面审同议"。至于"各省刑名事件，分道御史与掌道御史一同稽核"。御史不但可以同审同议，并且在意见不一致时，可以独立的意见拟定判决书上奏。故都察院至少也可算是构成终审裁判机关的一个重要部分。

（F）辩明冤枉权。清代的上告，到都察院及通政使司衙门具本奏闻为止。凡人民控诉，先到司道府州县衙门，若这些衙门不理，便可到督抚衙门控诉，若督抚仍不理，或受理而审断冤枉，便可到都察院衙门击鼓鸣冤。都察院处理上告案的方法有三：（一）具本奏闻，（二）咨回各该省督抚覆审，（三）径行驳斥。但驳斥权稍有限制，不能擅自行使。由此可见都察院一半是救济冤狱的裁断机关，一半是行政处分的裁判机关。

（G）检查会计权。无论中央或地方官厅，凡经费的出纳，皆受都察院的监察。各衙门的会计报告，皆付都察院审查。例如户科，凡京内各衙门支领财物的册簿及捐项，皆得随时考查；京外各省的钱粮杂税漕粮盐课关税等事，有浮冒舛错朦混的，皆得指出弹劾。故都察院对于会计的审查，似乎比近代审计院的权限还大。

（H）封驳诏书权。六科对于本章诏旨的封还驳正权，早定于顺治初年。□是"凡部院督抚本章已经奉旨，如确有未便施行之处，许该科封还执奏；如内阁票签批本错误，及部院督抚本内事理未参，并听驳正"。这就是自梁陈以来，历代给事中所有的封驳权。

（I）注销案卷权。这种注销权的唯一作用，就在限定时期，使事务按期结束。如有迟延不结的事件，即行参奏。现在的上级官厅对于下级官厅虽有核销案卷权，但是限期却不能这样的周密。

（J）监察礼仪权。自汉代用御史纠仪而后，历唐宋到明清，监察朝仪的职掌或归殿中侍御史，或归监察御史。凡有朝会，必由御史稽察朝仪，遇有紊越班行、言语喧哗、威仪不肃者，皆可弹劾。至于举行祭祀临雍各种典礼，也由御史稽察违失、肃正礼仪。这也是专制的时代维持君主尊严的一种重要的方法。

以上所述的是清代都察院的各种职掌。大概专制的朝廷，政治组织的根本原理，就在以上制下、以内制外。御史制度不但是以上制下、以内制外的最好方法，并且是政权出自一人的专制制度的最真实的表现。

四、结论

我们现在要想决定"有无恢复御史制的必要"一个问题，必先要假定说，若不恢复御史制度，凡科道的所有职权，便都没有机关担任。可是现在中国的弊病，并不在监察权没有机关行使，只在各机关法律上有监察权，事实上不能行使监察权。例如建议政事、监察行政、弹劾官吏等权，都分配在国会；官吏的考绩权，如京察、大计等，都分配在各种监督官厅；关于铨选叙任的考核权，都分配在铨叙局；关于官吏惩戒处分决定权，都分配在惩戒委员会；关于刑事案的终审权分配在大理院，检事权分配在检察厅，判断违法不公的救济权又分配在各级审判厅；关于会计的检查，乃是审计院的专责；关于行政争讼的裁判，乃是平政院的专责；关于封驳诏书，很有些像国务员的拒绝附署，又是阁员的责任。他如文卷的注销，虽然没有专管的官厅，可是上级官厅的核销，与六科专在文卷上察核，也没有多大的区别。还有监察朝仪祭礼的职任，已因国体不同而废止，今后更没有恢复的余地了。由此看来，中国现在的政治组织中，并不是没有行使监察权的机关，只因为有监察权而不能行使。故为现在计，只须抬高或改善各种行使监察权机关的地位和组织，似不必另起炉灶的重新创造新机关。

再：御史制度乃是以上制下、以内制外的专制的或集权的制度，根本上就不适用于以下制上、以外制内的民治的或分权的制度。无论你怎样反对代议制，但是代议制可以改易，而由人民管理政府和监督政府的民治原理是绝对反对不掉的；无论你怎样反对联邦制，但是联邦制就是不能实现，而地方自治和行业自治的分权原理也是绝对反对不掉的。有许多人说，国会所以横行无忌，就因为国会的权力太大；反过来说，如果要把所有监察权都集中在一个都察院，那么，都察院岂不是又要变成横行无忌的机关吗？从历史上看来，历代的台谏，党同伐异，排斥异己，攀权附势，贿赂公行，或使毫无常识的人混杂其间，或明知他们越权偾事而不能制止的，到处皆是。大家因深恨议员万能的弊害，便忘却了御史万能的弊害；大家因深恨议员结党营利、依附权势的弊害，便忘却了御史结党营私、依附权势的弊害。但是议员的行动或多是党派的行动，一个人往往未必能任意的为非作恶；至于御史的行动多是个人的行动，故一个人往往可以任意的横行无忌。国会固然一方面可以牵制住少数的好人，使他们不能发挥个性，可是同时又可以牵制住少数的坏人，使他们不能任意作恶；反过来说，御史制度固然可以使一个好人独立的行使监察权，可是同时又何尝不能使一个坏人独立的妄用监察权呢？故就御史的职权说，现在都分配在各种机关，没有恢复御史制度的必要；就御史制的利害说，御史制的弊害或远过乎代议制的弊害，也没有恢复御史制度的必要。

（原载《晨报》七周年纪念增刊）

平民革命的目的与手段
（1925 年 12 月 12 日）

"平民革命"本是一个好听的名词，至少在中国还没有被人轻薄过，可是同时做平民革命的实行家自己也不要玷污了他的清白才好。依我的浅陋的愚见说，要想不白糟蹋了这个好名词，第一要弄清楚这平民革命的目的和手段。

人人都知道，凡做事有手段无目的，便是瞎闹；有目的无手段，便是梦想；有目的有手段，而手段与目的自相矛盾，便是自杀。这个浅薄的理论是尽人皆知的，可是一到实行起来，却往往不免自相矛盾。在他们做得兴高采烈的时候，你要是从旁边插嘴说他们不对，他们往往对你翻白眼骂你，甚至于说你是反革命。

平民革命的目的何在？我个人对于这个问题当然不能作具体的答覆，可是笼统的说起来，总不出下列的一个最小的限度。就是：

（A）对内至少须要求一个立宪的、公开的和有计划的民治政府，至少须要求定下废督裁兵及保障言论、自由集会的政策。

（B）对外至少须要求废除一切不平等条约，至少须要求中央政府绝对不受任何帝国主义的势力暗中操纵。

如果连这样最低限度的最低限度的主张都不能提出，那么就根本上不能大吹法螺，说是平民革命。

假定平民革命的目的如此，那么这种革命成功是那一阶级受害呢？我可以毫不踌躇的答道：军阀。照这样说来，平民的对头就是军阀，平民革命就是打倒军阀，必得把军阀打倒，平民革命的目的才能够实现。不然你要立宪的政府，他偏要专制的政府；你要公开的政府，他偏要秘密分赃的政府；你要有计划的政府，他偏要无计划的政府；你要废督，他偏要造督；你要裁兵，他偏要招兵……你要打倒帝国主义，他偏要靠着帝国主义生活。便怎么样呢？

我所谓打倒军阀，乃是推翻一切的军阀，并不是联络甲军阀打倒乙军阀。今天联甲攻乙，明天又联丙攻甲，乃是那抱耍狗熊主义的政客做的，不是平民做的。在平民的眼光看起来，甲军阀、乙军阀、丙军阀、丁军阀……皆是一个娘养的，皆是吃人不偿命的虎狼，皆是杀人不眨眼的强盗。

平民要闲得不耐烦，学学政客先生们，好像斗蟋蟀一般挑拨他们打着玩，那我们可以不说话；平民要有仇不能报，学学失意的军阀们，借刀杀人，让我们从旁边看得一个痛快，那我们也可以不说话。如果口中自夸我是无政府主义家，手中执着红帜表示我是共产主义家，或者怀中挟着书包自称是民治主义家，你们再要联起军阀，利用起军阀，或者垂首乞怜于军阀，那就真是梁任公所骂的"傻小子"的行为！

无政府主义家，共产主义家，民治主义家，无主义主义家，今天这个主义明天那个主义家，请你们不要做那某军阀比较好些、某军阀听我们指挥、某军阀被我们利用等等不成梦的好梦，白白的把这"平民革命"一个好听名词弄糟了，才是"中华民国万岁"！

（原载《现代评论》第 3 卷第 53 号）

对于委员制的意见
（1926 年 1 月 6 日）

委员制的宣传到现在已经一年有余，不但本刊对于这个制度不曾明白讨论过，就是我个人也从没有对于这个制度发表过一点半点意见。现在因为北大国语演说会要辩论这个问题，要我发表一点意见，供他们的参考，姑且把我个人对于这个制度的意见略为说一说。

我当未说委员制性质之前，先述述中国人主张委员制的理由。中国的名流学者主张委员制的有章太炎、徐季龙、褚慧僧三人。太炎先生想用委员制来息中国武人的纷争，故说："总统只有一位，而才望等夷者众，其势必出于争。"这是太炎先生主张委员制的理由。季龙先生主张委员制的大意是："内阁制和总统制在中国都试验过了，都没有好的成绩。现在只有一个委员制不曾试验过，不如姑且拿他来试一试看。"季龙先生主张委员制虽然还有其他的理由，但是这也是他许多理由中的一个理由。慧僧先生在善后会议中提出委员制，是想把各省督军督办一齐网罗到中央来，作为废督的初步办法。这是慧僧先生主张委员制的理由。

如果主张委员制的人只拿这几种理由做根据，那么，我们只得哑口无言，听他们发挥"妙论"罢了。如果认为对于委员制的本身还有讨论的必要，那么，小子便要放肆，发挥我个人的"妙论"了。我以为要想采用委员制：

第一，要有委任和监督这委员会的机关。关于这一点，并不必要高谈学理，我们只要"顾名思义"的问一问："委员是什么人委的?"那就够了。只有被委的机关，没有委人的机关时时在他们之上来监督他们的行为、纠问他们的责任，那么，委员制的名义和实际便完全消失了。瑞士的行政委员会是对于"联邦议会"负责的，绝对是服从联邦议会的议决案。所以狄卜来（Dupriez）说：在瑞士"各行政长官（委员）只有遵奉立法部的意志，他们并且没有选择别种方法的余地，他们总是好好的服从"。委员的来，必由国会选举；委员的去，必同国会期满一同的去。老实一点说，就是国会把他们平日相信的人们推举出来，教他们去组织一个"奉命唯谨"的行政委员会，来执行国会自己的议决案。英国的白芝浩（Bagehot）说："内阁者，特一富于缀系性之委员会也。"他把内阁看作委员会，立论的根据完全就在这一点。由此可见，凡能名称其实的叫做委员制，必定要有委任机关存在。中国现在的委任机关在那里了？没有委任的机关，只有被委任的机关，就根本上不能冒称委员制。

第二，委员会只能做执行国会政策的机关。凡是采行委员制的国家，立法的本意只想降低行政部的地位，不是想抬高行政部的地位。瑞士的行政委员会在实际上只要委员自己愿意连任，几乎没有不继续当选的，所以行政委员在习惯上几乎变成终身官。由此可见瑞士的政治制度是把决定政策权划归联邦议会，单把执行政策的职务委托于行政委员会，因此瑞士的行政委员只以行政经验为当选的条件，并不是选举他来代表某一个政党或某一种特殊势力的。例如在一八八八年，中央自由党虽然在国会中失掉势力，可是在行政委员会中依然有三个委员。有时或者也照着政党去分配委员的人数，可是只有极不相容的政党，却没有互相攻击的委员。为什么呢？就是因为委员会只做执行国会议决的机关，不是决定政策的机关，所以只以行政的技术和经验为重，不以代表政党的党纲和政见为重。如果中国采用委员制的本意是注意在使实力派的首领加入，隐隐把这政令不出京城的北京政府地位抬高，那么不但在事实上只是痴人说梦，就是性质上也与委员制的精神绝不相符了。

第三，委员会只能受一个政党的支配。上边所说的两点是瑞士委员制的特色，现在所说的这一点是苏联委员制的特色。苏联的"人民委员会"在事实上既不是事事听命于全俄苏维埃大会，又不是专门做执行政策的机关。这个人民委员会在法律上虽然居第四位（第一是全俄苏维埃大会，第二是中央执行委员会，第三是中央执行委员会主席部），可是在实际上，全俄苏维埃大会不常开会，行使职权的机会极少；中央执行委员会和他的主席部也不过是一个宣传的和示威的机关，亦不能行使法定的职权。故俄国事实上的政治中枢就是这个人民委员会，他所颁布的命令事实上等于立法，他在紧急时颁布一切紧急命令不必经过中央执行委员会或主席部的准许，他又有提出一起法律案的权力。故简单一句话，苏联的人民委员会乃是总握立法、行政两种职权的机关。

照这样说来，苏联的委员制处处和瑞士的委员制相反。那么，他的委员会靠什么机关维持统一、受什么机关指挥命令、对于什么机关负责呢？老实一句话，就是共产党。苏联以党治国，人民委员会的委员就是党中首领，政党的党权和国家的政权都操在这个人民委员会的手中。这个人民委员会既然成为国家与党共同一致的政治中枢，因而又成为团结一致的坚固团体。所以共产党如果不致破裂，人民委员会自然也绝对不会破裂；人民委员会既不会破裂，所以虽然变成决定政策的团体，也绝对不容有或不敢有冲突的意见发生。故苏联委员会一方面既不受国会支配，一方面又为最高政策的决定机关，然终不致发生委员冲突的弊病，乃是这党义维持的结果。中国现在既没有一党可以独掌政权，而各军阀又没有相同的主义或政见，要想行委员制，恐怕不只难于拼"七巧板"，并且要难于团"散沙"了。

我要栽诬主张委员制的名流学者们，认定他们的主张只是为军阀立法，如同前代帝王为一己江山社稷立法一样。要知道军阀比你们乖得多咧，他们并不是争总统，简直是争皇帝。他们岂只想在中央争一把交椅吗？简直是想把中央变成他部下大小喽啰的聚义厅！区区鸟委员，他们那里就看得上眼！

（原载《现代评论》第 3 卷第 56 号）

行政委员制与中国 *
（1926 年 1 月 16 日）

近来中国主张行政委员制的很多，他们主张的理由，现在暂且不论，且把委员制本身的特点及采用委员制的必要条件先说明白，再看这制度究竟适合不适合于目前的中国。

委员制本身的特点

委员制的意义，说来很平凡。从前中国的上级官委下级官及普通的委员调查事项，和委员制的性质都很吻合。现在政府的财政委员会、外交委员会和法制委员会，也是委员制的一种。又如俄国的共产党的中央执行委员会、苏维埃大会之下的中央执行委员会、美国的城市政府中所采用的行政委员会及广东政府的中央执行委员会，又皆是一种委员制。如今不说那所谓上级官委下级官和派员调查等的委员，而专说那与内阁相类似的行政委员制。说到行政委员制，必先要讲委员二字的意义。委员英文是 Committee，是由众人委托去办理某种事务。盖委员必受他人之委而来，亦必受他人之不委而去。换句话说，就是委员会的上面，必须有更高的机关去指挥监督他。

施行委员制的国家屡见不鲜，现在姑取两个国家来做标准：一个是创始委员制的瑞士，一个是建设委员制未久而且把原来委员制的性质加些改变的苏俄。

瑞士的最高组织行政机关为联邦议会。联邦议会由元老院和代议院合成，前者就是参议院，后者就是众议院。联邦议会之下有联邦行政委

---

* 高一涵先生讲，马志振记。

员会。行政委员由联邦议会产生，共七人，内一人为委员长，与我国总统相仿。这种委员制的特点，可分为法律与习惯两方面说。（一）法律上的特点：（a）联邦行政委员会会长，对外代表全国，对内为行政委员会的主席，其余一切权利义务与其他委员一列相同，故其委员统在平等地位之上；（b）联邦行政委员会每委员各管一部（共七部），但各部长不得单独决定本部部务，凡遇稍微重大的事项，必经委员会议决通过，方得实行。（二）习惯上的特点：（a）联邦行政委员会超于党派之上。他们选举委员时，不得以党派为主，而以行政经验为主。一千八百八十八年时，他们中央自由党势力很小，人数亦不多，可是选举结果，七人之中，竟占三人，就因为此三人以行政经验及执行技术胜人的缘故。（b）中国行政向来有政务官与事务官的分别，政务官在决定国家大政方针，事务官专施行已决议之大政方针。一在监督的地位，一在被监督的地位。譬如校长之于教员，厂长之于工人，校长、厂长是监督者、指挥者，而教员、工人是被指挥者、执行者。瑞士的行政委员会也是一个执行机关，专根据联邦议会的决议案执行一切政务，委员本身不过是一种职务，所以他们的委员有连任到十年、二十年竟至三十年者。（c）普通国家的内阁是一体的，所有意见必多数一致而后始可通过施行，而在瑞士，则各行政委员意见尽可不一致。因为联邦行政委员会只是一个联邦会议的附属机关，既不是英国的内阁，也不是美国的总统，发号施令的权，全在他上面的联邦会议，委员有不同的意见，尽可陈诸联邦议会，所以各委员意见不妨不一致。综合上面的话，可知瑞士的委员制没有党派关系的，委员是一律平等的，各个人的意见是可以不一致的，各个人要办的重大事项都要得全体议决的，联邦行政委员会是一个执行机关，不是政务机关。

　　苏俄的最高行政机关，是全俄苏维埃大会。会员二千七百余人，每年开会一次，会期一星期或一星期半。这机关人数既多，开会只一次，会期又很短，全国事务，自难办了。于是委他下面的中央执行委员会去办。中央执行委员会的委员由全俄苏维埃大会选出，最初三百余人，后减至二百余人，每年开会至少三次。名义上这是他们最高的行政机关，事实上，其委员统到军队中去做监督官、宣传共产主义的干事和主持各处开大会的事项。关于政务方面又选出十余人，另组一理事部去施行。然而俄国的行政权、裁判权不在这上面的两个机关，却全在他下面的理事部。至于人民委员会会员统是共产党员，因为他们前有共产党而后才有政府，人民委员会会长从前就是列宁。自一千九百十七年至一千九百二十四年，列宁做了事实上的总统，其权力很大。在法律上讲起来，这人民委员会为俄国第四级行政机关，而事实上是第一级行政机关，凡紧要的命令，只要列宁决定，就可施行，不必公布，也不必经上三级政府的通过。所以俄国委员制的特点，第一：人民委员会的权力超越全俄苏维埃大会、中央执行委员会及理事部。第二：人民委员会名义上对全俄苏维埃大会、中央执行委员会及理事部负责，其实仅对共产党负责。人民委员会会员是共产党的首领，他们所施行的事项，就是共产党的议决案，所谓以党治国，这就是了。第三：人民委员会会长事事可以独裁。总之，苏俄的人民委员会可决定全国的政策，丝毫不受上级机关指挥的。换言之，就是一个共产党的机关。

现在再把瑞士与苏俄两国的行政委员会比较一下：（1）瑞士的联邦行政委员会是多头制，苏俄是独裁制；（2）瑞士的行政委员会是事务机关，苏俄是决定全国的政策机关；（3）瑞士行政委员会不受任何党支配，苏俄在共产党指挥之下。这样说来，瑞士的委员制何以与苏俄的委员制各走极端、绝对两样呢？这有个道理。自来对于国会和内阁的权力有两种说法，有的说国会超越内阁，有的说内阁超越国会。前面的说法，因为内阁人员是由国会里选出来的，国会是母，内阁是子，所以国会超越内阁；后面的说法，因为内阁总理就是国会中多数党议员的首领，二等以上的重要国会议员大都是阁员，二三等以下的国会议员必受国会首领指挥的，结果变成内阁超越国会。这二种情形各因其时会和环境的不同，都有发见的可能。瑞士完全是国会超越内阁，苏俄乃是内阁超越国会。

采用行政委员制的必要条件

委员制与君主、总统、内阁三种制度根本不同。君主制、总统制及内阁制，往往把立法、司法、行政三权分立，委员制则三权合一。君主制及总统制的政权操在君主及总统一人之手，可以专制一切，内阁制的政权操在阁员少数人之手，亦容易专制，所以皆利用三权分立互相牵制。（内阁制虽有立法权与行政权打成一片之说，但仍是三权分立的。）至于委员制，则委员一切行政唯国会马首是瞻，不至于专制，所以三权合一，以便施行。故委员制的条件是：第一，行政委员的上面必有代表全国民意的监督和委任机关，由这机关一面委任委员去执行议决案，一面又时时监督委员，做委员的也须时时报告于这机关。假使像章太炎先生所说"总统只有一个，而才望等夷者众"，于是主张委员制，使一个总统化而为十几个总统，没有监督机关在他们之上，这仍不得谓真正的委员制。第二，行政委员会只能做执行机关，委员的地位必要降低，只可做执行的事务，不得做制定国家大计的事务。若现在中国，有许多根本大计统须由行政委员来制定，那么委员变为主人，不但地位不降低，而且抬高了，这也不是真正的委员制。第三，上面两个条件如果求之不得，那么也至少要有一个能操纵全国的大政党，中央政府须在此党支配之下。苏俄委员的势力所以大，不是委员本身的权力大，而是党的势力大的缘故。

今我中国既没有最高的代表民意的委任和监督机关，又没有一党可以独掌政权，真正的行政委员制从何说起呵！

（原载《京报副刊》第 386 号）

开玩笑与打巴掌
（1926 年 1 月 30 日）

吴稚晖先生看见我在本刊第五十三期上瞎三话四的发表出《平民革命的目的与手段》一文，有点不以为然的神气，因而猜出我的心理，说："有如高一涵先生之说，凡人一拿枪，便非好人，一与拿枪者接近，止是上当做梦。"（原文登在一月二十三日《京报》正张）因而又接着说："军人必不可革命，有军即阀。革命事业，难道高一涵先生执笔冲锋，吴稚晖磨墨尾随，方无坚不摧、十分道地乎？我屡想与高先生开玩笑，不料文先生早打了高先生的巴掌，大不以为然。"（文先生的时评载在本刊第五十八期）文先生的"言中意"却不像要打我的巴掌，至于"言外意"那便只好任人见仁见智了。至于吴先生同我开玩笑，却是事实，不是"言外意"。故本文专以答吴先生为限。

我个人自从民国建元以来，的确做过好几次"依赖军阀"的迷梦，每遇到军阀火并的时候，总是十分高兴，说这一次有希望了。如同前几年《时事新报》记者宣言："我们不必问是非，无论皖倒直、直倒皖，结果终去其一。"（语见吴先生《答华林书》）现在种种事实逼住我，觉得"老狗教不会新把戏"，每次依赖军阀打军阀，不但"结果终去其一"是空想，并且每回结果皆是增加其十。人类应当"上一回当，学一回乖"，故希望军阀革命的老把戏，似乎已经没有叫座的能力，现在要想教"平民革命"（我只说平民革命，要是名流革命、政客革命，当然要依赖军阀的），我以为一定要学社党主义大师江亢虎先生口吻，高叫道"别寻光明之路"罢！

前几年当蔡孑民先生们打电报叫孙中山先生退位，好让吴佩孚出来试试的时候，不但吴稚晖先生也曾赞成这个主张，就是小区区也暗中私想蔡先生、吴先生何等人物，他们的主张总是不会错的。不想吴佩孚太不争气，他不但不曾演出新把戏，并且想把他从《古文观止》和《千家诗》、《三字经》上所得的三代郅治之隆的旧把戏拿出来试试。他的嘴中不但不能掏出象牙来，并且冒出漫天的毒烟毒火，把黄河长江流域弄得乌烟瘴气，直到如今。

革命要依靠武力，这句话谁人也不能否认，但是我是依靠军阀的惊弓之鸟，所以要小心点说：革命只能依靠那具有革命思想的武力；有奶就是娘，只要军阀想勾搭我们，我们便同他吊起膀子来，终久要被拆白的。辛亥革命所依赖的大概多是南方征的兵，不是北洋雇的兵。征的兵大半富有革命的思想，不独军官为然，就是兵士也多是这样。所以为革命而战，是同心协力的，革命而后对于民党建设上的主张，是一体服从的。若是事先毫没有革命的思想，只到危急时才向我们来一转秋波，我们从此便甜蜜蜜地认他做干娘，他原可以含笑的半推半就的答应，可是他的奶仍然是不给我们吃的。像这样骨格神气与人不同的军阀，我们就是天天祝他"相我，相我"，他就会变成螟蛉一子吗？他为什么不用李协和做司令，为什么不用冷雨秋做参谋，为什么不信徐季龙鼓吹委员制？前几年有人从武穴过，常听到安徽的革命党，每当阴夜，还在半空中大叫"还我头来"！这种呼冤声，吴先生想没有听见过。要想依赖这样的军阀，打出江山后，他自己却优游泉下，好让我们来行三民主义、创造五权宪法，如果没有秦始皇禁止沙中偶语，又怎能教我不交头接耳的说"上当做梦"呢？

吴先生虽然同我开玩笑，我终是板着面孔不笑，说：依赖那没有革命思想的军阀去革命，总是要上当的。吴先生说："蒋介石……难道他一执枪，也变成军阀，不配革命吗？"吴先生，您以为蒋介石是成了军阀后才被民党同化过来的呢？还是他先有了革命的思想，然后再去训练军队以求达到革命的目的呢？我们想依赖的那一位，他的思想、学问、人格，能同蒋介石比吗？君子固然要与人为善，可是老狗到底能不能教会新把戏，总怕还是疑问吧？对于疑问未决的人，就去"依赖"，我是怯者，终没有这样的胆量！

凡去联络军阀的人，也要与被联络的军阀同一慎重。教不成气的人去联络军阀，结果只能联出总长代表来。要想联出三民主义、五权宪法来，恐怕终久是没有希望了。吴先生是再三宣言不做官的，我们也绝对相信什么总长、总理字样绝不会与吴稚晖三个字有联合在一块的时候。

但是吴先生去"依赖"军阀革命，我们是千放心、万放心的，换个别人，那就禁不住我要以小人之心度君子之腹了。这也是事实逼住我这样说，我自己那里情愿呢？

最后我可以表示让步，说：只要吴先生指出可以依赖的军阀出来，我就可以抛弃我的主张，一致的去依赖他。请吴先生数现在的军阀——现在中国的军阀，有几个可以依赖的？我想吴先生的数法必定是：

第一：蒋介石；

第二：蒋介石；

第三：仍是蒋介石！

吴先生是我私衷里最钦佩的一个人，而且是一位"言语妙天下"的自己不承认为文学家的文学家。区区笨嘴拙腮的我，原不敢班门弄斧。但是我深知道吴先生对于权利之事，是一定让人的；对于主张之事，是一定不会让人的。或者因区区的晓舌，引出吴先生的大道理来，那便是我抛砖引玉的巧计成功了。吴先生，允许我吗？

（原载《现代评论》第 3 卷第 60 号）

卢梭的民权论和国权论
（1926 年 2 月 10 日）

一、卢梭的特性

卢梭（Jean Jacques Rousseau，一七一二——一七七八）是法国革命思想放火的人，是十八世纪以前民治思想的集大成的人。要想知道他的政治思想的特点，最先要知道他个人的性格。他的父母都是富于感情的人，故他自己得父母的遗传，终身富于感情的特性。他在《自传》（*Confessions*）上说：

> 我的盲目的感情非常热烈，一旦受感情支配，什么事都敌不过，并没有什么小心礼节，只有大胆，什么可耻的事、什么可怕的事，都不能使我踌躇顾虑。（第一卷）

他不但感情过胜，并且主观的见解也很坚固。他以为"表现思想固甚困难，而承受别人的思想也极困难"（《自传》第三卷）。所以卢梭的思想，属于感情的地方多，属于理性的地方少；属于主观的见解多，属于客观的见解少。他一生不受冷酷的理性支配，只是赤裸裸的发泄他个人的天真。他不能忍受制裁，并且连自制也不能忍受。凡是拘束人类的制度风俗，他没有不厌恶的。

卢梭的根本思想是"返乎自然"。他以为社会的组织是万恶的渊源，有了家庭和财产等制度，平等自然人便渐渐变成不平等的"文明人"。他所说的自然人的心理，多半就是他自己的心理，故说在自然世界中的人类生活并不受理性支配。可是同时又说：自然人"除掉服从自己的理性，再不服从任何政府"（《教育论》）。又说："自然人不常用思想，常去回想的人便是腐坏的东西。"（《不平等论》）只有自然的感情才可以给我们和平与真正自由。这种自相矛盾的见解，乃是卢梭笔锋的感情有时不受逻辑范围的结果，也是卢梭的行动是感情的，不是思索的，是情意的，不是理性的，是赤裸裸天真流露、不受礼法习惯节制的性格的表现。

二、社会成立的基本原理

卢梭重感情、轻理性，在这一点上，几乎完全推翻了许多正统派的理论。格老秀斯（Grotius）、蒲芬道夫（Pufendorf）、洛克（Locke）和许多前辈，都没有不说自然人是秉着理性的，从自然世界进到政治组织，全靠着理性的动作。卢梭既然一反前辈的学说，说理性是引人堕落的媒介，那么从自然世界变成政治组织，又以什么做关键呢？换句话说，自然世界和政治社会，自由和权力，既已各不相容，那么又怎样能够使他们调和呢？况且卢梭虽然大叫起来要"返乎自然"，但他并不想毁坏一切文化和制度，回复到野蛮状况，只想文化和制度以自然做标准。然则卢梭想达到这个目的的唯一方法是什么呢？就是社会契约。故他的《民约论》（*Social Contract*）乃是他的建设方面的哲学，乃是他创造理想国家的学说。

在一般思想家看起来，从自然世界变到政治社会总算是进步，但是卢梭却以为是退步或堕落，要想从退步的或堕落的现社会中救出人类，只有使这些久被压迫的人民回复从前的自然的自由。故卢梭的政治理想就在推翻那从自然世界堕落下来的政治社会中一切不平等的制度，再照自然原理来重行创设理想的国家。所以他在《民约论》的开头便说道：

> 人类生而自由，却又到处都受牵制。有许多人相信他是别人的主人，其实他已经比别人为更大的奴隶。这种变化怎样发生？我不知道。我所能够解释的问题，就是怎样可使他回复于正道。（第一编第一章）

卢梭在《教育论》和别的论文中，常常把自然和政治社会、自由和权力，看得互相冲突的。但是在《民约论》中，却把他们看作不可分离的观念。他在《民约论》的前几章中，很说到政治社会比自然世界好。由此可见卢梭思想的变化。他此时简直把权力和自由看作一个东西，惟其有权力，才可以自由。权力和自由的唯一沟通的关键，就在契约。他把契约看作一群个人结合成功"集合的单位"（collective unity）的枢纽，且看他说：

> 人类不能创造任何新势力，只能结合和指导既已存在的势力。现在他们自卫的唯一方法，只在结合群力来抵御反抗力，使他们用单一的活动力做事，造成他们共同的行动。这样的群力的总和只由群众的结合而生，但是各个人的能力和自由仍是自卫的重要的工具。各个人应该怎样善用他，使不致伤害自己，使不妨碍自保呢？这个难题可以解释如下：

> "今欲得一种结合的形式，用社会的全力来保护各分子的生命和财产，各分子凭藉他，一方面同力合作，但一方面仍是服从自己，且仍保留下一如从前的自由。"这就是社会契约所解决的根本问题。（第一编第六章）

由此可见，卢梭的理想社会中，权力和自由是相辅而成的，权力虽成，自由如故。不像霍布思（Hobbes）说：在自然世界中人人自由，一到契约告成之后，便人人无自由，只君主一人有自由。也不像洛克说：在平时把权力委托于政府，唯在革命的时候，人民才有完全的自然的自由权。卢梭的理想是说：无论在自然世界，或在政治社会，个人的自由都是一样的。因为：

> 每人把自己让与全群，其实并没有把自己让给何人。不但各人所让出的权力与所得的权力平等，并且还得到更多的自卫权力（国家权力）。（同前）

故卢梭的契约的精髓，就是：

> 各人把自身和全力贡献在普通意志（general will）的监督之下，又同时得到那为不可分的全体社会之一员的资格。

由此看来，契约的效果，使各个人合则为集合的公共人身，分则为组成公共人身的一部分。人人是主权者，人人又同时是被治者，服从国家其实就是服从自己，故自由和权力只是一件事的两方面，在公共人身看起来为权力，在个人看起来为自由。因此才说权力和自由是一个不可分离的观念。

三、主权与自由的调和

从来的政治思想家要想保证自由，总要限制权力；要想保持权力，又总要牺牲自由。例如布丹（Bodin）、霍布思，因为要主张独裁君主制，所以极力的抬高主权，不重视人民的自由。至于洛克、孟德斯鸠，因为想保障人民的自由，所以又不得不看轻主权，让他是自由的仇敌。卢梭却野心勃勃，想把独裁说和自由说合冶于一炉。他把那社会成立由于各人定约的理想，推到逻辑的极端，因而把主权看作普通意志。且看他说：

> 主权者乃是由个人集合而成，所有利害皆不能与个人的利害相反。故主权对于国民不必要什么保障，因为全身没有想加害四肢的，故主权者也不会加害个人。（第一编第七章）

这就是卢梭所以敢把主权与自由合冶于一炉的根本原因。

卢梭主张主权在国说，同时也就是主张主权在民说。他以为政治团体——国家——是主权所在的地方，此外无论何人都不得有主权。政治团体既然是人民全体用契约创造起来的，契约的结果，人民把所有的权利和权力都让给这个团体，其实各人仍然没有丧失权利和能力。故主权虽然归政治团体所有，这个团体既然是人民创造的，那么主权即不啻仍然为人民所有了。所以他的结论：主权就是人民的"普通意志"，意志的基础是利益。个人常常谋他的私利，个人的私利有许多地方和别人的利益相反，但是又有许多地方，全体的利益是相同的。这种公共利益，就是建设国家的基础。所谓普通意志就是公共利益的说明，这两个观念在思想和实际上都是不可分的。如果组成国家的个人利益没有相同之点，那么，普通意志便不能成立，社会也不能存在。如果意志的说明不和公共利益一致，那么，便不成为普通意志，便缺乏主权的要素。只有普通意志的行为，才可以正正当当的叫做法律。法律只能由主权者——政治团体——一个渊源而来，在这个来源之外，所有的法令，都没有法律的性质。再如果法律所影响的利益不是普通利益，虽然由主权团体而来，也没有法律的性质。

卢梭的主权的基础和原素既是这样，所以敢毅然决然的抬高主权，说主权有三种性质：（一）不可让与，（二）不可分割，（三）没有错误。且看他说：

> 主权不是别的，只是普通意志的实行，故主权不可割让。而且主权是集合的东西，只能由他自己发表。权力可以转让，但意志不能转让。（第二编第一章）

卢梭的意思以为主权者不能割让主权的一部分，或服从别的主权者，因为这样一来，便破坏社会契约，便是消灭主权自身。（第一编第七章）主权之上一旦有了主人，自身便即时消灭，政治团体亦随即破坏了。（第二编第一章）他的主权不能由自己愿意让弃之说，就是从前主权可由契约让给君主的学说的反响。

卢梭又说主权不用分割。他以为属于人民全体的普通意志，乃是主权者的意志，至于属于一部分的意志，乃是行政命令。且看他说：

> 主权既不可让弃，也不可分割。因为意志或是普通的，或是特别的。前者属于人民全体，后者属于人民一部分。故前者乃是主权者意志，并建为法律；后者只是特别的意志或只是行政行为——至多不过一个命令。

他因此便不满意于许多公法家的议论。他说：公法家因为不能划分主权的原理，乃划分主权的目的。他们分成权力和意志，立法权和行政权，划分征税权、司法权、战争权，划分内务、行政和缔结条约权——时而混淆，时而分离，把主权弄成由各部分联合而成的怪物，如同由许多身体合成一个人身一样，一个合成眼，一个合成手，一个合成脚，此外一无所有。他以为公法家截断社会全体，又把他合拢起来，简直是幻术家的变戏法。因为卢梭自己把主权看作全体人民的意志，故不得不说他绝对不可分割。

卢梭更费了许多气力，证明主权不会错误。他以为主权就是普通意志的施行，普通意志是常常公正，而且是常常倾向公共利益的。但是在事实上，人民的决议和党派的意见，也往往有错误的。这是什么道理呢？卢梭到这时，不得不把"普通意志"和"总积意志"（will of all）分开，以为前者只关于公共利益，后者却关于私人利益，并且是特别意志的总和。普通意志既然是关于公共利益的意志，那么，当然不会错误的。至于那非普通意志的党派意志，在党派自己看起来，固然是一党的普通意志，但是在国家看起来，仍不过是一部分特别意志罢了。如果国内有两个党派把人民分开，以一方面的党派意志来代替普通意志，国家便要灭亡了。

卢梭既已说明主权的不可让、不可分、不会错的道理之后，更精心着意的说明主权的限制。他的主权的限制是从主权定义上顾名思义而来的。他的主权是不能做那不关普通福利的事体，不能侵入纯属私人利益的范围的。且看他主权的定义：

如果国家或城市只是一个"道德的人身"（a moral person），他的生命是由各分子联合而成的，再如果他的主要目的在乎自卫，那么，就必定要有一种普遍权力和强制权力来指挥运用各部分，以便利他的全体。自然给予人类以指挥肢体的绝对权，社会契约也给予政治团体以指挥各分子的绝对权，而且这种绝对权当受普通意志的指挥时，便是主权。（第二编第四章）

卢梭既已说明主权意义之后，又把公民的权利和主权者的权利分开，并且又把那以国民资格所当尽的义务和那以人类资格所当享受的自然权利分开。这样一来，凡私有人身的生命和自由，都站在那公共人身之外，不受主权的支配。故凡私人由契约退让出来的权力、财产和自由，都以有用于社会的部分为限，主权者绝不能以无益于社会的担负责望公民，因为主权者不能加公民以不平等的义务。且看他说：

公民由社会契约得到平等，使各公民立在同一情形之下，享受同一的权利。依契约的性质，主权的每一行为，即普通意志的每一行为，皆使一切公民平等负责或受惠。主权者只知道国民的全体，并不把那组成国家的人设下什么差别。（第二编第六章）

由此看来，主权并不是优者和劣者的合同，只是全体和各分子的合同。因为主权以社会契约为基础，故是合法的；因为主权是全体公共的，故是平等的；因为主权除掉为普通福利之外，绝没有别的目的，故是有用的；因为主权有公共势力和最高权力做保障，故是确定的。人民服从主权，并不是服从别人的意志，只是服从自己的意志。故主权虽完全绝对，完全神圣，完全不可侵犯，但总不会而且总不能超过普通协约（convention）的界限。各个人由协约保留下来的财产和自由，可以一任他自由行使。这就是卢梭在绝对主权之下保持自由的理想，也就是他主权与自由调和的理想。

四、国权与民权的矛盾

《民约论》中的学说好像《镜花缘》中的"两面国"一样：从一面看来，"那种和颜悦色、满面谦恭的光景，令人不觉可亲可爱"，可是一"把他浩然巾揭起"，里面却"藏着一张恶脸，鼠眼鹰鼻，满面横肉"。《民约论》亦然。我们要从个人方面着眼，可以看出他处处拥护民权；

可是一从国家方面着眼，又可以看出他处处拥护国权。因为卢梭是个口能舌辩的人，故他的逻辑大半是诡辩。若把他理论推到极端，处处显出矛盾。例如把他的社会契约说推到极端，就不能建设起来任何国家；把他的主权论推到极端，又没有民权论存在的余地。

卢梭不用说是个尊重个人权利的人。他以为人类生而自由平等，他们进入社会，完全由于他们自由意志的行为。社会契约成立之后，个人只丧失自然的独立一部分，但是结果还得到个人权利的保障巩固的报酬。由契约丢去的只是自然权利，这些权利的放弃乃是维持社会所必要的；此外所有非维持社会所必要的权利，都一律由个人保留下去。故说：国权虽然强盛，而个人仍可以保持那和从前一样的自由。因为国家的意志就是普通意志，普通意志就是国民总意，故服从国家的意志并不是服从别的在上者的意志，只是服从自己的意志，服从自己的意志便是完全自由。因为如此，所以他毅然决然的说：国权越发巩固，个人的自由也越发巩固。这就是卢梭尊重个人权利方面。

但是卢梭所以要著《民约论》的目的，就在解释那生而自由的人为什么处处要受牵制的理由。换句话说，就是在自然自由的人类之上，行使无限制的国权，要怎样才算正当。这个很难调和的问题，却被卢梭的舌辩，瞒过了许多粗心读《民约论》的人们。如果我们只读他《民约论》第二编第四章"主权的限制"一段，看见他说："当主权者要求的时候，公民可以把自己所有的权利供献于国家；但主权者却不能以那无用于社会的担负责望国民。"那么，我们自然不能不相信卢梭和洛克一样，承认让人民在国家之下，仍然保留一部分自然的和不可放弃的权利，可以做国权的限制。但是卢梭在这第四章中同时又说："公民的权利和主权者的权利可以明白分开，就是那以国民资格所当尽的义务和那以人类资格所享受的自然权利也要明白的分开。"从这几句话上看来，倘若个人在社会中可以保留某种权利，只是以人类的资格保留的，绝不是以国民的资格保留的。一以国民的资格做事，便要受万能的国家拘束了。由此可见个人一入到国家之中，便都为全体社会的一员，都为服从国法的国民，都没有自然权利可以对抗国权。

卢梭把这一类的意思在《民约论》第一编第六章"契约"内说得更明白。他说：

> 契约的文字可以缩减为一句，就是每个人把他的一切权利通同让给社会。……这个让与，因为一点没有保留，故结合要怎样完

都可以办得到，而且没有一个人能够要求什么。因为倘若有什么权利被个人保留（因为没有公共的主宰判断他们和公共间的事，自必每一个人都要求来做自己的法官），他便要要求无论什么事都要自做法官了。自然状况便仍然存续，这种结合也将要变成专制的或无用的了。

卢梭不但说在国家之下，个人不能保留任何权利，并且说国家不受任何法律的限制。他以为：

> 公共决议虽然可以拘束人民，使他们服从主权者，但不能拘束主权者自己。故主权者如果能拿不可侵犯的法律来拘束自己，便和政治团体的性质相违背。……故我们知道没有而且不能有一种根本法律可以拘束政治团体——就是社会契约也不能拘束他。（第一编第七章）

这样主权者——国家——的观念和霍布思又有什么区别呢？卢梭虽然说个人依契约所放弃的权利只以有用于社会的为限，可是马上又接着说："惟主观者能判断什么是有用的。"（第二编第四章）在这种国家万能的情状之下，还有什么个人自由！莫烈（John Morley）说得最痛快，他说："从巨灵（Leviathan）的画像上把怪物的王冠摘去，便可以作为《民约论》的画像。"（《卢梭论》第二卷一五二页）由此可见，卢梭关于建设方面的学说，仍是从前的一元主权说和专制的国家论的结晶。故应用卢梭的学说去推翻从前由一人专制的国家，固然很彻底，但是应用卢梭的学说来建设起来民治的国家，如果用之不善，便依旧是专制。后来罗伯斯比（Robespierre）一般人藉卢梭的政治哲学做了许多凶暴的事情，把反对卢梭国家学说的人一齐处以死刑。结果不论那一党，只要在实际上得到权力，便把别的党派看作违背人民利益的叛徒，并假冒卢梭主义，把他们的仇敌一律除尽。因此，便造成一个"恐怖时代"。

卢梭的社会契约说其实就是"社会有机体说"（De Porganisme Social）。故他所说的并不是洛克的个人主义，乃是柏拉图的国家主义。他以为各别的个人，一到社会契约告成之后，马上便结合成功一个"公共人身"，造成一个"集合的单位"。国家乃是"道德的人身"，自己具有"人格"，一切个人的人格都没收在国家的人格之中，他的信条是："服从普通意志就是服从自己意志。"普通意志乃是由社会契约构成的集合意志，乃是由个人意志组成的。故因此便说，巩固国家的集合意志，便是巩固个人的各个意志。且看他说：

> 今欲得一种结合的形式，用社会的全力来保护各分子的生命和
> 财产。各分子凭藉他，一方面同力合作，一方面仍是服从自己，且
> 仍保留下一如从前的自由。（第一编第六章）

卢权既已把国家看作保护个人自由的东西，并且说权力和自由绝对
不相冲突，因此便说：主权对于国民无须保证，因为全身不能伤害他的
肢体的原故。由此更进一步说：

> 如有不服从普通意志者，可以全体去强制他。这种强制不为别
> 的，为的是强制他自由。（第一编第七章）

如果凡是国家强制个人，都当作"强制他自由"解释，那么，个人
还有什么理由可同国家对抗呢？他在第四编第二章"投票"中说得更明
白。他说：

> ……公民要同意于一切法律。就是他所反对的法律，如果通过
> 了，也要服从。当他犯法时，就是对于惩罚他的法律也要服从。国
> 家的各分子的不变意志就是这普通意志，人民由他得到公民，得到
> 自由。凡法律提到议会，并不是询问人民是赞成他或反对他，只是
> 看看这种法律是否适合普通意志。各人投票只是说明他的意见，计
> 算票数乃是得到普通意志的宣告。故当那与我相反的意见占胜利的
> 时候，只是表明我的见解错了，我所认为普通意志实在不是普通意
> 志。如果我的私见占胜利，那么，我所做的并非我所志的，在这个
> 地方，我亦未见得自由。

照这样看来，卢梭所说的主权者的行为或政府的行为，考其实也不
过是多数意志。服从多数意志并不是使人为奴隶，实在是使人得到自
由。无怪当法国革命后，政权操在极端共和党手中的时候，便倒行逆施
的去杀害反对党了。

卢梭的国家是公共的人身、道德的人身、集合的人身，国家是普遍
的大我、公共我，和个人只有消纳在国家之中才可自由等学说，大半是
受柏拉图的影响。自此以后，便变成德国的海格尔（Hegel）、英国的鲍
生葵（Bosanquet）一派国家是普遍实在我的观念。说国家缩小就是个
人的心，个人心放大就是国家，说国家是普遍我、大我，说国家意思是
真意思，说以国家意思去强迫人民，不外是强迫人民自由……又都是受

卢梭学说的影响。

五、卢梭学说的影响

卢梭的思想与其说是前代民治思想的总结束，不如说是近代民治思想的急先锋；与其说是结论，不如说是提议；与其说他是阐明学理的哲学家，不如说他是鼓吹革命的煽动家。他的学说所以风行一世，得到群众狂热的信仰，一半由于他的幻想和强辩可以引起人家同情心，一半因为他的根本推翻的狂论，适合那时社会改革的需要。那时福禄特尔虽然也承认共和政体是最适用的，但他不喜欢抽象的理论政治，对于普通选举和政治平等并不十分热心。孟德斯鸠又宁愿宪政的改革逐渐进步，不愿把现状完全推翻，致惹起激烈的反动。这两个人的学说，只不愿把现状完全推翻，致惹起激烈的反动。这两个人的学说，只适宜于深思远虑的学者，用沉静的脑力去研究他，不适宜于穷而无告的群众，使他们相信有一个和平幸福的新社会可以立刻发见。莱克（Lecky）说："法国革命所以和别的运动不同，就在他们被那有一定的理想和政治权利的观念的人，用宗教信仰的狂信和热诚从中引导。这种新宗教的圣经便是卢梭的《民约论》。"卢梭的学说因为运气好，适合他们社会的环境，又因为美国刚刚当那时在平等自由的原则上建设起来一个大共和国，不啻对于那些疑惑卢梭学说不能成为事实的人给予一个可以实行的证明。美洲人对于卢梭的福音既这样惊天动地的崇拜，法国的人民正在水深火热之中，对于本国人的学说，又怎能不像传染病一般的散播呢？故陶采（H. J. Tozer）说："泰因（Taine）虽叫《民约论》为'渗杂的白兰地'，但在革命的时代，他被人家奉为'立法家的旗帜'，法律家和公法家常常不断的引用他。戴茂林（Desmonlins）说：'这本书传播遍地。'泰因又告诉我们说，当一七八四年，有许多官吏的儿子，当初学法理学的时候，都把《民约论》放在手边，作为一种宝鉴。《民约论》实在是各阶级的政治顾问，他的重要的意义已经是遍地传播。"（见《民约论》英译本"导言"第四节）无怪那时法国人称颂卢梭为圣人的模范、人类的恩人，社会中下阶级读卢梭的书，比较读福禄特尔的书，要多百倍以上。真正如拿破仑说的："没有卢梭便没有法国革命！"

在纯粹理论方面，他的主权论实在很精透的。他以"公共利益"和"普通意志"为主权的基础，说得比什么人都深入。故近代关于国家的各种学说，几乎没有不把这两种东西作为中心的观念。卢梭这种主权观念，用意虽然偏重在调和人民的自由，但是结果却促进统一人民的民族国家。故卢梭这一类的理论，对于民族统一的国家有很大的贡献。可是他的学说一传到德国，又别开一个生面，就是他所主张的主权无限说、权力和自由调和说，变成海格尔的国家万能说。卢梭以为主权的唯一作用，在强制人民自由，故主权越强，人民的自由越巩固，人民只有被没收在万能的国家之中，才可进入自由的堡垒。卢梭利用主权不可抗的学说来保障人民的自由，海格尔等却利用他来抬高国家的威权。用意虽然不同，但是他们的根本理想乃是确实相同的。这些学说就是一元主权论的大本营。

至关于自然世界、自然权利、社会契约等方面的幻想，和根本推翻的几何式的革命理论，后来颇引起英国学者的攻击。白克（Burke）一派攻击他的革命论，变成英国保守党的政纲；边沁（Bentham）一派攻击他的自然权利说，建设起来功利主义的学说；梅因（Maine）一派攻击他的社会契约说，从实际历史上寻找社会的起源，造成很大的历史学派。这都是由卢梭学说激刺起来反动的结果。

卢梭的政府学说后来发生了很好的结果。他把主权者和政府明白分开，说只有主权者可以制定法律，政府只可以发布行政命令。他的"法律"就是近代所说的"根本法"或"宪法"，故近来政治学上的通例，承认宪法由主权者创造，政府根据这种最高法律执行，就是应用卢梭创法的原理。美国独立后，把卢梭的学说用成文宪法实现起来，又在宪法序文中，应用卢梭主权在民的学理，说明宪法的目的和功用。人民主权和政府的关系，都依照卢梭的原理，由宪法实现为确实的制度。由此可见卢梭的政府学说及于近代共和立宪国家的影响。

（原载《东方杂志》第 23 卷第 3 号）

吴冯的胜负
（1926 年 2 月 13 日）

近几年来火并式的军阀战争，无论谁胜谁负，结果对于全局总是无办法。乙军阀攻倒甲军阀后，乙军阀的政策仍然是甲军阀的政策，甚至于每况愈下，一代不如一代。中国一部二十四史上的革命，也可以说只有易姓的革命，没有改制的革命，所以革来革去，还是换汤不换药。现在军阀的革命，也不过是"取而代之"的意思，取甲派的地盘为乙派的地盘，取甲派的督办为乙派的督办，至于乙派的督办在乙派的地盘上所树立的政策，和甲派的督办在甲派的地盘上所树的政策，仍是半斤之于八两。

我们要是以这个眼光去观察吴佩孚与冯玉祥的胜负，那么，无论是吴胜冯胜，当然只能认作人的胜负，绝不能认作主义的胜负和政策的胜负了。这样的革命就是为情势所许，再延长一百年，也不能得好结果。除非各军阀大觉大悟（望军阀觉悟当然是梦想），从大处着眼，从小处下手，把他们所占据的地方先行整理起来，做一番建设的真工夫，然后再说"使平得宰天下亦如此肉"，那才可以将就将就。不然好像前几年的吴佩孚，天天高谈统一，却天天让土匪在他的军营附近横行，一概不管。这样的统一要他何用呢？

阎锡山建设的怎样，我们且不必批评，但是他总还有一点小建设；广东政府建设的怎样，我们也犯不着指摘，但是他总还有一点小建设。假使军阀们要开和平会议，我可以上一个条陈，就由彼此暂时各守疆土，互不侵犯，各以建设来比赛。比赛的优劣由人民下判断决定，谁人得到优胜旗，就让谁人到中央来试他一试。这虽然也是变相的"依赖军阀"，可是我总觉得这样的"依赖"流弊和范围似乎较小一点。

（原载《现代评论》第 3 卷第 62 号）

革命军与言论自由
（1926 年 2 月 27 日）

自从"首都革命"的名词出现以后，军事当局对于报纸的压迫，自然是比较张作霖、吴佩孚时代好一点；但是所谓"比较好一点"，只是对于本党或友党所办的报纸而言，再不然就是对于依附本党或友党而为本党或友党尽力鼓吹的报纸而言。至对于异党或超然派的报纸，其压迫的程度，不见得就比张作霖、吴佩孚时代好得多少。要像这样做下去，结果必定是凡本派的报纸有自由，异派的报纸无自由；凡依附本派的报纸有自由，反对本派的报纸无自由。比较张作霖、吴佩孚还是"易地则皆然"。

封闭报馆，在中国的首都乃是司空见惯的事体，本犯不着大惊小怪。近来《大同晚报》与《北京晚报》事件，也不过是承继那自袁世凯以来的统传的政策，更犯不着此轩彼轻。不但那自绿林出身的张作霖有到北京来自由抓去陈友仁的特权，就是那些争自由、争平等的群众，也同时有自由焚烧异派报馆的"天赋人权"。所以自己有自由，人家无自由，这两句话简直可算是中国人千载相传的惟精惟一的心法！

我们并不是说言论不当受法律的制裁，只说言论不当受势力的压迫；我们并不是说本党或友党的报纸不应当有自由，只说异派的报纸应当与本派的报纸享受同等的自由。更进一步说，我们并不是袒护那造谣生事或受人利用的言论界，但不能因为言论界目中无法，我亦可以无法之法去压迫他们。比如李彦青固然有可死之道，但是不经由普通法庭裁判，只经由军事法庭裁判，我们总认为不合法治国的精神。《大同晚报》与《北京晚报》所以被封的理由，未经明白宣布，局外人当然不能详知；但是无论如何，皆当依必经的手续。所谓必经的手续，即依法送交普通法庭审判是也。今军事当局既不曾经由这种必经的手续，倏然就把该两报馆封闭，无论理由如何充足，罪案如何确定，我们总只能认为是受势力的压迫，不是受法律的制裁。这种举动，我们总认为不合法治国的精神。

我们对于国民军的希望，是此后无论何事，皆当依法而行。张作霖、吴佩孚的目中可以无法，国民军的目中却不能无法；张作霖、吴佩孚可以不重视言论自由，国民军却不能不重视言论自由。故我们希望以革命军自命的国民军，以后不要以势力压迫言论自由，应当以法律保护言论自由；并希望以后不单是尊重本派报纸的言论自由，并应当尊重异派甚至于敌派报纸的言论自由。

（原载《现代评论》第 3 卷第 64 号）

吴先生还是磨墨罢
（1926 年 3 月 6 日）

不料吴稚晖先生居然上了我的当，被我一激，便把他心中所想说的大道理尽量发泄出来了。吴先生这两篇所以依赖军阀的大道理，自然是说得天花乱坠、顽石点头，但我终是吴先生所说的"被白狗咬了，见白羊也怕"的人，所以虽然能体谅吴先生依赖军阀的苦衷，却绝不愿采取吴先生依赖军阀的态度。

吴先生的依赖军阀有两个特点：（一）是只有依赖军阀的意志，而无依赖军阀的行为；（二）"化阀为军"仍是"由他自己"，我们绝不必投笔从戎，"去做军阀走狗"。换句话说，就是我们只希望军阀化阀为军，至于他化不化，那就随他自便了。这样的依赖军阀，仍然是隔岸观火的态度，仍然是"执笔者"、"磨墨者"的口吻。真是吴先生自己所说的"惟多了我们的'想依赖'三字，甚觉我们的蛇足耳"。故吴先生自己始终还是个"磨墨者"，还是个"磨墨尾随"者，不过不愿意尾随"执笔冲锋"的人，而愿意尾随"化阀为军"的人罢了。这就叫做三千年后的无政府主义家吴稚晖式的依赖军阀！

吴先生的"曲折"处（不敢说是自相矛盾处）计有两点，都和他一面相信无政府主义，而一面又相信无政府主义不能实行的曲折态度一样：第一点是一面主张民治制度，一面又说平民无用；第二点是一面主张依赖军阀，一面又说依赖为画蛇添足。

先就第一点说。吴先生说："所谓平民，合而崇拜之，似乎风云雷雨都可由他出卖；若析而观之，又要破空开顽笑。章行严先生即能代表其新同志，发仰天之大笑。笼笼总总，包包括括，只有四种，一执笔者，二磨墨者，三执笔人目之不读书者，四磨墨人目中之能开会者，此外即一无所有。有则多至三百九十兆，他止要吃饭睡觉，他可怜被抢被拉，而且被杀，他的'有奶就是娘'，更甚于我。誉之可称曰良民，蔑之可称曰小民，无罪而戏判之，可称曰'昏百姓'。"人民的程度不够，就是袁世凯所以称帝、康有为所以复辟的唯一理由。吴先生今发此议论，料九泉之下与上海之上必有人引为同志，而吴先生几年来抛弃无政府主义，从事革命运劝，只可算是瞎忙！然国内果然真正有三百九十兆"昏百姓"，要"吃饭睡觉"，那政治问题早就解决了。难道吴先生的人生观不把吃饭睡觉看做大事吗？难道欧美各国的平民革命不是因为吃饭睡觉的问题而起的吗？昏百姓的"被抢被拉，而且被杀"，试问被谁抢被谁拉被谁杀的？不就是被吴先生所想依赖的军阀抢拉而且杀的吗？吴先这话岂不是明明告人说平民革命之路不通，须别求依赖军阀的光明之路吗？哀告军阀替平民革命，平民自己却仍然吃饭睡觉的不管，等待军阀成功，而平民坐享其成。试问何国平民革命有此先例？

再就第二点说。吴先生一则曰："一则我们不捧他，未必即能反对他；二则他的成阀，于我们的捧不捧似无多大关系。"再则曰："你不放他试，他亦要试。"果然如此，那么，我们既不能推翻他或制服他，试问又怎么能"化阀为军"？因为"不放他试，他亦要试"，所以才去"依赖"他，这是"有奶就是娘，更甚于我"的昏百姓的行为，绝不是扎硬寨打死仗的老英雄的行为。捧之无效，又何必多此一捧；捧之有效，岂不是助桀为虐！这样的依赖，不是趋炎附势，便是垂首乞怜。所以我宁愿终身执笔，更宁愿吴先生终身磨墨，不要添上这一点蛇足。

把以上两点结束起来，可见得军阀自军阀，化与不化，任凭他便。吴先生既无权力使他必化，又无权力干涉他不化。那么，说来说去，终是文人翻字眼儿。吴先生在这一点上几乎和我高一涵一样，仍然是执笔磨墨者。倒不如把"曲折"抛开，多多的执笔磨墨来指导三百九十兆昏百姓。这是我所以还请吴先生磨墨的重要原因。再：吴先生所恭维的人，往往过了一年半载，便成为吴先生所痛骂的人，章行严就是一个顶好的例。吴先生现在敢为他只见过两面的那一位担保，说他"每一反动，无不向明"，这是何等可依赖的人物！如果那一位能照吴先生的理想做去，固然要多多的磨墨，替他做起居注；如若不然，也要援章行严的先例，多多的磨墨，准备将来反转笔头去痛骂他。这又是我自始至终只请吴先生磨墨的一点微意。

附注：至于那一位果配依赖与否，就照吴先生说，也要以将来的事实作证，此时似不必浪费笔墨，作此无聊的辩论。故这一场笔战，只好就此作一收束，不愿再糟踏白花花的报纸了。

（原载《现代评论》第 3 卷第 65 号）

海格尔的政治思想
（1926 年 3 月 15 日）

　　我编《政治学原理》的讲义时，说："近代关于国家观念有两大思潮，一是斯宾塞的'股份公司的国家观'，一是海格尔的'玄理的国家观'。"现在且把海格尔这种玄理的国家观写出来，以供大家的参考。

　　德国的政治哲学中的理想主义（Idealism）到海格尔（Georg Wilhelm Friedrich Hegel，1770—1831）可算是达到极点。他的天才奇特，所以他的哲学的渊博深奥甚至于超出他的前辈康德和斐希特之上。他也和康德等一样，把政治学理看作哲学体系的一部分，故要想明白他的法律哲学和国家哲学，必定要先明白他的哲学体系的根本原理。但是他的哲学体系的根本原理绝不是几句话所能说明的，故现在只能说明他的政治思想的根本原理。他以为万有都在"正旨"（thesis）、"反旨"（antithesis）、"合旨"（synthesis）三种形式之下生存。就人身说，肉体是正旨，精神是反旨，心意是合旨；就人生说，个人是正旨，社会——市民社会（civil society）——是反旨，国家是合旨。个人和社会是各不相容的，可是这两个相反的东西，在综合的国家之中，才能统一调和。我们从这个论点上，可以找出海格尔法律哲学和国家哲学的根基，就是说，个人和社会是直接反对、互相消灭的两个东西，但是他们在国家之中可以综合起来，联为一致。由此看来，个人只在国家之中才是实在的。既然如此，那么，国家万能不但不能侵犯个人和社会的权利，并且国家越强，个人和社会越发实在。这个根本观念简直和卢梭、康德一鼻孔出气。

　　海格尔的政治哲学都包括在他的《精神哲学》（*Philosophy of*

Mind）和《法律哲学》（*Philosophy of Right*，1821 年出版）之中。
现在且把他的政治哲学的要点略述如左：

（一）国家性质。海格尔的国家观念也和康德、斐希特差不多。他
说：国家的本质是普遍的（universal）、自生的（self-originated）、自长
的（self-developed），是意志之合理的精神。但他是自知自现的，故纯
系主观；他是一个实在的，故是单一的个体。国家是存在地球上的神的
意象，国家的存在乃是在世界中的上帝的运动。他在地球上有绝对的权
力，只有自己的目的。他有反抗一切个人的最高权利，个人有为国家之
一员的最高义务。因为国家是完全合理的，故真正说起来，国家就是在
使道德观念的实现。国家是道德的精神，这种道德的精神乃是表现自
身，使自身成为显然可见的和实体的意志。故国家是自目的的，为自己
生存的，是自己实现的。个人只有在国家之中才有实行的自由，就因为
他的意志只有在国家之中才可和普通意志相合，只有得国家之力才能和
普通意志相调和。

海格尔的国家理论就是在这个根本观念上建设起来的，故这个观念
是他的哲学体系的终局，又是他的政治理论的起点。这种见解并不是由
海格尔创始的新观念，卢梭的《民约论》中老早就有这种理想，不过不
及海格尔的辞意玄奥罢了。卢梭说："想使社会契约不变为空文，必要
默认下列意义：就是谁不服从普通意志，便当以全体去限制他。限制他
并没有别的意思，不过说不如此便不能强迫他自由罢了。"（《民约论》
第一编第七章）海格尔说：国家是自己合理的，是为自己合理的。这些
话的意思完全和卢梭一样，就是想欺骗个人，使个人相信他自己只有受
万能的国家支配才能够自由，并相信国家强迫个人，只是强迫个人自
由，故国家越强，个人的自由越能够充分发展。

（二）自由观念。国家如果是道德观念的实现，那么，国家的自身
便是合理的。国家自身既然是合理的，那么，个人对于国家的权力当然
不发生问题了。因为个人要想得到多量的自由，一定要在国家之中，得
到国家的帮助。在海格尔的这种没收个人的国家观之下，本来是和那自
由观念不相容的，他想欺骗人家，所以煞费苦心，把国家和自由两个观
念连合起来，就以"自由意志"做他的国家观的基础。他以为普通人把
自由看作脱离限制，乃是自相矛盾的见解。自由是积极的，不是消极
的，故自由就是自决（self-determination），自由意志就是自己决定的
意志。意志自目的决定，目的又由意志决定。所以海格尔到此不得不陷

入循环论的套圈，就是自由自决，意志被目的决定，目的又被意志决定，故意志是自决、是自由。他因此便是说：自由是意志的本质，意志的观念就是意志，那自由意志的自由意志，他以为人格、财产、契约等观念都是自由意志的表现。一个生物所以为一个人，就因为他有自由意志要想做人的；一个物件所以成为财产，也因他是被一个人的自由意志决定的；一个人所以成为财产——奴隶，也只因为他缺乏那想使自己自由的自由意志。这就是他那自由乃是自决的说明。

但是个人所以能够自由，就因为他做国家的一分子。国家是特殊和普通的最高综合，只有他能够保障个人，使个人的权利实现，故个人的最高义务就在做国家的一分子。海格尔这种议论乃是法国的个人主义派的学说的反动。一七八九年法国的《人权宣言书》中，明明承认保障个人的自由和财产为国家唯一的目的。只因国家能够保障个人，个人才愿意做国家的一员。故个人加入国家只是自由的，不是一定的。海格尔极力反对这一说，所以说个人只因为国家一分子，才有人格，才有自由。因此便认定个人离开国家便不能实现道德的生活。

（三）神圣的国家观。国家的本质既已是合理的，国家的本身既已是道德观念的实现，那么，只要是个国家，不管他的来源是由家族、由于武力或由于契约，便都是正当的。这些国家发生说都和国家观念没有关系，玄理的国家观只问那含在观念之中的，不问那表面的形状和那属于历史的事情。他说：卢梭的功绩就在说明意志为国家的根本原理，但是他把意志看作个人的意志，把普通意志看作由个人而来的集合意志，不把他看作国家自己的合理意志，这样一来，国家便是个人自由定下契约组成了。这是毁坏国家神圣尊严的见解。

海格尔玄理的国家观，把国家的偶然的元素、实际的形式和那仅注意于偶然情形与当时事实的学说一律排去。他只讨论国家内含的本质，以为必定要抓住了国家的确实的真实体，才可以懂得国家的真实性。他说：国家自身是道德的全体，是自由的实现，是真理的绝对目的，是精神之不灭的、必要的本质。国家既已是自觉的精神，国家既已生存良知之中，那么，国家在地球上实现便是神圣的，这种神圣元素便是国家在个人之上有无限权力的根本基础。个人只有在政治的神圣之中，才能求到他们道德精神的实现。自由并不是从个性而起的，也并不是从个人的良知而起的，只是从良知的本体而起的。国家是良知和精神的本体，他的基础就是真理的能力。故我们要想建设一个国家观念，倒不必注意那特别国家或特别制度，只要从这个意象——这个真实的上帝——上讨论。

凡是国家都含有神圣的性质，不管他的组织是好是坏。如同一个人，虽然是懦怯、犯罪、罹病、愚昧，但总是一个有生命的人。故一个国家虽然是不良或腐败，但他的本质总是道德观念的实现，总是永久神圣。因为国家是生在世界上的，不是技术制造的，国家的不良或腐败不过是偶然的情形，绝不能影响到他的本然的体质。凡是抱这种国家观念的人，绝不主张限制国家的权力，同时又必教各个人对于这种权力无限的国家不要怕惧，因为一定要经过国家可使他的道德精神完全实现。这种神圣的国家观可算是德国政治理想派的思想的特色，尤其在法国革命后，凡是厌恶革命思想的学者，几乎没有人不倾向这一类神圣的或机体的国家观。

（四）国家组织。海格尔以为国家的理想由三种方法表现出来，就是：一、宪法或国内公法，二、国外公法，三、世界历史。一个特殊国家的根本事实就是人民的政治良知，由这种良知确定宪法。说宪法是创造的东西，说他有个绝对的起点，便是大错。宪法自身并不是人类的制造品，并不是人类良知的创造物，只是自然成形的。宪法虽然时时变迁，但是有些形体是确定事实，和国家的理想是不可分离的。故说：何人应该"创造"宪法，是一个毫无意义的问题；争论什么宪法是最好的，什么政府是最善的，也同是无用的争辩。一国人民，在一定的时期内，自然有表明他的精神和文化的宪法，这种表现一定刚刚同他的精神和文化相适合。故在某一时期内，只有某一种宪法是最好的，待到人民的文化更高，方可适用别种制度。由此看来，宪法只是自然成形的，并不是任人自由选择的。

海格尔的国家是由下列的实在元素组成的：一、是决定普遍和建设普遍的权力，就是立法权；二、是在普遍之下处理特殊事件的权力，就是行政权（包括司法权在内）；三、主体的权力，就是君主权。海格尔的三权分立说，终是德国人如康德等的见解，却不是法国人如孟德斯鸠等的见解。他以为君主权是重行联合别种权力，使他们成为一个单位。因为海格尔哲学的根本观念是普通和特别互相反对，把他们相互联合起来，方可联为一体。立法权是普通的，行政权是特别，使他们互相结合、联为一体的，就是君主权。君主权是给予那立法者立法的责任力和政府命令的责任力的，他是一切权力的最高点。立法权和行政权是说明那理想宪法上很重要的参差的原理，君主权是供给那使理想完成的统一的原理。海格尔认定立宪的君主政体是能满足那完全合理的条件的，国家发达进到这个政体，便是近代世界成功的模范。这种立宪的君主政体是综合三种政体——君主政体、贵族政体、民治政体——而成的，君主代表一，行政代表少数，立法部代表多数。这三个政体，在古代国家是分别存在的，到了近代国家却综合而为一了。

（五）君主主权。海格尔既已把君主权看作一切权力的最高权，那么，不但国家是绝对权力，君主更实在是绝对权力了。他以为近代如普鲁士等高等国家已经进到最好的立宪君主政体，在这种国家之中，确实的统一由于君主能把政治全体的三要素重新联合成为一体。万事从他而来，万事归着于他，他既是起点，又是终点，他握有最高的自决权。一切始于君主、终于君主的权力，叫做主权，主权和专制（despotism）不能合为一谈。所以他说："把主权和独裁、专制混同起来，是一大错误。主权是各种特别权力的理想力（ideality）。……专制是指着无法而言——在这个地方，特别意志等于法律，甚至于代替法律。主权却不是这样，他是成于各种利益范围和特别行为的理想力，使这些范围和行为不因各自目的而独立，以致互相毁坏自己；反过来，他们行为的目的和方法反由全体的目的决定，因而互相依靠。"（Dyde 英译的《法律哲学》三六四页）直简一句话，就是主权是使特别行为和普通行为相合，使特别目的和普通目的一致。主权在君主个人，由他实现出来那特别和普遍的融和。

海格尔的主权说不止于此，并进一步，再详细分析主权的性质。他以为主权是那有下最后命令的权力的一个意志。主权既有一个意志，故是一个人格、一个主体。主权不但是一个人，并且化成一个人，这个人就是君主。主权是国家的个体的元素，他只是单一的、不可分开的。大概海格尔把国家看作一个人格者，国家只像一个人，君主便真正是一个人。人格是说明国家似人的理想，这种理想由君主给予一个真实体。只有这样，才可以说理想就是实在。由此看来，海格尔的学说，就是认定国家的人格发见于君主的人身之中，君主的天赋权力和无条件的权力就是国家一切权力的综合。德国的法理学家如吉白（Yerblr）、拉庞德（Laband）、耶律芮克（Jellinek）等，都把君主看作国家直接的和全能的官能。归综一句话，这就是德国公法的主观说和有机体说的心核，一般公法学家费了许多心力，就是想给予万能的君主以法理的外形。

海格尔既已把君主主权说得这样明白，对于人民主权这个问题又将怎样说明呢？他以为说人民主权，只是说一群人民表面上是自治的，并造成一个正式的国家。既已有了正式的君主之后，所有的人民已经不是做主权者的人民。再：我们虽然认定主权属于国家，不是属于人民，但是我们亦可以说，所谓对内主权在于人民者，只说在于人民的全体。在近代习惯上所说的人民主权，却和我们所说的君主主权相反对，含有无法律的意思。人民要是没有君主，没有全体的组织，便是一群不成体统的群众，不能算个国家，更不能像那有组织的全体，有个公是。再：共和政体或民治政体，本可以说是人民主权，但是我们知道，近代的立宪君主政体已经比民治政体和共和主义更进步，而成为更高等的政体。

（六）政府和国会。海格尔关于政府的学说没有什么奇特的议论。他以为政府是君主裁决的执行者。政府职权就是执行和适用君主的命令，并执行和实施那既已决定的现行法律、制度、命令。政府的权力是由警察权和裁判权组成的，这些权力由阁员和各种官吏及法官行使，所有的阁员、官吏等都是君主的代理人。

海格尔所说的立法部，就是以普鲁士的国会做主，并仿照英国"巴力门"加以修正。以为分权一定要破坏国家的统一，只有给君主以最高权力，然后才可以造成单一的权力。国会做些什么事呢？他以为国会的职务在保障普通幸福和自由。一方面提出那有益于政府的建议，一方面详细讨论，说明公众的意见。如果没有国会，那么，群众便是无机的（inorganic）、原子的（atomic）；有了国会，群众便能组织起来，成为一个有机体。群众意见，到此总能成为法律的和正式的形状，利益上的冲突和争执才能够消灭。

海格尔对于国会的选举不赞成普通投票。他以为说一个个人民都应该讨论和决定那关于国家公共利益的事件，因为一切人都是国家的分子，国家事务是个个人全体的事务，这是错误的话。其实国家乃是各分子的组织体，故在国家之中，绝容不得那无组织的群众的元素出现。他更反对议员是个人的代表说。因为被代表的不是个人，只是重要的社会利益，如农业、商业、工业等。海格尔的心目中，常常忘不了普鲁士的国家，故自然要主张两院制：一个贵族院是代表地主世族等有世袭性质的，又一个议会是代表那不甚有长久性质的利益的，这就是普鲁士国会组织的原则。大概海格尔的意思，以为国会实际上不是立法的机关，只是说明当时流行的意见经过公开的讨论，可以宣明公共意见。其实他只是咨询的机关，国王和阁员只和两院商议，不一定要受他们建议的拘束。最后的裁决权只在君主，只有君主是法律的最后的决定者。他这种主张，和洛克、卢梭等对于立法权的见解，简直是根本相反。

（七）国际关系。前面说过，海格尔已经把国内公法和国外公法分开，那么，这个独立自决的国家和那个独立自决的国家发生关系，便属于国外公法的范围了。不过他以为国际关系没有"法律"可以管理，只由各个国家的意志决定。对外，国家因为是一个自治的个体，国家"自为"（for-itself）的真正精神就在这个自治中表现，故这个自治就是国民的根本自由和最高威严。国家对外是个主观的个体，这个主观的个体化为人身，就是做主权国者的君主。故君主有指挥国家对外活动的权力，凡指挥军队、派遣公使、宣战媾和、缔结条约，都属于君主的权。由此看来，国家的对外权利，就是国家对外有主观的个体存在的证明。国家的主观的个体化为君主的人身，故君主有支配一切国际关系的权力，这种权力就是"对外主权"（External Sovereignty）。

但是，"对内主权"（Internal Sovereignty）所以能够拘束国内人民，就因为他是主权，主权所以能够指挥命令，就因为他有法理的基础。至于国际关系乃是这个主权的国家对于那个主权的国家的反动。既然都是主权的国家，那么，他们又怎样能够服从一个更高的原则呢？海格尔虽然明明知道有这个问题，可是他却没有解答。他以为实在没有国际法，因为没有人类的权力可以高出于国家之上并且在法理上可以要求国家服从的。在国家和国家之间，只有道德的义务，此外又只有契约可以暂时管理他们的关系。由此看来，国家行为的标准，绝不是私人行为的标准，国际关系绝不是法律的关系。条约并不能拘束国家，国家受条约的拘束，只由国家自己的愿意。

海格尔只以利益做条约有效的根基，遵守条约的义务只是利益要求的，并不是法律要求的。故国家和国家之间发生冲突，除掉战争之外，再没有别的解决法。故海格尔到此，不得不赞扬战争。他以为战争是善的，是尊荣的，是有生发的。战争可以保全人民的道德，犹如风浪可以保全海水，使他不致于腐败。这也是因受拿破仑蹂躏而激起爱国心的德国人应该有的主张。

（八）世界历史。国家实现自由意志的最后关键就是世界历史。海格尔以为各民族的文化——美术、宗教、政制——都在那绝对理想的活动中表现一个特别阶段。他把世界历史分为四个时期，凡代表每一个时期的民族，都有反抗其他民族的绝对权，凡过时的民族就没有反抗正当其时的民族的权利。这四个期，就是东方时期、希腊时期，罗马时期、德意志时期。前三个时期已成过去，不能再见了，现在正在德意志时期中。因为世界历史是世界的法庭，故在这个时期中，德意志的原素应该在全世界上占胜利，由他实现出来正义。近代世界由德意志的精神表现出来科学的战胜和自由的战胜，由此将更进到极完全的世界。在近代世界上，自由显然为国家生活的普遍原理，东方曾知道、并且到现在还知道，只有"一"（专制家）是自由，希腊和罗马知道"多数"是自由，德意志世界知道"全体"是自由。

把海格尔的政治哲学和英美的政治哲学比较起来，可算是独立自成一派。他的国家并不是为达到某种目的的方法，乃是自己有"自目的"的。个人要想努力向上，只有忍着痛苦，屈抑自己的意志，以服从国家的意志。故服从国家的统治便是个人向上的法门，因此便说强制就是自由。国家既是综合一切个人和社会的全体社会，故把一切个人和社会都没收在国家之内。国家之上及国家之外都没有社会，故国际关系便不是社会的关系，只是自然的状态。再：他的国家是最高的道德团体，故把国家和法律看作道德观念的具体化，因此又生出伦理的国家观。他的影响几乎普及于德国的公法界，就是最近英国的鲍生葵（Basanquet）也都奉他的学说为正宗。

（原载《中大季刊》第 1 卷第 1 号）

惨案的前途黑暗
（1926 年 4 月 3 日）

自惨案发生到现在，已经经过半个月了。在这半个月中间，大家天天所忙的多半是对于于死者的追悼，此外只有国立各校和私立各校正在汲汲的筹备起诉。起诉本是在文明国家或法治国家之下的正正当当的行为，在理论上当然是丝毫没有议论的余地。不过我们要知道，这种暗无天日的惨案，绝不会在文明国家或法治国家之下发生。既已发生这种暗无天日的惨案，那么，就可以证明中国绝不是文明国家或法治国家。既已不在文明国家或法治国家之下，偏要用文明国家或法治国家的办法，当然是不生什么效力的。

故我总以为这次惨案决不是法律所能解决的。司法、陆军两部尽可以派员调查，国立、私立各校尽可以委托律师起诉，然都不过是牵延时日、敷衍门面的一种办法。简单一句话，就是现政府一日不倒，起诉便一日无效；杀人犯一日不下政治舞台，在事实上便一日不受法律制裁。倘政治问题解决之后，法律问题或者可以有附带解决的希望；倘政治问题不能解决，单去诉诸法律，只不过是自欺欺人之谈罢了。

但是我们群众虽然没有实力可以解决政治问题，虽然也没有实力可以解决法律问题，可是我们群众却有良心可以作人道的保障。在惨案未发生以前，我们的党派，我们的政见，尽可以不同；在惨案发生以后，那就不管党派怎样不同，政见怎样不同，却都要消除私见，和衷共济，一致的主张公道，一致的拥护人道了。我的结论就是大家不可只记得法律问题而忘记了政治问题，更不可只记得私仇而忘了公敌！

（原载《现代评论》第 3 卷第 69 号）

政局的前途
（1926 年 4 月 17 日）

段政府的存亡，本来只可算是北京局部的政治问题，和全国的政局丝毫不发生什么关系。故段政府存亡的问题虽然解决了，而全国政治问题的解决仍然是遥遥无期。所以我们因此只把段政府存亡问题看作时局中的一个小小的波澜，绝不认作一件可以在历史上大书特书的要事。

段政府倒是倒了，可是段政府关于三一八惨案的责任却不能逃出法律的追究。段政府政策上的责任或可因去职而消灭，可是法律上的犯罪却不能因去职而摆脱的。国民军既然要推翻段政府，为什么不按照法律的手续，把他们送交法庭去依法惩治，却把他们拉下台去就算完事呢？照这样看来，国民军的当局亦何尝以三一八的惨案为重，也不过是为自身私利而拥护他，并为自身私利而驱逐他罢了。政治问题既不能因段政府一倒而得解决的办法，法律问题也不能因段政府塌台而得个解决的办法。那么，这一次政变，除掉为国民军自身利益设想外，不能不说是于政治问题和法律问题都没有若何利益了。

在我们的眼光看来，凡是军阀都是相伯仲的。北京将来的局面如何，我们虽然不能豫料，可是乙军阀的政策与甲军阀的政策必然大致一样，这是可断言的。别人说：我们所主张的是非攻主义、弭兵主义，这话我们也有几分承认。故凡是用战争的方法去解决问题，总是我们所绝对不能赞同的，凡是用和平的办法去解决问题，都是我们所相对默许的。民穷财尽到了这样的地步，仍然继续战争，不让小百姓得到喘息的机会，无论是那一军阀，像这样做，都是我们所痛心疾首的反对的。照现在的局势看来，就这国民军退出北京，恐怕将来战争的机缘仍然未断。像这样循环式的战争一日不能中止，便是国家根本问题一日不能决定。

因此，我们对于各军阀议和最希望的条件是：

（一）北京和京兆的治安完全由警察维持，永远不得留驻任何方面的军队。

（二）北京政府完全独立，不受任何军阀的支配。

（三）各军阀相约服从中央，好让中央独立，放手做事，建设起来一个立宪的、公开的和有计划的临时政府，作正式政府的过渡。

最后，更希望人格不曾破产的社会的领袖和革新的志士彻底觉悟，赶快从民众的智识和民众的组织方面下点真实的工夫，不要再纵横捭阖，运动甲军阀抵抗乙军阀，结果不是为军阀所利用，便是为军阀的牺牲。这就是我自己不做事而站在一边责备做事人的几句良心话。

（原载《现代评论》第3卷第71号）

护宪与护法
（1926 年 5 月 8 日）

近来护宪与护法之争，已经形成政治上一个重要的问题，并且有许多人以为如果这个根本问题一解决，其余的枝叶问题便可连带解决。其实这只是一派门面话，真正解决时局的关键，恐怕还在枝叶问题，和这个根本问题渺不相涉。

就是退一步说，认定这个护宪护法问题确是解决时局的关键，那么，对于解决护宪护法的方法，也必得要十分注意。如果只由一派独断独行，不许社会方面、人民方面参加意见，恐怕就是一时解决，不久又要发生问题。从前北洋军阀、官僚及研究系攻击《临时约法》的唯一理由，就是说《临时约法》只是国民党的《临时约法》，绝不是中华民国的《临时约法》。所以国民党存则约法存，国民党亡则约法也亡。现在无论是护法是护宪，如果不改弦易辙，仍然由一派人一手包办，不由人民方面决定，就是幸而争胜了，恐怕将来某派的势力一倒，宪或法的效力也必定要随他消灭了。去年段祺瑞以革命自居，推翻法统，国内有一部分人虽然不赞成他的革命，而对于他召集国民代表重新创造新法的办法却有几分同意。不想政令不出国门的段政府，竟生出包办国家根本大法的野心，所以益使国人失望，致有这回的结果。现在反对段祺瑞包办国法的人，如果不以他为前车之鉴，恐怕法统的纷争将来越发不能免了。所以我终认定护宪护法的问题要靠人民解决，不能单靠任何一派军阀解决。

（原载《现代评论》第 3 卷第 74 号）

护宪与卫成司令部
（1926 年 5 月 29 日）

　　民国元、二年间，有一位司法总长亲自察视监狱，看见监狱里面的囚犯差不多都是一般平民，便慨然太息，说道："中国的法治精神全靠一般小百姓维护。中国自古刑不上大夫，故中国的法律只是为小百姓设的，只对于小百姓有效。"这位总长只看见法律的半面，只知道法律是惩罚人民的犯罪，却不知道法律还有一个大目的在保障人民的权利。中国几多年来，小百姓之受法律的惩治固然可说应有尽有，可是小百姓之受法律的保障却是应有尽无了。如果高谈护宪的人，也和这位司法总长一样，只让宪法上所规定的政府权力有效，不让宪法上所规定的人民权利有效，那就是只护半部宪法了。如果宪法上所规定的人民义务一律教人民方面负担，宪法上所规定的人民权利却不许人民方面享受，这个办法，再和那位司法总长的话合将起来，造成两句格言，便是"法不上大夫，宪不下庶人"！

　　宪法乃是"人民的权利书"，欧美各国两百年来，所有争人权的运动，都变成争立宪的运动，就是因为宪法是保障人权的堡垒。小百姓睡在家中，即有人把他的"权利书"送来，不费他们半点心血，天地间那有第二件像这样的幸事呢！而况护宪之外，还杂着有护法的呼声，真是猗欤休哉，法治之隆，迈乎千古矣！

　　但是宪法并不是一护所能了事，所贵者不在乎护而在乎行。护宪而后，到今只行过一条，就是："大总统……解职，副总统亦不能代理时，由国务院摄行其职务。"今日独角总理已经把这一出独角戏演起，宪法上第七十七条可算是有了着落，可是无着落的还有一百四十条！再断章取义的说，这第十九条及第二十条也实行一半了，就是"中华民国人民依法律有纳租税之义务"及"中华民国人民依法律有服兵役之义务"，不过各地方都把"依法律"三字暂行涂去留待后用罢了。

完了，此后再找不出行宪的证据了。尤其是与"权利者"相反的，就是京畿卫戍司令部所颁布的许多条例。说他可以代替《戒严法》罢，可是却与宪法第八十六条"大总统依法律得宣告戒严"的规定不合，就因为戒严须由大总统宣告。说他《惩治盗匪条例》罢，可是如"赤化"、如"藏匿军械"等，事实上既不明火抢劫，又不扰害治安，故名义当然不好直把他当做盗匪看待。说他和人民权利无关罢，可是"不分首从，一律处以死刑"，及搜检家宅，限制集会、结社、言论的自由，又和宪法上第六条"中华民国人民非依法律不受逮捕、监禁、审问或处罚"及第七条"中华民国人民之住居非依法律不受侵入或搜索"等规定又处处根本冲突。宪法上只允许国会行使立法权，卫戍司令部当然不能自认为国会，又何以有关于处罚人身的立法权，又何以有限制人民集会、结社及言论、刊行等自由的立法权？宪法上只许法院行使司法权，卫戍司令部当然不能自认为法院，又何以能不经法庭审判，即可执行死刑，不得法庭命令，即可监禁逮捕？

我想总有人说，凡在非常时期，就应该有非常机关，创造非常法律，来应付非常事件。可是我要问的，就是这非常时期到何时终了？在无政府的时期当然可算是非常时期，到了自家所承认的政府成立时期，当然要算是非常时期终了的时期。如果要承认直到今天，还在无政府的状况之中，那么，将这位依宪法而摄政的颜内阁放在何地？如果要承认这位依宪法而摄政的颜内阁是法律上的正当政府，那么，凡一切在宪法未施行以前而与宪法相抵触的法律，是否还可以继续有效？

在这种有民国而不许民治的国家之中，小百姓自不敢僭越而有所主张。可是代替小百姓而有所主张的人，无论所主张的是好是坏，总要抱着主张做去，不使行为与主张相反才对。没有毁宪能力的小百姓，当然也没有组织人家护宪的能力，更当然没有引导护宪者依宪做事的能力。可是依宪做事不能不说是护宪者的当然的义务，而护宪者如果真想要依宪做事，便不能不取消一切违宪的行为。如果真要依宪做事，纵然不能说"有宪法便不能再有卫戍司令部"，可是总可以说"有宪法便不能再有卫戍司令部的法律"！

（原载《现代评论》第 3 卷第 77 号）

委员制的性质及利弊
（1926 年 6 月 15 日）

　　在行总统制的政府和行内阁制的政府之外，还有行委员制的政府。从前采用委员制而确有成效的，只有瑞士一国，故一般学者多不大注意这种制度。到了最近，苏俄采用这种制度后，才引起人家研究的兴趣。委员制的特点，就在行政权和立法权完全合而为一。行总统制的国家，行政权与立法权互相对峙，谁也不能够支配谁；行内阁制的国家，虽然有行政、立法打成一片的事实，但是在法律上行政、立法两部仍是分立的，到了两部意见有冲突的时候，内阁还可以解散国会。说到采用委员制的国家，立法、行政的大权，往往同在一个最高的国会。国会选出自己相信的人员，委托他们去组织行政部。这个行政部是事事听命于国会的，只许行政权隶属于立法权之下，绝不许行政权与立法权相对抗。故委员由国会选举而来，他的职务由国会委托，或事先授以意旨，或事后予以撤消。这种样式的行政部，关于国家行政的职权，不由一个首领行使，只由一个众人合组的合议团体行使。组织这个合议团体的分子，彼此都立在平等的地位上，法律上的权限彼此皆是一样的。虽然也有一个人做形式上的首领，可是职权却不见得就优越于其他委员。所以这个制度，一方面和那独裁式的总统制不同，一方面又和那两层机关式的内阁制不同。

　　这一类的委员制，在罗马有由两个执政官组成的康修尔制（consul），在法国有自一七九五年到一七九九年由五个委员组成的执政委员会制（Le Directorie）。这两种委员制，和现在瑞士的联邦行政委员制，及苏俄的人民委员会，各有不同之点。故本节所说的委员制，只以瑞士及苏俄两国的委员制为限。

瑞士的联邦行政委员会，是由"联邦议会"选举出来七个委员组成的。他们的任期，和联邦议会中"代议院"的任期相同——三年——每届新代议院成立后，须立即和参议院开联合会，选出这联邦行政委员会的七个委员。瑞士的联邦行政委员会，计有五个特点：第一，瑞士的联邦行政委员会，每年由联邦议会就七个委员中选定一个委员为联邦总统，再选定一个委员为联邦副总统。但是这个总统和副总统，任期皆只有一年，并且不许连任下去。总统的职权，除掉对内为委员会的主席，对外代表委员会履行各种仪节而外，别的职权，和其他委员一律平等。因此，才能使合议制的精神贯彻到底。第二，联邦委员会中七个委员各主管一部，做一部的部长。但是各部部长不过预备各该部提交委员会案，及执行委员会对于各该部事务的决议，此外并没有什么单独的决定权。就是有单独的决定权，也只能以不关重要的事体为限，至于少微重要的事件，事实上总是由委员会开会决定。这也是贯彻合议制的精神的又一办法。第三，联邦行政委员会超越在党派的关系之上，委员的选择，绝不注意他是否为党派的首领。因为瑞士只想使这个委员会做不同的意见、不同的利益、不同的省分的中介体，并不想使这个委员会做一党一派的代表。故委员的人选，不但不为议会中多数党所独占，并且不因议会中党派的变迁而变迁。例如从一八七八年到一八八三年，自由党在议会中虽然变成少数党，但仍然在委员会中占有四个委员。第四，联邦行政委员会只是事务团体（Business Body），不是发号施令决定国家政策的机关。委员的选择，常常以行政上的经验及行政上的技术为主，故一般委员几乎变成终身官，只要是愿意连任的，在习惯上总是继续常选。因此，常常有委员继续任职到二十年以上，并且有一个委员继续任职到三十年以上。第五，联邦行政委员会的各委员不负连带的责任，因亦不必要有一致的意见。这个习惯固然是由瑞士人民一半富于调和性、一半富于服从多数性而来，可是最大的原因，却在因为联邦议会握有最后的决定权。各委员一到议会之中，个个都有发表独立意见的机会，故往往各陈一说，互相辩论。因为最后的议决权在议会，所以各委员所发表的意见，只有供给议员参考的效力，绝不因通过与否而发生去留的问题。从一八四八年以来，有两个委员因政见不合而辞职，只有一个是和议会的意见冲突，那一个却是和国民总投票发生龃龉。

```
┌─────────────────────┐
│        瑞士          │
└─────────────────────┘
          │
          ▼
┌─────────────────────────────┐
│         联邦议会              │
│ ┌────────┐      ┌────────┐   │
│ │ 参议院  │      │ 代议院  │   │
│ └────────┘      └────────┘   │
└─────────────────────────────┘
          │
          ▼
┌─────────────────────┐
│    联邦行政委员会      │
└─────────────────────┘
```

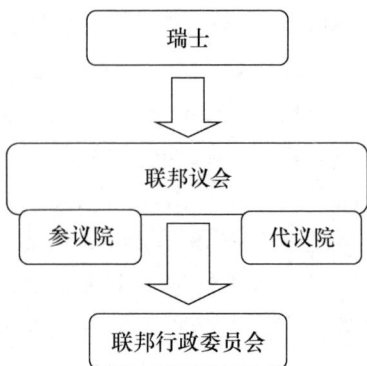

　　把上述的各点归纳起来，可见瑞士的联邦行政委员会：（一）各委员的职权一律平等；（二）各部重要事务，由全体委员会议决定；（三）委员会的分子，不为一党所独占；（四）委员会纯粹是事务团体；（五）各委员的意见，完全听受联邦议会的支配。这是瑞士的委员制在法律上或习惯上的五个特点。

　　至于苏俄的人民委员会，却有几个特点和瑞士相反。苏俄的人民委员会在法律上是站在第四级的行政机关，可是在事实上却几几乎是站在第一级的行政和立法的机关。因为苏俄的最高权力机关是"全俄苏维埃大会"，这个大会的会员，多至二千五百三十七个人（内中赋有表决权者有一七二八人），每年只集会一次，会期通常不过一星期至一星期半，因此，这个机关便没有行使最高权力的可能。由全俄苏维埃大会产生出来的第二个机关，便是"全俄中央执行委员会"，这个机关是对于全俄苏维埃大会负责的。在全俄苏维埃大会闭会期中，可以代表该会行使最高的权力。他的最高的权力不仅是掌有立法权或行政权，实在是兼掌立法、行政、司法三种职权。可是在事实上，这个机关的权力却随时增减。有时（自一九一八到一九一九年）不过做宣传及示威运动的机关，凡政府提议的事件，大抵多不用讨论，即行通过。"理事部"在全俄中央执行委员会闭会期中，以该会名义，裁可人民委员会的决议，并得撤回这一类的决议，及任命人民委员。理事部现在渐渐变成行政监督和行政裁判的机关，凡中央机关与地方机关间的争议，中央官吏与地方官吏间的争议，个人与行政机关间的争议，自治的、联合的、同盟的共和国间的争议，皆有裁决权。简单一句话，就是全俄中央执行委员会有变成立法及政治监督的机关之倾向，理事部有变成行政监督及行政裁判的机关之倾向。前者将要变成一个议会，后者将要变成法国式的参事会。

```
┌─────────────────────────────┐
│             苏俄              │
└─────────────────────────────┘
              │
              ▼
┌─────────────────────────────┐
│         全俄苏维埃大会          │
└─────────────────────────────┘
              │
              ▼
┌─────────────────────────────┐
│        全俄中央执行委员会        │
├─────────────────────────────┤
│            理事部             │
└─────────────────────────────┘
              │
              ▼
┌─────────────────────────────┐
│           人民委员会           │
└─────────────────────────────┘
```

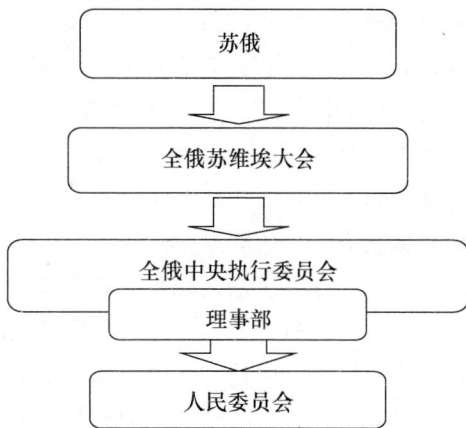

至于苏俄的真正政府，乃是这站在第四级的"人民委员会"。这个委员会起初本为临时政府，故因革命时期的需要，可以运用一切权力。他本是全俄中央执行委员会任命的，故对于该委员会负责。该委员会可以停止或取消人民委员会的一切决议，不过在革命时期中，这些权力皆变成具文，事实上的权力，一切都归到人民委员会的手中。从一九一七年到一九二五年①，列宁做人民委员会的总理。他是共产党的首领，同时又是苏俄政府的元首，故权力能扩张到极大之点。人民委员会的委员，法律上虽说由全俄中央执行委员任命，但是事实上委员的名单全由共产党提出，由全俄中央执行委员会作形式上的通过。最近苏俄对内对外的一切政策，都由共产党中央执行委员会和他的政治部、组织部决定，凡人民委员会所提出的一切实际的、具体的问题，都由他们裁决。这样一来，人民委员会已经不是一个独立的团体，地位也不如从前的重要，只不过是机械的执行共产党的决议罢了。

由此看来，苏俄的人民委员会的特点：（一）各委员的权力事实上不必一律平等；（二）委员会可以决定政策，甚至于可以处决关于国家根本问题的事项；（三）委员会在法律上是承受上级各会的意旨的，但是在事实上上级各会却承受他的意旨；（四）委员会的委员均为共产党一党所独占，处处仰承共产党的意旨。这是苏俄人民委员会在法律上或习惯上的特点。

把瑞士和苏俄两种委员制拿来比较，可以看出下列不同之点：

———————————

① 原文如此，应为一九二四年。——编者注

（一）瑞士的联邦行政委员会超越党派的关系，苏俄的人民委员会却完全为共产党所独占；（二）瑞士的联邦行政委员会为事务团体，苏俄的人民委员会却是决定政策的团体；（三）瑞士的行政委员事事听命于联邦议会，苏俄的人民委员会却事事听命于共产党；（四）瑞士的行政委员意见不必一致，苏俄的人民委员却要一律遵守共产党的政见，不许立异。这又是这两种委员制绝不相同的地方。

委员制的利弊近来常常有人讨论。说委员制有弊的也很多，这种制度最显著的弊病，就在欠缺敏活。因为委员会是合议制的机关，人选不良，便又变成多头政治的机关。而且一切重要的行政事务必得要经过合议体的机关决定，自然很难得应付那非常的事变。所以罗马的康修尔制，不论那一个执政官的决定或行为，都可因别一个执政官的反抗而中止，故当变故发生时，必定要设下一个独裁官，去救济两头政治的缺失。委员制的第二个弊病，又在责任不明。因为一切行政政策都决定于地位完全平等的多数人，个人的雄才大略，既不容易发展，一种政策的成功或失败，也不容易识别到底是谁的责任。故真正雄才大略的人，或者不愿加入这种事事听命于人的委员会；或者一旦加入，一个跋扈的枭雄，便又尽使其余的委员成为附属品。委员制的第三个弊病，又在没有势力。因为每决定一种行政方略，既没有像美国式的总统，视为责无旁贷，又没有像英国式的总理，视为内阁的生死关头。如果在民治的素养不深的国家，少数人没有服从多数的习惯，或因少数委员消极的不合作，或因少数委员积极的破坏，那么，每种政策便不容易贯彻到底。因为有这几种弊病，所以有人断定，委员制在消极方面防止专制则有余，可是在积极方面奖励做事则不足。如果不能像瑞士降低委员会的地位，使他事事听命于议会，又不能像苏俄以一党独掌政权，使他事事仰承本党的意旨，那么，要冒然采用委员制，便一定利少而害多。

但是主张委员制的论者，也有很充分的理由：第一说委员制可以除去首领政治的弊害。因为委员制和内阁制有个显然共见之点，就是委员制是彻底的合议制，内阁制便仍不能脱去首领政治的彩色。一个人的才智，当然不能和集思广益的合议团体的才智相比，如果事权集中于一人，这个人要不是全智全能，那么，行政事务便要因人而受害了。第二说委员制可以免除专制政治的弊害。因为把政权委托多人，便不容易做出专擅的行为。大概专制的行为出自一人的独裁便很容易，出自多数人合议便很困难。故凡在人民心理恐怕专制政体最甚的时候，委员制便是一种对症下药的神方。第三说委员制是适合民治精神的制度。因为在民治国家之下，官吏只是受人民委任的仆役，要想达到这个目的，当然不能使行政机关的官吏能和那代表人民全体的国会相对抗。委员制是把行政权附属在立法权之下的制度，只教他去执行人民代表的议决，不教他妄自尊大的独行独断。因为委员制有这几层利益，所以凡在洗涤专制余毒的国家，或在首创共和的时代，总宜采用这种行政合议制。

　　以上所述的反对和赞成两方面议论，皆各有相当的理由，都不能忽视任何一方面。不过据我个人的意见，委员制是否可行，或行之是否有效，必得要注意下列的三个条件：（一）采用委员制，首先要有委任和监督委员会的机关。所谓委员（Committee），原意就是指那受人委托的人而言。只有被委任者，没有委任者，便根本上不能叫做委员。所以狄卜莱（Dupriez）说：在瑞士"各行政长官（委员）只有遵奉立法部的意志，他们并没有选择别种方法的余地，他们总是好好的服从。如果既采行委员制，又教委员会去独立，使他能同立法部相对抗，便与用委员制来防止专制的用意相矛盾了"。（二）委员会只能做执行国会议决案的机关。凡采用委员制的国家，立法的本意，只想降低行政部的地位，不是想抬高行政部的地位。瑞士的委员所以能够长期的继续当选，就是只以行政经验为选择的标准。他们既然不能自由的决定政策，所以他们的位置，便不是党派所必争的位置。（三）委员会只能受一个政党的支配。如果上述的两个条件做不到，那么，委员会的第一个统一的方法，便要全靠政党的维系了。苏俄的人民委员会所以能够成功，虽然还有别种原因，可是他完全受共产党支配的一个原因，总是最重要的。近来苏俄的人民委员会，事事仰承共产党的意旨，各委员如同木头人，各有一条线在背后牵着。故论者多说人民委员会已经不是有独立意志的个体，不过机械登记他处所采的决议，调印于上罢了。苏俄的人民委员会所以能统一，不能不说他全靠这一点维系了。这就是我个人所相信的采用委员制的三个条件。

　　　　　　　　　　　　　　　　　　（原载《中大季刊》第 1 卷第 2 号）

哀山西
（1926 年 7 月 3 日）

从民国元年到现在，不但没有一省不曾受过兵祸，简直没有一县不曾受过兵祸。独有山西这一省，从来不曾发过并吞邻省的野心，邻省对于山西也从来不曾发过侵犯他独立自治的迷梦。山西的秩序比那一省都好，阎锡山统治山西的时期，也比那一省军民长官的统治时期都长久。他省军民长官的变更，好像走马灯，独有阎锡山一个人，很有些像那不倒翁。凡是民国所有的各省军民长官的头衔，几乎没有不同他发生过关系：都督也做过，督军也做过，督办也做过，督理也做过，就连那民政长、巡按使、省长等等文官，他在实际上也算都尝过了滋味。不管他治山西的政策怎么样，不管他在山西的总成绩怎么样，但是总有一部分人称山西为"模范省"，称阎锡山为"模范督军"。不管他怎样拒绝娘子关外的思想，不管他怎样依附有势力的当道，但是总有一部分人夸奖他，说他对于中央政治不曾明目张胆的干涉过，对于几次内争不曾旗帜鲜明的参加过。他虽然说不上福国利民，但是将就一点说，总可以勉强算做保境安民。

但是心如古井波澜不起的阎锡山，现在也树起"讨赤军"的旗帜来了。在两三个月前的阎锡山，匿迹销声，如同宦隐，在两三个月后的阎锡山，居然异军特起，名震一时。在通电上边，"阎百帅"的大名，居然与"吴玉帅"、"张雨帅"、"孙馨帅"等并驾齐驱，列入四巨头之一。比较从前八家通电只把他放在"各省军民长官"之列，当然有今昔不同之感。此次如果跟随"吴玉帅"一同入京，共商大政，也当然是黄土其道、机关枪其军、护卫如云、迎送如雨了。堂哉皇哉，煊哉赫哉，比起"模范督军"的头衔，当然要光荣万倍了。

可是政治的漩涡，陷入容易跳出难，党派的色彩，沾染容易洗涤难。静极思动固然容易，可是动极思静却不大容易。山西地盘的巩固并不是因为阎锡山有多大实力存在，别人不敢动摇他，也许因为他素无色彩，又不管他省或中央的政治，所以别人可以饶恕他。已经脱掉灰色的外套，穿上别的鲜明的大衣，然后再想穿上灰色的外套，那可就不大容易了。一人的去留不足惜，可是如果人亡政息，把多年惨淡经营的成绩一旦抛弃，并使中国从此无一省不加入内争，无一省有一块干净土，那就大大的可惜了！

无论一个军阀的势力怎样大，但凡一入北京，他原有的势力没有不根本消灭的。北京是融化军阀的洪炉，是葬埋势力的坟墓。阎锡山如果一旦高升到北京来，恐怕也跳不出这个天演公例的圈套。从黎元洪、段祺瑞、冯国璋到曹锟，皆是这样，难道到现在还有人不觉悟，还有人想光着头皮朝刺柯里钻吗？可是此外又更有何求呢？中国的百姓同罗马的百姓很相似，就是只知道抵抗暴政，不想自己出来参政的，他们所要求的只是消极的避免战祸。现在的山西已经有三分二地方陷入战争状况了，他省的人民，饱受兵灾之苦，或者可以视兵祸为家常便饭，但是在山西却是多年不见的稀罕事。完好的秩序，破坏只要一天两天，整理却不是一天两天的事。就是此次根本上能扫除国民军，山西的人民方面，恐怕只有损失牺牲了。中国军阀最近有一句最时髦的话，就是"人不犯我，我不犯人"，在阎锡山看起来，当然是国民军先犯山西了。可是因为国民军这一犯，便使偌大的中华民国没有一个自治独立省，乃真是一件可惜的事了。

（原载《现代评论》第 4 卷第 82 号）

闲　话
（1926 年 8 月 21 日）

报纸上的言论，近几年来，最脍炙人口的，绝不是讨论问题和阐发学理的一类文字，只是揭开黑幕和攻人阴私的一类文字。越是板着学者的面孔，讨论学术问题的文字，看的人越少；越是带着三分流氓气，喜笑怒骂的揭黑幕、攻阴私的文字，看的人越多。只要你做的是讥笑人或痛骂人的文字，便不管你讥笑得对不对，痛骂得是不是，总都能引起一般人注意。挖苦人越挖苦得刻薄，越好；谩骂人越骂得痛快淋漓，越好。最糟糕的是政府党的机关报，最令人肉麻的是替政府捧场的言论。当那肉麻周刊颂圣颂得兴会淋漓的时候，你只要一眼瞥见自"执政"到"小儿"一类的字样，就是十分麻木的人，也要教你浑身上下的皮肤一阵阵的乱皱，如同读了张镠子替梅兰芳作起居注的佳作一样。就是看普通的报纸，你要看到"孙文屠杀广州记"、"党政府内讧突起"一类的标题，何尝不说得淋漓尽致；可是一拿笔去做那"战胜以后"的一类文字，便十指如僵、口呆舌结了。看的人也不是昏昏欲睡，便要呕吐三日了。

普通人的心理，总以为恭维人是谄媚，笑骂人是高傲。故生有傲骨者不愧为高士，生有媚骨者便不免为小人了。著作家得到这个秘诀，故以骂人起家而致通显者比比皆是。学者一骂而聘书来，新闻家一骂而汽车至，这真可以叫做"一骂而诸侯惧"。我记得当《阿 Q 正传》一段一段陆续发表的时候，有许多人都栗栗危惧，恐怕以后要骂到他的头上。并且有一位朋友，当我面说，昨日《阿 Q 正传》上某一段仿佛就是骂他自己。因此，便猜疑《阿 Q 正传》是某人作的。何以呢？因的只有某人知道他这一段私事。真是常言说的："贼人胆下虚"，"三年被毒蛇咬了，如今梦见一条绳了也是害怕"。从此疑神疑鬼，凡是《阿 Q 正传》中所骂的，都以为就是他的阴私；凡是与登载《阿 Q 正传》的报纸有关系的投稿人，都不免做了他所认为《阿 Q 正传》的作者的嫌疑犯了！等到他打听出来《阿 Q 正传》的作者名姓的时候，他才知道他和作者素不相识，因此，才恍然自悟，又逢人声明说不是骂他。

"为人不做亏心事，半夜不怕鬼叫门"，现在有许多人坐在家中疑神疑鬼，一看见风吹草动，便以为有人来暗算他，登时就祭起他村妇街的法宝，逢人便没头没脸打将下来，这真叫做"活见鬼"！可惜他是个无枪阶级，能是有枪阶级，恐怕也要照那"肾囊"之狱办理，也未可知。像这样以骂报骂，往复循环，又怎能不造成互骂的风气。大家都迎合这种风气，钩心斗角的去做骂人的文字，这种文字又怎能不脍炙人口呢？社会上既欢迎嬉笑怒骂的文字，而著作家又利用社会的弱点，投其所好，又怎能不造成报界风气，叫人家认《小品报》为大雅之声明呢？

平心而论，骂人者与骂骂人者，本是半斤之折八两，故这篇《闲话》也简直可算是一篇废话。我二十四分的希望一般文人彼此收起互骂的法宝，做我们应该做的和值得做的事业。万一骂溜了嘴，不能收束，正可以同那实在可骂而又实在不敢骂的人们斗斗法宝，就是到天桥走走，似乎也还值得些！否则既不敢到天桥去，又不肯不骂人，所以专将法宝在无枪阶级的头上乱祭，那么，骂人诚然是骂人，却是高傲也难乎其为高傲罢。

（原载《现代评论》第 4 卷第 89 号）

闲 话
（1926 年 9 月 25 日）

最近有一位署名老敢的，在《国闻周报》上发表一篇希有的大文，题目写的是《蔡元培与北京大学》。这篇文章批评北京大学的弊病究竟对不对，他的语气究竟是否唐突最高学府的神圣，以及将来有没有人照老敢的预料，加他"学界蟊贼"、"某系走狗"、"反革命"、"开倒车"等等徽号，我们都可以不管；可是他说学阀的横暴，简直可与军阀并驾齐驱，那就未免与现在的事实不符了。他以为"《蔡元培与北京大学》这个题目，在北京智识阶级中，差不多是不许平常人随便讨论的"，又说"今人只知军阀势力之下言论不能自由，而不知学阀势力之下言论更不能自由"。这几句话，如果在前一年半年说，或在后两月三月说，至少有一半近于事实，带上学阀头衔的人不但不必因此动气，并且很可以因此自豪。可是在现在说，那就有点令人难受、令人惭愧了。

风气变得真快呀！"三年河东转河西"，这句话真不能不教人承认他是的的确确的真理。在前几年，一说到学校，那是何等尊严，一说到教育界，那是何等神圣。只要你偶尔透出一点半点罢课的消息，无论官僚、军阀都没有不当作重要问题看待的。现在可就一代不如一代了。不但罢课两个字吓不倒人，人们并且还有更进一层的希望，就是希望你们干干脆脆的把学校停办。现在的教育界不但连罢课两个字不敢提，就连维持教育四个字也不敢提了。因为维持教育，便是一桩罪案，什么赤化，什么乱党，都是有教育而后才有的，如果国内人人皆兵，那么天下便从此太平了。教育界当这苟延残喘的时候，当这动辄得咎的时候，明达者早已远引，老成者早已销声，练达人情洞明世故者又早已降伏，只剩下不尴不尬又臭又硬的书呆子，还死守着这个老营生不放，在这里挣扎一天是一天，挣扎一刻是一刻。至于善观气色看风使舵者，老早就眼睁睁的看见某某学校停办,不敢发一言;白白的瞧着人家把自己所惨淡经营的某某学校举手夺过去,不敢哼一声。不但"随便讨论"没有权力去管,就是捉你、打你、拘留你,甚至于带你到天桥一带去逛逛,也都悉听尊便了。这还配称什么势力,配说得上什么横暴呀!

学阀这两个字,到现在几乎被人家看得比优倡还要下贱,不想老敢先生在这举世贱之之时,还青顾到他,把他看得如此尊严神圣。我们所处的现世界,如果还有人承认学阀有这么大的威风,还有人承认学阀有这么大的潜势力,那么,就称现世界为唐虞盛世,也不为过。恐怕现世界不这样替学阀装脸,而学阀亦未必肯替自己争气。军阀如果真正有可靠之军,军阀是不会倒的;学阀如果真正有可靠之学,学阀也是不会倒的。如果身居最高学府,不能名称其实的做个学阀,那就真正可耻了。所以我并不愿意人家避免学阀之名,我只愿意人家努力做真正的学阀!

（原载《现代评论》第 4 卷第 94 号）

从武力的胜负到政治的胜负
（1926 年 10 月 22 日）

南军与北军如同光明之与黑暗，绝对不能并存，这是人人承认的。可是自开战以来，酣战的空气之中，时时有和平的声浪微微的震动。其实，孙传芳如果是醉心和平，早已就不必将重兵集中赣境；蒋介石如果是醉心和平，早已就不必树起北伐的旗帜。故目下和平的呼声虽然甚高，充其量不过是一般顾问咨议为他主人预先设下一个收场的步骤，使他主人在万不得已的时候，得一转圜的余地罢了。小百姓如果痴心妄想，以为和平当真可以实现，那就真正是双料的傻瓜。故目下无论何方，皆不必顾念和平，耽误了作战的计划，懈怠了作战的勇气。如果少事姑息，那便是养痈贻患，延长战争的时期了。

各方军事首领到现在应该认清楚了得到最后胜利的途径。少微有点政治常识的人，总应该知道，最后的胜利决不在军事，只在民政。占领地盘，为的是试验政治，故占领地盘是方法，绝不是目的。如果人家所占领的地方之内盗贼蜂起，我所占领的地方之内夜不闭户，道不拾遗；人家所管辖的区域之内，只问军政，不理民事，我所管辖的区域之内，军政得到统一，民政公诸人民；人家所组织的政府，横征暴敛，无所不为，我所组织的政府，弊绝风清，刑轻政简；人家的政府，无法律，无计划；我的政府，有详细的筹划，有大政的方针。这样一来，人民方面有个比较，何去何从，不难立刻决定。既有维持治安的相当的兵力，又得人心的帮助，自然可以长治久安。这乃是得到最后胜利的必然的方法。若只用武力决胜负，就是侥幸战胜，也只是一时的征服，绝不是永久的统一，只算是第二次、第三次战事的开场，绝不能使战事从此结束。

奉方军事当局，对于中央政局仍然坚守从前不干涉的政策，表示一种退让的态度，自然也有相当的理由。但是这只是消极的办法，绝不是积极的办法。张作霖如果要想借中央作个政治的试验场，就应该以办理奉天民政的方法，来办理中央的民政；以约束关外军队的方法，来约束关内的军队。一方面可以免去北京无政府的状况，一方面又可以表现自己政治的能力。不贪权，不恋位，固然是军阀的美德，但是如果只知道避去贪权恋位的小嫌，而放弃政治上的大责，那就是轻重倒置了。张作霖如果采取前年段祺瑞入京的态度，毅然决然的入关，以全副精力来办理中央政治，以将来成绩的优劣，卜全国民心的向背，倒不失政治家的态度。如果真能有所建树，以自己的主张来压倒中山先生的三民主义、五权宪法，才能算是最后的胜利。这样一来，既可以矫正历年以来恃武力决胜负的弊病，又可开到从今以后以政治决胜负的风气。政治家下野乃是政党政治下的常事，比那军事家因战败而下野的当然不同。我不懂当代的军阀为什么不采取这种光明正大的态度，为什么不遵循立宪政治的常轨，偏要意气用事，在战场上决雌雄，而不在政治场上决雌雄呢！

吴佩孚用武力同蒋介石决胜负，惹起退守河南的结果；孙传芳仍不悟，仍用武力同蒋介石决胜负，又惹起浙江的风云。以力制力，必有一伤，此力虽倒，他力又起，将永无安宁统一之期。故我深愿各大军阀丢开用武力决胜负的老把戏，换个用政治决胜负的新花样。

（原载《现代评论》第 4 卷第 98 号）

闲　话
（1926 年 11 月 6 日）

　　学校开学，本是千该万该的；学生要求上课，也是千该万该的。教员先生，有的为衣食计而别有高就，也是千该万该的；有的为维持学校计而不忍脱离，也是千该万该的。教育本是高尚的事业、精神的事业，只有"谋道不谋食"的人，才可以称为"君子"。大家既不愿做强盗，又不愿做军阀，偏要死守着这清高的职业，那么，自然应该有勉为君子的决心。所以当范圣人做教育总长的时候，看见"一手拿钱，一手挟书包上课"的先生们，实在看不惯，惟恐怕玷辱了他自己，所以毅然决然的弃官不做了。教育界真正下贱，既已做这种精神的事业，又要什么物质的报酬，何怪范圣人"望望然去之，若将浼焉"呢？

　　但是我们只骂教育界，还不是根本解决的方法，要想更进一步的解决，便应该大骂老天爷。我真不懂得老天爷为什么这样恶事做，他既生出来这个爱做精神职业的人类，为什么又要生出来一个唯物的肚皮。照罗特利（Rowntree）罗先生说，普通的人每一天应该吃下那可以发生三千五百加伦热量的食物，然后才可以劳动不歇。劳动越多，所消费的热量也越多，如同蒸汽机一样，不烧煤炭，他便完全不动，减少煤炭，他就是动也是慢慢儿的不大起劲。照理说，我们应该要求老天爷把这些在教育界服务的士君子们的身体改造一下，只给他唯神的脑筋，不给他唯物的肚皮，免得使马克斯马先生在九泉下自鸣得意，说人家逃不出他的唯物史观的公例。这样一来，"讨赤"的大功，才算是真正的告成。

　　如果老天爷不肯容纳我们的要求，我们便可以拿出戮天的本领，来征服自然。什么辟谷呀！什么饮露飡风呀！这一类成仙成神的方法都不妨拿出试他一试。如果能够试验成功，那么，比我们现在争俄款、筹基金一类的办法，岂不是更根本吗？这样一来，学校里聘任委员会审查教员的资格更省事了，就是只问他得到辟谷的秘诀没有。如果不能辟谷，再看他能够饮露飧风不能。其实在北京一隅，似乎也不必过于苛求，只要能飧风便够了。因为北京每当春秋二季开学的时候，不要一钱的西北风差不多是天天呼呼的飐得起劲，并且风中常带有七分黄土、三分驴屎马粪，尤其是卫生的无上品！学校能改用这种取之不尽用之不竭的西北风作教员的报酬，那么，国家亿万年教育之基，岂不是定于此矣吗！

　　再退一步说，大家就是不能征服自然，难道又不能平声静气的抵抗自然吗？抵抗自然的方法，就是白睁着眼睛等他饿死。因为饿死事小，上课事大！大家如果像苏格拉底的仰药，死到脚上，口中仍然讲学不辍；死到腿上，口中仍然讲学不辍；死到腹上，口中仍然讲学不辍；直等到死到心上，讲学的声音方才停止，算是尽完了一生的教育义务，这岂不是大圣大贤吗？可惜范圣人火候未到，当他做某大校长一钱莫名的时候，便病呀病呀的天天辞职，在报纸上登得不亦乐乎；现在担任了什么文化事业的什么职务，他的病也好了，报纸的车站往来上只看见他出入京的消息，绝看不到他的辞职呈文了！他的"一手拿钱，一手挟书包上课"的格言，要变成"一手拿钱，一手扶病办事"的格言了。他是时中之圣，固然无可无不可；至于那未造贤关圣域而挟书包上课的先生们，那就不能追踪大圣，一步一趋了！挟书包上课的先生们！饿死事小，上课事大呀！

　　　　　　　　　　　　　（原载《现代评论》第 4 卷第 100 号）

新　年
（1927 年 1 月 1 日）

　　同是一样的新年，只因为少年人迎新、老年人恋旧，所以这个新年，乃是少年人最乐意的时候，同时又是老年人最丧气的时候。其实，就新陈代谢的自然律说，旧的不去，新的不来，弃旧迎新，乃是正理。世界本是活人的世界，一般行尸走肉的老不死的东西，偏要流连晚景，大摇大摆的在活人的世界上横行，简直是故意的违反自然淘汰的天演公例。"夕阳无限好，只是近黄昏"，这两句诗，恐怕就是老年人过新年的感想。

　　天演公例，固然是优胜劣败，优劣的区分，当然不以身体上的老少做标准，只以精神上的老少做标准。就精神说，有青年的白首，也有白首的青年。我们并不是说，凡是青年都是神圣，都是优者，凡是老人都是废物，都是劣者。这样说法，不但不合逻辑，并且不足服老人之心了。

　　但是青年人多朝气，老年人多暮气，这是不能否认的；青年人重进取，老年人重保守，这是也不能否认的。因此，一方要想试验那不曾试验过的新戏剧，一方却只能演那历史上曾经演过的老把戏。如果雅歌、投壶真正可以保境安民，礼义廉耻真正可以行于禽兽世界，那么，我们似乎也犯不着希望他们退伍，自然淘汰似乎暂时也淘汰不了他们。可是老天爷太恶事做，偏给人类一点良心，受良心的驱使，偏要箪食壶浆的欢迎新年，深恶痛绝的诅咒老人。所以这个新年，就是青年人同老年人算总账的日子，该换班的换班，该退伍的退伍，区区回光反照，就能认作朝曦吗？

　　宇宙本是新新不已的宇宙。好像长江，长江的名字虽然是至今未变，可是长江中所流的水却是时时刻刻变化的。比方临流濯足，抽足再入，水仍是水，可是却不是从前的水了。人事代谢也是如此。尸居气余的老人，偏要把持这个世界，断绝新新不已的生机，真是挟泰山超北海，而同天演开战了。姑藉这新年的机会，奉劝一般精神上的老人，早早升天，不要转那临去的秋波，来耽误了青年的大事！

（原载《现代评论》第 5 卷第 108 号）

军治与党治
（1927 年 1 月）

前几天听到一位醉心民治主义的朋友说，近来南北政治如走各的岔道，一方发扬军治，一方讴歌党治，结果，两方面都想把我们平素所相信的民治主义一笔勾消。在军治之下，固然说不上民治，就是在党治之下，也一样的谈不到民治。这几句话，小而言之，不过是一位醉心民治主义者的杞忧，大而言之，却是全国人民心中所隐伏的一团疑念。究竟军治与党治是不是皆同民治相反？或者军治是走到民治的道路呢，还是党治是走到民治的道路呢？本篇所想讨论的，就是这几个问题。

要想讨论军治与党治是不是皆和民治相反这个问题，自然先要说明什么是民治。民治的政府是人民所有的政府，是由人民管理的政府，是为人民做事的政府。这就是欧美人所实行的"民有"、"民治"、"民享"的三民主义。民治主义的精神，就是自由平等。换句话说，就是全国人民个个都有自由发展个人才能的权利，个个都有平均发展个人才能的机会。就政治说，政府权力受宪法的限制，人民意思由国会代表；就人民说，一切权利由宪法保障，一切言论思想不受任何势力挟制；就社会说，打破不平等的阶级，个人人格上一律平等；就经济说，打破不平等的经济生活，个人对于一切经济事业都有平均发展的机会。这就是十九世纪欧美式的民治主义的内容。

可是这种民治主义只可算是个人主义的结晶，政府所采取的大半是放任政策。他的毛病就在重自由而不重平等，并且错认自由就是平等。结果，只看见有才有识有钱有势者的自由，并看不见无才无识无钱无势者的自由。现在民治主义又变成晶结社会主义的，政府所采取的大半是干涉政策。他们不相信自由便是平等，不相信从自由下手可以得到平等的结果，只相信平等乃是自由，只相信从平等下手才可以得到自由的结果。因此，便想把国家当作天平秤，用这个天平秤来权衡轻重，凡有太过的地方，便由国家来抑制他；凡办不及的地方，便由国家来提拔他；凡违反公共利益的私人利益，一概可由国家立法限制；凡关系公共幸福的私人事业，一概可以收归国家管理。因此，国家职权的范围便日渐扩大，在十九世纪中，国家所不能干涉的事，现在都可以干涉；在十九世纪中，归人民办理的事，现在都可以归国家办理。这乃是由社会主义结晶的民治主义的内容。

军治是否能进到上述的两种民治主义呢？这个疑问很容易说明：第一，军治的政府是军人所有的政府，是军人管理的政府，是为军人做事的政府，和民有、民治、民享的三原则根本相反。中央官吏由军人指派寄生于自己的阶级充任，与人民绝不发生任何关系。他们做事只对于军人负责，绝不对于人民负责。地方官吏如县知事等，性质上一律变成军人的副官与军需，除收税与办差而外，殆无其他责任。第二，在军治之下，一切公私机关都变成单为供给军用的机关。例如铁路、电报、商船、学校，都可随意占为军用的专品。甚至于农人私有的生活、生产、运输的工具，如车、马、房屋、田地之类，一律可以无偿的征收或占用。第三，凡与军治相反的文化事业，如教育、工艺之类，都一律有意的或无意的使他停顿或消灭，思想、言论等等自由，都不得不一律取消。民治主义的民有、民治、民享三大原则，无一不和军治相冲突，久行军治，只能养成服从的国民性，绝对不能养成独立自由的国民性，只能使人民做政治下的奴隶，绝不能使人民做政治上的主人。要想从这个绝境走上民治的大道，谁人都知道是万不可能的。

至于党治是否能达到上述的两种民治主义呢？这个问题便不是一句话所能回答的了。因为政党与军队至少有三个不同之点：（一）军人是特殊阶级，他们的行为的管理裁判是不受普通法律制裁的；党员不是特殊阶级，他们的行为的管理和裁判是要受普通法律裁制的。（二）军人所任的职务是一种特殊的职务，治国治民都不是军人的专责；党人所任的职务，只有一小部分是本党的特殊职务，主要的职务就在治国治民，除治国治民而外，政党就无事可做。（三）军队本身的组织是一种阶级的组织，只能阶级化，绝不能民治化；政党本身的组织原不是一种阶级的组织，故宜于民治化，不宜于阶级化。由这三点推论下去，军人有特别的身分，不能当作普通人民看待；党员并无特别的身分，仍是普通人民。军人治国治民只可算作反串，或者至少也要算是兼职；党人治国治民只可算作本行，只可作专任。军队的组织绝不能作为民治的模围，政党的组织大可算为民治的图型。这是军队与政党最显明的不同之点。

诚然，党治的政府也是一党所有的政府，也是一党管理的政府，但总不能说是专门为一党做事的政府。换句话说，政府尽可以为党有、由党治，但所收的效果，总不尽为一党所独享。在军治的政府之下，有害于军人的地方，虽然不必就是有利于人民的地方，可是有利于军人的地方，却多半是有害于人民的地方。至于在党治的政府之下，不但不必以害民为利党的方法，并且要以利民为利党的方法。故结果凡有大害必是两损，凡有大利必是两益。在资本家专政的时代，固然资本家所享受的利益比较劳动界所享受的多，在劳动党专政的时代，也固然劳动界所享受的利益比较资本家所享受的多；但这只是享受利益多少的差别，绝不是根本上只受害而不能享利的。

在党治的政府之下，言论、思想当然也不能十分自由，如苏俄，如意大利，都不免有这样的缺点。关于这一点，乃是由个人主义结胎而成的民治主义派所极端反对的。言论、思想的自由，在现代已经成为神圣不可侵犯的权利，近世的文明，差不多大半是由这一点孳乳发育起来的。故极端反对党治的人甚至于说，阻止言论、思想的自由，即无异断绝文明的根源。至于党化教育一层，尤其受舆论上的攻击。因此，便发生本党有自由、异党无自由的讥笑声。关于这一点，似乎是党政府应该早日解释的；但是在党治之下，仍然把言论、思想看作必需品，若在军治之下，那么，老早就把言论、思想看作奢侈品了。故在党治之下，所争的是言论、思想的异同问题，不是言论、思想的存废问题；若在军治之下，那么，要不要有言论、思想的问题或者可容人讨论，至于自由不自由的问题，便没有讨论的余地了。

真正说起来，极端禁止言论、思想的自由，总是人类办不到的事体。如果一国有数党，而每党的党员都是自己认为政见相同随意加入的，在这种状况之下，就是对于党员的言论、思想的自由稍加限制，似乎还可以办得到。若不以政见相同为入党的条件，又不许有异党存在，势力均平，那么，全国人民尽行入党，结果必与无党相同。因为数党并存，异党摈斥在本党之外，与本党漠不相关；若一党独立，异党必尽入本党之中，而与本党合为一体。例如当汉代未定儒教为一尊之前，异端与孔道显然各别；到了定儒教为国教之后，异端无地自容，便不得不脱去道衣道帽，把那儒服儒冠穿带起来了。所以章太炎先生说：未尊儒教以前，异端在儒教之外；既尊儒教而后，异端便混入儒教之中。以党治国，或化全国为党，将来必定要把一国之内所发见的派别，变成一党之内所发见的派别。到了这时，一党分为数派，从党外的异同之争，现在都变成党内的异同之争。限制言论、思想的自由，则现在不但不可能，并且不必要，而言论、思想就是不自由也自由了。

我们相信思想的生命是不能枪毙的、不能斩绝的，党治国也不过把某一时代所能应用的思想和必要采用的思想宣传出去，使人家生出一种信仰，再由信仰生出一种力量，使他实现罢了。中山先生明明告诉我们说："主义是一种思想、一种信仰和一种力量。"由此可见，思想是主义之母，主义是思想之儿。真正所谓政党，就是集合思想相同之人，组成长期的团体，去做共同的活动。有相同的思想而无团体的结合，等于无思想；有团体的结合而无共同的活动，等于无团体。一千万毫无组织的群众，他的势力往往不及一千个有组织、有训练的党员；一千万各行其是的学者，他的成就往往不及一千个共同活动的凡民。近代学者对于国民票决制的驳议，就是说国民是一盘散沙，不及那经过政党训练的议员有一定的政见。就是欧美各国信仰那由个人主义结胎而成的民治主义的人们，所有政治的主张和运动，也从来不曾依靠一个一个群众单独去做，必定要依靠那组织坚固、训练成熟的政党去做。没有政党，几乎就没有民治。由此看来，思想是主义之母，主义是政党之母，而政党又是民治之母。

把上述的理由归结起来，可以说，军治与民治是背道而驰，党治与民治似乎是殊途同归。不但可以说党治是达到民治的道路，并且可以说党治就是民治的缩形。因为一党的政见就是全体党员共同意见的结晶品，如果本党之内没有民治的精神，党员的活动不守民治的方式，那么，这种政党便是少数人的专利品，所有的党员都变成被少数人操纵的傀儡，便不是所论"民治的集权制"的政党了。政党本身的组成，无论从形式上看，从方法上看，都必定是个民治制。一切党员，无论职业何如，地位何如，在党的组织上，必定是一律平等的。这是与军队的组织根本不同的地方。况且党员并没有与人民不同的特殊的身分，在党为党员，在国便同为人民。政党的职务既以治国为主，做政党的事务，同时也多半是做国民的事务。如果党治真正是这样，纵不能简直叫做民治，似乎可以将就点叫做民治的缩形；再不然，也似乎可以训练出来、教育出来将来的民治人材。

所以党治就是训政时期的过渡方法，过了这个时期，便可渐渐的跨到民治的彼岸了。

更有进者：中国自古以来，就是群而不党的国家，无组织、无训练的群，当然敌不过有组织、有训练的党。因此，安福系、交通系等类的少数党徒，都可以操纵政局，而号称四万万做主人的人民，反如一盘散沙，任人播弄。中央政局所以被少数官僚、政客操纵，地方政局所以又被少数势恶土豪操纵，就只因没为有政党。故在无公党、有私党的中国，一说到民治，即无异替少数官僚、政客及势恶土豪留活动之地步。如就中国今日局面说，不但可以说与其军治不如党治，并且可以说与其民治不如党治。

（原载《现代评论》第二周年纪念增刊）

武汉国民政府与共产党
（1927 年 6 月 15 日）

别离了《现代评论》已经四个多月了，天天想寄稿，可是却天天不敢寄稿。因为《现代评论》的态度是科学家的态度，未下批评，先要证据，至于无中生有、信口开河的议论，当然是不要的。这就是我所以不敢轻于寄稿的原因。

现在寄来这点文字，并不敢冒充科学家，不过想替科学家找出一点真凭实据，好让我们这个《现代评论》永久保持得住科学家的态度。

我所想说的有下列几点：

（A）有人说：武汉政府是共产党的政府，南京政府才是"只此一家，并无分铺"的"真正老王麻子"的国民党政府。我想这件事如果是实，必定要先有证据。据我看看国民党中央执行委员会共计三十六个人，这三十六个人之中，只有五分之一是共产党。除掉已死的且并未到过武汉的李大钊外，现在做中央执行委员的，只有于树德、谭平山、吴玉章、恽代英、林祖涵、杨匏庵等六个共产党员。并且这六个共产党员之中，于树德已往河南，林祖涵又在军队中做党代表，长川在武汉的通同不过三四个人。我想共产党无论怎样神通广大，只有三四个人，也恐怕不容易使"中央执行委员会的权力渐渐落到共产派……手中"。

就人数说是这样，再就武汉政府的政策说，又怎样呢？有人说武汉政府已宣布实行共产，这个宣布共产的布告真使我寻得好苦呀！

天下事往往耳闻不如目见，凡是住在武汉的人，凡是看见过武汉国民党及国民政府最近所发布的训令的人，再也不会相信真有这回事。

中央执行委员会的训令有下列五点：

一、制定劳资仲裁条例，由劳工部及各省政府组织劳资仲裁机关，解决工人厂主间及店员店主间之各种冲突。

二、制定劳动法，对于工、厂商店分别规定工作时间，并按当地生活情形，规定工资之数目及工人之养老金，暨各种劳动保险。

三、制止工人及店员之过度要求，并禁其干涉厂店中之管理，另由总工会与商民协会组织特种委员会，审查工人、店员之要求条件，并加以相当限制。

四、工会或纠察队对于店主或厂主有恐吓罚款及擅自逮捕，或用其他压迫方式者，一律严禁，劳资两方有痛苦者，须陈诉于仲裁机关解决之。

五、外人在华经营商业者，应由外交当局根据上列四项之原则办理。

无论有怎样糊涂的共产政府，总不会在实行共产之后，还许资本阶级存在，还要定什么劳资仲裁条例，设什么劳资仲裁机关。无论怎样不彻底的共产政府，总不会一方面实行共产，一方面又禁止工人及店员干涉厂店的管理。而况最近的中央命令中，明明规定有"凡不依处分逆产条例，而擅行没收人民财产者，政府当予以严厉之制裁。其为团体行动者，解散其团体，并对于负责之个人加以处罚"。逆产尚且不许擅自没收，何况不逆的财产呢？私人既不得擅行没收财产，政府又没有明令没收财产，那么，除掉共天外飞来的产之外，尚有何产可共呢？

（B）有人说：国民革命军在前方北伐，共产党专在后防捣乱，这真是使人最痛心疾首的一件事。但是事实上共产党员死于北伐之役的，不知有多少，可见这次北伐，乃是国共两党的连合战争。至于说他们在后防捣乱，那就更冤枉了。广东去年机器工人罢工，扰乱后防是有的；但机器工人并不在共产党领导之下，却在右派领导之下！说到第二次北伐，扰乱后防的不但不是共产党，并且是"奉蒋总司令密令"讨伐共产党的。至于共产党忠告国民党勿因北伐而剥削贫民，似乎是巩固北伐的基础和联合北伐的战线之一法，更不得曲解为妨害北伐了。

（C）有人说："国民党虽欲容共，而共产党却不容国。"这两句话，若拿眼前的事实来证明，刚刚适得其反。近来自广东北上至上海，自上海西行到九江，所枪毙的革命首领，所残杀的农人工人，到底杀者是共产党人，还是国民党人？被杀者是国民党人，还是共产党人？国民党人杀掉几百个共产党人，还算是"国民党虽欲容共"，共产党人被杀却不哼一声，还算是"共产党却不容国"！这样破天荒的科学家的逻辑，真正是"新发明"！

（D）有人说：共产党既加入国民党，就应该取消共产党。这个"跨党"的问题，闹了很久。其实，共产党加入国民党，只是党员加入，并不是团体的合并。如果是合并，那么，自然不能另外让共产党存在。至于个人加入，一方面在三民主义的国民党之下做工作，一方面回到自己党内去宣传，似乎也不见得就互相矛盾。我记孙总理在广东会议席上，曾明白允许共产党跨党。冯自由因为这件事，气得发抖，就在席上写出"奉旨跨党"四个半愤慨半讥笑的大字。至于"曲解三民主义为共产主义"一节，除民生主义中有"民生主义就是共产主义"几句话之外，遍寻共产党机关报如《向导》一类的报纸，从来没有说过这一类的话。倒反在戴季陶的大著中找出这样的"曲解"，可是戴先生不但不是共产党的人，并且是反对共产党的人。

（E）有位寄公在《现代评论》上说：国民党中不忠不良和无能的分子，计有三种：（一）是骑墙分子，（二）是投机分子，（三）是官僚、政客、市侩、士大夫、纨绔子弟。照目前状况看来，反共的大概都是第三种人。最显明的就是安徽，凡安福系的官僚、政客，及从来不见经传的纨绔子弟和亡国的士大夫，都一个个做了省党部、省政府以及农工各团体的中心人物了。国民党可容这一类腐败分子，独不能容肯革命的共产分子，到底是科学家的见解，与众不同！

（F）有人说：吴稚晖上国民党监察委员会呈文上引湖北共产党在双十节对于同志的宣言，有云："我们现在势力未充，应该利用别人想做新军阀的心理机会，貌合神离的帮助他，以打倒原来一切旧军阀。"认为这是共产党的阴谋。

这件事说来真好笑，不知谁人恶作剧，冒名顶替做了这篇文字，去骗骗吴老头子。遍询湖北共产党人，没有一个知道这回事。而且共产党的规矩，对同志是不用宣言的，如果在对外宣言上，不打自招的把"阴谋"拉着口袋底一倒，那么，已经成为"阳谋"了，还"阴"什么呢？我不相信天下竟有这样笨拙的共产党人！吴老头子料也知道是假的，不过藉此滑稽一下罢了。

好了，不再多说了。再多说不但保不住科学家的态度，并且就会有人疑心我"赤化"，可以"格杀勿论"，那真是性命交关了。

（原载《向导》第 198 号）

我的共产嫌疑的证据
——致《现代评论》记者
（1927 年 9 月 24 日）

  大学教授这个东西，真是两国不收的一个怪物，无论你走南到北，总有人加你一个头衔。在北方军阀眼中看起来，凡是大学教授，不是"赤党"，便是国民党；在南方共产党眼中看起来，凡是大学教授，不是研究系，便是国家主义派。就是国民党员也犯着这个毛病，右倾的国民党员总把大学教授看作共产党，左倾的国民党员又把大学教授看作不革命分子。你如果在今年四、五月以前到武汉，总可以拼到人家恭维你，说你是"知识阶级"。他们所以要恭维你、加你这个徽号的用意，就是想在"知识阶级"四个字之上，轻轻加上"打倒"两个字，凑成一个标语。总而言之，统而言之，大学教授总是到处饱尝闭门羹的滋味，绝没有人愿或敢引为同调的。

  在四、五月以前的我，差不多要天天对那些"革命青年"解释我不是研究系或国家主义派。但是解释由你解释，他们是由胡适之推想到丁文江，再由丁文江推想到梁任公，这样一推想，结论便是很客气的，也免不掉"接近研究系"五个字。或者追想到你曾在北京某校内国家主义团体中演说过，追想到你在某纪念日刊物上发表过赞同国家主义的文字。可是到了六、七月以后的我，又差不多要天天对那些"忠实同志"解释我不是共产党了！

  或有人说："你已经加入共产党，是不是？"这一类问话，我也不知道听过多少次。你若反问他："有什么证据？"他便一条一条告诉你：

  第一个证据："武昌政治部中非共产党员不能进去担任重要的职务，你在总政治部中担任重要的职务，因此证明你是共产党。"说我担任的是重要的职务，便是指着编纂委员会委员说的。凡熟悉总政治部内幕的人，都知道这个编纂委员会是羁縻文人的接待室，凡是在海外留过学及少微有点独立思想的人，恐怕你有点不服使唤，或者恐怕你有你的瞎主张，所以把你打进这个冷宫，老实说，就是把你留部随时察看。内中的人色，除掉邓演达，一个德文先生格拉塞无处安顿，只好安顿在这里，教他一个月拿四百元干薪，给他一个额外秘书的名称之外，其余大半是中山大学的教授。这个会在极盛时代，共总有过十五六个人，但是绝没有一个共产党能有这样闲工夫白白的在这里消磨岁月。我们戎已从了，可是笔还没有投掉，在革命空气紧张的武汉，来在这个冷宫里去做这样笔墨生涯，已经是有冤无处诉了，还蒙不知内幕的人，尊为"重要的职务"，这不是真正活冤枉吗！

再所谓重要职务就是宣传科长。宣传科长是总政治部的重要职务，谁也不能否认；但是要知道我兼任这个职务是什么时候，邓演达找到我是什么原因。我兼任这个职务是七月二十八日，七月二十九日便是邓演达离开武汉的日子。他在河南回来后，他早知道各方面对于他的空气，他决定走了，他决定让共产人同他一阵出总政治部大门，所以才想到宣传科暂由编译局局长（即编纂委员会改的）兼任这个不着痕迹的方法。我在这旧的已去、新的未来的时期中间，做两个星期的机械，一篇宣言未发，一个标语未拟，就是我做这职务的成绩。那里知道竟因此惹得一身膻呢？

第二个证据："高语罕就是高一涵的别名，高语罕是共产党，高一涵当然也是共产党。"关于这一点，实在使我受了不少的麻烦！找高语罕的人，往往找到高一涵的屋里，直谈到先生在广东时什么什么，我才敢说："你找错了，我是高一涵。"高语罕的书，偏拿来教高一涵替他解说，你要说"我也不懂"，他便生气了，说："你自己著的书自己不会解释。"写给高一涵的信，里面偏称"语罕同志"；拿个片子进来见高一涵，高一涵说"认不得，不见"，他偏骂"高语罕这个共产党人摆架子"。这个地方真教我无法解释！你说"高一涵是安徽人"，难道高语罕不是安徽人吗？你说"高一涵是一个大个子"，难道高语罕身材还矮吗？你说"高一涵是日本留学生"，难道高语罕不曾在日本留过学吗？你说"高一涵是言论家"，高语罕岂不是正在办报吗？你说"高一涵是安徽省党部执行委员"，高语罕又岂不是安徽省党部执行委员吗？这一出"双包案"，也不知道演过多少次！这一次南昌之变，要不是武汉的人通知道高语罕早在南昌，那么，留在武汉的高一涵至少也要屈卫戍司令部人员光顾一次。我因此从今天起，改名叫涵庐，不再叫高一涵了。但是我有什么权力不教高语罕改名叫"罕庐"呢？

名号上既说不出差别，只有在实质上找差别了。如果说，高语罕的身体含着无限的共产成分，高一涵的身体绝没有共产成分，那么，要从这个地方找差别，只有请化学家解剖分析了。高一涵要辨明非共产党，目的是想活着，如果要用解剖法，那么，共产成分尚不知道试验出试验不出，一条半老的命已经牺牲了。这个共产嫌疑真正教我难以反证！

第三个证据："凡非共产党员，不经我们介绍，一定找不到工作。你不经我们介绍，居然找到工作，当然是共产党员。"在武汉重要的国民党员，大都吐露这种口吻。说来真惭愧！我同邓演达只在酒席筵前会过一面，他说："你到武汉有什么感想？"我说："武汉的标语虽然贴得墙壁上没有隙地，武汉的宣言虽然占了各报纸上三分之二的地位，但是仿佛人人心中都感觉得没有书看。"好了，这几句话竟是我自己的一封荐书，不到三天便有人请到中山大学去教书；再过几天，又打入编纂委员会的冷宫，依旧是在北方一样的生活了。以北京大学教授来任武昌中山大学教授，人家便以为荣升了；以教书匠兼任冷宫中的编纂事，人家又以为是重要的职务了。这真教我愧死！

第四个证据……

第五个证据……

由此推到一千个证据，逻辑大概都是一样。我现在反证我不是共产党，就在这后半生的生活。花一角钱广告费，买一个"忠实党员"的资格，我是不敢讨这个便宜的。我只愿意终身作国民党的预备党员，待到盖棺之后，不，等到腐化之后，不致再还魂，再有僵尸作祟之后，再请关心我的忠实同志，批评我是不是国民党的党员罢。

高一涵（非高语罕）九月二十日

（原载《现代评论》第 6 卷第 146 号）

平均地权的土地法
(1928 年 1 月 10 日)

一　平均地权的原因

中国国民党认定"中国尚在农业时代"，就是因为"农民生产占全生产百分之九十，其人数占全人口百分之八十，故中国之国民革命，质言之，即是农民革命"。因此又说："吾党为巩固国民革命之基础，惟有首先解放农民，无论政治或经济的运动，均应以农民运动为基础。党之政策，首先须着眼于农民本身之利益，政府之行动，亦须根据于农民利益而谋其解放。"（《第二次全国代表大会农民运动决议案》）

国民党既然首先注重农民本身的利益，当然要研究农民本身的利益是什么了。农业的经济生活与畜牧的经济生活有个最大不同之点，就是畜牧的经济生活与土地不发生永久附着的关系，故游牧民族往往逐水草而居，迁徙可以如意。古代把游牧民族所建设的国家叫做"行国"，就因为这个道理。可是农业的经济生活便不同了，他的唯一根据就是土地，没有土地，简直就没有农业。故农民的最重要的问题，当然就是这个土地问题。

根据国民党中央执行委员会农民部所颁布的《农民协会章程》，可称为农民的，大概有下列的五种：

一、自耕农；

二、半自耕农；

三、佃农；

四、雇农；

五、农村中手工业者，及在农村中为体力劳动者。

这五种农民，除掉自耕农一种之外，大概都是没有土地可耕或耕别人土地的。根据武汉中央土地委员会今年春间所发表的《中国土地的调查》，列表如次：

全国农户（地主在内）	五六，〇〇〇，〇〇〇
农民人口（每户平均以六口计算）	三三六，〇〇〇，〇〇〇

再把这三万三千六百万农民详细分析起来，有下列的几种：

有地的农民（自一亩起以至大地主）	一五〇，〇〇〇，〇〇〇
无地的雇农	三〇，〇〇〇，〇〇〇
游民兵匪等	二〇，〇〇〇，〇〇〇
佃农	一三六，〇〇〇，〇〇〇
总计	三三六，〇〇〇，〇〇〇

从这个表上看起来，有土地的农民一万五千万，约占农民总数百分之四十五；无土地雇农、佃农及游民兵匪等，合计一万八千六百万，约占农民总数百分之五十五。有地的农民之中，也有极贫极富的差别，可再详细分列如下：

有地农民的种类	人数	地亩
贫农（一亩至十亩）	百分之四十四	百分之六
中农（十亩至三十亩）	百分之二十四	百分之十三
富农（三十亩至五十亩）	百分之十六	百分之十七
小中地主（五十亩至百亩）	百分之九	百分之十九
大地主（百亩以上）	百分之五	百分之四十三

这个表中，富农、小中地主、大地主三项，人数只占有地农民中百分之三十，可是所有的地亩却占全国可耕的土地总数中百分之七十九。从这个地方可以看出土地集中于少数人手中的情形。除中农对于土地的要求或不致十分的紧迫之外，至于有地而地甚少的贫农、无地的雇农及游民兵匪等，皆一齐被排挤在无地可耕之列了。有地而地甚少的贫农占农民人数百分之二十，无地的雇农、佃农及游民兵匪等占农民人数百分之五十五。照这样说来，每一百个农民之中，总共有七十五人是必须要求土地的了。换句话说，三万三千六百万农民之中，总共有二万五千二百多万人非得到土地便无地可耕了。我们根据中央土地委员会这个调查表（当然仍有不实不尽处）可以看出两种情形：（一）全国可耕的土地合计有百分之七十九集中在少数人手中，（二）全国有耕种能力的农民

合计有百分之七十五都必须要求耕地。这就是中国国民党所以要主张平均地权的原因。

二　平均地权的步骤

国民党认定："土地本由天赋，而以养人，'天下为公'，不应专属。"（《革命政府对于农民运动第二次宣言》）根据这个根本主张，便想推翻大地主，以为少数地主独占去由于天赋不应专属的土地，就是造成经济组织不平等的原因。所以说："酿成经济组织之不平均者，莫大于土地之为少数人所操纵。"（《第一次全国代表大会宣言》）他认为最好的制度是："农民欲求土地之用使，莫善于自为地主，而自力耕耘。"（《革命政府对于农民运动第二次宣言》）故国民党的主张，就是对于"农民之缺乏田地沦为佃户者，国家当给以土地，资其耕作"（《第一次全国代表大会宣言》）。这就叫做"耕者有其田"。

由此可见，国民党目前并不主张土地国有制。他只想推翻少数操纵土地的大地主，并不是把私人的土地所有权变成国家的土地所有权，只想叫耕者有其田，并不是叫农民在国有土地制下，通同去耕国家的田。既然想让耕者有其田，便不是从根本上取消土地的私有权，只不过是推翻大地主的土地独占权。这就是中国国民党与欧洲各派社会主义对于所有权的主张不同的地方。欧洲的工团主义、集产主义、无政府主义目的都在废除私有权，但是集产主义用国家公有来代替私有权，无政府主义用无人所有来代替私有权——根本取消所有权，工团主义用有组织的工团共有来代替私有权。国民党的目的"要把社会上的财源弄到平均"，故目的既不是根本取消土地所有权，又不是把土地私有权变成国家公有权或团体公有权，只想把不劳而获的大地主的土地独占权停止，好让自食其力的农民"自为地主"。故只是使土地所有权平均，不是使土地所有权消灭。

各国由土地私有变成土地公有的办法大概不外两种：用革命的办法，就是全部的没收；用和平的办法，就是一部的征收。国民党目前一不采用土地国有制，二不废除土地私有权，故他的着眼点全在这一个"均"字上，当然用不着全部没收的办法，只用一部征收的办法了。中山先生"所主张的共产，是共将来不是共现在"（《民生主义》），所以主张用和平的办法。除掉地主不尽纳税的义务，可以把他的田地拿来充公之外，大概只用和平的逐渐征收一个办法。

国民党和平的、渐进的办法，就是："由国家规定《土地法》、《土地使用法》、《土地征收法》及《地价税法》。私人所有土地由地主估价呈报政府，国家就价征税，并于必要时依价收买之。"（《第一次全国代表大会宣言》）中山先生以为这是最妥当的办法，他说："地价……由地主自己去定。地主如果以多报少，他一定怕政府要照价收买，吃地价的亏。如果以少报多，他又怕政府要照价抽税，吃重税的亏。在利害两方面互相比较，他一定不情愿多报，也不情愿少报，要定一个折中的价值，把实在的市价报告到政府。地主既是报折中的市价，那么，政府和地主自然两不吃亏。"（《民生主义》）故国民党的平均地权的步骤是和平的、渐进的、折中的办法，并不用快刀斩乱麻的手段，一旦把全国的土地一律宣布为国有。

国民党想由土地的买卖得到调剂贫富的目的，国家买来土地做什么？就是分给那"农民之缺乏田地沦为佃户者"及无地可耕者，使他们"自为地主"、"自力耕耘"，慢慢儿达到"耕者有其田"的目的。这种办法，当然不像俄国行土地国有制的简单，可以用一个命令办到。关于征收土地的立法，当然是国民党许多建设问题中一个极重要的建设问题。现在为供给将来立法上的参考起见，姑且把爱尔兰的自耕农地买收法、英国的小农地买收法及丹麦的小农地买收法等等立法上的目的、方法和利害略微叙述一下，以供将来立法的参考。

三　爱尔兰的自耕农地买收法

爱尔兰的农业状况和农民的境遇都是很不好的，因为不好，所以才想方设法去改革。他的改革政策，目的在造成自耕农。怎么才能造成自耕农呢？最重要的一点，就在使农民得到买收农地的机会和便利。他的方法是政府依土地买收法把土地买收来，农民可用分年偿还地价的方法买去自行耕种。这就是爱尔兰创设自耕农制的目的。

爱尔兰在一八六九年、一八七〇年及一八八一年，就发布有些关于土地问题的条例，但是都没有发生很大的效果。比较重要的是一九〇三年的《新土地法》及一九〇九年的《改正土地法》。

一九〇三年的《新土地法》叫做《文顿法》，是国务总理文顿（George Windham）所提出来的议案。自一八六九年以后，到一八九一年，土地的条例经过许多次修改。大概买地人分年所偿还的地价是百分之五，后来减少为百分之四，偿还的年数先定为三十二年，后改为三十五年，最后延长到四十九年。到了一九〇三年，《新土地法》上的所规定的偿还地价年数为六十八年，每年偿还利息百分之二又四分之三（2.75％），偿还本钱百分之二分之一（0.5％），政府把土地收买金定为一亿镑，把从前土地委员会合并起来，设"所有地委员"（Estates Commissioners）三名，为管理土地权转移的实行机关。地主和农民中间关于土地买卖的契约由这个会参与，地价的高低由这个会决定。对于卖地的地主设下奖励的办法，在地价以外，还给予一成二分的奖励金。凡是土地买卖都用现金交易，不像从前用公债券作地价。这就是一九〇三年的《新土地法》的特点。

依照一九〇三年《新土地法》所创设起来的土地委员会，乃是专管土地问题的机关。关于土地所有权转移的程序、各地方过剩人口的处理、被逐出农民的招回等事，都归土地委员会管理。先规定法定的地价，凡土地的买卖都以这个法定地价做基础，不许故意抬高。土地委员会只做土地买卖的经手人，他在下列的三个地方行使管理土地转移的职权：（一）地主与农民直接买卖的地方，（二）土地委员会向地主买地卖给农民的地方，（三）土地委员会向土地裁判所买地卖给农民的地方。

在地主与农民直接买卖的地方，只许整卖，不许零碎贩卖。关于这件事的判定权在土地委员会，卖主不得土地委员会的判定，不得领取一成二分的奖励金。土地委员会在这个地方如果认为有调查的必要，可以依土地的法定种类，去调查那土地价格正当不正当。

在土地委员会向地主买地卖给农民的地方，土地委员会把土地的界限、土地的法的关系、土地的价格一一调查。关于土地的价格的调查，比较在地主与农民直接买卖的地方更能自由些。如果卖主与买主之间先有关于价格的协定，那么，土地委员会便可以根据他们所协定的价格加以审定。地价审定之后，如果得地主的同意，那么，土地委员会便可以征求农民的意见，问他愿不愿照审定的价格买去。如果要买土地的农民有同意的，土地委员会便同地主定约，等到登广告两个月后，没有异议发生，然后才交地价，完成买卖的行为。土地委员会对于已经买到手的土地便有完全的处理权，可以按照国内移民的计划卖给农民。

在土地委员会向土地裁判所买地卖给农民的地方，就是因为地主负债过多，把他的土地移归"土地裁判所"（Landed Estates Court）管理。在这个地方的一切程序和前两个地方大概相同。

凡按照前三个方法而买得土地的农民，权利上有一定的限制，就是买主当分年偿还地价的义务未完了的时候，不得土地委员会的许可，不得把土地分割或把土地佃给他人。就是在承继的时候，也不许分割。如果到万不得不分割的时候，土地委员会得要求归一个人承买。再如果用该地做抵押去借债，亦不得借那超过分年偿还地价的数额十倍以上的债，并须在三个月以内登记，方认为有效。

一九〇三年的《新土地法》很想特别奖励那出卖土地的地主，这是这个土地法的特点，可是同时也是这个土地法的致命伤。因为奖励金由国家担负，土地的买卖越多，国库的担负越重，因此便难永久支持下去。而且因买收土地的结果，由国库垫出的地价，要一笔交付于地主，至于卖给农民，每年仅收回百分之二又四分之三的利息及百分之二分之一的本钱，时期又要经过六十八年之久，当然是入不敷出了。既然要国库担负垫付的地价，那么，国库当然只有发行公债一个办法。所以这个土地法上规定，付给地主卖价的资金，由国家令英格兰银行及爱尔兰银行发行利息二又四分之三的公债，等到三十年后（一九三三年），国家照券面定额偿还。此项公债最初只能照八七折出卖，每百元的债券仅能卖得八十七元。国家付出的利息要照券面定价计算，国家收入的利息只照卖出实价计算。因此，每百元的公债只能收入二．三九二五利息进来，却要付出二．七五利息出去，故每百元公债，利息上就要吃〇．三五七五的亏。本钱的偿还也是一样的赔累。此外，关于分年偿还本利，更发生迟缴或不缴等弊病。这就是买收土地最大困难的一点。

一九〇三年的《新土地法》关于土地委员会的规定很有特色，至关于财政的计划却太空疏。因此，便使财政上的困难足以妨碍全盘计划的实施，故行到一九〇九年，便不得不再行修改了。一九〇九年的《改正土地法》当然是以一九〇三年的《文顿法》做基础的，所修正的地方大概都是救济《文顿法》的缺点的。最重要的修改计有两点：一是减少奖励金，一是行强制买收制。

减少奖励金乃是救济财政上困难的一个办法。一九〇三年的《新土地法》中，规定奖励金的额数以一千二百万镑为限，故实行到五年以后，便不得不从一成二分降到三分。一九〇九年的《改正土地法》，把从前奖励金的比例一律废止，将地价定为极高、极低两个限度，惟对于情愿以低价出卖土地的地主才给与较多的奖励金，地价与奖励金为反比例，地价越低，奖励金越高，地价高到一定限度，便不给奖励金。经过这一次修改，出卖土地的数目便立刻减少了。

关于强制买收的一点，可算是改正法最值得我们注意的地方。他的规定就是，在农民与地主对于一定的土地买卖不能成交的时候，土地委员会对于地主有致送最后通牒的权力。最后通牒上把土地的价格定明，地主如果遵照这个价格出卖，便同自由买卖一样看待，地主只可以提出用现金交付地价的请求，如果地主不肯依照这个价格出卖，那么，土地委员会便可以实行他的强制买收权。地主如果不服，得用附近有同样的土地可以自由契约买收为理由，向裁判委员会提出抗议，或对于买收的价格提出异议。因此，土地委员会当决定地价的时候，又必得要顾虑到土地的实在价格，不得任意决定。这就是一九○九年爱尔兰《改正土地法》的概略。

四　英国的小农地买收法

英国自中古的庄园制度（Manorial System）崩坏之后，到了十九世纪，土地渐渐集中，造成大农的组织，因此便有提倡自耕农制及普及小农地制的必要。英国实行小农地法虽然很早，但是行之最有功效、在历史上开辟一个新纪元的，要算是自一九○八年到一九一九年的小农地法了。一八九二年的小农地法可算是一九○八年的小农地法的基础，故在此处不得不先述一述一八九二年的小农地法的大要。

一八九二年的小农地法，使地方自治团体买收土地，分划出来，改成十英亩以下的小农地卖给农民。地方自治团体可向金融委员会去借资金作买收土地之用。但是买收的方法到底是采取自由契约制或采取强制买收制呢，这是那时争论最激烈的一个问题。可是讨论的结果，竟不承认强制买收制为可以实行，所以这个小农地法终归失败。

因为这个小农地法行了十五六年，仍旧没有好效果，所以才有自一九○八年到一九一九年改正的小农地法出来。这个改正的小农地法，比较上把不能实行的困难除去很多，因此便把小农地事业殖下很完备的基础。这个改正法中，首先规定什么是小农地，就是说一英亩以上至五十英亩以下的小耕地；如果超过五十英亩，那么，必须在买卖的时候或在租借的时候为收所得税而定的年价额不超过五十镑以上的小耕地，才可以叫做小农地。

怎么造成这样小农地呢？就是使地方自治团体如县会（County Council）之类，把适当的耕地买来或租来，划成小农地，好卖给或租给自行耕种的农民。（第七条）所谓"耕种"两个字，可作广义的解释，包含园艺及饲养家畜、蜜蜂等在内。为办理小农地的事项，由县会设下小农地及分租地的委员，这些委员或全体为县会的议员，或一部分为县会的议员。要是一部分为县会的议员，那么，由议员充任委员的人数必须过半数。这个委员会就是为实行小农地及分租地而设，负实行上的一切权利和义务。（第五十条）

县会为买收小农地，不管在本县内外，凡有适当的农地，都可以用契约的方法去买来或租来。如果不能以自由契约买来或租来适当的农地，便可行使强制收用权。（第七条）但是凡由强制方法收来的土地，只许租给农民，不许卖给农民。这一点是要特别注意的。

县会在租买到土地之后，对于该农地便有管理上的全权。在该农地卖出或租出以前，可以在地上盖房屋或造其他建筑物，如果原有的一切建筑物破坏了，便可以修缮，如果土地不好，便可以改良。将来这块土地卖出或租出的时候，得到最高地价或租金，可以供给个人或在产业组合的团结下的各人之用。（一九一九年法第十一条及第十二条）

要买小农地的农民，必须先拿出地价五分之一以上，经县会的认可，可以令该农地负担地价百分之四以下的金额，作为永久的地租。如果地价没有付清，县会可以使买主在五十年或六十年内分年偿还。（一九〇八年法第十一条）再如果只把小农地租给农民，那么，占有这块小农地的人，过了六年期间以后，随时可以照时价收买。如果该地因租者改良的结果，卖价比从前的买价高，那么，租者买的时候，便可以请求把高出的地价除去一部分。县会如果不得到主管的最高机关的许可，不得拒绝这样的请求。（一九一九年法第十二条）

无论是买小农地的，或租小农地的，在二十年内，必须要服从一定的限制。什么限制呢？就是不得到县会的允许，不得分割，不得出卖，不得租借。对于耕地，不得作农业以外的目的使用。一块土地上不得建筑一个以上的住宅。在这地上的屋内，不得贩卖麻醉性的饮料。如果所有者死亡，由他的后人承继，也不许分割。县会得于十二个月内要求归并于一个人，不然则县会可以自行出卖。（一九〇八年法第十二条）如果要把土地作为非农业的使用，必定再经过一次买卖的手续。（一九〇八年法第十五条）

照前面所说的，县会只在用合意的契约买不到土地的时候，才有强制收用的权力。但是所收来的土地，只可租借，不得出卖。强制租借的时期，自十四年到三十五年。到了期满的前一年以上、二年以内，向地主通告，重新再定契约。（一九○八年法第四十四条）如果地主因造屋、开矿等事，要在那强制收去的土地上修道路，从十二个月前通知，得主管部的认可，得以回复所有权。（第四十六条）在租借期间终了的时候，租借人对于土地上所施的改良成绩，如果树及其他植物等，尚有两年以上的收获权。关于别的改良，得向县会请求赔偿。如果县会曾禁止租借人关于某种改良，便没有请求赔偿的权利。这是英国自一九○八年到一九一九年关于小农地立法的概要。

五　丹麦的小农地买收法

丹麦是一个农业国，在农业上为欧洲各国中最有特色的国家。对于无地的农民，老早就想使他们成为自耕农的小农，各种设施，都比别的国家早些。当十八世纪下半期，曾制定许多计划，想把自耕的小农制建设起来，但是因为没有多大的效果，所以一时停顿下去。直到十九世纪末期，尤其是一八八○年，农民离村的趋势逐渐显明，以致各地方农业劳动者非常的缺乏，因此，便想创设自耕的小农地制，来挽回那想离村的农民。一八九九年颁布关于小农地建设的法律，经一九○四年及一九○九年的改正，逐渐进步。到了一九一七年及一九一九年，又定下几种新的法律，至今还在逐渐修正之中。

一九○九年的法律，规定各府县设立委员会，使他管理关于创设小农地的事务。这个委员会以三个委员组织之，一名由农政部任命，二名由各该地方团体或乡村会的代表选举。委员的任期六年，所须要的费用由国库担负。

凡享受这个法律所规定的利益者必须合规定的资格。规定的资格："男子或未婚的女子，不问他是卖长工或卖日工（包括为他人做园艺事业在内），凡依普通的农业劳动而得到自己的生活费者，及占有或曾占有与本法所定的同一面积之农地者，皆有受本法的利益的权利。"（第二条）但是资格虽合，不见得就有请求得到农地的权利，凡可以请求者，又必定要合下列的条件：（一）须为本国人，或得有归化的权利者；（二）须满二十五岁以上，但以不超过五十岁为原则；（三）须满十八岁以后至少须做过四年的农业劳动藉谋自己的衣食者；（四）须由熟知本人的有信用之二人提出证明书；（五）欲得到小农地的本人，须有本法所规定的财产。此外，还要是未受过教区的公共赈济及未犯罪者。必须这样，才有提出请求农地的权利。（第三条）

凡选择小农地者，须经乡村会向府县委员会的委员长提出请求书。这个请求书中，须载明小农地的概样、面积、位置、购买价格等项，如果请求者尚没有家宅，又必要载明建筑家宅的计划及建筑费的额数。欲得小农地的价格，必在六千五百"克罗来"以下，就是在价格特别高的地方，也不得超过八千"克罗来"。对于金额有这样严格的限制，故常常因地价变动而时时变更。

凡不能与地主用合意的契约买得土地的人，得向乡村会提出请求书。乡村会在这个地方，必须尽力寻求土地，如果寻求不到适当的土地，便可把乡村内公有的土地向官厅交涉卖给他。地价的一部分可用分年偿还的方法。（第六条）丹麦收买土地法的特点，就在乡村会只能从中斡旋，不能强制购买。

如果私人之间可用合意的契约买到土地，那么，买地者便可请求府县委员会借贷地价。受理请求书的委员会，对于请求的人色、农地的面积、价格及其他各条件具备于否，一一审查，然后决定准驳。无论准与不准，皆一律通知，不准的时候，并通知所以不准的理由。（第八条）

委员会如果准如所请，请求者便有向国库借贷地价的资格，国库可以借给他合地价十分之九的现金替他交付地价。（第九条）丹麦借给买主的地价金竟多到十分之九，比较别国自然是宽大极了。别国为农民买耕地，大概是四分之一的地价由买主自备，丹麦却只要买主自备十分之一的地价。究竟这两个方法那一个好，却很难说。因为借贷的金额太大，买主固然有容易得到土地的机会，可是分年偿还的额数随之增加，买主亦因而有担负不起的忧虑。

丹麦一九〇九年的法律，本没有多大的特色，例如府县委员会没有自行买收土地卖给或租给农民的权能，对于地价的决定也没有积极的决定权。他所管的事务，就是受那想买土地者的请求，决定借贷资金的准驳，调查地价、面积及其他条件是否具备等事。关于买来的土地的管理状况有实地监督权。他的主要职务，不过这样罢了。如果买主与卖主之间不能成立合意的契约，买不到适当的土地，那么，乡村会只能居中斡旋，不能强制执行。国库借给小农地的资金数额太少，往往不能满足农民的需要。这都是一九〇九年的法律的缺点。

一九一七年的法律仍以一九〇九年的法律做基础，没有多大的改正。例如地价的限制，从前的规定，在地价不高的时候，不得超过六千五百"克罗来"，在地价高涨的时候，不得超过八千"克罗来"，现在改为一万及一万二千"克罗来"。（第七条）借出资金的利息，从前年三分，现在改为年四分。分年还本的比例，从前年四分，现在改为年五分。（第十条）关于小农地借出资金的总额，定为从四百万到五百万"克罗来"。（第十一条）

一九一九年颁布的几种法律比较重要，计有关于出卖小教区地与卖日工的农民的法律，关于公有地出卖条件的法律，把世袭地变为自由地的法律。

关于出卖小教区地的法律，第一条的规定："属于小教区的土地，他的性质及位置如和农业相适宜，便可依本法的规定，照他的可能性的多寡，收用为卖日工农民的耕地。只利用这个土地去建设住宅或菜园者，亦得以同一条件收用之。"关于出卖公有地条件的法律，第一条所规定的："公有地的土地性质及位置得为耕地者，可依本法所规定之条件出卖之。该地如可供盖房屋、设菜园之用，亦得以同一条件出卖。"第二条："该地在可能的限度内须分划出来，改作不藉他人助力而能养活一家人口的面积之小农地。"把世袭地变为自由地的法律，也是为达到建设小农地的目的。把贵族所占有的大农地变卖出来，改为小农地，既可除去大地主的弊害，又可以除去土地集中与土地荒废的弊害。这是一九一九年几种新法律的概要。

六　结　论

以上所述的各国——爱尔兰、英国、丹麦——的自耕农地或小农地的法律，都与我国平均地权的宗旨相合，都可以作我们将来关于土地的立法的参考。故特别提出大概，以供将来立法家的采择，我个人并未参加意见，不过略为介绍罢了。

我个人的意见，以为土地法中，有几个重要问题，不能不先提出研究：（一）收买土地的资金问题，（二）收买土地的机关问题，（三）收买土地的方法问题。

（一）收买土地的资金问题。爱、英、丹三国土地法行了多年，没有发生多大的效果，并且有停顿的样子，最大的难关就在这个收买的资金问题上边。用无偿的没收方法，只消下一道命令，像苏俄在一九一七年十月二十六日深夜之中，发布一纸《关于土地的命令》，把"地主的土地所有权，不用何等补偿，尽行废弃"，倒不发生什么资金的问题。如果用有偿的买收方法，那就不能这样简单了。最近日本有人调查全国的土地，照普通市价收买，计若干万万，即发行若干万万公债券充作收买的资金，在三十年内将佃户从前缴纳地主的地租通同收来，作为该公债还利还本之用，预算在三十年内，可以还清。但是中国土地比日本已经多许多倍，而公债在中国的信用又不见高，爱尔兰因公债低落，国家尚担负不起，终于将建设自耕农制的计划无形的停止，何况在财政紊乱的中国呢？就是只收买一部分土地，财政上已经毫无把握，何况收买全国的土地呢？如果尽量的在增加收入方面设想，那么用国家资金买地的农民，必定感觉担负上的痛苦，结果与佃农仍是一样。就中国目前的现状说，只有救急两个办法：（一）减租；（二）对于大地主收累进税，将来把这累进税的全部及地价税的全部划分出来，作为收买土地的资金的担保品。似乎不必开始就发行公债去买收，把爱尔兰那样的失败重演一遍；但是，百分之七十五的无地农民又怎能久待呢？

（二）收买土地的机关问题。收买土地与管理土地的机关，当然同各国一样，要设立土地委员会。可是按照中国现在的情形，乡村自治机关不曾建设，农民自治的经验完全没有，单靠政府的力量去办，无论贪官污吏不能绝迹，就是没有贪官污吏，而各处土地的情况与东佃的关系千差万别，统一的法令，当然不能实施。故在平均地权之先，必须养成农村自治的习惯，而调查户口与丈量土地等等，又必已有眉目，始可实行。若目前单设下一个土地委员会，必将一事莫办。

（三）收买土地的方法问题。英国的在先不采用强制买收的方法，故小农地法终归失败；丹麦的乡村会，对于地主只能尽从中斡旋之力，不能强制买收，故亦无成绩可睹。故收买土地的方法，除强制外，都是空的。故爱尔兰的土地委员会对于地主有送致最后通牒的权力，英国的县会在农民用合意的契约买不到土地的时候，即有强制收用的权力，都是我们将来立法所最要注意的地方。

总而言之，土地不是人造的物品，从原则上说起来，就该"不应专属"。欧洲的经济学者老早就承认土地公有的原则，故土地国有的理论并不是社会主义者的发明。苏俄的《关于土地的基本法》第二条上的规定："今后土地不须何等——公然的或秘密的——代价，委给自己勤劳的全体人民使用。"这个规定，就是不把"本由天赋"的土地认为所有的物体，只把他认为利用的物体。苏俄《农业法典》上所规定的私人对于土地的利用权，他的效果几乎与所有权相近。故土地的利用权乃是今后土地法上一个最重要的问题了。关于苏俄的《农业法典》当再作专篇介绍，本篇暂不细述。

中国全国版图内，只有百分之十五是已经耕种的土地，东南沿海数省，每一亩地竟住至百人之多，因此地价及地租都增到最高的限度。故中国的农民对于土地的要求已经是十二万分的迫切了。马尔塞斯（Malthus）说的好，他说：

> 一个人生在一切东西都被别人占去的世界中，如果他不能从他的父亲正分当然的要求得到生活费，社会上再不要他的劳动力，那么，他便没有得到一点食物的权利，他在这个世界上只是多生的，"自然"的大宴会中，没有他的座位，并且要立刻执行自然的命令，叫他走开。（《人口论》）

这就是土地被少数大地主占去必然的结果。中山先生首先看到这一点，所以郑重的提出"平均地权"的政策，要使个个耕者都能各有其田。故实行平均地权这个政策，要算是国民党第一件要政了。

我们希望国民党在编制劳动法之外，再设立一个委员会，专门编制农业法典。因为国民党既认定中国今日尚在农业经济时代，认定中国之国民革命就是农业革命，认定农业生产占全生产百分之九十，农民人数占全人口百分之八十，并认定农民之中，有百分之七十五无地可耕，由此看来，这农民问题，是最大多数的人民中的最大问题了。故根据平均地权之原则来制定农业法典，实在是国民党中比什么政策都紧急的一个政策了。因为如此，所以聊作此篇，以备编制农业法典者的参考。

（原载《东方杂志》第 25 卷第 1 号）

反对议会制度的独裁制与委员制
（1928 年 1 月 25 日）

一 议会制度的缺点

十九世纪后半期，可以说是议会制度的黄金时代。其实，议会制度并不是什么完全无阙的制度，只不过是地广人众大国家采行民治政体的不得已的办法。他的本身固然有许多显然共见的利益，可是同时也有许多不可讳言的弊害。十九世纪下半期的学者，如密尔（J. S. Mill）、戴雪（A. V. Dicey）等都是拥护议会制度最力的人，他们提倡议会万能，他们提倡代议政体是真正的民治政体。现在且引密尔几句话如下：

> 代表的民治政体，不单是多数的代表，并且是全体人民的代表。在这种制度之下，就是被多数人压迫的利害和议论，也可以发表出来。如果议论的性质纯良，就是由于少数人提议，也有可以得到势力的机会。只有这种民治政体平等，只有这种民治政体不偏不党，只有这种民治政体是以全体统治全体的政体，这种民治政体是真正的形式。在平常所说的虚伪的民治政体，弊害虽然极大，可是在这种真正的民治政体，绝没有这种弊害。（《代议政体论》第七章）

密尔以为采用少数代表制的代议政体，是民治政体的极则，可想见他对于议会制度的推重。

但是无论学者们怎样赞扬议会制度，而议会制度的根本原理上的缺点，终久不可掩饰。现在随便举出数点如下：

（A）议会制度的基础是建立在横断主义之上的。

一个社会中的各个人，他的知识、技能、职业、财产，总是不能一样的。主张议会制度者因此便不能不强不同以为同，强不等以为等。他们说：人的知识、技能、职业、财产虽各不相同，但是人格总是平等的，人的政治上的权利总是一样的。一个社会的政治，是社会公共的事务，这个公共的事务，必定要由社会全体人员决定。但是大社会的民众，以职业和知识论，不见得个个人都有参与决定的时间和能力，故不得不委托一部分人行使这个决定权。既然把这个决定权委托于一部分人，那么自然要承认这一部分人的意志，就是民众的意志了。其实，以一部分人的意志为全体民众的意志，这个论断，无论在理论上、在事实上，都可以证明出来不确实。而且委任的方式由于选举，所谓选举，便是一锅大杂烩，把智愚贤不肖杂合在一起。只能照人头计算，只能按地理分区。这样糊里糊涂选出一个人，便又糊里糊涂代表一切人，因此，便认定代议士是全体人民的平等的、普遍的代表，他所发表的意志便是全体人民的意志。这就是横断主义的议会制度的理论。

（B）议会制度是服从多数的制度。

在初采行民治政体的时候，大家最注意的一点，就在各个人的自由。怎样才算是自由呢？不服从别人的意志，才算是自由。因为民治政体是由人民的普通意志产生出来的政府，故人民服从那由自己的意志造成的政府，便是服从自己，绝不是服从他人。但是各个人的自由意志，怎样能变成国民的普通意志（General Will）呢？唯一的方法，就是投票决定。照卢梭说：

> 所有的法律，都要得到市民的同意。就是对于处罚自己的法律，也要得到同意。国家所有组成员的不断的意志乃是普通意志，这个普通意志乃是使市民自由的媒介。市民在会议时提出法律案，不是希望这个法律案得到承认或拒绝，是问一问这个法律案与普通意志相合不相合。各人由投票发表意见，投票的结果，表现出来普通意志。如果与我相反对的意见占多数，那么，只算是我自己错了，我从前认为普通意志，实在不是普通意志。（《民约论》第四卷第二章）

卢梭所说的真正民治政体，就是议会制度，而这种议会制度，考其实也不过是多数决的制度。所谓人人自由的国家，结果仍只有多数人的自由，没有少数人的自由；不但少数人不能自由，并且还要自己认错，承认反对我的意志是正当的意志。这样一来，人民到议会里去投票，只能算是去猜度国民的意志，不能算是去发表国民的意志了。不想这种猜谜式的投票论，居然变成议会制度中多数决的根本理论，又何怪现在举世都怀疑议会制度呢。

（C）议会制度的分区选举制度，是属地主义的制度。

各国选举代议士，为便利起见，多把全国分为若干选举区，而采用分区投票制。这种分区的标准，大概都采用属地主义，就是依照行政区域来划分选举区域。往时的社会生活，大半以土地为唯一的连锁，而且这种连锁的关系很深、很长久。不但农业生活与土地有重大的关系，就是工商业的生活，亦多附着在一定的地域之上。从前划分选举区域的人，全在土地上着眼，可算是很中肯紧的。可是现在的情形不同了。因为交通机关发达，人类生活的物质基础非常的扩大，土地同人类生活的关系多不确定，加以迁居频繁，与土地的附着关系日见减少。故土地的要素，已经不是我们今日生活的唯一的要素。例如同居在一条街上的住民，以知识论，有的精于专门学识，有的目不识丁；以职业论，有的为工场主人，有的为工场的劳动者；以财产论，有的富有千万，有的贫无立锥；以民族论，有的为满蒙人，有的为汉回人；以宗教论，有的信耶稣，有的信回教、佛教。从这样不同的人色中，想举出一位百能百巧的代表，那自然是必不可能的事了。而属地主义的分区选举制，偏以居住的土地为条件，强不同的利害以为同，这是无可讳言的。一个由杂色人等公选出来的代议士，要教他一个人去代表这杂色人等，当然不可能。结果只有在理论上抽象的说代表全国，而在事实上却只是一个都不代表，单代表他自己一个人了。所以现在的议会竟离开选民，成为空中楼阁，变成一般政客的玩把戏的戏场。

（D）议会制度的代表是属人主义的代表制度。

欧洲中古的阶级代表固然是属人主义的，就是从阶级代表制变成国民代表制，也仍然是属人主义的。法国一七九一年的宪法上，用明文规定：议员不当做特别阶级的代表，只当做全国人民的代表。自此以后，都把代议士看作全体国民的代表。但是人是全能的，人生是多目的的。一个人不是生来就以某一种职能为限的，他有多种多样的职能。至于设立一个社会，必定有一个确定的目的或特殊的目的，为完成他的目的起见，必定要做一定的职务，故凡是社会都必定有一定的职能。如果想教一个人来代表一群职业各别的个人，无论如何，总是不可能的。但是用一个人来代表一种职业，或一种职业中一个团体，因为职业或团体都有确定的目的，自然很容易做到。故柯尔（G. D. H. Cole）说：

没有人可以代表别人，没有人的意志可以用别人的意志来代替或代表。（《社会学理》一○三页）

又说：

真正的代表制，如同真正的团体一样，是特别的，不是普通的；是分职的，不是包办的；所代表的不是个人，乃是各团体的公共意旨。那种根据个人可以完全被人代表的见解而来的代议政体论是错误的学说，破坏个人的权利，扑灭社会的幸福。（同上，一○六页）

由此看来，现在议会制度的代表制，乃是代表毫无组织的个人的本身，不是代表有组织的一群个人中间公共的某种特定的利益。选民一经过投票之后，便没有长存的团体，所以不能监督代表的政治活动。所以卢梭说："英国人民常常自以为自由，其实大错。因为他们只在选举议员的时候才能自由，已经选举之后，使变成议会的奴隶。"最近有许多学者主张职业代表制，想把代表个人意志的代表制，变成代表团体意志的代表制，就是洞见属人主义的代表制度的弊病。

议会制度除掉上述的几种根本错误之外，还有许多受人指摘的流弊，现在姑且把最通行的批评简单列举如下：

（一）议会往往不能代表真正的舆论，因为议员的任期，不是五年，便是四年，离选举的日期过远，故不能代表民众的真正感情和意见。

（二）议员的选举往往为特殊势力所左右，利诱威迫，都所不免，故不能代表真正民众的意见。

（三）议员的选举以政党为运动的主力，故往往便宜了党内的庸人。而一般品行高洁和思想独立的人，都不大愿意就政党的范围，所以不得当选。

（四）议员由政党指名，而政党的经费多得实业界的资助，故当选者往往重视物质的后援者或出资者的私意见，而漠视民众的真意见。

（五）议员图谋当选，往往一味阿附选举人，甚至于不择手段，用种种欺骗或诡辩的方法。

（六）议员为政客所独占，故往往以争权夺利为主，不把民众的利益放在心上。

（七）议员多注目在选举区的利益，而不注意到全体社会的利益。

（八）现在的议会多不能适合社会生活的实际状况。现代社会生活分成种种经济集团，在横断的国民主义之上立脚的议会，往往不能代表纵断的经济生活。

（九）为政客大本营的议会，事实上不得不变成野心家的集合所、辩论家的舌战场，而且人多嘴杂，责任不明。

（十）议会制度不过是资产阶级的假民治制度。

类似这一类的批评，真是举不胜举。这些批评当然有当有不当，但无论怎样，总可以算是反对议会制度或不满意议会制度的呼声。

蒲来士（James Bryce）说："饶有政治兴趣的旅行家，如果要访问各国立法部如何运用，一般老年人必定异口同声的给你悲观的回答。他们的谈天，多说议会的言论比他们幼年时代格外恶劣，优秀人物不欢喜入议会，议事既不完全报告，又没有什么趣味，做议员的在社会上也没有什么名气。因为这些原因，所以不甚尊敬议会。"（《现代民治政体》第二卷）这一段话，大概可以表明欧美现代人对于议会制度的感情。

因为一般人心理，对于议会制度多表示反对或不满意，所以有许多理论，便异军特起的出来修正他。例如国民总投票制、职业代表制，都是纠正议会制度的缺点的。但这也不过是加以修正罢了，尚不主张根本废除他；主张根本废除他的，在苏俄有无产阶级独裁制与委员制，在意大利有行政独裁制。

二 苏俄的无产阶级独裁制与委员制

独裁制与共产制本来是两件事，没有什么连带的关系。我们所要研究的是独裁制的本身利弊，与共产不共产没有关系。而且本篇所叙述的，只想说明主张无产阶级独裁制者对于议会制度的见解，并不是对于独裁制的本身有所赞成。这是作者要首先声明的。

主张用无产阶级独裁制来代替议会制度的人，以为议会政治是资产阶级的假面具，立法在黑幕中决定，行政由官僚而行，故议会既没有实权，又没有决定问题的能力。

列宁说："创设委员制度来代替资本主义社会之御用的且腐败的议会主义，就想实现言论和讨论的自由。因为在这种制度之下，代表者非自己实行不可。自己制定的法律，即由自己执行，实际的效果，即由自己证明。他们对于选举人，要直接负责。代表制度虽仍然存在，但是为特殊制度的议会，立法职能与行政职能分工的议会，对于代议士给予特权地位的议会，已经是不存在了。"（《国家与革命》第三章）列宁以为委员制虽然仍使代表制度存留，虽然亦认定建设无产阶级的民治政体非仍用代表制度不可，但是性质已经大变。就是议会制度的根本要义，在使立法、行政的两种职能完全分开，而委员制度的根本要义，却在使立法、行政的两种职能合为一体。故委员制度的最重要一点，就在使代表不致于只说话不做事，只立法不执行。行议会制度，议会只是雄辩家斗口舌的地方；行委员制度，议会便变成政治家实地做事的地方。

其实，照列宁的根本主张，不但不要议会制度，并且不要国家。只因为在从资本主义的社会转移到共产主义的社会之过渡期中，不能不要这个"准国家"的制度。这种"准国家"是由无产阶级的农工组织起来的，唯一的使命，就在打破或消灭资产阶级的反抗。有名的军事家说：一个不好的将领，胜似两个好将领。就是因为在吃紧的关头，权力是以集中为好。苏俄把行政部与立法部合为一体，建设一个中央集权的独裁制，当然是应付革命时期的最适宜的制度，因此，便不能不反对那聚淞纷纭、莫衷一是的议会制度。

现在行委员制度的国家有二：一是瑞士，一是苏俄。但瑞士行委员制度是把行政部的地位降低，教联邦行政委员会事事听命于联邦议会。联邦行政委员会中各委员，都变成替联邦议会执行议决的事务官，他们只能奉行联邦议会所决定的政策，不能自行决定政策。故瑞士的联邦行政委员会中的委员，不是什么十分重要的地位，各党各派都不甚注意这个位置，往往有一两个委员连任到三十年之久，并且在联邦议会中占多数的党派，在联邦行政委员会中也不一定要多得几个委员的位置。至于苏俄便不同了。苏俄的人民委员会，在法律上是站在第四级的行政机关，可是在事实上却几几乎是站在第一级的行政和立法的机关。苏俄的真正的中央政府，就是这个人民委员会。这个委员会起初本为临时政府，故因革命时期的需要，可以运用一切的权力。他本是全俄中央执行委员会任命的，故对于该委员会负责，该委员会可以停止或取消人民委员会的一切决议。不过在革命时期中，这些权力皆变成具文，事实上的权力，一齐都归到人民委员会的手中。从一九一七年到一九二五年①，列宁做人民委员会的主席，他一方是共产党的首领，一方又是苏俄的政

---

① 原文如此，应为一九二四年。——编者注

府元首，故权力扩张得非常之大。人民委员会的决定，法律上虽然要中央执行委员会的通过，但是此种通过，老早就变成形式。故就是关于国家的根本问题，人民委员会都可以自行决定，事后向中央执行委员会报告，请求追认。人民委员会在法律上是承受上级各会意旨的，但是在事实上，上级各会反承受他的意旨。这就是苏俄在革命时期中中央集权的独裁制与委员制的大概。大有为的政治家，得到这种可以便宜行事的独裁制与委员制，当然要反对人多嘴杂的议会制度了。

三 意大利的行政独裁制

意大利的法西斯底（Fascisti）主张把国家一初的权力集中于行政部，使议会的地位降下，单成为行政部的咨询机关。这就叫做行政独裁制。

意大利的社会党，在欧战时期中，反对政府。战后，因意大利没有因战胜而得到利益，所以国内到处发见不满意于政府之声。又加以苏俄共产党的宣传势力，渐渐侵入意大利国土，一九一九年十一月十六日议会选举，社会党在众议院中竟得到一百五十六个议席，变成议会中第一党。地方自治机关的选举，社会党又得到二千五百个自治机关。这时的政府，如果不得社会党的援助，便不能保持他的地位。当社会党占胜利的时候，国内到处发现同盟罢工的举动，一九二○的夏天，米兰及北部各工业城市，更发见社会主义的工人占领工场的惊人之事。这时的政府，几乎一件事都不能做，眼见国内混乱的状况没有方法挽救。反响的结果，便发见抱国家主义的法西斯底。

法西斯底是一九一九年自一月到三月，以慕沙里尼为中心，而造成的国家主义的团体。由在乡的军人、专门家、地主、学生等联合组成的团体，用军队式的训练，目的全在反共。他们以为为发扬意大利民族的精神，就是用暴力专制的手段，亦所不惜。这一派的活动自一九二○年的秋天开始。这时，意大利的社会党分裂起来，右派反对左派的激烈政策，左派反对右派妥协的政策。内讧一起，政府无法维持，到了一九二一年，便把议会解散。这年五月十五日重行选举的结果，社会党占一百二十二个议席，共产党只占十六个议席。又加以法西斯底用武力压迫，把工业界中的共产党全行驱出。到一九二二年十月，法西斯底的集团屯驻罗马，慕沙里尼便在这个月的三十日得到政权。意大利的政权既从极端的左党之手，落到极端的右党之手，因而造成一种行政部独裁的政治。名义上是法西斯底一党独裁，而事实上却是他的首领慕沙里尼独裁。

慕沙里尼是鼓吹爱国主义的首领，以爱国主义做他们团体的基础。他们好像信仰马克维尼（Machiavelli）的权变主义，只问目的，不择手段，只要能成功，慷慨也罢，吝啬也罢，仁慈也罢，残忍也罢，诚信也罢，欺诈也罢，守约也罢，毁约也罢，是完全不计较的。因此，便主张用武力独裁制，而反对那十九世纪下半期所谓为民治政体的神髓的议会制度。

慕沙里尼以为议会是民众的玩具，是辩士的舌战之所，是乌合之众的会合之所。他虽然不主张废止议会，却主张降低议会的地位，使议会隶属于行政部，做行政部的咨询机关。这固然是慕沙里尼势力胜利的表现，但是也是意大利的议会失掉民众信仰的表现。因为意大利的议会及政治家老早就失掉民众的信仰，民众对于议会的冷嘲热骂到处皆是，反议会主义的运动因而发生，慕沙里尼不过是投机得中罢了。

慕沙里尼以为，解决劳资的问题，不能倚靠议会，只能倚靠他的爱国党。他于一九二六年三月二十六日在罗马召集的法西斯底七周年庆祝会席上说："敬告外国当权者诸君，如果诸君要想继续生存，便要先废止饶舌的议会制度，把所有的权力集中于行政部。如果诸君要想继续生存，便要撞着现世纪的重大问题——即资本与劳动的关系。这个问题，可以由我们法西斯底完全解决。我们是把资本与劳动放在共同目的之前——意大利民族的繁荣和伟大之前——去解决的。"他以发扬意大利民族的精神做旗号，来号召一般爱国的青年，以遂他的雄心。所以他在意大利，简直是舆论的制造者、民众势力的组织者、一般政策的作成者。这就是慕沙里尼式的行政独裁制。

四 独裁制与议会制是否绝对相反

政治制度的变迁，本是很难预言的，最近的将来，到底是独裁制的胜利，还是议会制的复兴，此刻当然不能预料。但是我们要知道，现在采行独裁制的国家，虽然对于独裁制称赞不已，可是他们却明白的或暗示的承认独裁制是过渡时期中的权宜办法，并不曾说这个制度是永久不可变更的制度。苏俄的列宁虽然反对议会制度，但是仍然保存代表制度，这代表制度乃是议会制度的神髓，议会制度不过是代表制度的形式。意大利虽然把议会的地位降低，却不曾根本废除议会制度，另外产生与议会制度极端相反的一种新制度。所以我们到现在，虽然一方面不能不承认议会制度有缺点，但是一方面对于议会制度却仍有相当的希望。

意大利的行政独裁制，完全是因人而设的制度。在政治史上，因人设制的成例甚多，然大都是人亡则政息了。慕沙里尼的生命或政治生命一旦断绝，这种制度能否维持下去，当然是一大疑问。至于苏俄的独裁制，关于存在的期限，他们的政治首领常常有所表示。苏俄的理想政治，是各尽所能各取所需的无国家的自由政治，列宁解释马克斯的国家论，已经说得非常的明了。他说："我们的目的在废除国家，关于这一点，与无政府主义所见的完全相同。"照他们说，国家这个制度完全是阶级的产儿，没有阶级，国家便自然消灭。国家尚且要消灭，那么，依附国家而生的权力，也当然不能存在了。所以布哈林（N. Buharin）说：

> 共产主义者怎样建设秩序？就是用无产者的独裁权（Dictatorship）来建设秩序。独裁权是铁的权力，是表示对于仇敌毫无容赦的权力。劳工阶级的独裁权就是劳工阶级打倒资产阶级和地主的统治权。我们需要劳工政府，一直要到劳工阶级完全征服他们的敌人，使敌人到永无再起的希望的时候，才能废止。（《世界革命的宣言》）

由此看来，苏俄的无产阶级独裁制，并不是永久长存的制度，不过是从资本主义的社会到社会主义的社会之过渡期中的一种权宜制度。他们所主张的政治仍是无产阶级的民治政体，这种独裁制明明说是应付敌人的反抗，是就破坏方面说，不是就建设方面说的。我们由此可以知道：苏俄的独裁制与意大利的独裁制，都不过是暂时的制度，一个是因时制宜，一个是因人设制。

苏俄所以主张用委员制的理由，就在使立法部与行政部合为一体，自己制定法律，即由自己执行。换句话说，就是立法者自己负执行的责任，执行者自己试验立法的效果。但是议会制度究竟能不能办到这一层呢？我们如果拿英国的议会政府制做标准，来讨论这一点，似乎也有办得到的保证。因为英国人自己夸奖自己的内阁制，就首先举出立法行政打成一片这一点。他们所以不满意于美国所行的总统制，就因为总统制把行政与立法完全分开，行政部没有权力可以控制议会，议会亦没有权力可以操纵行政，所以异议一生，立法部迫而与行政部战，行政部亦迫而与立法部战，两两相持，毫无结果。至于内阁制，便是使行政与立法同力合作的制度，行政的阁员同时就是议会的议员，议会中的党魁同时也就是行政部的首领。内阁并不是别的关机，只是立法部举出来他们自己相信的委员，教他们组成行政部，来替自己执行议决案的。且看白芝浩（Bagehot）说：

> 内阁者何？一言以括之，则立法部本其相习相信之人，选以为一机关，使行其政、治其民者也。……内阁云者，必由立法部自操其选权，而政策必谐于部意，又为全部所信赖者也。质而言之，内阁者，特一富于缀系性之委员会也。譬如连字符（Hyphen），此会连立法部于行政部，譬如扣衣带，此会扣立法部于行政部。（英国宪法中的"内阁"篇）

照他这样说来，内阁制与委员制不过名称不同罢了，实际上内阁本身就是一个委员会，就是议会为执行自己的政策而选出的一个执行委员会。故立法部把议决案交给内阁去执行，事实上不啻自己去执行，而内阁所执行的议决案，也就是自己亲身参与所议决的议决案。照这样说来，列宁一般人所说的委员制的长处，议会政府制也老早就兼而有之了。

意大利的行政部的独裁制，乃是从前君主立宪政体下的常规，日本的宪法上至今还规定议会是天皇的咨询机关，不曾修改。故这种行政部的独裁制，只算是复古，并不是革新。照慕沙里尼的意思，这种独裁制是议会隶属在行政部之下，作行政部的咨询机关，与英国奉议会为一尊，把行政部隶属于议会之下，造成议会政府制，刚刚是相反。其实，英国的议会政府制，从一方面说，固然是议会控制内阁，可是从另一方面说，又是内阁控制议会。故从法律上说，行政部长官的任免权都由议会行使，行政部的一切行为要对于议会负责；但是从事实上说，内阁阁员都是议会里面多数党的首领，故凡在议会内的多数党的党魁，同时就是在内阁内的重要的阁员。党内一切政策的决定，重要首领的力量总比普通党员的力量大。现在一党的重要首领通同集中在内阁，议会中所有的党员大概都是普通党员。故就人的关系说，当然是内阁指挥议会了。再内阁为各党所必争之地，反对党总是想方设法的攻击当时的内阁，如果在议会中的本党党员不尽力拥护本党的内阁，那么，内阁便马上要塌台。故行内阁制的国家的议会，往往事实听命于内阁，就在英国，亦往往有内阁所提出的议案，讨论不曾完毕，即喊叫通过通过。由此看来，行政部控制议会，就是在议会政府制下，也是习见不鲜的事实了。

五　委员制与独裁制是否有连带关系

前面说过，意大利的行政独裁制是因人设制，故不能当作特殊的制度去研究。至于苏俄的委员制，便不同了。委员制其实并不与独裁制发生连带关系，故采用委员制的国家，不但无须同时采用独裁制，并且可以根本取消一切违反民治政体的精神的制度。因为委员制是采用极端合议制的精神的，所有委员，彼此都立在平等的地位之上，法律上的权限彼此都是一样的。故总统制与内阁制仍然脱不掉首领政治的痕迹，独有这个委员制，行政的职权不由一个首领行使，而由众人合组起来的合议团体行使，是合乎真正民治的精神的。

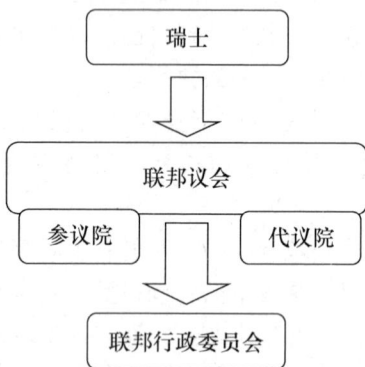

```
        ┌──────────┐
        │   瑞士   │
        └──────────┘
              ↓
   ┌─────────────────────┐
   │      联邦议会        │
   ├──────────┬──────────┤
   │  参议院  │  代议院  │
   └──────────┴──────────┘
              ↓
      ┌────────────────┐
      │  联邦行政委员会 │
      └────────────────┘
```

现在各国行使委员制最有效果的，要首推瑞士。瑞士的联邦行政委员会计有五个特点：（一）瑞士的联邦行政委员会每年由联邦议会就七个委员中选定一个委员为联邦总统，再选定一个委员为联邦副总统。但是这个总统与副总统，任期皆只有一年，并且不许连任。总统的职权，除掉对内为委员会的主席，对外代表委员会履行各种仪节而外，别的职权和其他委员一律平等。因此才能使合议制的精神贯彻到底。（二）联邦行政委员会中七个委员各主管一部，做一部的部长。但是各部部长不过预备各该部提交委员会的议案，及执行委员会对于各该部事务的决议，此外并没有什么单独的决定权。就是有单独的决定权，也只能以不关重要的事体为限，至于少微重要的事件，事实上总是由委员会开会决定。这也是贯彻合议制的精神的又一办法。（三）联邦行政委员会超越在党派的关系以上，委员的选择，绝不注意他是否为党派的首领。因为瑞士只想使这个委员会做不同的意见、不同的利益、不同的省分的中介体，并不想使这个委员会做一党一派的代表。故委员的人选，不但不为议会中多数党所独占，并且不因议会中党派的变迁而变迁。例如从一八七六年到一八八三年，自由党在议会中虽然变成少数党，但仍然在委员会中占有四个委员。（四）联邦行政委员会只是事务团体，不是发号施令、决定国家政策的机关。委员的选择，常常以行政上的经验及技能为主，故一般委员几几乎变成终身官，只要是愿意连任的，在习惯上总是继续当选。因此，常常有委员继续任职到二十年以上，并且有一个委员继续任职到三十年以上。（五）联邦行政委员会的各委员不负连带的责任，因亦不必要有一致的意见。这个习惯固然是由瑞士人民一半富于调和性、一半富于服从多数性而来，可是最大的原因，却在因为联邦议会握有最后的决定权。各委员一到议会之中，个个都有独立发表意见的机会，故往往各陈一说，互相辩论。因为最后的决定权在议会，所以各委员所发表的意见，只有供给议员参考的效力，绝不因通过与否而发生去留的问题。从一八四八年以来，有两个委员因政见不合而辞职，只有一个是和议会的意见冲突，那一个却是与国民总投票发生龃龉。由此可见，瑞士的行政委员会有五大特点，就是：（A）各委员职权一律平等；（B）各部重要事务由全体委员合议决定；（C）委员会的分子不为一党所独占；（D）委员会纯粹是事务团体；（E）各委员的意见，完全听受联邦议会的支配。

委员制的利弊近来有许多人讨论。说委员制有弊的，大概不出下列的三点：（一）欠缺敏活。因为委员会是合议制的机关，人选不良，便又变成多头政治的机关。而且一切重要的行政事务，必得要经过合议体的机关决定，自然很难得应付那非常的事变。所以罗马的康修尔制（Consul），不论那一个执政官的决定或行为，都可因别一个执政官的反抗而中止，故当变故发生时，必定要设下一个独裁官，去救济两头政治的缺失。（二）责任不明。因为一切行政政策都决定于地位完全平等的多数人，个人的雄才大略既不容易发展，而一种政策的成功或失败，也不容易识别到底是谁的责任。故真正雄才大略的人，或者不愿加入这种事事受人牵制的委员会，或者一旦加入一个跋扈的枭雄，如拿破仑之辈，便又尽使其余的委员成为附属品。（三）没有实力。因为每决定一种行政方略，既没有像美国式的总统，视为责无旁贷，又没有像英国式的总理，视为内阁的生死关头。如果在民治的素养不深的国家，少数人没有服从多数的习惯，或因少数委员消极的不合作或积极的破坏，那么，每种政策恐都不能贯彻到底了。因为有这几种弊病，所以有人断定：委员制在消极方面防止专制则有余，可是在积极方面奖励做事则不足。如果不能像瑞士降低委员会的地位，使他事事听命于议会，又不能像苏俄以一党执掌政权，使他事事仰承党的意志，那么，要冒然采用委员制，便一定利少而害多。

但是主张委员制的人也有充分的理由：第一，说委员制可以除去首领政治的弊害。因为委员制和内阁制有个显然共见之不同点，就是委员制是彻底的会议制，内阁制便仍不能脱去首领政治的彩色。一个人的才智，当然不能和集思广益的合议团体的才智相比，如果事权集中于一个人，这个人要不是全智全能，那么，行政事务便要因人而受害了。第二，说委员制可以免除专制的弊害。因为把政权委托多人，便不容易做出专擅的行为。大概专制的行为，出自一人独裁，便很容易；出自多数人合议，便很困难。故凡在人民心理怕惧专制政体最甚的时候，委员制便是一种对症下药的神方。第三，说委员制是适合民治精神的制度。因为在民治国家之下，官吏只是受人民委任的仆役，要想达到这个目的，当然不能教行政机关的官吏能和那代表人民全体的议会相对抗。委员制是把行政权附属在立法权之下的制度，只教他去执行人民代表的议决，不教他妄自尊大的独行独断。因为委员会有这几层利益，所以凡在洗涤专制余毒的国家，或在首创共和的时代，总宜采用这种行政合议制。

由此看来，委员制不但不是独裁制，并且是反对独裁、防止专制的。他的精神乃是彻底的民治精神，他的组织乃是彻底的合议组织。委员会的上头，必定要有委任他、监督他、命令他的高级机关，他是受命的机关，不是惟我独尊的机关。所以狄卜莱（Dupriez）说：在瑞士"各行政长官（委员）只有遵奉立法部的意志，他们没有选择别种方法的余地，他们只是好好的服从。如果既采用委员制，又教委员会去独立，使他同立法部相对抗，便与用委员制来防止专制的用意相矛盾了"。由此可以看出采用委员制的用意。故正规的委员制，将来一定要朝真正合议制这一条路上去。

（原载《东方杂志》第 25 卷第 2 号）

公民的直接罢免权
（1930 年 1 月）

罢免权（Recall）就是公民得到一定的法定人数，对于他们所认为失职的民选议员、官吏或法官，要求召集全体公民投票表决，在该议员、官吏或法官未满任以前，罢免他们官职的权利。这种制度从前大概多行使于联邦国的各邦及地方自治团体，而且行使的范围多以民选的议员、官吏或法官为限。所谓法定人数，大约占选民总数百分之十到百分之三十五，美国各部中以百分之二十五为最普通的数目。得到法定人数的署名，用极简单的普通书状（美国有的邦中规定不得过二百字），载明要求罢免的理由，请求公民投票表决。如果被要求罢免的官吏在该书状提出五日内不自行辞职，就可以召集公民全体投票，表决去留。如果通过，便重新选举官吏，来补充那被罢免的官吏未了的任期。罢免权的行使也有种种的限制，例如官吏任职不满一定时期（大概定为六个月），不得要求罢免；或对于同一官吏，不得在同一任期中，提出两次罢免的请求。

美国各邦关于罢免制度的略表

邦名	年	罢免的范围	请求人数
Oregon	1908	一切官吏	25％
California	1911	一切民选的官吏	12％ 邦官吏、五郡地方官吏 20％
Arizona	1911 1912	民选的官吏	25％

续前表

邦名	年	罢免的范围	请求人数
Colorado	1912 1912	民选的官吏 撤销判决	25％ 5％
Idaho	1912	不应用于法官	
Nevada	1912	一切官吏	25％
Washington	1912	除法官外	25％ 35％
Michigan	1913	除法官外	25％
Kansas	1914	选举或任命的一切官吏	10％ 15％ 25％
Louisiana	1914	除法官外	25％

对于议员的罢免制大概有两种形式：（一）为适用于议员个人的罢免制，（二）为适用于议会全体的罢免制。第一种制度是承认在一个选举区中的选民，得到法定人数署名，对于本区的议员，得要求本区选民全体投票表决罢免他的职务，另选他人补充。美国各邦所采用的罢免制，大概多属于这一类。第二种制度是承认全国选民得到法定人数署名，对于议会全体，得要求全国选民投票表决解散议会。例如普鲁士宪法第十四条规定："邦议会之解散，由议会自行议决，或由内阁总理、邦议会议长及参议院议长所组织之委员会议决，或由国民表决之时行之。"这就是由选民投票来解散国会。瑞士各邦中，老早就采用这种制度；而苏联对于一切苏维埃的代表，更完全采用这种制度。

对于行政官的罢免制，是本选举区内的选民，得到法定人数署名，对于民选的行政官吏，得要求召集本区选民投票表决罢免他的职权。这种制度在瑞士和美国各邦很多采用。因为民选的行政官吏与民选的议会议员性质相近，他们既然可以由人民选举而来，当然亦可以由人民罢免而去。美国各邦中，往往有对于民选的议员不用罢免制，而对于民选的行政官却用罢免制，甚至于有对于非民选的行政官也采用罢免制。德国宪法中并且将这种制度适用于中央最高官吏大总统，该宪法第四十三条规定："在总统任期未满时，由联邦下议院提议交国民投票决定，得令退职。"自下议院议决后，总统即停止行使职权，如果国民投票通不过罢免案，总统便算重新当选，而下议院便要立即解散。故德国的罢免制实含有两种意义：一是对于民选的行政元首的罢免，一是对于议会全体的罢免。可是人民行使罢免权的时候，只有决定罢免权，却没有要求罢免权，而要求罢免权只在议会。

对于法官的罢免制。是选民得到法定人数署名，对于民选的法官，得要求选民全体投票表决罢免他们的职务。美国有少数邦中采用这种制度。因为美国的法院有解释法律的权利，如果法官要根据宪法来否认公民所表决的普通法律，往往容易惹起公民的愤怒，故主张罢免制也适用于法官。但是民选的议员和官吏，他的性质本是选民多数的代表，故选民多数得以自己的意见去罢免他。至于法官，就是由选举而来，但无论怎样，性质上总不能认为选民多数的代表。他既然不是选民多数的代表，所以不应当由选民多数的意见去罢免他。故罢免制适用于议员、官吏固然有许多利益，如果同时适用于法官，就不免妨害法庭的独立，因而生出种种弊窦。因此，美国各邦中，现在主张采用撤销判决制（Recall of Judicial Decisions）的，固然有人，可是主张采用罢免法官制的，却不很多见了。

罢免制如果单适用于议员和官吏，而不适用于法官，可以说是主权在民主义的彻底实现。因为议员和官吏既然由于民选，便是受人民的委托，如果被委托者违反民意，当然可以由委托者撤销委托的关系。现在选民团体一经投票即行解散，没有长期存在的机关行使对于被选者的监督权，乃是显然的缺点。罢免权为选民监督被选者的最后手段，此制一行，选民便不致如卢梭所说的"议会的奴隶"了。现在各国的现行制度大多只注意在议员和官吏的独立一方面，不大注意到议员和官吏与人民接近一方面。采用这种制度，至少可以使议员和官吏的行动与意见不敢显然违背民意。固然有人说，对于行政官吏采用直接罢免制，结果必定要使行政官吏畏首畏尾，不敢尽他的责任，因而使行政官的权力薄弱。但是在民治国家中，与其教行政官的权力因违反民意而强，倒不如教他因尊重民意而弱。又有人说，采用这种制度，一定要使爱惜毛羽、顾全名誉的政治家不愿为公众服务，而愿为公众服务者，便一定是不惜毛羽、不顾名誉之人。但是采用这种制度的目的，原在防止行政官贪赃枉法、舞弊营私。如果真正是爱惜毛羽、顾全名誉的政治家，便绝不会贪赃枉法、舞弊营私，既不会这样，那么，与其说他们因为采用罢免制而受辱，倒不如说他们因为采用罢免制而见荣。议会所行的弹劾制（Impeachment），是由人民的代表来弹劾行政官，选民所行的罢免制，是由人民自己来弹劾行政官。而且弹劾制只能适用于一定的官吏，不能适用于议员，只能适用于某几种犯罪的行为，不能适用于一切失职的行为。用罢免制来代替弹劾制，效用当然要较弹劾制更多了。故罢免制也同创制、复决制一样，现在已经是由理论进到实行的时期，并且有由地方推广到中央的倾向。

（原载《吴淞月刊》第 4 号）

宪法上监察权的问题
（1933 年 4 月 10 日）

　　监察制度本是中国特有的制度，将各国议会中关于监督行政权的一部分划分出来，另外设立一个独立的机关来行使，也是将来的中国宪法的一个重要的特点。二十年六月一日所公布的《中华民国训政时期约法》，仅在第七十一条中规定五院的名称，对于各院的基本组织及职权并没有一个字提及，一概委诸普通法律。（第七十七条：国民政府及各院部会之组织以法律定之。）如是重大的五权分立制度，不在国家的根本法上规定基本原则，乃将各院与各部会一同看待，让普通法去自由规定，根本上就失掉"五权宪法"的重要意义。凡在三权分立的国家，没有一国的宪法上不把行政、立法、司法各部的基本组织及职权详细的一一规定。三权分立在各先进国有成例可考，新兴国家的宪法尚且规定得详详细细，至于五权分立，乃是中国特创的制度，中国历史上的成规既不能一一采用，而世界各国的宪法又没有这样制度可供我们的参考，如宪法上对于五权的基本组织及职权不作详明的规定，不但在理论上失去五权宪法的意义，并且在事实上助长五院制度的纠纷。故监察权应当在宪法上规定基本原则，似乎是毫无疑义的。

　　监察权既然必须要在宪法上规定，就要首先决定监察权的内容。监察权的内容是什么？是各国议会中所行的弹劾权（Impeachment）呢？或是中国历史上固有的监察权呢？按照现行法律解释，《国民政府组织法》第八章第四十六条："监察院为国民政府最高监察机关，依法行使弹劾、审计之职权。"则监察权中，除审计外，只有弹劾一个职权。这个弹劾权，如照各国议会的通例解释，就是议会对于总统、国务员或其他官吏的犯罪，得向宪法上指定的有审判弹劾案权限的机关提起诉讼、请他审理和处罚的权力。照这样解释，那么，监察院仅仅为事后的监察机关，绝对不能行使事前监察的权力。在公务员的犯罪未成事实之前，监察院只能袖手旁观，不得过问，必得要等到犯罪的事实已经演成之后，才得施行事后惩戒的弹劾权。这是监察权只是弹劾权的解释的结论。

如果说今日监察院所行使的职权，就是中国从秦汉以来御史的监察权，那么，监察权的解释便不能这样的狭义。因为中国的御史权力非常大，就在前清的都察院也有下列的几种特权：（一）建议政事权，（二）弹劾权，（三）监察行政权，（四）考察官吏权，（五）会谳重案权，（六）辩明冤枉权，（七）检查会计权，（八）封驳诏书权，（九）注销案卷权，（十）监察礼仪权。（参看拙著《中国御史制度的沿革》第四章）故从前都察院的监察权，打破普通的行政系统，无论是对于上级官厅，或对于下级官厅，更无论是对于中央官厅，或对于地方官厅，皆一律可以行使；不但可以监察法律范围以内的事件，并且可以监察道德范围以内的事件；不但可以监察百官违反法令及防害公益的行为，并且可以监察官吏个人的私德私行；不但可以监察在职的官吏，并且可以监察退职的官吏与非官吏的恶霸土豪；不但可以弹劾那证据确凿的犯罪行为，并且可以弹劾那风闻传说未得确证的嫌疑行为；不但可以弹劾犯罪于已成事实之后，并且可以弹劾犯罪于将成事实之前。都察院的监察权所以这样的广大，实为中国固有的特殊的三权分立制所酿成。所谓中国的三权分立，就是指那明朝的"中书总政事，都督掌军旅，御史掌纠察"的政权、军权、察权的三权鼎立的制度。现在在五权制度之下，有许多职权都有独立的机关专掌，例如考察官吏权中的京察、大计之类，属于铨叙考绩，已由考试院专掌；会谳重案权与辩明冤枉权，已由法院专掌；建议政事权亦将由民选代表的机关专掌；监察行使权与注销案卷权，亦有行政各部分别专掌。在今日五院制度下，监察院当然用不着行使这样庞大的权力，这也是一般人所共同承认的。

但是监察权虽然不能依照历史上的成规扩张到极大的限度，可是依照现行的法律，又未免把监察权缩得过小。现在的监察权，终始只是一个弹劾权，监察院对于公务员，除弹劾外，一无所知，一无所能。在这个地方，并不是主张监察院在弹劾权外，还要有完全的监督行政权，只主张监察院除弹劾权外，应该还要有知道各行政官署施政的状况、任免人员的经过与考核人员的成绩等等的机会。现在各官署施政的状况、任免人员的经过与夫考核人员的成绩，通同不向监察院报告，监察院对于某一官署的公务人员，不但不知道他的履历、他的施政与他的成绩，并且不知道他的姓名。即近在咫尺的行政院各部会，他们的任免人员，监察院不知道，他们所考核的人员的成绩，监察院不知道，他们终年做些什么事，监察院也不知道。若谓在平时完全不必要知道各官署公务人员的资格、经验与成绩，而一到他们违法失职的时候，即能不告而知，天地间宁有此理。故监察院对于全国的公务人员，天天在监察之中，即天天在监不能监、察不能察之中。若单靠人民举发，则又与设立监察院之原意显有违背。因为平时的监察是临时弹劾的前因，而临时弹劾是平时监察的后果。如果各官署对于监察院完全隔绝，而监察院对于各官署的用人行政完全不闻不问，则监察权之行使自难周密了。

如果说按照现行的法律，监察院的监察权完全以弹劾权为限，换句话说，完全以事后监督为限，那么，各官署的公务人员在未违法失职以前，监察院当然概不得过问了。但是在现行的法律中，也有例外，就是每次举行文官考试（无论是高等的或普通的，更无论是中央的或各省的），依法要由监察院指派监察委员监试，而公债基金的保管，依法要由监察院指定监察委员监察。由此可见，即在现行法律中，也没有把监察院完全看作事后监督的机关，有几种特殊事项，也许监察院在未曾违法或失职以前即施行事前的监督。既然允许监察院有事先监督权，那么，再把这事先监督权稍微扩大一点，也不见得就是完全有害无利了。况法律上如果只教各官署将施政的状况、任免人员的经过与考核人员的成绩等等向监察院报告，使监察院明了一切公务人员在职的情状，那么，监察院的监察自然要比较的周密得多了。关于这一点，似乎是将来规定监察权的内容时应该补充的。

此外还有关于弹劾案的审判机关问题，也与监察权有密切的关系，不能不特别注意。按照现行的法律，弹劾案的审判机关支离破碎，分而为四：

（一）被弹劾人为国民政府委员者，送中央党部监察委员会；

（二）被弹劾人为前款以外之政务官者，送国民政府；

（三）被弹劾人为荐任职以上及为中央各官署委任职者，送中央公务员惩戒委员会；

（四）被弹劾人为地方各官署委任职者，送各该省地方公务员惩戒委员会。（以上均见《公务员惩戒委员会组织法》及《公务员惩戒法》）

本来"弹劾权与审判权应否归在一个机关"这个问题，很有详细讨论的价值。现行的法律是采取弹劾权与审判权分立主义的，根据《国民政府组织法》，弹劾权属于监察院（第四十六条），审判权属于司法院（第三十六条），这个原则，在五权分立的制度下，当然有存在的理由，就是凡是弹劾权一概归诸监察院，凡是审判权一概归诸司法院，是最合乎分权原理的。现行法律如果彻底的遵守这个原则，当然有相当的理由，可是《公务员惩戒法》便首先与这个原则相冲突。所谓审判权属于司法院的只有一个中央公务员惩戒委员会，换句话说，只在政务官以外之荐任职以上人员及中央各官署之委任职人员被弹劾时，才送由这个直隶于司法院的中央公务员惩戒委员会审判，至于在地方各官署委任职人员被弹劾时，却送由那个间接隶属于司法院的地方公务员惩戒委员会审判。至于被弹劾人为国民政府委员时，送由中央党部监察委员会审判，也还说得过去，因为在训政时期，中央党部代行国民大会的职权，国民政府委员被弹劾，送由国民代表审判，就是不属于司法院，也很名正言顺的。我们所最不解的，就是在国民政府委员以外的政务官被弹劾时，何以审判权不在这个为最高审判机关的司法院，却在这个不司审判专责的国民政府——这个规定，无异将审判权属于司法院的一个原则根本取消了。故现行的法律只可说是将弹劾权与审判权完全划开，并没有严格的采用"凡是审判权一概归诸司法院"这个原则。

现行的法律，既然不采用"凡是审判权一概归诸司法院"这个原则，那么，"弹劾案的审判权究竟以属于什么机关为最相宜"这个问题，当然可以讨论了。查欧洲有许多国家（如法国和普鲁士等）都在普通法院以外，另设一种行政裁判所去专管行政诉讼。凡属行政诉讼，一概不许普通法院受理，只由特别设立的行政裁判所受理。他们的理由就是以为行政上的裁判要有行政上的知识与经验，这并不是普通法院所能胜任的。近来采用行政裁判所制度的国家，成绩都很有进步，向日非难这个制度或怀疑这个制度的学者多改变他们的态度，甚至于转而赞成这个制度。因为行政诉讼固不宜归普通法院审判，尤不宜归行政官厅审判，折衷的适当办法，就是特设一个行政裁判所审判。我个人的见解，以为审理弹劾案的审判机关，也应该在普通司法机关及普通行政机关而外，另设一个审判机关。故既不赞成将审判权归于司法院的主张，又不赞成将审判权归于国民政府的主张。就是现行法律也顾虑到这一点，故中央及地方公务员惩戒委员会的委员，皆在法官之外加以具有行政经验之专任委员，这就是认定审理弹劾案与法院的普通审理不同，不专靠法律的知识与经验，还要靠行政的知识与经验。由此可见，弹劾案的审判为特种审判，并不是普通审判，如军事的审判另由军事法庭掌理而不由普通法院掌理为同样的理由。我们既然认定弹劾案的审判与普通审判性质不同，那么，弹劾案的审判机关便没有一定要隶属在司法院之下的理由了。可是弹劾案的审判机关固然没有一定要隶属于司法院之下的理由，同时也没有一定要隶属于普通行政机关的理由。因为以行政机关来审判那些关于行政机关的案件，无异教被告的人自己审判自己。然则弹劾案的审判权究竟以属于什么机关为最相宜呢？我的答案就是，以属于监察院为比较的相宜。

何以说弹劾案的审判权以属于监察院为比较的相宜呢？理由是一事权而专责成。监察院是为专门监督行政官吏而设立的机关，他的唯一的职责就在监察一切官吏的行为。如果只教监察院司弹劾，不教他司审判，便是半弹劾。若以为弹劾与审判同归在一个机关，审判恐有不公不平的弊病，试问普通法院将检察与审判合在一处，果有不公不平的弊病吗？所谓弹劾权与审判权通同放在监察院，并不是说通同要放监察院的监察委员手中，自己弹劾，自己审判，仍然要组织一个与监察委员对立的审判机关，与现今的公务员惩戒委员会组织相同，也与普通法院的检察官与推事关系相同。这样一来，监察权才可以称为真正的独立，弹劾权才可以称为整个的弹劾权，而审判的机关也不像现在那样的支离破碎。这也是关于监察权本身的一个重要问题。

（原载《东方杂志》第 30 卷第 7 号）

专家政治
（1933 年 7 月）

政治这两个字，在一般人的眼光中，大都认为污秽不堪的。故以名士自命的人，多以不入政界为清高，不谈政事为风雅。一般高人逸士，多不愿与政治发生关系，宁肯逃避在政治圈外，寄情于山水之间。至于热心利禄之流，又大多不学无术，藉政治为营私舞弊之媒，终身耍政治，终身不知政治是什么东西。一言以蔽之，曰：政治非学识而已。

但是误解政治意义的，也不只是普通人，就是多数有名的学者也有错认政治意义的。我们用不着旁征博引，少微看看历代通行的学说，也就可以知道了。现在姑且略举一二为证：

（一）政治是权术。意大利的学者马克维尼（Machiavelli，一四六九——一五二七）就以为政治的动机完全在于自私自利。故做政治事业的人，无论用什么残忍欺诈阴谋诡计的方法，都可以。只要有成功的希望，慷慨也罢，吝啬也罢，仁慈也罢，残忍也罢，诚实也罢，欺伪也罢，立信也罢，失信也罢，都没有什么关系。凡道德、名誉、信用种种虚名，在政治上是一个钱不值的。由这一派人看起来，大概政治只是术，不是学。

（二）政治是权力。德国的柴西克（Treitschke，一八三四——一八九六）以为承认强力是国家最鲜明与最重要的特性，国家的强力就是最后的道德标准。国家在行使权力的时候，从道理上说，可以不顾私人的任何目的或利益。故政治对于人民，事实上能够支配他们到什么程度，就支配到什么程度，不管他们愿意不愿意，都应当要求他们服从。由这一派人看起来，政治只是力，不是学。

（三）政治是常识。平民政治是贵族政治与贤人政治的反动的结果。在贵族政治下，认定政治是特殊阀阅的事业；在贤人政治下，认定政治是优秀份子的事业。希腊的民治政体初兴，一方面反抗贵族政治，一方面又反对贤人政治，故选举用抽签的方法，不必用人的智识去选择。这就是说政治是平常的事，凡是平常的人，只要当签，就可以做政治的事。由这一派人看起来，政治只是常识，不是学识。

以上略引的几派，姑无论他们认定政治是术、是力，或是常识，然总不承认政治是学识。这些学说，不管他们在历史上有若何的价值、若何的效果，但是到了政治已经科学化的时代，总是不能适用了。从前是以人治人的时代，故政治可以用权术、权力去对付被治者；现在是以人治事的时代，故政治不能单靠权术、权力，反而要靠专门的知识与技术。因为政治要靠专门的知识与技术，故绝不是一般仅仅有常识而无特识的人所能胜任的。决定政策与建设政治是政治专家的事，而选任与信任这般决定政策与建设政治的政治专家才是一般人民的事。故希腊的亚里士多德（Aristotle）在那时便说：奏音乐要靠音乐专家，造鞋子要靠做鞋的工匠；至于一般外行，则只可以批评音乐的好听不好听、鞋子好着不好看，却不能自己动手去奏乐、做鞋的。这就是孙中山先生所说的："国民是主人，就是有权的人；政府是专门家，就是有能的人。"政府是一架大机器，政治家便是运用机器的技师。故今日的政治，就是专家的政治；今日的政治家，就是政治的技师；今日的政府，就是这般政治的技师运用机器做工的一个大工厂。故今日的政治家做事，既不能靠权术，又不能靠权力，更不能靠常识，所靠者只是"能"。能从何来，就是从学识中来的，就是从专门的或科学的知识中来的。

何以今日的政治，不能靠权术、权力与常识呢？因为今日的国家，所管辖者不单是人，多半是事。在十九世纪，个人主义派所说的国家权力范围，与今日已大不相同了。今日的国家，所管辖的范围，无一国不比个人主义派所主张的国家权力范围扩大；但是所扩大的，只是对事的管理权，并不是对人的管理权。从前的教育权不在国权的范围以内，今则教育行政权完全收归国家了；从前的铁道管理权不在国家的范围以内，今则铁道行政权完全收归国家了。此外如工业、矿山、电灯、电话、自来水、道路、桥梁、卫生等等，收归国营或收归国家监督者比比皆是。故今日国权之扩张，并不是国家治人权之扩张，乃是国家治事权之扩张，因此便不得不变更从前政治的界说。从前只说"政者正也，所以正人之不正也"，现在却说"政就是众人的事，治就是管理，管理众人的事，便是政治"。这就是因为从前的国家是治人的国家，故政治可靠权术、权力或常识；现在的国家是治事的国家，故政治要靠专门的学识或科学的知识。从前的政治家是有权的人，现在的政治家是有能的人。美国的彼尔德（Beard）说：现代政治如果用数学方法表示出来，可得一个公式如下：

$$现代政治 = \frac{1}{10}权力 + \frac{9}{10}专门技术$$

这就是因为从前官吏只负有指挥监督别人做事的职务，现在的官吏，除一部分专以指挥监督为事者外，尚有自行做事的职务。故今日文官之中，往往包括各种专门的技师或工程师在内。例如电灯厂、电报局、电话局、铁路局、制造局、卫生局、学校、医院，以及冶金、采矿、修路等事，都不是普通文官仅有法律知识或政治知识的所能做的。因此，国家的职务便不得不专门化，官吏的任务便不得不技术化了。这就是现代政治所以变成专家政治的最大原因。

现在姑且杂举几个例，证明政治专门化、技术化的趋向。先就各国的立法来说。法律的根据，自古至今已经有了三个变化：就是古代的法律以真理为根据，近代的法律以民意为根据，现在的法律则又以科学为根据。在法律以真理为根据的时代，立法是圣贤的事业，因为非圣贤不能知道真理为何物。故希腊的梭伦（Solon）和中国的周公、子产等，皆是那时所推重的立法家。这时法律是自上而下的，即所谓"圣人立法，愚者制焉"是也。近代民治民体一行，就把立法的事业从特殊的知识阶级手中转移到一般平民手中，故法律不一定要合乎真理，却一定要合乎民意。换句话说，就是法律不必以真理做根据，惟以意志做根据。而从真理主义的法律观，变到功利主义的法律观，故立法要以人民的利害为主，而不必以理义为主了。至于现代的法律，多以社会生活的事实为主。这种社会生活的事实的规律，非用科学的方法研究，往往不能得其准确的根据，故立法的事业，又渐渐的从那做人民代表的议员手中，转移到一般有专门研究的学者的手中了。美国的参议院有了十三个专门委员会，众议院有了四十二个专门委员会，凡关于特殊事业的立法，均由这些专门委员会分别审查讨论，普通的议员大都听从这些专门委员会的意见，而尊重他们的报告。至关于法律的起草，大概多委托一般深明法律和熟悉起草方法的专门学者，凡搜集立法的材料，整理立法的材料，和研究社会的、经济的、政治的各种实际情状，都要聘请一般专家做帮手。故美国各邦议会都有参考图书馆及法案起草局的设立，而议员聘请专门学者做顾问的也不在少数。这就可以证明立法是专家的事业，普通的立法家议员渐渐到了不能立法的地步了。故今日的真正立法家反不是那些代表人民的议员，乃是那些代表学术界的专家了。

再就各国行政来说，也是这样。现在的行政部中，大致可以分为行政与执行两项事务，行政是做那些指挥监督事务的，执行是做那些科学的或专门的事务的。苏俄的政治势力中心，固然集中在中央执行委员会，可是政治事业的中心，却集中在政府之下的各种专门委员会。凡关于农工各业的设计、建设、改造等等，皆是各种专门委员的工作。美国的总统府下，也设有各种专门的局所，负科学的或专门的工作的责任。姑就行政部中的军政一项来说，现代的战争，已经由人的战争变为科学的战争。战斗的能力早已不是兵士而是器械了。这些器械都是一般军事制造家或军事化学家所制造的，兵士不过是这般军争制造家或军事化学家之执行者罢了。故今日行政上之真正的执行者，并不是政治家，军事上之真正的战斗者，并不是军事家，只有这般具有专门的或科学的知识的人，才是真正的执行者和真正的战斗者。

再就司法说，也是这样。美国各部的法官多由民选，然他的弊病，就在只能得到普通的政客，很难得到真正的和纯粹的法律家。再进一步说，现在法官就是能够得到真正的和纯粹的法律家，也未必能够裁判。因为现在的裁判，不单靠法理上的知识，有许多地方反要靠科学上的知识了。例如证据的鉴定、法医的检查以及会计师的清算等等，均为裁判上最重要的根据，而此类事件，绝不是只懂法律的法官所能胜任的。故今日司法上事实方面之真正的裁判者，并不是法官，而是具有特殊经验的或科学的专家了。

就上述的几个例来说，可以明白政治专门化、技术化的趋势。正因为政治专门化、技术化，所以使立法者不能立法，行政者不能执行，当兵者不能打仗，司法者不能裁判，而立法、执行、打仗、裁判等等，全都要依靠一般专门家或科学家。由此可见，政治绝不能单靠权术，绝不能单靠权力，更不能单靠常识，而要依靠专门的或科学的学识了。处今日的分功世界，人类只有一能，绝不能万能，凡自命万能者便是一无所能，自以为能包办一切者便是一事不办。故今日政治的标语是政治专门化、政治技术化。必得要能够以政治的技术造成技术的政治，然后才配称为政治家。

（原载《法政季刊》第 1 卷第 1 号）

对于国民大会职权规定之商榷
（1934 年 4 月）

《孙文学说》第六章：

> 俟全国平定之后六年，各县已达完全自治者，皆得选举代表一人，组织国民大会，以制定五权宪法。以五院为中央政府：一曰行政院，二曰立法院，三曰司法院，四曰考试院，五曰监察院。宪法制定之后，由各县人民投票选举总统以组织行政院，选举代议士以组织立法院。其余三院之院长，由总统得立法院之同意而委任之，但不对总统、法院负责，而五院皆对于国民大会负责。各院人员失职，由监察院向国民大会弹劾之；而监察院人员失职，则国民大会自行弹劾而罢黜之。国民大会职权：专司宪法之修改及制裁公仆之失职。国民大会及五院职员与夫全国大小官吏，其资格皆由考试院定之。此五权宪法也。

《国民政府建国大纲》第二十四条：

> 宪法颁布之后，中央统治权则归于国民大会行使之，即国民大会对于中央政府官员有选举权，有罢免权，对于中央法律有创制权，有复决权。

我们在没有讨论中华民国宪法草案初稿之前，即征引中山先生的遗教，为什么呢？因为宪法草案的第一条有"中华民国为三民主义共和国"的规定，即根据三民主义来制定宪法，那么，中山先生的遗教，当然是宪法的唯一的根据了。但是我们一看到宪法草案的条文，却与以上所引的两段遗教大有出入。现在且将宪法草案的条文与中山先生的主张不同之处列举如下：

一、中山先生主张以国民大会为行使中央统治权的常设机关，而宪法草案却以国民大会为每三年一召集及每一召集即完了的非常设机关。

二、宪法草案上所谓常设机关,并不是国民大会自身,乃是由国民大会产生出来的以极少数委员组织起来的国民委员会。这个国民委员会是宪法起草人员在中山先生遗教之外运用灵敏心机而特别创造的新发明。

三、中山先生主张由各县人民投票选举总统及立法院的代议士,而宪法草案却规定由国民大会选举总统及立法委员,并扩张国民大会职权,使得选举监察委员。

四、中山先生主张五院皆对于国民大会负责,不对总统或法院负责,而宪法草案却规定行政院院长要单独对立法院负责。

五、中山先生主张各院人员失职,由监察院向国民大会弹劾,而宪法草案却规定五院院长、副院长失职,由监察委员向国民委员会弹劾。中山先生主张以国民大会为制裁公仆失职的专司机关,而宪法草案却主张以国民委员会为受理监察委员弹劾各院正副院长的专司机关。

以上所举五项,皆是宪法上最重要的和最值得注意的地方。号称根据三民主义而起草的宪法草案,在这紧要关头,却与发明三民主义者平素主张有这样重大的差异,当然是关心宪法的人们所不能轻易看过的。起草宪法诸公皆一时俊彦,真知卓识,当然非一知半解者所能窥见;然宪法为国家根本大法,关系甚重,起草诸公,既欲广征意见,自应谨就愚见所及,约略陈之。

我们并不迷信代议政体,然而却相信代议政体实在是实现民治主义的一种方法;我们并不反对强有力的政府,然而却相信强有力的政府如果不以民意做后盾,便不见得真正是强而有力。中山先生所倡导的民权主义,根本原理就在"用人民的四个政权,来管理政府的五个治权"。今欲抬高民权,而将代表民权的国民大会放在若有若无、若断若续的状态之中,一个行使中央统治权的最高机关,这样的昙花一现,转眼即归消灭,存在的期间,至长不得过一个月,而消灭的期间,则最短须经过三十五个月,一个国家的统治权是否可以中断?这个问题殊使人难以解答。据英国人观察,国会解散,只是解除议员的职权,并不是取消国会,而使国会这个机关中断。我们的宪法草案的规定,也是这样。他在第五十四条上明明白白的说:"国民大会代表之职权于闭会之日终了。"这就是说:国民大会代表的职权有中断之时,而国民大会的职权却没有中断之时。但是国民大会是由国民大会代表组织起来的,代表的职权既已消灭，那么，国民大会的职权又怎么能够行使呢？国民大会的职权既然是定期行使的，那么，在那定期一过，岂不是就在停止行使的状态之中吗? 在这停止期中，事实上岂不就是中断吗？英国的国会解散，为期不过三个月，就要重行选举；照宪法草案的规定，将来国民大会的闭会，一闭就是三年。照这样看来，将来中央的统治权，行使的时期甚少，停止行使的时期甚多。行使的期间那么短，不行使的期间这么长，古今中外，那有这样的新奇制度！譬如我们对于一个人，限定他那发号施令的脑筋每三年只能用一次，那么，除了这一次之外，岂不是天天在行尸走肉的状态之中吗？这还能算得是一个活人吗？号称"民权的政治机关"，对于人民管理政府四个政权这样严格的限制，明明是伸治权而抑政权、重官治而轻民治，又怎样能够实现民有、民治、民享的国家呢？而况中山先生明明的说："这四个民权，就是四个放水制，或者是四个接电钮。我们有了放水制，便可以直接管理自来水；有了接电钮，便可以直接管理电灯；有了四个民权，便可以直接管理国家的政治。这四个民权，又叫做政权，就是管理政府的权。"（《民权主义》第六讲）如今想把这个放水制或接电钮常常停闭不用，而想使自来水启闭如意，想使电灯开关自如，那岂不是幻想吗？

我们既不迷信代议政体，当然也不迷信国民大会，说国民大会是包医百病的神方，有百利而无一弊。我们更承认在中国现状之下，急需要一个强有力的中央政府，凡事敢作敢为，不受别方面的牵制。但是真正的强有力的政府，却不是从不受别方面牵制而来的，乃是从受多方面辅助而来的。政府是替人民做工的，要做工便应当有极大的权力，不然便要畏首畏尾，忧谗畏讥，伸手也不是，缩手也不是，这一层道理，是人人明白的。但是还有一层道理，比这一层更重要。就是政府如果是真正强而有力，便不是单单靠着不受牵制，还要靠着顺从全国人或大多数人的志愿，而得到全国人或大多数人的帮助，才能够真正强而有力。所以中山先生说："人民有了大权，政府能不能够做工夫，要做什么样的工夫，都要随人民的志愿。……总而言之，要人民真有直接管理政府之权，便要政府的动作，随时受人民的指挥。"（《民权主义》第六讲）这就是说，政府如果得到人民的帮助，人民与政府打成一片，同力合作，那么，政府的力量便是真正的强而有力，再没有别的力量可以阻挠他了。故我们只相信集思广益、询谋金同的政府是强有力的政府，却不相信独行独断、言莫予违的政府是强有力的政府。我们因此便不能单看到国民大会时有人多嘴杂、妨碍政府做事的坏处，便抹煞了国民大会时有集思广益、与政府同力合作的好处。就在普通立宪的国家，尚且想把国会选举的时期缩短，好藉选举来征求人民对于政府党的意见，何况我们以直接民权相号召，以建设"民权的政治机关"相夸示呢？我们的主张是：国民大会可以三年一改选，却不可以三年一召集。因为他是行使中央统治权的最高机关，更因为他是管理政府的唯一机关。我们要他指挥政府做工，我们更要他随时指挥政府做工。

再进一步说，民国二十几年来的政治局面，为什么不能一日安定，我想最大的原因，当然在全国的人民没有用合法的方法取得政权的这一点上。人民只可以用非法的方法对政府革命，却不能用合法的方法予政府制裁——这就是内乱循环不断的根本原因。人民的意志既不能管理政府，使政府循着人民意志的轨道前进，那么，拥护政权与推翻政权的唯一力量，当然是武力了。一方面用武力来拥护政权，他方面便不得不用武力来推翻政权，因此便造成二十年来军阀主政的局面。我们希望宪政成功，就是想把凭武力决定政权谁属的局面，变成凭法律决定政权谁属的局面。想教此后的政治家要凭藉民意来决胜负，不要凭借武力去决胜负，要在选举场上来决胜负，不要在战场上去决胜负。这个国民大会，就是使人民用合法的方法来管理政治、批评政治以及决定政权应该谁属的唯一枢纽。要想把那以武力为中心的政治局面，变成以民意为中心的政治局面，全靠这个国民大会来担负这种责任。所以我们应该把国民大会看作消灭内乱和统一国家的武器，将来政治能否上轨道，就看这国民大会能否充分的行使职权。这一点也是我们应该注意的。

至于国民委员会的设立，在中山先生的主张中根本就寻不出根据。他既不像苏俄的全俄中央执行委员会，在全俄苏维埃大会闭会期中，代表该会行使一切的权力；他又不像有的国家的国会，在闭会期中，组织一个委员会行使一定的职权。他虽是由国民大会选举出来的，但他的权力又与国民大会不同，并不能算是国民大会的替身；而且他又不是对于国民大会负责的，因为国民大会一开会即终了，也不能问他的责任。这个畸形的机关，既不能直接的代表全国人民，又不能直接的代表国民大会。他虽然是国民大会所生之子，可是他产生之时，即是他的父亲见背之时，终身不能受他的父亲管束。然而他却有不在全国人民指挥之下的独立的权力，他却有不在国民大会指挥之下的独立的权力。所以我们总觉得这个国民委员会是上不在天、下不在田的一个畸形制度。说他有

权，他不能代表国民大会；说他无权，他又能代替国民大会受理监察院
的弹劾案。中山先生主张，各院人员失职，由监察院向国民大会弹劾
之，宪法草案却教监察委员向这个不能代表国民大会的国民委员会弹劾
之。他既能代国民大会受理弹劾案，岂不是能代国民大会行使职权吗？
这种职权就是中山先生所说的管理政府的大权之一。以这极少数委员，
以这非代表人民的极少数委员，来行使这极大的管理政府权力，使政府
的生命完全操于极少数委员之手，前途的危险，自然不问可知了。所以
我们根据中山先生的主张，决不能承认这个国民委员会的存在。

说到宪法草案中所规定的国民大会的职权，最使我们不能满意的，
就是全国人民的代表，一不能过问政府的预算，二不能过问宣战、媾
和。英国的成语中，有"不出代议士不纳租税"一句话，这就是说，政
府既向人民征收租税，人民就当有权来过问政府对于租税的用途。故将
通过预算权付诸国民大会，在中山先生所提倡的民权政治中，真可说是
天经地义了。至于宣战、媾和，乃是与国家生存和独立有关的重大事
件，也是应该付诸全国人民代表同意的。宪法草案竟夺去国民大会这两
种重大的权力，把他们放在立法院的职权之中，不得不说是重大的
错误。

我们固然不能把我们的国民大会看作欧美各国的国会，可是同时也
不能把我们的立法院看作欧美各国的国会。因为我们的立法院是行使治
权的政府机关，不是代表人民的民意机关。将通过预算案及宣战、媾和
案的权力划归立法院固然是不伦不类，而将对行政院院长的不信任案划
归立法院提出尤其是不伦不类。中山先生所主张的政治系统，是使行使
人民的四个政权的国民大会与行使政府的五个治权的五院相对立，换句
话说，就是让国民大会来管理政府的五院。故中山先生所说的制衡原
理，与普通三权分立的国家所用的制衡原理不同。他是想用国民大会来
制衡五院，并不是教立法院来制衡行政院，因为立法院只是行使五个治
权之一的政府机关，并不是代表人民行使四个政权之一的民意机关，故
立法院根本就不是与行政院对抗的，怎能教他信任或不信任行政院院长
呢？中山先生明明白白的说"五院皆对于国民大会负责"，何以行政院
偏要单独的对于立法院负责呢？把我们的立法院看作欧美各国的国会，
那么，便完全是属于三权宪法的系统，决不是属于五权宪法的系统了。

至于立法委员与监察委员应否由国民大会选举一个问题，似乎也值
得我们的注意，因为立法委员须要专家，监察委员须要独立。外国有人

说："在你需要技能的场合，一定要用任命制；在你需要代表的场合，一定要用选举制。"这就是说，想得到代表民意的人才，可用选举制；想得到专门技术的人才，一定要用任命制。立法委员需要专门人才，似乎用选举制不若用任命制好。但是任命制的好坏，也是比较的，不是绝对的。故立法委员到底是由于选举好，或是由于任命好，我们也不敢下断语。至于监察委员由于选举而来，我们便可放肆的说只有坏处没有好处了。因为监察委员为执法之官，他的地位应该超然，应该立在一切政治关系之外。他的弹劾权只是对于违法行为而使的，根本就不能过问政策之当不当，换句话说，他只能站在法律的基础上来行使弹劾权，不能站在政治的基础上来行使弹劾权。如果监察委员之来必由选举，那么，凡是独立而没有特别政治关系的人，不一定就能当选，而当选者不一定就是独立不倚而绝不阿其所好的人。因为铁面无私的察官与八面玲珑的政客本来就是两路。选举制度一行，无论是使监察委员变成政客，或是使政客变成监察委员，皆只有害而无利。如果把一个监察院变成政客的集中所，将来凭藉法定机关去兴风作浪，将何以维持法律的尊严？美国各邦法官之由于人民选举者，多发生上述的弊病，所以我们深不愿中国的监察院将来或蹈美国各邦法官选举的覆辙。

以上所说各点，虽属一知半解的浅见，然对于将来政治影响极大，深愿制宪诸公稍稍加以考虑，倘能辱而教之，尤所欣盼。

（原载《时事月报》第 10 卷第 4 号）

国民经济的危机
(1935 年 5 月 10 日)

　　近几年来，国内建设的新事业，皆有很大的进步，例如道路的建设、水利工程的建设，以及铁路、电信等等的建设，成绩皆卓然可观。但是这一类新建设的事业，虽然一天一天的增多，而社会中旧有的事业，反而一天一天的减少，甚至于根本破坏，不独农业破产已成显著的事实，即其他工业，如棉纱业、丝绸业、毛织业、磁器业、夏布土布等业，亦皆陷入不可收拾的绝境。道路的建设本以辅助国内工商各业为目的，但是结果，不是为外国推广汽车汽油的销路，便是为外国倾销货物的媒介。甚至于有人说，中国的铁矿是为外国钢铁厂开的，中国的道路是为外国汽车公司、汽油各公司而设的。所以建设事业一天一天的增加，而入口货物也一天一天的增加，似乎所有的中国人，都是为消费外国货而生的，中国人的工作，都是为消费外国货而做的了。这话虽或有言过其实之处，但不是完全虚构的。

　　外国以前旧工商业破坏，是因为新工商业进步；中国今日旧工商业破坏，不但不是因为新工商业进步，反而造成新工商业的破产。所以中国旧工商业破坏，起而代之者，不是中国自己的新工商业，而是外国的新工商业。中国劳动阶级的穷，是因为新旧工商业同时破坏而穷；外国劳动阶级的穷，是因为货财集中在资本家手中而穷。所以中国的穷，是因为全国破产而穷；外国的穷，是因为一部分过富而穷。所以中国的经济恐慌，是因为不生产而恐慌；外国的经济恐慌，是因为多生产而恐慌。外国是资本家富，劳动家穷；中国则不问资本家或劳动家，一齐皆穷。

　　经济是国家的命脉，故经济破产，断送人民个人的生命尚是一件小事，断送国家及民族的生命乃是一件大事。往日自由主义经济学者，承认经济是达到个人生存目的的事业，故主张放任个人去自由；现在的经济学者都认定经济是达到国家和民族生存目的的事业，故主张须由国家来统制。个人生产的组织要以国家整个的利害为主，这些组织的人要对于国家负管理生产的责任。国家是主体，个人是客体，凡个人的经济活动不能单为自己打算，同时要为国家和民族打算，关于生产的组织及管理，国家是委托者，个人是被委托者。故今日的经济便是国家的经济、民族的经济，绝不是个人私的或达到私有目的的经济。经济要由国家来统制，这是毫无疑义的。国家要建设起来的国民经济，应该以生产方面建设为主。意大利向为无煤无矿的国家，向为入口货超出的国家，但是近十几年来，政府对于农业、垦植业、公共工程事业、交通事业、矿业、工程工业、化学工业、纺织工业等极力经营，业已有长足的进步，而国民经济亦一天一天的发达起来了。故今日国民经济的建设，第一须以生产建设为主，而这些生产的建设，同时又须要受国家的统制。事业尽可由人民去经营，而利害必定要与国家的利害相一致。故此后建设应改换方向，从间接生产的建设变成直接生产的建设，从推销外货的建设变成生产国货的建设。这是我们的希望，也就是我们的主张。

（原载《国衡半月刊》第 1 卷第 1 号）

高一涵年谱简编

1885 年（清光绪十一年）一岁

二月十九日（4 月 4 日）卯时，出生于安徽省六安州。

父高显墀，为其第四子，取名永灏，字效梁，号一涵。

1886 年至 1891 年（清光绪十二年至光绪十七年）二岁至七岁

期间由长兄高永著发蒙。

1892 年（清光绪十八年）八岁

父高显墀去世，长兄主掌家事，以教授私塾补贴家用。

1893 年至 1904 年（清光绪十九年至光绪三十年）九岁至二十岁

继续从长兄、二兄（高永昭）读，以能诗善文名。期间中秀才，受家人乡里厚望。

1905 年（清光绪三十一年）二十一岁

清廷废除科举，传统功名之路断绝。

原配夫人陈氏去世。

1906 年（清光绪三十二年）二十二岁

入六安州中学堂，改学西学，此为其离乡之始。

此后接触到《新民丛报》、《中国魂》等新学刊物，思想开始发生变化。

1907 年（清光绪三十三年）二十三岁

7 月，徐锡麟因刺杀安徽巡抚恩铭，被清廷酷刑处死。高一涵同乡好友朱蕴山受牵连，高一涵本人亦深受震动，对清廷日益不满。

1908 年至 1910 年（清光绪三十四年至宣统二年）二十四岁至二十六岁

1908 年，经县府选送，考取安徽高等学堂，同学有王星拱、邵逸周、程振钧、俞希禹等。

于此一时期大量阅读严复译著，开始对西方政治制度心生倾慕。另外，通过倾向革命的人士，第一次读到《民报》，逐渐认同共和理想。

1911 年（清宣统三年）二十七岁

于安徽高等学堂预科毕业，随后任职于安徽省民政司，任科员。

1912 年（民国元年）二十八岁

靠友人资助留学日本，就读于日本东京明治大学政治经济科。

1913 年（民国二年）二十九岁

因二次革命失败，友人多亡命，资助中断。以作文勉强维持生计，坚持留学。

1914 年（民国三年）三十岁

5 月，章士钊在东京创办《甲寅杂志》，高一涵在该杂志上先后发表《民国之祢衡》、《民福》、《章太炎自性及学术人心之关系》、《宗教问题》，与章士钊、陈独秀等人结交。

1915 年（民国四年）三十一岁

2 月，参与留日学生总会活动，反对日本向中国提出"二十一条"。

6 月，陈独秀回国，筹办《青年杂志》，邀高一涵撰文。9 月 15 日，《青年杂志》在上海创刊（第 2 卷改名为《新青年》）。该年在《新青年》上发表文章《共和国家与青年之自觉》、《近世国家观念与古相异之概略》、《民约与邦本》、《国家非人生之归宿论》、《读梁任公革命相续之原理论》，正式投身新文化运动。

年末，参与留日学生组织神州学会。

1916 年（民国五年）三十二岁

2 月 2 日，被推选为留日学生总会文事委员会委员长，机关刊物为《民彝》（李大钊为主编）。

4 月 29 日，长兄永著去世，作文《先兄培经传》痛悼。

5 月，《民彝》创刊号发行，在该号上发表《国本》、《共和》、《程度与民政》三篇文章，明确主张共和。

7 月，于东京明治大学政治经济科毕业，获政治学学士学位。随后与许怡荪同船回国。在沪稍作停留后，返故里探亲。受李大钊之邀，在家不到一月即北上北京，投身言论界。

9 月 2 日，到京，与李大钊、白坚武、秦立庵等人筹办《宪法公言》。10 月 1 日，《宪法公言》创刊，在该刊上先后发表《学理上两院制与一院制之比较》、《省权与省长》、《省制问题解决法刍议》、《〈大总统选举法〉刍议》等文章。

是年，与李大钊订交，为终身挚友。

是年，继续为《新青年》撰文数篇，分别为《自治与自由》、《戴雪英国言论自由之权利论》、《乐利主义与人生》。

1917 年（民国六年）三十三岁

1 月 28 日，章士钊在北京复刊《甲寅》，改为日刊发行（至 6 月 19 日因张勋复辟而停刊）。应章士钊之邀与李大钊等人担任编辑及撰稿工作，撰文多篇。

12 月 14 日，参与发起组织"工读互助团"。

是年，在《新青年》上发表《一九一七年豫想之革命》。

是年，家事不幸，母亲胡氏与继妇汪氏先后去世。

1918 年（民国七年）三十四岁

11 月，第一次世界大战结束。为庆祝"公理战胜"，在中央公园（现中山公园）和天安门前举行演讲会。高一涵亦登台，此为其毕生初次演讲。

11 月 27 日，参与北京大学文科学长室会议，与陈独秀、李大钊、张申府等共同决定创刊《每周评论》。12 月 22 日，《每周评论》首期出版，之后为该刊撰文多篇。

年末，与李大钊等组织"马客士主义研究会"，开始研究马克思学说。

是年，进入北京大学，在编译委员会工作，同时兼任中国大学、法政专门学校教授。

是年，为《新青年》撰文数篇，分别为《近世三大政治思想之变迁》、《读弥尔的〈自由论〉》、《皖江见闻记》、《非"君师主义"》，影响渐起。

1919 年（民国八年）三十五岁

1 月，《新青年》发布第 6 卷分期编辑表，负责第三期。

5 月，五四运动爆发，在《晨报》、《每周评论》上撰文多篇，为运动正名，倡导民众运动。

6 月 10 日，与陈独秀等人到中央公园散发《北京市民宣言》等传单，次日陈独秀被捕。高一涵随后电章士钊呼吁营救，并积极参与皖籍和各界人士的营救活动（陈独秀于 9 月 16 日出狱）。

9 月 20 日，杜威开始在北京大学法科大礼堂演讲"社会哲学与政治哲学"，共 16 次，胡适担任口译，高一涵担任笔记。记录稿登载于《晨报》与《新青年》。

12 月 27 日，离京赴日，访问游学，宣传新文化运动，考察日本社会主义运动。

是年，在《新青年》发表《和平会议的根本错误》、《斯宾塞尔的政治哲学》、《选举权理论上的根据》、《老子的政治哲学》，在《每周评论》上撰文凡二十余篇。

1920 年（民国九年）三十六岁

1 月 2 日，抵日本下关，乘火车前往东京。

2 月，受吉野作造之邀，讲演"新思潮的意义"。另在中国留日学生会"统一纪念会"讲演，大受欢迎，对新文化运动在留学生中的影响留下深刻印象。

受《新青年》社委托，准备撰文介绍日本劳动界组织与运动（正式发表于同年 5 月 1 日《新青年》"劳动节专号"上，题目为《日本近代劳动组织及运动》）。

5月7日，参加北大游日学生团与留日学生会联合召开的"国耻日纪念会"；5月17日，参加北大游日学生团组织的中日演说会。两次均发表讲演，讲演内容为帝国主义与中日关系问题，对象为留日学生与日本亲华人士。5月27日，原与大杉荣等人约定晚六时在"明治会堂"讲演，受日本警察厅干涉而终止。

6月18日，从神户乘船回国，22日抵京。

8月1日，与胡适、蒋梦麟、陶孟和、李大钊等人在《晨报》发表《争自由的宣言》。

8月，参与成立旅京皖事改进会，宗旨为驱逐安徽军阀、改进安徽政治、整顿教育。

是年，在《新青年》上发表《对于〈治安警察条例〉的批评》、《罗素的社会哲学》、《日本近代劳动组织及运动》。自《新青年》于第8卷第1号（1920年9月1日）改版后，因该刊共产主义倾向日益明显，发文渐少。

是年，所著《欧洲政治思想小史》由上海中华书局出版。

1921年（民国十年）三十七岁

1月，赞成胡适意见，主张把《新青年》重新移回北京编辑（此前该刊已随陈独秀南下上海）并"稍改变内容，以后仍以趋重哲学、文学为是"。

5月14日，在清华大学政治研究会讲演"共产主义之历史"。

8月5日，应四川东川道属教育研究会等学会邀请，与陶孟和抵重庆，同月10日开始讲演，主张四川应办大学。在川期间，并受吴玉章（全川自治联合会主席）邀请，希其参与起草四川省宪。

8月19日，参加太平洋问题研究会成立会，被公推为研究员。

11月17日，"马克思学说研究会"启事成立。高一涵曾参加研究会活动并讲演。

11月，在北京政治研究会讲演"共产主义历史的变迁"。

12月25日，出席《晨光》杂志社成立会，担任编辑部主任，随后任"晨光社丛书委员会"委员。

是年，在《新青年》上发表《废止工钱制度》、《共产主义历史上的变迁》、《省宪法中的民权问题》。

是年，所译日本小林丑三郎著《经济思潮史》由新知书社出版。

1922 年（民国十一年）三十八岁

4 月，与北京各界人士二百余人共同发起反宗教运动。5 月 10 日，"非宗教运动大同盟"在北京大学成立。

4 月 15 日，主编刊物《晨光》正式出版。

5 月 5 日，在马克思学说研究会所举办的"马克思诞生百又四周纪念大会"上发表讲演。

5 月 7 日，《努力周报》创刊，为主要撰稿人之一。

5 月 14 日，与蔡元培、王宠惠、李大钊、陶孟和、丁文江、胡适等联名签署《我们的政治主张》，正式主张"好政府主义"。

8 月，在武昌暑期学校讲演"女子参政问题"。

8 月 15 日，与李石曾、李大钊、邓中夏等发起组织"民权运动大同盟"，进行民权运动（至 1926 年"三一八"惨案后被迫停止活动）。

是年，在《努力周报》上发表时评凡二十篇。

1923 年（民国十二年）三十九岁

4 月 21 日，因胡适离京南下养病，开始代编《努力周报》。

10 月 13 日，被聘为北京大学教授。

是年，在《努力周报》发起关于"制宪"问题与"国民党"问题的讨论，发表时评凡二十余篇。

是年，所著《欧洲政治思想史》（上）由商务印书馆出版。

1924 年（民国十三年）四十岁

3 月，在北京大学讲演"福滨社会主义派的方法和理论"。

12 月 13 日，《现代评论》周刊创刊，为主要撰稿人之一。

是年，受李大钊（该年初参加国民党"一大"）影响，开始倾向于国民党。后由石瑛、王星拱介绍，加入国民党。

是年，在《现代评论》上发表时评多篇。

1925 年（民国十四年）四十一岁

1 月 16 日，国民议会促成会（有国共两党背景）成立，以反对段祺瑞的善后会议。3 月 20 日，高一涵被聘为该会专门委员。

3 月 12 日，孙中山病逝于北京。作挽联：民国更六总统，经袁黎冯徐曹，孰若先生真知有民、真知有国；共和本五大族，合汉满蒙回藏，团结一体永保其共、永保其和。

4月，得猩红热病，一度有生命危险，养病三月余才痊愈。期间完成《中国御史制度的沿革》（1926年6月由商务印书馆出版）。

8月，与胡适等人一道，反对北大与教育部脱离关系。时任教育部部长章士钊称："反对本案最力之王君星拱、高君一涵俱与教章（士钊）有嫌，并曾为言语细故涉于诉讼。此次特持公论，时议高之。"

是年，在《现代评论》上发表时评多篇。

是年，所著《欧洲政治思想史》（中）由商务印书馆出版。

1926年（民国十五年）四十二岁

1月4日，国民党中央执行委员会第四次全会函请其任特别宣传委员。

2月，参加北京各团体讨张（作霖）反日大会，公开讲演。

3月23日，北京各界为"三一八"惨案亡灵举行万人公祭大会，作挽联：说什么法律，说什么共和，只看他卖国则生、爱国则死；谁配称民军，谁配称领袖，尽都是有害争后、有利争先。

3月，国民党安徽省临时党部在安庆筹备成立，增补高一涵、章伯钧等十余人为执行委员，高一涵任宣传部部长。

是年，在《现代评论》上发表时评多篇。

是年，所著《中国内阁制度的沿革》由北京大学出版部出版（1928年由商务印书馆收入《国学小丛书》出版）。

1927年（民国十六年）四十三岁

1月，经李大钊推荐，赴武汉参加国民革命。途经上海时，由高语罕介绍，申请加入中国共产党。当月抵武汉，经陈独秀、章伯钧介绍，到武昌中山大学任政治学教授、政治系主任、法科委员会主任委员，同时兼任国民革命军总司令部编译委员会主任委员。

4月28日，好友李大钊在北京被张作霖杀害，闻讯悲痛欲绝。5月23日，发表《李大钊同志略传》，缅怀好友。

6月，任国民党军事委员会总政治部宣传科科长（秘书长为恽代英）。

9月24日，在《现代评论》第6卷第146号发表《我的共产嫌疑的证据——致〈现代评论〉记者》。反驳"高一涵是共产党"，以避难免祸。

是年，国民革命失败后，避居上海，在上海法政学院任教，兼政治系主任。

1928 年（民国十七年）四十四岁

继续在上海法政学院任教。

4 月 30 日，胡适接任中国公学校长，随后聘其为社会科学院院长，兼任本科教授。

1929 年（民国十八年）四十五岁

继续担任中国公学社会科学院院长，兼任本科教授。

是年，所著《中国御史制度的沿革》再版。

1930 年（民国十九年）四十六岁

2 月 14 日，请辞中国公学社会科学院院长职（之前一月，胡适辞去中国公学校长职，由马君武续任）。

9 月 15 日，国民党中央党部扩大会议约法起草委员会在北京举行成立会，被聘为委员（委员共十三人，包括汪精卫等中央委员七人、法学专家六人）。

11 月，因中国公学事与胡适产生矛盾，友谊几乎破裂。

是年，所著《政治学纲要》由神州国光社出版，当年即多次再版。

1931 年（民国二十年）四十七岁

年初，受国民政府监察院院长于右任邀请，赴南京出任监察院委员（2 月 16 日正式任命），由学界步入政界。

夏，与杭立武等四十五位政治学者发起成立"中国政治学会"，参与学会章程起草及筹备工作。

1932 年（民国二十一年）四十八岁

继续担任国民政府监察院委员。

1933 年（民国二十二年）四十九岁

3 月 7 日，与监察委员刘莪青、周利生、田炯锦提交《弹劾华北军事委员分会委员长张学良、热河省政府主席汤玉麟抗日不力失地误国案》文。

4月，在《东方杂志》第 30 卷第 7 号上发表《宪法上监察权的问题》；7月，在上海法政学院《法政季刊》第 1 卷第 1 号发表《专家政治》。皆为从政后有感而言。

1934 年（民国二十三年）五十岁

4月，在《时事月报》第 10 卷第 4 号上发表《对于国民大会职权规定之商榷》，认为宪法草案所定国民大会职权违反孙文学说，表示异议。

1935 年（民国二十四年）五十一岁

4月6日，被任命为监察院湖南湖北监察区监察使。

5月，在《国衡半月刊》创刊号上发表《国民经济的危机》。

6月，中国政治学会召开第一届年会，与王世杰、周鲠生、杭立武、钱端升、张奚若、张慰慈等十一人连任学会干事。

1936 年（民国二十五年）五十二岁

4月21日，国民政府文官处函复监察院，准高一涵辞去监察委员职，专司监察使职。

1937 年（民国二十六年）五十三岁

9月，在武汉晤旧友胡适，并为出狱不久的陈独秀租屋（武昌双柏庙后街 26 号房），与包惠僧、王星拱为陈独秀处常客。

1938 年（民国二十七年）五十四岁

3月16日，与傅汝霖、段锡朋、陶希圣、王星拱、周佛海等九人在《大公报》、《武汉日报》发表《为陈独秀辩诬》，坚决反对訾其为"汉奸匪徒"。

6月底，随两湖监察使署撤退到芷江。

11月下旬，奉中央监察院院长于右任令赶往长沙，调查长沙大火真相，追究起火责任。12月28日，呈交监察院《调查长沙市火灾案报告书》，认为"其中最为主要之关键，则在该管军警机关……虽未查出其有实施放火命令之证据，但其各种慌张躁率，举措乖方，实足以酿成巨变，与曾发命令者无殊，其责任实为重大"。

1939 年（民国二十八年）五十五岁

是年，与沈子修在芷江共同救济安徽难民。

1940 年（民国二十九年）五十六岁

8 月 7 日，转任甘肃宁夏青海监察区监察使。11 月 19 日，由重庆飞兰州，到甘宁青监察使署就职。

1941 年（民国三十年）五十七岁

10 月 5 日，陪同于右任视察河西、考察敦煌。晤张大千于其敦煌临时住所。

1942 年（民国三十一年）五十八岁

3 月，在兰州接待王子云所率领的西北艺术文物考察团。

5 月 27 日，陈独秀在四川江津病逝，作《悼仲甫》（收入《金城集》卷二），以表哀痛之情。

12 月 8 日，二兄病逝，作《哭德章二兄》四首（收入《金城集》卷二）痛悼。

12 月，接夫人陈廷祺家书，告已由上海挈子抵西安，即日赴兰州。其时已与妻儿分别六载。

1943 年（民国三十二年）五十九岁

1 月 17 日，国立敦煌艺术研究所筹备委员会成立，被聘为主任委员（常书鸿为副主任委员，委员中包括张大千等）。

1944 年（民国三十三年）六十岁

8 月 1 日，为家谱撰写谱序，并作《德章二兄传》痛悼兄长。

秋，卧病。作怀人诗多首。

1945 年（民国三十四年）六十一岁

5 月 5 日，中国国民党在重庆召开第六次全国代表大会，为特准列席人员之一。

1946 年（民国三十五年）六十二岁

1 月，在兰州编选《金城集》第一至第五卷，收录在甘宁青数年所做诗文。

1 月 25 日，国立安徽大学筹备委员会成立，为筹备委员，朱光潜为筹委会主任。

8 月 17 日，被国立兰州大学聘为法学院特约教授。

1947 年（民国三十六年）六十三岁

3 月 11 日，再度调任两湖监察使。

12 月下旬，辞去两湖监察使职，赴南京任监察院专门委员。

1948 年（民国三十七年）六十四岁

是年末与次年初，数次与胡适晤面（是年 12 月 15 日，胡适乘专机离开北大抵达南京）。

年末，共产党员高晓初被捕，营救其出狱。

是年，国民党开放立法委员选举，六安有宗亲故旧欲助高一涵参选，为其所止。

1949 年　六十五岁

4 月，国民政府拟任命高一涵为考试院委员，力促其南迁，坚辞，与朱子帆、沈子修等民主人士交往，并与共产党人秘密联系。

6 月，经中国民主同盟中央委员周新民和陈敏之介绍，加入中国民主同盟。

8 月，任南京大学教授，兼法学院政治系主任。

1950 年　六十六岁

5 月 23 日，南京大学新一届校务委员会成立，任校务委员。

12 月，发表《百年来美帝对华政策的透视》。

是年，土改运动开始。致信家乡南官亭乡人民政府，将名下所有土地（共六十亩）呈交政府。

1951 年　六十七岁

5 月，任南京市人民政府人民监察委员会委员。

是年，正值抗美援朝，动员正在南京大学上学的独子高宗沪报名参军赴朝。

1952 年　六十八岁

是年，全国院系调整，南京大学法学院撤销，对此提出意见，受到批评。

1953 年　六十九岁

2 月 27 日，被任命为江苏省政府参事。

1954 年　七十岁

12 月 4 日，当选第二届全国政协委员（为中国民主同盟 25 名政协委员之一，全国共 559 名政协委员）。

12 月 21 日至 25 日，出席政协第二届全国委员会第一次会议。

1955 年　七十一岁

2 月，江苏省司法厅成立，任司法厅厅长，任期至 1959 年 6 月。

2 月 27 日，在《新华日报》上发表《实用主义的政治思想的反动本质》，批判杜威与胡适的实用主义哲学。

1957 年　七十三岁

5 月 19 日，参加民盟南京市委召开的十教授座谈会，批评撤销南京大学法学院，要求国家重视和充分使用政治学、法学与社会学人才。

是年 7 月 19 日至 1958 年 3 月 11 日，参加民盟江苏省暨南京市整风领导小组会议计 44 次。

1958 年　七十四岁

10 月 6 日至 14 日，出席政协江苏省第一届委员会第四次会议，并与全体委员列席江苏省第二届人民代表大会第一次会议，作大会发言，检讨自己自新中国成立以来的思想与言论。

1959 年　七十五岁

4 月 11 日，政协第三届全国委员会委员名单通过，继续为中国民主同盟的 40 名委员之一。

1960 年　七十六岁

是年，发表《辛亥革命前后安徽青年学生思想转变的概况》。

1962 年　七十八岁

3 月 12 日，为纪念孙中山先生逝世三十七周年，与江苏省暨南京市各界人士前往中山陵谒陵，并以"咏梅花追忆旧游"为题，致函于右任先生。香港《大公报》予以转载。

1964 年　八十岁

截至是年底，其所主持的江苏省第二届政协文史资料研究委员会共征集史料 1 022 篇，近 700 万字。

1966 年　八十二岁

是年，"文化大革命"开始，遭到点名批判。

1967 年　八十三岁

是年，罹患支气管肺炎，身体日渐虚弱。

1968 年　八十四岁

1 月 23 日，在南京病故。

中国近代思想家文库

雷海宗、林同济卷　　　　　　　　　　江沛、刘忠良　编
贺麟卷　　　　　　　　　　　　　　　　　高全喜　编
陈序经卷　　　　　　　　　　　　　　　　田彤　编
徐复观卷　　　　　　　　　　　　　　干春松　编
巨赞卷　　　　　　　　　　　　　　　黄夏年　编
唐君毅卷　　　　　　　　　　　　　　　单波　编
牟宗三卷　　　　　　　　　　　　　　王兴国　编
费孝通卷　　　　　　　　　　　　　　吕文浩　编

图书在版编目（CIP）数据

中国近代思想家文库. 高一涵卷/郭双林，高波编. —北京：中国人民大学出版社，2014.12

ISBN 978-7-300-20355-3

Ⅰ. ①中… Ⅱ. ①郭… ②高… Ⅲ. ①思想史-研究-中国-近代 ②高一涵（1885～1968）-思想评论 Ⅳ. ①B250.5

中国版本图书馆 CIP 数据核字（2014）第 282450 号

中国近代思想家文库

高一涵卷

郭双林　高波　编

Gao Yihan Juan

出版发行	中国人民大学出版社	
社　址	北京中关村大街 31 号	**邮政编码**　100080
电　话	010－62511242（总编室）	010－62511770（质管部）
	010－82501766（邮购部）	010－62514148（门市部）
	010－62515195（发行公司）	010－62515275（盗版举报）
网　址	http://www.crup.com.cn	
经　销	新华书店	
印　刷	涿州市星河印刷有限公司	
开　本	720 mm×1000 mm　1/16	**版　次**　2015 年 1 月第 1 版
印　张	41.25 插页 1	**印　次**　2025 年 1 月第 3 次印刷
字　数	666 000	**定　价**　147.00 元